Der Export von Gesundheitsleistungen in der Europäischen Gemeinschaft nach den Entscheidungen des EuGH vom 28. April 1998 in den Rechtssachen „Decker“ und „Kohll“

Europäische Hochschulschriften
Publications Universitaires Européennes
European University Studies

Reihe II
Rechtswissenschaft

Série II Series II
Droit
Law

Bd./Vol. 3649

PETER LANG
Frankfurt am Main · Berlin · Bern · Bruxelles · New York · Oxford · Wien

Christian Zerna

Der Export von Gesundheitsleistungen in der Europäischen Gemeinschaft nach den Entscheidungen des EuGH vom 28. April 1998 in den Rechtssachen „Decker“ und „Kohll“

PETER LANG
Europäischer Verlag der Wissenschaften

Bibliografische Information Der Deutschen Bibliothek
Die Deutsche Bibliothek verzeichnet diese Publikation in der Deutschen Nationalbibliografie; detaillierte bibliografische Daten sind im Internet über <http://dnb.ddb.de> abrufbar.

Zugl.: Bayreuth, Univ., Diss., 2003

D 703
ISSN 0531-7312
ISBN 3-631-50859-X

www.peterlang.de

Meinen Eltern

Vorwort

Die vorliegende Dissertation entstand vom Wintersemester 1999/2000 bis zum Sommersemester 2002 an der Universität Bayreuth. Sie wurde von der Rechts- und Wirtschaftswissenschaftlichen Fakultät der Universität Bayreuth im Juni 2002 angenommen. Sie ist auf dem Stand vom Juni 2002.

Die Arbeit beschäftigt sich nicht zufällig mit dem Europäischen Sozialrecht, insbesondere dem Bereich des Krankenversicherungsrechts. Bereits im Rahmen der wirtschaftswissenschaftlichen Zusatzausbildung an der Universität Bayreuth beschäftigte ich mich mit Finanzierungsalternativen der Pflegeversicherung in Deutschland. Die Urteile des EuGH in den Rechtssachen „Decker“ und „Kohll“ haben meinen Blickwinkel auf die europäische Dimension des Sozialversicherungsrechts ausgeweitet und zur Untersuchung des Leistungserbringungsrechts angeregt.

Zunächst gilt mein sehr herzlicher Dank Herrn Professor Dr. Streinz, der die Arbeit nicht nur betreut und durch eine Vielzahl von Anregungen bereichert, sondern mir bei der Bearbeitung auch große wissenschaftliche Freiheit gelassen hat. Herrn Professor Dr. Dr. h.c. Gitter bin ich für die sehr rasche Erstellung des Zweitgutachtens sehr dankbar.

Nicht zuletzt möchte ich mich aus tiefstem Herzen bei meinen Eltern bedanken. Ihr Vertrauen, ihr Ansporn und ihre dauerhafte Unterstützung in jeglicher Hinsicht haben ganz erheblich zum erfolgreichen Studium und dem Gelingen der Dissertation beigetragen.

Ohne den Beistand, die unendliche Geduld, das unermütliche Korrekturlesen und die Anregungen meiner Lebensgefährtin Astrid hätte die Arbeit in der jetzigen Fassung nicht vorliegen können. Ich bin ihr deshalb zutiefst dankbar. Weiterer Dank gilt Björn Janouschek, der stets Zeit fand, meine Gedanken in vielzähligen Diskussionen zu bereichern.

Gräfelfing, im Februar 2003

Inhaltsverzeichnis

Abkürzungsverzeichnis

ABl.	Amtsblatt der Europäischen Gemeinschaften
ABl. Nr. C	Amtsblatt der Europäischen Gemeinschaften – Mitteilungen und Bekanntmachungen
ABl. Nr. L	Amtsblatt der Europäischen Gemeinschaften – Rechtsvorschriften
Abs.	Absatz
a.F.	alter Fassung
AfP	Archiv für Presserecht
AMG	Arzneimittelgesetz
Art.	Artikel
BABl.	Bundesarbeitsblatt
BayVBl	Bayerische Verwaltungsblätter
BG	Die Berufsgenossenschaft
BGH	Bundesgerichtshof
BKK	Die Betriebskrankenkasse
BSG	Bundessozialgericht
BT-Drucks.	Bundestag-Drucksache
Bull. EG	Europäische Gemeinschaft Bulletin
bzw.	beziehungsweise
ca.	circa
CML Rev.	Common Market Law Review
DAngVers	Die Angestelltenversicherung
DB	Der Betrieb
DM	Deutsche Mark
DOK	Die Ortskrankenkasse
dpa	Deutsche Presseagentur
EG	Europäische Gemeinschaften / Europäische Gemeinschaft (nach dem EGV)
ErsK	Die Ersatzkasse
EuG	Europäisches Gericht erster Instanz
EuGRZ	Europäische Grundrechte-Zeitschrift
EuGH	Gerichtshof der Europäischen Gemeinschaften
EuR	Europarecht
EUV	Vertrag über die Europäische Union
EU-Vertrag	Vertrag über die Europäische Union

EuZW	Europäische Zeitschrift für Wirtschaftsrecht
EWG	Europäische Wirtschaftsgemeinschaft
EWiR	Entscheidungen zum Wirtschaftsrecht
EWS	Europäisches Wirtschafts- und Steuerrecht
f.	folgende(r)
ff.	fortfolgende
Fn.	Fußnote
FS	Festschrift
FZ	Frankfurter Zeitung
GKV	Gesetzliche Krankenversicherung
i. S. d.	im Sinne der / des
i. V. m.	in Verbindung mit
JuS	Juristische Schulung
JZ	Juristenzeitung
KBV	Kassenärztliche Bundesvereinigung
KrV	Die Krankenversicherung
LFR	Luxemburgische France
LG	Landgericht
lit.	Buchstabe
LSG	Landessozialgericht
MedR	Medizinrecht
Mrd.	Milliarde
NDV	Nachrichtendienst des Deutschen Vereins für öffentliche und private Fürsorge
NJW	Neue Juristische Wochenschrift
Nr.	Nummer
NVwZ	Neue Zeitschrift für Verwaltungsrecht
NZS	Neue Zeitschrift für Sozialrecht
OLG	Oberlandesgericht
Pharm. Ztg.	Pharmazeutische Zeitung
RabelsZ	Zeitschrift für ausländisches und internationales Privatrecht, begründet von Rabel

RIW	Recht der internationalen Wirtschaft
Rn.	Randnummer
RPG	Recht und Politik im Gesundheitswesen
Rs.	Rechtssache
Rz.	Randziffer
S.	Seite
SDSRV	Schriftenreihe des Deutschen Sozialversicherungsverbandes e. V.
SGb	Die Sozialgerichtsbarkeit
SGB V	Sozialgesetzbuch V
Slg.	Sammlung der Rechtsprechung des Gerichtshofes
sog.	sogenannte(r)
SozSich	Soziale Sicherheit
SozVers	Die Sozialversicherung
SpuRt	Zeitschrift für Sport und Recht
SZ	Süddeutsche Zeitung
u.a.	unter anderem
u. a.	und andere
UAbs.	Unterabsatz
Urt.	Urteil
usw.	und so weiter
v.	vom
vgl.	vergleiche
VO	Verordnung
VSSR	Vierteljahreszeitschrift für Sozialrecht
WuW	Wirtschaft und Wettbewerb
z. B.	zum Beispiel
ZEuS	Zeitschrift für Europäische Studien
ZFSH/SGB	Zeitschrift für Sozialhilfe und Sozialgesetzbuch
ZHR	Zeitschrift für das gesamte Handels- und Wirtschaftsrecht
ZIAS	Zeitschrift für internationales und ausländisches Sozialrecht
ZIP	Zeitschrift für Wirtschaftsrecht und Insolvenzpraxis
ZLR	Zeitschrift für das gesamte Lebensmittelrecht
ZParl	Zeitschrift für Parlamentsfragen

A. Einleitung und Problemüberblick

Gesundheitsleistungen galten über lange Jahre hinweg als Musterbeispiele für nur eingeschränkt international handelbare Leistungen. Medizinische Erzeugnisse und Dienstleistungen wurden aufgrund der Merkmale ihrer Erstellung zumeist als Leistungen charakterisiert, die nur lokalen und regionalen bis maximal nationalen Absatzmärkten zugänglich sind[1]. Die nationalen Gesundheitssysteme wurden und werden deshalb auch weitestgehend gegenüber anderen Staaten abgeschottet.

Die Urteile des Gerichtshofs der Europäischen Gemeinschaften (EuGH) in den Rechtssachen „*Decker*"[2] und „*Kohll*"[3] haben eine gewisse Aufregung und ein lebhaftes Interesse nicht nur bei den Trägern der Systeme zum Schutz gegen das Krankheitsrisiko und verschiedenen Akteuren des Gesundheitswesens geweckt, sondern darüber hinaus auch Europa- und Sozialrechtler veranlasst, sich wieder vermehrt dem Europäischen Sozialrecht zuzuwenden. Besonders groß war die Überraschung über diese beiden Entscheidungen in weiten Teilen der Politik. Deutlich wird dies u. a. dadurch, dass im Anschluss in der ebenfalls zu diesem gesamten Themenkreis gehörenden Rechtssache „*Smits / Peerbooms*"[4] insgesamt zehn der fünfzehn Mitgliedstaaten Stellungnahmen abgegeben haben[5].

Sind die Ausgangsfälle an sich in der Regel eher wenig aufsehenerregend, so berühren sie aus (gemeinschafts-)rechtlicher Sicht jedoch höchst brisante Themen wie den Zugang zu den Gesundheitsleistungen, die „Vermarktung" des Gesundheitswesens, die Freizügigkeit der Versicherten und Patienten innerhalb der Gemeinschaft, den freien Verkehr medizinischer Produkte und Dienstleistungen, die Koordinierung der nationalen Gesundheitsschutzsysteme und ihre Steuerungsmechanismen, die Probleme im Zusammenhang mit grenzüberschreitenden Gesundheitsleistungen, Überlegungen zur Abschaffung nationaler und territorialer Vorbehalte bei medizinischen Leistungen und nicht zuletzt die Umgestaltung der medizinischen Versorgung insgesamt.

---

1 *Neubauer / Schallermair*, Sozialer Fortschritt 2000, S. 279

2 *EuGH*, Urt. v. 28.4.1998, Rs. C-120/95, Slg. 1998, 1831 ff. (Nicolas Decker / Caisse de maladie des employés privés)

3 *EuGH*, Urt. v. 28.4.1998, Rs. C-158/96, Slg. 1998, 1935 ff. (Raymond Kohll / Union des caisses de maladie)

4 *EuGH*, Urt. v. 12.7.2001, Rs. C-157/99, NJW 2001, S. 3391 ff. (B. S. M. Smits, verheiratete Geraets / Stichting Ziekenfonds VGZ und H. T. M. Peerbooms / Stichting CZ Groep Zorgverzekeringen)

5 Schlussantrag des *Generalanwalts Ruiz-Jarabo Colomer* v. 18.5.2000, Rs. C-157/99, Rz. 28 (B. S. M. Geraets-Smits / Stichting Ziekenfonds VGZ und H. T. M. Peerbooms / Stichting CZ Groep Zorgverzekeringen)

So werfen die Urteile in den Rechtssachen „*Decker*" und „*Kohll*", aber auch die nachfolgenden Entscheidungen in den Rechtssachen „*Vanbraekel*"[6] und „*Smits / Peerbooms*"[7] sowie das noch beim EuGH anhängige Verfahren „*Müller-Fauré / van Riet*"[8] grundlegende Fragen im Zusammenhang mit den Beziehungen und Verknüpfungen zwischen den vom Vertrag vorgesehenen Grundsätzen des freien Marktes und den Mechanismen der nationalen Systeme der sozialen Sicherheit auf, welche jeder Mitgliedstaat bisher unter seiner eigenen Zuständigkeit organisiert und ausgestaltet.

Diese Fragen sowie die mit ihnen zusammenhängenden Problemkreise versucht die folgende Arbeit zu beantworten. Es werden zunächst die beiden Entscheidungen „*Decker*" und „*Kohll*" kurz vorgestellt. Anschließend werden die in den Entscheidungsgründen aufgeworfenen und weitere diesen Themenkreis betreffende Fragen detailliert untersucht. Dabei werden auch die danach ergangenen Entscheidungen in den Rechtssachen „*Vanbraekel*" und „*Smits / Peerbooms*" miteinbezogen, insbesondere soweit sie weiterführende Aussagen enthalten. In diesem Rahmen wird als erstes die Anwendbarkeit des Gemeinschaftsrechts auf die sozialen Sicherungssysteme der Mitgliedstaaten beleuchtet. Schließlich ist das Verhältnis zwischen den gemeinschaftsrechtlichen Regelungen, insbesondere den Grundfreiheiten und dem Bereich der nationalen Gesundheitsvorsorge längst noch nicht abschließend geklärt.

Im Anschluss daran steht der freie Warenverkehr im Mittelpunkt der Untersuchungen. So war diese Grundfreiheit nicht nur Gegenstand der Entscheidung in der Rechtssache „*Decker*", sondern es gab darüber hinaus eine Vielzahl von Problemen, die der EuGH in seinen Entscheidungsgründen nicht einmal angesprochen hat. Dabei hatte der Gerichtshof mit Blick auf seine ständige Rechtsprechung zur Warenverkehrsfreiheit durchaus die Möglichkeit gehabt, eine Reihe dieser Fragen zu beantworten. So ist er nicht auf die in der Rechtssache „*Keck*" aufgestellten Grundsätze eingegangen. Ebenso werden Ausführungen zur Differenzierung zwischen diskriminierenden und unterschiedslosen, aber dennoch beschränkenden Maßnahmen im Hinblick auf die Rechtfertigung von Eingriffen in die betroffenen Grundfreiheiten vermisst. Das führt insbesondere zu weiteren Ungereimtheiten bei der dogmatischen Einordnung auf dem Gebiet der sozialen Sicherheit in Betracht kommender Rechtfertigungsgründe. Da sich der EuGH bei der Beantwortung der ihm vorgelegten Fragen sehr eng an die

---

6 *EuGH*, Urt. v. 12.7.2001, Rs. C-368/98, NJW 2001, S. 3397 ff. (Abdon Vanbraekel u. a. / Alliance nationale des mutualités chrétiennes [ANMC]*)*

7 *EuGH*, Urt. v. 12.7.2001, Rs. C-157/99, NJW 2001, S. 3391 ff. (B. S. M. Smits, verheiratete Geraets / Stichting Ziekenfonds VGZ und H. T. M. Peerbooms / Sichting CZ Groep Zorgverzekeringen)

8 Rs. C-385/99 ; vgl. hierzu: *Schneider-Danwitz*, SGb 2000, S. 356; *Verschueren*, SGb 2001, S. 361; *Danner*, KrV 2000, S. 153

konkreten Umstände des Ausgangsfalles hielt, werden im Folgenden unter Berücksichtigung dieser Rechtsprechung weitere nationale Maßnahmen im Bereich der Gesundheitsvorsorge auf ihre gemeinschaftsrechliche Zulässigkeit untersucht.

In der Rechtssache *„Kohll"* stellten sich ähnliche Fragen im Hinblick auf medizinische Dienstleistungen. In den Entscheidungsgründen geht der Gerichtshof nicht auf alle im Zusammenhang mit der Vorlagefrage stehenden und vom *Generalanwalt Tesauro* aufgeworfenen Probleme ein, sondern zeigt ein Mal mehr seine Neigung zur ergebnisorientierten Rechtsprechung. Gerade die vom EuGH nicht genauer unter die Lupe genommenen Problemkreise werden in diesem Abschnitt unter Berücksichtigung seiner Rechtsprechung auf anderen Gebieten des freien Dienstleistungsverkehrs analysiert.

Ebenso wie der freie Waren- und Dienstleistungsverkehr berühren auch die gemeinschaftsrechtlichen Wettbewerbsregelungen die nationalen sozialen Sicherungssysteme. Vor allem im Bereich des bei dieser Arbeit im Mittelpunkt stehenden Leistungserbringungsrechts sind ihr Einfluss und ihre Wirkungen höchst umstritten. Mit Blick auf derzeit besonders in der Diskussion stehende Maßnahmen der deutschen gesetzlichen Krankenversicherung werden die Folgen dieser europarechtlichen Vorschriften genauer beleuchtet.

Der letzte Teil widmet sich den Auswirkungen des Gemeinschaftsrechts unter besonderer Berücksichtigung der Entscheidungen in den Rechtssachen *„Decker"* und *„Kohll"* auf das in der Bundesrepublik Deutschland geregelte Leistungserbringungsrecht im Einzelnen. Gerade das Problem der Folgen für die deutsche gesetzliche Krankenversicherung hat in der Wissenschaft eine Vielzahl von Fragen aufgeworfen. So ist das den Ausgangsfällen *„Decker"* und *„Kohll"* zu Grunde liegende luxemburgische Krankenversicherungssystem, im Gegensatz zu dem bei uns ausgestalteten, durch das Kostenerstattungs- und nicht das Sachleistungsprinzip gekennzeichnet. Doch muss dieser Unterschied zwangsläufig auch zu einem anderen Ergebnis führen? Diese Frage hatte nicht nur der Gerichtshof in der Rechtssache *„Smits / Peerbooms"*[9] zu beantworten. Sie steht u.a. auch im Mittelpunkt der Ausführungen des letzten Abschnitts, der zudem noch erforderliche Anpassungen im deutschen Krankenversicherungsrecht anspricht und Vorschläge hierzu enthält.

---

9 *EuGH*, Urt. v. 12.7.2001, Rs. C-157/99, NJW 2001, S. 3391 ff., 3394, Rz. 3 ff., 55 (B. S. M. Smits, verheiratete Geraets / Stichting Ziekenfonds VGZ und H. T. M. Peerbooms / Sichting CZ Groep Zorgverzekeringen)

B. Die Urteile des Europäischen Gerichtshofs in den Rechtssachen *„Decker"* und *„Kohll"*

I. Das Urteil des Europäischen Gerichtshofs vom 28.04.1998 – Rs. C-120/95 (Nicolas Decker / Caisse de maladie des employés privés)

1. Der Sachverhalt

Im Ausgangsverfahren der Rechtssache C-120/95 vor dem Conseil arbitral des assurances sociales[10] standen sich der Kläger Nicolas Decker, ein luxemburgischer Staatsbürger, und die Beklagte Caisse de maladie des employés privés, seine zuständige Krankenkasse, gegenüber. Der Kläger stellte bei der Beklagten einen Antrag auf Erstattung der Kosten für eine Brille mit Korrekturgläsern, die er bei einem Optiker im belgischen Arlon auf Vorlage einer Verschreibung eines luxemburgischen Augenarztes gekauft hatte. Die Übernahme von Brillengestellen und Korrekturgläsern war zum maßgeblichen Zeitpunkt in Art. 78 der Satzung der Union des caisses de maladie[11] und in der Kollektivvereinbarung vom 30. Juni 1975, die nach Art. 308 des Code des assurances sociales zwischen der Union des caisses de maladie und dem Berufsverband der Optiker geschlossen worden war, geregelt[12]. Mit Schreiben vom 14. September 1992 teilte die Beklagte Caisse de maladie des employés privés Herrn Nicolas Decker die Ablehnung der Kostenerstattung für dieses Hilfsmittel mit. Die Weigerung begründete die luxemburgische Krankenkasse damit, dass die für einen Erwerb im Ausland nach Art. 60 des luxemburgischen Code de assurances sociales in der zum Zeitpunkt der Leistungsinanspruchnahme geltenden Fassung[13] vorgeschriebene vorherige Genehmigung vom Kläger nicht eingeholt worden sei.

---

[10] Der *Conseil arbitral des assurances sociales* ist das luxemburgische Sozialgericht der ersten Instanz.

[11] Art. 78 der Satzung der Union des caisses de maladie lautet:
"Die Kosten für Brillen und andere Sehhilfen übernimmt die Krankenkasse nach Maßgabe der Vereinbarungen nach Artikel 308 bis des Code des assurances sociales oder entsprechender Regelungen."

[12] Nach Art. 2 der Kollektivvereinbarung vom 30. Juni 1975 erfolgt die Abgabe von Brillen an die Versicherten, soweit diese in Luxemburg ihren Wohn- oder Aufenthaltsort haben, durch Optiker, die in die luxemburgische Handwerksrolle eingetragen und im Großherzogtum niedergelassen sind, soweit nicht gemeinschafts- und völkerrechtliche Vorschriften über die soziale Sicherheit der Wanderarbeitnehmer und ihnen gleichgestellten Personen etwas anderes vorsehen.
Diese Bestimmungen legten für Brillengestelle eine pauschale Kostenerstattung mit einem Satz von 1.600 LFR fest.
Der Tarif für die Erstattung von Korrekturgläsern richtete sich nach dem Anhang A zur Kollektivvereinbarung. Nach Art. 12 der Kollektivvereinbarung wurden die in Anhang A festgesetzten erstattungsfähigen Beträge für Korrekturgläser durch Bezugnahme auf die Preislisten der Firmen Zeiss und American Optical herauf- oder herabgesetzt.

[13] Art. 60 des luxemburgischen Code des assurances sociales sah in seiner maßgeblichen

Herr Nicolas Decker, der in der Weigerung der Krankenkasse einen Verstoß gegen die gemeinschaftsrechtlich gewährte Warenverkehrsfreiheit sah, erhob zunächst Widerspruch bei der Caisse de maladie des employés privés und nach ihrer negativen Bescheidung Klage beim Conseil arbitral des assurances sociales. Dieser wies die Klage mit Beschluss vom 24. August 1993 ab. Auch der folgende Einspruch, den Herr Nicolas Decker gegen den Beschluss eingelegt hatte, wurde vom Conseil arbitral des assurances sociales mit Urteil vom 20. Oktober 1993 zurückgewiesen. Nachdem diese Entscheidung durch die Cour de cassation aufgehoben wurde, war der Conseil arbitral des assurances sociales erneut mit dem Rechtsstreit befasst.

Der Conseil arbitral des assurances sociales legte nunmehr dem EuGH am 05. April 1995 eine Frage zur Auslegung der Art. 28 (ex-Art. 30) und 30 (ex-Art. 36) EGV zur Vorabentscheidung nach Art. 234 (ex-Art. 177) EGV vor, die wie folgt formuliert wurde:

„Ist Artikel 60 des luxemburgischen Code des assurances sociales, nach dem ein Träger der sozialen Sicherheit eines Mitgliedstaates A einem Versicherten, der Staatsangehöriger dieses Mitgliedstaates A ist, die Erstattung der Kosten für eine Brille mit Brillengläsern zur Korrektur eines Sehfehlers, die von einem in diesem Mitgliedstaat niedergelassenen Arzt verordnet, aber bei einem in einem anderen Mitgliedstaat ansässigen Optiker gekauft wurde, mit der Begründung verweigern kann, dass eine medizinische Behandlung im Ausland zuvor von dieser Einrichtung der sozialen Sicherheit genehmigt werden muss, mit den Artikeln 30 [nunmehr Art. 28] und 36 [nunmehr Art. 30] EWG-Vertrag vereinbar, soweit er allgemein die Einfuhr von Arzneimitteln oder, wie im vorliegenden Fall, von Brillen aus anderen Mitgliedstaaten durch Privatpersonen mit einem Nachteil belegt?"[14]

Fassung folgendes vor:
"Der Versicherte kann sich an einen Arzt, Zahnarzt, Apotheker, an ein Krankenhaus oder an eine ärztliche Hilfsperson seiner Wahl wenden.
Im Großherzogtum Luxemburg dürfen Behandlungen und Leistungen nur erbringen:
1. Ärzte, Zahnärzte, Apotheker, Krankenhäuser, Hebammen und ärztliche Hilfspersonen, die zur Ausübung ihres Berufes im Großherzogtum oder einem Teil davon zugelassen sind;
2. ausländische Ärzte, die mit Zustimmung des behandelnden Arztes und des Vertrauensarztes zur Konsultation im Großherzogtum hinzugezogen werden, vorbehaltlich weitergehender völkerrechtlicher Vereinbarungen.

Der Versicherte kann sich im Ausland nur mit Genehmigung seiner Krankenkasse behandeln lassen, soweit es sich nicht um erste Hilfe im Falle eines im Ausland eingetretenen Unfalls oder einer dort aufgetretenen Krankheit handelt.
Die Genehmigung der Krankenkasse darf nicht versagt werden, wenn der behandelnde Arzt des Versicherten und der Vertrauensarzt eine Behandlung im Ausland empfehlen oder wenn die erforderliche Behandlung im Großherzogtum nicht möglich ist."

[14] *EuGH*, Urt. v. 28.4.1998, Rs. C-120/95, Slg. 1998, 1831, 1879, Rz. 16 (Nicolas Decker /

2. Die wesentlichen Urteilsgründe

a. Anwendbarkeit der Bestimmungen über den freien Warenverkehr

Der EuGH prüft zunächst, ob die elementare Grundfreiheit des freien Warenverkehrs im Bereich der sozialen Sicherung überhaupt einschlägig ist[15]. Der Gerichtshof gelangt zu dem Ergebnis, dass allein der Umstand, dass Art. 60 des Code des assurances sociales dem Gebiet der sozialen Sicherheit zuzuordnen ist, nicht die Anwendbarkeit der Art. 28 ff. (ex-Art. 30 ff.) EGV ausschließt. Unter Verweis auf seine ständige Rechtsprechung[16] führt er aus, dass das Gemeinschaftsrecht die Zuständigkeit der Mitgliedstaaten zur Ausgestaltung ihrer Systeme unberührt lasse. Mangels einer Harmonisierung der Systeme der sozialen Sicherung bestimme weiterhin das Recht eines jeden Mitgliedstaates die Zugangs-[17] und Leistungsvoraussetzungen[18] des jeweiligen Sozialversicherungssystems. Die Mitgliedstaaten hätten dennoch bei der Ausübung dieser Befugnisse das Gemeinschaftsrecht zu beachten[19].

b. Wirkungen der VO (EWG) Nr. 1408/71

Als zweites setzt sich der EuGH mit der Frage auseinander, welche Auswirkungen die VO (EWG) Nr. 1408/71, insbesondere deren Art. 22, auf die Vorlagefrage hat[20]. Der Gerichtshof stellt fest, dass eine nationale Maßnahme - selbst wenn sie der VO (EWG) Nr. 1408/71 entspricht - gleichwohl an den Bestimmungen des EG-Vertrages zu messen sei. Zudem treffe Art. 22 Abs. 1 der VO (EWG) Nr. 1408/71 nur eine Regelung für den Fall, dass sich der Versicherte mit der Genehmigung des zuständigen Trägers zu einer Behandlung in einen anderen Mitgliedstaat begebe, insbesondere wenn die Leistungen wegen seines Gesundheitszustandes erforderlich seien. In diesem Fall solle der Versicherte ohne zusätzliche Kosten Sachleistungen für Rechnung des zuständigen Trägers nach dem Recht des Staates erhalten, in welchem die Behandlung erfolgt. Dage-

---

Caisse de maladie des employés privés)

15 *EuGH*, Urt. v. 28.4.1998, Rs. C-120/95, Slg. 1998, 1831, 1880 f., Rz. 20-25 (Nicolas Decker / Caisse de maladie des employés privés)

16 *EuGH*, Urt. v. 7.2.1984, Rs. 238/82, Slg. 1984, 523, 540 f., Rz. 16 (Duphar BV und andere / Niederländischer Staat); *EuGH*, Urt. v. 17.6.1997, Rs. C-70/95, Slg. 1997, 3395, 3433, Rz. 27 (Sodemare SA u. a. / Regione Lombardia)

17 *EuGH*, Urt. v. 24.4.1980, Rs. 110/79, Slg. 1980, 1445, 1458, Rz. 12 (Una Coonan / Insurance Officer); *EuGH*, Urt. v. 4.10.1991, Rs. C-349/87, Slg. 1991, 4501, 4524, Rz. 15 (Paraschi / Landesversicherungsanstalt Württemberg)

18 *EuGH*, Urt. v. 30.1.1997, verbundene Rs. C-4/95 und C-5/95, Slg. 1997, 511, 545, Rz. 36 (Fritz Stöber und José Manuel Piosa Pereira / Bundesanstalt für Arbeit)

19 *EuGH*, Urt. v. 28.4.1998, Rs. C-120/95, Slg. 1998, 1831, 1880 f., Rz. 21-23 (Nicolas Decker / Caisse de maladie des employés privés)

20 *EuGH*, Urt. v. 28.4.1998, Rs. C-120/95, Slg. 1998, 1831, 1881 f., Rz. 26-30 (Nicolas Decker / Caisse de maladie des employés privés)

gen erfasse diese Vorschrift bei zweckgerichteter Auslegung nicht die Konstellation, bei welcher der Versicherte eine Kostenerstattung nach den Sätzen seines Versicherungsstaates geltend macht, nachdem er ohne vorherige Genehmigung des zuständigen Trägers Leistungen in einem anderen Mitgliedstaat in Anspruch genommen hat[21].

c. Verstoß gegen die Bestimmungen des freien Warenverkehrs

Im Hauptteil seiner Prüfung widmet sich der EuGH dem Problem, ob und inwieweit die streitige luxemburgische Regelung eine Behinderung der gemeinschaftsrechtlich geschützten Warenverkehrsfreiheit darstellt, die nicht gerechtfertigt ist[22]. Unter Verweis auf seine in der Rechtssache *„Dassonville"*[23] entwickelten Grundsätze gelangt das Gericht zu dem Ergebnis, dass eine Regelung der streitigen Art ein Hindernis für den freien Warenverkehr darstelle. Zwar hindere eine solche Bestimmung die Versicherten nicht daran, medizinische Erzeugnisse in einem anderen Mitgliedstaat zu erwerben, doch mache sie die Kostenerstattung von einer vorherigen Genehmigung abhängig. Dagegen unterläge die Erstattung von Kosten, die im Versicherungsstaat anfielen, nicht einer solchen Genehmigung. Daher veranlasse diese Regelung die Versicherten, diese Produkte in Luxemburg und nicht in anderen Mitgliedstaaten zu kaufen und sei somit geeignet, die Einfuhr aus diesen Staaten zu hemmen[24].

Weiter führt der EuGH aus, dass nicht rein wirtschaftliche Gründe, sondern allenfalls zwingende Gründe des Allgemeininteresses eine Beschränkung des elementaren Grundsatzes des freien Warenverkehrs rechtfertigen können. Eine erhebliche Gefährdung des finanziellen Gleichgewichts des Systems der sozialen Sicherheit könne einen solchen zwingenden Grund des Allgemeininteresses darstellen. Allerdings würde eine Pauschalerstattung nach den Vorschriften des Versicherungsstaates für in anderen Mitgliedstaaten erworbene Brillen keine Auswirkungen auf die Finanzierung oder das Gleichgewicht des Systems haben[25].

---

[21] *EuGH*, Urt. v. 28.4.1998, Rs. C-120/95, Slg. 1998, 1831, 1881 f., Rz. 27-29 (Nicolas Decker / Caisse de maladie des employés privés)

[22] *EuGH*, Urt. v. 28.4.1998, Rs. C-120/95, Slg. 1998, 1831, 1882 ff., Rz. 31-45 (Nicolas Decker / Caisse de maladie des employés privés)

[23] *EuGH*, Urt. v. 11.7.1974, Rs. 8/74, Slg. 1974, 837 (Staatsanwaltschaft / Benoît und Gustave Dassonville)

[24] *EuGH*, Urt. v. 28.4.1998, Rs. C-120/95, Slg. 1998, 1831, 1883, Rz. 35 f. (Nicolas Decker / Caisse de maladie des employés privés)

[25] *EuGH*, Urt. v. 28.4.1998, Rs. C-120/95, Slg. 1998, 1831, 1884f., Rz. 39 f. (Nicolas Decker / Caisse de maladie des employés privés)

Eine Regelung der streitigen Art könne auch nicht im Hinblick auf die Gründe des Gesundheitsschutzes damit gerechtfertigt werden, dass die Qualität der aus anderen Mitgliedstaaten bezogenen medizinischen Erzeugnisse gewährleistet werden müsse. Denn die Bedingungen des Zugangs zu geregelten Berufen und ihrer Ausübung seien Gegenstand der Richtlinie 92/51/EWG des Rates vom 18. Juni 1992 über eine allgemeine Regelung zur Anerkennung beruflicher Befähigungsnachweise in Ergänzung zur Richtlinie 89/48/EWG[26] und der Richtlinie 95/43/EG der Kommission vom 20. Juli 1995 zur Änderung der Anhänge C und D der Richtlinie 92/51 EWG[27]. Dies biete dem Erwerber einer Brille bei einem Optiker in einem anderen Mitgliedstaat eine dem Kauf im Inland gleichwertige Garantie. Zudem sei im Ausgangsverfahren der Erwerb der Brille aufgrund augenärztlicher Verschreibung erfolgt, was die Sicherung des Gesundheitsschutzes gewährleiste[28].

d. Abschließende Antwort auf die Vorlagefrage

Daher antwortete der EuGH abschließend auf die Vorlagefrage, dass eine nationale Regelung, nach der ein Träger der sozialen Sicherheit eines Mitgliedstaates einem Versicherten die pauschale Kostenerstattung für den Kauf einer Brille mit Korrekturgläsern bei einem Optiker in einem anderen Mitgliedstaat mit der Begründung versagt, der Erwerb medizinischer Erzeugnisse im Ausland bedürfe der vorherigen Genehmigung, gegen Art. 28 (ex-Art. 30) und 30 (ex-Art. 36) EG-Vertrag verstoße[29].

II. Das Urteil des Europäischen Gerichtshofs vom 28.04.1998 – Rs. C-158/96 (Raymond Kohll / Union des caisses de maladie)

1. Der Sachverhalt

Der Kläger des ebenfalls in Luxemburg entschiedenen Ausgangsverfahrens in der Rechtssache C-158/96 ist auch luxemburgischer Staatsbürger. Herr Raymond Kohll stand der Beklagten Union des caisses de maladie, bei der er krankenversichert ist, gegenüber. Der Kläger beantragte bei der Union des caisses de maladie unter Vorlage einer Überweisung eines in Luxemburg niedergelassenen Arztes die Erteilung der Genehmigung zu einer zahnregulierenden Behandlung bei einem Zahnarzt in Trier (Deutschland). Die Beklagte lehnte diesen Antrag

26 ABl. 1992 Nr. L 209/25

27 ABl. 1995 Nr. L 184/21

28 *EuGH*, Urt. v. 28.4.1998, Rs. C-120/95, Slg. 1998, 1831, 1885 f., Rz. 42-45 (Nicolas Decker / Caisse de maladie des employés privés)

29 *EuGH*, Urt. v. 28.4.1998, Rs. C-120/95, Slg. 1998, 1831, 1886, Rz. 46 (Nicolas Decker / Caisse de maladie des employés privés)

im Anschluss an eine ablehnende Stellungnahme der ärztlichen Kontrollstelle der sozialen Sicherheit durch Bescheid vom 07. Februar 1994 mit der Begründung ab, dass diese Art der Behandlung zum einen nicht dringend sei und zum anderen in Luxemburg erbracht werden könne. Art. 20 des luxemburgischen Code des assurances sociales und die Artikel 25 und 27 der Union des caisses de maladie[30] seien mit der VO (EWG) Nr. 1408/71 zur Anwendung der Systeme der sozialen Sicherheit vereinbar.

Nachdem der Verwaltungsrat der Union des caisses de maladie diesen von Herrn Raymond Kohll angefochtenen ablehnenden Bescheid bestätigte, erhob dieser Klage vor dem Conseil arbitral des assurances sociales. Mit Urteil vom 06. Oktober 1994 wies dieser die Klage ab. Gegen dieses Urteil legte der Kläger beim Conseil supérieur des assurances sociales Berufung ein. Das Berufungsgericht bestätigte mit Urteil vom 17. Juli 1995 die Entscheidung des erstinstanzlichen Gerichts, weil Art. 20 des Code des assurances soziales und die Artikel 25 und 27 der Union des caisses de maladie, auf denen die ablehnende Entscheidung beruhe, in vollem Umfang mit Art. 22 der VO (EWG) Nr. 1408/71 vereinbar seien. Gegen dieses Berufungsurteil wandte sich Herr Raymond Kohll nunmehr in letzter Instanz an die Cour de cassation und machte geltend, dass das von ihm angefochtene Urteil nur die Vereinbarkeit des nationalen Rechts mit der VO (EWG) Nr. 1408/71 überprüft habe, aber nicht die Vereinbarkeit mit den Art. 49 (ex-Art. 59) und 50 (ex-Art. 60) EGV.

Im Hinblick auf eine abschließende Entscheidung stellten sich der Cour de cassation Fragen zur Auslegung des Gemeinschaftsrechts, sodass sie es für erforderlich hielt, den Gerichtshof um eine Vorabentscheidung nach Art. 234 (ex-Art. 177) EGV zu folgenden Fragen zu ersuchen:

---

30 Art. 20 Absatz 1 des luxemburgischen Code des assurances sociales, der durch Gesetz vom 27. Juli 1992 erlassen wurde und am 01. Januar 1994 in Kraft trat, sieht vor, dass sich die Versicherten - außer wenn sie wegen eines Unfalls im Ausland oder einer dort aufgetretenen Krankheit dringend behandelt werden müssen - nur dann im Ausland behandeln lassen oder an eine Klinik oder einen Lieferanten von Hilfsmitteln wenden dürfen, wenn der zuständige Sozialversicherungsträger dies vorher genehmigt hat.
Die Voraussetzungen und das Verfahren der Genehmigungserteilung waren in den Art. 25 bis 27 des Statut de l'Union des caisses de maladie festgelegt, die am 01. Januar 1995 in dieser Fassung in Kraft trat. Im Einzelnen war darin vorgesehen, dass die Genehmigung nicht für Leistungen erteilt werden kann, die nach den nationalen Rechtsvorschriften von der Erstattung ausgeschlossen sind (Art. 25), dass ordnungsgemäß genehmigte Behandlungen nach den für die Versicherten des Staates, in dem die Behandlung erfolgt, geltenden Sätzen übernommen werden (Art. 26) und dass die Genehmigung nur nach Untersuchung durch einen Vertrauensarzt und auf Vorlage einer schriftlichen Überweisung eines in Luxemburg niedergelassenen Arztes erteilt werden kann, in der der im Ausland empfohlene Arzt oder das Krankenhaus und die Umstände anzugeben sind, aus denen sich ergibt, dass diese Behandlung in Luxemburg nicht möglich ist (Art. 27).

„1. Sind die Artikel 59 [nunmehr Art. 49] und 60 [nunmehr Art. 50] des Vertrages zur Gründung der EWG dahin auszulegen, dass sie einer Regelung entgegenstehen, die die Übernahme der Kosten für erstattungsfähige Leistungen von der Genehmigung durch eine Einrichtung der sozialen Sicherheit des Versicherten abhängig macht, wenn die Leistungen in einem anderen Mitgliedstaat als dem Wohnstaat des Versicherten erbracht werden?

2. Ändert es etwas an der Antwort auf die vorangegangene Frage, wenn die Regelung den Zweck hat, eine finanziell ausgewogene, allen offenstehende ärztliche und klinische Versorgung in einer bestimmten Region aufrechtzuerhalten?"

2. Die wesentlichen Urteilsgründe

a. Anwendbarkeit der Bestimmungen über den freien Dienstleistungsverkehr

Wie in der Rechtssache *„Decker"* setzte sich der EuGH auch in der Rechtssache *„Kohll"* zunächst mit der Frage auseinander, ob die elementaren Grundsätze des freien Dienstleistungsverkehrs im Bereich der sozialen Sicherheit anwendbar sind[31]. So gelangte das Gericht zu dem Ergebnis, dass der Umstand, dass die streitige Regelung dem Gebiet der sozialen Sicherheit zugehört, nicht zum Ausschluss der Anwendbarkeit der Art. 49 (ex-Art. 59) und 50 (ex-Art. 60) EGV führe. Dabei stützte sich der Gerichtshof wortwörtlich auf seine Argumentation in der Rechtssache *„Decker"*[32]. Er ergänzte diese im Hinblick auf die konkrete Vorlagefrage unter Verweis auf seine Ausführungen in der Rechtssache *„Webb"*[33] um die Feststellung, dass die Besonderheiten bestimmter Dienstleistungen nicht dazu führten, dass diese nicht dem elementaren Grundsatz des freien Verkehrs unterfielen[34].

b. Wirkungen der VO (EWG) Nr. 1408/71

Nachdem der EuGH zunächst die Ansichten verschiedener Beteiligter zu der Frage der Auswirkungen der VO (EWG) Nr. 1408/71, insbesondere deren Art. 22, auf die streitige Regelung anführte, kam er mit identischer Begründung zu

---

31 *EuGH*, Urt. v. 28.4.1998, Rs. C-158/96, Slg. 1998, 1935, 1942 f., Rz. 16-21 (Raymond Kohll / Union des caisses de maladie)

32 *EuGH*, Urt. v. 28.4.1998, Rs. C-120/95, Slg. 1998, 1831, 1880 f., Rz. 21-23 (Nicolas Decker / Caisse de maladie des employés privés); vgl. hierzu oben: B.I.2.a.

33 *EuGH*, Urt. v. 17.12.1981, Rs. 279/80, Slg. 1981, 3305, 3323, Rz. 10 (Strafverfahren gegen Alfred John Webb)

34 *EuGH*, Urt. v. 28.4.1998, Rs. C-158/96, Slg. 1998, 1935, 1942 f., Rz. 17-21 (Raymond Kohll / Union des caisses de maladie)

demselben Ergebnis wie in der Rechtssache „*Decker*“[35]. Art. 22 der VO (EWG) Nr. 1408/71 treffe keine Regelung im Hinblick auf die Konstellation des vorliegenden Falles. Diese Vorschrift hindere die Mitgliedstaaten daher nicht an einer Kostenerstattung zu ihren jeweiligen Sätzen[36].

c. Verstoß gegen die Bestimmungen des freien Dienstleistungsverkehrs

Nachdem das Gericht kurz klarstellt, dass die Zahnbehandlung als entgeltliche Leistung eine Dienstleistung im Sinne des Art. 50 (ex-Art. 60) EGV sei, der die freiberuflichen Tätigkeiten ausdrücklich nenne[37], wendet es sich sogleich der Frage zu, ob eine Regelung der streitigen Art die Ausübung des freien Dienstleistungsverkehrs behindere und ob eine solche Beschränkung gegebenenfalls objektiv gerechtfertigt sei[38].

In einem ersten Prüfungsschritt gelangt der Gerichtshof zu dem Ergebnis, dass eine solche Regelung sowohl die Patienten als auch die Leistungserbringer in den anderen Mitgliedstaaten in ihrer Grundfreiheit auf freien Dienstleistungsverkehr behindere. Unter Verweis auf seine frühere Rechtsprechung[39] stellt er fest, dass jede nationale Regelung, die die Leistung von Diensten zwischen Mitgliedstaaten im Ergebnis gegenüber der Leistung von Diensten innerhalb eines Mitgliedstaates erschwere, gegen die Dienstleistungsfreiheit verstoße. Zwar werde der Versicherte nicht daran gehindert, sich an einen Dienstleistungserbringer in einem anderen Mitgliedstaat zu wenden, doch sei die Erstattung der dort angefallenen Kosten von einer vorherigen Genehmigung des zuständigen Trägers abhängig. Dagegen sei für Kosten, die im Versicherungsstaat anfallen, eine solche Genehmigung gerade nicht erforderlich. Aus diesem Grunde hindert eine solche Vorschrift die Versicherten daran, sich an ärztliche Dienstleistungserbringer in einem anderen Mitgliedstaat zu wenden[40].

Seine Ausführungen zur Rechtfertigung leitete der EuGH unter Verweis auf seine „*SETTG*-Entscheidung“[41] mit der Feststellung ein, dass rein wirtschaftliche

---

35 *EuGH*, Urt. v. 28.4.1998, Rs. C-120/95, Slg. 1998, 1831, 1881 f., Rz. 27-29 (Nicolas Decker / Caisse de maladie des employés privés); vgl. hierzu oben: B.I.2.b.

36 *EuGH*, Urt. v. 28.4.1998, Rs. C-158/96, Slg. 1998, 1935, 1944, Rz. 27 (Raymond Kohll / Union des caisses de maladie)

37 *EuGH*, Urt. v. 28.4.1998, Rs. C-158/96, Slg. 1998, 1935, 1945, Rz. 29 (Raymond Kohll / Union des caisses de maladie)

38 *EuGH*, Urt. v. 28.4.1998, Rs. C-158/96, Slg. 1998, 1935, 1945 ff., Rz. 31-52 (Raymond Kohll / Union des caisses de maladie)

39 *EuGH*, Urt. v. 5.10.1994, Rs. C-381/93, Slg. 1994, 5145, 5169, Rz. 17 (Kommission der Europäischen Gemeinschaften / Französische Republik)

40 *EuGH*, Urt. v. 28.4.1998, Rs. C-158/96, Slg. 1998, 1935, 1946, Rz. 33-35 (Raymond Kohll / Union des caisses de maladie)

41 *EuGH*, Urt. vom 5.6.1997, Rs. C-398/95, Slg. 1997, 3091, 3121, Rz. 23 (Syndesmos ton

Gründe kein Rechtfertigungsgrund für eine Beschränkung des elementaren Grundsatzes der Dienstleistungsfreiheit sein können. Auch käme es vorliegend nicht zu einer erheblichen Gefährdung des finanziellen Gleichgewichts des Systems der sozialen Sicherung, welche einen zwingenden Grund des Allgemeininteresses darstellen würde. Denn die Erstattung von Kosten einer in einem anderen Mitgliedstaat durchgeführten Zahnbehandlung nach den Tarifen des Versicherungsstaates hat keine wesentlichen Auswirkungen auf die Finanzierung des Systems der sozialen Sicherheit[42].

Eine solche Beschränkung sei auch nicht aus Gründen der öffentlichen Gesundheit gemäß Art. 55, 46 (ex-Art. 66, 56) EGV gerechtfertigt. Zwar können die Mitgliedstaaten den freien Dienstleistungsverkehr aus Gründen der öffentlichen Gesundheitsvorsorge beschränken, doch sei es ihnen nicht erlaubt, den Gesundheitssektor als Wirtschaftssektor von den elementaren Grundsätzen des freien Dienstleistungsverkehrs völlig auszunehmen. Zudem seien in anderen Mitgliedstaaten niedergelassene Ärzte und Zahnärzte zur Erbringung medizinischer Leistungen ebenso qualifiziert wie im Inland zugelassene. Das ergebe sich aus mehreren Koordinierungs- und Harmonisierungsrichtlinien, welche die Bedingungen des Zugangs und der Ausübung der Tätigkeiten des Arztes und Zahnarztes regeln[43]. Zu den Gründen der öffentlichen Gesundheit könne auch das Ziel der Aufrechterhaltung einer ausgewogenen, allen zugänglichen ärztlichen und klinischen Versorgung gehören, obwohl dieses eng mit der Finanzierung des Systems der sozialen Sicherheit verbunden sei. Soweit die Erhaltung eines bestimmten Umfangs der medizinischen und pflegerischen Versorgung oder eines bestimmten Niveaus der Heilkunde im Inland für die Gesundheit oder selbst das Überleben der Bevölkerung erforderlich sei, ist eine Beschränkung des freien Dienstleistungsverkehrs nach Art. 46 (ex-Art. 56) EGV gerechtfertigt. Allerdings sind die Beteiligten den Nachweis schuldig geblieben, dass die streitige Vorschrift tatsächlich erforderlich sei, um eine ausgewogene, allen zugängliche ärztliche und klinische Versorgung sicherzustellen. Keiner der Beteiligten habe angeführt, dass eine solche Regelung notwendig sei, um einen bestimmten Um-

en Elladi Touristikon kai Taxidiotikon Grafeion / Ypourgos Ergasias)

42 *EuGH*, Urt. v. 28.4.1998, Rs. C-158/96, Slg. 1998, 1935, 1948, Rz. 41 f. (Raymond Kohll / Union des caisses de maladie)

43 Hierbei führt der *EuGH* die Richtlinie 78/686/EWG des Rates vom 25. Juli 1978 für die gegenseitige Anerkennung der Diplome, Prüfungszeugnisse und sonstigen Befähigungsnachweise des Zahnarztes und für Maßnahmen zur Erleichterung der tatsächlichen Ausübung des Niederlassungsrechts und des Rechts auf freien Dienstleistungsverkehr (ABl. 1978 Nr. L 233/1), die Richtlinie 78/687/EWG des Rates vom 25. Juli 1978 zur Koordinierung der Rechts- und Verwaltungsvorschriften für die Tätigkeiten des Zahnarztes (ABl. 1978 Nr. L 233/10) und die Richtlinie 93/16/EWG des Rates vom 5.4.1993 zur Erleichterung der Freizügigkeit für Ärzte und zur gegenseitigen Anerkennung ihrer Diplome, Prüfungszeugnisse und sonstigen Befähigungsnachweise (ABl. 1993 Nr. L 165/1) an.

fang der medizinischen und pflegerischen Versorgung oder eines unabdingbaren Niveaus der Heilkunde im Inland zu erhalten[44].

d. Abschließende Antwort auf die Vorlagefrage

Deshalb beantwortete der EuGH die Vorlagefrage abschließend dahin, dass eine nationale Regelung, welche die Erstattung der Kosten für eine Zahnbehandlung in einem anderen Mitgliedstaat nach den Tarifen des Versicherungsstaates von der Genehmigung des Trägers der sozialen Sicherheit des Versicherten abhängig macht, gegen die Art. 49 und 50 (ex-Art. 59 und 60) EGV verstoße[45].

---

44 *EuGH*, Urt. v. 28.4.1998, Rs. C-158/96, Slg. 1998, 1935, 1949f., Rz. 45-52 (Raymond Kohll / Union des caisses de maladie)

45 *EuGH*, Urt. v. 28.4.1998, Rs. C-158/96, Slg. 1998, 19 35, 1950, Rz. 54 (Raymond Kohll / Union des caisses de maladie)

C. Anwendbarkeit des Gemeinschaftsrechts auf die sozialen Sicherungssysteme der Mitgliedstaaten

I. Praktische Relevanz der Urteile des Europäischen Gerichtshofs

Die Entscheidungen „*Decker*“" und „*Kohll*“ des EuGH betrafen die Gewährung von Krankenversicherungsleistungen durch in anderen Mitgliedstaaten ansässige Leistungserbringer und können somit in Deutschland für ca. 90 %[46] der Bevölkerung, die gesetzlich Krankenversicherten sowie für die übrigen am Gesundheitswesen Beteiligten, insbesondere für Ärzte, Zahnärzte und Apotheker von Bedeutung sein.

Betrachtet man dagegen die aktuellen finanziellen Ausgaben der gesetzlichen Krankenversicherung für Leistungen, die im Ausland erbracht wurden, im Vergleich zu den Gesamtausgaben, so nimmt sich die Bedeutung der Urteile ungleich bescheidener aus. Der gesetzlichen Krankenversicherung entstanden für die Inanspruchnahme von Gesundheitsleistungen im Ausland 1995 Kosten in Höhe von rund 708,2 Millionen DM, im Jahr 1996 etwa 778,6 Millionen DM, 1997 rund 698,7 Millionen DM und 1998 ca. 760 Millionen DM. Die Ausgaben der gesetzlichen Krankenversicherung betragen mittlerweile jährlich insgesamt ca. 150 Mrd. Euro[47], sodass der Anteil für die Inanspruchnahme von Leistungen im Ausland etwa 0,3 % ausmacht[48]. Auch im europäischen Durchschnitt bewegen sich die Kostenerstattungen für die Inanspruchnahme von Leistungen im Ausland in sehr niedrigen Prozentbereichen[49].

Dieses Verhältnis könnte sich freilich aufgrund der EuGH-Rechtsprechung in den Rechtssachen „*Decker*“" und „*Kohll*“ in Zukunft verändern. Doch können zur Zeit keine zuverlässigen Zahlen zum Umfang einer künftigen Inanspruchnahme von medizinischen Leistungen in anderen Mitgliedstaaten genannt werden. Solche sind immer mit der Unsicherheit von Prognosen behaftet, da es noch keine ausreichenden Erfahrungen mit einem geöffneten Gesundheitsmarkt gibt.

---

46 *Becker*, NZS 1998, S. 360; *Danner*, KrV 2000, S. 155; *Schulte*, Arbeit und Sozialplitik 2001, S. 40

47 *Danner*, KrV 1999, S. 2; *Klusen*, in: Gesundheitsversorgung in der Europäischen Union, S. 32
Nach *Lenz/Lampert*, Pharma Recht 1999, S. 73 betragen die gesamten Ausgaben für Leistungen der gesetzlichen Krankenversicherung ca. 230,85 Milliarden DM.

48 So auch: *Lenz/Lampert*, Pharma Recht 1999, 73; Schlingensiepen, Ärztezeitung Nr. 77 vom 27. April 1999, S. 9; *Zipperer*, in: Gesundheitsversorgung in der Europäischen Union, S. 60; *Horn*, Sozialrecht und Praxis 2001, S. 667; *Renesse*, NJW 2001, S. 737; *Schaub*, in: Grenzüberschreitende Gesundheitsversorgung in der Europäischen Union, S. 61 spricht sogar nur von einem Anteil von 0,13 % gemessen an den Gesamtausgaben für Gesundheit.

49 *Felix*, SozSich 1999, S. 33

Auswirkungen größeren Ausmaßes sind in den einzelnen Mitgliedstaaten, insbesondere auch in Deutschland, nach aller Voraussicht dennoch nicht von den Entscheidungen zu erwarten[50]. Zwar wird zum Teil angeführt, dass die Krankenkassen bereits jetzt zahlreiche Kostenübernahmeanträge ihrer Versicherten für Auslandsbehandlungen und Kostenübernahmeanträge ausländischer Leistungserbringer registrieren[51]. Doch dürften die Ausgaben zur Erstattung von Aufwendungen für Leistungsinanspruchnahmen in anderen Mitgliedstaaten, selbst wenn sie sich im Vergleich zum status quo möglicherweise verdoppeln oder verdreifachen sollten, prozentual zu den Gesamtausgaben verschwindend gering bleiben. Legt man die heutigen Zahlen zu Grunde, so würde der Anteil selbst bei einer Verdreifachung nicht einmal einen Prozentpunkt der Gesamtausgaben ausmachen.

Dafür gibt es vielfältige Gründe: Leistungsempfänger werden kaum weite Reisen in andere Mitgliedstaaten auf sich nehmen, um einen Leistungserbringer aufzusuchen, dessen Sprache sie nicht sprechen. Zudem gehören in der gesetzlichen Krankenversicherung in Deutschland Personen mit einem hohen Einkommen nicht zum Pflichtversichertenkreis. Gerade dieser Personenkreis ist aber besser in der Lage, die mit einer weiten Reise verbundenen zusätzlichen Kosten vorzuschießen oder ganz zu tragen als Pflichtversicherte mit niedrigerem Einkommen. Zudem ist das Geschehen der medizinischen Versorgung im Ausland für den Patienten viel zu wenig transparent[52]. Allerdings ist die Transparenz, insbesondere was die Vergleichbarkeit von Preisen betrifft, in einem ersten Schritt durch die Einführung des Euro erheblich erhöht worden[53]. Es fehlt jedoch weiterhin zum großen Teil an der Transparenz der Qualität der Leistungen auf dem Gesundheitssektor. Außerdem kann die Beantwortung der Frage unter Berücksichtigung der verschiedenen Leistungsarten im Rahmen der sozialen Sicherheit recht unterschiedlich ausfallen. Schließlich wirken die die Nachfrage im Ausland beeinflussenden Indikatoren nicht immer mit gleicher Intensität. So werden beispielsweise Sprachbarrieren und das Vertrauensverhältnis zwischen Leistungserbringer und Leistungsempfänger die Nachfrage nach medizinischer Versorgung, mit Ausnahme von High-Tech-Leistungen, in einem anderen Mitgliedstaat eher hemmen als die Nachfrage nach Arzneimitteln und nach medizinischen Hilfsmitteln (Brillen, Zahnprothesen, Gehhilfen usw.). Die mangelnde

---

50 *Deutsche Presseagentur*, Sozialrecht und Praxis 1998, S. 427; *von Maydell*, VSSR 1999, S. 17 f.; *Eichenhofer*, 11. Bonner Europa-Symposium, S. 12; *Lenz/Lampert*, Pharma Recht 1999, S. 69, 98; *Heine*, Arbeit und Sozialpolitik 1997, S. 22; *Becker*, NZS 1998, S. 364; *Münnich*, RPG 1998, S. 132; *Felix*, SozSich 1999, S. 33; *Lichtenberg*, VSSR 1978, S. 149; *Schulte*, Arbeit und Sozialpolitik 2001, S. 40; *Schaub*, in: Grenzüberschreitende Gesundheitsversorgung in der Europäischen Union, S. 57

51 *Domscheit*, KrV 1998, S. 246

52 *Danner*, Gesundheit und Gesellschaft 1998, S. 38

53 *Schlingensiepen*, Ärztezeitung Nr. 77 vom 27. April 1999, S. 9; *Schulte*, Arbeit und Sozialpolitik 2001, S. 40; *Verschueren*, SGb 2001, S. 360

Kommunikation und das persönliche Verhältnis zum Arzt lassen sich bei einer medizinischen Behandlung nicht so leicht kompensieren wie bei Arzneimitteln, über deren Anwendung und Nebenwirkungen nicht nur der Beipackzettel, sondern schon der behandelnde Arzt Auskunft geben kann. Daneben kann ein Patient von diesen Informationen auch durch den Ersterwerb im Heimatstaat oder über die elektronischen Medien Kenntnis erlangen. Bei medizinischen Hilfsmitteln wird auf die Kommunikation und ein besonderes Vertrauensverhältnis zwischen dem Leistungserbringer und dem Leistungsempfänger häufig ganz verzichtet werden können, sodass für diesen Bereich die Entscheidungen insoweit von größerer Bedeutung sind[54].

Allerdings gilt es zu beachten, dass die Problematik der Verständigung durch die zunehmende Globalisierung in allen Bereichen von Generation zu Generation abnimmt und im Laufe der Zeit an Bedeutung verlieren wird. Dennoch nimmt auf der anderen Seite - und das wird auch künftig nicht anders sein - die ältere Generation in weitaus größerem Umfang Leistungen der sozialen Sicherheit in Anspruch als die jüngere Generation. Somit kann der Umstand der Sprachbarrieren in naher Zukunft weiter ein Motiv für eine vergleichsweise zurückhaltende Inanspruchnahme von Leistungen in anderen Mitgliedstaaten sein. Er wird mittelfristig aber an Bedeutung verlieren.

Des Weiteren wird in unmittelbarer Grenznähe die Bereitschaft zur Inanspruchnahme von sozialen Leistungen aufgrund der geringeren Reisekosten und besseren sprachlichen Verständigungsmöglichkeiten deutlich größer sein als in von der Leistungserbringung weiter entfernten Orten[55]. So gibt es Untersuchungen, nach denen für bis zu 10 % der EU-Bürger die nächstbeste Versorgung jenseits der Grenze angeboten wird[56]. Ebenso werden in Urlaubsregionen im Vergleich zu anderen Gegenden, die sich nicht in Grenznähe befinden, soziale Leistungen verstärkt nachgefragt werden[57].

Auch die Schaffung vereinfachter Berechtigungsnachweise, wie z. B. durch Nutzung einer Chipkarte, kann zukünftig den grenzüberschreitenden Einkauf medizinischer Leistungen erheblich forcieren[58]. Bei Heilkuren ist das Argument der räumlichen Nähe nicht immer einschlägig. Schließlich sind eine hinreichen-

---

54 Im Ergebnis ebenso: *Bruns/Debong/Andreas*, Arztrecht 1998, S. 321; *Deutsche Presseagentur*, Sozialrecht und Praxis 1998, S. 428; *von Maydell*, VSSR 1999, S. 16; *Berg*, EuZW 1999, S. 591

55 *Domscheit*, KrV 1998, S. 247; *Münnich*, BKK 1999, S. 22; *ders.*, RPG 1998, S. 131; *Deutsche Presseagentur*, Sozialrecht und Praxis 1998, S. 427; *Berg*, EuZW 1999, S. 591; *Oberender*, in: Gesundheitsversorgung in der Europäischen Union, S. 11

56 *Sendler*, KrV 1998, S. 285; *Verschueren*, SGb 2001, S. 360

57 *Bruns/Debong/Andreas*, Arztrecht 1998, S. 320

58 *Schulte*, Arbeit und Sozialpolitik 201, S. 41

de räumliche Distanz zum Alltagsstress, Klima- oder Luftveränderungen gerade eine Voraussetzung für den therapeutichen Erfolg von Heilkuren[59].

Im Ergebnis lässt sich damit eine grundsätzliche Aussage zur Entwicklung der Inanspruchnahme von Gesundheitsleistungen bei Anbietern in anderen Mitgliedstaaten aufgrund der Entscheidungen des EuGH kaum treffen. Deren Relevanz und die von mancher Seite befürchtete Zunahme solcher Wanderungsbewegungen wird von Bereich zu Bereich unterschiedlich sein. Letztlich dürfte der Anteil möglicher finanzieller Aufwendungen der Krankenkassen für Gesundheitsleistungen jenseits der Grenzen gemessen an den Gesamtausgaben weiterhin verschwindend gering bleiben.

II. Das Subsidiaritätsprinzip

1. Die Verankerung des Subsidiaritätsprinzips im EG-Vertrag

Im Zusammenhang mit der Diskussion über die Urteile in den Rechtssachen *„Decker"* und *„Kohll"* wird immer wieder auf das Subsidiaritätsprinzip verwiesen[60]. Das Subsidiaritätsprinzip fand als tragendes Prinzip einer Zusammenarbeit auf europäischer Ebene - auch und vor allem auf Drängen der Bundesrepublik Deutschland - mit dem Unionsvertrag von Maastricht Eingang in verschiedene grundlegende europäische Vereinbarungen.

Das in allgemeiner Form nunmehr in Art. 5 (ex-Art. 3 b) Abs. 2 EGV verankerte Subsidiaritätsprinzip hat durch die Beifügung des Protokolls Nr. 30 zum Amsterdamer Vertrag über die Anwendung der Grundsätze der Subsidiarität und der Verhältnismäßigkeit eine weitere politische Aufwertung auf Gemeinschaftsebene erfahren[61]. Zudem bekennt sich die Präambel des EU-Vertrages zur „Schaffung einer immer engeren Union der Völker Europas, in der die Entscheidungen entsprechend dem Subsidiaritätsprinzip möglichst bürgernah getroffen werden". Ebenso spricht sich Art. 1 Abs. 2 EUV dafür aus, dass „ ... die Entscheidungen möglichst offen und möglichst bürgernah getroffen werden". Außerdem werden nach Art. 2 Abs. 2 des EUV die in Art. 2 Abs. 1 EUV angeführten Ziele der Union „unter Beachtung des Subsidiaritätsprinzips, wie es in Art. 5 des Vertrags zur Gründung der Europäischen Gemeinschaft bestimmt ist, verwirklicht"[62].

---

59 *Lichtenberg*, VSSR 1978, 149

60 *Danner*, Gesundheit und Gesellschaft 1999, S. 37; *ders.*, KrV 2000, S. 155; *Sendler*, KrV 1998, S. 286; *Haack*, KrV 1998, S. 235; *Schaub*, in: Grenzüberschreitende Gesundheitsversorgung in der Europäischen Union, S. 40
Vgl. zu diesem Problemkreis insgesamt: *von Maydell*, VSSR 1999, S. 19; *Spiegel*, SozSich 1998, S. 665

61 *Hollmann / Schulz-Weidner*, ZIAS 1998, S. 186

62 Bis zum Vertrag von Amsterdam fand sich das Subsidiaritätsprinzip - auch ohne aus-

2. Die Bedeutung des gemeinschaftsrechtlichen Subsidiaritätsprinzips in der Bundesrepublik Deutschland

Dieser gemeinschaftsrechtlichen Verankerung des Subsidiaritätsprinzips ging Anfang der neunziger Jahre eine zunehmende grundsätzliche Kritik von Seiten der Medien sowie von Staats- und Verfassungsrechtlern an der Normsetzung der Europäischen Gemeinschaften voraus[63]. Auch das Bundesverfassungsgericht unterstrich in seiner Entscheidung über den Maastricht-Vertrag[64] die Notwendigkeit, der europäischen Normsetzung strikte Grenzen zu setzen. Es hebt die fundamentale verfassungsrechtliche Bedeutung des Subsidiaritätsprinzips hervor und verpflichtet die Bundesregierung, „ihren Einfluss zugunsten einer strikten Handhabung des Art. 3 b [nunmehr Art. 5] Abs. 2 EGV geltend zu machen und damit die ihr durch Art. 23 Abs. 1 Satz 1 GG auferlegte Verfassungspflicht zu erfüllen“[65]. Dadurch wird dem Subsidiaritätsprinzip von höchstrichterlicher Seite in Deutschland nicht nur die Funktion eines föderalen Grundprinzips für die weitere Integration der Europäischen Union beigemessen, sondern - verfassungsrechtlich geboten - die strikte Anwendung dieses Prinzips angeordnet.

Die große Bedeutung des Subsidiaritätsprinzips in Deutschland zeigte sich auch im Verfahren um die Änderung von Artikel 23 des Grundgesetzes, der am 25.12.1992 in seiner neuen Fassung in Kraft trat. Danach ist die Mitwirkung der Bundesrepublik Deutschland bei der Entwicklung der Europäischen Union daran geknüpft, dass diese „dem Grundsatz der Subsidiarität verpflichtet ist“. Der Bundesrat hätte dem Vertrag von Maastricht vermutlich nicht zugestimmt, mit der Folge, dass dieser nicht hätte ratifiziert werden können, wenn das Subsidiaritätsprinzip nicht auf die wiederholte Forderung der Länder und des Bundesrates festgeschrieben worden wäre. So forderten die Länder schon Anfang der neunziger Jahre im Beschluss der Ministerpräsidenten[66] und über die „Kommission Verfassungsreform des Bundesrates“[67] konkrete Mitwirkungsrechte im Prozess der europäischen Einigung. Bei der Diskussion um den Vertrag von Maastricht

---

drücklich genannt zu sein - in Art. K.3 Abs. 2 b) des Vertrages über die Europäische Union.

63 *Brunner*, in: *Merten*, S. 154 f.; *Stein*, in: *Merten*, S. 23 f.; *Hirsch*, Die Auswirkungen des Subsidiaritätsprinzips auf die Rechtsetzungsbefugnis der Europäischen Gemeinschaften, S. 3
Vgl. hinsichtlich der Ausdünnung der Länderkompetenzen in Deutschland und der Abgabe von Bundeskompetenzen an die Europäische Gemeinschaft: *Berg*, BayVBl 2001, S. 260 ff.

64 *BVerfGE* 89, S. 155 ff.

65 *BVerfGE* 89, S. 155/211

66 *Beschluss der Ministerpräsidenten* vom 5.7.1990, ZParl 1990, S. 463

67 BR-Drucks. 360/92, S. 2 ff.

sprach sich zudem der Bundesrat ausdrücklich für eine Verankerung des Subsidiaritätsprinzips in diesem Vertragswerk aus[68].

Diese Umstände verdeutlichen die große Wertschätzung, die das Subsidiaritätsprinzip in Deutschland genießt. Sie ist sicher in erster Linie Grund dafür, dass insbesondere von deutscher Seite in den Entscheidungen des EuGH in den Rechtssachen „*Decker*"[69] und „*Kohll*"[70], aber auch „*Molenaar*"[71], eine Beschneidung der nationalen Zuständigkeiten in der Kranken- und Pflegeversicherung durch die Hintertür und eine Verletzung des Grundsatzes der Subsidiarität gesehen wird[72]. Zudem darf nicht verkannt werden, dass es in den anderen Mitgliedstaaten nicht so viele staatsferne (subsidiäre) Elemente im Gesundheitswesen gibt wie in der Bundesrepublik Deutschland. Es besteht in diesen Ländern also wenig Anlass, die Kritik an den Urteilen des Gerichtshofs am Subsidiaritätsprinzip festzumachen. Viele Systemelemente der deutschen gesetzlichen Krankenversicherung wie die freie Arztwahl, die Therapiefreiheit, die Freiberuflichkeit der Leistungserbringer sowie die Selbstverwaltung sind in anderen Mitgliedstaaten unbekannt. Ebenso kennen andere Gesundheitssysteme weitgehend nicht in Wettbewerb zueinander stehende Krankenkassen, die in großer Staatsferne und selbstverwaltet für ihre Versicherten auf dem Gesundheitsmarkt tätig sind[73]. Nur so lässt sich der Aufschrei vor allem von Teilen der Politik, aber auch der Wissenschaft in Deutschland im Anschluss an die Entscheidungen, insbesondere im Zusammenhang mit einem behaupteten Verstoß gegen das Subsidiaritätsprinzip, erklären.

3. Adressaten des Subsidiaritätsprinzips

Das Subsidiaritätsprinzip ist an die Gemeinschaft bzw. an ihre Institutionen im Rahmen ihrer Aufgaben und Befugnisse adressiert. Dabei gilt das Prinzip für sämtliche Maßnahmen und Handlungsformen der Gemeinschaftsorgane. Es zielt somit zwar in erster Linie, aber nicht ausschließlich auf die Normsetzung in all

---

68 BR-Drucks. 169/95, S. 2 ff.; vgl. hierzu auch: *Borchmann*, EuZW 1995, S. 571 f.; *Oschatz*, in: *Merten*, S. 45

69 *EuGH*, Urt. v. 28.4.1998, Rs. C-120/95, Slg. 1998, 1831 ff. (Nicolas Decker / Caisse de maladie des employés privés)

70 *EuGH*, Urt. v. 28.4.1998, Rs. C-158/96, Slg. 1998, 1935 ff. (Raymond Kohll / Union des caisses de maladie)

71 *EuGH*, Urt. v. 5.3.1998, Rs. C-160/96, Slg. 1998, 843 ff. (Manfred Molenaar und Barbara Fath-Molenaar / Allgemeine Ortskrankenkasse Baden-Württemberg)

72 *Haack*, KrV 1998, S. 235; *Sendler*, KrV 1998, S. 286; *Danner*, Gesundheit und Gesellschaft 1999, S. 37
Vgl. zu diesem Problemkreis insgesamt auch: *von Maydell*, VSSR 1999, S. 19; *Spiegel*, SozSich 1998, S. 665

73 *Danner*, Gesellschaft und Gesundheit 1999, S. 37; *Klusen*, in: Gesundheitsversorgung in der Europäischen Union, S. 32, 36

ihren Stufen ab. Auch der EuGH hat von ihm zu überprüfende Maßnahmen anderer Gemeinschaftsorgane am Subsidiaritätsprinzip zu messen[74], sodass Art. 5 (ex-Art. 3 b) Abs. 2 EGV durchaus auch in den beiden Entscheidungen des Gerichtshofs vom 28.4.1998 von Bedeutung sein kann.

4. Die Kompetenzverteilung im Hinblick auf die Entscheidungen in den Rechtssachen **„Decker"** *und* **„Kohll"**

a. Die Bestimmung der Kompetenzen der Gemeinschaft

Soweit die Gemeinschaft wie auch die Mitgliedstaaten denselben Zielen verpflichtet und für gleichartige Maßnahmen zuständig sind, mithin konkurrierende Kompetenzen bestehen, darf die höhere Ebene nach Art. 5 (ex-Art. 3 b) Abs. 2 EGV nur tätig werden, sofern und soweit die Ziele der in Betracht kommenden Maßnahmen auf der unteren Ebene nicht ausreichend erreicht und daher wegen ihres Umfangs oder ihrer Wirkungen besser auf der höheren Ebene verwirklicht werden können. Damit begründet das Subsidiaritätsprinzip keine Kompetenzen für die Gemeinschaft. Es setzt sie vielmehr voraus und stellt sich als Beschränkung der Kompetenzausübung dar[75].

Erste Voraussetzung für die Anwendbarkeit des Subsidiaritätsprinzips ist somit, dass es sich nicht um die Tätigkeit in einem Bereich handelt, der in die ausschließliche Zuständigkeit der Gemeinschaft fällt. Ebenso wenig darf es sich um eine Maßnahme handeln, die in den ausschließlichen Zuständigkeitsbereich der Mitgliedstaaten fällt. In einem solchen Fall fehlt es schon an der nach dem Prinzip der begrenzten Einzelermächtigung nach Art. 5 (ex-Art. 3 b) Abs. 1 EGV erforderlichen Befugnis der Gemeinschaft[76]. Vielmehr muss positiv formuliert eine konkurrierende Zuständigkeit zwischen Mitgliedstaaten und Gemeinschaft bestehen. Durch dieses in Art. 5 (ex-Art. 3 b) Abs. 2 EGV festgeschriebene Erfordernis wird ein Kompetenzbegriff eingeführt, den der Vertrag bis zu den

---

74 *Hirsch*, Die Auswirkungen des Subsidiaritätsprinzips auf die Rechtsetzungsbefugnis der Europäischen Gemeinschaften, S. 7 f.; *Zuleeg*, in: *von der Groeben / Thiesing / Ehlermann*, Art. 3 b, Rn. 26; *Langguth*, in: *Lenz*, Art. 5, Rn. 21

75 *Streinz*, Europarecht, Rn.145a; *Heintzen*, JZ 1991, S. 318 f.; *Scholz*, FS Helmrich, S. 420; *Möschel*, NJW 1993, S. 3025; *Isensee*, VSSR 1996, 180 f.; *Müller-Graff*, ZHR 159 (1995), S. 65; a.A. offensichtlich: *Merten*, in: *Merten*, S. 81, nach dem Art. 5 (ex-Art. 3 b) Abs. 2 EGV „als Kompetenzzuweisungs- oder Kompetenzübertragung-, nicht als bloße Kompetenzausübungsschranke" wirkt.

76 Vgl. dazu: *von Bogdandy / Nettesheim*, in: *Grabitz / Hilf I*, Art. 3 b, Rn. 31; *Heinze*, FS Kissel, S. 370 f.; *Isensee*, VSSR 1996, S. 180 f.; *Möschel*, NJW 1993, S. 3025 f.; *Schwartz*, EG-Kompetenzen für den Binnenmarkt: Exklusiv oder konkurrierend / subsidiär ?, S. 1; *Müller-Graff*, ZHR 159 (1995), S. 65; *Steindorff*, ZHR 163 (1999), S. 410 ff.

Verhandlungen von Maastricht nicht kannte und den er auch nicht näher definiert[77].

Es stellt sich somit die Frage, ob das Sozialrecht zum Bereich der ausschließlichen Kompetenz der Gemeinschaft gehört. Das Problem bei der Beantwortung dieser Frage besteht darin, dass es keinen Kompetenzkatalog für die ausschließliche Zuständigkeit der Europäischen Gemeinschaft gibt, wie er beispielsweise in den Art. 73-75 des Grundgesetzes festgeschrieben ist. Das ist auch Grund dafür, dass sich die Rechtswissenschaft in allen Mitgliedstaaten mit einer Kategorisierung nach ausschließlichen, konkurrierenden und Rahmenkompetenzen so schwer tut[78].

Bei dem Versuch einer Einordnung sind die allgemeinen Strukturprinzipien des Vertrages heranzuziehen[79], bedarf es der Auslegung der in der Präambel, in Art. 2, 3 und 4 (ex-Art. 3 a) EGV und der in anderen, über den ganzen Vertrag verstreuten Bestimmungen enthaltenen Ziele, die zugleich als Aufgaben zu deuten sind[80] sowie der Berücksichtigung der Lehre von den „implied powers“[81]. Auch und insbesondere dem EuGH wird nach wie vor die Aufgabe zukommen, bei Fragen im Zusammenhang mit dem Subsidiaritätsprinzip die Art der Zuständigkeit der Gemeinschaft zu prüfen[82]. Dies gilt um so mehr, seit die Kommission gezeigt hat, dass sie den Bereich der ausschließlichen EG-Kompetenzen extensiv auslegen will[83]. Im Zusammenhang mit den Entscheidungen in den Rechtssachen *„Decker“* und *„Kohll“* besteht eine weitere Schwierigkeit bei Lösung

[77] *Pieper*, Subsidiarität, S. 252; Europäische Kommission, Die Subsidiarität Europas, S. 117 f. = Bull. EG 10-1992, S. 121; *Müller-Graff*, ZHR 159 (1995), S. 59; *Hirsch*, Die Auswirkungen des Subsidiaritätsprinzips auf die Rechtsetzungsbefugnis der Europäischen Gemeinschaften, S. 8; *Geiger*, FS Gitter, S. 267

[78] *Heinze*, FS Kissel, S. 371; *Streinz*, Europarecht, Rn. 128; *Berg*, Gesundheitsschutz als Aufgabe der EU, S. 388

[79] *von Bogdany / Nettesheim*, in: *Grabitz / Hilf I*, Art. 3 b, Rn. 15

[80] *EuGH*, Urt. v. 29.9.1987, Rs. 126/86, Slg. 1987, 3712, 3715, Rz. 10 (Fernando Roberto Giménez Zaera / Instituto Nacional de la Seguridad Social und Tesorería General de la Seguridad Social); *Zuleeg*, in: *von der Groeben / Thiesing / Ehlermann*, Art. 2, Rn. 1; *Grabitz*, in: *Grabitz / Hilf I*, Art. 2, Rn. 1; *Kuhn*, Die soziale Dimension der Europäischen Gemeinschaft, S. 316 f.

[81] *Streinz*, Europarecht, Rn. 128; *Heintzen*, JZ 1991, S. 318; *Bleckmann*, Europarecht, Rn. 382; *Schima*, Das Subsidiaritätsprinzip im Europäischen Gemeinschaftsrecht, S. 13; *Hirsch*, Die Auswirkungen des Subsidiaritätsprinzips auf die Rechtsetzungsbefugnis der Europäischen Gemeinschaften, S. 8; *Heinze*, FS Kissel, S. 371; *Grabitz*, in: *Grabitz / Hilf I*, Art. 2, Rn.1; *Berg*, Gesundheitsschutz als Aufgabe der EU, S. 379 f., 383 f., 388; *Kuhn*, Die soziale Dimension der Europäischen Gemeinschaft, S. 317 f.

[82] *Hirsch*, Die Auswirkungen des Subsidiaritätsprinzips auf die Rechtsetzungsbefugnis der Europäischen Gemeinschaften, S. 8

[83] *Europäische Kommission*, Die Subsidiarität Europas, S. 120 = Bull. EG 10-1992, S. 122 f.; vgl. dazu *Möschel*, NJW 1993, S. 3026

des Problems eines vermeintlichen Verstoßes gegen das Subsidiaritätsprinzip darin, dass im Hinblick auf die von dem Vorwurf in Betracht kommenden Maßnahmen differenziert werden muss. Zum einen fehlt es diesbezüglich an konkreten Ausführungen derjenigen, die diese Kritik bei der Diskussion um die Urteile ins Feld führen. Zum anderen gliedert sich das Sozialrecht auch hinsichtlich von Kompetenzabgrenzungen in verschiedene Teilbereiche, welche unterschiedlichen Zuständigkeiten unterliegen. Es gibt nicht „die Kompetenz" zur Regelung des Sozialrechts. Vor dem Hintergrund des den Entscheidungen des Gerichtshofs zu Grunde liegenden Exports von Gesundheitsleistungen ist vor allem zwischen der Ausgestaltung der Systeme der sozialen Sicherheit auf der einen Seite und ihrer Koordinierung auf der anderen Seite zu unterscheiden. Hinzu kommt noch die Frage nach einem Verstoß gegen den Subsidiaritätsgrundsatz durch den EuGH selbst im Hinblick auf seine Kompetenz zur Entscheidungsfindung.

Aus diesem Grund kann auch die im Grundsatz zutreffende Feststellung, dass die konkurrierende Kompetenz den Regeltypus der Zuständigkeit der Gemeinschaft darstelle[84], im konkreten Einzelfall nicht weiterhelfen. Vielmehr ist eine jede Maßnahme differenziert zu untersuchen und die Einordung der Zuständigkeit für jeden von ihr tangierten Bereich gesondert vorzunehmen.

b. Zuständigkeit des Europäischen Gerichtshofs

Da sich die Kritik mit dem Argument des Verstoßes gegen das Subsidiaritätsprinzip - wie bereits angeführt - eher ausschließlich mit der Verwendung dieses terminus technicus begnügt als auf eine stringente Begründung hinausläuft[85], ist zuächst zu untersuchen, ob der EuGH selbst, indem er eine Entscheidung in den Rechtssachen *„Decker"* bzw. *„Kohll"* getroffen hat, gegen das Subsidiaritätsprinzip verstoßen hat. Durfte der Gerichtshof sich mit den vorgelegten Fragen überhaupt beschäftigen und diese entscheiden?

Das Gericht wurde im Hinblick auf die betreffenden Rechtssachen im Wege des Vorabentscheidungsverfahrens nach Art. 234 (ex-Art. 177) Abs. 1 lit. a) EGV angerufen. Die Vorlagefragen betrafen die Auslegung der Regelungen zur Warenverkehrsfreiheit nach Art. 28 und 30 (ex-Art. 30 und 36) EGV[86] und zur

---

84 *Streinz*, Europarecht, Rn. 132; *Bleckmann*, Europarecht, Rn. 739; *von Bogdany / Nettesheim*, in: *Grabitz / Hilf I*, Art. 3 b, Rn. 15; *Geiger*, in: FS Gitter, S. 275 f.; *Kuhn*, Die soziale Dimension der Europäischen Gemeinschaft, S. 66

85 Vgl. hierzu die spärlichen Ausführungen der *Pressemitteilung des Bundesministeriums für Gesundheit* Nr. 41 vom 28. April 1998

86 *Schlussanträge des Generalanwalts Tesauro* v. 16.9.1997, Rs. C-120/95 und Rs. C-158/96, Slg. 1998, 1831, 1838, Rz. 7 (Nicolas Decker / Caisse de maladie des employés privés bzw. Raymond Kohll / Union des caisses de maladie)

Dienstleistungsfreiheit nach Art. 49, 50 (ex-Art. 59, 60) EGV[87]. Für die dem EuGH zugewiesenen Rechtsstreitigkeiten hat dieser die ausschließliche Kompetenz inne, sodass die Subsidiaritätsklausel des Art. 5 (ex-Art. 3 b) Abs. 2 EGV gar nicht zur Anwendung gelangt[88]. Auch für die dem Gerichtshof in einem Vorabentscheidungsverfahren vorgelegten Fragen ist er ausschließlich zuständig, da es hierbei in erster Linie um die Gewährleistung der einheitlichen Anwendung des Gemeinschaftsrechts geht[89]. Es würde zudem sogar eine Rechtsverweigerung darstellen, wenn der EuGH eine ihm zugewiesene Kompetenz nicht wahrnähme[90]. Die Bemühung des Subsidiaritätsgrundsatzes greift mithin nicht im Hinblick auf die Entscheidungsfähigkeit des Gerichtshofes.

c. Die Kompetenz zur Ausgestaltung der Systeme der sozialen Sicherheit

aa. Keine ausschließliche Kompetenz der Gemeinschaft

Ungeachtet der Unstimmigkeiten über die Bereiche der ausschließlichen Kompetenz der Gemeinschaft[91] dürfte weitgehend Einigkeit insoweit bestehen, dass die Ausgestaltung der Systeme der sozialen Sicherheit nicht in den ausschließlichen Kompetenzbereich der Gemeinschaft fällt[92].

Unterstrichen wird diese Auffassung durch die Rechtsprechung des EuGH, der davon ausgeht, dass dieser Bereich der sozialen Sicherheit in die Zuständigkeit der Mitgliedstaaten fällt. So führt der Gerichtshof aus, „... daß das Gemeinschaftsrecht die Befugnis der Mitgliedstaaten nicht berührt, ihre Systeme der sozialen Sicherheit auszugestalten...“[93].

---

[87] *Schlussanträge des Generalanwalts Tesauro* v. 16.9.1997, Rs. C-120/95 und Rs. C-158/96, Slg. 1998, 1831, 1838 f., Rz. 9 (Nicolas Decker / Caisse de maladie des employés privés bzw. Raymond Kohll / Union des caisses de maladie)

[88] *Langguth*, in: *Lenz*, Art. 5, Rn. 21; *Hirsch*, Die Auswirkungen des Subsidiaritätsprinzips auf die Rechtsetzungsbefugnis der Europäischen Gemeinschaften, S. 7 f.; *Zuleeg*, in: *von der Groeben / Thiesing / Ehlermann*, Art. 3 b, Rn. 26; *Schuler*, in: *Schulte / Barwig*, S. 233

[89] *Krück*, in: *von der Groeben / Thiesing / Ehlermann*, Art. 177, Rn. 9 ff., 42; *Wohlfahrt*, in: *Grabitz / Hilf II*, Art. 177, Rn. 1, 31; *Borchardt*, in: *Lenz*, Art. 234, Rn. 1, 58

[90] *Zuleeg*, in: *von der Groeben / Thiesing / Ehlermann*, Art. 3 b, Rn. 26

[91] Vgl. hierzu: *Möschel*, NJW 1993, S. 3026; *Hirsch*, Die Auswirkungen des Subsidiaritätsprinzips auf die Rechtsetzungsbefugnis der Europäischen Gemeinschaften, S. 8;

[92] *Streinz*, Europarecht, Rn. 129; *Heinze*, FS Kissel, S. 372 ; *Bieback*, EuR 1993, S. 156; *Kötter*, EuR 1993, S. 157; *Müller-Graff*, ZHR 159 (1995), S. 60

[93] *EuGH*, Urt. v. 7.2.1984, Rs. 238/82, Slg. 1984, 523, 540 f., Rz. 16 (Duphar BV und andere / Niederländischer Staat)
Diese Rechtsprechung bestätigte der Gerichtshof in den hier im Mittelpunkt stehenden Entscheidungen *„Decker“* (*EuGH*, Urt. v. 28.4.1998, Rs. C-120/95, Slg. 1998, 1831, 1880, Rz. 21 f. [Nicolas Decker / Caisse de maladie des employés privés]) und *„Kohll“* (*EuGH*, Urt. v. 28.4.1998, Rs. C-158/96, Slg. 1998, 1935, 1942 f., Rz. 17 f. [Raymond

bb. Gemeinschaftskompetenz nach Art. 2, 3 EGV?

Diese eben angeführte Ansicht scheint auf den ersten Blick nicht mit Art. 2 EGV vereinbar zu sein, nach dem es gemäß dieser Bestimmung die Aufgabe der Gemeinschaft ist, „durch die Errichtung eines Gemeinsamen Marktes und einer Wirtschafts- und Währungsunion sowie durch die Durchführung der in den Art. 3 und 4 EGV genannten gemeinsamen Politiken und Maßnahmen in der ganzen Gemeinschaft eine harmonische, ausgewogene und nachhaltige Entwicklung des Wirtschaftslebens, ein hohes Beschäftigungsniveau und *ein hohes Maß an sozialem Schutz*, die Gleichstellung von Männern und Frauen, ein beständiges, nichtinflationäres Wachstum, einen hohen Grad von Wettbewerbsfähigkeit und Konvergenz der Wirtschaftsleistungen, ein hohes Maß an Umweltschutz und Verbesserung der Umweltqualität, die Hebung der Lebenshaltung und der Lebensqualität, den wirtschaftlichen und sozialen Zusammenhalt und die Solidarität zwischen den Mitgliedstaaten zu fördern“.

So ist auch *Heinze* der Auffassung, dass sich schon aus Art. 2 und 3 EGV eine erweiterte Normsetzungskompetenz der Europäischen Gemeinschaft im Hinblick auf den sozialen Schutz ergebe[94]. Eine ausschließliche Zuständigkeit der Mitgliedstaaten kam nach dieser Auffassung schon nach der mittlerweile überholten Fassung des EG-Vertrages nicht in Betracht.

Hierbei verkennt *Heinze* aber, dass in Art. 2 EGV lediglich die Aufgaben der Gemeinschaft beschrieben werden. Im deutschen Recht ist der Grundsatz anerkannt, dass von der Aufgabe eines Hoheitsträgers nicht auf dessen Befugnisse geschlossen werden kann. Dabei geht es vor allem darum, die Allmacht des Staates zu begrenzen, sodass diesem Prinzip eine rechtsstaatliche Funktion beigemessen werden kann[95]. Da auch die Gemeinschaft bei Wahrnehmung ihrer Befugnisse Hoheitsgewalt ausübt, ist dieser Grundsatz auf die Gemeinschaftsebene zu übertragen. Ansonsten wäre einer Kompetenzausweitung der Gemeinschaft Tür und Tor geöffnet. Schließlich handelt es sich in Art. 2 EGV um vertragsprägende allgemeine Grundsätze, welche so weit gefasst sind, dass nahezu eine jede Maßnahme bei entsprechend extensiver Auslegung diesen Zielen zugeordnet und eine entsprechende Befugnis abgeleitet werden kann[96].

Kohll / Union des caisses de maladie]) sowie in der nachfolgenden Entscheidung *„Smits / Peerbooms"* (EuGH, Urt. v. 12.7.2001, Rs. C-157/99, NJW 2001, S. 3391 ff., 3393, Rz. 44 (B. S. M. Smits, verheiratete Geraets / Stichting Ziekenfonds VGZ und H. T. M. Peerbooms / Stichting CZ Groep Zorgverzekeringen).

94 *Heinze*, FS Kissel, S. 369 f. (allerdings vor Inkrafttreten des Vertrages von Amsterdam)

95 *Zuleeg*, in: *von der Groeben / Thiesing / Ehlermann*, Art. 2, Rn. 5

96 *Berg*, Gesundheitsschutz als Aufgabe der EU, S. 378; *Stahlberg*, Europäisches Sozialrecht, Rn. 80, 90, 93; *Zuleeg*, in: *von der Groeben / Thiesing / Ehlermann*, Art. 2, Rn. 6; Art. 3 b, Rn. 5; *Micklitz / Reich*, EuZW 1992, S. 594; im Ergebnis ebenso: *Hirsch*, BKK 1999, S.13

Zudem ergibt sich explizit aus dem EG-Vertrag, dass von der Aufgabe nicht auf die Befugnis geschlossen werden kann. So betraut Art. 7 (ex-Art. 4) Abs. 1 EGV in seinem ersten Satz die verschiedenen Gemeinschaftsorgane mit der Wahrnehmung von „... der Gemeinschaft zugewiesenen Aufgaben...", um im folgenden zweiten Satz Maßnahmen auf die den Organen im „... Vertrag zugewiesenen Befugnisse ..." zu beschränken. Ebenso wird die Differenzierung zwischen Aufgaben und Befugnissen in Art. 5 (ex-Art. 3 b) Abs. 1 EGV deutlich, wenn man berücksichtigt, dass die Ziele, auf welche diese Vorschrift verweist, mit den Aufgaben in Art. 2 und 3 EGV identisch und gleichzusetzen sind[97].

Zwar hat der EuGH in einer Entscheidung im Hinblick auf Art. 137 (ex-Art. 118) EGV auch von einer Aufgabe der Kommission auf deren zur Erfüllung dieser Aufgabe unerlässlichen Befugnis geschlossen[98]. Diese Befugnis hat er dann aber sogleich auf eine ausdrücklich angeführte Maßnahme beschränkt[99] und damit den viel zu weit gefassten Ausgangspunkt im Ergebnis wieder erheblich eingeengt. Will der Gerichtshof damit tatsächlich das fundamentale Prinzip der begrenzten Einzelermächtigung in Frage stellen[100], so kann ihm darin unter keinen Umständen gefolgt werden. Darüber hinaus ist diese Entscheidung des EuGH insofern kein überzeugendes Gegenargument, als das Gericht den Bereich, der von der Maßnahme betroffen ist, im Ergebnis doch der Zuständigkeit der Mitgliedstaaten zuordnet und wegen der Einengung auf die konkrete Befugnis im Einzelfall[101] nicht ohne weiteres von einem allgemeinen Grundsatz gesprochen werden kann. Abgesehen davon hat der Gerichtshof im Hinblick auf die Sozialpolitik zumindest in letzter Konsequenz der Gemeinschaft keine rechtlich erheblichen Maßnahmen zur inhaltlichen Gestaltung der Sozialpolitik zugestanden, sondern die sozialpolitischen Zuständigkeiten im Grundsatz den Mitgliedstaaten vorbehalten[102]. Auf Vertragsbestimmungen, welche Aufgaben und Vertragsziele enthalten, darf daher keine belastende Maßnahme gegenüber Einzelnen gestützt werden. Das gilt auch und insbesondere für

---

97 *EuGH*, Urt. v. 29.9.1987, Rs. 126/86, Slg. 1987, 3712, 3715, Rz. 10 (Fernando Roberto Giménez Zaera / Instituto Nacional de la Seguridad Social und Tesorería General de la Seguridad Social); *Zuleeg*, in: *von der Groeben / Thiesing / Ehlermann*, Art. 2, Rn. 1; *Grabitz*, in: *Grabitz / Hilf I*, Art. 2, Rn. 1; *Kuhn*, Die soziale Dimension der Europäischen Gemeinschaft, S. 316

98 *EuGH*, Urt. v. 9.7.1987, Rs. 281, 283-285, 287/85, Slg. 1987, 3203, 3253, Rz. 28 (Bundesrepublik Deutschland und andere / Kommission der Europäischen Gemeinschaften)

99 *EuGH*, Urt. v. 9.7.1987, Rs. 281, 283-285, 287/85, Slg. 1987, 3203, 3254, Rz. 30 (Bundesrepublik Deutschland und andere / Kommission der Europäischen Gemeinschaften)

100 So: *Sodan*, JZ 1998, S. 1169

101 *EuGH*, Urt. v. 9.7.1987, Rs. 281, 283-285, 287/85, Slg. 1987, 3203, 3254, Rz. 30 (Bundesrepublik Deutschland und andere / Kommission der Europäischen Gemeinschaften)

102 Vgl. dazu auch: *Langenfeld / Jansen*, in: *Grabitz / Hilf I*, Art. 118, Rn. 1; *Zuleeg*, in: *von der Groeben / Thiesing / Ehlermann*, Art. 2, Rn. 6

die in Art. 2 EGV aufgeführten Aufgaben. Die Gemeinschaftsorgane sind vielmehr jeweils auf eine besondere Ermächtigungsgrundlage angewiesen. Die Vorschriften über die Aufgaben und Vertragsziele sind somit selbst keine Kompetenznormen, sondern können solche „lediglich" ergänzen oder beschränken.

cc. Gemeinschaftskompetenz nach dem Protokoll des EU-Vertrages über die Sozialpolitik?

Wie *Heinze* ging auch *Isensee* bereits vor Inkrafttreten des Vertrages von Amsterdam im Hinblick auf die sozialpolitischen Kompetenzen von einer konkurrierenden Zuständigkeit zwischen der Gemeinschaft und den Mitgliedstaaten aus, jedenfalls soweit sie sich auf Sachnormen bezogen. Er stützte seine Auffassung vor allem auf das Protokoll des EU-Vertrages über die Sozialpolitik[103] und auf Art. 2 Abs. 3 des auf der Grundlage dieses Protokolls verabschiedeten Abkommens zwischen den Mitgliedstaaten der Europäischen Gemeinschaft mit Ausnahme des Vereinigten Königreichs Großbritannien und Nordirland über die Sozialpolitik[104], welcher im Wesentlichen dem heutigen Art. 137 Abs. 3 EGV entspricht[105] und den unterzeichnenden Mitgliedstaaten vor allem die Einführung sozialer Mindeststandards ermöglichte[106]. Besondere Bedeutung kommt jedoch dem Umstand zu, dass alle Mitgliedstaaten zwar das Protokoll, nicht aber das Abkommen unterzeichneten. Das Vereinigte Königreich nahm nicht am Maastrichter Sozialabkommen teil. Damit war das Abkommen formell nicht Bestandteil des EG-Vertrages und folglich dem eigentlichen primären Gemeinschaftsrecht nicht gleichgestellt, sondern als eigenständiger völkerrechtlicher Vertrag einzuordnen[107]. Schließlich erstreckte sich der räumliche Geltungsbereich des Abkommens und von auf seiner Grundlage zustandegekommenden Regelungen nicht auf das ganze Gemeinschaftsgebiet[108].

Somit konnte auch unter Heranziehung des Protokolls des EU-Vertrages über die Sozialpolitik[109] und Art. 2 Abs. 3 des auf der Grundlage dieses Protokolls

---

103 ABl. 1992 Nr. C 191/90

104 ABl. 1995 Nr. C 191/90; vgl. hierzu: *Isensee*, VSSR 1996, S. 172, 181

105 Die bis zum Vertrag von Amsterdam im Abkommen zwischen den Mitgliedstaaten der Europäischen Gemeinschaft mit Ausnahme des Vereinigten Königreiches Großbritannien und Nordirland über die Sozialpolitik enthaltenen Regelungen wurden in die Sozialvorschriften der Art. 136-145 EGV eingefügt und weiterentwickelt.

106 *Heinze*, in: Döring / Hauser, S. 215; *Schulte*, in: Döring / Hauser, S. 230

107 *Streinz*, Europarecht, 3. Auflage, Rn. 890; *Runggaldier*, in: Hummer, S. 199, 208; a.A.: *Stahlberg*, Europäisches Sozialrecht, Rn. 82; *Balze*, Die sozialpolitischen Kompetenzen der Europäischen Union, S. 253

108 *Ringler*, Die Europäische Sozialunion, S. 185 ff.; *Balze*, Die sozialpolitischen Kompetenzen der Europäischen Union, S. 253 f.; *Stahlberg*, Europäisches Sozialrecht, Rn. 82; mit Zweifeln hingegen: *Bleckmann*, Europarecht, Rn. 2576

109 ABl. 1992 Nr. C 191/90

verabschiedeten Abkommens zwischen den Mitgliedstaaten der Europäischen Gemeinschaft mit Ausnahme des Vereinigten Königreichs über die Sozialpolitik nicht auf eine konkurrierende Kompetenz der Gemeinschaft für die Ausgestaltung der Systeme der sozialen Sicherheit geschlossen werden. Von einer solchen kann in nämlich nur gesprochen werden, wenn die entsprechenden Normen im gesamten Gebiet der Gemeinschaft Geltung beanspruchen. Sonst würde das Vereinigte Königreich, wenn und soweit es um die Kompetenz der Gemeinschaft für die Ausgestaltung der Systeme der sozialen Sicherheit geht, nicht der Gemeinschaft angehören und auf diesem Weg ein neuer „Gemeinschaftsbegriff" eingeführt.

Abgesehen von dem fehlenden gemeinschaftsweiten Geltungsbereich von auf dem Abkommen beruhenden Maßnahmen waren in diesem Zusammenhang immer zahlreiche Einzelfragen ungeklärt und insbesondere die Anwendung des Abkommens und dessen Rechtsnatur aus rechtlich-dogmatischer Sicht höchst diffizil und umstritten[110].

dd. Gemeinschaftskompetenz nach Art. 42 (ex-Art. 51) EGV

Ebenso verleiht Art. 42 (ex-Art. 51) EGV der Gemeinschaft nicht die Kompetenz zur Ausgestaltung der Systeme der sozialen Sicherheit. Die auf Art. 42 (ex-Art. 51) EGV gestützten Maßnahmen sollen lediglich die unterschiedlichen sozialen Systeme der Mitgliedstaaten zur Gewährleistung der Freizügigkeit der Arbeitnehmer koordinieren. Diese Koordinierung berührt aber nicht die Verschiedenheit der sozialen Rechtsordnungen der Mitgliedstaaten selbst und deren Freiheit, diese auszugestalten. Aufgrund der begrenzten Zielsetzung beinhaltet diese Vorschrift des EG-Vertrages mithin nicht die gemeinschaftliche Kompetenz, in die jeweiligen Systeme der sozialen Sicherheit im Hinblick auf Art und Umfang des sozialrechtlichen Leistungskatalogs einzugreifen, insbesondere Sozialleistungsansprüche einzuführen, deren Anspruchsvoraussetzungen durch das Gemeinschaftsrecht geregelt werden[111].

Im Gegenteil ist Art. 42 (ex-Art. 51) EGV gerade Beweis dafür, dass die Mitgliedstaaten (zumindest auch) für die Ausgestaltung ihrer sozialen Sicherungssysteme zuständig und für deren unterschiedlichen Inhalte verantwortlich sind.

---

110 *Rungaldier*, in: *Hummer*, S. 199, 208 f.; *Balze*, Die sozialpolitischen Kompetenzen der Europäischen Union, S. 253 f.; *Ringler*, Die Europäische Sozialunion, S. 188 ff.; *Streinz*, Europarecht, Rn. 890

111 Schlussantrag des *Generalanwalts Ruiz-Jarabo Colomer*, Slg. 1995, 4036, 4042, Rz. 11 (Ioannis Vouioukas / Idryma Koinonikon Asfaliseon); *Willms*, in: *von der Groeben / Thiesing / Ehlermann*, Art. 51, Rn. 4, 20; *Scheuer*, in: *Lenz*, Art. 42, Rn. 1 f.; *Cornelissen*, in: *Eichenhofer*, S. 4; *Schulte*, in: *Fuchs*, Vorbemerkungen zur VO (EWG) 1408/71, Rn. 7; *ders.*, BayVBl 2000, S. 364

Wenn dies nicht der Fall wäre, bestünde nicht die Notwendigkeit, die Systeme im Hinblick auf die Freizügigkeit der Arbeitnehmer zu koordinieren. Ein Leistungsanspruch ergibt sich deshalb auch nicht allein aus Art. 42 (ex-Art. 51) EGV, sondern nur in Verbindung mit den mitgliedstaatlichen Regelungen[112].

ee. Gemeinschaftskompetenz nach Ausweitung der Befugnisse durch den Vertrag von Amsterdam

Ging der EG-Vertrag in seiner Fassung vor Inkrafttreten des Vertrages von Amsterdam nach der ganz überwiegenden Ansicht mithin noch grundsätzlich von der ausschließlichen mitgliedstaatlichen Kompetenz zur Ausgestaltung der Systeme der sozialen Sicherheit aus[113], so kann dieser Feststellung nach dem Vertrag von Amsterdam zum Teil nicht mehr so vorbehaltlos zugestimmt werden. Im Umkehrschluss wurde aus der Vorschrift des ex-Art. 118 EGV geschlossen, dass die Gestaltung der sozialen Sicherheit ausschließlich den Mitgliedstaaten deshalb obliegt, weil diese Vorschrift die Gemeinschaft, namentlich die Kommission, lediglich zur engen Zusammenarbeit mit den Mitgliedstaaten in sozialen Fragen anhält[114]. Diese Argumentation ist im Zusammenhang mit der entsprechenden (neuen) Regelung des Art. 137 EGV nicht mehr möglich. Vielmehr wurden die Kompetenzen der Gemeinschaft mit dem Vertrag von Amsterdam im Bereich der Sozialpolitik vor allem durch die Integration des Abkommens über die Sozialpolitik[115] nunmehr so ausgeweitet, dass sich ihre Tätigkeit nicht mehr im Wesentlichen auf die Förderung einer engen Zusammenarbeit zwischen den Mitgliedstaaten beschränken muss und sie somit nur mittelbar und ohne verbindliche Wirkung tätig werden kann. Vielmehr ist die Gemeinschaft nach der neuen Fassung nach Art. 137 Abs. 3 EGV befugt, zur Verwirklichung der sozialpolitischen Vertragsziele die Maßnahmen der Mitgliedstaaten aktiv, unmittelbar und gegebenenfalls mit Bindungswirkung zu unterstützen und zu ergänzen. Damit ist es der Gemeinschaft nach dieser Regelung möglich, Mindeststandards im Bereich des Sozialrechts zu setzen[116]. Aufgrund dessen hat sich die Waage von der ausschließlichen Kompetenz der Mitgliedstaaten zusehens

---

[112] *Scheuer*, in: *Lenz*, Art. 42, Rn. 6; *Wiegand*, Das europäische Gemeinschaftsrecht in der Sozialversicherung, S. 28 f.

[113] *Lorenz*, VSSR 1995, S. 209; *Lang*, SGb 1996, S. 104; *Eichenhofer*, VSSR 1996, S. 188; *Schuster*, EuZW 1992, S. 179; a.A.: *Bieback*, in: Europäisches Sozialrecht, S. 68 f.

[114] So im Hinblick auf die Vorschrift des ex-Art. 118 EGV: *Eichenhofer*, VSSR 1996, S. 188; *Pompe*, Leistungen der sozialen Sicherheit bei Alter und Invalidität für Wanderarbeitnehmer nach Europäischem Gemeinschaftsrecht – unter besonderer Berücksichtigung der Rechtsprechung des Europäischen Gerichtshofes und des Bundessozialgerichts, S. 30 f.; wohl auch: *Ewert*, Der Beitrag des Gerichtshofs der Europäischen Gemeinschaften zur Entwicklung eines Europäischen Sozialrechts, S. 38

[115] Vgl. hierzu: *Streinz*, EuZW 1998, S. 144

[116] *Kleine*, NZS 2000, S. 604; *Runggaldier*, in: *Hummer*, S. 210; *Coen*, in: *Lenz*, Art. 137, Rn. 32; *Heinze*, SGb 2001, S. 157

mehr und mehr zur konkurrierenden Kompetenz zwischen der Gemeinschaft und den Mitgliedstaaten geneigt[117].

Entscheidend nach dem Vertrag von Amsterdam ist weniger die Vorschrift des Art. 136 EGV als vielmehr Art. 137 EGV. Zwar gibt die Vorschrift des Art. 136 EGV als gemeinsames Ziel der Gemeinschaft und der Mitgliedstaaten „... einen angemessenen sozialen Schutz ..." aus. Doch begründet die Regelung mit dieser (neu aufgenommenen) Zielsetzung keine Kompetenz der EG, sondern macht dieses Ziel „lediglich" zu einer gemeinsamen Aufgabe von Gemeinschaft und Mitgliedstaaten[118]. Da ein Rückschluss von der Aufgabe auf die Befugnis auch im Rahmen des Gemeinschaftsrechts nicht möglich ist[119], kann sich eine Kompetenz der EG nicht allein aus dieser Vorschrift ergeben.

Dagegen ermächtigt Art. 137 Abs. 3 EGV den Rat zum Erlass von Mindestvorschriften durch Richtlinien auch auf dem Gebiet der sozialen Sicherheit. Berücksichtigt man daneben die Regelung des Art. 137 Abs. 5 EGV, nach dem trotz erlassener Vorschriften des Rates nach Art. 137 Abs. 3 EGV die Mitgliedstaaten nicht gehindert sind, strengere Schutzmaßnahmen beizubehalten oder zu treffen, soweit diese mit dem EG-Vertrag vereinbar sind, können diese Regelungen für eine konkurrierende Kompetenz der Gemeinschaft in dem Bereich der Ausgestaltung der Systeme der sozialen Sicherheit angeführt werden. Deshalb sprechen gewichtige Argumente dafür, dass der Vertrag von Amsterdam nicht nur die unter Berücksichtigung der damaligen Fassung des EG-Vertrages zustimmungswürdige Ansicht des Gerichtshofs[120], sondern auch die der weit über-

---

117 So auch im Ergebnis: *Coen*, in: *Lenz*, Vorbem. Art. 136-145 EGV, Rn. 4; *Rebhahn*, in: *Schwarze*, Art. 136, Rn. 42, Art. 137, Rn. 6 ff.; *Spiegel*, SozSich 1998, S. 665; *Kötter*, VSSR 1998, S. 234 f.; *Runggaldier*, in: *Hummer*, S. 209 ff.; *Schulte*, ZFSH/SGB 1999, S. 357 f.; *Sodan*, JZ 1998, S. 1169; *Raschke*, BG 1999, S. 154; *Wille*, KrV 1999, S. 294; *Giesen*, in: Freizügigkeit und Soziale Sicherheit, S. 360; *Heinze*, FS Gitter, S. 371 f. hinsichtlich der Vorschriften des Protokolls des EU-Vertrages und des „Elfer-Abkommens", die nunmehr in den Vertrag integriert sind

118 *Coen*, in: *Lenz*, Art. 136, Rn. 4; *Runggaldier*, in: *Hummer*, S. 209 f.; *Rebhahn*, in: *Schwarze*, Art. 136, Rn.6 ff., 13

119 Vgl. hierzu oben: C.I.4.c.bb.
Widersprüchlich sind insoweit die Ausführungen von *Coen*, in: *Lenz*, Art. 136, Rn. 4 f., der zum einen davon ausgeht, dass Art. 136 EGV keine Zuständigkeit der Gemeinschaft begründet und dessen Bedeutung lediglich darin läge, dass er Anhaltspunkte für die Auslegung anderer Vorschriften des EGV und des sekundären Gemeinschaftsrechts im Sozialbereich liefere. Zum anderen spricht er dann aber dennoch von einer „gemischten Zuständigkeit", zu der diese Vorschrift wegen der gemeinsamen Aufgabe von EG und Mitgliedstaaten führe.

120 *EuGH*, Urt. v. 7.2.1984, Rs. 238/82, Slg. 1984, 523, 540 f. , Rz. 16 (Duphar BV und andere / Niederländischer Staat); *EuGH*, Urt. v. 28.4.1998, Rs. C-120/95, Slg. 1998, 1831, 1880, Rz. 21 f. (Nicolas Decker / Caisse de maladie des employés privés); *EuGH*, Urt. v. 28.4.1998, Rs. C-158/96, Slg. 1998, 1935, 1942 f., Rz. 17 f. (Raymond Kohll / Union des

wiegenden Literatur[121] von der grundsätzlichen Alleinzuständigkeit der Mitgliedstaaten im gesamten Bereich der sozialen Sicherheit überholt hat. Dem Bericht der gemeinsamen Arbeitsgruppe kann darum insoweit nicht gefolgt werden, als er weiterhin davon ausgeht, dass sich auf dem Gebiet der Systeme der sozialen Sicherung an dem Vorbehalt der Gesetzgebungskompetenz zugunsten der Mitgliedstaaten auch durch die neuen Fassungen der Art. 136 ff. EGV nichts ändere[122]. Der Begründungsversuch des Berichts mit dem Verweis der Vorschrift auf die Ziele des Art. 136 EGV vermag ohnehin nicht zu überzeugen. Zu diesen Zielen gehört gerade auch ein angemessener sozialer Schutz.

Es gilt aber zu beachten, dass trotz dieser nunmehr stabileren Kompetenzgrundlage der Gemeinschaft in einem so finanzwirksamen und besonders sensiblen Bereich wie dem der sozialen Sicherheit nach Art. 137 Abs. 3 EGV Einstimmigkeit im Rahmen der Beschlussfassung erforderlich ist. Das bedeutet aber natürlich nicht, dass ausschließlich die einzelnen Mitgliedstaaten für die Ausgestaltung ihrer sozialen Sicherungssysteme zuständig wären[123]. Im Gegenteil ergibt sich aus dem Vorhandensein von die Gemeinschaft bindenden Verfahrensvorschriften für bestimmte Maßnahmen gerade auch ihre Zuständigkeit. Die Argumentation von *Neumann-Duesberg* geht deshalb fehl und stützt vielmehr die Feststellung, dass die Gemeinschaft nach dem Vertrag von Amsterdam nunmehr Kompetenzen in dem Bereich der sozialen Sicherheit innehat. Aufgrund der Art. 136 ff. EGV wird heute zu Recht vermehrt von einer konkurrierenden Kompetenz zwischen der Gemeinschaft und den Mitgliedstaaten im Hinblick auf die Ausgestaltung der Systeme der sozialen Sicherheit ausgegangen[124].
Zwar hat die aktuelle Rechtsprechung des Gerichtshofs in zwei Entscheidungen nach dem Vertrag von Amsterdam einen den Mitgliedstaaten bei der Ausgestaltung ihrer Systeme der sozialen Sicherheit zustehenden Ermessensspielraum weiterhin zugestanden und betont[125]. Dennoch widerspricht diese Feststellung

caisses de maladie)

121 *Streinz*, Europarecht, Rn. 129; *Heinze*, FS Kissel, S. 372; *Schulte*, ZFSH/SGB 1999, S. 271; *Isensee*, VSSR 1996, S. 179 f.; *Eichenhofer*, VSSR 1996, S. 188 f.; *Hirsch*, Die Auswirkungen des Subsidiaritätsprinzips auf die Rechtsetzungsbefugnis der Europäischen Gemeinschaften, S. 13; *Benicke*, ZFSH/SGB 1998, S. 24

122 *Bericht der gemeinsamen Arbeitsgruppe*, ZFSH 1999, S. 623

123 So aber: *Neumann-Duesberg*, Gesundheit und Gesellschaft 1998, S. 24

124 *Coen*, in: *Lenz*, Vorbem. Art. 136-145, Rn. 4 f., Art. 137, Rn. 31 f.; *Pitschas*, VSSR 1999, S. 226; *Rebhahn*, in: *Schwarze*, Art. 136, Rn. 5, 13; Art. 137, Rn. 16; *Schulte*, BayVBl 2000, S. 336; *Kleine*, NZS 2000, S. 603 f.; *Giesen*, in: *Schulte / Barwig*, S. 360

125 *EuGH*, Urt. v. 21.9.1999, verbundene Rs. C-115/97 bis 117/97, Slg. 1999, 6029, 6063 f., Rz. 122 (Brentjens' Handelsonderneming BV / Stichting Bedrijfspensioenfonds voor de Handel Bouwmaterialien); *EuGH*, Urt. v. 12.7.2001, Rs. C-157/99, NJW 2001, S. 3391 ff., 3393, Rz. 44 (B. S. M. Smits, verheiratete Geraets / Stichting Ziekenfonds VGZ und H. T. M. Peerbooms / Stichting CZ Groep Zorgverzekeringen)

des EuGH nicht der Annahme einer konkurrierenden Kompetenz[126], weil die Gemeinschaft bisher von ihrem Recht, im Bereich des Sozialversicherungsrechts verbindliche Mindeststandards festzulegen, keinerlei Gebrauch gemacht hat. Aus diesem Grund sind die Mitgliedstaaten bei der Ausgestaltung ihrer Systeme der sozialen Sicherheit derzeit (noch) frei und müssen entsprechende sekundärgemeinschaftliche Vorgaben nicht berücksichtigen[127].

Die generelle Erweiterung der sozialpolitischen Aufgaben der Gemeinschaft, vor allem aber auch ihrer Kompetenzen, durch den Vertrag von Amsterdam ergibt sich neben Art. 137 Abs. 3 EGV auch aus Art. 152 EGV[128], der im Unterschied zum entsprechenden ex-Art. 129 EGV die Gemeinschaft nicht nur auf Fördermaßnahmen und Empfehlungen beschränkt, sondern Maßnahmen jeglicher Form zulässt[129]. Allerdings ermächtigt Art. 152 EGV in Abgrenzung zu anderen gemeinschaftsrechtlichen Kompetenzvorschriften die Gemeinschaft nur zu Maßnahmen mit ausschließlich gesundheitspolitischer Zielsetzung[130]. Eine solche kann in der hier zu diskutierenden grenzüberschreitenden Leistungserbringung im Hinblick auf die Rechtssachen *„Decker"* und *„Kohll"* nicht gesehen werden, geht es doch in diesen vor allem um Aspekte des Binnenmarktes[131] und weniger um gesundheitspolitische Intentionen. Im Zusammenhang mit der Ausgestaltung der Systeme der sozialen Sicherheit ist mithin von einer konkurrierenden Kompetenz der Gemeinschaft und der Mitgliedstaaten auszugehen[132].

---

126 A.A.: *Boecken*, NZS 2000, S. 272

127 EuGH, Urt. v. 12.7.2001, Rs. C-157/99, NJW 2001, S. 3391 ff., 3393, Rz. 45 (B. S. M. Smits, verheiratete Geraets / Stichting Ziekenfonds VGZ und H. T. M. Peerbooms / Stichting CZ Groep Zorgverzekeringen); *Kleine*, NZS 2000, S. 604; *Coen*, in: *Lenz*, Art. 137, Rn. 32; *Rebhahn*, in: *Schwarze*, Art. 137, Rn. 42; *Felix*, SozSich 2001, S. 632

128 *Burger*, BKK 1999, S. 6; *Schulte*, ZFSH/SGB 1999, S. 361; *Wille*, KrV 1999, S. 294; *Sodan*, JZ 1998, S. 1169; a.A.: *Demmer*, BKK 2002, S. 63

129 *Sodan*, JZ 1998, S. 1169; *Fischer*, in: *Lenz*, Art. 152, Rn. 12; *Berg*, in: *Schwarze*, Art. 152, Rn. 4

130 *Fischer*, in: *Lenz*, Art. 152, Rn. 18; *Berg*, in: *Schwarze*, Art. 152, Rn. 4, 26

131 Das verkennt offensichtlich *Sendler*, KrV 1998, S. 287, der der Auffassung ist, dass der EuGH sich mit den Entscheidungen in den Rechtssachen *„Decker"* und *„Kohll"* über die mit Art. 152 EGV intendierten Defensivpositionen aus übergeordneten Gründen der Freizügigkeit hinwegsetze.

132 Im Ergebnis ebenso: *Coen*, in: *Lenz*, Vorbem. Art. 136-145, Rn. 4 f. und Art. 137, Rn. 31 f.; *Pitschas*, VSSR 1999, S. 226; *Rebhahn*, in: *Schwarze*, Art. 136, Rn. 5, 13; Art. 137, Rn. 16; *Schulte*, BayVBl 2000, S. 336; *Kleine*, NZS 2000, S. 603 f.; *Giesen*, in: *Schulte / Barwig*, S. 360

d. Die Kompetenz zur Koordinierung der nationalen Systeme der sozialen Sicherheit

aa. Kompetenz der Gemeinschaft nach Art. 42 (ex-Art. 51) EGV

Die Kritik unter Anführung des Subsidiaritätsgundsatzes kann sich auch auf den Bereich der Koordinierung der nationalen Systeme des Sozialrechts beziehen. Dieses Gebiet gehört (zumindest auch) in den Kompetenzbereich der Gemeinschaft[133]. Das ergibt sich schon aus Art. 42 (ex-Art. 51) EGV, nach dem die Gemeinschaft verpflichtet („Der Rat beschließt...“) ist, für die Herstellung der Freizügigkeit der Arbeitnehmer ein System der Koordination der mitgliedstaatlichen Sozialrechtsordnung zu schaffen.

bb. Keine ausschließliche Kompetenz der Gemeinschaft nach Art. 42 (ex-Art. 51) EGV

Die Koordinierung der sozialen Sicherungssysteme obliegt der Gemeinschaft jedoch nicht ausschließlich[134]. Art. 42 (ex-Art. 51) EGV verpflichtet den Rat zur Durchführung der „notwendigen Maßnahmen“. Die Befugnisse der Gemeinschaft in diesem Bereich werden durch diese Voraussetzung definiert und beschränkt. Dabei stellt Art. 42 (ex-Art. 51) EGV in erster Linie auf den Fall ab, dass die mitgliedstaatlichen Vorschriften einen Wanderarbeitnehmer, der von seiner Freizügigkeit Gebrauch macht, im Vergleich zu einem stets in einem Mitgliedstaat wohnenden und beschäftigten Arbeitnehmer benachteiligen, sei es, dass die Regelungen des Mitgliedstaates allein keinen Leistungsanspruch für den Wanderarbeitnehmer begründen, weil er beispielsweise die danach erforderlichen Versicherungszeiten nicht zurückgelegt hat, sei es, dass sie ihm eine niedrigere als die Höchstleistung einräumen. Diesem Sinn und Zweck entspricht es aber nicht, wenn die Arbeitnehmer, die von ihrem Recht auf Freizügigkeit Gebrauch gemacht haben, Vorteile im Rahmen der sozialen Sicherheit verlieren, die ihnen die Vorschriften eines Mitgliedstaates sichern[135]. Deshalb haben neben

---

[133] *Eichenhofer*, VSSR 1996, 190; *Isensee*, VSSR 1996, S. 181; *Lorenz*, VSSR 1995, S. 209; *Rebhahn*, in: *Schwarze*, Art. 136, Rn. 41; *Klein*, Deutsches Pflegeversicherungsrecht versus Europarecht, S. 38 f.; *Haverkate*, in: *Haverkate / Weiss / Huster / Schmidt*, S. 281

[134] So auch im Ergebnis: *Bieback*, in: Europäisches Sozialrecht, S. 68; *Schulte*, EuR 1990, S. 42 ff.; *Spiegel*, SozSich, S. 665; *Schuler*, in: *Schulte / Barwig*, S. 236 f.; a.A. offensichtlich: *Neumann-Duesberg*, in: *Schulte / Barwig*, S. 92, der Art. 42 (ex-Art. 51) EGV als abschließende Sondervorschrift einordnet.

[135] *EuGH*, Urt. v. 21.10.1975, Rs. 24/75, Slg. 1975, 1149, 1160, Rz. 11 ff. (Teresa und Silvana Petroni / Office National des Pensions pour Travailleurs Salariés (ONPTS); *EuGH*, Urt. v. 14.12.1989, Rs. 168/88, Slg. 1989, 4570, 4576, Rz. 21 (Theo Dammer / VZW Securex Kinderbijslagfonds und Rijksdienst voor Kinderbijslag voor Werknemers); *EuGH*, Urt. v. 9.7.1975, Rs. 20/75, Slg. 1975, 891, 899, Rz. 10 (Gaetano d` Amico / Landesversicherungsanstalt Rheinland-Pfalz); *Schulte*, in: *Fuchs*, Vorbemerkungen zur VO (EWG)

der Gemeinschaft auch die Mitgliedstaaten die Kompetenz zu koordinierenden Maßnahmen auf dem Gebiet der sozialen Sicherheit, wenn diese über die zur Herstellung der Freizügigkeit der Arbeitnehmer notwendigen Maßnahmen nach Art. 42 (ex-Art. 51) EGV hinausgehen.

Zudem erfasst der personelle Anwendungsbereich von auf Art. 42 (ex-Art. 51) EGV beruhenden Maßnahmen nicht alle in einem nationalen System versicherten Personen, die die Staatsangehörigkeit eines Mitgliedstaates besitzen. Vielmehr beschränkt sich die Kompetenz nach Art. 42 (ex-Art. 51) EGV auf Arbeitnehmer und deren anspruchsberechtigte Angehörige[136]. Auch dies ist Beleg dafür, dass die Zuständigkeit der Gemeinschaft zur Koordinierung der nationalen Systeme der sozialen Sicherung nicht aufgrund Art. 42 (ex-Art. 51) EGV ausschließlicher Natur sein kann. Unberücksichtigt bleiben bei allein auf Art. 42 (ex-Art. 51) EGV zurückzuführenden Maßnahmen der Gemeinschaft all diejenigen, die nicht unter diesen begrenzten Personenkreis fallen. Das schließt freilich nicht aus, dass in den Ausführungsvorschriften zu Art. 42 (ex-Art. 51) EGV die Belange auch anderer Personengruppen (z.B. Selbstständige, Nichterwerbstätige, Drittstaatsangehörige) mitgeregelt werden können (oder sogar müssen). Doch bedarf es dazu wiederum im Vertrag einer entsprechenden Kompetenz (z.B. Art. 14 [ex-Art. 7 a], 18 [ex-Art. 8 a], 308 [ex-Art. 235] EGV)[137]. Art. 42 (ex-Art. 51) EGV allein stellt keine ausreichende Kompetenzgrundlage zur Einbeziehung dieser anderen Personengruppen in die Koordinierungsregelungen im Bereich der sozialen Sicherungssysteme dar. So verweisen nicht zuletzt die zur Erweiterung des persönlichen Geltungsbereiches der VO (EWG) Nr. 1408/71 um die Gruppe der Selbstständigen und ihrer Familienangehörigen und die der Sondersysteme für Beamte und ihnen gleichgestellte Personen erlassenen VO (EWG) Nr. 1390/81[138] bzw. VO (EWG) Nr. 1606/98[139] bezüglich ihrer

1408/71, Rn. 8; *Spiegel*, SozSich 1998, S. 665

136 Dabei ist jedoch auf die extensive Rechtsprechung des *EuGH* zum sozialversicherungsrechtlichen Arbeitnehmerbegriff im Rahmen des persönlichen Anwendungsbereichs der VO (EWG) Nr. 1408/71 (vgl. hierzu: *Schuler*, in: *Eichenhofer*, S. 80 f.; *Pompe*, Leistungen der sozialen Sicherheit bei Alter und Inhvalidität für Wanderarbeitnehmer nach Europäischem Gemeinschaftsrecht - unter besonderer Berücksichtigung der Rechtsprechung des Europäischen Gerichtshofes und des Bundessozialgerichts, S. 131 ff.; *Scheuer*, in: *Lenz*, Art. 42, Rn.18) sowie auf die aufgrund der Entscheidung des *EuGH*, Urt. v. 22.11.1995, Rs. C-443/93, Slg. 1993, 4052, 4063 f., Rz. 30 ff. (Ioannis Vougioukas / Idryma Koinonikon Asfaliseon) nachträglich aufgenommenen Sonderregelungen für Beamte hinzuweisen.

137 *Altmaier*, in: *Eichenhofer*, S. 42 f.; *Eichenhofer*, in: *Fuchs*, Art. 2 VO (EWG) Nr. 1408/71, Rn. 9; *Stahlberg*, Europäisches Sozialrecht, Rn. 109; *Willms*, in: *von der Groeben / Thiesing / Ehlermann*, Art. 51, Rn. 17, 57; *Ewert*, Der Beitrag des Gerichtshofs der Europäischen Gemeinschaften zur Entwicklung eines Europäischen Sozialrechts, S. 44; *Schulte*, Europäische Sozialpolitik und die Zukunft des Sozialstaats in Europa, S. 58

138 ABl. 1981 Nr. L 143/1

139 ABl. 1998 Nr. L 209/1

Kompetenzgrundlage im Gegensatz zur VO (EWG) 1408/71 selbst ausdrücklich auch auf Art. 308 (ex-Art. 235) EGV.

Des Weiteren ergibt sich aus den gemeinschaftsrechtlichen Koodinierungsvorschriften selbst, dass auch sie von der Möglichkeit nationaler Koordinierungsvorschriften ausgehen. So können nach Art. 8 VO (EWG) Nr. 1408/71 zwischenstaatliche Abkommen zur Koordinierung nationaler Vorschriften auf dem Gebiet der sozialen Sicherheit geschlossen werden[140]. Diese Abkommen müssen sich zwar im Rahmen der VO (EWG) Nr. 1408/71 bewegen, dürfen also den von dieser erfassten Personenkreis nicht schlechter stellen. Jedoch haben die Mitgliedstaaten durchaus die Kompetenz, weitergehende Koordinierungsregelungen zu vereinbaren. Nach Art. 17 VO (EWG) Nr. 1408/71 sind mehrere Mitgliedstaaten, deren zuständige Behörden oder von denen bezeichnete Stellen befugt, das relativ starre und unflexible System, welches die Kollisionsnormen der Art. 13 bis 16 VO (EWG) 1408/71 bilden und welches nicht immer den Erfordernissen grenzüberschreitender Tätigkeiten ausreichend Rechnung trägt[141], durch die Vereinbarung von Ausnahmen zu diesen sekundärgemeinschaftsrechtlichen Vorschriften aufzuweichen. Auch hinsichtlich der Erstattungs- und Zahlungsverfahren haben die Mitgliedstaaten bzw. ihre zuständigen Behörden nach Art. 36 Abs. 3, 63 Abs. 3, 70 Abs. 3 VO (EWG) Nr. 1408/71 ausdrücklich die Kompetenz, von den gemeinschaftsrechtlichen Regelungen abweichende Verfahren zu vereinbaren oder auf jegliche Erstattung zu verzichten. Art. 75 Abs. 3 VO (EWG) Nr. 1408/71 erlaubt es den Mitgliedstaaten unter Verweis auf Art. 8 VO (EWG) Nr. 1408/71 Vereinbarungen zu schließen, welche die Zahlungswege für zu erbringende Familienleistungen vereinfachen. Nicht zuletzt Art. 81 lit. c) VO (EWG) Nr. 1408/71 geht davon aus, dass auch den Mitgliedstaaten eine Kompetenz zur Koordinierung der Systeme der sozialen Sicherheit verbleibt, wenn diese Vorschrift in der Förderung und Verstärkung der Zusammenarbeit zwischen ihnen auf diesem Gebiet und „insbesondere im Hinblick auf gesundheitliche und soziale Maßnahmen von gemeinsamem Interesse" eine Aufgabe der nach Art. 80 VO (EWG) Nr. 1408/71 zu bildenden Verwaltungskommission sieht. Zwar müssen sich alle diese sekundärrechtlichen Vorschriften selbst am primären Gemeinschaftsrecht und insbesondere an Art. 42 (ex-Art. 51) EGV messen lassen. Dennoch sind sie ein Indiz dafür, dass der Gemeinschaftsgesetzgeber trotz Art. 42 (ex-Art. 51) EGV auch von einer mitgliedstaatlichen Kompetenz zur Koordinierung der sozialen Sicherungssysteme ausgeht. Im Hinblick auf die Koordination der nationalen Systeme des Sozialrechts ist mithin von einer konkurrierenden Kompetenz der Gemeinschaft und der Mitgliedstaaten auszugehen[142].

140 Siehe dazu auch: *Steinmeyer*, in: *Fuchs*, Art. 8, Rn. 1; *Wiegand*, Das europäische Gemeinschaftsrecht in der Sozialversicherung, Art. 8 , Rn. 1

141 *Steinmeyer*, in: *Fuchs*, Art. 17, Rn. 1, 3

142 So auch die überwiegende Ansicht in der Literatur - vgl. zum Beispiel: *Wiegand*, Das

e. Zwischenergebnis

Sowohl im Hinblick auf die Ausgestaltung der Systeme der sozialen Sicherheit als auch ihrer Koordinierung ist der (mit den Mitgliedstaaten) konkurrierende Kompetenzbereich der Gemeinschaft eröffnet. Das Subsidiaritätsprinzip des Art. 5 (ex-Art. 3 b) Abs. 2 EGV ist im Zusammenhang mit Maßnahmen auf diesen Gebieten anwendbar. Der Gerichtshof muss folglich Akte der Gemeinschaft auf dem Gebiet der Ausgestaltung der Systeme der sozialen Sicherheit und ihrer Koordinierung auch am Subsidiaritätsprinzip messen.

Auf die eigenen Entscheidungen des EuGH in den Rechtssachen *„Kohll"* und *„Decker"* ist die Subsidiaritätsklausel dagegen nicht anzuwenden, weil der Gerichtshof für diese ihm zugewiesenen Rechtsstreitigkeiten die ausschließliche Kompetenz besaß.

5. Erforderlichkeit gemeinschaftlichen Handelns

Nach dem Subsidiaritätsprinzip des Art. 5 (ex-Art. 3 b) Abs. 2 EGV dürften die Ziele der in Betracht gezogenen gemeinschaftlichen Maßnahmen auf der Ebene der Mitgliedstaaten nicht ausreichend erreicht werden können[143].

Spätestens an dieser Stelle wird endgültig deutlich, dass das Subsidiaritätsargument im Hinblick auf die Entscheidungen in den Rechtssachen *„Decker"* und *„Kohll"* nicht nur wegen fehlender Begründung auf äußerst wackligen Füßen steht, sondern überhaupt nicht verfängt. Gegenstand dieser Entscheidungen des Gerichtshofes waren keine konkreten Maßnahmen der Gemeinschaft, sondern vielmehr die Auslegung des EG-Vertrages selbst. Zwar ist der EuGH in seinen Entscheidungen auch auf die VO (EWG) Nr. 1408/71 eingegangen[144], welche ohne weiteres als Maßnahme der Gemeinschaft zu qualifizieren ist. Doch zum einen hatten diese Ausführungen zur Verordnung keine unmittelbaren Auswirkungen auf die Entscheidung, vor allem nicht auf die abschließende Antwort des Gerichtshofes auf die Vorlagefrage[145]. Zum anderen wird wohl auch deshalb von

---

europäische Gemeinschaftsrecht in der Sozialversicherung, S. 24; *Willms*, in: *von der Groeben / Thiesing / Ehlermann*, Art. 51, Rn. 43; *Schulte*, Europäische Sozialpolitik und die Zukunft des Sozialstaats in Europa, S. 56 ff.

143 Vgl. hierzu: *Müller-Graff*, ZHR 159 (1995), S. 61 ff.; *Merten*, in: *Merten*, S. 80 ff.; *Reh*, in: *Merten*, S. 66 ff.

144 *EuGH*, Urt. v. 28.4.1998, Rs. C-120/95, Slg. 1998, 1831, 1881 f., Rz. 26 ff. (Nicolas Decker / Caisse de maladie des employés privés); *EuGH*, Urt. v. 28.4.1998, Rs. C-158/96, Slg. 1998, 1935, 1943 f., Rz. 22 ff. (Raymond Kohll / Union des caisses de maladie)

145 Der *EuGH* sah sich lediglich durch die Stellungnahmen der UCM und der luxemburgischen Regierung zu Ausführungen über den Prüfungsumfang hinsichtlich nationaler Vorschriften, welche angeblich dem sekundärem Gemeinschaftsrecht entsprechen, veranlasst. Vgl. hierzu ausführlich unten: C.III.2.

keiner Seite die vermeintliche Nichtbeachtung des Subsidiaritätsprinzips an der VO (EWG) 1408/71 festgemacht.

Im Übrigen hat der EuGH, sowohl im Hinblick auf die Koordinierung der Systeme der sozialen Sicherheit als auch insbesondere deren Ausgestaltung, die Geltung des Subsidiaritätsgrundsatzes überhaupt nicht in Frage gestellt[146]. Vielmehr hat er zutreffend festgestellt, dass die Kompetenz in diesen Bereichen grundsätzlich bei den Mitgliedstaaten liegt[147]. Auch die weiteren Entscheidungsgründe widersprechen dieser Feststellung in keinem Punkt.

Die Kritik, die Entscheidungen des EuGH in den Rechtssachen „*Decker*" und „*Kohll*" würden den Subsidiaritätsgrundsatz nach Art. 5 (ex-Art. 3 b) Abs. 2 EGV missachten, schlägt fehl[148]. Bei diesen Entscheidungen ist kein Ansatzpunkt zu erkennen, der diese Ansicht stützen könnte. Wohl auch aus diesem Grund lassen es die Kritiker an dem Versuch einer dezidierten Begründung dieses Vorwurfs fehlen.

III. Das Spannungsverhältnis zwischen der mitgliedstaatlichen Kompetenz und dem Gemeinschaftsrecht im Bereich der sozialen Sicherungssysteme

1. Die Rechtsprechung des Europäischen Gerichtshofs

Ein Schwerpunkt der Entscheidungen des Gerichtshofes in den Rechtssachen „*Decker*" und „*Kohll*" sowie in der wissenschaftlichen Auseinandersetzung mit diesen[149] liegt in der Lösung des Spannungsverhältnisses zwischen der Geltung der Grundfreiheiten auf der einen und der mitgliedstaatlichen Kompetenz[150] im Bereich der sozialen Sicherheit auf der anderen Seite[151]. Nicht zuletzt aus diesem Grund wird im Zusammenhang mit der sozialpolitischen Entwicklung in Europa den gemeinschaftsrechtlichen Bestimmungen über die Grundfreiheiten sowie den gemeinschaftsrechtlichen Wettbewerbsregelungen besondere Bedeutung beigemessen. Im Mittelpunkt steht dabei vor allem das Problem der Abgrenzung

---

146 *Plönes*, DOK 1998, S. 385

147 Vgl. hierzu oben: C.I.4.c.ee.

148 Im Ergebnis ebenso: *Terwey*, SozVers 1998, S. 289; *Plönes*, DOK 1998, S. 385; *Danner*, KrV 2000, S. 155

149 *Danner*, Gesundheit und Gesellschaft 1998, S. 38; *Bieback*, EuR 1993, S. 157 erkannte dieses Kernproblem schon vor den Entscheidungen des EuGH vom 28.4.1998.

150 Vgl. hierzu oben: C.I.4.

151 Die mitgliedstaatliche Kompetenz besteht – wie ausführlich unter C.I.4. dargestellt – auch nach den Änderungen, die der Amsterdamer Vertrag in Teilbereichen des Gebietes der sozialen Sicherheit herbeigeführt hat, ganz unabhängig von der Problematik der Beachtung des Subsidiaritätsgrundsatzes nach wie vor. Denn eine ausschließliche Kompetenz besitzt die Gemeinschaft in keinem Zweig der sozialen Sicherheit.

zwischen staatlicher Sozialpolitik einerseits und freier Wirtschaftstätigkeit andererseits, mithin die Abgrenzung zwischen „Staat“ und „Markt“ [152]. Das Sozialrecht im Allgemeinen und das Krankenversicherungsrecht im Besonderen haben nicht nur eine soziale, sondern auch eine wirtschaftliche Dimension. Das zeigt nicht zuletzt die Zahl der beteiligten Leistungserbringer und der Anteil, den ihre Tätigkeit an der nationalen Wertschöpfung hat. Das Problem liegt nun darin, die soziale Aufgabe der Sicherungssysteme einerseits und ihre wirtschaftlichen Einflüsse andererseits in ein ausgewogenes Verhältnis zu bringen.

Um genau diesen Problemkreis geht es letztlich beim Zusammenspiel zwischen den gemeinschaftlichen Grundfreiheiten und dem nationalen Sozialversicherungsrecht, wie auch die Ausführungen des *Generalanwalts Tesauro* und des EuGH in den Rechtssachen *„Decker“* und *„Kohll“* belegen[153]. So wurde im Laufe des Verfahrens in der Rechtssache *„Decker“* von der luxemburgischen, der französischen und der britischen Regierung und in der Rechtssache *„Kohll“* von der luxemburgischen, der griechischen und der britischen Regierung die Auffassung vertreten, dass aufgrund des sozialversicherungsrechtlichen Charakters der streitigen Maßnahme eine Beurteilung derselben nach den Gemeinschaftsbestimmungen über den freien Waren- und Dienstleistungsverkehr nicht in Frage komme, weil der Bereich der Sozialversicherung in die Zuständigkeit der Mitgliedstaaten falle, soweit er nicht durch speziellere Vorschriften der Gemeinschaft geregelt werde[154]. Dabei beriefen sich diese Mitgliedstaaten auf ein Urteil des Gerichtshofs, nach dem Art. 47 Abs. 2, 55 (ex-Art. 57 Abs. 2, 66) EGV, welche die Rechtsgrundlage für den Erlass von Richtlinien zur Erleichterung des Zugangs zu (und der Ausübung von) selbstständigen Tätigkeiten bilden, es nicht erlauben, „... den Bereich der sozialen Sicherheit [zu] regeln, der anderen Bestimmungen des Gemeinschaftsrechts unterliegt“[155].

---

[152] *von Maydell*, in: *von Maydell / Schnapp*, S. 25; *Schulte*, ZFSH/SGB 1999, S. 271; *Heberlein*, NVwZ 2001, S. 774

[153] Schlussanträge des *Generalanwalts Tesauro* v. 16.09.1997, Rs. C-120/95 und Rs. C-158/96, Slg. 1998, 1831, 1842 f., Rz. 17 f. (Nicolas Decker / Caisse de maladie des employés privés bzw. Raymond Kohll / Union des caisses de maladie); *EuGH*, Urt. v. 28.4.1998, Rs. C-120/95, Slg. 1998, 1831, 1880 f., Rz. 20 ff. (Nicolas Decker / Caisse de maladie des employés privés); *EuGH*, Urt. v. 28.4.1998, Rs. C-158/96, Slg. 1998, 1935, 1942 f., Rz. 16 ff. (Raymond Kohll / Union des caisses de maladie)

[154] Schlussanträge des *Generalanwalts Tesauro* v. 16.09.1997, Rs. C-120/95 und Rs. C-158/96, Slg. 1998, 1831, 1839 f., Rz. 10 (Nicolas Decker / Caisse de maladie des employés privés bzw. Raymond Kohll / Union des caisses de maladie); *EuGH*, Urt. v. 28.4.1998, Rs. C-120/95, Slg. 1998, 1831, 1880, Rz. 20 (Nicolas Decker / Caisse de maladie des employés privés); *EuGH*, Urt. v. 28.4.1998, Rs. C-158/96, Slg. 1998, 1935, 1942, Rz. 16 (Raymond Kohll / Union des caisses de maladie)

[155] *EuGH*, Urt. v. 26.3.1996, Rs. C-238/94, Slg. 1996, 1673, 1686, Rz. 13 (José García u. a. / Mutuelle de prévoyance sociale d'Aquitaine u. a.); ähnlich: *Becker*, JZ 1997, S. 540.

Die in den Rechtssachen „*Decker*" und „*Kohll*" streitigen luxemburgischen Regelungen sind dem Sozialversicherungsrecht zuzuordnen[156]. In ihnen werden die Voraussetzungen für die Erstattungsfähigkeit bei der Inanspruchnahme sozialer Leistungen im Ausland geregelt[157]. Doch kann dieser sozialversicherungsrechtliche Charakter für sich allein nicht geeignet sein, solche nationalen Regelungen dem Anwendungsbereich des Gemeinschaftsrechts und insbesondere dessen Grundfreiheiten zu entziehen. Auch die bisherige[158] Rechtsprechung des Gerichtshofs, dass „... das Gemeinschaftsrecht ... die Befugnis der Mitgliedstaaten unberührt lässt, ihre Systeme der sozialen Sicherheit auszugestalten"[159], heißt nicht, dass das Gebiet der sozialen Sicherheit ein gemeinschaftsfreier Raum wäre und somit die mitgliedstaatlichen Regelungen in diesem Bereich nicht am Gemeinschaftsrecht zu messen seien[160].

So hat der EuGH im Zusammenhang mit der Überprüfung nationaler Vorschriften, die die Beitrittsvoraussetzungen einer Person zu einem System der sozialen Sicherheit oder einem Zweig eines solchen Systems regeln, selbst klargestellt, dass die den Mitgliedstaaten auf dem Gebiet der sozialen Sicherheit zustehende Kompetenz nicht zu „... einer diskriminierenden Unterscheidung zwischen Inländern und Angehörigen der übrigen Mitgliedstaaten ..." führen darf[161]. Das bedeutet nichts anderes, als dass zwar die Kompetenz zur Ausgestaltung des Systems der sozialen Sicherheit (nunmehr auch) den Mitgliedstaaten überlassen bleibt und nationale Regelungen die Beziehungen zwischen den Sozialversicherungsträgern und ihren Versicherten gestalten können. Doch müssen sich solche mitgliedstaatlichen Vorschriften an einem zur Gewährleistung der Freizügigkeit der Personen im EG-Vertrag festgeschriebenen Grundsatz wie dem Verbot von

---

156 Dies ist nicht zu verwechseln mit der Differenzierung zwischen dem Versicherungsverhältnis auf der einen und den Beziehungen im Rahmen der Leistungserbringung auf der anderen Seite (vgl. hierzu unten: C.III.2.), die auch den krankenversicherungsrechtlichen Rechtsverhältnissen zuzurechnen sind (ebenso: *Kingreen*, NJW 2001, S. 3382).

157 Vgl. hierzu oben: B.I.1. und B.II.1.

158 Vgl. hierzu im Hinblick auf die nunmehr durch den Vertrag von Amserdam hervorgerufenen Änderungen: C.I.4.c.ee.

159 *EuGH*, Urt. v. 17.6.1997, Rs. C-70/95, Slg. 1997, 3395, 3433, Rz. 27 (Sodemare SA u. a. / Regione Lombardia); *EuGH*, Urt. v. 17.2.1993, verbundene Rs. C-159/91 und C-160/91, Slg. 1993, 637, 667, Rz. 6 (Christian Poucet / Assurances générales de France [AGF] und Caisse mutuelle régionale du Languedoc-Roussillon [Camulrac] sowie Daniel Pistre / Caisse autonome nationale de compensation de l'assurance vieillesse des artisans [Cancava]); *EuGH*, Urt. v. 7.2.1984, Rs. 238/82, Slg. 1984, 523, 540 f., Rz. 16 (Duphar BV und andere / Niederländischer Staat)

160 Schlussanträge des *Generalanwalts Tesauro* v. 16.09.1997, Rs. C-120/95 und Rs. C-158/96, Slg. 1998, 1831, 1842, Rz. 17 (Nicolas Decker / Caisse de maladie des employés privés bzw. Raymond Kohll / Union des caisses de maladie)

161 *EuGH*, Urt. v. 24.4.1980, Rs. 110/79, Slg. 1980, 1445, 1458, Rz. 12 (Una Coonan / Insurance Officer); *EuGH*, Urt. v. 4.10.1991, Rs. C-349/87, Slg. 1991, 4501, 4524, Rz. 15 (Elissavet Paraschi / Landesversicherungsanstalt Württemberg)

Diskriminierungen aus Gründen der Staatsangehörigkeit messen lassen[162]. Das galt im Übrigen schon vor Geltung der Neuregelungen durch den Amsterdamer Vertrag, welche erst den Wandel von der ausschließlichen Zuständigkeit der Mitgliedstaaten zur konkurrierenden Zuständigkeit herbeigeführt haben.

Was die Verweisung der Mitgliedstaaten auf das Urteil in der Rechtssache „*García*" anbelangt, so ist zu beachten, dass diese Ausführungen des Gerichtshofs ihrerseits auf die Darstellungen des *Generalanwalts Tesauro* Bezug nehmen, dieser sie aber nicht so verstanden wissen wollte. Vielmehr hatte er die Absicht zu verdeutlichen, dass „„... keine Bestimmungen des Vertrages, auch nicht diejenigen, die unmittelbar den Bereich der sozialen Sicherheit betreffen, «den Erlaß von Maßnahmen [erlauben], die auf den Abbau der sozialen Systeme gerichtet sind», wobei mit dem Begriff «Abbau» eben gerade die Zerstörung der verschiedenen Systeme gemeint ist, die es zur Zeit in den einzelnen Mitgliedstaaten gibt"[163]. Falls es aber einmal zu einer Harmonisierung in diesem Bereich kommen sollte, so würden Art. 47 Abs. 2, 55 (ex-Art. 57 Abs. 2, 66) EGV die einschlägige Rechtsgrundlage für eine Liberalisierung der Tätigkeit (auch) der Einrichtungen bilden, die diese Systeme verwalten[164].

Zudem stützt der EuGH seine Entscheidung in der Rechtssache „*García*" nicht in erster Linie auf die von den Mitgliedstaaten angeführte Begründung, sondern bringt diese lediglich noch zur Unterstützung der ohnehin schon von ihm gefundenen Antwort auf die Vorlagefrage[165]. Nicht zuletzt stellt sich die grundsätzliche Frage, ob diese sehr kurze, nur ergänzende Feststellung des Gerichts überhaupt in dem absoluten Sinn, der in den Stellungnahmen der Mitgliedstaaten zum Ausdruck kommt, zu verstehen ist. Schließlich kann die Aussage des EuGH auch so ausgelegt werden, dass die Richtlinie deshalb nicht den Bereich der sozialen Sicherheit regeln konnte, weil sie sich allein auf die Art. 47 Abs. 2 und 55 (ex-Art. 57 Abs. 2 und 66) EGV stützt, aber nicht auf die für dieses Gebiet ein-

---

162 Schlussanträge des *Generalanwalts Tesauro* v. 16.09.1997, Rs. C-120/95 und Rs. C-158/96, Slg. 1998, 1831, 1843, Rz. 19 (Nicolas Decker / Caisse de maladie des employés privés bzw. Raymond Kohll / Union des caisses de maladie); Schlussantrag des *Generalanwalts Fennelly* v. 6.2.1997, Rs. C-70/95, Slg. 1997, 3395, 3409 (Sodemare SA u. a. / Regione Lombardia)

163 Schlussanträge des *Generalanwalts Tesauro* v. 16.09.1997, Rs. C-120/95 und Rs. C-158/96, Slg. 1998, 1831, 1844, Rz. 21, Fn. 20 (Nicolas Decker / Caisse de maladie des employés privés bzw. Raymond Kohll / Union des caisses de maladie)

164 Schlussanträge des *Generalanwalts Tesauro* v. 16.09.1997, Rs. C-120/95 und Rs. C-158/96, Slg. 1998, 1831, 1844, Rz. 21, Fn. 20 (Nicolas Decker / Caisse de maladie des employés privés bzw. Raymond Kohll / Union des caisses de maladie)

165 Das ergibt sich schon aus der Formulierung „Im übrigen ..." (*EuGH*, Urt. v. 26.3.1996, Rs. C-238/94, Slg. 1996, 1673, 1686, Rz. 13 [José García u. a. / Mutuelle de prévoyance sociale d'Aquitaine u. a.])

schlägigen Bestimmungen (z. B. Art. 136 ff. [ex-Art. 117 ff.] EGV)[166]. Dann hätte das Gericht aber keine Aussage darüber getroffen, wie ein sich aus den unterschiedlichen Kompetenznormen der Richtlinie ergebendes Spannungsverhältnis zu lösen wäre. Hieran zeigt sich also deutlich, dass die Heranziehung der Rechtssache *„García"* in der Stellungnahme der Regierungen nicht überzeugen kann.

Bestätigt wird diese Interpretation der Rechtssache *„García"* durch den Gerichtshof selbst, der nicht erst seit den Entscheidungen zu den beiden hier im Mittelpunkt stehenden Rechtssachen *„Decker"*[167] und *„Kohll"*[168] die Ansicht vertritt, dass auch Maßnahmen auf dem Gebiet der sozialen Sicherheit an den Vorschriften der Grundfreiheiten des EG-Vertrages zu messen sind. So hat der Gerichtshof schon vor seinem Urteil in der Rechtssache *„García"* in seiner Entscheidung zur Rechtssache *„Webb"* ausgeführt, dass die Anwendbarkeit der Art. 39 bis 42 (ex-Art. 48 bis 51) EGV und die auf deren Grundlage erlassenen Gemeinschaftsverordnungen nicht die Prüfung der Vereinbarkeit einer nationalen Regelung mit dem freien Dienstleistungsverkehr ausschließt[169]. Diese Pflicht der Mitgliedstaaten, bei der Ausübung ihrer Befugnis auf dem Gebiet der sozialen Sicherheit das Gemeinschaftsrecht zu beachten, hat der EuGH in der Rechtssache *„Smits / Peerbooms"* nochmals unterstrichen[170].

Ebenso hat der EuGH bereits in der Entscheidung in der Rechtssache *„Duphar"* bezüglich nationaler Regelungen zur Kostenerstattung beim Erwerb von Arzneimitteln ausgeführt, dass diese trotz ihrer Zugehörigkeit zum Bereich der sozialen Sicherheit einer Prüfung im Hinblick auf die durch Art. 28 ff. (ex-Art. 30 ff.) EGV gewährleistete Warenverkehrsfreiheit unterliegen[171]. Die Stellungnahmen der Beteiligten zweifelten ebenfalls nicht an dem Prüfungsmaßstab der Art. 28 ff. (ex-Art. 30 ff.) EGV, sondern legten diesen vielmehr ihren Ausführungen als selbstverständlich zu Grunde[172].

---

166 Ähnlich auch: *Generalanwalt Fennelly* in seinen Schlussanträgen v. 6.2.1997, Rs. C-70/95, Slg. 1997, 3395, 3408, Rz. 25 (Sodemare SA u. a. / Regione Lombardia).

167 *EuGH*, Urt. v. 28.4.1998, Rs. C-120/95, Slg. 1998, 1831, 1881, Rz. 24 f. (Nicolas Decker / Caisse de maladie des employés privés)

168 *EuGH*, Urt. v. 28.4.1998, Rs. C-158/96, Slg. 1998, 1935, 1943, Rz. 19 ff. (Raymond Kohll / Union des caisses de maladie)

169 *EuGH*, Urt. v. 17.12.1981, Rs. 279/80, Slg. 1981, 3305, 3323, Rz. 10 (Strafverfahren gegen Alfred John Webb)

170 *EuGH*, Urt. v. 12.7.2001, Rs. C-157/99, NJW 2001, S. 3391 ff., 3393, Rz. 46 (B. S. M. Smits, verheiratete Geraets / Stichting Ziekenfonds VGZ und H. T. M. Peerbooms / Stichting CZ Groep Zorgverzekeringen)

171 *EuGH*, Urt. v. 7.2.1984, Rs. 238/82, Slg. 1984, 523, 540 ff., Rz. 16 ff. (Duphar BV und andere / Niederländischer Staat)

172 *EuGH*, Urt. v. 7.2.1984, Rs. 238/82, Slg. 1984, 523, 528 ff., II (Duphar BV und andere / Niederländischer Staat)

Das Gericht hat ebenfalls in der Rechtssache *„Sodemare"* deutlich zum Ausdruck gebracht, dass auf der Grundlage der Solidarität errichtete Systeme der sozialen Sicherheit nicht allein aufgrund dieser Charakeristik aus dem Anwendungsbereich des EG-Vertrages herausfallen. Vielmehr wurden die in Frage stehenden nationalen Bestimmungen an der Niederlassungsfreiheit nach Art. 43 (ex-Art. 52) und 48 (ex-Art. 58) EGV gemessen, obwohl es dieser Prüfung vorangestellt hat, dass das Gemeinschaftsrecht die Befugnis der Mitgliedstaaten zur Ausgestaltung ihrer sozialen Sicherungssysteme unberührt lasse. Im Ergebnis hat der EuGH einen Vertragsverstoß abgelehnt, weil sich die nationalen Vorschriften auf Gesellschaften bezogen, die keinen Erwerbszweck im Sinne des Art. 48 (ex-Art. 58) Abs. 2 EGV verfolgen, nicht aber mit der Begründung, dass sie den Bereich der sozialen Sicherheit beträfen und schon deshalb nicht an den Grundfreiheiten zu messen wären[173]. Im Gegenteil hat er durch die Heranziehung von Art. 43 (ex-Art. 52) und 48 (ex-Art. 58) Abs. 2 RGV gerade gezeigt, dass die gemeinschaftsrechtlich verankerten Grundfreiheiten auch bei nationalen Regelungen auf dem Gebiet der sozialen Sicherungssysteme zu beachten sind.

2. Die Auseinandersetzung in der Literatur

Auch in der Literatur wurde das Spannungsverhältnis zwischen der gemeinschaftsrechtlichen Gewährleistung der Grundfreiheiten und der mitgliedstaatlichen Kompetenz im Bereich der sozialen Sicherheit schon vor den Urteilen in den Rechtssachen *„Decker"* und *„Kohll"* diskutiert und sich zum Teil in einer der Problematik angemessenen Ausführlichkeit um eine Lösung bemüht[174]. Nach den Entscheidungen des EuGH vom 28.4.1998 wurde diese Diskussion weiter vertieft, sodass diese Frage zumindest ein Bestandteil wissenschaftlicher Rezensionen ist[175].

Nach weit überwiegender Ansicht sind die Mitgliedstaaten verpflichtet, auch bei der Wahrnehmung der ihnen in dem Bereich der sozialen Sicherheit zustehenden Befugnisse die gemeinschaftsrechtlich gewährten Grundfreiheiten zu beachten. Die wirtschaftlichen Grundfreiheiten sind letztlich eine zentrale Ausprägung einer allgemeinen, für alle Mitgliedstaaten geltenden wirtschaftlichen Betäti-

---

[173] *EuGH*, Urt. v. 17.6.1997, Rs. C-70/95, Slg. 1997, 3395, 3409 f., Rz. 27 ff. (Sodemare SA u. a. / Regione Lombardia)

[174] *Bieback*, EuR 1993, S. 160 f.; *Everling*, DOK 1993, S. 584; *Fuchs*, ZIAS 1996, S. 354; *Leibfried / Pierson*, Blätter für die deutsche und internationale Politik 1997, S. 1464; *Isensee*, VSSR 1996, S. 172 f.; *Benicke*, ZFSH/SGB 1998, S. 29 ff.

[175] *Kötter*, VSSR 1998, S. 234 f.; *Sodan*, JZ 1998, S. 1170 f.; *von Maydell*, VSSR 1999, S. 10 f.; *Hirsch*, BKK 1999, S. 13 f.; *ders.*, ZEuS 1999, S. 506; *Steinmeyer*, Zeitschrift für Sozialreform 1999, S. 739 ff.; *ders.*, KrV 1999, S. 290; *Schulte*, ZFSH/SGB 1999, S. 272, 275; *ders.*, Sozialrecht und Praxis 1999, S. 423; *Giesen*, in: *Schulte / Barwig*, S. 359 ff.; *Neumann-Duesberg*, in: *Schulte / Barwig*, S. 90 ff.; *Eichenhofer*, VSSR 1997, S. 74 ff.; *Becker / Devetzki / Stähler*, ZFSH/SGB 1999, S. 142; *Mrozynski*, in: *Kauder*, S. 104

gungsfreiheit, deren bereichsspezifische Differenzierung nach Waren, Kapital, Dienstleistungen und Personen im ursprünglichen EG-Vertrag ebenso wie in seiner heute geltenden Fassung letztlich aus politischen Gründen vorgenommen worden ist[176].

Dennoch werden in der Literatur zum großen Teil Unterscheidungen vorgenommen und diese Aussage nicht pauschal auf das gesamte Gebiet der Systeme der sozialen Sicherheit erstreckt. In erster Linie wird nach den einzelnen Beziehungen und deren Beteiligten im gesamten sozialen Sicherungsgefüge differenziert.

So sollen die gemeinschaftsrechtlichen Grundfreiheiten innerhalb der grundsätzlich von den Mitgliedstaaten autonom auszugestaltenden sozialen Sicherungssysteme gelten, wenn und soweit sich Anbieter und Nachfrager von (sozialen) Leistungen auf einem Markt gegenüberstehen[177]. Es wird mithin zwischen dem Versicherungsrecht auf der einen Seite und dem Leistungserbringungsrecht auf der anderen Seite differenziert. Ersteres umfasst die Zulässigkeit der Organisation des sozialen Schutzes durch eine mehr oder weniger ausschließliche Übertragung auf öffentlich-rechtliche Sozialversicherungsträger mit definiertem Leistungskatalog und behandelt das Verhältnis zwischen Versicherungsträger und Versichertem. Das Leistungserbringungsrecht beinhaltet die Ausgestaltung der Nachfrage entweder durch Sozialversicherungsträger, soweit diese als Folge des Sachleistungsprinzips die geschuldeten Leistungen selbst erbringen müssen oder aber durch die Versicherten selbst, wenn sich die Leistung der Sozialversicherungsträger auf die Erstattung von aufgewendeten Kosten beschränkt[178]. Das Leistungserbringungsrecht betrifft also die Beziehung zwischen der Nachfrageseite (Versicherungsträger oder Versicherte) und Angebotsseite (Leistungserbringer), in welcher ohne weiteres Marktverhältnisse herrschen können. Im Rahmen des Leistungserbringungsrechts handelt es sich nicht um Sozialpolitik, sondern um rein wirtschaftliche Betätigung im Sinne des Gemeinschaftsrechts[179].

---

[176] *Becker*, NZS 1998, S. 360 f.; *von Maydell*, DB 1985, S. 276 ff.; *ders.*, in: Gesundheitsversorgung in der Europäischen Union, S. 20; *ders.*, VSSR 1999, S. 6ff.; *Hirsch*, ZGR 2002, S. 14 ff.; *Schulte*, ZFSH/SGB 1999, S. 356; *Steinmeyer*, Zeitschrift für Sozialreform 1999, S. 739 f.; *ders.*, KrV 1999, S. 290; *Fuchs*, ZIAS 1996, S. 354; *Everling*, DOK 1993, S. 586; *Mrozynski*, in: *Kauder*, S. 104; *Giesen*, in: *Schulte / Barwig*, S. 360

[177] *Becker*, NZS 1998, S. 360 f.; *Schulte*, ZFSH/SGB 1999, S. 347, 356; *ders.*, in: *Schulte / Barwig*, S. 73 f.; *Everling*, DOK 1993, S. 586; *Schulz-Weidner / Felix*, SozSich 1997, S. 1133 f., 1140; *Hollmann / Schulz-Weidner*, ZIAS 1998, S. 188, 190; *Raschke*, BG 1999, S. 154

[178] *Schulz-Weidner / Felix*, SozSich 1997, S. 1122, die allerdings diese Differenzierung erst auf der Ebene der konkreten Prüfung der jeweiligen Grundfreiheit vornehmen; *Hollmann / Schulz-Weidner*, ZIAS 1998, S. 188

[179] *Everling*, DOK 1993, S. 586; a.A.: *Becker*, in: Gesundheitsversorgung in der Europä-

Teilweise wird eine solche Differenzierung nicht unter dem Stichwort des „Spannungsverhältnisses" gewissermaßen als Grundsatzfrage im Vorfeld, sondern konkret erst bei der Frage des Schutzbereiches der Grundfreiheiten und der Rechtfertigung von mitgliedstaatlichen Einschränkungen diskutiert. Dabei wird die Ansicht vertreten, dass ein effektiver Schutz der Grundfreiheiten ihre Geltung auch bei nationalen Maßnahmen, welche überhaupt nicht in die Zuständigkeit der Gemeinschaft fallen, erfordere. Ebenso verlange die die Einheit und Widerspruchsfreiheit der Rechtsordnung wahrende systematische Auslegung aller betroffenen nationalen und gemeinschaftlichen Rechtssätze, seien es Aufgaben, Ziele, Kompetenzen, Grundrechte oder eben Grundfreiheiten, dass die gemeinschaftsrechtlichen Grundfreiheiten uneingeschränkt auf das gesamte nationale Sozialrecht ausstrahlen. Alle mitgliedstaatlichen Maßnahmen, einschließlich derer im Bereich der sozialen Sicherheit hätten zum einen die (nationalen) Grundrechte und zum anderen die durch den EG-Vertrag gewährten Grundfreiheiten zu beachten. Dies sei kein Eingriff in die nationale Souveränität, sondern vielmehr eine rechtliche Begrenzung durch unmittelbar anwendbare Grundsatznormen[180].

Nur ganz vereinzelt wird dagegen die Auffassung vertreten, dass dieses Spannungsverhältnis ausschließlich und vorbehaltlos zugunsten der mitgliedstaatlichen Kompetenz auf dem Gebiet der sozialen Sicherheit zu lösen sei und die Grundfreiheiten insoweit nicht in das nationale Recht hineinreichen und dieses beeinflussen würden. Nur dieses Ergebnis, welches im Endeffekt auf eine Bereichsausnahme hinausläuft, berücksichtige die umfassende Kompetenz zur nationalstaatlichen Regelung der sozialen Sicherungssysteme und beachte die Entwicklungsgeschichte sowie die einvernehmlich jahrzehntelang ständig praktizierte Verfahrensweise der Mitgliedstaaten. Zudem regele Art. 42 (ex-Art. 51) EGV mit den erlassenen VO (EWG) Nr. 1408/71 und VO (EWG) Nr. 574/72 den Bereich der sozialen Sicherheit im Hinblick auf die Freizügigkeit der Wanderarbeitnehmer abschließend, sodass andere Vorschriften des EG-Vertrages nicht auf die nationalen Systeme der sozialen Sicherheit einwirken[181]. Die nationale Kompetenz werde darüber hinaus dadurch unterstrichen, dass die Gemeinschaft gemeinsame Regelungen auf dem Gebiet der sozialen Sicherheit nur bei Einstimmigkeit aller Mitgliedstaaten verabschieden kann[182].

---

ischen Union, S. 54

180 *Langer*, ZIAS 1997, S. 320; *Sodan*, JZ 1998, S. 1170; *Hirsch*, BKK 1999, S. 14; *Bieback*, EuR 1993, S.161; *Novak*, DB 1997, S. 2589; *ders.*, EuZW 1998, S. 366 f.; im Ergebnis wohl auch: *Benicke*, ZFSH/SGB 1998, S.29 ff., der diese Differenzierung erst auf der Ebene der konkreten Prüfung der jeweiligen Grundfreiheit vornimmt; ebenso: *Schulz-Weidner / Felix*, SozSich 1997, S. 1140; *Füßer*, Arbeit und Sozialpolitik 1996, S. 43

181 *Bericht der gemeinsamen Arbeitsgruppe*, ZFSH/SGB 1999, S. 621; im Ergebnis ähnlich: *Reh*, in: *Merten*, S. 75

182 *Neumann-Duesberg*, in: *Schulte / Barwig*, S. 91f.; *ders.*, Gesundheit und Gesellschaft 1999, S. 24

3. Das „Spannungsverhältnis" in der deutschen Politik

Die Gesundheitsministerkonferenz hatte unmittelbar nach Veröffentlichung der Entscheidungen des Gerichtshofs eine Länder-Arbeitsgruppe mit dem Auftrag eingesetzt, die „Auswirkungen des EuGH-Urteils zur Erstattung von Kosten für Medizinalprodukte und Behandlungen im EU-Ausland durch nationale Krankenversicherungsträger zu analysieren und im Hinblick auf eventuell erforderliche Änderungen im deutschen Krankenversicherungsrecht zu prüfen"[183]. Auch der Bundesminister für Gesundheit und die Spitzenverbände der Krankenkassen hatten sich darauf verständigt, eine Arbeitsgruppe mit konvergierender Aufgabenstellung einzuberufen, sodass sich aufgrund der gleichen Zielsetzung der Vorsitzende der Gesundheitsministerkonferenz und der Bundesminister für Gesundheit einigten, beide Arbeitsgruppen zu einer gemeinsamen Arbeitsgruppe zusammenzulegen[184].

Die gemeinsame Arbeitsgruppe griff im Rahmen ihres Berichtes u.a. das Problem des Spannungsverhältnisses zwischen den gemeinschaftsrechtlich gewährleisteten Grundfreiheiten und den den nationalen Gesetzgebern vorbehaltenen Gesetzgebungskompetenzen auf. Sie stellte fest, dass der EG-Vertrag diese Problematik nicht unmittelbar ausdrücklich regele und sie daher durch die Auslegung des Vertrages nach allgemein gültigen Rechtsprinzipien zu lösen sei[185]. Nach ihrer Ansicht endet der Geltungsbereich der Grundfreiheiten dort, wo der nationale Gesetzgeber aufgrund der ihm gemeinschaftsrechtlich allein vorbehaltenen Regelungskompetenzen zu Systemfragen im Mitgliedschafts-, Leistungs- und Leistungserbringerrecht seines sozialen Sicherungssystems keine marktförmigen bzw. nicht marktgängige Regelungen getroffen hatte. Weil nach dem EG-Vertrag, insbesondere nach der „Spezialregelung" des Art. 42 (ex-Art. 51) EGV, die Mitgliedstaaten zur Ausgestaltung der Systeme der sozialen Sicherheit ausschließlich zuständig wären, könnte diese Entscheidung der Vertragspartner nicht durch die wirtschaftlichen Grundfreiheiten überspielt und nationale Systementscheidungen verformt werden[186].

4. Eigene Stellungnahme

Das Spannungsverhältnis zwischen der mitgliedstaatlichen Kompetenz auf dem Gebiet der sozialen Sicherheit auf der einen und den gemeinschaftsrechtlich gewährleisteten Grundfreiheiten auf der anderen Seite ist allein durch den Vorrang der „vier Freiheiten" im EG-Vertrag zu lösen. Diese bilden die Grundfesten, auf

183 *Becker*, in: Gesundheitsversorgung in der Europäischen Union, S. 54
184 *Bericht der gemeinsamen Arbeitsgruppe*, ZFSH/SGB 1999, S. 621
185 *Bericht der gemeinsamen Arbeitsgruppe*, ZFSH/SGB 1999, S. 624
186 *Bericht der gemeinsamen Arbeitsgruppe*, ZFSH/SGB 1999, S. 622, 630

denen die gesamte Gemeinschaft aufgebaut ist[187] und konkretisieren das allgemeine Diskriminierungsverbot des Art. 12 (ex-Art. 6) EGV[188], welches garantiert, dass jedem Bürger eines Mitgliedstaates innerhalb der Gemeinschaft keinerlei Nachteile allein deshalb entstehen, dass er aus einem anderen EG-Staat stammt. Der „effet utile" gebietet zudem eine Auslegung des EG-Vertrages, die den gemeinschaftlichen „Freiheiten" eine größtmögliche Wirkung zukommen lässt[189]. Deshalb dürfen sie nicht der mitgliedstaatlichen Kompetenz auf dem Gebiet der sozialen Sicherheit nachrangig sein.

Im Übrigen erscheint mir eine Differenzierung zwischen dem Versicherungsrecht und dem Leistungserbringungsrecht bereits auf dieser Ebene nicht geboten. Zum einen gehört die Ausgestaltung der Systeme der sozialen Sicherheit nach der Fassung des Vertrages von Amsterdam, insbesondere aufgrund des neu gefassten Art. 137 Abs. 3 EGV nicht mehr in den ausschließlichen Kompetenzbereich der Mitgliedstaaten[190]. Zum anderen wird man der herausragenden Bedeutung der Grundfreiheiten besser gerecht, wenn diese auch auf das Versicherungsrecht anzuwenden sind. Eine solche von Teilen der Literatur vorgenommene Unterscheidung im Anwendungsbereich der Grundfreiheiten[191] ergibt sich weder aus ihnen selbst noch aus dem übrigen Gemeinschaftsrecht. Den Besonderheiten des Versicherungsrechts im Vergleich zum Leistungserbringungsrecht, mit der Frage, ob eine marktförmige Regelung vorliegt oder nicht, kann nicht zuletzt auf der Ebene der Beschränkungen der Grundfreiheiten und deren Schranken hinreichend Rechnung getragen werden. So dürften die Beziehungen zwischen Sozialversicherungsträgern und den Versicherten zum großen Teil schon gar nicht in den Schutzbereich der Grundfreiheiten fallen oder aber etwaige Beschränkungen dieser gerechtfertigt sein. Aus diesem Grund bedarf es gar keines solchen abstrakten „Kunstgriffs" im Vorfeld der Auseinandersetzung mit den konkret tangierten Grundfreiheiten.

Der Einwand der Spezialregelung des Art. 42 (ex-Art. 51) EGV geht fehl, da diese Norm gerade keine abschließende Vorschrift darstellt. Das ergibt sich sowohl aus ihrer Zwecksetzung als auch aus ihrem beschränkten inhaltlichen Anwendungsbereich; sie betrifft lediglich die Koordinierung der Systeme als solche und somit nicht auch deren Verhältnis zu anderen Grundfreiheiten. Daran ver-

[187] *EuGH*, Urt. v. 17.12.1981, Rs. 279/80, Slg. 1981, 3305, 3325, Rz. 17 (Strafverfahren gegen Alfred John Webb); *Streinz*, Europarecht, Rn. 652; *Danner*, Gesundheit und Gesellschaft 1998, S. 38; *Schulte*, Sozialrecht und Praxis 1999, S. 423

[188] Die bereichsspezifische Ausgestaltung für Waren, Kapital, Dienstleistungen und Personen im EG-Vertrag ist letztlich auf regelungstechnische und politische Gründe zurückzuführen (*Schulte*, ZFSH/SGB 1999, S. 356).

[189] Vgl. hierzu: *Streinz*, Europarecht, Rn. 810; *Schulz-Weidner / Felix*, Soziale Sicherheit 1997, S. 1159; *Bleckmann*, Europarecht, Rn. 1318 ff.

[190] vgl. hierzu oben: C.I.4.c.ee.

[191] Vgl. hierzu oben: C.II.2.

mögen auch die auf Art. 42 (ex-Art. 51) EGV gestützten VO (EWG) Nr. 1408/71 und VO (EWG) Nr. 574/72 nichts ändern[192]. Der Verweis auf die einvernehmlich jahrzehntelang praktizierte Verfahrensweise der Mitgliedstaaten vermag ebenso wenig zu überzeugen, denn auch diese Praxis muss sich letztlich am Gemeinschaftsrecht messen lassen.

Will man den Vorrang der gemeinschaftlichen Grundfreiheiten im Kollisionsfall zugunsten der sozialpolitischen Souveränität der Mitgliedstaaten umkehren, so erfordert dies eine Änderung des EG-Vertrages[193].

[192] vgl. hierzu oben: C.I.4.d.bb.; *Becker*, NZS 1998, S. 360

[193] ähnlich: *Schulz-Weidner / Felix*, SozSich 1997, S. 1122; *Zipperer*, in: Gesundheitsversorgung in der Europäischen Union, S. 66

D. Die Freiheit des Warenverkehrs und der Export von Gesundheitsleistungen

I. Die Warenverkehrsfreiheit in Abgrenzung zu den anderen Grundfreiheiten des Vertrages

Die Vorlagefrage in der Rechtssache „*Decker*" bezieht sich auf die Vorschriften der Warenverkehrsfreiheit, insbesondere auf das Verbot von mengenmäßigen Beschränkungen nach Art. 28 ff. (ex-Art. 30 ff.) EGV[194].

Somit ist zunächst einmal in Abgrenzung zu den anderen Grundfreiheiten zu beleuchten, was die nach Art. 23 (ex-Art. 9) Abs. 2 EGV für alle Vorschriften des Verbots von mengenmäßigen Beschränkungen gemeinsame Voraussetzung der „Ware" umfasst. Nach der Rechtsprechung des EuGH sind Waren im Sinne dieser Vorschrift körperliche Gegenstände, die einen Geldwert haben und deshalb Inhalt von Handelsgeschäften sein können[195]. Ohne auf einzelne Streitpunkte im Zusammenhang mit dem Begriff der „Ware" eingehen zu müssen, fallen unstreitig auch medizinische Erzeugnisse, seien es Arznei-, Heil- und Hilfsmittel sowie sonstige Gegenstände darunter[196]. Sie alle sind geldwerte körperliche Gegenstände.

Auch die Besonderheit, dass oftmals auf dem Gesundheitsmarkt nicht das übliche preisregulierende Angebot-und-Nachfrage-System den Markt bestimmt, sondern der Angebotseite eine auf verschiedene Marktteilnehmer verteilte mehrdimensionale Konsumentenseite gegenübersteht[197], ändert nichts an der Wareneigenschaft dieser Produkte. So treten in den meisten Systemen der sozialen Krankenversicherungen die Ärzte als Nachfrager von Hilfs- und Arzneimitteln auf, indem sie diese verordnen[198]. Der Patient (Versicherungsnehmer) gehört der Verbraucherseite an, indem er diese Waren verwendet bzw. konsumiert. Kostenträger sind regelmäßig die Krankenversicherung bzw. das staatliche Ge-

---

194 *EuGH*, Urt. v. 28.4.1998, Rs. C-120/95, Slg. 1998, 1831, 1879, Rz. 16 (Nicolas Decker / Caisse de maladie des employés privés)

195 *EuGH*, Urt. v. 10.12.1968, Rs. 7/68, Slg. 1968, 633, 642, B 1. (Kommission der Europäischen Gemeinschaften / Italienische Republik); *EuGH*, Urt. v. 14.7.1977, Rs. 1/77, Slg. 1977, 1473, 1482, Rz. 4 (Robert Bosch GmbH / Hauptzollamt Hildesheim)

196 Schlussanträge des *Generalanwalts Tesauro* v. 16.09.1997, Rs. C-120/95 und Rs. C-158/96, Slg. 1998, 1831, 1841, Rz. 15 (Nicolas Decker / Caisse de maladie des employés privés bzw. Raymond Kohll / Union des caisses de maladie); *Kröck*, Der Einfluß der europäischen Grundfreiheiten am Beispiel der Ärzte und Arzneimittel, S. 172

197 *Kröck*, Der Einfluss der europäischen Grundfreiheiten am Beispiel der Ärzte und Arzneimittel, S. 172 f.

198 Sie werden daher auch als „Verbrauchsdisponenten" bezeichnet (*Hart / Reich*, Integration und Recht des Arzneimittelmarktes in der EG, S. 329; *Salje*, NJW 1989, S. 751).

sundheitswesen, welche die Erzeugnisse bezahlen[199]. Im Hinblick auf den freien Dienstleistungsverkehr ist anerkannt, dass das betreffende Entgelt nicht unmittelbar von dem gezahlt werden muss, der die Dienstleistung in Anspruch nimmt[200]. Für die Warenverkehrsfreiheit kann nichts anderes gelten. Ebenso scheitert die Entgeltlichkeit der Arznei- und Hilfsmittel nicht an der Tatsache, dass der Staat diese entweder vollumfänglich oder aber zum Teil mitfinanziert. Trotz dieses Umstands werden die medizinischen Erzeugnisse auf der Seite der Leistungserbringer immer noch gegen ein Entgelt erbracht. Zudem beteiligt sich der Konsument – abgesehen von rein steuerfinanzierten Systemen – durch die für die Krankenversicherung gezahlten Beiträge in erheblichem Umfang an der Finanzierung[201].

Um ein Handelsgeschäft ging es gerade auch im Ausgangsfall der Rechtssache *„Decker"*. Im Mittelpunkt dieser stand eine Brille, die ein luxemburgischer Versicherter von einem Optiker in Belgien erworben hatte. Es kann dahinstehen, ob diese Brille – was anzunehmen ist – aus einem Mitgliedstaat oder aus einem Drittstaat stammte und sich in Belgien im freien Verkehr im Sinne von Art. 24 (ex-Art. 10) EGV befand. Die Voraussetzungen des Art. 23 (ex-Art. 9) Abs. 2 EGV waren unstreitig in der Rechtssache *„Decker"* gegeben und werden auch bei anderen medizinischen Erzeugnissen regelmäßig vorliegen.

II. „Maßnahmen gleicher Wirkung" nach der Rechtsprechung des Europäischen Gerichtshofs

Das Gemeinschaftsrecht verbietet nach Art. 28 ff. (ex-Art. 30 ff.) EGV nicht nur mengenmäßige Beschränkungen beim grenzüberschreitenden Handel mit verkörperten Produkten, sondern ebenso „alle Maßnahmen gleicher Wirkung". Zu der für die Praxis notwendigen Klarstellung dieser Formulierung ergingen eine

---

199 *Salje*, NJW 1989, S. 751; *Hart / Reich*, Integration und Recht des Arzneimittelmarktes in der EG, S. 329; *Kröck*, Der Einfluß der europäischen Grundfreiheiten am Beispiel der Ärzte und Arzneimittel, S. 172 f.

200 *EuGH*, Urt. v. 26.4.1988, Rs. 352/85, Slg. 1988, 2085, 2131, Rz. 18 (Bond van Adverteerders und andere / Niederländischer Staat); *EuGH*, Urt. v. 12.7.2001, Rs. C-157/99, NJW 2001, S. 3391 ff., 3394, Rz. 57 (B. S. M. Smits, verheiratete Geraets / Stichting Ziekenfonds VGZ und H. T. M. Peerbooms / Sichting CZ Groep Zorgverzekeringen); Schlussanträge des *Generalanwalts Tesauro* v. 16.09.1997, Rs. C-120/95 und Rs. C-158/96, Slg. 1998, 1831, 1856 (Nicolas Decker / Caisse de maladie des employés privés bzw. Raymond Kohll / Union des caisses de maladie); vgl. hierzu unten: E.I.3.a.

201 *EuGH*, Urt. v. 12.7.2001, Rs. C-157/99, NJW 2001, S. 3391 ff., 3394, Rz. 58 (B. S. M. Smits, verheiratete Geraets / Stichting Ziekenfonds VGZ und H. T. M. Peerbooms / Sichting CZ Groep Zorgverzekeringen); Schlussanträge des *Generalanwalts Tesauro* v. 16.09.1997, Rs. C-120/95 und Rs. C-158/96, Slg. 1998, 1831, 1856 (Nicolas Decker / Caisse de maladie des employés privés bzw. Raymond Kohll / Union des caisses de maladie); vgl. hierzu unten: E.I.3.a.

Vielzahl von Entscheidungen des Gerichtshofes, als deren bedeutendste die in den Rechtssachen *„Dassonville“*[202], *„Cassis de Dijon“*[203] und *„Keck“*[204] hervorzuheben sind.

1. Die „Dassonville-Formel“ des Europäischen Gerichtshofs

Der Terminus „Maßnahmen gleicher Wirkung“ wird im Hinblick auf Einfuhrregelungen einerseits und Ausfuhrregelungen andererseits unterschiedlich ausgelegt. Im Rahmen des Art. 28 (ex-Art. 30) EGV fallen nach der sog. *„Dassonville-Formel“* alle Handelsregelungen darunter, die geeignet sind, den innergemeinschaftlichen Handel unmittelbar oder mittelbar, tatsächlich oder potentiell zu hindern[205]. Damit verdeutlicht der Gerichtshof, dass nicht nur Grenzregelungen, sondern jegliche einfuhrbehindernde Maßnahmen, gleichgültig auf welcher Marktstufe sie ansetzen, in den Anwendungsbereich der Warenverkehrsfreiheit fallen[206]. Diese sehr weite Auslegung hinsichtlich von Einfuhrbeschränkungen ergibt sich aus dem Sinn und Zweck des Art. 28 (ex-Art. 30) EGV, Handelshemmnisse für Waren aus anderen Mitgliedstaaten, die auf eine fehlende Harmonisierung zurückzuführen sind, weitestgehend zu vermeiden.

Eines entsprechenden Schutzes bedarf es hingegen nicht, wenn die Produktions- und Vermarktungsregelungen eines Mitgliedstaates zur Folge haben, dass der Handel mit einheimischen Produkten nicht nur im Inland, sondern auch in anderen Mitgliedstaaten benachteiligt wird[207]. Aus diesem Grund verlangt der EuGH, dem sich die Literatur weitestgehend angeschlossen hat[208], bei Ausfuhrregelungen nach Art. 29 (ex-Art. 34) EGV, dass die nationalen Maßnahmen „... spezifische Beschränkungen der Ausfuhrströme bezwecken oder bewirken und damit unterschiedliche Bedingungen für den Binnenhandel innerhalb eines Mitgliedstaats und seinen Außenhandel schaffen, sodass die nationale Produktion oder der Binnenmarkt des betroffenen Staates zum Nachteil der Produktion oder des

---

202 *EuGH*, Urt. v. 11.7.1974, Rs. 8/74, Slg. 1974, 837, 852, Rz. 2 ff. (Staatsanwalt / Benoît und Gustave Dassonville)

203 *EuGH*, Urt. v. 20.2.1979, Rs. 120/78, Slg. 1979, 649, 662, Rz. 8 (Rewe-Zentral-AG / Bundesmonopolverwaltung für Branntwein)

204 *EuGH*, Urt. v. 24.11.1993, verbundene Rs. C-267/91 und C-268/91, Slg. 1993, 6097, 6130 ff., Rz. 11 ff. (Strafverfahren gegen Bernhard Keck und Daniel Mithouard)

205 *EuGH*, Urt. v. 11.7.1974, Rs. 8/74, Slg. 1974, 837, 852, Rz. 2 ff.(Staatsanwalt / Benoît und Gustave Dassonville)

206 *Roth*, in: Marktwirtschaft und Wettbewerb im sich erweiternden europäischen Raum, S. 23

207 *Lux*, in: *Lenz*, Art. 28, Rn. 22; *Leible*, in: *Grabitz / Hilf I*, Art. 29, Rn. 3 f.

208 *Streinz*, Europarecht, Rn. 732; *Müller-Graff*, in: *von der Groeben / Thiesing / Ehlermann*, Art. 34, Rn. 15 ff.; *Lux*, in: *Lenz*, Art. 28, Rn. 22.; *Leible*, in: *Grabitz / Hilf I*, Art. 34, Rn. 3

Handels anderer Mitgliedstaaten einen besonderen Vorteil erlangt"[209]. Die weite Auslegung der „*Dassonville*-Formel", die auch Maßnahmen miteinbezieht, die unterschiedslos für inländische und für aus anderen Mitgliedstaaten eingeführte Waren gelten[210], reicht im Zusammenhang mit Ausfuhrregelungen somit von vornherein nicht aus, um eine mengenmäßige (Ausfuhr-)Beschränkung anzunehmen.

2. Die „Keck-Rechtsprechung" des Europäischen Gerichtshofs

Die auf der Rechtssache „*Dassonville*" beruhende Rechtsprechung hat durch die Entscheidung des EuGH in der Rechtssache „*Keck*" eine Einschränkung erfahren, weil sich immer mehr Wirtschaftsteilnehmer auf die Warenverkehrsfreiheit berufen haben, um auch jene Maßnahmen zu beanstanden, die sich zwar als Beschränkung ihrer geschäftlichen Freiheit ausgewirkt haben, aber nicht auf Erzeugnisse aus anderen Mitgliedstaaten gerichtet gewesen sind[211]. Danach fallen mitgliedstaatliche Bestimmungen, die lediglich bestimmte Verkaufsmodalitäten beschränken, nicht unter Art. 28 (ex-Art. 30) EGV, wenn sie für alle betroffenen Wirtschaftsteilnehmer gelten, die ihre Tätigkeit im Inland ausüben und sie den Absatz der inländischen Erzeugnisse und der Erzeugnisse aus anderen Mitgliedstaaten rechtlich wie tatsächlich in der gleichen Weise berühren[212].

Zu Recht wurde diese Entscheidung dahingehend kritisiert, dass der EuGH offen gelassen hat, was „bestimmte Verkaufsmodalitäten" sind und dadurch nicht zur Beseitigung der Unsicherheiten beigetragen hat[213]. In der Literatur wurden unter Berücksichtigung der ergangenen gerichtlichen Entscheidungen Abgrenzungsversuche unternommen. Verkaufsmodalitäten sind danach solche Maßnahmen, die nicht auf das Produkt selbst gerichtet sind, sondern lediglich dessen Vertrieb regeln (z.B. Konzessionserfordernisse, Ladenöffnungszeiten, Werbebeschränkungen etc.). Sie werden daher auch als vertriebsbezogene Beschränkungen be-

---

[209] *EuGH*, Urt. v. 8.11.1979, Rs. 15/79, Slg. 1979, 3409, 3415, Rz. 7 (P. B. Groenveld BV / Produktschap voor Vee en Vlees); *EuGH*, Urt. v. 24.3.1994, Rs. C-80/92, Slg. 1994, 1019, 1035, Rz. 24 (Kommission der Europäischen Gemeinschaften / Königreich Belgien); *EuGH*, Urt. v. 7.2.1984, Rs. 238/82, Slg. 1984, 523, 543, Rz. 25 (Duphar BV und andere / Niederländischer Staat)

[210] *Müller-Graff*, in: *von der Groeben / Thiesing / Ehlermann*, Art. 30, Rn. 43; *Lux*, in: *Lenz*, Art. 28, Rn. 22; *Streinz*, Europarecht, Rn. 733

[211] *EuGH*, Urt. v. 24.11.1993, verbundene Rs. C-267/91 und C-268/91, Slg. 1993, 6097, 6131, Rz. 14 (Strafverfahren gegen Bernhard Keck und Daniel Mithouard)

[212] *EuGH*, Urt. v. 24.11.1993, verbundene Rs. C-267/91 und C-268/91, Slg. 1993, 6097, 6131, Rz. 16 (Strafverfahren gegen Bernhard Keck und Daniel Mithouard)

[213] *Streinz*, Europarecht, Rn. 733; *Roth*, in: Marktwirtschaft und Wettbewerb im sich erweiternden europäischen Raum, S. 30, 33; *Müller-Graff*, in: *von der Groeben / Thiesing / Ehlermann*, Art. 30, Rn. 243 ff.; *Reich*, Europäisches Verbraucherrecht, S. 85

zeichnet[214]. Zu den produktbezogenen Regelungen gehören hingegen nicht nur auf die Ware selbst bezogene, also beispielsweise deren Zusammensetzung betreffende, sondern auch sich auf deren Eigenschaften sowie auf die mit der Ware verbundenen Teile bezeichnende Bestimmungen, wie Vorschriften über die Verpackung, die Bezeichnung, die Kennzeichnung oder die Zulassung der Produkte selbst. Letztlich wird aber auch bei diesen Abstrahierungsversuchen zu Recht eingeräumt, dass die Aufspaltung in verschiedene Fallkonstellationen lediglich eine grobe typologische Erfassung der Maßnahmen gleicher Wirkung im Sinne von Art. 28 (ex-Art. 30) EGV ermöglicht, nicht aber eine exakte und allgemeingültige Beschreibung erlaubt[215]. Ebenso bleibt zudem offen, ob die Grundsätze des Urteils auf nationale Vertriebssachverhalte zu beschränken sind oder ob sie ebenso bei zwischenstaatlichen Transaktionen, welche ebenso lediglich Verkaufsmodalitäten betreffen, gelten[216]. Die Rechtsprechung des EuGH hat in späteren Entscheidungen die in der Rechtssache *„Keck"* aufgestellten Grundsätze aufgegriffen einen Teil der offen gebliebenen Fragen beantwortet[217]. Das betrifft vor allem die Abgrenzung der bestimmten Verkaufsmodalitäten von den produktbezogenen Regelungen[218].

---

214 *Becker*, in: *Schwarze*, Art. 28, Rn. 48

215 *Becker*, EuR 1994, S. 168 f.; ähnlich: *Kröck*, Der Einfluß der europäischen Grundfreiheiten am Beispiel der Ärzte und Arzneimittel, S. 187 f.

216 Vgl. hierzu unten: D.VI.1.b.aa.(3)

217 *EuGH*, Urt. v. 13.1.2000, Rs. C-254/98, Slg. 2000, 151, 169 f., Rz. 23 f. (Schutzverband gegen unlauteren Wettbewerb / TK-Heimdienst Sass GmbH), *EuGH*, Urt. v. 20.6.1996, Rs. C-418/93, Slg. 1996, 2975, 3004 ff., Rz. 11 ff. (Semeraro Casa Uno Srl u.a. / Sindaco del Comune di Erbusco), *EuGH*, Urt. v. 23.10.1997, Rs. C-189/95, Slg. 1997, 5909, 5975, Rz. 71 (Strafverfahren gegen Harry Franzén) zur Problematik der tatsächlich unterschiedslosen Wirkung von Verkaufsmodalitäten.

218 *EuGH*, Urt. v. 6.7.1995, Rs. C-470/93, Slg. 1995, 1923, 1940 f. , Rz. 12 f. (Verein gegen Unwesen in Handel und Gewerbe Köln / Mars) und *EuGH*, Urt. v. 2.2.1994, Rs. C-315/92, Slg. 1994, 317, 335 ff., Rz. 13 ff. (Verband sozialer Wettbewerb e.V./ Clinique Laboratories SNC und Estée Lauder Cosmetics GmbH), in denen der *EuGH* klarstellt, dass Vorschriften, welche die Änderung der Verpackung erzwingen, keine „Verkaufsmodalitäten" sind; *EuGH*, Urt. v. 26.6.1997, Rs. C-368/95, Slg. 1997, 3689, 3713 f., Rz. 9 ff. (Vereinigte Familiapress Zeitungsverlags- und vertriebsGmbH / Heinrich Bauer Verlag), in welcher der *EuGH* das Verbot des Vertriebes von Druckwerken, die Preisrätsel enthalten, keine „Verkaufsmodalität" ist; *EuGH*, Urt. v. 26.6.1995, Rs. C-391/92, Slg. 1995, 1621, 1646 f., Rz. 13 f. (Kommission der Europäischen Gemeinschaften / Griechische Republik), in welcher der *EuGH* Verkaufsvorbehalte für Apotheken als „Verkaufsmodalitäten" einordnet; EuGH, Urt. v. 2.6.1994, Rs. C-401/92, Slg. 1994, 2199, 2233 f., Rz. 12 ff. (Strafverfahren gegen Tankstation 't Heukske vof und S.B.E. Boermans), in welcher Regelungen zu Öffnungszeiten als „Verkaufsmodalitäten" einstuft; *EuGH*, Urt. v. 14.12.1995, Rs. C-387/93, Slg. 1995, 4663, 4694 ff., Rz. 34 ff. (Strafverfahren gegen Banchero), in welcher der *EuGH* zugelassene Vertriebshändler für Tabakwaren als „Verkaufsmodalitäten" bezeichnet; *EuGH*, Urt. v. 9.2.1995, Rs. C-412/93, Slg. 1995, 179, 216 ff., Rz. 21 ff. (Leclerc / TF1 Publicité SA), in der der *EuGH* Beschränkungen der Fernsehwerbung als „Verkaufsmodalitäten" einordnet.

3. Die „Cassis-Formel“ des Europäischen Gerichtshofs

a. Die Voraussetzungen

Der Gerichtshof hat mit seiner „*Cassis*-Formel“ eine sog. „immanente Schranke“ des Art. 28 (ex-Art. 30) EGV[219] für unterschiedslos anwendbare Regelungen[220] geschaffen, die aus zwingenden Erfordernissen gerechtfertigt sind und für die keine Gemeinschaftsvorschrift besteht. Danach ist es in Ermangelung einer gemeinschaftlichen Regelung zur Herstellung und Vermarktung einer Ware Sache der Mitgliedstaaten, solche Vorschriften für ihr Hoheitsgebiet zu erlassen. In diesem Zusammenhang sind Hemmnisse für den Binnenhandel der Gemeinschaft, die sich aus unterschiedlichen mitgliedstaatlichen Regelungen ergeben, hinzunehmen, soweit sie notwendig sind, um zwingenden Erfordernissen, insbesondere den Erfordernissen einer wirksamen steuerlichen Kontrolle, der Lauterkeit des Handelsverkehrs und des Verbraucherschutzes gerecht zu werden[221]. Zudem setzt die „*Cassis*-Formel“ voraus, dass eine Regelung vorliegt, die unterschiedslos für inländische und eingeführte Waren anwendbar ist[222]. Zwingende Erfordernisse des Gesundheitsschutzes, die beim Export von medizinischen Leistungen immer wieder angeführt werden, sind mittlerweile[223] nicht mehr im Rahmen der Beschränkung der „*Dassonville*-Formel“ durch die „*Cassis*-

---

[219] *Leible*, in: *Grabitz / Hilf I*, Art. 28, Rn. 20, Art. 30, Rn. 3
Auf die dogmatische Einordnung des Gerichtshofs als immanente Schranke und die diesbezügliche Kritik aus Teilen der Wissenschaft, welche die „zwingenden Erfordernisse“ einer weiten Auslegung von Art. 30 EGV unterfallen sehen möchten, muss an dieser Stelle nicht weiter eingegangen werden. Dieser Streit hat keine praktische Bedeutung, da die inhaltliche Prüfung nicht voneinander abweicht, lediglich der Ort differiert und auch die Beweislast bei beiden Alternativen jeweils den Mitgliedstaaten obliegt.
Vgl. zu dieser dogmatischen Problematik ausführlich: *Becker*, EuR 1994, S. 165 ff.; *Leible*, in: Grabitz / Hilf I, Art. 28, Rn. 20
Vgl. zur Beweislastverteilung unten: D.II.3.b.

[220] *EuGH*, Urt. v. 10.1.1985, Rs. 229/83, Slg. 1985, 17, 34 f., Rz. 24 ff. (Association des Centres distributeurs Édouard Leclerc und SA Thouars Distribution & autres / Sàrl „Au blé vert“, Georges Lehec, SA Pelgrim, Union syndicale des libraires de France, Ernest Marchand und Jeanne Palluault, verheiratete Demée); *EuGH*, Urt. v. 25.7.1991, verbundene Rs. C-1/90 und C-176/90, 4151, 4184, Rz. 13 (Aragonesa de Publicidad Exterior SA und Publivía SAE / Departamento de Sanidad y Seguridad Social de la Generalität de Cataluna); *Becker*, EuR 1994, S. 166

[221] *EuGH*, Urt. v. 20.2.1979, Rs. 120/78, Slg. 1979, 649, 662, Rz. 8 (Rewe-Zentral-AG / Bundesmonopolverwaltung für Branntwein)

[222] *EuGH*, Urt. v. 17.6.1981, Rs. 113/80, Slg. 1981, 1625, 1639, Rz. 10 (Kommission der Europäischen Gemeinschaften / Irland); *EuGH*, Urt. v. 3.3.1988, Slg. 1988, 1245, 1277, Rz. 35 (Allen & Hanburys Ltd / Generics [UK] Ltd); *Streinz*, Europarecht, Rn. 739; *Müller-Graff*, in: *von der Groeben / Thiesing / Ehlermann*, Art. 30, Rn. 193 ff.; *Lux*, in: *Lenz*, Art. 28, Rn. 30

[223] Anders noch in: *EuGH*, Urt. v. 20.2.1979, Rs. 120/78, Slg. 1979, 649, 662, Rz. 8 (Rewe-Zentral-AG / Bundesmonopolverwaltung für Branntwein)

Rechtsprechung" bei Art. 28 (ex-Art. 30) EGV, sondern nur noch im Zusammenhang mit den Rechtfertigungsgründen nach Art. 30 (ex-Art. 36) EGV zu diskutieren[224].

b. Die Verteilung der Beweislast

Eine weitere im Hinblick auf die „*Cassis*-Formel" bedeutsame Frage betrifft die Verteilung der Beweislast.

Ein Teil der Literatur geht bei der Auseinandersetzung mit den Entscheidungen in den Rechtssachen „*Decker*" und „*Kohll*" hinsichtlich der Erhaltung des finanziellen Gleichgewichts der sozialen Sicherungssysteme ohne nähere Begründung davon aus, dass die Beweislast für die Erforderlichkeit von Beschränkungen in einem eventuellen Verfahren vor dem EuGH bei dem Mitgliedstaat liegt, welcher sie als Ausnahme vom gemeinschaftsrechtlich garantierten Grundsatz der Warenverkehrsfreiheit für sich in Anspruch nimmt. Diese Ausführungen gelten aber wohl allein der Frage der Rechtfertigungsgründe, wobei auf das Problem der Einordnung der Erhaltung des finanziellen Gleichgewichts als zwingendes Erfordernis nach der „*Cassis*-Rechtsprechung" oder als Rechtfertigungsgrund nach Art. 30 (ex-Art. 36) EGV nicht eingegangen wird[225].

Gegen diese Übertragung der Beweislastverteilung des Art. 30 (ex-Art. 36) EGV auf die „*Cassis*-Formel" spricht streng formal gesehen das Regel-/ Ausnahmeverhältnis von Art. 28 (ex-Art. 30) EGV zu Art. 30 (ex-Art. 36) EGV. Danach muss an sich die Kommission die Darlegungs- und Beweislast für das Fehlen der zwingenden Erfordernisse für eine unterschiedslos inländische und eingeführte Waren betreffende Maßnahme als eine die Maßnahme gleicher Wirkung ausschließende Voraussetzung tragen[226].

---

224 *EuGH*, Urt. v. 12.3.1987, Rs. 178/84, Slg. 1987, 1227, 1270 ff., Rz. 28 ff. (Kommission der Europäischen Gemeinschaften / Bundesrepublik Deutschland); *EuGH*, Urt. v. 11.6.1991, verbundene Rs. C-1/90 und C-176/90, Slg. 1991, 4151, 4183, Rz. 12 f. (Aragonesa de Publicidad Exterior SA und Publivía SAE / Departamento de Sanidad y Seguridad Social de la Generalitat de Cataluna), wobei der Gerichtshof die Auffassung der Kommission, der Schutz der öffentlichen Gesundheit sei im Rahmen der „*Cassis*-Formel" als zwingender Grund einzuordnen, ausdrücklich zurückwies.; *Streinz*, Europarecht, Rn. 738; *Lux*, in: *Lenz*, Art. 28, Rn. 30; *Müller-Graff*, in: *von der Groeben / Thiesing / Ehlermann*, Art. 30, Rn. 208; *Leible*, in: *Grabitz / Hilf I*, Art. 28, Rn. 35; *Reich*, Förderung und Schutz diffuser Interessen durch die Europäischen Gemeinschaften, S. 69; *Dauses*, ZLR 1987, S. 247 mit dogmatischen Vorbehalten hinsichtlich der neueren Rechtsprechung des EuGH zu diesem Problemkreis

225 *Lenz / Lampert*, Pharma Recht 1999, S. 73 f.; Herder-Dorneich, Deutsches Ärzte- blatt 1998, S.1663

226 Ebenso: *Baumhof*, Die Beweislast im Verfahren vor dem Europäischen Gerichtshof, S. 153

Dagegen wird – abgesehen von der rein formalen Betrachtungsweise des Regel-/ Ausnahmeverhältnisses von Art. 28 (ex-Art. 30) EGV zu Art. 30 (ex-Art. 36) EGV – eingewandt, dass bei sinn- und zweckgerichteter Auslegung ebenso die „*Cassis*-Formel" als Ausnahme zum Grundsatz des freien Warenverkehrs eingordnet werden kann[227]. Auch der Gerichtshof teilt die streng formale Sichtweise nicht, sondern legt die Beweislast „für die Voraussetzungen für eine Abweichung von Art. 30 [nunmehr Art. 28] EGV" den Mitgliedstaaten auf[228]. Zwar sprach er die „*Cassis*-Formel" in dieser Entscheidung nicht ausdrücklich an, doch indem er die Rechtfertigungsgründe „unangemessener Verwaltungsaufwand" und „übermäßige öffentliche Abgaben" im Zusammenhang mit Art. 28 (ex-Art. 30) EGV und gerade nicht mit Art. 30 (ex-Art. 36) EGV erwähnt[229], konnte er sie konsequenterweise nur als zwingende Erfordernisse im Sinne der „*Cassis*-Rechtsprechung" eingeordnet haben[230]. Auf eine Rechtfertigung nach Art. 30 (ex-Art. 36) ging der EuGH in den Entscheidungsgründen überhaupt nicht ein.

Zudem lassen sich zwischen den zwingenden Erfordernissen im Sinne der „*Cassis*-Formel" und den Rechtfertigungsgründen nach Art. 30 (ex-Art. 36) EGV trotz ihrer unterschiedlichen dogmatisch-systematischen Einordnung eine Reihe von Parallelen feststellen. Es werden jeweils lediglich nichtwirtschaftliche Interessen berücksichtigt. Der Grundsatz der Verhältnismäßigkeit ist im Rahmen der „*Cassis*-Rechtsprechung" ebenso zu beachten wie bei den Rechtfertigungsgründen nach Art. 30 (ex-Art. 36) EGV. Nicht zuletzt vor dem Hintergrund der Entwicklung der „*Cassis*-Rechtsprechung" aus dem Umstand heraus, dass Art. 30 (ex-Art. 36) EGV die Rechtfertigungsgründe abschließend aufzählt, aber dennoch die Ausnahmen zur gemeinschaftsrechtswidrigen Beschränkung der Warenverkehrsfreiheit nicht umfassend regelt, ist auch im Hinblick auf die Verteilung der Beweislast keine unterschiedliche Handhabung angezeigt[231].

Im Ergebnis liegt die Beweislast für das Vorliegen der zwingenden Gründe im Sinne der „*Cassis*-Rechtsprechung" bei den Mitgliedstaaten. Diese werden in einem eventuellen Verfahren vor dem Gerichtshof durch hinreichend nachprüfbare Tatsachen darzulegen und zu beweisen haben, dass Erstattungsregelungen

---

[227] Baumhof, Die Beweislast im Verfahren vor dem Europäischen Gerichtshof, S. 154

[228] *EuGH*, Urt. v. 12.7.1990, Rs. C-128/89, Slg. 1990, 3239, 3262, Rz. 23 (Kommission der Europäischen Gemeinschaften / Italienische Republik)

[229] „Die Regierung der Italienischen Republik hat außerdem nicht nachzuweisen vermocht, daß die Erlaubnis, Pampelmusen von 1985 an auf dem Landweg nach Italien einzuführen, für sie einen unangemessenen Verwaltungsaufwand oder übermäßige öffentliche Ausgaben zur Folge gehabt hätte." (*EuGH*, Urt. v. 12.7.1990, Rs. C-128/89, Slg. 1990, 3239, 3263, Rz. 27 [Kommission der Europäischen Gemeinschaften / Italienische Republik])

[230] Ebenso: *Baumhof*, Die Beweislast im Verfahren vor dem Europäischen Gerichtshof, S. 153

[231] *Baumhof*, Die Beweislast im Verfahren vor dem Europäischen Gerichtshof, S. 154

der in der Rechtssache *„Decker“* streitigen Art oder vergleichbare Beschränkungen, soweit sie nicht schon nach den Grundsätzen der *„Keck*-Rechtsprechung“ als Maßnahmen gleicher Wirkung ausscheiden, aufgrund zwingender Erfordernisse des Allgemeinwohls gerechtfertigt sind.

III. Rechtfertigung beschränkender Maßnahmen nach Art. 30 (ex-Art. 36) EGV

Beschränkungen des freien Warenverkehrs nach Art. 28 und 29 (ex-Art. 30 und 34) EGV können zum Schutze bestimmter Rechtsgüter nach Art. 30 (ex-Art. 36) EGV gerechtfertigt sein. Dabei ist der Tatbestand für die Rechtfertigungsgründe des Art. 30 (ex-Art. 36) Satz 1 EGV im Hinblick auf eine wesentliche Voraussetzung weiter gefasst als die bereits im Tatbestand des Art. 28 (ex-Art. 30) EGV nach der *„Cassis*-Rechtsprechung“ entwickelten zwingenden Erfordernisse des Allgemeinwohls. Im Gegensatz zu letzteren, die voraussetzen, dass die nationale Regelung unterschiedslos für Waren aus dem Inland und aus anderen bzw. in andere Mitgliedstaaten verbrachte Waren gilt[232], werden von der Vorschrift des Art. 30 (ex-Art. 36) EGV zusätzlich auch Maßnahmen erfasst, die spezifisch auf die Einfuhr aus bzw. Ausfuhr in andere Staaten der Gemeinschaft gerichtet sind.

Als Ausnahmeregel zu der grundsätzlich garantierten Warenverkehrsfreiheit sind die Rechtfertigungsgründe eng auszulegen[233]. Der Katalog der Rechtfertigungsgründe in Art. 30 (ex-Art. 36) EGV ist abschließend[234]. Gründe, die aufgrund des erschöpfenden Charakters nicht bei Art. 30 (ex-Art. 36) EGV zu berücksichtigen sind, können aber bei Art. 28 (ex-Art. 30) EGV im Rahmen der zwingenden Erfordernisse des Allgemeinwohls als mögliche tatbestandsausschließende Gründe bedeutsam werden[235].

---

232 Vgl. hierzu oben: D.II.3.a.

233 *EuGH*, Urt. v. 25.1.1977, Rs. 46/76, Slg. 1977, 5, 15, Rz. 12 ff. (W.J.G. Bauhuis / Niederländischer Staat); *EuGH*, Urt. v. 17.6.1981, Rs. 113/80, Slg. 1981, 1625, 1638, Rz. 7 (Kommission der Europäischen Gemeinschaften / Irland); *Müller-Graff*, in: *von der Groeben / Thiesing / Ehlermann*, Art. 36, Rn. 23; *Lux*, in: *Lenz*, Art. 30, Rn. 2; *Reich*, Förderung und Schutz diffuser Interessen durch die Europäischen Gemeinschaften, S. 63

234 *EuGH*, Urt. v. 17.6.1981, Rs. 113/80, Slg. 1981, 1625, 1638, Rz. 7 (Kommission der Europäischen Gemeinschaften / Irland); *Leible*, in: *Grabitz / Hilf I*, Art. 30, Rn. 3; *Lux*, in: *Lenz*, Art. 30, Rn. 4; *Müller-Graff*, in: *von der Groeben / Thiesing / Ehlermann*, Art. 36, Rn. 24, 26 ff.

235 Vgl. hierzu oben: D.II.3.a.; *EuGH*, Urt. v. 17.6.1981, Rs. 113/80, Slg. 1981, 1625, 1638 f., Rz. 8 ff. (Kommission der Europäischen Gemeinschaften / Irland); *Lux*, in: *Lenz*, Art. 30, Rn. 4; *Leible*, in: *Grabitz / Hilf I*, Art. 30, Rn. 3

Die Ausnahmen des Art. 30 (ex-Art. 36) EGV greifen nur bei Tatbeständen nichtwirtschaftlicher Art[236]. Das ergibt sich schon aus Art. 95 (ex-Art. 100 a) Abs. 10 EGV, der von den „in Art. 30 genannten nichtwirtschaftlichen Gründe[n]" spricht. Die Rechtfertigungsregelung des Art. 30 (ex-Art. 36) EGV macht die ausnahmsweise Zulässigkeit handelshemmender nationaler Maßnahmen von der Wahrung des Verhältnismäßigkeitsprinzips abhängig[237], das insbesondere Satz 2 zu Grunde liegt[238]. Beschränkungen müssen zum Schutz eines in Art. 30 (ex-Art. 36) EGV aufgezählten Rechtsgutes geeignet sein[239]. Darüber hinaus muss die Maßnahme notwendig sein, um die in dieser Vorschrift genannten Zwecke zu erreichen[240]. Es ist zudem auszuschließen, dass den innergemeinschaftlichen Handel weniger beschränkende Regelungen in Betracht kommen, die das betreffende Rechtsgut ebenso wirksam schützen[241].

Nach Satz 2 ist es verboten, dass die nationalen Maßnahmen ein Mittel zur „willkürlichen Diskriminierung" oder „verschleierten Beschränkung des Handels zwischen den Mitgliedstaaten" darstellen. Durch diese absolute Grenze soll

---

236 *EuGH*, Urt. v. 7.2.1984, Rs. 238/82, Slg. 1984, 523, 542, Rz. 23 (Duphar BV und andere / Niederländischer Staat); *EuGH*, Urt. v. 28.3.1995, Rs. C-324/93, Slg. 1995, 563, 608, Rz. 36 (The Queen / Secretary of State for the Home Department, ex parte: Evans Medical Ltd und Macfarlan Smith Ltd); *EuGH*, Urt. v. 24.1.2002, Rs. C-164/99, EuZW 2002, S. 246, Rz. 26 (Portogaia Construχões Lda) und *EuGH*, Urt. v. 29.4.1999, Rs. C-224/97, Slg. 1999, 2517, 2535 ff., Rz. 16 (Erich Ciola / Land Vorarlberg) zur entsprechenden Problematik im Zusammenhang mit Art. 55, 46 (ex-Art. 66, 56) EGV; *Lux*, in: *Lenz*, Art. 30, Rn. 7; *Leible*, in: *Grabitz / Hilf I*, vor Art. 28-31, Rn. 4, Art. 30, Rn.5; *Müller-Graff*, in: *von der Groeben / Thiesing / Ehlermann*, Art. 36, Rn. 33 ff.; *Reich*, Förderung und Schutz diffuser Interessen durch die Europäischen Gemeinschaften, S. 63; *Streinz*, in: FS Rudolf, S. 203, 214 zur entsprechenden Problematik im Zusammenhang mit Art. 55, 46 (ex-Art. 66, 56) EGV.

237 *EuGH*, Urt. v. 10.7.1984, Rs. 72/83, Slg. 1984, 2727, 2752, Rz. 37 (Campus Oil Limited und andere / Minister für Industrie und Energie und andere); *EuGH*, Urt. v. 22.3.1983, Rs. 42/82, Slg. 1983, 1013, 1047, Rz. 54 (Kommission der Europäischen Gemeinschaften / Französische Republik); *Leible*, in: *Grabitz / Hilf I*, Art. 30, Rn. 8; *Becker*, in: *Schwarze*, Art. 30, Rn. 63 ff.; *Lux*, in: *Lenz*, Art. 30, Rn. 20 ff.

238 *EuGH*, Urt. v. 17.9.1998, Rs. C-400/96, Slg. 1998, 5121, 5137, Rz. 34 (Strafverfahren gegen Jean Harpegnies); *EuGH*, Urt. v. 30.11.1983, Rs. 227/82, Slg. 1983, 3883, 3905, Rz. 39 (Strafverfahren gegen Leendert van Bennekom)

239 *EuGH*, Urt. v. 25.5.1993, Rs. C-271/92, Slg. 1993, 2899, 2923, Rz. 12 (Laboratoire de prothèses oculaires [LPO] / Union nationale des Syndicats d'opticiens de France [UNSOF] u.a.)

240 *EuGH*, Urt. v. 15.12.1976, Rs. 35/76, Slg. 1976, 1871, 1885, Rz. 18 f. (Simmenthal S.p.A. / Italienisches Finanzministerium)

241 *EuGH*, Urt. v. 28.3.1995, Rs. C-324/93, Slg. 1995, 563, 608, Rz. 38 f. (The Queen / Secretary of State for the home Department, ex parte: Evans Medical Ltd und Macfarlan Smith Ltd); *EuGH*, Urt. v. 16.4.1991, Rs. 347/89, Slg. 1991, 1747, 1770 ff., Rz. 27 ff. (Freistaat Bayern / Eurim-Pharm GmbH); *EuGH*, Urt. v. 30.11.1983, Rs. 227/82, Slg. 1983, 3883, 3905, Rz. 39 (Strafverfahren gegen Leendert van Bennekom)

dem Missbrauch, Diskriminierungen und dem Protektionismus ein Riegel vorgeschoben werden[242].

Die Mitgliedstaaten trifft die Darlegungslast für eine Rechtfertigung nach Art. 30 (ex-Art. 36) EGV. Es obliegt ihnen, sich auf diese Vorschrift zu berufen und Umstände zur Rechtfertigung darzulegen und zu beweisen[243]. Es ist den Mitgliedstaaten jedoch verwehrt, eine Beschränkung der Warenverkehrsfreiheit mit Art. 30 (ex-Art. 36) EGV zu rechtfertigen, wenn das betreffende zu schützende Rechtsgut durch Gemeinschaftsrecht (z.B. Harmonisierungsrichtlinien nach Art. 94 f. [ex-Art. 100 f.] EGV) abschließend[244] geregelt ist[245]. In diesem Fall haben sie die vorgeschriebenen Gemeinschaftsverfahren einzuhalten und können nur auf eine Ergänzung oder Änderung der jeweiligen Gemeinschaftsregelung hinwirken oder müssen nach Art. 95 (ex-Art. 100 a) Abs. 4 bzw. 10 EGV vorgehen.

IV. Eingriffe in die Warenverkehrsfreiheit in der Rechtssache „*Decker*"

1. Die „Dassonville-*Formel*"

In den Verfahren der Rechtssachen „*Decker*" und „*Kohll*" bestand zwischen den Mitgliedstaaten, die zu der Frage des Eingriffs in den freien Waren- und Dienstleistungsverkehr Stellung genommen haben, Einigkeit darüber, dass der innergemeinschaftliche Handel durch die Voraussetzung einer vorherigen Genehmigung für die Kostenerstattung von in anderen Mitgliedstaaten erworbenen medizinischen Erzeugnissen oder empfangenen medizinischen Leistungen keinesfalls behindert werde. Schließlich habe die betreffende Regelung weder den Zweck noch die Wirkung, die Handelsströme einzuschränken. Vielmehr beschränke sie sich lediglich darauf, die Art und Weise der Erstattung von Krank-

---

242 Vgl. zur Konkretisierung dieser Kriterien mit zahlreichen Verweisen auf die Rechtsprechung: *Leible*, in: *Grabitz / Hilf I*, Art. 30, Rn. 9; *Becker*, in: *Schwarze*, Art. 30, Rn. 77

243 *EuGH*, Urt. v. 6.5.1986, Rs. 304/84, Slg. 1986, 1511, 1529, Rz. 25 f. (Ministère public / Claude Muller und andere); *EuGH*, Urt. v. 30.11.1983, Rs. 227/82, Slg. 1983, 3883, 3905, Rz. 40 (Strafverfahren gegen Leendert van Bennekom); *EuGH*, Urt. v. 10.7.1984, Rs. 51/83, Slg. 1984, 2793, 2806, Rz. 17 (Kommission der Europäischen Gemeinschaften / Italienische Republik); *Schulz-Weidner*, in: *Schulte / Barwig*, S. 334; *von Maydell*, in: Gesundheitsversorgung in der Europäischen Union, S. 21

244 Zur Problematik einer nur teilweise abschließenden Regelung bzw. der Aufstellung von Mindeststandards: *Müller-Graff*, in: *von der Groeben / Thiesing / Ehlermann*, Art. 36, Rn. 18 f.

245 *EuGH*, Urt. v. 12.11.1998, Rs. C-102/96, Slg. 1998, 6871, 6899 f., Rz. 21 f. (Kommission der Europäischen Gemeinschaften / Bundesrepublik Deutschland); *EuGH*, Urt. v. 23.5.1996, Rs. C-5/94, Slg. 1996, 2553, 2611, Rz. 18 (The Queen / Ministry of Agriculture, Fisheries and Food, ex parte: Hedley Lomas [Ireland] Ltd)

heitskosten zu regeln und betreffe somit nur das Verhältnis zwischen dem Versicherten und dem Träger der Sozialversicherung[246].

Das Genehmigungserfordernis betrifft die Einfuhr von medizinischen Waren. Nun kann in einer solchen Voraussetzung für die Kostenerstattung in der Tat kein Verbot oder eine unmittelbare Behinderung der Einfuhr medizinischer Erzeugnisse gesehen werden. Die Versicherten können diese Produkte dort erwerben, wo sie möchten, natürlich auch in einem anderen Mitgliedstaat als dem Wohnstaat. Wie der Fall *„Decker"* zeigt, war es für den Luxemburger auch nicht schwierig, die Brille in Belgien zu kaufen.

Doch ist damit noch nicht eine Behinderung der Einfuhr ausgeschlossen. Schließlich ist die Unmittelbarkeit nach der „*Dassonville*-Formel" nicht eine Voraussetzung der „Maßnahme gleicher Wirkung". Ausreichend im Hinblick auf Regelungen zur Einfuhr sind Maßnahmen, die geeignet sind, den Handel auch nur mittelbar zu behindern[247]. Es ist offensichtlich, dass Versicherte, die nicht eine solche Genehmigung erhalten, von dem Erwerb medizinischer Erzeugnisse in einem anderen Mitgliedstaat abgehalten werden. Ihnen stellt sich unter diesen Umständen die Entscheidung zwischen dem Erwerb im Inland, dessen Kosten von der Krankenkasse (zumindest zum Teil) erstattet werden und dem Kauf jenseits der Landesgrenzen, der nach den nationalen Vorschriften überhaupt nicht erstattungsfähig ist. Es liegt auf der Hand, dass die Versicherten dann regelmäßig die erstere Variante vorziehen.

Zudem wird die Genehmigung nur unter recht engen Voraussetzungen erteilt[248]. Damit werden Versicherte, die diese Voraussetzungen nicht erfüllen, in der Regel von vornherein davon abgehalten, eine solche Genehmigung beim zuständigen Träger der Sozialversicherung zu beantragen, um anschließend die verschriebenen medizinischen Erzeugnisse in einem anderen Mitgliedstaat zu erwerben. Auch eine großzügige Praxis bei der Erteilung solcher Genehmigungen, wie sie von mancher Seite reklamiert wird[249], vermag daran nichts zu ändern, wenn die gesetzliche Grundlage eine Erstattung der Kosten von in anderen Mitgliedstaaten im Gegensatz zu im Inland erworbenen Produkten von einer vorherigen Genehmigungserteilung abhängig macht. Nicht zuletzt erfordern die Grundsätze der Rechtssicherheit und des Rechtsschutzes in den vom Gemein-

246 Schlussanträge des *Generalanwalts Tesauro* v. 16.09.1997, verbundene Rs. C-120/95 und Rs. C-158/96, Slg. 1998, 1831, 1853, Rz. 37 (Nicolas Decker / Caisse de maladie des employés privés bzw. Raymond Kohll / Union des caisses de maladie)

247 Vgl. hierzu oben: D.II.1.

248 Vgl. hierzu Art. 60 des luxemburgischen Code de assurances: B.I.1.

249 Schlussanträge des *Generalanwalts Tesauro* v. 16.09.1997, verbundene Rs. C-120/95 und Rs. C-158/96, Slg. 1998, 1831, 1866, Rz. 55 (Nicolas Decker / Caisse de maladie des employés privés bzw. Raymond Kohll / Union des caisses de maladie)

schaftsrecht erfassten Bereichen eine eindeutige Formulierung der mitgliedstaatlichen Rechtsnormen, die dem betroffenen Personenkreis die klare und genaue Kenntnis ihrer Rechte und Pflichten ermöglicht und die nationalen Gerichte in die Lage versetzt, deren Einhaltung sicherzustellen[250]. Das aber wäre bei einem teilweisen Abweichen der Praxis von den gesetzlichen Grundlagen, selbst wenn sie zugunsten der Versicherten erfolgt, gerade nicht gegeben. Es kann also nicht dahingehend argumentiert werden, dass eine Anpassung einer mitgliedstaatlichen Bestimmung deshalb nicht erforderlich sei, weil sie angeblich in der Praxis nicht oder nur selten in gemeinschaftsrechtswidriger Weise angewendet werden würde[251].

Im Übrigen ist selbst dann von einer Behinderung des Handels auszugehen, wenn die Voraussetzungen, unter denen die Genehmigung erteilt werden muss, weiter gefasst werden[252]. Auch in diesen Fällen gibt es immer noch Konstellationen, in denen der Bezug von medizinischen Erzeugnissen aus einem anderen Mitgliedstaat nicht genehmigt werden muss und die aufgewandten Kosten somit nicht erstattungsfähig sind. Sogar wenn die Genehmigung vom Träger der Sozialversicherung ausnahmslos erteilt werden muss und die Kosten damit immer erstattungsfähig wären[253], würde allein der Formalismus des Genehmigungsverfahrens geeignet sein, den innergemeinschaftlichen Handel im Sinne der „*Dassonville*-Rechtsprechung" mittelbar zu behindern. Abgesehen von dem tendenziell abschreckenden Effekt von Genehmigungsvorbehalten[254] könnte allein der

---

[250] *EuGH*, Urt. v. 21.6.1988, Rs. 257/86, Slg. 1988, 3249, 3267, Rz. 12 (Kommission der Europäischen Gemeinschaften / Italienische Republik); *EuGH*, Urt. v. 30.1.1985, Rs. 143/83, Slg. 1985, 427, 435, Rz. 10 (Kommission der Europäischen Gemeinschaften / Königreich Dänemark)

[251] *EuGH*, Urt. v. 7.2.1984, Rs. 166/82, 459, 472, Rz. 24 (Kommission der Europäischen Gemeinschaften / Italienische Republik); *EuGH*, Urt. v. 7.2.1985, Rs. 173/83, Slg. 1985, 491, 507, Rz. 7 f. (Kommission der Europäischen Gemeinschaften / Französische Republik); Schlussanträge des *Generalanwalts van Gerven* v. 28.4.1993, verbundene Rechtssachen C-267/91 und C-268/91, Slg. 1993, 6097, 6125, Rz. 14 (Strafverfahren gegen Bernard Keck und Daniel Mithouard)

[252] Wohl auch *EuGH*, Urt. v. 12.7.2001, Rs. C-157/99, NJW 2001, S. 3391 ff., 3394 f., Rz. 69 (B. S. M. Smits, verheiratete Geraets / Stichting Ziekenfonds VGZ und H. T. M. Peerbooms / Sichting CZ Groep Zorgverzekeringen), der auch keine Differenzierung nach dem Umfang der Genehmigungsvoraussetzungen vornimmt.
Missverständlich sind insofern die Ausführungen des *Generalanwalts Tesauro*, der ausdrücklich darauf abstellt, dass die betreffende Genehmigung in Anbetracht der besonders strengen Voraussetzungen nur selten erteilt werden wird, Schlussanträge des *Generalanwalts Tesauro* v. 16.09.1997, Rs. C-120/95 und Rs. C-158/96, Slg. 1998, 1831, 1854, Rz. 38 (Nicolas Decker / Caisse de maladie des employés privés bzw. Raymond Kohll / Union des caisses de maladie)

[253] Der Sinn und Zweck einer solchen (theoretisch) denkbaren Regelung soll an dieser Stelle dahinstehen.

[254] *Müller-Graff*, in: *von der Groeben / Thiesing / Ehlermann*, Art. 30, Rn. 138

mit einem Genehmigungsantrag verbundene zusätzliche Aufwand Versicherte davon abhalten, Waren des Gesundheitssektors aus einem Mitgliedstaat zu beziehen.

Entsprechendes gilt auch aus Sicht der Leistungserbringer. Sie werden durch die aufgrund des Genehmigungserfordernisses geringere Nachfrage seitens der (in den anderen Mitgliedstaaten) Versicherten ebenso beim Handel mit medizinischen Produkten (mittelbar) behindert.

2. Die Rechtssache „Keck“

Es stellt sich nunmehr die Frage, ob die Beschränkung der „*Dassonville*-Formel“ durch die Rechtsprechung des EuGH in der Rechtssache „*Keck*“ greift. Dabei ist zunächst festzustellen, dass auf dieses Problem ausdrücklich weder die verschiedenen Stellungnahmen, noch die Schlussanträge des *Genaralanwalts Tesauro*, noch das Gericht in seiner Entscheidung eingehen. Allerdings wird ausführlich die Rechtfertigung durch zwingende Gründe des Allgemeininteresses diskutiert[255]. Damit müssten die Beteiligten einen Eingriff in die Warenverkehrsfreiheit unter Berücksichtigung der „*Keck*-Rechtsprechung“ angenommen haben, ohne jedoch näher darauf einzugehen[256].

Wie bereits angeführt[257] fehlt es der Rechtsprechung des EuGH an der erforderlichen Definition der „bestimmten Verkaufsmodalitäten“. Vielmehr stellt er diese lediglich den „produktbezogenen Regelungen“ betreffend die Zusammensetzung, Bezeichnung, Aufmachung, Etikettierung, Form, Gewicht und Abmessungen gegenüber und ordnet jeden Einzelfall exemplarisch einer dieser Kategorien

[255] Schlussanträge des *Generalanwalts Tesauro* v. 16.09.1997, Rs. C-120/95 und Rs. C-158/96, Slg. 1998, 1831, 1860 ff., Rz. 47 ff. (Nicolas Decker / Caisse de maladie des employés privés bzw. Raymond Kohll / Union des caisses de maladie); *EuGH*, Urt. v. 28.4.1998, Rs. C-120/95, Slg. 1998, 1831, 1884 f., Rz. 37 ff. (Nicolas Decker / Caisse de maladie des employés privés)

[256] Dabei spielt es im Ergebnis keine Rolle, wie die diskutierten zwingenden Gründe des Allgemeinwohls eingeordnet werden (vgl. hierzu unten: D.IV.3.). Dogmatisch konsequent sind nämlich zunächst die unterschiedslos geltenden bestimmten Verkaufsmodalitäten bzw. die differenzierenden produktbezogenen Regelungen nach den Voraussetzungen der „*Keck*-Entscheidung“ auszuscheiden, um anschließend lediglich die nicht darunterfallenden unterschiedslos anwendbaren produktbezogenen Regelungen auf die sog. „immanente Schranke“ des Art. 28 EGV im Sinne der „*Cassis*-Formel“ hin zu prüfen (vgl. hierzu: *Streinz*, Europarecht, Rn. 742; *Lux*, in: *Lenz*, Art. 28, Rn. 23). Im Anschluss hieran erfolgt die Auseinandersetzung mit den in Betracht kommenden Rechtfertigungsgründen, sodass sämtliche Beteiligte eine Beschränkung des freien Warenverkehrs unter Berücksichtigung der „*Keck*-Rechtsprechung“ zu Grunde gelegt haben müssen.

[257] Vgl. hierzu oben: D.II.2.

zu, ohne allgemein gültige, abstrakte Abgrenzungsmerkmale zu entwickeln[258]. Die Genehmigungspflicht für sich knüpft nicht an die medizinischen Erzeugnisse an. Vielmehr bewirkt diese Maßnahme eine Beschränkung der Entscheidungsfreiheit der Versicherten unter kommerziellen Gesichtspunkten, ohne sich dabei auf die Merkmale der Produkte selbst zu erstrecken. Indem eine Erstattung der aufgewendeten Kosten nur bei vorheriger Genehmigung durch den zuständigen Träger der Sozialversicherung erfolgt, werden Modalitäten über den Umfang der finanziellen Belastung der Verbraucher getroffen, sodass lediglich bestimmte Bedingungen, unter denen der Verbraucher die Produkte erwerben kann, mithin Umstände des Vertriebes geregelt werden. Es kann sich damit bei einer Genehmigungspflicht der hier vorliegenden Art nur um eine Verkaufsmodalität handeln[259].

Um die Prüfung der „Ungefährlichkeit" der Maßnahme für den innergemeinschaftlichen Handel nach der „*Keck*-Rechtsprechung" abzuschließen, muss sie für alle Wirtschaftsteilnehmer gelten, die ihre Tätigkeit in dem konkreten Mitgliedstaat ausüben und den Absatz der inländischen Erzeugnisse und der Waren aus anderen Mitgliedstaaten rechtlich wie tatsächlich gleich berühren[260]. Die nach der Vorlagefrage streitige Genehmigungspflicht in Art. 60 des luxemburgischen Code des assurances sociales gilt dem Wortlaut nach unterschiedslos für alle Versicherten und differenziert folglich nicht nach deren Staatsangehörigkeit[261]. Ebenso wenig wird nach der Nationalität der Anbieter unterschieden. Eine solche Regelung ist auch insoweit nicht diskriminierend, als sie nicht den Erwerb in einem anderen Mitgliedstaat an sich ohne die vorherige Genehmigung absolut verbietet. Vielmehr knüpft sie lediglich die Erstattung der durch den Versicherten aufgewendeten Kosten an diese beschränkende Voraussetzung.

Deshalb hätte der Gerichtshof in der Rechtssache „*Decker*" erstmals die Möglichkeit gehabt, zu entscheiden, ob im Hinblick auf die Bestimmungen des freien Warenverkehrs von einer Diskriminierung oder lediglich Beschränkung gesprochen werden kann, wenn eine Regelung nur diejenigen, die die betreffenden Erzeugnisse in einem anderen Mitgliedstaat erwerben möchten, eine zusätzliche

---

258 *Leible*, in: *Grabitz / Hilf I*, Art. 28, Rn. 28; *Roth*, in: Marktwirtschaft und Wettbewerb im sich erweiternden europäischen Raum, S. 30; *Kröck*, Der Einfluß der europäischen Grundfreiheiten am Beispiel der Ärzte und Arzneimittel, S.187 f.

259 *Becker*, in: *Schwarze*, Art. 28, Rn. 49 zählt eine solche Genehmigungsregelung zu jenen Zweifelsfällen, die keinen Produktbezug aufweisen, aber auch keine Vertriebsregelung darstellen.

260 *EuGH*, Urt. v. 24.11.1993, verbundene Rs. C-267/91 und C-268/91, Slg. 1993, 6097, 6131, Rz. 16 (Strafverfahren gegen Bernhard Keck und Daniel Mithouard); *EuGH*, Urt. v. 11.8.1995, Rs. C-63/94, Slg. 1995, 2467, 2490 f., Rz. 2 ff. (Groupement national des négociants en pommes de terre de Belgique [Belgapom] / ITM Belgium SA und Vocarex SA)

261 Vgl. hierzu oben: B.I.1.

Belastung – die vorherige Genehmigung – auferlegt[262]. Doch wie bereits erwähnt wurde auf dieses Problem nicht wie dogmatisch an sich erforderlich im Rahmen der „*Keck*-Rechtsprechung", sondern erst bei der Rechtfertigung aus zwingenden Erfordernissen des Allgemeininteresses eingegangen, wobei es der EuGH selbst in diesem Rahmen an einer überzeugenden Auseinandersetzung fehlen lässt.

Generalanwalt Tesauro ist der Ansicht, dass bei Maßnahmen der streitigen Art eine (formale) Diskriminierung nicht angenommen werden könne, da sich die Genehmigungspflicht nicht auf die Einfuhr der Waren, sondern auf die Erstattung der von den Versicherten aufgewendeten Kosten beziehe[263]. Die *Kommission* hingegen hat sich in ihrer Stellungnahme im Hinblick auf die Warenverkehrsfreiheit für eine Diskriminierung durch solche Maßnahmen ausgesprochen[264].

Der EuGH geht auf diese Problematik erst im Rahmen der Rechtfertigung im Zusammenhang mit der Erhaltung des finanziellen Gleichgewichts des Systems der sozialen Sicherheit als möglichen zwingenden Grund des Allgemeininteresses ein[265]. Doch selbst diesen Ausführungen kann eine ausdrückliche Stellungnahme des Gerichts nicht entnommen werden. Vielmehr konnte er eine Abgrenzung zwischen einer diskriminierenden und lediglich beschränkenden Maßnahme im konkreten Fall offen lassen, weil er zwingende Erfordernisse für eine solche Regelung als weitere Voraussetzung der Rechtfertigung in der Rechtssache *„Decker"* ohnehin nicht gefunden hatte. Solche lagen zwar in der Entscheidung zur Rechtssache *"Smits / Peerbooms"* vor[266], doch ging der EuGH auch in diesen Entscheidungsgründen nicht auf die Differenzierung zwischen Diskriminierung und Beschränkung ein.

Dem *Generalanwalt* ist darin zuzustimmen, dass die Genehmigungspflicht für die Erstattung von in einem anderen Mitgliedstaat erworbenen Produkten keine

---

262 Schlussanträge des *Generalanwalts Tesauro* v. 16.09.1997, Rs. C-120/95 und Rs. C-158/96, Slg. 1998, 1831, 1860, Rz. 47 (Nicolas Decker / Caisse de maladie des employés privés bzw. Raymond Kohll / Union des caisses de maladie)

263 Schlussanträge des *Generalanwalts Tesauro* v. 16.09.1997, Rs. C-120/95 und Rs. C-158/96, Slg. 1998, 1831, 1860 f., Rz. 47 (Nicolas Decker / Caisse de maladie des employés privés bzw. Raymond Kohll / Union des caisses de maladie)

264 Schlussanträge des *Generalanwalts Tesauro* v. 16.09.1997, Rs. C-120/95 und Rs. C-158/96, Slg. 1998, 1831, 1859 f., Rz. 46 (Nicolas Decker / Caisse de maladie des employés privés bzw. Raymond Kohll / Union des caisses de maladie)

265 *EuGH*, Urt. v. 28.4.1998, Rs. C-120/95, Slg. 1998, 1831, 1884 f., Rz. 37 ff. (Nicolas Decker / Caisse de maladie des employés privés)

266 *EuGH*, Urt. v. 12.7.2001, Rs. C-157/99, NJW 2001, S. 3391 ff., 3395, Rz. 72 ff. (B. S. M. Smits, verheiratete Geraets / Stichting Ziekenfonds VGZ und H. T. M. Peerbooms / Sichting CZ Groep Zorgverzekeringen)

„formale Diskriminierung“ darstellt, soweit man diesen Terminus ausschließlich auf eine Differenzierung nach der Staatsangehörigkeit reduziert. Ebenso ist unbestritten, dass diese Maßnahme nicht an die Einfuhr der Produkte selbst anknüpft, sondern an die Erstattung der aufgewendeten Kosten. Dies stellt allerdings weder ein Aurgument für noch gegen eine unterschiedlich geltende Maßnahme dar, sondern betrifft lediglich die Frage der Unmittelbarkeit der Beschränkung. Der *Generalanwalt* verkennt, dass diese Umstände allein keinen endgültigen Ausschluss der Zuordnung zu den unterschiedlich geltenden Maßnahmen bedeuten. Die streitige Regelung unterscheidet nach dem Ort des Erwerbs der Produkte. Werden diese im Inland bezogen, so werden sie auch ohne Genehmigung des zuständigen Trägers der Sozialversicherung (zu einem Teil) erstattet. Möchte sie der Versicherte dagegen in einem anderen Mitgliedstaat erwerben, so erhält er die pauschale Erstattung nur im Fall der vorherigen Genehmigung. Damit differenziert die Maßnahme zwar nicht nach dem Ort der Herstellung der Waren, aber nach dem Ort ihres Erwerbs. Ob eine Diskriminierung vorliegt, muss sich immer nach Sinn und Zweck der Grundfreiheit bestimmen und nicht ausschließlich „formal“. Art. 28 (ex-Art. 30) EGV soll den innergemeinschaftlichen Handel schützen und gewährleisten. Deshalb kann bei der Untersuchung, ob eine Vorschrift einen diskriminierenden Charakter aufweist, nicht der Ort des Erwerbs der Produkte ohne Bedeutung sein, trägt doch der Handel stets in erster Linie eine örtliche Komponente in sich. Regelungen der streitigen Art sind aus diesem Grunde entgegen der Auffassung des *Generalanwalts Tesauro* nicht als unterschiedslos, sondern als diskriminierend einzustufen[267]. Das gilt sowohl im Sinne der „*Keck*-Rechtsprechung“ als auch im Hinblick auf die „*Cassis*-Formel“ und nicht zuletzt bezüglich der Rechtfertigung aufgrund zwingender Erfordernisse des Allgemeinwohls.

Eine Rechtfertigung solcher diskriminierenden Maßnahmen käme damit nach der früheren Rechtsprechung des EuGH allein nach Art. 30 (ex-Art. 36) EGV in Betracht[268]. Das mag auch der Grund für die ergebnisorientierte Einordnung einer Maßnahme der streitigen Art als nicht diskriminierende Regelung durch den *Generalanwalt* sein. Möglicherweise wollte er solchen oder ähnlichen Maßnahmen gerade auf dem Gebiet der sozialen Sicherheit nicht den Weg der Rechtfertigung wegen zwingender Gründe des Allgemeininteresses abschneiden, zumal die Rechtfertigungstatbestände des Art. 30 (ex-Art. 36) EGV als Ausnahmevorschrift eng auszulegen sind[269]. Es ist aber an der Rechtsprechung des EuGH, die-

267 So auch: Schlussanträge des *Generalanwalts Saggio* v. 18.5.2000, Rs. C-368/98, Rz. 25 (Abdon Vanbraekel u. a. / Alliance nationale des mutualités chrétiennes [ANMC]); *Becker*, in: *Schwarze*, Art. 30, Rn. 42; bzgl. der Rechtssache *"Smits / Peerbooms"*: *Kingreen*, NJW 2001, S. 3384; *Horn*, Sozialrecht und Praxis 2001, S. 667; *Heberlein*, NVwZ 2001, S. 775

268 Vgl. hierzu unten: E.I.5.c.aa.

269 Vgl. hierzu oben: D.III.

ses (selbst verschuldete) Dilemma beispielsweise durch eine etwas weniger enge Auslegung der Schutzgüter des Art. 30 (ex-Art. 36) EGV zu beheben, ohne deshalb die Ausnahmevorschrift zur Regel werden zu lassen oder den ungeschriebenen Rechtfertigungsgrund der zwingenden Gründe des Allgemeinwohls endgültig konsequent auch auf Diskriminierungen heranzuziehen. Auf die ähnliche Problematik beim Zusammenspiel der jeweils engen Voraussetzungen einer Beschränkung nach der „*Cassis*-Rechtsprechung" und einer Rechtfertigung nach Art. 30 (ex-Art. 36) EGV hat bereits *Müller-Graff*[270] hingewiesen, nachdem der EuGH diese bisher dogmatisch nicht zufriedenstellend lösen konnte[271].

Im Ergebnis kommt bei Regelungen der streitigen Art eine Beschränkung der „*Dassonville*-Formel" durch die Rechtsprechung des Gerichtshofes in der Rechtssache *„Keck"* nicht in Betracht, weil es sich bei ihnen um diskriminierende Maßnahmen handelt.

3. Die „Cassis-Formel" und die Einordnung des Zieles der Erhaltung des finanziellen Gleichgewichts

a. Die „*Cassis*-Formel" und Genehmigungsvorbehalte der streitigen Art

Wegen des diskriminierenden Charakters im Rahmen der „*Keck*-Rechtsprechung" ist ebenso eine Rechtfertigung solcher Beschränkungen wie Genehmigungsvorbehalten bei der Erstattung von im Ausland bezogener medizinischer Produkte nach der „*Cassis*-Formel" schon aus diesem Grund ausgeschlossen. Diese käme ebenfalls nur bei unterschiedslos anwendbaren Regelungen in Betracht[272].

Dennoch befassten sich sowohl *Generalanwalt Tesauro*, der sich gegen eine Diskriminierung bei Maßnahmen der streitigen Art aussprach[273], als auch der EuGH[274] mit der Frage der Rechtfertigung aus zwingenden Gründen des Allge-

---

270 *Müller-Graff*, in: *von der Groeben / Thiesing / Ehlermann*, Art. 30, Rn. 194

271 *EuGH*, Urt. v. 9.7.1992, Rs. C-2/90, 4431, 4480, Rz. 34 ff. (Kommission der Europäischen Gemeinschaften / Königreich Belgien)
In dieser Entscheidung löste der *EuGH* das Problem im Widerspruch zum Erfordernis der unterschiedslosen Anwendbarkeit und dogmatisch einmal mehr unzureichend, indem er das (wallonische) Verbot, „Abfälle aus einem fremden Staat" in genehmigungspflichtigen Abfallagerstätten, Abfallzwischenlagerstätten und Abfalldeponien zwischenzulagern, abzulagern oder abzuleiten oder zwischenlagern, ablagern oder ableiten zu lassen, wegen der „Besonderheit der Abfälle" nicht als diskriminierend ansah (vgl. dazu *Streinz*, in: FS Rudolf, S. 199 ff.; *Wilmowsky*, CML Rev. 1993, S. 542 ff.; *Müller-Graff*, in: *von der Groeben / Thiesing / Ehlermann*, Art. 30, Rn. 197; *Becker*, in: *Schwarze*, Art. 30, Rn. 42).

272 Vgl. hierzu oben: D.II.3.a.

273 Vgl. hierzu oben: D.IV.2.

274 *EuGH*, Urt. v. 28.4.1998, Rs. C-120/95, Slg. 1998, 1831, 1884 f., Rz. 39 f. (Nicolas De-

meininteresses. Im Mittelpunkt stand dabei die Auseinandersetzung mit dem Ziel der Aufrechterhaltung des finanziellen Gleichgewichts des Systems der sozialen Sicherung. Es stellt sich allerdings die Frage, ob das Gericht bei diesen Ausführungen überhaupt seine Grundsätze der „*Cassis*-Rechtsprechung" im Auge hatte oder die Aufrechterhaltung des finanziellen Gleichgewichts als Beitrag zum Schutze der öffentlichen Gesundheit und somit diesen Rechtfertigungsgrund des Art. 30 (ex-Art. 36) EGV ansprechen oder aber seine in der Rechtssache „*Gebhard*" entwickelten Rechtfertigungsmaßstäbe auf den freien Warenverkehr übertragen wollte.

b. Die Einordnung des Zieles der Erhaltung des finanziellen Gleichgewichts

aa. Das finanzielle Gleichgewicht als zwingendes Erfordernis i.S.d. „Cassis-Formel"

Teilweise wird davon ausgegangen, dass die Aufrechterhaltung des finanziellen Gleichgewichts des sozialen Sicherungssystems auch vom Gericht in den Entscheidungen „*Decker*" und „*Kohll*" als systemimmanente Einschränkung im Sinne der „*Cassis*-Formel" aufzufassen ist[275]. In der Literatur wird diese Ansicht vor allem damit begründet, dass der EuGH schon in der Rechtssache „*Duphar*" das Ziel der Kostenbegrenzung der Sozialausgaben als „zwingendes Erfordernis" im Rahmen des Art. 28 (ex-Art. 30) EGV nach der „*Cassis*-Rechtsprechung" anerkannt habe[276]. In der Entscheidung „*Duphar*" ging der Gerichtshof aber auf die Aufrechterhaltung des Systems der sozialen Sicherheit nicht unmittelbar ein, sondern führte lediglich aus, dass Art. 30 (ex-Art. 36) EGV solche Maßnahmen nicht zu rechtferigen vermag, „durch die mittels einer Verringerung der laufenden Kosten eines Krankenversicherungssystems in erster Linie ein haushaltpolitisches Ziel verfolgt wird"[277]. Selbst wenn man dieses Ziel als Voraussetzung zur Erhaltung des finanziellen Gleichgewichts einordnet, kann aus diesen Aussagen im Gegensatz zu der angesprochenen Interpretation eher geschlossen werden, dass der EuGH in der Entscheidung in der Rechtssache „*Duphar*" dazu neigt, diese Frage nicht im Hinblick auf die zwingenden

---

cker / Caisse de maladie des employés privés)

275 *Bericht der gemeinsamen Arbeitsgruppe*, ZFSH/SGB 1999, S. 627, 632; *Zipperer*, in: *Verband der privaten Krankenversicherung e. V.*, S. 31

276 *Schwarze*, Europäisches Verwaltungsrecht, S. 785; *Dörr*, RabelsZ 1990, S. 685; *Sedemund*, NJW 1985, S. 527; *Ahlfeld*, Zwingende Erfordernisse im Sinne der *Cassis*-Rechtsprechung des Europäischen Gerichtshofs zu Art. 30 EGV, S. 188 ff.; *Lux*, in: *Lenz*, Art. 28, Rn. 31, der sich andererseits aber mit den einschlägigen Ausführungen des EuGH in der Rechtssache „*Decker*" (*EuGH*, Urt. v. 28.4.1998, Rs. C-120/95, Slg. 1998, 1831, 1884, Rz. 39 (Nicolas Decker / Caisse de maladie des employés privés) im Zusammenhang mit dem Schutz der Gesundheit bei Art. 30 EGV auseinandersetzt.

277 *EuGH*, Urt. v. 7.2.1984, Rs. 238/82, Slg. 1984, 523, 542, Rz. 23 (Duphar BV und andere / Niederländischer Staat)

Gründe im Sinne der „*Cassis*-Rechtsprechung“, sondern im Zusammenhang mit dem Rechtfertigungsgrund des Schutzes der Gesundheit nach Art. 30 (ex-Art. 36) EGV zu beantworten.

Gegen die Einordnung als systemimmanente Schranke durch den Gerichtshof in den Rechtssachen *„Decker“* und *„Kohll“* können zudem aber vor allem sowohl der Wortlaut als auch die Systematik dieser Urteile angeführt werden. In beiden Entscheidungen sprach das Gericht davon, dass eine erhebliche Gefährdung des finanziellen Gleichgewichts des sozialen Sicherungssystems eine Beschränkung des freien Waren- bzw. Dienstleistungsverkehrs rechtfertigen kann[278]. Das kann so ausgelegt werden, dass der EuGH bereits von einer Beschränkung der jeweiligen Grundfreiheit ausgeht und diesen Punkt somit nicht als immanente Schranke behandelt wissen wollte. Ebenso kann auf die Gliederung der Entscheidungsgründe in der Rechtssache „Kohll“ verwiesen werden. In dieser behandelte er die Problematik nicht unter dem Abschnitt „Die beschränkenden Wirkungen der streitigen Regelung“, sondern erst anschließend unter dem Punkt „Die Rechtfertigung der streitigen Regelung“[279].

bb. Das finanzielle Gleichgewicht als Rechtfertigungsgrund nach Art. 30 (ex-Art. 36) EGV

Für eine Einordnung als systemimmanente Schranke kann auch nicht angeführt werden, dass die Regelung des Art. 30 (ex-Art. 36) EGV als abschließende Ausnahmevorschrift und Durchbrechung des Grundsatzes des freien Warenverkehrs eng auszulegen sei[280] und deshalb die Erhaltung des finanziellen Gleichgewichts

---

[278] *EuGH*, Urt. v. 28.4.1998, Rs. C-120/95, Slg. 1998, 1831, 1884, Rz. 39 (Nicolas Decker / Caisse de maladie des employés privés); *EuGH*, Urt. v. 28.4.1998, Rs. C-158/96, Slg. 1998, 1935, 1948, Rz. 41 (Raymond Kohll / Union des caisses de maladie)

[279] *EuGH*, Urt. v. 28.4.1998, Rs. C-158/96, Slg. 1998, 1935, 1947 ff., Rz. 37 ff. (Raymond Kohll / Union des caisses de maladie)
Entsprechend sind Systematik und Wortlaut in den Entscheidungen in der Rechtssache *„Smits / Peerbooms“* (*EuGH*, Urt. v. 12.7.2001, Rs. C-157/99, NJW 2001, S. 3391 ff., 3395, Rz. 72 ff. [B. S. M. Smits, verheiratete Geraets / Stichting Ziekenfonds VGZ und H. T. M. Peerbooms / Stichting CZ Groep Zorgverzekeringen]) sowie *„Vanbraekel“* (*EuGH*, Urt. v. 12.7.2001, Rs. C-368/98, NJW 2001, S. 3397 ff., 3400 f., Rz. 46 ff. (Abdon Vanbraekel u. a. / Alliance nationale des mutualités chrétiennes [ANMC]) gewählt. Auch in dieser Entscheidung hat der Gerichtshof den Grund der erheblichen Gefährdung des finanziellen Gleichgewichts des Systems der sozialen Sicherheit vor dem Schutz der öffentlichen Gesundheit nach Art. 55, 46 (ex-Art. 66, 56) EGV im Rahmen der "Rechtfertigung von Hemmnissen für den freien Dienstleistungsverkehr" angeführt.

[280] *EuGH*, Urt. v. 19.3.1991, Rs. C-205/89, Slg. 1991, 1361, 1377, Rz. 9 (Kommission der Europäischen Gemeinschaften / Griechische Republik); *EuGH*, Urt. v. 17.6.1981, Rs. 113/80, Slg. 1981, 1625, 1638, Rz. 7 f. (Kommission der Europäischen Gemeinschaften / Irland); *EuGH*, Urt. v. 19.12.1968, Rs. 13/68, 679, 694 (Firma Salgoil / Außenhandelsministerium der Italienischen Republik); *Müller-Graff*, in: *von der Groeben / Thiesing / Eh-*

nicht dem Schutz der Gesundheit im Sinne dieser Gemeinschaftsnorm zugeordnet werden kann, sondern der Intention der „*Cassis*-Rechtsprechung“ folgend als zwingendes Erfordernis im Sinne dieser einzustufen ist[281].

Der Ausgangspunkt dieser Argumentation ist durchaus zutreffend. Als abschließende Sonderregelung sind die Rechtfertigungsgründe des Art. 30 (ex-Art. 36) EGV eng auszulegen. Doch bedeutet dies nicht, dass damit die Erhaltung des finanziellen Gleichgewichts des Systems der sozialen Sicherung nicht mehr unter den Schutz der öffentlichen Gesundheit fallen kann. Der EuGH hat insbesondere in den Entscheidungen „*Kohll*“, „*Smits / Peerbooms*“ sowie „*Vanbraekel*“ die engen Zusammenhänge und Verknüpfungen zwischen der Sicherung des finanziellen Gleichgewichts und der Aufrechterhaltung einer ausgewogenen, allen zugänglichen ärztlichen und klinischen Versorgung einerseits sowie dieser und den Gründen der öffentlichen Gesundheit andererseits ausdrücklich aufgezeigt[282]. Die zweite Kausalitätskette hat den Gerichtshof in diesen Entscheidungen veranlasst einzuräumen, dass aus diesem Grund das Ziel der Aufrechterhaltung einer allen zugänglichen medizinischen Versorgung ein Rechtfertigungsgrund nach Art. 46 (ex-Art. 56) EGV sein kann[283]. Dann aber ist es nur konsequent, dass eine notwendige Voraussetzung dieses Ziels, nämlich die Sicherung des finanziellen Gleichgewichts des sozialen Systems, ebenso zu den Ausnahmen aus Gründen der öffentlichen Gesundheit zählen muss.

Eine unterschiedliche Behandlung kann in diesem Fall auch nicht aus der Zahl der Kausalitätsstufen hergeleitet werden, indem behauptet wird, die Erhaltung des finanziellen Gleichgewichts diene allein der Gewährleistung einer ausgewogenen, allen zugänglichen ärztlichen und klinischen Versorgung und damit le-

---

lermann, Art. 36, Rn. 23; *Lux*, in: *Lenz*, Art. 30, Rn. 2; *Steindorff*, ZHR 150 (1986), S. 691; *Leible*, in: *Grabitz / Hilf I*, Art. 30, Rn. 3

281 So offensichtlich: Schlussanträge des *Generalanwalts Tesauro* v. 16.09.1997, Rs. C-120/95 und Rs. C-158/96, Slg. 1998, 1831, 1859, Rz. 46 (Nicolas Decker / Caisse de maladie des employés privés bzw. Raymond Kohll / Union des caisses de maladie); Stellungnahme der *Kommission* nach *EuGH*, Urt. v. 7.2.1984, Rs. 238/82, Slg. 1984, 523, 533 f., II. (Duphar BV und andere / Niederländischer Staat); *Schwarze*, Europäisches Verwaltungsrecht, S. 785; *Dörr*, RabelsZ 1990, S. 685; *Sedemund*, NJW 1985, S. 527; *Steindorff*, ZHR 150 (1986), S. 695 f.; *Lux*, in: *Lenz*, Art. 28, Rn. 31, *Müller-Graff*, in: *von der Groeben / Thiesing / Ehlermann*, Art. 30, Rn. 225

282 *EuGH*, Urt. v. 28.4.1998, Rs. C-158/96, Slg. 1998, 1935, 1947 und 1950, Rz. 38 und 50 (Raymond Kohll / Union des caisses de maladie); vgl. hierzu unten: E.III.3.a.; *EuGH*, Urt. v. 12.7.2001, Rs. C-157/99, NJW 2001, S. 3391 ff., 3395, Rz. 73 (B. S. M. Smits, verheiratete Geraets / Stichting Ziekenfonds VGZ und H. T. M. Peerbooms / Sichting CZ Groep Zorgverzekeringen); *EuGH*, Urt. v. 12.7.2001, Rs. C-368/98, NJW 2001, S. 3397 ff., 3400, Rz. 48 (Abdon Vanbraekel u. a. / Alliance nationale des mutualités chrétiennes [ANMC])

283 *EuGH*, Urt. v. 28.4.1998, Rs. C-158/96, Slg. 1998, 1935, 1950, Rz. 50 (Raymond Kohll / Union des caisses de maladie)

diglich mittelbar der öffentlichen Gesundheit. Zum einen sind stabile, finanziell ausgeglichene soziale Sicherungssysteme unmittelbare Voraussetzung zur Erzielung eines hohen Gesundheitsschutzes. Es liegt auf der Hand, dass defizäre Systeme der sozialen Sicherung direkt zu einem niedrigeren Gesundheitsschutz führen, da Ausgaben für den Gesundheitsschutz in Zukunft gesenkt werden müssen. Zum anderen kommt es aber vor allem auf den unmittelbaren Einfluss des Zieles auf den Schutz der öffentlichen Gesundheit gar nicht an. Zwar zählt Art. 30 (ex-Art. 36) EGV einige genau umrissene Motive und Ziele auf, die den mitgliedstaatlichen Maßnahmen zu Grunde liegen müssen, doch besagt diese Vorschrift nicht, dass diese Ziele nur dann eine Ausnahme rechtfertigen, wenn sie direkt, mithin unmittelbar verfolgt werden. Eine Auslegung dieser Vorschrift im Sinne der Erforderlichkeit eines unmittelbaren Einflusses des Ziels auf die genannten Gründe würde ihre Tragweite ohne jede Grundlage, insbesondere ohne jede Stütze im Wortlaut der Vorschrift, beschränken.

Es handelt sich dabei auch nicht um eine dem Regel-Ausnahme-Verhältnis der Art. 28, 30 (ex-Art. 30, 36) EGV widersprechenden extensiven Auslegung der Rechtfertigungsgründe[284]. Von den Kritikern, die eine solche Auslegung als zu weit beanstanden[285], wird dabei übersehen, dass der Ausnahmecharakter der Rechtfertigungsregelung des Art. 30 (ex-Art. 36) EGV zwar eine enge Auslegung des Schutzes der Gesundheit verlangt, nicht aber den Ausschluss von Maßnahmen aus seinem Anwendungsbereich, die – wenn auch unter Umständen lediglich mittelbar – zur Erhaltung des Gesundheitsschutzes beitragen[286].

Im Übrigen kann an dieser Stelle nochmals[287] auf die Entscheidungsgründe in der Rechtssache *„Duphar"* verwiesen werden. In diesen wies der EuGH darauf hin, dass das Ziel der Verringerung der laufenden Kosten eines Krankenversicherungssystems an Art. 30 (ex-Art. 36) EGV zu messen sei und lehnte eine Rechtfertigung beschränkender Maßnahmen allein deshalb ab, weil dies ledig-

---

284 Schlussanträge des *Generalanwalts Manchini* v. 14.9.1983, Rs. 238/82, Slg. 1984, 523, 551 f., Rz. 4 (Duphar BV und andere / Niederländischer Staat)

285 So wohl: Schlussanträge des *Generalanwalts Tesauro* v. 16.09.1997, Rs. C-120/95 und Rs. C-158/96, Slg. 1998, 1831, 1859, Rz. 46 (Nicolas Decker / Caisse de maladie des employés privés bzw. Raymond Kohll / Union des caisses de maladie); Stellungnahme der *Kommission* nach *EuGH*, Urt. v. 7.2.1984, Rs. 238/82, Slg. 1984, 523, 533 f., II. (Duphar BV und andere / Niederländischer Staat); *Schwarze*, Europäisches Verwaltungsrecht, S. 785; *Dörr*, RabelsZ 1990, S. 685; *Sedemund*, NJW 1985, S. 527; *Steindorff*, ZHR 150 (1986), S. 695 f.; *Lux*, in: *Lenz*, Art. 28, Rn. 31, *Müller-Graff*, in: *von der Groeben / Thiesing / Ehlermann*, Art. 30, Rn. 225

286 ähnlich: *Müller-Graff*, in: *von der Groeben / Thiesing / Ehlermann*, Art. 30, Rn. 208, der allerdings wenig konsequent die Erhaltung des finanziellen Gleichgewichts des sozialen Sicherungssystems dennoch den zwingenden Gründen des Allgemeinwohls zuordnet (Art. 30, Rn. 225).

287 Vgl. hierzu oben: D.IV.3.b.aa.

lich ein haushaltpolitisches Ziel und damit keine Regelung nichtwirtschaftlicher Art sei[288]. Es lag folglich dem EuGH die Möglichkeit näher, dass die Senkung der laufenden Kosten eines Krankenversicherungssystems ein Rechtfertigungsgrund nach Art. 30 (ex-Art. 36) EGV denn ein zwingendes Erfordernis im Sinne der „*Cassis*-Formel" ist. Auf letztere ging er überhaupt nicht ein.

Unter Zugrundelegung insbesondere der Entscheidung in der Rechtssache „*Duphar*" muss aber die Erhaltung des finanziellen Gleichgewichts eines Krankenversicherungssystems erst recht eher als Rechtfertigungsgrund nach Art. 30 (ex-Art. 36) EGV denn als zwingender Grund nach der "*Cassis*-Rechtsprechung" in Betracht kommen[289]. Weil die Erhaltung des finanziellen Gleichgewichts deshalb zu den Ausnahmen aus Gründen der öffentlichen Gesundheit nach Art. 30 (ex-Art. 36) EGV zählt, erübrigt sich die Prüfung, ob dieses Ziel auch einen zwingenden Grund des Allgemeininteresses nach den Grundsätzen der „*Cassis*-Formel" darstellen kann[290].

cc. Das finanzielle Gleichgewicht und die Rechtssache „Gebhard"

Den Feststellungen des Gerichtshofs in der Rechtssache „*Decker*" lässt sich somit nicht ohne weiteres entnehmen, wie er das Ziel der Erhaltung des finanziellen Gleichgewichts der sozialen Sicherungssysteme eingeordnet wissen will. Zwar werden die Ausführungen des EuGH teilweise dahingehend interpretiert,

---

288 *EuGH*, Urt. v. 7.2.1984, Rs. 238/82, Slg. 1984, 523, 542 , Rz. 23 (Duphar BV und andere / Niederländischer Staat)

289 So auch: Schlussantrag des *Generalanwalts Ruiz-Jarabo Colomer* v. 18.5.2000, Rs. C-157/99, Rz. 26, Fn. 318 (B. S. M. Geraets-Smits / Stichting Ziekenfonds VGZ und H. T. M. Peerbooms / Stichting CZ Groep Zorgverzekerin); *Jung*, in: *Ebsen*, S. 77 ff.; *Stellungnahme der dänischen Regierung* nach EuGH, Urt. v. 7.2.1984, Rs. 238/82, Slg. 1984, 523, 532, II. (Duphar BV und andere / Niederländischer Staat); *Raschke*, BG 1999, S. 156, der den EuGH dahingehend interpretiert, den „Oberbgriff zwingende Gründe des Allgemeininteresses" den ausdrücklich in Art. 30 (ex-Art. 36) EGV genannten Rechtfertigungsgründen zuordnen zu wollen.
Inkonsequent insoweit: *Müller-Graff*, in: *von der Groeben / Thiesing / Ehlermann*, Art. 30, Rn. 208, 225, der sich einerseits gegen den „Versuch einer Auslagerung der dem Gesundheitsschutz im Sinne des Art. 30 mittelbar dienenden Regelungen der Organisation des Gesundheitswesens (z.B. Verschreibungsfreiheit des Arztes, Bindung des Apothekers) in den Bereich des Schutzes der öffentlichen Gesundheit" ausspricht, andererseits aber die Erhaltung des finanziellen Gleichgewichts der Sozialsysteme als sonstige Erwägung des Allgemeinwohls unter Verweis auf die Rechtsprechung des EuGH in der Rechtssache „*Duphar*" einordnet.

290 Ebenso: *EuGH*, Urt. v. 25.7.1991, verbundene Rs. C-1/90 und C-176/90, Slg. 1991, 4151, 4184, Rz. 13 (Aragonesa de Publicidad Exterior SA und Publivía SAE / Departamento de Sanidad y Seguridad Social de la Generalitat de Cataluna); *Lux*, in: *Lenz*, Art. 28, Rn. 30, Art. 30, Rn. 4; *Müller-Graff*, in: *von der Groeben / Thiesing / Ehlermann*, Art. 30, Rn. 208

dass er sich ebenfalls für einen Rechtfertigungsgrund i.S.v. Art. 30 (ex-Art. 36) EGV im Zusammenhang mit dem Schutz der öffentlichen Gesundheit entscheidet[291]. Doch kommt der Gerichtshof auf den Schutz der Gesundheit ausdrücklich erst im Anschluss an die Auseinandersetzung mit der Gefährdung des finanziellen Gleichgewichts im Zusammenhang zu sprechen. Er sieht dieses Ziel allerdings nicht als zwingenden Grund des Allgemeininteresses i.S.d. „*Cassis*-Rechtsprechung“[292].

Das Gericht erinnert sich bei seinen Ausführungen zum finanziellen Gleichgewicht wohl an seine Rechtsprechung im Zusammenhang mit anderen Grundfreiheiten, insbesondere offenbar an seine Entscheidung in der Rechtssache *„Gebhard“*[293] und überträgt deren allgemeine, von wenig Dogmatik geprägte Feststellungen zur Rechtfertigung auf die Grundfreiheit des freien Warenverkehrs. In dieser eigentlich allein die Niederlassungsfreiheit betreffenden Entscheidung führte der Gerichtshof bezüglich aller Grundfreiheiten aus, „dass nationale Maßnahmen, die die Ausübung der durch den Vertrag garantierten grundlegenden Freiheiten behindern oder weniger attraktiv machen können, vier Voraussetzungen erfüllen müssen: Sie müssen in nichtdiskriminierender Weise angewandt werden, sie müssen aus zwingenden Gründen des Allgemeininteresses gerechtfertigt sein, sie müssen geeignet sein, die Verwirklichung des mit ihnen verfolgten Zieles zu gewährleisten, und sie dürfen nicht über das hinausgehen, was zur Erreichung dieses Ziels erforderlich ist“[294]. Sowohl der gewählte Wortlaut („aller Grundfreiheiten“) als auch seine nachfolgende Rechtsprechung zeigen, dass der EuGH ebenso bei der Prüfung nationaler Regelungen im Hinblick auf andere Grundfreiheiten als der des Niederlassungsrechts auf diesen Grundsatz zurückkommt[295]. Im Übrigen ist diese Prüfung der Rechtfertigung aus zwingenden

---

291 Schlussantrag des *Generalanwalts Ruiz-Jarabo Colomer* v. 18.5.2000, Rs. C-157/99, Rz. 26 (B. S. M. Geraets-Smits / Stichting Ziekenfonds VGZ und H. T. M. Peerbooms / Stichting CZ Groep Zorgverzekerin), der den EuGH so versteht, dass die Finanzierung auch als Ausnahme unter die öffentliche Gesundheit fallen kann; Raschke, BG 1999, S. 156, der den EuGH dahingehend interpretiert, den „Oberbgriff zwingende Gründe des Allgemeininteresses“ den ausdrücklich in Art. 30 (ex-Art. 36) EGV genannten Rechtfertigungsgründen zuordnen zu wollen.

292 Vgl. hierzu oben: D.IV.3.b.aa.

293 *EuGH*, Urt. v. 30.11.1995, Rs. C-55/94, Slg. 1995, 4165, 4197, Rz. 37 (Reinhard Gebhard / Consiglio dell'ordine degli avvocati e procuratoridi Milano)

294 *EuGH*, Urt. v. 30.11.1995, Rs. C-55/94, Slg. 1995, 4165, 4197 f., Rz. 37 (Reinhard Gebhard / Consiglio dell'ordine degli avvocati e procuratoridi Milano);
Diese Grundsätze bestätigte der Gerichtshof in seiner späteren Rechtsprechung: *EuGH*, Urt. v. 4.7.2000, Rs. C-424/97, Slg. 2000, 5123, 5166, Rz. 57 (Salomone Haim / Kassenärztliche Vereinigung Nordrhein); Vgl. zu dieser Entscheidung: *Streinz*, JuS 2001, S. 285 ff.

295 *EuGH*, Urt. v. 23.11.1999, verbundene Rs. C-369/96 und C-376/96, Slg. 1999, 8453, 8513 f., Rz. 34 f (Strafverfahren gegen Jean-Claude Arblade und Arblade & Fils SARL und gegen Bernard Leloup und andere)

Gründen des Allgemeininteresses neben den ausdrücklich im Vertrag aufgeführten Rechtfertigungsgründen für den Bereich des freien Dienstleistungsverkehrs ohnehin keine durch die Rechtssache *„Gebhard"* begründete neue Entwicklung[296]. Der Gerichtshof prüft die Erhaltung des finanziellen Gleichgewichts der gesetzlichen Krankenversicherung aus streng dogmatischer Sicht mithin weder im Rahmen von Art. 28 (ex-Art. 30) EGV im Zusammenhang mit den Grundsätzen der „*Cassis*-Rechtsprechung" noch als Rechtfertigungsgrund nach Art. 30 (ex-Art. 36) EGV im Hinblick auf den Schutz der Gesundheit, sondern führt dieses Ziel unter dem Aspekt der zwingenden Gründe des Allgemeininteresses als eigenständigen Rechtfertigungsgrund an[297].

Es würde den Rahmen dieser Untersuchungen sprengen, wenn der Versuch unternommen würde, vollends Licht in das Dunkel der Systematik von immanenten Schranken und Rechtfertigungen von Beschränkungen gemeinschaftsrechtlicher Grundfreiheiten durch die Rechtsprechung des EuGH zu bringen, da eine konsistente Linie längst nicht mehr erkennbar ist[298].

Im Hinblick auf die systematische Einordnung durch den EuGH in der Rechtssache *„Decker"* und weil sich diese Frage nicht im Zusammenhang mit der „*Cassis*-Rechtsprechung" stellt[299], ist darauf zu verzichten, die Erhaltung des finanziellen Gleichgewichts des Systems der sozialen Sicherheit als zwingenden Grund des Allgemeininteresses bereits an dieser Stelle zu beleuchten und eine Auseinandersetzung stattdessen den anschließenden Ausführungen zu den Rechtfertigungsgründen vorbehalten.

Zudem fehlt es – wie bereits angeführt – ohnehin an der ersten Voraussetzung der in der Rechtssache *„Cassis de Dijon"* entwickelten Grundsätze, da es sich nicht um eine unterschiedslos geltenden Regelung handelt[300].

V. Rechtfertigung in der Rechtssache *„Decker"*

1. Zwingende Gründe des Allgemeinwohls

Unabhängig von der Einordnung setzt die Anerkennung als zwingender Grund des Allgemeinwohls immer voraus, dass es sich um Gründe nicht-

---

[296] Vgl. hierzu unten: E.I.5.c.aa.

[297] So auch: *Becker*, in: *Schwarze*, Art. 30, Rn. 42; *Schulte*, ZFSH/SGB 1999, S. 275; *Kingreen*, NJW 2001, S. 3384 im Zusammenhang mit den entsprechenden Ausführungen des Gerichtshofs in der Entscheidung *„Smits / Peerbooms"*.

[298] *Kingreen*, NJW 2001, S. 3384

[299] Vgl. hierzu oben: D.IV.3.b.bb.

[300] Vgl. hierzu oben: D.IV.2. und D.IV.3.a.

wirtschaftlicher Art handelt[301]. So betont auch der EuGH, dass rein wirtschaftliche Gründe nicht geeignet sind, eine Beschränkung zu rechtfertigen[302]. Es stellt sich somit die Frage, ob das Ziel der Erhaltung des finanziellen Gleichgewichts der sozialen Sicherungssysteme nicht einen rein wirtschaftlichen Grund in diesem Sinne darstellt.

Dafür könnte die Feststellung des EuGH in der Entscheidung *„Duphar"* sprechen, dass wegen des Erfordernisses von nicht-wirtschaftlichen Zielsetzungen eine Rechtfertigung von solchen Maßnahmen nicht in Betracht kommt, „... durch die mittels einer Verringerung der laufenden Kosten eines Krankenversicherungssystems in erster Linie ein haushaltpolitisches Ziel verfolgt wird"[303]. Zwar betrafen diese Ausführungen des Gerichtshofes die Rechtfertigung nach Art. 30 (ex-Art. 36) EGV[304], doch gelten hinsichtlich dieses Erfordernisses die gleichen Grundsätze für eine Rechtfertigung nach den Grundsätzen der Entscheidung in der Rechtssache *„Gebhard"* oder für eine immanente Schranke von Art. 28 (ex-Art. 30) EGV im Sinne der *„Cassis-*Rechtsprechung"[305]. Das Gericht stellte in den Entscheidungen *„Decker"* und *„Kohll"* ausdrücklich klar, dass einerseits zwar rein wirtschaftliche Gründe nicht ausreichen, andererseits aber eine „... erhebliche Gefährdung des finanziellen Gleichgewichts des Systems der sozialen Sicherheit einen zwingenden Grund des Allgemeininteresses darstellen [kann], der eine solche Beschränkung rechtfertigen kann"[306].

Soweit das Urteil des Gerichtshofs in der Sache *„Duphar"*[307] zu Missverständnissen dahingehend geführt hat, dass das Erfordernis des finanziellen Gleichgewichts und die Verringerung der laufenden Kosten eines Krankenversicherungssystems als haushaltpolitisches Ziel einander gleichgesetzt und zum Teil sogar

---

301 *Lux*, in: *Lenz*, Art. 28, Rn. 31; *Müller-Graff*, in: *von der Groeben / Thiesing / Ehlermann*, Art. 30, Rn. 204, 226; *Ahlfeld*, Zwingende Erfordernisse im Sinne der *Cassis*-Rechtsprechung des Europäischen Gerichtshofs zu Art. 30 EGV, S. 272 ff.; a.A.: *Novak*, DB 1997, S. 2592

302 *EuGH*, Urt. v. 28.4.1998, Rs. C-120/95, Slg. 1998, 1831, 1884, Rz. 39 (Nicolas Decker / Caisse de maladie des employés privés); *EuGH*, Urt. v. 28.4.1998, Rs. C-158/96, Slg. 1998, 1935, 1948, Rz. 41 (Raymond Kohll / Union des caisses de maladie)

303 *EuGH*, Urt. v. 7.2.1984, Rs. 238/82, Slg. 1984, 523, 542, Rz. 23 (Duphar BV und andere / Niederländischer Staat)

304 Vgl. hierzu oben: D.IV.3.b.aa.und D.IV.3.b.bb.

305 *Müller-Graff*, in: *von der Groeben / Thiesing / Ehlermann*, Art. 30, Rn. 204, 226; *Lux*, in: *Lenz*, Art. 28, Rn. 31; *Becker*, in: *Schwarze*, Art. 28, Rn. 110, Art. 30, Rn. 60; *Schulz-Weidner*, in: *Schulte / Barwig*, S. 300 f.; *Novak*, DB 1997, S. 2592

306 *EuGH*, Urt. v. 28.4.1998, Rs. C-120/95, Slg. 1998, 1831, 1884, Rz. 39 (Nicolas Decker / Caisse de maladie des employés privés); *EuGH*, Urt. v. 28.4.1998, Rs. C-158/96, Slg. 1998, 1935, 1948, Rz. 41 (Raymond Kohll / Union des caisses de maladie)

307 *EuGH*, Urt. v. 7.2.1984, Rs. 238/82, Slg. 1984, 523, 542, Rz. 23 (Duphar BV und andere / Niederländischer Staat)

als ein und dasselbe Ziel aufgefasst worden sind[308], haben die Entscheidungen in den Rechtssachen „*Decker*" und „*Kohll*" diese nunmehr ausgeräumt. Auch *Generalanwalt Tesauro* hat zwischen dem wirtschaftlichen Zweck an sich und seiner Bedeutung für die Funktionsfähigkeit des betreffenden Systems unterschieden[309].

Die Rechtsprechung des EuGH kann ebenfalls nur so verstanden werden, dass zwischen dem Ziel der Verringerung der laufenden Kosten eines sozialen Sicherungssystems (Rechtssache „*Duphar*") und der Aufrechterhaltung des finanziellen Gleichgewichts des Systems (Rechtssachen „*Decker*" und „*Kohll*") zu differenzieren ist. Die erste Absicht allein kann kein zwingendes Erfordernis des Allgemeininteresses darstellen. Vielmehr muss als letztlich ausschlaggebendes Motiv hinzukommen, dass die Verringerung der laufenden Kosten zur Erhaltung des finanziellen Gleichgewichts des jeweiligen sozialen Sicherungssystems beitragen soll. Von Bedeutung ist mithin das vorrangige Ziel der Gewährleistung des finanziellen Gleichgewichts der Systeme der sozialen Sicherheit[310]. Allein die Absicht der Erhaltung des finanziellen Gleichgewichts des Systems der sozialen Sicherheit ist dabei allerdings nicht ausreichend. Denn Beschränkungen für den Binnenhandel der Gemeinschaft sind nur insoweit hinzunehmen, als diese notwendig sind, um den zwingenden Erfordernissen gerecht zu werden. Die Maßnahme muss nach dem Grundsatz der Verhältnismäßigkeit zum Schutz der zwingenden Gründe geeignet und erforderlich sein, von verschiedenen Mitteln zur Erreichung des angestrebten Ziels den freien Warenverkehr am wenigsten behindern sowie insgesamt in einem angemessenen Verhältnis zum verfolgten Zweck stehen[311].

---

308 *Novak*, EuZW 1998, S. 367

309 Schlussanträge des *Generalanwalts Tesauro* v. 16.09.1997, Rs. C-120/95 und Rs. C-158/96, Slg. 1998, 1831, 1865, Rz. 53 (Nicolas Decker / Caisse de maladie des employés privés bzw. Raymond Kohll / Union des caisses de maladie)

310 Nur so können meines Erachtens auch die Ausführungen von *Generalanwalt Tesauro* in seinen Schlussanträgen (Schlussanträge des *Generalanwalts Tesauro* v. 16.09.1997, Rs. C-120/95 und Rs. C-158/96, Slg. 1998, 1831, 1859, Rz. 46 [Nicolas Decker / Caisse de maladie des employés privés bzw. Raymond Kohll / Union des caisses de maladie]) interpretiert werden.

A.A.: Schlussanträge des *Generalanwalts Saggio* v. 18.5.2000, Rs. C-368/98, Rz. 19, Fn. 15 (Abdon Vanbraekel u. a. / Alliance nationale des mutualités chrétiennes [ANMC]), der die Erhaltung des finanziellen Gleichgewichts des Systems der sozialen Sicherheit offenbar nur dann als Rechtfertigungsgrund akzeptiert, „wenn es mit dem Erfordernis verbunden ist, immer noch aus wirtschaftlicher Sicht, die nationalen Systeme der sozialen Sicherheit zu schützen". Da die Erhaltung des finanziellen Gleichgewichts als notwendige Voraussetzung für das Funktionieren der nationalen Systeme der sozialen Sicherheit immer ihrem Schutz dient, geht dieses vermeintlich zusätzliche Kausalitätskriterium des *Generalanwalts Saggio* meines Erachtens in die Leere.

311 *EuGH*, Urt. v. 12.7.2001, Rs. C-157/99, NJW 2001, S. 3391 ff., 3395, Rz. 75 (B. S. M. Smits, verheiratete Geraets / Stichting Ziekenfonds VGZ und H. T. M. Peer-

Nicht zuletzt ist eine Abwägung zwischen der Schwere der Behinderung des innergemeinschaftlichen Handels durch bestimmte Erstattungsregelungen und dem dadurch erzielten oder vernünftigerweise zu erwartenden Gewinn für die Gewährleistung des finanziellen Gleichgewichts angezeigt[312]. Der Grundsatz der Verhältnismäßigkeit gilt wiederum unabhängig davon, ob man diese Frage nach der „*Cassis*-Rechtsprechung" im Rahmen von Art. 28 (ex-Art. 30) EGV[313], im Zusammenhang mit dem Schutz der Gesundheit nach Art. 30 (ex-Art. 36) EGV[314] oder unter Heranziehung der Grundsätze aus der Entscheidung *„Gebhard"*[315] behandelt.

In der Rechtssache *„Decker"* hatte die luxemburgische Regierung auf Nachfrage des Gerichtshofes eingeräumt, dass die Erstattung für in anderen Mitgliedstaaten gekaufte Brillen und Korrekturgläser keine Auswirkungen auf das finanzielle Gleichgewicht des Systems der sozialen Sicherheit hat[316]. Jede andere Antwort wäre seitens der Regierung auch schwerlich zu beweisen gewesen, handelte es sich doch um eine Pauschale unabhängig von tatsächlich höheren Kosten. Die luxemburgische Regierung hätte dann schon darlegen müssen, dass das zusätzliche Angebot aufgrund der ausländischen Leistungserbringer zu einer Steigerung der Nachfrage nach solchen Hilfsmitteln führt. Immerhin besagt ein Erfahrungssatz, dass ein Anstieg der Leistungserbringer auch einen Anstieg der erbrachten Leistungen nach sich zieht[317]. Doch abgesehen davon, dass die Richtigkeit einer solchen pauschalen, lediglich auf gewissen Erfahrungen beruhenden Vermutung bestritten werden kann und der Frage, ob und inwieweit eine solche Vermutung für den Bereich der Leistungserbringer überhaupt auf den

---

booms / Sichting CZ Groep Zorgverzekeringen)
Vgl. hierzu oben: D.II.3.b. und D.III.

312 *Müller-Graff*, in: *von der Groeben / Thiesing / Ehlermann*, Art. 36, Rn. 157

313 *EuGH*, Urt. v. 20.2.1979, Rs. 120/78, Slg. 1979, 649, 664, Rz. 13 (Rewe-Zentral-AG / Bundesmonopolverwaltung für Branntwein); *EuGH*, Urt. v. 11.5.1989, Rs. 25/88, 1105, 1128, Rz. 13 f. (Strafverfahren gegen Esther Renée Wurmser, verwitwete Bouchara, und Firma Norlaine); *EuGH*, Urt. v. 10.11.1982, Rs. 261/81, 3961, 3972, Rz. 12 (Walter Rau Lebensmittelwerke / De Smedt P.v.b.A.); *Lux*, in: *Lenz*, Art. 28, Rn. 30; *Leible*, in: *Grabitz / Hilf I*, Art. 28, Rn. 21, 26; *Müller-Graff*, in: *von der Groeben / Thiesing / Ehlermann*, Art. 30, Rn. 231; *Ahlfeld*, Zwingende Erfordernisse im Sinne der „*Cassis*-Rechtsprechung" des Europäischen Gerichtshofs zu Art. 30 EGV, S. 240

314 *Becker*, in: *Schwarze*, Art. 28, Rn. 110, Art. 30, Rn. 63 ff.; *Lux*, in: *Lenz*, Art. 30, Rn. 20; *Müller-Graff*, in: *von der Groeben / Thiesing / Ehlermann*, Art. 36, Rn. 92 ff.

315 *EuGH*, Urt. v. 30.11.1995, Rs. C-55/94, Slg. 1995, 4165, 4197 f., Rz. 37 (Reinhard Gebhard / Consiglio dell'ordine degli avvocati e procuratoridi Milano)

316 *EuGH*, Urt. v. 28.4.1998, Rs. C-120/95, Slg. 1998, 1831, 1885, Rz. 40 (Nicolas Decker / Caisse de maladie des employés privés)

317 *Lenz / Lampert*, Pharma Recht 1999, S. 70, 73; *Gitter*, SDSRV 34, S. 107; *Münnich*, BKK 1999, S. 22; *Gassner*, SGb 1998, S. 588; *Boetius*, in: *Verband der privaten Krankenversicherung e. V.*, S. 68

Verbrauch medizinischer Erzeugnisse übertragbar ist[318], hätte die luxemburgische Regierung schon nachweisen müssen, dass die angebotsinduzierte Nachfragesteigerung und die dadurch hervorgerufenen zusätzlichen Ausgaben einen solchen Umfang erreichen, dass das finanzielle Gleichgewicht des sozialen Sicherungssystems gefährdet worden wäre.

2. Rechtfertigung nach Art. 30 (ex-Art. 36) EGV

a. Gewährleistung spezifischer Qualitätsstandards medizinischer Erzeugnisse

Im Hinblick auf die im Mittelpunkt stehende Entscheidung in der Rechtssache *„Decker"* sind im Rahmen von Art. 30 (ex-Art. 36) EGV allein Gründe zum Schutz der Gesundheit und des Lebens von Menschen von Bedeutung. Diese nehmen unter den von dieser Vorschrift geschützten Gütern und Interessen den ersten Rang ein[319]. Es liegt dabei im Verantwortungsbereich der Mitgliedstaaten, in den durch den Vertrag gesetzten Grenzen zu bestimmen, auf welchem Niveau sie diesen Schutz der öffentlichen Gesundheit gewährleisten wollen. Sie haben diesbezüglich einen relativ weiten Ermessensspielraum[320]. Trotz der überragenden Bedeutung von Leben und Gesundheit sind das Verhältnismäßigkeitsprinzip und die „absolute Grenze" des Art. 30 (ex-Art. 36) Satz 2 EGV zu beachten[321].

Von den Mitgliedstaaten wurde der Schutz der öffentlichen Gesundheit als Rechtfertigungsgrund unter der Prämisse eingebracht, dass die streitigen Regelungen notwendig seien, um die Qualität der medizinischen Erzeugnisse zur Versorgung und Behandlung der Versicherten zu gewährleisten[322]. Die Versicherten hätten ein Recht auf Zugang zu ordnungsgemäßer Behandlung. Da die Abgabe von Brillen einem besonders qualifizierten Personenkreis vorbehalten sei, wäre die Kontrolle dieser Berufsgruppe ohne die vorherige Genehmigung

---

318 *Schulz-Weidner / Felix*, SozSich 1997, S, 1156 sehen diesen Grundsatz gerade auf dem medizinischen Sektor bestätigt.

319 *EuGH*, Urt. v. 10.11.1994, Rs. C-320/93, Slg. 1994, 5243, 5264, Rz. 16 (Lucien Ortscheit GmbH / Eurim-Pharm Arzneimittel GmbH); *EuGH*, Urt. v. 20.5.1976, Rs. 104/75, Slg. 1976, 613, 635, Rz. 14 ff. (Adriaan de Peijper, Geschäftsführer der Firma Centrafarm B.V.)

320 *EuGH*, Urt. v. 17.9.1998, Rs. C-400/96, Slg. 1996, 5121, 5137, Rz. 33 (Strafverfahren gegen Jean Harpegnies); *EuGH*, Urt. v. 25.5.1993, Rs. C-271/92, Slg. 1993, 2899, 2923, Rz. 10 (Laboratoire de prothèses oculaires [LPO] / Union nationale des Syndicats d'opticiens de France [UNSOF] u.a.); *EuGH*, Urt. v. 10.11.1994, Rs. C-320/93, Slg. 1994, 5243, 5264, Rz. 16 (Lucien Ortscheit GmbH / Eurim-Pharm Arzneimittel GmbH); *EuGH*, Urt. v. 5.2.1981, Rs. 53/80, Slg. 1981, 409, 421 ff., Rz. 13 ff. (Strafverfahren gegen Koninklijke Kaasfabriek Eyssen BV)

321 Vgl. hierzu oben: D.III.

322 Schlussanträge des *Generalanwalts Tesauro* v. 16.9.1997, Rs. C-120/95 und Rs. C-158/96, Slg. 1998, 1831, 1864, Rz. 52 (Nicolas Decker / Caisse de maladie des employés privés bzw. Raymond Kohll / Union des caisses de maladie)

erheblich beeinträchtigt, wenn nicht gar unmöglich[323]. Diese Argumentation beruhte auf der Annahme, dass allein die Kontrolle des Zugangs zum Beruf und der Ausübung der Tätigkeit die Qualität medizinischer Waren garantiere[324]. Dagegen stellte diese Begründung nicht auf die Qualität des medizinischen Erzeugnisses selbst ab.

Die Voraussetzungen für den Handel mit medizinischen Produkten und die Bedingungen für das Inverkehrbringen von Arzneimitteln sind, worauf *Generalanwalt Tesauro* zutreffend verwies[325], Gegenstand zahlreicher Koordinierungs- und Harmonisierungsrichtlinien der Gemeinschaft. So wurde schon frühzeitig der freie Verkehr von Arzneimitteln auf Gemeinschaftsebene durch die Richtlinie 65/65/EWG[326] des Rates vom 26.01.1965 zur Angleichung der Rechts- und Verwaltungsvorschriften über Arzneispezialitäten gewährleistet, welche ausdrücklich zum Schutz der öffentlichen Gesundheit erlassen wurde. Auch der Gerichtshof hatte in seiner Rechtsprechung schon vor der Entscheidung in der Rechtssache „*Decker*" unter Verweis auf die Richtlinien 85/432/EWG[327] und 85/433/EWG[328] des Rates vom 16.09.1985 bestätigt, dass der Erwerb von (rezeptfreien) Arzneimitteln in einem anderen Mitgliedstaat eine Garantie bietet, die mit derjenigen gleichzusetzen ist, die der Kauf dieser Arzneimittel in einer Apotheke des Mitgliedstaates gibt, in welchen sie von einer Privatperson eingeführt werden sollen[329]. Sprachlichen Barrieren, die sich aus der Etikettierung oder der Packungsbeilage ergeben können, kann nach dem Gerichtshof durch die entsprechenden Auskünfte des Arztes oder Apothekers des anderen Mitgliedstaates abgeholfen werden[330]. Letzteres Argument scheint allerdings insoweit fragwürdig, als es voraussetzt, dass der verschreibende Arzt oder verkaufende Apotheker sich mit jedem Erwerber bzw. Patienten eines jeden Mitgliedstaates verständigen kann. Es ist offensichtlich, dass dies nicht der Praxis entsprechen kann.

---

323 *EuGH*, Urt. v. 28.4.1998, Rs. C-120/95, Slg. 1998, 1831, 1885, Rz. 41 (Nicolas Decker / Caisse de maladie des employés privés)

324 *Kötter*, VSSR 1998, S. 244

325 Schlussanträge des *Generalanwalts Tesauro* v. 16.9.1997, Rs. C-120/95 und Rs. C-158/96, Slg. 1998, 1831, 1864, Rz. 52 (Nicolas Decker / Caisse de maladie des employés privés bzw. Raymond Kohll / Union des caisses de maladie)

326 ABl. 1965 Nr. 22/369

327 Richtlinie des Rates vom 16.09.1985 zur Koordinierung der Rechts- und Verwaltungsvorschriften über bestimmte pharmazeutische Tätigkeiten (ABl. 1985 Nr. L 253/34)

328 Richtlinie des Rates vom 16.09.1985 über die gegenseitige Annerkennung der Diplome, Prüfungszeugnisse und sonstigen Befähigungsnachweise des Apothekers und über Maßnahmen zur Erleichterung der tatsächlichen Ausübung des Niederlassungsrechts für bestimmte pharmazeutische Tätigkeiten (ABl. 1985 Nr. L 253/37)

329 *EuGH*, Urt. v. 7.3.1989, Rs. 215/87, Slg. 1989, 617, 640, Rz. 20 (Heinz Schumacher / Hauptzollamt Frankfurt am Main-Ost)

330 *EuGH*, Urt. v. 8.4.1992, Rs. C-62/90, Slg. 1992, 2575, 2608., Rz. 20 (Kommission der Europäischen Gemeinschaften / Bundesrepublik Deutschland)

Was nun die Tätigkeit eines Optikers selbst anbelangt, ist zunächst festzuhalten, dass der Beruf eines (Augen-)Optikers ausdrücklich einer der Ausbildungsgänge ist, die nach Art. 1 a) zweiter Gedankenstrich ii) der Richtlinie 92/51/EWG von ihrem Geltungsbereich erfasst werden[331]. Die Richtlinie 92/51/EWG des Rates vom 18.06.1992 über eine zweite allgemeine Regelung zur Anerkennung beruflicher Befähigungsnachweise in Ergänzung zur Richtlinie 89/48/EWG[332] und die Richtlinie 95/43/EG der Kommission vom 20.07.1995 zur Änderung der Anhänge C und D der Richtlinie 92/51[333] koordinieren nach der Rechtsprechung des EuGH[334] die Bedingungen des Zugangs zu geregelten Berufen und ihrer Ausübung und enthalten Vorschriften über die gegenseitige Anerkennung von Ausbildungsnachweisen. Es kann auf den ersten Blick daher nicht verwundern, dass der Gerichtshof sich im Ergebnis den Ausführungen des Generalanwalts anschloss und in der Rechtssache *„Decker"* unter Verweis auf diese Richtlinien und seine vorangegangene Rechtsprechung das streitige Genehmigungserfordernis zum Schutz der öffentlichen Gesundheit nicht für notwendig hielt[335].

Die Literatur ist, was die gemeinschaftsrechtlichen Koordinierungs- und Harmonisierungsvorschriften betrifft, zum überwiegenden Teil ebenfalls der Ansicht, dass diese weitgehend die Bedingungen für das Inverkehrbringen von Arzneimitteln und den Zugang zu den einschlägigen Berufen regeln. Hierbei wird mit den bereits durch den EuGH angeführten Richtlinien und dessen Rechtsprechung argumentiert[336]. Es wird dabei aber vernachlässigt, dass die aufgeführten Richtlinien weder für Heil- noch für Hilfsmittel, zu welchen die Brille in der Rechtssache *„Decker"* gehört[337], gelten. Eine Brille ist nämlich keine Arzneimittelspezialität im gemeinschaftsrechtlichen Sinne nach Art. 1 der Richtlinie 65/65/EWG[338], sodass für sie diese Koordinierungs- und Harmonisierungsregelungen nicht einschlägig sind. Bei Heil- und Hilfsmitteln steht mangels umfassender gemeischaftsrechtlicher Koordinierungs- und Harmonisierungsrichtlinien für diesen Bereich derzeit nicht fest, ob und in welchem Umfang die jeweiligen mitgliedstaatlichen Qualifikationsanforderungen für die betreffenden medizinischen Erzeugnisse vergleichbar sind. Es wird von Teilen der Literatur so-

---

331 Anhang C - Verzeichnis der besonders strukturierten Ausbildungsgänge gemäß Artikel 1 Buchstabe a) zweiter Gedankenstrich Ziffer ii), ABl. 1992 Nr. L 209/40

332 ABl. 1992 Nr. L 209/25

333 ABl. 1995 Nr. L 184/21

334 *EuGH*, Urt. v. 28.4.1998, Rs. C-120/95, Slg. 1998, 1831, 1885, Rz. 42 (Nicolas Decker / Caisse de maladie des employés privés)

335 *EuGH*, Urt. v. 28.4.1998, Rs. C-120/95, Slg. 1998, 1831, 1885, Rz. 43 (Nicolas Decker / Caisse de maladie des employés privés)

336 *Schulte*, ZFSH/SGB 1999, S. 275; *Schulte*, in: *Ebsen*, S. 27; *Wille*, in: *Verband der privaten Krankenversicherung e. V.*, S. 90 f.; *Kuhn*, Die soziale Dimension der Europäischen Gemeinschaft, S. 87 ff.

337 A.A. offensichtlich: *Gassner*, SGb 1998, S. 588

338 ABl. 1965 Nr. 22/369

mit zu Recht angeführt, dass auf dem Gebiet des Handels mit Heil- und Hilfsmitteln eine Rechtfertigung von Beschränkungen des freien Warenverkehrs, aus Gründen der Qualitätssicherung durchaus in Betracht käme[339].

Schon aus diesem Grund greift mithin der Verweis des Gerichtshofs auf seine Rechtsprechung im Zusammenhang mit dem Inverkehrbringen von Arzneimitteln in der Rechtssache *„Decker"* zu kurz[340]. Er differenziert gerade nicht zwischen dem Inverkehrbringen von Arzneimitteln auf der einen und von Heil- bzw. Hilfsmitteln auf der anderen Seite. Ferner beschäftigte sich die Entscheidung, auf die der EuGH in der Rechtssache *„Decker"* verwies, mit Arzneimitteln, die im Versicherungsstaat zugelassen und rezeptfrei erhältlich sind[341]. Hiermit ist aber der Erwerb einer Brille, die im Gegensatz dazu einer Verschreibungspflicht unterliegt, nicht vergleichbar. Die Verschreibungspflicht ist ein deutlicher Hinweis einerseits auf die besondere Bedeutung eines medizinischen Erzeugnisses für die Gesundheit und andererseits auf die außerordentlichen Gefahren seines Fehlgebrauchs. Das ist bei nicht verschreibungspflichtigen medizinischen Produkten in diesem Ausmaß gerade nicht der Fall. Diese Einwände gegen die Rechtsprechung des EuGH in der Rechtssache *„Decker"* werden zum Teil auch von jenen übersehen, die dieser Rechtsprechung insgesamt kritisch gegenüberstehen[342].

Außerdem wird vermehrt eingewandt, dass die einschlägigen EG-Vorschriften entgegen der Auffassung des Gerichtshofs die Ausübung der betreffenden Tätigkeiten ebenso wenig betreffen wie die Berufsfortbildungsstandards. Diesem Umstand sei zukünftig vermehrte Aufmerksamkeit zu schenken, könnten doch tiefgreifende Qualitätsunterschiede im Bereich der Ausübung der Tätigkeiten unter Umständen eine Einschränkung der Auslandskostenerstattung rechtfertigen, wenn nicht entsprechende EG-Vorschriften vergleichbare Standards im Hinblick auf die Ausübung der betroffenen Berufe und Fortbildungsmaßnahmen schaffen[343]. Der Einwand im Zusammenhang mit der Qualität der Berufsausübung sowie Berufsfortbildung beim Verkauf von medizinischen Produkten

---

339 *Schulte*, ZFSH/SGB 1999, S. 350 f.; ohne jede Kritik an den diesbezüglichen Ausführungen des EuGH dagegen: *Gassner*, SGb 1998, S. 588

340 *EuGH*, Urt. v. 28.4.1998, Rs. C-120/95, Slg. 1998, 1831, 1885, Rz. 43 (Nicolas Decker / Caisse de maladie des employés privés)

341 *EuGH*, Urt. v. 7.3.1989, Rs. 215/87, Slg. 1989, 617, 639, Rz. 19 (Heinz Schumacher / Hauptzollamt Frankfurt am Main-Ost)

342 *Bericht der gemeinsamen Arbeitsgruppe*, ZFSH/SGB 1999, S. 632; *Neumann-Duesberg*, in: 11. Bonner Europa-Symposium, S. 34

343 *Schulte*, in: *Ebsen*, S. 32; *ders.*, ZFSH/SGB 1999, S. 275; *ders.*, Arbeits- und Sozialpolitik 2001, S. 47; *Giesen*, in: Freizügigkeit und Soziale Sicherheit, S. 367; *Jung*, in: *Ebsen*, S. 82; *Neumann-Duesberg*, in: 11. Bonner Europa-Symposium, S. 34; *Bericht der gemeinsamen Arbeitsgruppe*, ZFSH/SGB 1999, S. 627; *Raschke*, BG 1999, S. 156; a.A.: *Wille*, KrV 1999, S. 292

vermag den Bereich des freien Warenverkehrs aber nicht nachhaltig zu beeinflussen, stellt er doch auf von diesen Personen erbrachte Dienstleistungen und nicht auf den Handel mit medizinischen Erzeugnissen ab. Was den Bereich des freien Warenverkehrs im Arzneimittelsektor betrifft, so geben die gemeinschaftsrechtlichen Vorschriften, insbesondere die bereits angeführten Richtlinien, hinreichende Vorgaben zur Sicherung spezifischer Qualitätsstandards. Wenn diese nicht für über die Handelstätigkeit hinausgehende Leistungen des betroffenen Personenkreises gelten sollten, so ist dies eine Problematik, die die gemeinschaftsrechtlichen Vorschriften zum freien Dienstleistungsverkehr betrifft und auch im Zusammenhang mit diesem zu beantworten ist[344]. Doch war diese Verbindung mit dem Bereich des freien Dienstleistungsverkehrs nicht der ausschlaggebende Grund, warum sich der EuGH mit dieser Problematik in seiner Entscheidung zur Rechtssache *„Decker"* nicht auseinandersetzen musste. In erster Linie erbrachte das Königreich Luxemburg als unmittelbar betroffener Mitgliedstaat nicht den hinreichenden Beweis für mindere Qualitätsstandards. Und dies galt nicht nur im Hinblick auf in einem anderen Mitgliedstaat vertriebene medizinische Produkte, sondern insbesondere auch in Bezug auf das mit dem Handel dieser Erzeugnisse beschäftigte Verkaufspersonal. Es ist aber bei der Rechtfertigung von Eingriffen in die Warenverkehrsfreiheit Sache desjeningen, der sich auf bestimmte Rechtfertigungsgründe beruft, die tatsächlichen Voraussetzungen hierfür zu beweisen[345].

b. Sicherstellung eines ausgewogenen und allgemein zugänglichen Systems der medizinischen Versorgung

Es wurde in den Verfahren zu den Rechtssachen *„Decker"* und *„Kohll"* auch die Ansicht vertreten, dass Regelungen der streitigen Art zur Aufrechterhaltung einer ausgewogenen, allen offenstehenden ärztlichen Versorgung in einer bestimmten Region erforderlich seien. Dieser Punkt wurde vom vorlegenden Gericht allein in der Rechtssache *„Kohll"* ausdrücklich separat angesprochen[346]. Die beteiligten Mitgliedstaaten behandelten diesen Rechtsfertigungsgrund hin-

---

[344] Vgl. hierzu unten: E.II.

[345] Vgl. hierzu oben: D.II.

[346] *EuGH*, Urt. v. 28.4.1998, Rs. C-158/96, Slg. 1998, 1935, 1950, Rz. 50 (Raymond Kohll / Union des caisses de maladie); Bekräftigt hat der Gerichtshof die unabhängig voneinander vorzunehmende Prüfung der Rechtfertigungsgründe der Erhaltung des finanziellen Gleichgewichts des Systems der sozialen Sicherheit einerseits und der Aufrechterhaltung einer ausgewogenen, allen zugänglichen ärztlichen und klinischen Versorgung in den Entscheidungsgründen in den Rechtssachen *„Smits / Peerbooms"* bzw. *„Vanbraekel"* (*EuGH*, Urt. v. 12.7.2001, Rs. C-157/99, NJW 2001, S. 3391 ff., 3395, Rz. 73 (B. S. M. Smits, verheiratete Geraets / Stichting Ziekenfonds VGZ und H. T. M. Peerbooms / Sichting CZ Groep Zorgverzekeringen); *EuGH*, Urt. v. 12.7.2001, Rs. C-368/98, NJW 2001, S. 3397 ff., 3400, Rz. 48 (Abdon Vanbraekel u. a. / Alliance nationale des mutualités chrétiennes [ANMC])).

gegen im Rahmen der Gewährleistung des finanziellen Gleichgewichts des Systems der sozialen Sicherheit. Letztlich seien beide Ziele nach Ansicht der beteiligten Mitgliedstaaten insofern miteinander verknüpft, als dass die Verwirklichung des zweiten Ziels eine Voraussetzung zur Sicherstellung des ersten sei[347], mithin eine ausgewogene, allen offenstehende ärztliche Versorgung nur über finanziell ausgeglichene soziale Sicherungssysteme gewährleistet werden könne.

Generalanwalt Tesauro war ebenfalls der Auffassung, dass diese beiden Ziele unmittelbar miteinander zusammenhängen. Seine Ausführungen in den Schlussanträgen, bei denen er diesbezüglich nicht zwischen der Rechtfertigung von Eingriffen in die Warenverkehrsfreiheit und Beschränkungen des freien Dienstleistungsverkehrs unterscheidet, lassen erkennen, dass er sie nicht zu dem ausdrücklich sowohl in Art. 30 (ex-Art. 36) EGV als auch Art. 55, 46 (ex-Art. 66, 56) EGV aufgeführten Rechtfertigungsgrund der öffentlichen Gesundheit, sondern vielmehr zu den zwingenden Gründen des Allgemeinwohls zählt. Schließlich differenzierte er im Rahmen der Rechtfertigung zwischen dem Schutz der öffentlichen Gesundheit und der Aufrechterhaltung einer ausgewogenen, allen offenstehenden klinischen Versorgung[348].

Der Gerichtshof befasst sich dagegen in der Rechtssache *„Decker"* ausschließlich mit der Gefährdung des finanziellen Gleichgewichts des sozialen Sicherungssystems als zwingendem Grund des Allgemeininteresses ohne in diesem Zusammenhang die Sicherstellung eines ausgewogenen und allgemein zugänglichen Systems der medizinischen Versorgung zu erwähnen. Seiner Entscheidung zur Rechtssache *„Kohll"*, die er in den Gründen zur Rechtssache *„Smits / Peerbooms"* untermauert, kann aber entnommen werden, dass das Ziel der Aufrechterhaltung einer ausgewogenen, allen zugänglichen ärztlichen und klinischen Versorgung einerseits aufgrund der engen Verknüpfung mit der Finanzierung des Systems der sozialen Sicherheit, was einen zwingenden Grund des Allgemeininteresses darstellt, von Bedeutung ist, andererseits aber auch zu den Ausnahmen aus Gründen der öffentlichen Gesundheit zählen kann[349]. Hätten die Be-

[347] Schlussanträge des *Generalanwalts Tesauro* v. 16.9.1997, Rs. C-120/95 und Rs. C-158/96, Slg. 1998, 1831, 1863, Rz. 51 (Nicolas Decker / Caisse de maladie des employés privés bzw. Raymond Kohll / Union des caisses de maladie); *EuGH*, Urt. v. 28.4.1998, Rs. C-158/96, Slg. 1998, 1935, 1947, Rz. 38 (Raymond Kohll / Union des caisses de maladie)

[348] Schlussanträge des *Generalanwalts Tesauro* v. 16.9.1997, Rs. C-120/95 und Rs. C-158/96, Slg. 1998, 1831, 1863, Rz. 51 (Nicolas Decker / Caisse de maladie des employés privés bzw. Raymond Kohll / Union des caisses de maladie)

[349] *EuGH*, Urt. v. 28.4.1998, Rs. C-158/96, Slg. 1998, 1935, 1950, Rz. 50 f. (Raymond Kohll / Union des caisses de maladie); *EuGH*, Urt. v. 12.7.2001, Rs. C-157/99, NJW 2001, S. 3391 ff., 3395, Rz. 73 (B. S. M. Smits, verheiratete Geraets / Stichting Ziekenfonds VGZ und H. T. M. Peerbooms / Sichting CZ Groep Zorgverzekeringen); vgl. hierzu unten: E.III.3.a. und E.III.4.b.

teiligten im Hinblick auf die Rechtssache *„Decker"* den Gerichtshof mit einer ähnlichen Argumentation konfrontiert, wäre er sicher zum gleichen Ergebnis gekommen, dass dieser Problemkreis sowohl im Zusammenhang mit der Erhaltung des finanziellen Gleichgewichts bei zwingenden Gründen des Allgemeininteresses als auch mit dem ausdrücklich im Vertrag aufgeführten Rechtfertigungsgrund des Schutzes der öffentlichen Gesundheit angesprochen werden kann. Letztlich hielt er aber eine Auseinandersetzung in der Rechtssache *„Decker"* wohl deshalb für entbehrlich, weil sich die diesbezüglichen Stellungnahmen offenbar allein auf die ambulante und stationäre Versorgung und nicht auf die Versorgung mit medizinischen Erzeugnissen bezogen hatten. Im Übrigen brauchte sich der Gerichtshof mit der aufgezeigten Problematik auch in der Rechtssache *„Kohll"* nicht ausführlicher auseinandersetzen, da kein Verfahrensbeteiligter nachgewiesen hatte, dass Regelungen der streitigen Art zur Erhaltung eines bestimmten Umfangs der medizinischen oder pflegerischen Versorgung oder eines bestimmten Niveaus der Heilkunde im Inland für die Gesundheit oder selbst das Überleben der einheimischen Bevölkerung erforderlich wären[350]. Dagegen waren in der Rechtssache *„Smits / Peerbooms"* die Voraussetzungen dieses Rechtfertigungsgrundes gegeben. Dennoch beließ es der Gerichtshof auch in dieser Entscheidung bei einer ergebnisorientierten Prüfung und ging nicht auf die dogmatische Komponente ein[351].

In der Literatur wurde die Sicherstellung eines ausgewogenen und allgemein zugänglichen Systems der ambulanten und stationären Versorgung als Rechtfertigungsgrund auch unter einem anderen Aspekt als dem der Gewährleistung des finanziellen Gleichgewichts der Systeme der sozialen Sicherheit angesprochen. So wurde angeführt, dass bei einer vermehrten Inanspruchnahme von Gesundheitseinrichtungen in einem bestimmten Mitgliedstaat die Gefahr von Versorgungsengpässen für die einheimische Bevölkerung bestünde. Den Mitgliedstaaten wäre deshalb durchaus die Möglichkeit eingeräumt, sich gegen Bedrohungen ihrer Infrastruktur des medizinischen Versorgungssystems, insbesondere dem Entstehen von Unterkapazitäten durch Bewegungen von Patientenströmen, zur Wehr zu setzen[352]. Dieser mögliche Rechtfertigungsgrund greife freilich bei

---

350 *EuGH*, Urt. v. 28.4.1998, Rs. C-158/96, Slg. 1998, 1935, 1950, Rz. 52 (Raymond Kohll / Union des caisses de maladie); vgl. hierzu unten: E.III.4.b.; Aus dem gleichen Grund konnte eine umfangreichere Auseinandersetzung mit dieser Problematik in der Rechtssache *„Vanbraekel"* unterbleiben (*EuGH*, Urt. v. 12.7.2001, Rs. C-368/98, NJW 2001, S. 3397 ff., 3401, Rz. 51 (Abdon Vanbraekel u. a. / Alliance nationale des mutualités chrétiennes [ANMC]).

351 *EuGH*, Urt. v. 12.7.2001, Rs. C-157/99, NJW 2001, S. 3391 ff., 3397, Rz. 105 (B. S. M. Smits, verheiratete Geraets / Stichting Ziekenfonds VGZ und H. T. M. Peerbooms / Sichting CZ Groep Zorgverzekeringen)

352 *Schulte*, ZFSH/SGB 1999, S. 356; *Kötter*, VSSR 1998, S. 246; *Heinze*, in: *Verband der privaten Krankenversicherung e. V.*, S. 58; *Oberender*, in: Gesundheitsversorgung in der Europäischen Union, S. 11; *Demmer*, BKK 2001, 66

kleineren Staaten und in Grenzgebieten größerer Mitgliedstaaten eher als in den übrigen Regionen der Gemeinschaft. Doch selbst Luxemburg als unmittelbar beteiligter und zugleich kleinster Mitgliedstaat konnte in den Verfahren vor dem EuGH keinerlei Tatsachen vortragen (und beweisen), die den Rechtfertigungsgrund unter diesem Gesichtspunkt als einschlägig erscheinen ließen. Außerdem sind auch grundsätzliche Zweifel in diesem Zusammenhang angebracht. Zum einen besteht die Möglichkeit, dass ein eventueller Zustrom ausländischer Versicherter bei den einheimischen Leistungserbringern durch die sinkende Nachfrage inländischer Patienten aufgrund deren Abwanderung zu ausländischen Leistungserbringern ausgeglichen wird, da Wanderungsbewegungen potenziell in alle Richtungen stattfinden[353]. Zum anderen ist nicht von der Hand zu weisen, dass der (Leistungserbringer-)Markt solche Nachfragesteigerungen in kleinen Staaten und Grenzregionen ebenso wie in den übrigen Gebieten selbst durch die Erhöhung der Kapazitäten ausgleicht. Dem widerspricht allerdings *Novak*, wohl mit Blick auf die stationäre Versorgung, indem er die Frage stellt, ob es überhaupt sinnvoll erscheint, die medizinische Infrastruktur auf einem derartig hohen Niveau aufrechtzuerhalten, dass sie für Bürger aus anderen Staaten attraktiv ist[354].

Konträr zu dieser Argumentationslinie wird diskutiert, ob eine Verschlechterung der Versorgung im Inland nicht auch durch eine Abwanderung der inländischen Patienten zu ausländischen Leistungserbringern eintreten könnte[355]. Mit einer damit verbundenen nachlassenden Nachfrage könnten zugleich die für eine flächendeckende Versorgung der gesamten Bevölkerung im Inland erforderlichen finanziellen Mittel fehlen, was zu einer Aufgabe bzw. Abwanderung unwirtschaftlicher Leistungserbringer führen kann. Doch ist auch diesbezüglich zunächst erst einmal abzuwarten, ob eine nachlassende Nachfrage durch inländische Versicherte nicht wiederum durch den Zustrom ausländischer Patienten ausgeglichen wird.

Im Übrigen stellt sich - was größtenteils übersehen wird[356] - die Frage, ob in diesem Zusammenhang nicht auch im Hinblick auf die medizinische Versorgung der einheimischen Bevölkerung in den von diesem befürchteten Phänomen in erster Linie betroffenen kleinen Mitgliedstaaten und Grenzgebieten gerade wegen des freien Waren- und Dienstleistungsverkehrs das Angebot aus angrenzen-

---

[353] *Sendler*, KrV 1998, S. 287

[354] *Novak*, EuZW 1998, S. 367 f. unter Verweis auf eine Äußerung des Präsidenten der Bundesärztekammer, *Vilmar*, in der FZ vom 29.04.1998, S. 19

[355] *Domscheit*, KrV 1998, S. 250; *Sendler*, KrV 1998, S. 287; *Schulte*, in: *Ebsen*, S. 32; *ders.*, ZFSH /SGB 1999, S. 360; *Bericht der gemeinsamen Arbeitsgruppe*, ZFSH/SGB 1999, S. 633; *Zipperer*, in: Gesundheitsversorgung in der Europäischen Union, S. 68

[356] So auch im *Bericht der gemeinsamen Arbeitsgruppe*, ZFSH/SGB 1999, S. 633; *Domscheit*, KrV 1998, S. 250; *Sendler*, KrV 1998, 287

den Mitgliedstaaten zu berücksichtigen ist. *Schulte* scheint dies offenbar zu verneinen, wenngleich er zu dem Ergebnis gelangt, dass selbst in Grenzregionen die Versorgung der verbleibenden einheimischen Bevölkerung aufgrund des vergleichsweise geringen Ausmaßes der Zuwendung zu ausländischen Leistungserbringern nicht gefährdet sei[357]. In diesem Rahmen ist aber das Angebot der Leistungserbringer in den angrenzenden Mitgliedstaaten unter bestimmten Voraussetzungen zu berücksichtigen. Ausgangspunkt der Rechtfertigung ist der Schutz der öffentlichen Gesundheit. Zur Erreichung dieses Ziels darf aber nicht ausschließlich auf Leistungsanbieter im Inland abgestellt werden, wenn solche im angrenzenden Mitgliedstaat von den Leistungsempfängern mit einem vergleichbaren (zumutbaren) Aufwand[358] aufgesucht werden können und zu einer vergleichbaren ärztlichen Versorgung der inländischen Bevölkerung beitragen. Schützenswertes Zwischenziel zum Schutz der öffentlichen Gesundheit ist nicht die medizinische Versorgung durch Leistungserbringer im Inland[359], sondern die Sicherung einer ausgewogenen, allen zugänglichen ärztlichen und klinischen Versorgung an sich. Dies wird durch die Entscheidungsgründe des EuGH in der Rechtssachen *„Kohll"*, *„Smits / Peerbooms"* und *„Vanbraekel"* bestätigt. Danach sind mitgliedstaatliche Beschränkungen des freien Dienstleistungsverkehrs gerechtfertigt, „soweit die Erhaltung eines bestimmten Umfangs der medizinischen und pflegerischen Versorgung oder eines bestimmten Niveaus der Heilkunde im Inland für die Gesundheit oder selbst das Überleben ihrer Bevölkerung erforderlich ist"[360]. Gleiches muss entsprechend für Beschränkungen des freien Warenverkehrs gelten.

Der Gerichtshof verlangt mithin eine doppelte Kausalität: zum einen zwischen der beschränkenden Maßnahme und der Sicherstellung einer ausgewogenen, allen zugänglichen ärztlichen und klinischen Versorgung oder eines bestimmten Niveaus der Heilkunde im Inland, zum anderen zwischen diesen (Zwischen-) Zielen und der Gesundheit oder dem Überleben der Bevölkerung[361]. Dies verkennt offensichtlich der *Bericht der gemeinsamen Arbeitsgruppe*, denn er unterschlägt das für diese Problematik mitentscheidende zweite Kausalitätskriterium

---

357 *Schulte*, ZFSH/SGB 1999, S. 360; *ders.*, in: *Ebsen*, S. 32

358 Zweifel äußert diesbezüglich *Giesen*, in: Freizügigkeit und Soziale Sicherheit, S. 368, der in Frage stellt, ob die Ortsnähe der Versorgung überhaupt ihre zwingende gesetzliche Territorialisierung rechtfertigen kann.

359 So aber offensichtlich: *Schulte*, ZFSH/SGB 1999, S. 360; *ders.*, in: *Ebsen*, S. 32

360 *EuGH*, Urt. v. 28.4.1998, Rs. C-158/96, Slg. 1998, 1935, 1950, Rz. 50 (Raymond Kohll / Union des caisses de maladie) im Hinblick auf den freien Dienstleistungsverkehr; ähnlich: *EuGH*, Urt. v. 12.7.2001, Rs. C-157/99, NJW 2001, S. 3391 ff., 3395, Rz. 74 (B. S. M. Smits, verheiratete Geraets / Stichting Ziekenfonds VGZ und H. T. M. Peerbooms / Sichting CZ Groep Zorgverzekeringen); *EuGH*, Urt. v. 12.7.2001, Rs. C-368/98, NJW 2001, S. 3397 ff., 3400, Rz. 49 (Abdon Vanbraekel u. a. / Alliance nationale des mutualités chrétiennes [ANMC])

361 So auch: *Kötter*, VSSR 1998, S. 246

des EuGH: „... für die Gesundheit oder selbst das Überleben ihrer Bevölkerung ..."[362]. So fehlt es bereits an der ersten Kausalitätsstufe, wenn ein bestimmter Umfang der medizinischen und pflegerischen Versorgung unter Einbeziehung des Angebots von in anderen Mitgliedstaaten ansässigen und unter vergleichbarem Aufwand erreichbaren Leistungserbringern ebenso erhalten werden kann. Nicht ganz so leicht ist diese Frage im Hinblick auf die Erhaltung eines „bestimmten Niveaus der Heilkunde im Inland" zu beantworten. Sowohl in kleinen Mitgliedstaaten als auch in Grenzgebieten größerer Länder ist die Gefahr nicht von der Hand zu weisen, dass sich in diesen Regionen bei einer Abwanderung der Leistungsempfänger über die Grenze, die nicht durch den Zustrom ausländischer Leistungsempfänger ausgeglichen wird, ein bestimmtes Niveau der Heilkunde unter Umständen nicht mehr halten lässt. Mit einem Sinken der Nachfrage nach Leistungen lässt auch das Angebot und damit der qualitätsfördernde Wettbewerb unter den Leistungserbringern nach. Dies kann in der Folge zu einem sinkenden Niveau der Heilkunde in diesen Gebieten führen, da die finanziellen Mittel nicht mehr aufgebracht werden können, um den erreichten Qualitätsstandard zu halten oder gar auszubauen. Das unabdingbare Niveau der Heilkunde im Inland ist aber dann nicht für die Gesundheit und das Überleben der Bevölkerung erforderlich, wenn wiederum die Qualitätsstandards der jenseits der Grenze von den inländischen Leistungsempfängern mit vergleichbarem (zumutbarem) Aufwand erreichbaren Leistungserbringern die Gesundheit und das Überleben der Bevölkerung ebenso gewährleisten. Ferner wird das Niveau der Heilkunde auch im Inland aller Voraussicht nach nicht in einem solchen Ausmaß nachlassen, dass hierdurch die Gesundheit oder das Überleben der Bevölkerung gefährdet wäre. An dieser Stelle ist mithin die zweite Kausalitätsstufe von ausschlaggebender Bedeutung.

VI. Andere mögliche Eingriffe in die Warenverkehrsfreiheit

1. Erstattungsumfang

a. Geringere Erstattung beim Erwerb in einem anderen Mitgliedstaat

Des Weiteren drängt sich die Frage nach Pauschal-, Höchst-, Mindesterstattungen sowie andere den Umfang der Erstattung regelnden Maßnahmen auf[363]. Ob-

---

[362] *Bericht der gemeinsamen Arbeitsgruppe*, ZFSH/SGB 1999, S. 633

[363] In Deutschland ist die gesetzliche Krankenversicherung grundsätzlich nach dem Sachleistungsprinzip ausgestaltet (vgl. G.III.), sodass diese weiter führenden Fragen zum Erstattungsumfang nicht Gegenstand der Diskussionen um die Urteile in den Rechtssachen *„Decker"* und *„Kohll"* sind. Lediglich im Zusammenhang mit der Versorgung mit Zahnersatz werden in der deutschen gesetzlichen Krankenversicherung Elemente der Kostenerstattung einbezogen. Allerdings erfolgt eine Erstattung nicht nach Pauschal-, Höchst- oder Mindestbetragsregelungen, sondern in Form einer prozentualen Beteiligung durch

wohl es in den Rechtssachen *„Decker"* und *„Kohll"* um die Erstattung nach Pauschalen ging[364], hat sich der EuGH nicht veranlasst gesehen, diesen Umstand zu problematisieren[365]. Dies könnte auf den ersten Blick umso mehr verwundern, als der Gerichtshof im Hinblick auf mit solchen Maßnahmen vergleichbaren Festpreisregelungen bereits mehrfach ausführlich Stellung genommen hat[366]. Allerdings liegt der Grund für die fehlenden Ausführungen in den Entscheidungen *„Decker"* und *„Kohll"* darin, dass sich die Fragen des vorlegenden luxemburgischen Gerichts in den beiden Rechtssachen nicht auf den Umfang der Erstattung, sondern auf die Abhängigkeit einer Erstattung beim Erwerb im Ausland von der vorherigen Genehmigung bezogen. Dagegen stellten die Vorlagefragen in der Rechtssache *„Vanbraekel"* explizit auf den Umfang der Erstattung ab[367].

aa. Eingriff in die Warenverkehrsfreiheit

Relativ unproblematisch liegt ein Eingriff in die Warenverkehrsfreiheit als Maßnahme gleicher Wirkung im Sinne von Art. 28 (ex-Art. 30) EGV vor, wenn die Erstattung der Kosten bei dem Erwerb von medizinischen Produkten in einem anderen Mitgliedstaat in einer geringeren Höhe erfolgt als bei einem vergleichbaren Kauf im Inland. Eine solche Maßnahme ist geeignet, den innergemeinschaftlichen Handel mittelbar tatsächlich im Sinne der *„Dassonville*-Rechtsprechung" zu behindern. Ähnlich wie bei einem Genehmigungsvorbehalt ist offensichtlich, dass Versicherte mit der Aussicht auf eine von der Höhe her niedrigere Erstattung von dem Erwerb medizinischer Erzeugnisse in einem anderen Mitgliedstaat abgehalten werden. Es stellt sich ihnen die Entscheidung zwischen dem Bezug im Inland, dessen Kosten von der Krankenkasse entweder vollumfänglich oder jedenfalls zu einem bestimmten Teil erstattet werden und dem Kauf in einem anderen Staat, der nur in einem vergleichsweise geringerem Umfang erstattungsfähig ist. Es liegt auf der Hand, dass die Versicherten dann regelmäßig die erste Alternative vorziehen. Entsprechendes gilt aus Sicht der Leistungsanbieter im Ausland. Die Nachfrage nach ihren medizinischen Produkten wird aus den genannten Gründen nachteilig beeinflusst.

Der Rechtsprechung des EuGH in den Rechtssachen *„Decker"* und *„Kohll"* kann nichts anderes entnommen werden. Der Gerichtshof hatte nach den Vorlagefragen nur über die Erstattung einer - was den Umfang der Erstattung betrifft -

den Versicherten auf der Grundlage eines genehmigten Kostenplanes (vgl. G.V.1.a.).

364 Vgl. hierzu oben: B.I.1.

365 A.A.: *Zipperer*, in: Gesundheitsversorgung in der Europäischen Union, S. 60

366 *EuGH*, Urt. v. 2.7.1986, Rs. 188/86, Slg. 1987, 2963, 2977 ff., Rz. 8 ff. (Ministère public / Règis Lefèvre); Urt. v. 14.7.1988, Rs. 298/86, Slg. 1988, 4343, 4366 f., Rz. 12 ff. (Kommission der Europäischen Gemeinschaften / Königreich Belgien)

367 *EuGH*, Urt. v. 12.7.2001, Rs. C-368/98, NJW 2001, S. 3397 ff., 3399 (Abdon Vanbraekel u. a. / Alliance nationale des mutualités chrétiennes [ANMC])

unterschiedslos, unabhängig von den tatsächlichen Kosten geltenden Pauschale zu entscheiden. Seine Ausführungen hinsichtlich der Höhe der Kostenerstattung betrafen deshalb auch allein die Frage der Rechtfertigung der Beschränkungen der Grundfreiheiten[368], aber nicht bereits die Frage unterschiedlicher Erstattungsregelungen und die Problematik der Beschränkungen an sich.

Entsprechend den Ausführungen zur pauschalen Erstattung unter Genehmigungsvorbehalt[369] ist ebenso in einer nach dem Umfang der Erstattung differenzierenden Regelung eine diskriminierende Maßnahme zu sehen. Es wird hinsichtlich der Höhe der Erstattung nach dem Ort des Erwerbs der medizinischen Erzeugnisse differenziert. Eine Beschränkung der *„Dassonville-*Rechtsprechung" durch die Entscheidung in der Rechtssache *„Keck"* oder die *„Cassis-*Formel" kommt folglich nicht in Betracht, da die jeweiligen Grundsätze nur für unterschiedslose Regelungen gelten.

bb. Rechtfertigung des Eingriffs in die Warenverkehrsfreiheit

Nach der Ansicht des Gerichtshofes in der Rechtssache *„Decker"* zu den in Betracht kommenden Rechtfertigungsmöglichkeiten steht an erster Stelle das Ziel der Erhaltung des finanziellen Gleichgewichts der Systeme der sozialen Sicherheit[370]. Der EuGH hat sich zur (Mindest-)Höhe der Erstattung in den hier im Mittelpunkt stehenden Rechtssachen nicht abschließend geäußert, sondern nur zum Problem der Erstattung von unterschiedslosen Pauschalen Stellung bezogen. Der eine solche Regelung treffende Mitgliedstaat müsste darlegen und nachweisen, dass ohne eine Erstattungsregelung dieser Art eine ernsthafte Gefahr für die finanzielle Stabilität des sozialen Sicherungssystems bestehen würde. Trotz der auch auf mittlere Sicht eher geringen Inanspruchnahme ausländischer Leistungserbringer beim Erwerb medizinischer Erzeugnisse[371] dürfte möglicherweise noch der Nachweis gelingen, dass angesichts eklatanter Preisunterschiede bei bestimmten Leistungen eine höhere finanzielle Belastung auf die Krankenversicherungsträger zukommt und damit eine vorbehaltlose, vollumfängliche Erstattung der tatsächlichen Kosten zu einer ernsthaften Gefahr für das finanzielle Gleichgewicht werden kann. Doch geht es bei der Erstattung von Kosten für in anderen Mitgliedstaaten in Anspruch genommenen Leistungen in

---

368 *EuGH*, Urt. v. 28.4.1998, Rs. C-120/95, Slg. 1998, 1831, 1884 f., Rz. 38 ff. (Nicolas Decker / Caisse de maladie des employés privés); EuGH, Urt. v. 28.4.1998, Rs. C-158/96, Slg. 1998, 1935, 1947 f., Rz. 37 ff. (Raymond Kohll / Union des caisses de maladie)

369 Vgl. hierzu oben: D.IV.2.

370 Vgl. hierzu, insbesondere zur Einordnung dieses Zieles als zwingenden Grund des Allgemeininteresses im Rahmen der Rechtfertigung von Eingriffen in den freien Warenverkehr und nicht als immanente Schranke des Art. 28 (ex-Art. 30) EGV im Sinne der *„Cassis-*Rechtsprechung": D.IV.3. und D.V.1.

371 Vgl. hierzu oben: B.III.

geringerem Umfang nicht um die Vermeidung solcher höheren Kosten, sondern um die Beschränkung durch die vergleichsweise geringere Erstattung gegebenenfalls auch bei gleichen Kosten. Es ist nicht zu erwarten, dass der Nachweis auch im Hinblick auf die hier zu untersuchende unterschiedliche Ausgestaltung des Umfangs der Kostenerstattung gelingen kann. Wenn ohne eine solche Regelung die Erstattung nach den inländischen Tarifen und damit in gleicher Höhe erfolgt[372], so wäre das soziale Sicherungssystem nicht mehr belastet, als wenn die Versicherten von vornherein nur inländische Leistungserbringer aufsuchen[373]. Es sind somit weitaus weniger beschränkende Mittel als eine niedrigere Erstattung der Kosten bei dem Erwerb medizinischer Produkte in einem anderen Mitgliedstaat denkbar. Schon in der Rechtssache *„Decker"* hat der Gerichtshof zu Recht ausgeführt, dass eine unterschiedslose Erstattungsregelung das Budget der Krankenkasse in gleicher Höhe belastet[374]. Eine Gefahr für deren finanzieller Stabilität ist bei einer solchen Maßnahme daher nicht zu befürchten. Es liegt auf der Hand, dass die Erstattung in gleicher Höhe den freien Warenverkehr weniger behindert als eine Erstattung in geringerem Umfang.

Auch andere Rechtfertigungsgründe für eine Regelung dieser Art sind unter Berücksichtigung der Rechtsprechung des EuGH nicht denkbar. Im Hinblick auf die Gründe des Schutzes der Gesundheit, insbesondere die Gewährleistung spezifischer Qualitätsstandards, ist auch an dieser Stelle auf die zahlreichen Koordinierungs- und Harmonisierungsrichtlinien der Gemeinschaft zu verweisen[375]. Sie regeln in umfassender Weise den Handel mit medizinischen Erzeugnissen und die Bedingungen für das Inverkehrbringen von Arzneimitteln. Zudem ist eine Regelung über den Umfang der Erstattungskosten beim Erwerb medizinischer Produkte in einem anderen Mitgliedstaat vor allem nicht geeignet, spezifische Qualitätsstandards zu gewährleisten. Der mit einer solchen Maßnahme einhergehende Rückgang der Nachfrage nach solchen Waren bei ausländischen Leistungsanbietern ändert nichts an der Qualität dieser verwendeten Erzeugnisse. Stellt man entgegen der Ansicht des EuGH[376] auf die unterschiedliche Qualität der Leistungserbringer ab, so ist eine Erstattungsregelung dieser Art keine geeignete Maßnahme. Mit dieser wird weder die Inanspruchnahme unqualifi-

---

372 Da der EuGH – wie bereits ausgeführt – zur (Mindest-)Höhe der Erstattung keinerlei Ausführungen macht, obliegt es den Mitgliedstaaten, diese (unter Berücksichtigung der Grundfreiheiten) festzulegen.
Vgl. im Hinblick auf die deutsche GKV unten: G.IV.2.b.cc.(3)

373 *EuGH*, Urt. v. 12.7.2001, Rs. C-368/98, NJW 2001, S. 3397 ff., 3401, Rz. 52 (Abdon Vanbraekel u. a. / Alliance nationale des mutualités chrétiennes [ANMC])

374 *EuGH*, Urt. v. 28.4.1998, Rs. C-120/95, Slg. 1998, 1831, 1884, Rz. 38 (Nicolas Decker / Caisse de maladie des employés privés)

375 Herauszuheben sind die Richtlinie 65/65/EWG (ABl. 1965, Nr. 22/369), Richtlinie 85/432/EWG und 85/433/EWG (ABl. 1985, Nr. L 253/34 und 253/37).
Vgl. hierzu oben: D.V.2.a.

376 Vgl. hierzu oben: D.V.2.a.

zierter Leistungsanbieter verhindert, noch auf deren Qualität Einfluss genommen.

Das Ziel der Sicherstellung eines ausgewogenen und allgemein zugänglichen Systems der medizinischen Versorgung kann eine nationale Erstattungsregelung dieser Art ebenfalls nicht rechtfertigen. Es wird nicht nachzuweisen sein, dass durch die zur Zeit vom Ausmaß ohnehin noch geringen Bewegungen von Warenströmen im Gesundheitssektor Unter- bzw. Überkapazitäten in diesem Bereich entstehen, die dazu führen, einen bestimmten Umfang der medizinischen und pflegerischen Versorgung oder ein unabdingbares Niveau der Heilkunde im Inland nicht mehr erhalten zu können, wie es für die Gesundheit und das Überleben der einheimischen Bevölkerung erforderlich ist[377].

b. Unterschiedslose Pauschalerstattung

aa. Eingriff in die Warenverkehrsfreiheit

Nicht ganz so leicht lässt sich dagegen die Frage beantworten, ob eine Behinderung des freien Warenverkehrs im Sinne von Art. 28 (ex-Art. 30) EGV vorliegt, wenn eine mitgliedstaatliche Regelung die Erstattung sowohl eines Erwerbs im Inland als auch in einem anderen Mitgliedstaat wie im Ausgangsfall der Rechtssache *„Decker"*[378] ausschließlich nach ein und denselben Tarifen, die aufgrund der inländischen Kosten oder anhand anderer Gesichtspunkte bestimmt werden, bemisst.

(1) Berücksichtigung der Rechtsprechung des Europäischen Gerichtshofs zu Preisregelungen

Hinsichtlich solcher Erstattungsregelungen bietet sich neben der Entscheidung in der Rechtssache *„Vanbraekel"*[379] die Heranziehung von Entscheidungen des Gerichtshofes zu Preisregelungen an. Zum einen war die Höhe der Erstattung von aufgewendeten Kosten im Zusammenhang mit der Freiheit des Warenverkehrs bis zu den im Mittelpunkt stehenden Urteilen in den Rechtssachen *„Decker"* und *„Kohll"* noch nicht Gegenstand von Entscheidungen des Gerichts. Im Zusammenhang mit der nachfolgenden Entscheidung in der Rechtssache *„Vanbraekel"* stellt sich die Frage, ob sich die Entscheidungsgründe allein auf den konkreten Fall der Erstattung nach einer zuvor zu Unrecht verweigerten Ge-

---

377 *EuGH*, Urt. v. 12.7.2001, Rs. C-368/98, NJW 2001, S. 3397 ff., 3401, Rz. 51 (Abdon Vanbraekel u. a. / Alliance nationale des mutualités chrétiennes [ANMC]); vgl. hierzu oben: D.V.2.b.

378 Vgl. hierzu oben: B.I.1.

379 *EuGH*, Urt. v. 12.7.2001, Rs. C-368/98, NJW 2001, S. 3397 ff. (Abdon Vanbraekel u. a. / Alliance nationale des mutualités chrétiennes [ANMC])

nehmigung beziehen[380] oder auch darüber hinaus herangezogen werden können. Zum anderen kann eine den Erstattungsumfang betreffende Regelung den Preis zumindest mittelbar ebenso beeinflussen wie eine Preisregelung selbst. Zwar hat der Umfang der Erstattung bei Maßnahmen dieser Art seine unmittelbare Bezugsgröße zunächst in dem Preis der medizinischen Erzeugnisse auf dem inländischen Markt. Umgekehrt richten sich aber Anbieter von Produkten bei ihrer Kalkulation und Bestimmung der Preise, soweit dies vorbehaltlich anderer Regelungen und unter Berücksichtigung der eigenen Kosten möglich ist, auch nach dem Umfang, der ihren Kunden – den Versicherten – letztlich vom Träger ihrer Sozialversicherung erstattet wird[381].

Durch die Festlegung der Höhe der Erstattung wird die Nachfrage der Versicherten auf dem Markt beeinflusst. Der Umfang der von den Versicherten selbst zu tragenden Kostenlast beim Bezug medizinischer Produkte stellt ein entscheidendes Kriterium bei ihrer Auswahl des Anbieters dar. Selbst wenn diese Erzeugnisse letztlich verschreibungspflichtig sind und somit der behandelnde Arzt das jeweilige Arznei- oder Hilfsmittel zur Behandlung auswählt, darf in diesem Zusammenhang nicht vergessen werden, dass er (auch aus eigenem Interesse) dem Versicherten bei gleicher therapeutischer Wirkung solche Produkte verschreibt, die dieser in möglichst großem Umfang, wenn nicht gar ganz vom zuständigen Träger der sozialen Sicherung erstattet bekommt[382]. Schließlich ist der Arzt an „zufriedenen" Patienten interessiert. Diese haben keinen Anlass, den sie behandelnden Mediziner zu wechseln. Neben dem gesundheitlichen Befinden spielt gerade die eigene finanzielle Belastung der Versicherten für ihre Zufriedenheit mit der Behandlung eine nicht zu unterschätzende Rolle. Die Anbieter medizinischer Erzeugnisse ihrerseits werden bei ihrer Preisgestaltung und Kalkulation diese durch die Erstattungsregelungen beeinflusste Nachfrage berücksichtigen, womit sich Maßnahmen dieser Art letztlich mittelbar auch auf die Preise auswirken und somit die hierzu ergangene Rechtsprechung herangezogen werden kann.

(2) Maßnahme gleicher Wirkung nach der „Dassonville-Formel"

Eine pauschale Erstattungsregelung ist entgegen der (früheren[383]) Auffassung des EuGH zu entsprechenden Preisregelungen[384] nach der *„Dassonville-*

---

380 so: *Kingreen*, NJW 2001, S. 3383 f.; *Sunder*, NDV 2001, S. 288

381 *Wagner*, Europäisches Zulassungssystem für Arzneimittel und Parallelhandel unter besonderer Berücksichtigung des deutschen Arzneimittelrechts, S. 50

382 In diesem Sinne auch: Schlussanträge des *Generalanwalts Mancini* v. 14.09.1983, Rs. 238/82, Slg. 1998, 523, 548, Rz. 3 (Duphar BV und andere / Niederländischer Staat)

383 Diese Ansicht vertrat der EuGH zumindest bis zu seiner Entscheidung in der Rechtssache *„Keck"*.

384 *EuGH*, Urt. v. 26.2.1976, Slg. 1976, 291, 308 f., Rz. 26 ff. (Ricardo Tasca); *EuGH*, Urt.

Rechtsprechung" durchaus geeignet, den innerstaatlichen Handel mittelbar und tasächlich zu behindern. Wenn die tatsächlichen Kosten bei dem Bezug von medizinischen Erzeugnissen in einem anderen Mitgliedstaat höher als die Pauschale sind, muss der Versicherte diese Differenz selbst tragen, was ihn letztlich davon abhält, die Produkte außerhalb seines Wohnstaates zu beziehen, falls die Kosten beim Erwerb im Inland niedriger sind. Eine Maßnahme dieser Art wäre also durchaus geeignet, die Einfuhr von Produkten zu behindern.

(3) Einschränkung durch die „Keck-Rechtsprechung"

Damit stellt sich bei einer solchen Maßnahme die Frage nach der Einschränkung der „Maßnahme gleicher Wirkung" durch die „*Keck*-Rechtsprechung". Eine solche Erstattungsregelung knüpft für sich nicht an die medizinischen Erzeugnisse an. Vielmehr beeinflusst sie die Entscheidungsfreiheit der Versicherten unter finanziellen Gesichtspunkten, ohne sich auf die Merkmale der Produkte selbst zu erstrecken. Indem eine Erstattung der aufgewendeten Kosten dem Umfang nach durch die inländischen Tarife begrenzt ist, werden Modalitäten über den Umfang der finanziellen (Zusatz-)Belastung der Verbraucher getroffen, sodass lediglich bestimmte Umstände des Vertriebes geregelt werden. Es kann sich somit bei einer Erstattungsregelung dieser Art nur um eine Verkaufsmodalität handeln[385].

Die Entscheidung in der Rechtssache *„Keck"* betrifft eine Maßnahme, die ausschließlich nationale Vertriebsregelungen umfasst[386]. In seinen Gründen hat der Gerichtshof sich somit auch nur auf solche Bestimmungen beschränkt, die „für alle betroffenen Wirtschaftsteilnehmer gelten, die ihre Tätigkeit im Inland aus-

---

v. 24.1.1978, Slg. 1978, 25, 39, Rz. 13 ff. (Staatsanwaltschaft des Königreichs der Niederlande / Jacobus Philippus van Tiggele), wobei diese Urteile wohl schon die Beschränkung durch die „*Keck*-Rechtsprechung" ankündigten.

385 Vgl. hierzu oben: D.II.2. und D.IV.2.
Vgl. zu Preisregelungen als Verkaufsmodalität: *Roth*, in: Marktwirtschaft und Wettbewerb im sich erweiternden europäischen Raum, S. 30; *Lux*, in: *Lenz*, Art. 28, Rn. 28; *Leible*, in: *Grabitz / Hilf I*, Art. 28, Rn. 39; *Müller-Graff*, in: *von der Groeben / Thiesing / Ehlermann*, Art. 30, Rn. 139; *Becker*, in: *Schwarze*, Art. 28, Rn. 63 ff.; *Reich*, Förderung und Schutz diffuser Interessen durch die Europäischen Gemeinschaften, S. 56 ff.
A.A.: *Becker*, in: *Schwarze*, Art. 28, Rn. 49, der Regelungen dieser Art als Zweifelsfall weder produkt- noch vertriebsbezogenen Regelungen zuordnen will, im Endeffekt unter Rückgriff auf die hinter der „*Keck*-Rechtsprechung" stehenden Gedanken jedoch zum gleichen Ergebnis kommen dürfte.

386 Es ging um das in Frankreich allgemein (außer für den Hersteller) geltende Verbot des Weiterverkaufs von Erzeugnissen in unverändertem Zustand zu unter ihrem tatsächlichen Einkaufspreis liegenden Preisen, sodass von dieser Regelung allein der Handel in Frankreich betroffen war und keine Anbieter und Erwerber in einem anderen Mitgliedstaat.

üben"[387]. Die Erstattung zum sich am inländischen Preis orientierenden Pauschaltarif betrifft demgegenüber nicht ausschließlich den Bezug der medizinischen Erzeugnisse im Inland, sondern darüber hinaus auch den Kauf in einem anderen Mitgliedstaat. Insofern sind nicht allein nationale Vertriebssachverhalte wie in der Rechtssache *„Keck"* betroffen. Vielmehr schließt eine solche Maßnahme auch zwischenstaatliche Sachverhalte ein. Es stellt sich somit die Frage, ob die in der Rechtssache *„Keck"* vom EuGH entwickelten Ansätze ausschließlich auf innerstaatliche Transaktionen beschränkt oder ebenso auf zwischenstaatliche Transaktionen übertragbar sind.

Zwar galten die Ausführungen des Gerichtshofs lediglich für die Inlandstätigkeit, was zumindest die Deutung zulässt, dass grenzüberschreitende Sachverhalte von diesen Grundsätzen nicht erfasst sind[388]. Jedoch betraf die Vorlagefrage auch nur einen nationalen Vertriebssachverhalt, sodass sich das Gericht überhaupt nicht mit zwischenstaatlichen Sachverhalten auseinandersetzen musste und aufgrund der im Einzelfall problematischen Abgrenzung zu nationalen Sachverhalten wohl nicht wollte[389].

Teilweise spricht sich die Literatur für die Beschränkung der mit der „*Keck*-Entscheidung" entwickelten Grundsätze auf innerstaatliche Transaktionen aus, weil bei grenzüberschreitenden Transaktionen der Kern von Art. 28 (ex-Art. 30) EGV betroffen sei[390]. Fraglich ist, ob nicht auch der Gerichtshof in einer Entscheidung zur Dienstleistungsfreiheit angedeutet hat, dass die Prinzipien der „*Keck*-Rechtsprechung" allein für nationale Sachverhalte ohne grenzüberschreitenden Bezug Anwendung finden sollen[391]. Nach den Ausführungen in der Rechtssache *„Alpine Investments"* entsprach die streitige Maßnahme[392] nicht den Erfordernissen der „*Keck*-Rechtsprechung", weil sie nicht nur Angebote betraf, „die er [der Leistungserbringer] Leistungsempfängern gemacht hat, die im Gebiet dieses Staates ansässig sind oder sich dorthin begeben, um Dienstleistungen entgegenzunehmen, sondern auch die Angebote an Leistungsempfänger in

387 *EuGH*, Urt. v. 24.11.1993, verbundene Rs. C-267/91 und C-268/91, Slg. 1993, 6097, 6131, Rz. 16 (Strafverfahren gegen Bernhard Keck und Daniel Mithouard)

388 *Roth*, in: Marktwirtschaft und Wettbewerb im sich erweiternden europäischen Raum, S. 31

389 Ähnlich: *Roth*, in: Marktwirtschaft und Wettbewerb im sich erweiternden europäischen Raum, S. 32

390 *Roth*, in: Marktwirtschaft und Wettbewerb im sich erweiternden europäischen Raum, S. 31; wohl auch: *Matthies*, in: FS für Everling, S. 809; *Basedow*, EuZW 1994, S. 225

391 *EuGH*, Urt. v. 10.5.1995, Rs. C-384/93, Slg. 1995, 1141, 1177 f., Rz. 37 f. (Alpine Investments BV / Minister van Financien)

392 Es ging um das Verbot des sogenannten „cold calling", „d.h. der Praxis, mit Privatleuten ohne deren vorherige schriftliche Zustimmung telefonisch Kontakt aufzunehmen, um ihnen verschieden Finanzdienstleistungen anzubieten" (*EuGH*, Urt. v. 10.5.1995, Rs. C-384/93, Slg. 1995, 1141 ff. (Alpine Investments BV / Minister van Financien).

einem anderen Mitgliedstaat". Hierbei handelte es sich um eine Maßnahme, die die Ausfuhr von Dienstleistungen betraf. Nach den in diesem Verfahren von den Regierungen der Niederlande und des Vereinigten Königreiches abgegebenen Stellungnahmen sollte unter Hinweis auf die „*Keck*-Rechtsprechung" eine Regelung der streitigen Art dem Anwendungsbereich des Art. 49 (ex-Art. 59) EGV entzogen sein[393]. Den obigen Ausführungen des EuGH ist aber keine Antwort auf die Frage zu entnehmen, ob die in der Rechtssache „*Keck*" entwickelten Grundsätze allein für reine Inlandssachverhalte oder auch bei grenzüberschreitenden Sachverhalten heranzuziehen sind. Die Urteilsgründe zeigen lediglich, dass die „*Keck*-Rechtsprechung" für Importsachverhalte, nicht dagegen für Exportsachverhalte von Relevanz ist. Im Bereich der Warenverkehrsfreiheit bedarf es im Übrigen für Exportsachverhalte einer solchen immanenten Schranke auch nicht, da der Begriff der „Maßnahme gleicher Wirkung" im Sinne von Art. 29 (ex-Art. 34) EGV von vornherein enger ausgelegt wird als bei dem Import von Waren nach Art. 28 (ex-Art. 30) EGV. Zur Lösung dieses im Zusammenhang mit der „*Keck*-Rechtsprechung" stehenden Problems kann die Entscheidung in der Rechtssache „*Alpine Investments*" somit jedenfalls nicht beitragen.

Ein anderer Teil der Literatur misst der „allgemeinen Geltung für Inlandstätige" im Vergleich zur „unterschiedslosen Regelung" keine eigenständige Bedeutung bei und verweist auf die Schwierigkeiten der Unterscheidung von „Inlandssachverhalten" gegenüber „grenzüberschreitenden" Sachverhalten im Binnenmarkt gerade in den Zweifelsfällen, in welchen die Eignung zur Einfuhrbehinderung in Frage steht[394]. Abgesehen von diesen Problemen bei der Differenzierung und den damit verbundenen Rechtsunsicherheiten ist zu bedenken, dass die Warenverkehrsfreiheit – wie alle Grundfreiheiten – einen räumlichen Bezug der Maßnahme zum Gebiet der Gemeinschaft voraussetzt, da sie tatbestandlich an grenzüberschreitende Sachverhalte anknüpft. Sie gilt demgegenüber nicht für rein interne Maßnahmen eines Mitgliedstaates, mithin für Regelungen, die ausschließlich die Mitgliedstaaten und in ihnen ihre Marktbürger in ihren Rechtsbeziehungen binden. Bei solchen Sachverhalten fehlt es an der Gemeinschaftsrelevanz[395]. Sollten lediglich Inlandssachverhalte aus dem Bereich des Art. 28 (ex-Art. 30) EGV ausscheiden, so hätte der Gerichtshof in der Entscheidung in der Rechtssache „*Keck*" nicht von einer Überprüfung bzw. Klarstellung der vo-

---

393 *EuGH*, Urt. v. 10.5.1995, Rs. C-384/93, Slg. 1995, 1141, 1176 ff., Rz. 32 ff. (Alpine Investments BV / Minister van Financien); Schlussanträge des *Generalanwalts Jacobs* v. 26.1.1995, Rs. C-384/93, Slg. 1995, 1141, 1156 ff., Rz. 52 ff. (Alpine Investments BV / Minister van Financien)

394 *Müller-Graff*, in: *von der Groeben / Thiesing / Ehlermann*, Art. 30, Rn. 257, Fn. 614; *Leible*, in: *Grabitz / Hilf I*, Art. 28, Rn. 28; wohl auch *Kort*, JZ 1996, S. 138

395 *Streinz*, Europarecht, Rn. 666, 683; *Ipsen*, Europäisches Gemeinschaftsrecht, S. 599; *Kröck*, Der Einfluß europäischer Grundfreiheiten am Beispiel der Ärzte und Arzneimittel, S. 188; *Becker*, EuR 1994, S. 170

rangegangenen Rechtsprechung gesprochen[396] und ausdrücklich eine Änderung dieser vorgenommen[397]. Schon aus diesem Grund können sich die mit der „*Keck*-Rechtsprechung" entwickelten Ansätze nicht allein auf innerstaatliche Transaktionen ohne grenzüberschreitenden Bezug beziehen. Zudem ist das Kriterium der „rechtlich und tatsächlichen Berührung des Absatzes der inländischen und ausländischen Produkte in gleicher Weise" hinreichend geeignet, um zwischen den unterschiedslosen Maßnahmen die unter Art. 28 (ex-Art. 30) EGV fallen und denen, die keine Maßnahme gleicher Wirkung wie eine mengenmäßige Einfuhrbeschränkung im Sinne dieser Vorschrift darstellen, zu unterscheiden. Die mit der „*Keck*-Rechtsprechung" entwickelten Grundsätze sind somit auf zwischenstaatliche Transaktionen entsprechend anzuwenden.

Eine solche pauschale Erstattungsregelung behandelt auf den ersten Blick Erzeugnisse aus anderen Mitgliedstaaten und aus dem Inland gleich. Es wird weder nach der Staatsangehörigkeit der Versicherten oder der Anbieter, noch nach dem Ort des Erwerbs wie in der Rechtssache *„Decker"*[398] differenziert. Eine Maßnahme dieser Art berührt den Absatz der inländischen Erzeugnisse und der Produkte aus anderen Mitgliedstaaten grundsätzlich rechtlich wie tatsächlich in gleicher Weise. Aus rechtlicher Sicht macht es keinen Unterschied, ob medizinische Erzeugnisse im Inland oder in einem anderen Mitgliedstaat erworben werden. Bei beiden Alternativen werden für ein und dasselbe Produkt Kosten in identischer Höhe erstattet. Auch aus tatsächlicher Sicht betrifft die Maßnahme inländische Produkte ebenso wie die aus anderen Mitgliedstaaten. Schließlich müsste beispielsweise der in München wohnende Versicherte den mit einem Erwerb von medizinischen Waren in Hamburg möglichen zusätzlichen Fahrt- und Zeitaufwand genauso tragen, wie bei einem Kauf in Salzburg, wobei in letzterer Alternative der zusätzliche Aufwand vergleichsweise kleiner wäre. Das zeigt, dass die Entscheidung des Versicherten über den Ort des Bezugs der Waren im Inland durch die Maßnahme in gleicher Weise beeinflusst wird, wie bei einem Erwerb in einem anderen Mitgliedstaat.

Nur in einzelnen, wenigen Ausnahmefällen dürfte eine Erstattungsregelung dieser Art den Absatz der mitgliedstaatlichen Produkte im Vergleich zu den inländischen dennoch tatsächlich benachteiligen. Ein solcher Ausnahmefall ist anzunehmen, wenn die Höhe der pauschalen Erstattung so niedrig festgelegt wird, dass dadurch (mittelbar) die Rentabilitätsspanne für die im Wettbewerb stehenden Einfuhrwaren beseitigt oder verkürzt wird, weil die Nachfrage durch eine so

---

396 Dies aber betont der EuGH gerade in: *EuGH*, Urt. v. 24.11.1993, verbundene Rs. C-267/91 und C-268/91, Slg. 1993, 6097, 6131, Rz. 14 (Strafverfahren gegen Bernhard Keck und Daniel Mithouard).

397 *EuGH*, Urt. v. 24.11.1993, verbundene Rs. C-267/91 und C-268/91, Slg. 1993, 6097, 6131, Rz. 16 (Strafverfahren gegen Bernhard Keck und Daniel Mithouard)

398 Vgl. hierzu oben: D.IV.2.

niedrige Erstattung in der Weise beeinflusst wird, dass Anbieter aus anderen Mitgliedstaaten das fragliche Produkt nur mit Verlust an die an solche Erstattungsvorschriften gebundenen Leistungsempfänger verkaufen könnten[399]. Zwar fehlt es bei Erstattungsregelungen im Vergleich zu den dieser Rechtsprechung zu Grunde liegenden Preisregelungen an einer unmittelbaren Einwirkung auf den Preis. Doch ist eine mittelbare Beeinflussung ohne weiteres gegeben und ausreichend[400]. Für die Annahme einer Ausnahme kommt es in diesem Zusammenhang entscheidend darauf an, dass die geringe Nachfrage nach entsprechenden (medizinischen) Erzeugnissen in anderen Mitgliedstaaten nicht ausschließlich Folge einer aufgrund einer solchen Regelung allgemeinen, also gleichermaßen im Inland zu verzeichnenden, niedrigeren Nachfrage ist, sondern die Anbieter aus anderen Mitgliedstaaten mehr betrifft und benachteiligt als die im Inland, sodass ein Hindernis für den gemeinschaftlichen Verkehr der betreffenden Waren besteht[401].

Fraglich ist dagegen, ob eine Maßnahme dieser Art ausnahmsweise auch dann den Absatz von Produkten aus dem Inland und aus anderen Mitgliedstaaten tatsächlich unterschiedlich im Sinne der „*Keck*-Rechtsprechung“ berührt, wenn die Höhe der Erstattung besonders hoch festgesetzt wird[402]. Im Hinblick auf Preisregelungen ist diese Frage zu bejahen, wenn die Mindest- oder Festpreise so hoch festgesetzt werden, dass der aus den niedrigeren Gestehungspreisen sich ergebende Wettbewerbsvorteil geringerer Einzelhandelspreise von Produkten aus anderen Mitgliedstaaten neutralisiert wird[403]. Dies lässt sich auf Erstattungsregelungen jedoch nicht entsprechend übertragen. Selbst wenn der Erstattungsbetrag besonders hoch festgesetzt wird, bleibt es dem Anbieter aus einem anderen Mitgliedstaat unbenommen, seinen Wettbewerbsvorteil aufgrund niedriger Gestehungspreise durch ebenso niedrige Einzelhandelspreise zu erhalten. Auch mit-

---

399 Vgl. hierzu im Hinblick auf Preisregelungen: *EuGH*, Urt. v. 26.2.1976, Rs. 65/75, Slg. 1976, 291, 309, Rz. 26 ff. (Ricardo Tasca); *EuGH*, Urt. v. 6.11.1979, verbundene Rs. 16-20/79, Slg. 1979, 3327, 3339, Rz. 7 (Strafverfahren gegen Joseph Danis und andere); *Müller-Graff*, in: *von der Groeben / Thiesing / Ehlermann*, Art. 30, Rn. 141; *Leible*, in: *Grabitz / Hilf I*, Art. 28, Rn. 39; *Reich*, Europäisches Verbraucherrecht, S. 94 ff.

400 Vgl. hierzu oben: D.IV.1.

401 Vgl. hierzu ausführlich: Schlussanträge des *Generalanwalts Tesauro* v. 27.10.1993, Rs. C-292/92, Slg. 1993, 6787, 6814 , Rz. 28 (Ruth Hünermund u. a. / Landesapothekerkammer Baden-Württemberg)

402 Zugegeben erscheint dieses Beispiel ohne eine Begrenzung der Erstattung auf die tatsächlichen Kosten (vgl. hierzu unten: D.VI.1.c.) angesichts knapper Kassen der Träger der Sozialversicherung allein theoretischer Natur.

403 *EuGH*, Urt. v. 24.1.1978, Rs. 82/77, Slg. 1978, 25, 39, Rz. 13 ff. (Staatsanwaltschaft des Königreichs der Niederlanden / Jacobus Philippus van Tiggele); *EuGH*, Urt. v. 29.1.1985, Rs. 231/83, Slg. 1998, 305, 322 f., Rz. 25 ff. (Henri Cullet und Chambre syndicale des réparateurs autumobiles et détaillants de produits pétroliers / Centre Leclerc, Toulouse, und Centre Leclerc, Saint-Orens-de-Gameville), *Müller-Graff*, in: *von der Groeben / Thiesing / Ehlermann*, Art. 30, Rn. 142

telbar werden ausländische Anbieter nicht über eine Beeinflussung der Nachfrage bei den Versicherten in ihrer Preisgestaltung beeinträchtigt. Zwar müssten die Versicherten bei einer solchen Regelung auch bei hohen Preisen der Erzeugnisse im Inland keinerlei Selbstkosten tragen. Ihr Anreiz zum Bezug dieser Produkte aus einem anderen Mitgliedstaat läge dann aber in dem zu erwartenden „Gewinn“ aus der Differenz der pauschalen, von den tatsächlichen Kosten unabhängigen Erstattungshöhe zum Umfang der tatsächlichen eigenen Aufwendungen. Schon allein diese Vorstellung zeigt, dass eine solche Regelung nur theoretischer und nicht praktischer Natur ist[404].

Eine Behinderung des freien Warenverkehrs im Sinne von Art. 28 (ex-Art. 30) EGV liegt somit nach den Grundsätzen der Rechtsprechung des EuGH in der Rechtssache *„Keck“* regelmäßig nicht vor, wenn eine mitgliedstaatliche Regelung die Erstattung sowohl eines Erwerbs im Inland als auch in einem anderen Mitgliedstaat ausschließlich nach ein und denselben Tarifen, die aufgrund der inländischen Kosten beim Erwerb bestimmt werden, bemisst. Solche Regelungen zur pauschalen Erstattung stellen somit in der Regel keine Maßnahme gleicher Wirkung im Sinne von Art. 28 (ex-Art. 30) EGV dar.

(4) Einschränkung durch die "Cassis-Rechsprechung"

Nur für die angeführten in Betracht kommenden Ausnahmefälle[405] stellt sich nach der „*Cassis*-Formel“ die Frage, ob und inwieweit solche Hemmnisse, die sich aus den Unterschieden der mitgliedstaatlichen Vorschriften über die Vermarktung dieser Erzeugnisse ergeben, eine nicht-diskriminierende, beschränkende Handelsregelung darstellen, die notwendig ist, um zwingenden Erfordernissen, also Gründen des Allgemeininteresses, insbesondere den Erfordernissen einer wirksamen steuerlichen Kontrolle, der Lauterbarkeit des Handelsverkehrs und des Verbraucherschutzes gerecht zu werden[406]. Gerade die an dieser Stelle allein zur Diskussion stehenden Ausnahmekonstellationen berühren die Waren, die im Inland vertrieben werden und solche, die in anderen Mitgliedstaaten angeboten werden, aus tatsächlicher Sicht nicht unterschiedslos[407], wenn der Um-

[404] In der Praxis wird vielmehr die Überlegung bestehen, aufgrund solcher Konstellationen die Erstattung (zusätzlich) auf den Umfang der tatsächlichen Kosten zu beschränken (vgl. hierzu unten: D.VI.1.c.). Auf einen vergleichbaren Sachverhalt bezieht sich die Rechtssache *„Vanbraekel“* (*EuGH*, Urt. v. 12.7.2001, Rs. C-368/98, NJW 2001, S. 3397 ff. (Abdon Vanbraekel u. a. / Alliance nationale des mutualités chrétiennes [ANMC]).

[405] Vgl. hierzu oben: D.VI.1.b.aa.(3)

[406] *EuGH*, Urt. v. 20.2.1979, Rs. 120/78, Slg. 1979, 649, 662, Rz. 8 (Rewe-Zentral-AG / Bundesmonopolverwaltung für Branntwein); Schlussanträge des *Generalanwalts Tesauro* v. 16.09.1997, Rs. C-120/95 und Rs. C-158/96, Slg. 1998, 1831, 1859, Rz. 45 (Nicolas Decker / Caisse de maladie des employés privés bzw. Raymond Kohll / Union des caisses de maladie)

[407] Vgl. hierzu: *EuGH*, Urt. v. 29.1.1985, Rs. 231/83, 305, 322 ff., Rz. 25, 30 f. (Henri Callet

fang der Erstattung so niedrig festgesetzt wird, dass dadurch die Rentabilitätsspanne allein für Einfuhrerzeugnisse beseitigt oder verkürzt wird. In solchen Fällen liegt keine unterschiedslose Maßnahme vor, sodass die Voraussetzungen der immanenten Schranke nach den Grundsätzen der „*Cassis*-Rechtsprechung" nicht vorliegen.

bb. Rechtfertigung von pauschalen Erstattungsregelungen

Die Frage der Rechtfertigung von Regelungen, welche die pauschale Erstattung von Kosten für den Erwerb medizinischer Erzeugnisse zum Gegenstand haben, stellt sich ebenfalls allein im Zusammenhang mit den nicht von den Grundsätzen der „*Keck*-Rechtsprechung" erfassten Ausnahmefällen[408]. Was das Ziel der Erhaltung des finanziellen Gleichgewichts des Krankenversicherungssystems anbelangt, so treffen den den freien Warenverkehr durch eine Maßnahme dieser Art beschränkenden Mitgliedstaat die (bereits an anderer Stelle aufgeführten[409]) Darlegungs- und Nachweispflichten. Diesen nachzukommen wird im Hinblick auf die an dieser Stelle zu beleuchtenden wenigen Ausnahmefälle um so schwieriger, weil zum einen nicht alle medizinischen Erzeugnisse einer pauschalen Erstattungsregelung unterliegen werden und zum anderen selbst von den einbezogenen Produkten die Erstattungspauschale nur bei den wenigsten so niedrig festgesetzt sein wird, dass die einschlägige Ausnahmekonstellation vorliegt. Es erscheint deshalb nahezu ausgeschlossen, dass eine höhere Pauschale bei diesen Erzeugnissen angesichts ihrer geringen Anzahl tatsächlich das finanzielle Gleichgewicht der Systeme der sozialen Sicherung ernsthaft gefährden kann. Zudem würde es sich selbst dann nicht um eine erforderliche Beschränkung handeln, wenn der Nachweis einer ernsthaften Gefahr für das finanzielle Gleichgewicht gelänge, weil andere Maßnahmen denkbar wären, die den freien Warenverkehr weniger beschränken würden. So könnte der das finanzielle Gleichgewicht gefährdende Mehraufwand aufgrund zu erhöhender Pauschalen bei diesen wenigen bestimmten Produkten durch die Absenkung von Pauschalen für den Erwerb anderer medizinischer Erzeugnisse ausgeglichen werden, ohne dass dies freilich zur Ausnahmekonstellation[410] bei diesen Waren führt, sodass sie nicht mehr von der „*Keck*-Rechtsprechung" erfasst werden.

---

und Chambre syndicale des reparateurs automobiles et detaillants de produits pétroliers / Centre Leclerc, Tolouse, und Centre Leclerc, Saint-Orens-de-Gameville); *EuGH*, Urt. v. 6.11.1984, Rs. 177/83, Slg. 1984, 3651, 3662 f., Rz. 14 f., 19 (Th. Kohl KG / Ringelhahn Einrichtungs GmbH); *Müller-Graff*, in: *von der Groeben / Thiesing / Ehlermann*, Art. 28, Rn. 196

[408] Vgl. hierzu oben: D.VI.1.b.aa.(3)

[409] Vgl. hierzu oben: D.III.

[410] Vgl. hierzu oben: D.VI.1.b.aa.(3)

Die Festlegung einer außergewöhnlich niedrigen Erstattungspauschale ist also nicht mit dem Einwand der Erhaltung des finanziellen Gleichgewichts des Krankenversicherungssystems zu rechtfertigen. Vielmehr dürfte es sich angesichts der geringen Zahl von einer solchen Konstellation unterfallenden medizinischen Erzeugnissen um die bewusste, beabsichtigte Bevorteilung des inländischen Handels durch eine derartige Maßnahme handeln, die somit gegen das Gemeinschaftsrecht verstößt.

Eine Rechtfertigung nach Art. 30 (ex-Art. 36) EGV aus Gründen des Gesundheitsschutzes unter Berufung auf die Gewährleistung spezifischer Qualitätsstandards ist unter Berücksichtigung der Rechtsprechung des EuGH aufgrund der zahlreichen gemeinschaftlichen Koordinierungs- und Harmonisierungsrichtlinien, auf die bereits mehrfach eingegangen wurde[411], gleichfalls ausgeschlossen. Im Übrigen ist eine solche den Erstattungsumfang regelnde Maßnahme überhaupt nicht geeignet, spezifische Qualitätsstandards der Produkte zu gewährleisten[412].

Auch ein Berufen des jeweiligen Mitgliedsstaats auf die Sicherstellung eines ausgewogenen und allgemein zugänglichen Systems der ambulanten und medizinischen Versorgung oder die Erhaltung eines bestimmten Niveaus der Heilkunde im Inland und somit wiederum eine Rechtfertigung aus Gründen der öffentlichen Gesundheit nach Art. 30 (ex-Art. 36) EGV dürfte wenig erfolgversprechend sein. Abgesehen von den grundsätzlich mit der Darlegungs- und Beweislast verbundenen Schwierigkeiten wird es einmal mehr an der Erforderlichkeit einer so wenige Ausnahmefälle betreffenden niedrigen pauschalen Erstattungsregelung fehlen.

Eine Rechtfertigung von Regelungen, welche die pauschale Erstattung von Kosten für den Erwerb medizinischer Erzeugnisse zum Gegenstand haben und nicht nach den Grundsätzen der „*Keck*-Rechtsprechung“ aus dem Anwendungsbereich des Art. 28 (ex-Art. 30) EGV ausgenommen sind, ist nicht denkbar. Das liegt in erster Linie, aber nicht nur, an den in der Praxis von dieser Ausnahmekonstellation vergleichsweise wenig betroffenen medizinischen Produkten. Die eine Rechtfertigung begründenden Ziele lassen sich durch eine solche Maßnahme entweder gar nicht oder aber durch andere, den freien Warenverkehr weniger einschränkende Regelungen ebenso erreichen.

---

411 Vgl. hierzu oben: D.V.2.a. und D.VI.1.a.bb.
412 Vgl. hierzu oben: D.VI.1.a.bb.

c. Pauschale Erstattungsregelungen mit der zusätzlichen Beschränkung auf die tatsächlichen Aufwendungen

Im Zusammenhang mit der gerade erörterten Regelung drängt sich unweigerlich die weitere Frage auf, ob und inwieweit eine „Beschränkung" der Kostenerstattung auf die tatsächlichen Ausgaben in Betracht kommt[413]. Eine solche Regelung wäre in der Praxis in erster Linie neben einer Erstattungspauschale sinnvoll. Dies würde vor allem für Mitgliedstaaten mit einem vergleichsweise hohen Kostenniveau von großem Interesse sein, könnten sie doch dadurch ihre Ausgaben entsprechend reduzieren. In der praktischen Durchführung bedeutet dies, dass für den Erwerb der medizinischen Erzeugnisse im Inland solcher Mitgliedstaaten mit hohem Kostenniveau ein höherer Betrag erstattet werden würde, als für den Kauf der entsprechenden Produkte bei einem im Vergleich zur Pauschale billigeren Anbieter in einem anderen Mitgliedstaat. Diese Problematik stand im Mittelpunkt der Entscheidung in der Rechtssache *„Vanbraekel"*[414] im Hinblick auf den freien Dienstleistungsverkehr.

aa. Eingriff in die Warenverkehrsfreiheit

(1) Maßnahme gleicher Wirkung nach der „Dassonville-Formel"

Fraglich ist, ob eine solche Regelung der Erstattung der tatsächlichen Kosten geeignet ist, den mitgliedstaatlichen Handel zu behindern. Auf den ersten Blick könnte man die Ansicht vertreten, dass in keiner Weise Einfluss auf die Entscheidung der Versicherten genommen wird, ob er die Ware im Inland oder in einem anderen Mitgliedstaat erwerben möchte. Sie bekommen in beiden Fällen den tatsächlichen Erwerbsaufwand maximal bis zur Pauschale erstattet.

Dennoch ist eine solche Regelung in bestimmten Konstellationen zumindest potentiell geeignet, den mitgliedstaatlichen Handel zu behindern. Sie kann den „billigeren" Anbietern aus anderen Mitgliedstaaten den Wettbewerbsvorteil niedrigerer Gestehungskosten, welche sich auf niedrigere Preise auswirken und somit die Nachfrage steigern, nehmen. Wenn der Versicherte bis zur Höhe der festgelegten Pauschale die tatsächlich aufgewendeten Kosten erstattet bekommt, dann spielt der Preis des jeweiligen Produkts bei einem inländischen Anbieter, soweit er die Pauschale nicht übersteigt, keine Rolle für seine Entscheidung, von welchem Anbieter er es bezieht. Die Versicherten werden dann wegen des geringeren Aufwandes medizinische Erzeugnisse nahezu ausnahmslos im Inland

[413] Diese Frage der Zulässigkeit hat *Hirsch* (in: *Verband der privaten Krankenversicherung e. V.*, S. 12) bejaht, ohne auf die in diesem Zusammenhang auftretenden Probleme einzugehen.

[414] *EuGH*, Urt. v. 12.7.2001, Rs. C-368/98, NJW 2001, S. 3397 ff., 3400, Rz. 37 ff. (Abdon Vanbraekel u. a. / Alliance nationale des mutualités chrétiennes [ANMC])

erwerben. Damit kann aber die Nachfrageseite zum Nachteil der preisgünstigeren Anbieter aus anderen Mitgliedstaaten und somit der mitgliedstaatliche Handel zumindest mittelbar beeinflusst und dieser Wettbewerbsvorteil somit (auch) durch eine solche Erstattungsregelung neutralisiert werden[415]. Eine Behinderung des mitgliedstaatlichen Handelns liegt ebenso vor, wenn der Preis der Produkte bei Anbietern aus anderen Mitgliedstaaten über der festgelegten Pauschale liegt[416].

(2) Einschränkung durch die „Keck-Rechtsprechung"

Es stellt sich damit die Frage, inwieweit die Grundsätze der „*Keck*-Rechtsprechung" bei einer solchen Erstattungsregelung die „*Dassonville*-Formel" begrenzen können.

Fraglich ist, ob eine solche Maßnahme den Absatz der inländischen Erzeugnisse und der Erzeugnisse aus anderen Mitgliedstaaten grundsätzlich rechtlich wie tatsächlich in gleicher Weise berührt. Es handelt sich bei Maßnahmen dieser Art um Verkaufsmodalitäten[417]. Bei einer solchen Regelung werden die Erzeugnisse aus anderen Mitgliedstaaten rechtlich gleich gegenüber denen aus dem Inland behandelt. Es wird weder nach der Staatsangehörigkeit der Versicherten, noch nach der der Anbieter, noch nach dem Ort des Erwerbs wie in der Rechtssache „*Keck*" differenziert. Aus rechtlicher Sicht macht es somit keinen Unterschied, ob medizinische Produkte im Inland oder in einem anderen Mitgliedstaat erworben werden. In beiden Fällen werden für ein und dieselbe Ware die tatsächlich aufgewendeten Kosten erstattet, soweit sie nicht die Pauschale übersteigen, sodass auf den ersten Blick die Voraussetzungen der „*Keck*-Rechtsprechung" vorliegen.

Dagegen kann auch nicht die Rechtsprechung des Gerichtshofs in der Rechtssache „*Vanbraekel*" angeführt werden, in welcher er nicht explizit auf die Grundsätze der „*Keck*-Rechtsprechung" einging. Da er sich in dieser Entscheidung

415 Im Ergebnis zum freien Dienstleistungsverkehr ebenso: *EuGH*, Urt. v. 12.7.2001, Rs. C-368/98, NJW 2001, S. 3397 ff., 3400, Rz. 45 (Abdon Vanbraekel u. a. / Alliance nationale des mutualités chrétiennes [ANMC]); vgl. hierzu oben: D.VI.1.b.aa.(3) Vgl. hierzu im Hinblick auf Mindest- oder Festpreisregelungen entsprechend: *EuGH*, Urt. v. 24.1.1978, Rs. 82/77, Slg. 1978, 25, 39, Rz. 13 ff. (Staatsanwaltschaft des Königreichs der Niederlanden / Jacobus Philippus van Tiggele); *EuGH*, Urt. v. 29.1.1985, Rs. 231/83, Slg. 1998, 305, 322 f., Rz. 25 ff. (Henri Cullet und Chambre syndicale des réparateurs automobiles et détaillants de produits pétroliers / Centre Leclerc, Toulouse, und Centre Leclerc, Saint-Orens-de-Gameville); *Müller-Graff*, in: *von der Groeben / Thiesing / Ehlermann*, Art. 30, Rn. 142 f.

416 Vgl. hierzu oben: D.VI.1.b.aa.(2)

417 Vgl. hierzu oben: D.VI.1.b.aa.(3)

ausführlich mit den Rechtfertigungsgründen auseinandersetzte[418], musste er jedoch unter Berücksichtigung dieser Rechtsprechung von einer Beschränkung des freien Dienstleistungsverkehrs[419] ausgegangen sein[420]. Das spricht auf den ersten Blick gegen die Ansicht, dass bei pauschalen Erstattungsregelungen mit der zusätzlichen Beschränkung auf die tatsächlichen Kosten die Voraussetzungen der „*Keck*-Rechtsprechung" vorliegen. In der Rechtssache *„Vanbraekel"* ging es im konkreten Fall allerdings nicht um eine staatliche Regelung, welche die zu erstattenden Aufwendungen pauschal festlegt und zusätzlich eine Begrenzung auf die tatsächlichen Kosten vornimmt. Vielmehr gab es im Ausgangsfall keine nationale Regelung, die die Berechnung der Höhe der Erstattung für den Fall beinhaltet, dass dem Versicherten die Genehmigung zur Inanspruchnahme medizinischer Leistungen in einem anderen Mitgliedstaat zu Unrecht versagt wurde. Das vorlegende Gericht wollte klären lassen, ob sich die Höhe der Erstattung in einer solchen Kostellation nach den Vorschriften des anderen Mitgliedstaates, in dem die Leistung erbracht wurde, bemisst oder nach den Vorschriften des Versicherungsstaates[421]. In diesem Zusammenhang prüft der Gerichtshof eine nationale Regelung, die dem Versicherten, dem eine Inanspruchnahme von medizinischen Leistungen in einem anderen Mitgliedstaat nach Art. 22 VO (EWG) Nr. 1408/71 genehmigt worden ist, keine Kostenübernahme in gleicher Höhe gewährleistet, wie sie ihm gewährt worden wäre, wenn er diese Leistungen im Inland bezogen hätte[422]. Die Prüfung des EuGH umfasst damit nicht den Fall, dass eine mitgliedstaatliche Regelung eine pauschale Erstattung mit einer zusätzlichen Begrenzung auf die tatsächlichen Kosten unterschiedslos für die Inanspruchnahme von medizinischen Leistungen im Inland und in anderen Mitgliedstaaten vorsieht[423].

---

418 *EuGH*, Urt. v. 12.7.2001, Rs. C-368/98, NJW 2001, S. 3397 ff., 3400 f., Rz. 46 ff. (Abdon Vanbraekel u. a. / Alliance nationale des mutualités chrétiennes [ANMC])

419 Vgl. zur entsprechenden Anwendbarkeit der „*Keck*-Rechtsprechung" auf den freien Dienstleistungsverkehr unten: E.I.5.b.

420 Vgl. hierzu oben: D.4.2.

421 *EuGH*, Urt. v. 12.7.2001, Rs. C-368/98, NJW 2001, S. 3397 ff., 3399, Rz. 26 (Abdon Vanbraekel u. a. / Alliance nationale des mutualités chrétiennes [ANMC])
Bei einer Berücksichtigung der Regelungen des Mitgliedstaates, in welchem die medizinische Behandlung erfolgte, beliefen sich die zu erstattenden Kosten auf 38.608,89 FRF, unter Anwendung der Vorschriften des Versicherungsstaates auf 49.935,44 FRF (*EuGH*, Urt. v. 12.7.2001, Rs. C-368/98, NJW 2001, S. 3397 ff., 3399 (Abdon Vanbraekel u. a. / Alliance nationale des mutualités chrétiennes [ANMC]))

422 *EuGH*, Urt. v. 12.7.2001, Rs. C-368/98, NJW 2001, S. 3397 ff., 3400, Rz. 43 (Abdon Vanbraekel u. a. / Alliance nationale des mutualités chrétiennes [ANMC])

423 Im Ergebnis ebenso: *Kingreen*, NJW 2001, S. 3383, dessen Argumentation zur Zulässigkeit der zusätzlichen Begrenzung auf die tatsächlich entstandenen Kosten mit dem Verweis auf die Geltung von Art. 34 VO (EWG) Nr. 574/72 allerdings nicht zugestimmt werden kann. Auch diese sekundärrechtliche Gemeinschaftsvorschrift muss sich an den Grundfreiheiten messen lassen. Zudem verbietet Art. 34 VO (EWG) Nr. 574/72 nicht eine die tatsächlichen Kosten übersteigende Erstattung.

Allerdings kann wiederum in bestimmten Konstellationen eine Erstattungsregelung der vorbeschriebenen Art dennoch den Absatz von Produkten aus dem Inland und aus anderen Mitgliedstaaten tatsächlich unterschiedlich im Sinne der „*Keck*-Rechtsprechung" berühren. Wie schon im Rahmen der „*Dassonville*-Formel" dargestellt[424] kann sie kostengünstigeren Anbietern aus anderen Mitgliedstaaten den sich aus dem niedrigeren Gestehungspreis ergebenden Wettbewerbsvorteil eines im Vergleich zum Inland geringeren Endverbraucherpreises nehmen[425]. Das betrifft allerdings nur die (Ausnahme-)Fälle, in denen der Preis des Produkts aus einem anderen Mitgliedstaat deutlich unter jedem vergleichbaren Erzeugnis im Inland liegt. Gibt es keine großen Preisunterschiede, wird der durch den niedrigeren Preis entstehende Wettbewerbsvorteil des ausländischen Anbieters regelmäßig durch den Wettbewerbsvorteil des inländischen Anbieters im Zusammenhang mit dessen örtlicher Nähe ausgeglichen werden. Das auf der Nachfrageseite der Versicherten sonst bedeutsame Kriterium des Preises eines Produkts, aus dem sich der Wettbewerbsvorteil der Importwaren begründet, wird bedeutungslos, wenn die Pauschale so hoch festgesetzt wird, dass alle tatsächlichen Kosten beim vergleichsweise viel teurerem Erwerb im Inland ersetzt werden[426]. Nur unter diesen besonderen Umständen wird der Versicherte überhaupt keine Abwägung zwischen den deutlich niedrigeren Kosten bei einem Erwerb in einem anderen Mitgliedstaat einerseits und dem damit regelmäßig verbundenen höherem zeitlichen Aufwand vornehmen. Ohne einen entsprechenden Anreiz auf der Nachfrageseite zum Ausgleich der Beeinflussung des Verhaltens dieser Marktteilnehmer hätte eine Erstattungsregelung dieser Art in den beschriebenen Ausnahmekonstellationen tatsächlich damit nicht die gleichen Wirkungen für die betoffenen Händler im Inland und in den anderen Mitgliedstaaten, sodass auch unter Berücksichtigung der „*Keck*-Rechtsprechung" eine Maßnahme gleicher Wirkung im Sinne von Art. 28 (ex-Art. 30) EGV vorliegt. Ein solcher Anreiz muss nicht ausschließlich in dem unmittelbar entstehenden Vorteil der eingesparten Kosten bei einem Erwerb in einem anderem Mitgliedstaat liegen, wie er den Versicherten bei einer Pauschalerstattung ohne jede Begrenzung auf die tatsächlichen Kosten zugute käme. Er könnte beispielweise ebenso durch eine „Beteiligung" der Versicherten an den von ihnen durch die entsprechende Wahl des Anbieters der medizinischen Produkte den zuständigen Trägern der Krankenversicherung entstehenden Ausgabensenkungen geschaffen werden. Auch die Entscheidung des EuGH in der Rechtssache „*Vanbraekel*"

---

[424] Vgl. hierzu oben: D.VI.1.c.aa.(1)

[425] Vgl. hierzu im Hinblick auf Mindest- bzw. Festpreisregelungen: *EuGH*, Urt. v. 24.1.1978, Rs. 82/77, Slg. 1978, 25, 39, Rz. 13 ff. (Staatsanwaltschaft des Königreichs der Niederlanden / Jacobus Philippus van Tiggele); *EuGH*, Urt. v. 29.1.1985, Rs. 231/83, Slg. 1998, 305, 322 f., Rz. 25 ff. (Henri Cullet und Chambre syndicale des réparateurs autumobiles et détaillants de produits pétroliers / Centre Leclerc, Toulouse, und Centre Leclerc, Saint-Orens-de-Gameville), *Müller-Graff*, in: *von der Groeben / Thiesing / Ehlermann*, Art. 30, Rn. 142

[426] Vgl. hierzu oben: D.VI.1.c.aa.(1)

verpflichtet nicht zu einer vollumfänglichen Weitergabe des Vorteils an den Versicherten, der medizinische Leistungen in einem anderen Mitgliedstaat in Anspruch nimmt, deren Kosten geringer sind, als sie bei einer Behandlung im Versicherungsstaat wären. Die in den Entscheidungsgründen hergeleitete ergänzende Erstattunggspflicht in Höhe der Differenz bezieht sich allein auf die Fälle, in denen der zuständige Träger der Krankenversicherung die Genehmigung nach Art. 22 VO (EWG) Nr. 1408/71 erteilt oder zu Unrecht versagt hat[427]. Wie eine solche „Beteiligung" in der Praxis umgesetzt wird, ob durch eine seperate Erstattung oder Verrechnung mit künftigen Beiträgen, ob diese monatlich, quartalsweise oder jährlich erfolgt, ist lediglich eine Frage der Organisation und des Verfahrens. Dabei werden sich die zuständigen Träger der Krankenversicherung nicht auf den Standpunkt zurückziehen können, dass die möglichen Kosteneinsparungen auf diese Weise von dem zusätzlichen Verwaltungsaufwand im Zusammenhang mit einer solchen „Beteiligung" der Versicherten sogleich wieder neutralisiert werden. Aufgrund der in der heutigen Zeit möglichen Informationsverarbeitung würde ein solcher Vorwand nur vorgeschoben erscheinen.

Wird die Pauschale hingegen besonders niedrig festgesetzt, so kann der Unterschied zwischen inländischen und ausländischen Leistungsanbietern darin liegen, dass letztere nur noch mit einem Verlust an Leistungsempfänger, die einer solchen Regelung unterliegen, verkaufen können[428].

(3) Einschränkung durch die „Cassis-Rechtsprechung"

Im Hinblick auf die Begrenzung der „*Dassonville*-Rechtsprechung" durch die „*Cassis*-Formel" ergeben sich keine Unterschiede im Vergleich zur pauschalen Erstattung nach Tarifen, die sich unter Berücksichtigung der inländischen Kosten bestimmen[429]. Aufgrund der unterschiedlichen Maßnahme für die an dieser Stelle allein zu berücksichtigenden Ausnahmekonstellationen[430] liegen die Voraussetzungen für eine immanente Schranke nach den Grundsätzen der „*Cassis*-Rechtsprechung" nicht vor.

---

427 *EuGH*, Urt. v. 12.7.2001, Rs. C-368/98, NJW 2001, S. 3397 ff., 3401, Rz. 53 (Abdon Vanbraekel u. a. / Alliance nationale des mutualités chrétiennes [ANMC])

428 Vgl. hierzu oben: D.VI.1.b.aa.(3)

429 Vgl. hierzu oben: D.VI.1.b.aa.(4)

bb. Rechtfertigung von pauschalen Erstattungsregelungen mit der zusätzlichen Beschränkung auf die tatsächlichen Aufwendungen

(1) Die Erhaltung des finanziellen Gleichgewichts

Im Hinblick auf die Behinderungen durch besonders niedrig festgesetzte Pauschalen[431] ergeben sich keine Unterschiede zur Rechtfertigung von pauschalen Erstattungsregelungen ohne die zusätzliche Begrenzung auf die tatsächlichen Kosten[432]. Bei einer solchen Konstellation kann diese hinzukommende Einschränkung keinerlei Wirkung entfalten.

Soweit Erstattungsregelungen dieser Art den sich aus niedrigeren Gestehungspreisen ergebenden Wettbewerbsvorteil der Importwaren durch besonders hoch festgesetzte Pauschalen neutralisieren, stellt sich die Frage, ob sie nicht aus dem zwingenden Grund der Erhaltung des finanziellen Gleichgewichts gerechtfertigt sind. Auf den ersten Blick erscheint die Auffassung plausibel, dass durch eine zusätzliche Beschränkung auf die tatsächlichen Aufwendungen die Ausgaben der zuständigen Träger der sozialen Sicherungssysteme gesenkt werden und für den Fall der Gefährdung des finanziellen Gleichgewichts dieses Systems eine solche Erstattungsregelung notwendig wird. An der Geeignetheit zur Erreichung des Ziels der Erhaltung des finanziellen Gleichgewichts scheint eine Rechtfertigung zunächst jedenfalls dann nicht zu scheitern, wenn eine entsprechend große Einsparung nachgewiesen werden kann. Schon das ist allerdings angesichts des derzeit eher geringen Umfangs der von den Versicherten in anderen Mitgliedstaaten erworbenen medizinischen Erzeugnissen[433] nicht nur schwer vorstellbar, sondern in absehbarer Zeit wohl ausgeschlossen.

Aber selbst wenn ohne die zusätzliche Beschränkung der Erstattung auf die tatsächlichen Kosten eine Gefahr für das finanzielle Gleichgewicht dargelegt werden kann, so läge der Grund für diese nicht im Fehlen einer Begrenzung auf den tatsächlichen Aufwand. Schließlich stellt sich die Frage der Rechtfertigung lediglich bei solchen Konstellationen, in denen die Kosten der medizinischen Erzeugnisse in anderen Mitgliedstaaten weitaus niedriger sind und dieser Vorteil nicht mit in den Handel einfließt. Die Hauptursache der Gefährdung der finanziellen Stabilität liegt bei diesen Ausnahmefällen vielmehr in den zu großen Ausgaben für die Erstattung von im Inland erworbenen medizinischen Produkten und somit in den zu hoch angesetzten Pauschalen. Diese hohen Pauschalen sind ausschlaggebend dafür, dass die Versicherten trotz des vergleichsweise hohen Preises die Waren dennoch im Inland beziehen und dadurch das finanzielle

430 Vgl. hierzu oben: D.VI.1.c.aa.(2)
431 Vgl. hierzu oben: D.VI.1.c.aa.(2)
432 Vgl. hierzu oben: D.VI.1.b.bb.
433 Vgl. hierzu oben: B.III.

Gleichgewicht der Krankenversicherung gefährden. Eine solche Erstattungsregelung würde also nicht nur den freien Warenverkehr beschränken, sondern gewissermaßen gleichzeitig unter den beschriebenen Voraussetzungen das finanzielle Gleichgewicht des sozialen Sicherungssystems gefährden. Eine Maßnahme, welche die Gefahr erst herbeiführt, kann nicht geeignet sein, diese zu beseitigen. Stattdessen sind die besonders hoch festgelegten Pauschalen herabzusetzen. Zum einen bestünde dadurch ein direktes Einsparungspotential in der Differenz zwischen der „alten" und der dann niedrigeren Pauschale. Zum anderen käme es zu einem kostenbewussteren Erwerb durch die Versicherten, wenn die Pauschale nicht mehr so hoch angesetzt wird, dass ihnen in jedem Fall die tatsächlichen Kosten erstattet werden. Weiteres Einsparungspotential auf der Ausgabenseite der Träger der sozialen Sicherheit liegt in der bereits angesprochenen Beteilgung der Versicherten an den Kosteneinsparungen ihrer zuständigen Krankenkasse[434]. Das Ziel der Erhaltung des finanziellen Gleichgewichts vermag Erstattungsregelungen dieser Art nicht zu rechtfertigen.

(2) Weitere Rechtfertigungsgründe

Hinsichtlich der anderen in Betracht kommenden Rechtfertigungsgründe, insbesondere was den Schutz der Gesundheit im Sinne von Art. 30 (ex-Art. 36) EGV anbelangt, ergeben sich keine Unterschiede im Vergleich zu Erstattungsregelungen, die auf eine zusätzliche Begrenzung in Höhe der tatsächlich anfallenden Kosten verzichten[435].

2. Weitere Beschränkungen neben Ersattungsregelungen

Was andere, den Handel von medizinischen Erzeugnissen, insbesondere auch den Arzneimittelhandel, betreffende Maßnahmen anbelangt, so können in diesem Rahmen bei weitem nicht alle denkbaren Beschränkungen aufgeführt, geschweige denn in gebotener Ausführlichkeit problematisiert werden. Insoweit darf auf die zu diesem komplexen Fragenkreis veröffentlichte Literatur verwiesen werden[436]. An dieser Stelle wird sich darauf beschränkt, einzelne, aufgrund ihrer Aktualität ausgewählte Probleme im Zusammenhang mit der Aufstellung von Negativ- und Positivlisten sowie dem Versand von „online" bestellten medizinischen Erzeugnissen aufzuzeigen.

---

434 Vgl. hierzu oben: D.VI.1.c.aa.(2)

435 Vgl. hierzu oben: D.VI.1.b.bb.

436 An Stelle vieler: *Wagner*, Europäisches Zulassungssystem für Arzneimittel und Parallelhandel; *Kröck*, Der Einfluß der europäischen Grundfreiheiten am Beispiel der Ärzte und Arzneimittel, S. 172 ff.; *Blasius / Cranz*, Arzneimittel und Recht in Europa; *Thier*, Das Recht des EG-Arzneimittelmarktes und des freien Warenverkehrs; *Schwarze*, Unverfälschter Wettbewerb für Arzneimittel im europäischen Binnenmarkt; *Mehnert*, Regulierung auf europäischen Arzneimittelmärkten

a. Negativlisten als Einfuhrbeschränkungen

Es stellt sich die Frage, ob die Ausgestaltung sog. „Negativlisten" für erstattungsfähige Arznei- und Hilfsmittel den freien Warenverkehr behindert. Viele mitgliedstaatliche Gesetzgeber versuchen, die Ausgaben der Krankenversorgung auf die Weise zu senken, dass sie bestimmte Arznei- und Heilmittel aus der Leistungspflicht der Träger der sozialen Sicherheit herausnehmen. Dies geschieht dann in der Regel durch sog. „Negativlisten", in welchen alle Erzeugnisse aufgeführt sind, die von der grundsätzlichen Leistungs- bzw. Erstattungspflicht der zuständigen Stellen nur unter bestimmten zusätzlichen Voraussetzungen oder überhaupt nicht erfasst sind. Solche Negativlisten waren schon einmal Gegenstand einer zentralen Entscheidung des EuGH zum Arzneimittelrecht. Nicht nur, weil die Urteilsgründe einmal mehr weniger auf eine stringente Dogmatik im Bereich der Warenverkehrsfreiheit denn auf die ausdrückliche Betonung der Besonderheiten des Einzelfalls abstellten[437], sondern insbesondere auch, weil sich die Rechtsprechung zur Warenverkehrsfreiheit seitdem weiterentwickelt hat, lohnt es sich, diese Problematik an dieser Stelle vor allem unter Beleuchtung der Aussagen in den Entscheidungen *„Decker"* und *„Kohll"* erneut aufzuwerfen.

aa. Eingriff in die Warenverkehrsfreiheit

(1) Maßnahme gleicher Wirkung nach der „Dassonville-Formel"

Nach der „*Dassonville*-Formel" ist eine solche Negativliste geeignet, den innergemeinschaftlichen Handel mit den darin aufgeführten Erzeugnissen mittelbar, tatsächlich zu behindern. Maßnahmen solcher Art lassen zwar die Freiheit der Einfuhr selbst unberührt, denn diese wird nicht zusätzlichen Voraussetzungen unterworfen oder gar ganz verboten. Sie behindern aber dennoch den Absatz der betroffenen medizinischen Produkte auf dem nationalen Markt. Die infolge der Negativliste den Verbrauchern (Versicherten) aufgebürdete Kostenlast für solche Erzeugnisse beeinflusst die Nachfrage nach diesen Produkten. Auch der Umstand, dass medizinische Produkte vom behandelnden Arzt verschrieben werden müssen, vermag den Einfluss einer Negativliste auf das Nachfrageverhalten nicht auszuschließen. In diesem Zusammenhang darf der Einfluss der

---

[437] „Angesichts der Besonderheit des Arzneimittelhandels, der dadurch gekennzeichnet ist, daß Träger der sozialen Sicherheit anstelle der Verbraucher die Krankheitskosten tragen, kann jedoch eine Regelung der hier gegebenen Art als solche nicht als Beschränkung der durch Artikel 30 EWG-Vertrag [nunmehr Art. 28 EGV] gewährleisteten Einfuhrfreiheit angesehen werden, sofern bestimmte Voraussetzungen erfüllt sind." – *EuGH*, Urt. v. 7.2.1984, Rs. 238/82, Slg. 1984, 523, 541, Rz. 20 (Duphar BV und andere / Niederländischer Staat)

Versicherten auf die Ärzte und deren Absicht, ihre Patienten weiterhin zu behandeln, nicht unterschätzt werden[438].

Der beklagte niederländische Staat wandte seinerzeit im Verfahren in der Rechtssache *„Duphar"* ein, dass die Negativliste lediglich Ausdruck von Entscheidungen sei, die der Staat als Verbraucher getroffen habe. Der Einzelne könne weiter autonom die Produkte auswählen, die ihm wegen des Preises und ihrer Qualität am meisten zusagten. Dem Staat stehe diese Freiheit genauso zu, wenn er als Abnehmer auf dem Markt auftrete[439]. Hierbei wurde jedoch verkannt, dass die die Negativliste aufstellende zuständige Behörde des Mitgliedstaates nicht ohne weiteres mit einem Wirtschaftsteilnehmer gleichzusetzen ist, der die medizinischen Erzeugnisse, die er auf dem Markt erwirbt, von Fall zu Fall frei auswählt[440]. Die Gleichsetzung mit dem einzelnen Marktteilnehmer scheitert schon daran, dass die staatliche Entscheidung darüber, welches Produkt von der grundsätzlichen Erstattung ausgeschlossen wird, sich letztlich in einer hoheitlichen Maßnahme niederschlägt[441]. Daneben beeinflusst ein solcher staatlicher Entschluss die Handelsströme in einem ganz anderem Ausmaß als der eines einzelnen Nachfragenden. Die Aufnahme eines Produkts in die Negativliste behindert aufgrund der dargestellten Abhängigkeiten der Marktteilnehmer ohne weiteres den mitgliedstaatlichen Handel, was diese Ware betrifft. Dagegen wird man nicht ernsthaft von einer solchen Beeinflussung des Handels sprechen können, wenn der einzelne Versicherte oder verschreibende Arzt sich gegen ein bestimmtes Erzeugnis entscheidet. Aus diesem Grund kann die staatliche Entscheidung nicht der des Einzelnen gleichgesetzt und dem Anwendungsbereich des Art. 28 (ex-Art. 30) EGV nach der „*Dassonville*-Formel" entzogen werden.

(2) Einschränkung durch die „Keck-Rechtsprechung"

Negativlisten dieser Art könnten aber nach den Grundsätzen der Rechtsprechung in der Sache *„Keck"* vom Anwendungsbereich des Art. 28 (ex-Art. 30) EGV ausgenommen sein. Maßnahmen dieser Art stellen Verkaufsmodalitäten in Abgrenzung zu produktbezogenen Regelungen dar[442]. Es werden lediglich Modalitäten über den Umfang der finanziellen Be- bzw. Entlastung der Versicherten

---

438 Vgl. hierzu oben: D.VI.1.b.aa.(1)

439 *EuGH*, Urt. v. 7.2.1984, Rs. 238/82, Slg. 1984, 523, 531, II (Duphar BV und andere / Niederländischer Staat)

440 *EuGH*, Urt. v. 7.2.1984, Rs. 238/82, Slg. 1984, 523, 540, Rz. 16 (Duphar BV und andere / Niederländischer Staat)

441 Schlussanträge des *Generalanwalts Mancini* v. 14.09.1983, Rs. 238/82, Slg. 1984, 523, 548, Rz. 3 (Duphar BV und andere / Niederländischer Staat)

442 Vgl. hierzu oben: D.II.2.

getroffen, sodass nur bestimmte Umstände des Vertriebes, mithin das „Wie", nicht aber das „Ob" des Warenverkehrs, geregelt werden[443].

Es muss sich des Weiteren um unterschiedslose Regelungen handeln, die den Absatz der inländischen Erzeugnisse und der Waren aus anderen Mitgliedstaaten rechtlich wie tatsächlich gleich berühren[444]. Negativlisten dürfen demnach nicht nach dem Ursprung der medizinischen Erzeugnisse unterscheiden[445]. Zudem verbietet sich eine Differenzierung nach dem Ort des Erwerbes der Produkte[446]. Bei der Auswahl der bei der Erstattung restriktiveren Voraussetzungen unterliegenden oder von einer Erstattung ganz auszuschließenden Waren ist allein auf objektive und überprüfbare Kriterien zurückzugreifen. Aus diesem Grunde müssen solche Negativlisten jederzeit änderbar sein[447], da die jeweiligen Kriterien durch die einzelnen Erzeugnisse mit der Aufnahme in die Liste nicht für immer verfehlt sind, sondern diese ohne weiteres zu einem späteren Zeitpunkt erfüllen können. Natürlich gilt auch für den umgekehrten Fall, dass solche Medikamente bei Nichtberücksichtigung in Negativlisten nicht als dauerhaft erstattungsfähig gelten müssen. Diese sich aus der Grundfreiheit des freien Warenverkehrs ergebenden Grundsätze wurden im Übrigen vollumfänglich in der Transparenzrichtlinie[448], namentlich in deren Art. 6 für Positivlisten sowie Art. 7 für Negativlisten berücksichtigt.

Als solche objektiven, nachprüfbaren Merkmale kommen insbesondere der Preis von Erzeugnissen mit gleicher therapeutischer Wirkung, sowie der Umstand, dass die Produkte nicht verschreibungspflichtig sind, in Betracht[449]. Bei Berück-

---

443 Vgl. hierzu oben: D.IV.2. und D.VI.1.b.aa.(3)

444 *EuGH*, Urt. v. 24.11.1993, verbundene Rs. C-267/91 und C-268/91, Slg. 1993, 6097, 6131, Rz. 16 (Strafverfahren gegen Bernhard Keck und Daniel Mithouard)

445 So auch schon - wenn auch noch vor dem Urteil in der Rechtssache „*Keck*" - der *EuGH*, Urt. v. 7.2.1984, Rs. 238/82, Slg. 1984, 523, 542, Rz. 21 (Duphar BV und andere / Niederländischer Staat)

446 Vgl. hierzu oben: D.IV.2.

447 *EuGH*, Urt. v. 7.2.1984, Rs. 238/82, Slg. 1984, 523, 542, Rz. 22 (Duphar BV und andere / Niederländischer Staat); *EuGH*, Urt. v. 12.7.2001, Rs. C-157/99, NJW 2001, S. 3391 ff., 3396, Rz. 89 (B. S. M. Smits, verheiratete Geraets / Stichting Ziekenfonds VGZ und H. T. M. Peerbooms / Sichting CZ Groep Zorgverzekeringen)

448 Richtlinie des Rates 89/105/EWG betreffend die Transparenz von Maßnahmen zur Regelung der Preisfestsetzung bei Arzneimitteln für den menschlichen Gebrauch und ihre Einbeziehung in die staatlichen Krankenversicherungssysteme, ABl. Nr. L 40 vom 11.2.1989

449 *EuGH*, Urt. v. 7.2.1984, Rs. 238/82, Slg. 1984, 523, 541 f., Rz. 21 f. (Duphar BV und andere / Niederländischer Staat)
Als weiteres Beispiel wurde in dieser Entscheidung angeführt, „... daß auf diese Weise [durch Negativlisten] Erzeugnisse aus Gründen arzneimitteltherapeutischer Art von der Kostenerstattung ausgeschlossen werden, die durch den Schutz der öffentlichen Gesundheit gerechtfertigt sind". Aus letztem Halbsatz wird jedoch unschwer ersichtlich, dass es sich bei diesem Beispiel insbesondere unter Berücksichtigung von *EuGH*,

sichtigung dieser Grundsätze fehlt es in der Regel an einer rechtlichen und auch tatsächlichen Ungleichbehandlung von inländischen medizinischen Produkten und solchen aus anderen Mitgliedstaaten im Sinne der „*Keck*-Rechtsprechung". Negativlisten, die diese Vorgaben des Gemeinschaftsrechts beachten, stellen folglich grundsätzlich keinen Eingriff in die Warenverkehrsfreiheit des Art. 28 (ex-Art. 30) EGV dar[450].

Soweit die Erstellung der Negativliste auf einen Preisvergleich bei gleicher therapeutischer Wirkung der medizinischen Waren zurückzuführen ist, kommt ein Verstoß gegen Art. 28 (ex-Art. 30) EGV nur für den Ausnahmefall in Betracht, dass die Nichtberücksichtigung von eingeführten Erzeugnissen in der Negativliste aufgrund der so niedrigen Preise von vergleichbaren inländischen Produkten lediglich erreichbar wäre, wenn die ausländischen Anbieter sie nur noch mit Verlust verkaufen würden[451]. Das gleiche gilt für eine so hohe Preisgrenze im Rahmen einer vollumfänglichen Erstattung, die die sich aus den niedrigeren Gestehungspreisen ergebenden Wettbewerbsvorteile der Importprodukte neutralisiert, indem die viel teureren inländischen Produkte auch in keinem Fall von der Negativliste erfasst werden[452]. Letztlich sind in diesem Zusammenhang eine Reihe von Parallelen zu pauschalen Erstattungsregelungen, die ihre Pauschalen anhand inländischer Kosten bestimmen[453], unverkennbar.

bb. Rechtfertigung von Negativlisten

Nur für die Konstellationen, in denen zur Aufstellung der Negativliste ausnahmsweise ein derart niedriges oder hohes Preisniveau als Kriterium herangezogen wird oder aber zur Erstellung der Liste erst gar keine objektiven und überprüfbare Kriterien aufgestellt werden, stellt sich die Frage nach der Recht-

Urt. v. 11.6.1991, verbundene Rs. C-1/90 und C-176/90, Slg. 1991, 4151, 4183, Rz. 12 f. (Aragonesa de Publicidad Exterior SA und Publivía SAE / Departamento de Sanidad y Seguridad Social de la Generalitat de Cataluna) um eine Frage der Rechtfertigung im Sinne von Art. 30 (ex-Art. 36) EGV handeln muss und daher bei der Auseinandersetzung im Rahmen der „*Keck*-Rechtsprechung" nicht darauf einzugehen ist.
Im Ergebnis ebenso: *Kröck*, Der Einfluß der europäischen Grundfreiheiten am Beispiel der Ärzte und Arzneimittel, S. 197 f.

450 In diesem Sinne sind auch die Ausführungen des *EuGH*, Urt. v. 7.2.1984, Rs. 238/82, Slg. 1984, 523, 541, Rz. 17 (Duphar BV und andere / Niederländischer Staat) im Vorgriff auf die „*Keck*-Rechtsprechung" zu verstehen.; ebenso: *EuGH*, Urt. v. 12.7.2001, Rs. C-157/99, NJW 2001, S. 3391 ff., 3396, Rz. 89 (B. S. M. Smits, verheiratete Geraets / Stichting Ziekenfonds VGZ und H. T. M. Peerbooms / Sichting CZ Groep Zorgverzekeringen); ähnlich: *Plute*, DOK 1994, S. 506

451 Vgl. hierzu oben: D.VI.1.b.aa.(2); ähnlich: *Kröck*, Der Einfluß der europäischen Grundfreiheiten am Beispiel der Ärzte und Arzneimittel, S. 199

452 Vgl. hierzu oben: D.VI.1.c.aa.; D.VI.1.c.bb.

453 Vgl. hierzu oben: D.VI.1.b. und D.VI.1.c.

fertigung solcher Regelungen. Damit umfasst die Rechtfertigungsproblematik – und das darf nicht aus den Augen verloren werden – (wenn überhaupt) nur einen sehr kleinen Teil der existierenden oder in Zukunft aufzustellenden Negativlisten.

Als Rechtfertigungsgrund dürfte im Zusammenhang mit dem Kriterium des Preises ein Mal mehr das Ziel der Erhaltung des finanziellen Gleichgewichts des sozialen Sicherungssystems im Mittelpunkt der Diskussionen stehen. Dies dürfte allerdings weniger für die Konstellationen gelten, bei welchen die Preisgrenze bezüglich der von der Negativliste erfassten medizinischen Produkte so hoch festgesetzt wird, dass dies den Wettbewerbsvorteil der Erzeugnisse aus anderen Mitgliedstaaten, der sich aus den niedrigeren Gestehungspreisen ergibt, neutralisiert. In diesem Fall wird kein Mitgliedstaat ernsthaft hervorbringen, dass eine solches Niveau bei der Erstellung der Negativliste zur Erhaltung des finanziellen Gleichgewichts des Krankenversicherungssystems erforderlich sei, da es doch auf der Hand läge, dass eine solche Maßnahme zu finanziellen Mehrbelastungen des Systems führen und gerade eine solche Gefahr heraufbeschwören würde[454]. Hinsichtlich der besonders niedrig angesetzten Preisgrenzen ergeben sich zunächst die gleichen Schwierigkeiten des Nachweises wie bei den entsprechenden Ausnahmekonstellationen im Rahmen von pauschalen Erstattungsregelungen[455]. Zwar kommt es immer auf die konkreten Umstände des Einzelfalls, mithin auf die Gegebenheiten in dem die Negativliste aufstellenden Mitgliedstaat an. Doch dürften sich in Bezug auf die Geeignetheit solcher Listen zur Beseitigung einer nachgewiesenen Gefahr[456] in der Regel keine größeren Schwierigkeiten ergeben. Eine im Vergleich zu den Erstattungsregelungen zusätzliche Hürde stellt sich bezüglich des mildesten zur Verfügung stehenden Mittels in den Weg. Wird das Preisniveau so niedrig festgesetzt, dass dies die Aufnahme ausländischer Produkte in die Liste zur Folge hat und damit jegliche Erstattung ausscheidet, so besteht stattdessen die Möglichkeit, die Preisgrenze als Kriterium bei der Erstellung der Negativliste heraufzusetzen. Gleichzeitig kann beispielsweise durch entsprechende (zulässige[457]) Erstattungsregelungen die Gefahr für das finanzielle Gleichgewicht der Krankenversicherung – so sie überhaupt auf die Nichtaufnahme der ausländischen Produkte in eine Negativliste zurückzuführen ist – beseitigt werden. Durch eine solche Maßnahme wäre regelmäßig gewährleistet, dass die von dem zuständigen sozialen Sicherungssystem zu tragenden Kosten nicht höher sind als bei einem Ausschluss bestimmter (ausländischer) Produkte

[454] Vgl. hierzu oben: D.VI.1.c.bb.(1)
[455] Vgl. hierzu oben: D.VI.1.b.bb.
[456] Vgl. zu den Nachweisschwierigkeiten einer solchen Gefahr an sich: D.II.3.b. und D.III.; *Mrozynski*, in: *Kauder*, S. 91, der eine „eindeutige Begrenzung der Ausgaben für konkrete Leistungen“ anerkennt, aber an einer zugleich mengensteuernden Funktion von Negativlisten zweifelt.
[457] Vgl. hierzu oben: D.VI.1.

von der Erstattung. Bei letzterem liegt es auf der Hand, dass die Nachfrager sich nicht für das von der Negativliste umfasste Erzeugnis entscheiden, wenn damit der Patient die Kosten selbst trägt oder etwa ganz auf die Hilfe durch Arznei- bzw. Hilfsmittel verzichten. Stattdessen wird auf die von der Negativliste nicht erfassten Produkte mit der gleichen therapeutischen Wirkung ausgewichen, deren Kosten wiederum der zuständige Träger der Sozialversicherung zu tragen hätte. Das würde das finanzielle Gleichgewicht des sozialen Sicherungssystems aber grundsätzlich nicht mehr belasten als die Erstattung der von der Negativliste erfassten Erzeugnisse nach den entsprechenden (zulässigen) Erstattungsregelungen.

Etwas anderes käme ausnahmsweise dann in Betracht, wenn das größere Angebot an erstattungsfähigen medizinischen Erzeugnissen mit einer generellen Steigerung der Nachfrage verbunden wäre. Dieses Phänomen ist auch unter dem Problem der angebotsinduzierten Nachfragesteigerung allerdings im Zusammenhang mit der Zunahme an Leistungserbringern bekannt[458]. Abgesehen von dem Streit um die die Richtigkeit einer solchen pauschalen, lediglich auf gewissen Erfahrungen beruhenden Vermutung und der Frage, ob und inwieweit eine solche Vermutung für den Bereich der Leistungserbringer überhaupt auf den Verbrauch medizinischer Erzeugnisse übertragbar[459] ist, macht vor allem die Verteilung der Beweislast die besondere Schwierigkeit des Einwandes eines solchen Ausnahmefalles für die Mitgliedstaaten aus. Ein Mitgliedstaat wird in einem eventuellen Verfahren vor dem EuGH durch hinreichend nachprüfbare Tatsachen, insbesondere anhand von Zahlen, vorzutragen haben, dass der Verzicht auf Negativlisten, die die Erstattung bestimmter medizinischer Produkte ganz und nicht nur in Höhe der Mehrkosten zu Waren mit vergleichbarer therapeutischer Wirkung ausschließen, erstens eine zusätzliche Nachfrage nach medizinischen Erzeugnissen mit sich bringt und dass zweitens das Ausmaß dieser zusätzlichen Nachfrage einen so großen finanziellen Mehraufwand für die Systeme der sozialen Sicherheit bedeutet, dass durch dieses ihr finanzielles Gleichgewicht ernsthaft gefährdet ist. Dies erscheint nicht nur in der Gegenwart ausgeschlossen. Vor allem eine entsprechende Erstattungsregelung greift immer vergleichsweise weniger in den Gemeinsamen Markt und insbesondere in den freien Warenverkehr ein und wird regelmäßig zur Erhaltung des finanziellen Gleichgewichts, so eine Gefahr für dieses überhaupt nachgewiesen werden kann, in den hier zu betrachtenden Ausnahmefällen ausreichen.

---

458 Vgl. hierzu oben: D.VI.1.

459 Bei verschreibungspflichtigen medizinischen Produkten, um die es (nahezu) ausschließlich im Hinblick auf die Erhaltung des finanziellen Gleichgewichts geht, bedarf es in diesem Zusammenhang immer noch der Verschreibung durch einen Arzt. Warum sollte dieser geneigt sein, mehr zu verschreiben nur weil mehr Produkte mit dem gleichen Wirkstoff zur Auswahl stehen?

Soweit andere Kriterien zur Aufstellung herangezogen werden und eine Maßnahme gleicher Wirkung im Sinne von Art. 28 (ex-Art. 30) EGV vorliegt sind in erster Linie Gründe zum Schutz der Gesundheit vorstellbar, die eine Beschränkung nach Art. 30 (ex-Art. 36) EGV rechtfertigen können. Auf jene soll an dieser Stelle angesichts der Vielzahl denkbarer Konstellationen und Einzelumständen nicht im Detail eingegangen werden.

b. Negativlisten als Ausfuhrbeschränkungen

Negativlisten der angesprochenen Art stellen keine Maßnahmen gleicher Wirkung im Sinne von Art. 29 (ex-Art. 34) EGV dar[460]. Maßnahmen gleicher Wirkung wie mengenmäßige Ausfuhrbeschränkungen verlangen nach der Rechtsprechung des EuGH im Unterschied zu solchen im Sinne von Art. 28 (ex-Art. 30) EGV[461], dass die nationalen Maßnahmen „ ... spezifische Beschränkungen der Ausfuhrströme bezwecken oder bewirken und damit unterschiedliche Bedingungen für den Binnenhandel innerhalb eines Mitgliedstaats und seinen Außenhandel schaffen, sodass die nationale Produktion oder der Binnenmarkt des betroffenen Staates zum Nachteil der Produktion oder des Handels anderer Mitgliedstaaten einen besonderen Vorteil erlangt“[462]. Dieser Rechtsprechung folgt nur ein Teil der Literatur[463]. Von einem Teil der Literatur wird an dieser Rechtsprechung kritisiert, dass sie zur Folge hat, dass eine unterschiedslos anwendbare Regelung, die weder nach der Bestimmung der Produkte (für den Binnenhandel oder die Ausfuhr in andere Mitgliedstaaten) differenziert, noch zugunsten des eigenen Marktes protektionistisch wirkt, außer im Rahmen einer gemeinsamen Marktorganisation keine Maßnahme gleicher Wirkung ist[464]. Da das Ziel der Warenverkehrsfreiheit die Gewährleistung von grenzüberschreitenden wirtschaftlichen Handlungsfreiheiten ist, um dadurch die Wettbewerbschancen der Unternehmen auch in anderen Mitgliedstaaten zu ermöglichen[465], spricht

---

460 A.A: aber die Klägerin des Ausgangsverfahrens in der Rechtssache „*Duphar*" (Schlussanträge des *Generalanwalts Mancini* v. 14.09.1983, Slg. 1984, 523, 553 f., Rz. 8 [Duphar BV und andere / Niederländischer Staat])

461 Vgl. hierzu oben: D.II.1.

462 *EuGH*, Urt. v. 8.11.1979, Rs. 15/79, Slg. 1979, 3409, 3415, Rz. 7 (P. B. Groenveld BV / Produktschap voor Vee en Vlees); *EuGH*, Urt. v. 24.3.1994, Rs. C-80/92, Slg. 1994, 1019, 1035, Rz. 24 (Kommission der Europäischen Gemeinschaften / Königreich Belgien); *EuGH*, Urt. v. 7.2.1984, Rs. 238/82, Slg. 1984, 523, 543, Rz. 25 (Duphar BV und andere / Niederländischer Staat)

463 *Lux*, in: *Lenz*, Art. 28, Rn. 22; *Epiney*, in: *Calliess / Ruffert*, Art. 29, Rn. 20 ff., die jedoch Art. 29 (ex-Art. 34) EGV unabhängig von dem Kriteium der Existenz eines Vorteils für die inländische Produktion heranzieht.

464 *Epiney*, in: *Calliess / Ruffert*, Art. 29, Rn. 12; *Leible*, in: *Grabitz / Hilf I*, Art. 29, Rn. 4; *Streinz*, Europarecht, Rn. 732; *Müller-Graff*, in: *von der Groeben / Thiesing / Ehlermann*, Art. 34, Rn. 20 ff.

465 *Streinz*, Europarecht, Rn. 732; *Müller-Graff*, in: *von der Groeben / Thiesing / Ehlermann*,

sich ein Teil der Literatur dafür aus, Art. 29 (ex-Art. 34) EGV nicht nur auf ein Verbot diskriminierender oder protektionistisch wirkender Maßnahmen zu beschränken, sondern auf alle unterschiedslos anwendbaren Vorschriften auszuweiten, die zu einer spezifischen Beschränkung der Ausfuhrströme geeignet sind[466]. Weder bezwecken noch bewirken Negativlisten spezifische Beschränkungen des Exports der von ihnen erfassten medizinischen Erzeugnisse im Sinne einer Maßnahme gleicher Wirkung nach der Rechtsprechung des EuGH. Sie sind überhaupt nicht geeignet, die Ausfuhr solcher Produkte und damit den mitgliedstaatlichen Handel unmittelbar oder mittelbar, tatsächlich oder potentiell zu behindern[467], sodass Negativlisten auch nach der Ansicht eines Teils der Literatur keine Maßnahmen gleicher Wirkung nach Art. 29 (ex-Art. 34) EGV sind.

c. Positivlisten

In Positivlisten werden im Gegensatz zu Negativlisten genau diejenigen Arznei-, Heil- und Hilfsmittel aufgenommen, deren Kosten der zuständige Träger der sozialen Sicherheit (vollumfänglich oder gegebenenfalls anteilig) trägt. Ziel der Hersteller und Vertreiber von medizinischen Produkten ist somit entgegen der Intention bei Negativlisten die Aufnahme ihrer Erzeugnisse in eine solche Liste.

Es stellt sich die Frage, ob sich im Hinblick auf Positivlisten im Vergleich zu Negativlisten irgendwelche Besonderheiten, insbesondere solche, die zu einem anderen Ergebnis oder zu einer anderen Argumentation im Zusammenhang mit der Vereinbarkeit solcher Maßnahmen mit dem Gemeinschaftsrecht führen, zu beachten sind. Solche Differenzierungen im Hinblick auf die gemeinschaftsrechtliche Zulässigkeit sind nicht auszumachen, weil die Wirkungen der einen Liste bei entsprechender Gestaltung der anderen völlig identisch erreicht werden können.

Auch die Ausführungen des Gerichtshofs in der Entscheidung *„Duphar"*, in denen er auf die Besonderheit von Negativlisten gegenüber Positivlisten eingeht[468], können nicht als Indiz für eine unterschiedliche gemeinschaftsrechtliche Betrachtung dieser Maßnahmen aufgefasst werden. Durch diesen Hinweis wollte das Gericht lediglich die tatsächlichen Unterschiede der ihm erstmals vorliegenden Regelung einer Negativliste zu den seinerzeit in anderen Mitgliedstaaten existierenden Positivlisten hervorheben.

Art. 34, Rn. 22; *Leible*, in: *Grabitz / Hilf I*, Art. 29, Rn. 4

466 *Müller-Graff*, in: *von der Groeben / Thiesing / Ehlermann*, Art. 34, Rn. 20 f.; *Leible*, in: *Grabitz / Hilf I*, Art. 29, Rn. 4

467 So im Ergebnis auch: *EuGH*, Urt. v. 7.2.1984, Rs. 238/82, Slg. 1984, 523, 543, Rz. 25 f. (Duphar BV und andere / Niederländischer Staat)

468 *EuGH*, Urt. v. 7.2.1984, Rs. 238/82, Slg. 1984, 523, 540, Rz. 15 (Duphar BV und andere / Niederländischer Staat)

Die Vereinbarkeit von Positivlisten mit dem Gemeinschaftsrecht unterliegt damit den gleichen Grundsätzen wie die von Negativlisten[469]. Sie sind ebenso wie diese grundsätzlich zulässig, wenn bei der Auswahl inländische Erzeugnisse und solche aus anderen Mitgliedstaaten nicht unterschiedlich behandelt werden und die Auswahl nach objektiven und überprüfbaren Kriterien vorgenommen wird.

Für die Ausnahmefälle, bei denen bei der Aufstellung von Positivlisten aufgrund des so niedrigen Preislimits bzw. zu hohen Preislimits medizinische Erzeugnisse aus anderen Mitgliedstaaten nur dann berücksichtigt werden können, wenn sie von den ausländischen Anbietern mit Verlust verkauft würden bzw. durch die Aufnahme der teureren inländischen Waren ihr durch den niedrigen Gestehungspreis erlangter Wettbewerbsvorteil neutralisiert würde, ergeben sich im Hinblick auf die Rechtfertigung solcher Maßnahmen ebenso keine signifikanten Unterschiede zu Negativlisten[470].

d. E-commerce und der Arzneimittelhandel

aa. Besondere Aktualität des e-commerce-Handels mit Arzneimitteln

In vielen Mitgliedstaaten beträgt der Anteil der Leistungen der Apotheken 25 % bis 30 % der Endkosten (ohne Steuern) eines Arzneimittels[471], sodass es nicht weiter verwundert, dass neue Systeme für die Abgabe von Arzneimitteln an den Verbraucher Einsparungspotentiale in einer Größenordnung zwischen 15 % bis 20 % eröffnen sollen[472]. Bei jährlichen Arzneimittelkosten beispielsweise für die gesetzliche Krankenversicherung in Deutschland von etwa 20 Milliarden Euro sind solche Einsparungsmöglichkeiten natürlich von größtem Interesse[473].

---

[469] So auch: *Plute*, DOK 1994, S. 507 f.

[470] Ähnlich: *Plute*, DOK 1994, S. 509 f. ohne allerdings deutlich herauszustellen, dass es sich dabei nur um die wenigen Ausnahmefälle handelt.

[471] *Hanika*, MedR 2000, S. 71; *Heeg*, SZ vom 10.11.2000; *Schäfers/Kaesbach*, BKK 2001, S. 490 sprechen für Deutschland sogar von einem Vertriebskostenanteil von derzeit 38 %.

[472] So der Vorstand der BKK Post, *Ralf Sjuts*, nach einem Bericht der Süddeutschen Zeitung (*Heeg*, SZ vom 10.11.2000).; a.A.: *Rücker*, Pharm. Ztg. 2001, S. 21; *Hoffmann*, SZ vom 08.11.2001, S. 23; *Vogler*, SozSich 2001, S. 35, nach der Versand- und Bankspesen sowie etwaige Aufwendungen für Online-Konsultationen im Ergebnis den Erwerb von Arzneimitteln über das Internet teurer als den Erwerb in einer herkömmlichen Apotheke machen.

[473] *Schäfers/Kaesbach*, BKK 2001, S. 492 gehen bei eine Marktanteil von 10 % in Deutschland von Einsparungen in Höhe 300 Millionen Euro aus. *Hovermann*, BKK 2001, S. 177 nennt mit Blick auf die Erfahrungen in der Schweiz bei einem Marktanteil von 15 % ein Einsparungspotenzial von 450 Millionen Euro. *Neldner/Wassener*, Gesundheit und Gesellschaft 2001, S. 28 sprechen sogar von einem Einsparvolumen von bis zu einer Milliarde Euro. Ähnlich: *Heeg*, SZ vom 10.11.2000, S. 23; *Hoffmann*, SZ vom 08.11.2001, S. 23

So überrascht es auch nicht, dass dieser Punkt Gegenstand erster gerichtlicher Entscheidungen geworden ist. Besonderes Aufsehen erregten dabei zwei noch nicht rechtskräftige[474] Parallelurteile des *LG Frankfurt am Main* vom 9.11.2000, die unter der Bezeichnung *„Doc Morris I"* und *„Doc Morris II"* Eingang in die aktuelle Diskussion zu diesem Problemkreis gefunden haben[475] sowie ein im Ergebnis widersprechendes Urteil des *LG Berlin*[476], welches allerdings durch das Kammergericht aufgehoben wurde[477].

Im Rahmen des Verfahrens des einstweiligen Rechtsschutzes stand dabei die Frage im Mittelpunkt, ob eine in den Niederlanden ansässige Gründergesellschaft in Zusammenarbeit mit einer niederländischen Apotheke Arzneimittel auch nach Deutschland vertreiben darf, obwohl nach deutschem Recht apothekenpflichtige Arzneimittel grundsätzlich nur in Apotheken in den Verkehr gebracht werden und nicht über den berufs- oder gewerbsmäßigen Versandhandel vermarktet werden dürfen (§§ 43 Abs. 1, 73 Abs. 1 Nr. 6 a AMG)[478]. Dabei erkannte das *LG Frankfurt am Main* zu Recht, dass „schwierige Rechtsfragen, insbesondere solche des europäischen Rechts"[479] zu beantworten sind und widmete sich diesen in einer für nationale Gerichte nicht unbedingt üblichen Ausführlichkeit[480].

bb. Maßnahme gleicher Wirkung nach der „Dassonville-Formel"

Ein Verbot des gewerblichen Versandhandels mit apothekenpflichtigen Arzneimitteln ist ohne weiteres geeignet, den innerstaatlichen Handel unmittelbar und tatsächlich zu behindern. Schließlich wird auf diese Weise eine Vertriebsmöglichkeit ausgeschlossen, die im Hinblick auf die gegenwärtig sehr große und

---

474 Ausweislich verschiedener Pressemitteilungen will der Beklagte den Rechtsweg ausschöpfen (vgl.: *Hoeren*, EWiR 2001, S. 39).

475 *LG Frankfurt/M.*, Urt. v. 9.11.2000 - Az.: 2-03 O 365/00, vgl. hierzu: *Hoeren*, EWiR 2001, S. 39 f. und *LG Frankfurt/M.*, Urt. v. 9.11.2000 – Az.: 2-03 O 366/00, ZIP 2000, S. 2080, vgl. hierzu: *Just*, EWiR 2001, S. 41 f.

476 *LG Berlin*, Urt. v. 7.11.2000 – Az.: 103.O.192/00; vgl. hiezu: *Schäfers/Kaesbach*, BKK 2001, S. 492; *Hoeren*, EWiR 2001, S. 39

477 *Kammergericht Berlin*, Urt. v. 29.05.2001 – Az.: 5 U 10150/00; vgl. hierzu: *Schäfers/Kaesbach*, BKK 2001, S. 494

478 Vgl. zum Sachverhalt im Einzelnen: *LG Frankfurt/M.*, ZIP 2000, S. 2080 f.

479 *LG Frankfurt/M.*, ZIP 2000, S. 2083

480 Um den Zusammenhang mit den Vorschriften des freien Warenverkehrs zu wahren, möchte ich mich darauf beschränken, das Verbot des gewerbsmäßigen Versandhandels mit apothekenpflichtigen Arzneien allein im Hinblick auf die Art. 28 (ex-Art. 30) ff. EGV zu untersuchen und nicht näher auf die Vereinbarkeit einer solchen Regelung beispielsweise mit der E-Commerce-Richtlinie (Richtlinie 2000/31/EG) eingehen.
Vgl. zu letzterem insb.: *LG Frankfurt/M.*, ZIP 2000, S. 2986

weiter zunehmende Bedeutung des Internethandels[481] auch in diesem Bereich ein nicht vernachlässigbares Potential im gesamten Arzneimittelhandel ausmacht. Da die Vorteile des e-commerce unter anderem in der Überbrückung des Hindernisses der zumeist großen räumlichen Entfernung zwischen Anbieter und Erwerber liegen, wird der Handel mit Arzneimitteln auch und gerade über die mitgliedstaatliche Grenze erheblich behindert bzw. – abgesehen von den grenznahen Regionen – nahezu unmöglich gemacht[482].

cc. Einschränkung durch die „Keck-Rechtsprechung"

Das *LG Frankfurt am Main* hat die Probleme im Zusammenhang mit einer Einschränkung der „*Dassonville*-Formel" durch die in der Rechtssache *„Keck"* entwickelten Grundsätze erkannt, sich letztlich aber dennoch nicht zu einer endgültigen Lösung durchringen können[483].

Das Verbot des Versandhandels und die mit diesem Verbot einhergehende Vertriebskonzentration auf die Räumlichkeiten der Apotheke sind unter Berücksichtigung der Rechtsprechung des EuGH[484] als Verkaufsmodalität zu qualifizieren. Eine Regelung dieser Art, „die eine Beschränkung der kommerziellen Freiheit der Wirtschaftsteilnehmer bewirkt, ohne sich auf die Merkmale der erfassten Erzeugnisse selbst zu erstrecken, betrifft die Modalitäten des Absatzes bestimmter Waren insoweit, als sie den Vertrieb"[485] von apothekenpflichtigen Arzneimitteln außerhalb der Räumlichkeiten der Apotheke verbietet.

Auf den ersten Blick könnte man die Ansicht vertreten, dass auch die übrigen Voraussetzungen der mit der „*Keck*-Rechtsprechung" entwickelten Grundsätze[486] vorliegen, weil das Verbot des gewerblichen Versandhandels mit apothekenpflichtigen Arzneimitteln ebenso für deutsche Apotheken gilt und nicht nach dem Ursprung der betroffenen Erzeugnisse unterscheidet. Bei einer solchen Argumentation wird aber vernachlässigt, dass diese Verkaufs- bzw. Vertriebsmodalität im Ergebnis dazu führt, den ausländischen Apotheken, abgesehen von den Regionen in den Grenzgebieten, den Zugang zum nationalen Arzneimittelmarkt tatsächlich nahezu unmöglich zu machen, zumindest aber erheblich zu erschweren. Die Apotheker aus anderen Mitgliedstaaten sind gezwungen, eine

---

481 Vgl. auch: *Hanika*, MedR 2000, S. 205
482 Im Ergebnis ebenso: *LG Frankfurt/M.*, ZIP 2000, S. 2084
483 *LG Frankfurt/M.*, ZIP 2000, S. 2084 ff.
484 *EuGH*, Urt. v. 26.6.1995, Rs. C-391/92, Slg. 1995, 1621, 1646 f., Rz. 13 ff. (Kommission der Europäischen Gemeinschaften / Griechische Republik); vgl. hierzu oben: D.VI.1.b.aa.(3)
485 *EuGH*, Urt. v. 26.6.1995, Rs. C-391/92, Slg. 1995, 1621, 1647, Rz. 15 (Kommission der Europäischen Gemeinschaften / Griechische Republik)
486 Vgl. hierzu oben: D.VI.1.b.aa.(3)

eigene Apotheke im Inland zu eröffnen, um auf dem nationalen Markt mit Arzneimitteln handeln zu können. Eine solche Niederlassung ist angesichts der dafür geltenden Voraussetzungen in vielen Mitgliedstaaten (auch in Deutschland) faktisch sehr schwierig[487]. Die inländischen Apotheker haben diese Probleme nicht, sind deshalb nicht auf den Versandhandel angewiesen und teilen sich bisher den Markt nahezu ausschließlich unter sich auf. Aus diesem Grund berührt das Verbot des gewerblichen Versandhandels den Absatz inländischer Erzeugnisse und der Produkte aus anderen Mitgliedstaaten nicht tatsächlich in der gleichen Weise im Sinne „*Keck*-Rechtsprechung“.

Eine Regelung dieser Art stellt somit eine Maßnahme gleicher Wirkung im Sinne des Art. 28 (ex-Art. 30) EGV dar und bedarf zu ihrer gemeinschaftsrechtlichen Zulässigkeit der Rechtfertigung.

dd. Rechtfertigung des Verbots des Versandhandels

(1) Erhaltung des finanziellen Gleichgewichts der sozialen Sicherungssysteme

Es muss bei Regelungen dieses Inhalts nicht näher auf den in den Rechtssachen *„Decker“* und *„Kohll“* im Mittelpunkt stehenden Rechtfertigungsgrund der Erhaltung des finanziellen Gleichgewichts der Systems der sozialen Sicherheit eingegangen werden. Es liegt auf der Hand, dass das Verbot des Versandes via Internet kaum geeignet ist, Einfluss auf die finanzielle Stabilität der gesetzlichen Krankenversicherung zu nehmen. Die ohne eine solche Regelung u.U. über diesen Vertriebsweg zu beziehenden Arzneien beschafft sich der Versicherte direkt beim Apotheker, ohne dass dabei irgendwelche Kosten gespart werden. Im Gegenteil wäre bei einem Vertrieb mit Unterstützung des Internets ein zusätzliches Einsparungspotential einerseits durch die höhere Transparenz der einzelnen Preise, andererseits durch die Reduzierung der Kosten des Vertriebs in Apotheken, welche derzeit - wie bereits erwähnt - etwa 25 % bis 30 % der Endkosten (ohne Steuern) eines Arzneimittels ausmachen, eröffnet[488].

(2) Schutz der öffentlichen Gesundheit

Im Zusammenhang mit einem solchen Verbot ist im Rahmen der Rechtfertigung in erster Linie auf den Schutz der öffentlichen Gesundheit nach Art. 30 (ex-Art. 36) EGV abzustellen[489]. Auch das *LG Frankfurt am Main* hat seine gesamte Argumentation auf diesen ausdrücklich im EG-Vertrag festgeschriebenen Rechtfertigungsgrund gestützt[490].

---

[487] Ähnlich: *LG Frankfurt/M.*, ZIP 2000, S. 2085 f.
[488] *Hanika*, MedR 2000, S. 71
[489] *Heeg*, SZ vom 10.11.2000, S. 23; *Hanika*, MedR 2000, S. 71
[490] *LG Frankfurt/M.*, ZIP 2000, S. 2085

Eine Rechtfertigung zum Schutz der Gesundheit nach Art. 30 (ex-Art. 36) EGV ist ausgeschlossen, wenn Richtlinien der Gemeinschaft auf diesem Gebiet die vollständige Harmonisierung der nationalen Vorschriften herbeigeführt haben[491]. In der Vergangenheit hatte der EuGH diesbezüglich wiederholt festgestellt, dass eine vollständige Harmonisierung der nationalen Regelungen die Herstellung von und den Handel mit Arzneispezialitäten betreffend trotz einer Reihe erlassener Richtlinien nicht erreicht wurde[492]. Auch bis zum heutigen Tage kann von einer solchen abschließenden Harmonisierung nicht gesprochen werden[493]. Insbesondere unterliegt der Vertrieb von Arzneimitteln keiner gemeinschaftsweit harmonisierenden Vorschrift, sodass eine Rechtfertigung nicht aus diesem Grund ausgeschlossen ist.

Das *LG Frankfurt am Main* bediente sich im Rahmen der Rechtfertigung aus Gründen des Schutzes der Gesundheit letztlich zweier Kausalitätsstufen[494]. Zum einen wurde darauf abgestellt, dass der Schutz der menschlichen Gesundheit im Hinblick auf den Vertrieb apothekenpflichtiger Arzneimittel die Möglichkeit einschließt, eine persönliche und qualifizierte Beratung in Anspruch nehmen zu können. Zum anderen sei eine solche beim freien Versandhandel von medizinischen Produkte nicht ebenso gut zu gewährleisten wie bei dem Verkauf in den Räumlichkeiten der Apotheke. Dabei sah die Kammer „unter den derzeit gegebenen rechtlichen Voraussetzungen" kein weniger den freien Warenverkehr einschränkendes Mittel, welches den Schutz der öffentlichen Gesundheit ebenso wie das Verbot eines gewerblichen Versandhandels erreicht. Doch war man sich bewusst, dass diese Begründung „möglicherweise nicht für alle Zukunft aufrechterhalten werden kann"[495].

Was grundsätzlich die beiden Kausalitätsstufen für sich betrifft, kann dem Gericht vollends zugestimmt werden. Fraglich ist aber, ob dem Gericht im Ergeb-

---

491 *EuGH*, Urt. v. 5.10.1977, Rs. 5/77, Slg. 1977, 1155, 1176, Rz. 33/35 (Carlo Tedeschi / Denkavis Commerciale s.r.l.); *EuGH*, Urt. v. 7.3.1989, Rs. 215/87, Slg. 1989, 617, 638 f., Rz. 15 (Heinz Schumacher / Hauptzollamt Frankfurt am Main-Ost); *Müller-Graff*, in: *von der Groeben / Thiesing / Ehlermann*, Art. 36, Rn. 14; *Lux*, in: *Lenz*, Art. 30, Rn. 2; *Becker*, in: *Schwarze*, Art. 30, Rn. 85 ff.

492 *EuGH*, Urt. v. 7.3.1989, Rs. 215/87, Slg. 1989, 617, 638, Rz. 15 (Heinz Schumacher / Hauptzollamt Frankfurt am Main-Ost); *EuGH*, Urt. v. 10.11.1994, Rs. C-320/93, Slg. 1994, 5243, 5263, Rz. 14 (Lucien Ortscheit GmbH / Eurim-Pharm Arzneimittel GmbH) mit weiteren Verweisen auf die Rechtsprechung

493 *LG Frankfurt/M.*, ZIP 2000, S. 2085; *Hoeren*, EWiR 2001, S. 40

494 Dabei zäumt die Begründung des *LG Frankfurt/M.* das Pferd gewissermaßen von hinten auf, indem es zunächst darauf abstellt, dass das Ziel des deutschen Versandhandelsverbotes die Sicherstellung der Möglichkeit der persönlichen und qualifizierten Beratung ist, welche wiederum für den Schutz der Gesundheit erforderlich sei (*LG Frankfurt/M.*, ZIP 2000. S. 2085).

495 *LG Frankfurt/M.*, ZIP 2000, S. 2085

nis auch nicht schon aus heutiger Sicht unter Berücksichtigung der tatsächlichen Gegebenheiten und Möglichkeiten widersprochen werden muss. Die Ausnahmen vom Verbot des Versandhandels nach § 47 AMG lassen jedenfalls nicht an der Erforderlichkeit eines Verbotes aus Gründen des Schutzes der Gesundheit zweifeln[496]. Die in § 47 AMG geregelten Ausnahmefälle sind nicht vergleichbar mit den Ausnahmen des § 73 Abs. 2 Nr. 6 und 7 AMG, auf die der EuGH bei seiner Ablehnung der Rechtfertigung von Einfuhrbeschränkungen in der Rechtssache *„Schumacher"* verwies[497]. Im Gegensatz zu § 73 Abs. 2 Nr. 6 und 7 AMG, der gerade den „persönlichen" Bedarf des Endverbrauchers erfasst, betreffen die Ausnahmen des § 47 AMG ausschließlich qualifizierte Personen und Einrichtungen wie z.B. Ärzte, Krankenhäuser und Gesundheitsämter „im Rahmen der Erfüllung ihrer Aufgaben" (§ 47 Abs. 2 AMG).

Die sehr ausführliche Argumentation des *LG Frankfurt am Main* kann jedoch in vielen Punkten keine ungeteilte Zustimmung erfahren. Soweit aus dem Alter, der Körperstruktur und anderer äußerer Merkmale Rückschlüsse auf die persönliche Geeignetheit und Verträglichkeit bestimmer Medikamente gezogen werden, worauf bei einer telefonischen oder schriftlichen Beratung nicht zurückgegriffen werden könne, sind dies keine Umstände, die ein generelles Verbot des Versands notwendig machen[498]. Die *Bundesvereinigung Deutscher Apothekerverbände* weist im Zusammenhang mit dem Versandhandel von Arzneimittel via Internet darauf hin, dass eine Beratung nicht oder nicht mehr zeitgleich mit der Übernahme des Arzneimittels durch den Verbraucher stattfinde, was zu richtigen Anwendung erforderlich wäre[499].

Abgesehen davon, dass der Verbraucher schon bisher nicht immer persönlich die Arzneimittel in der Apotheke einlöst und somit eine Beratung in Anspruch nehmen kann, sondern Angehörige und Vertrauenspersonen dies übernehmen[500], ist zu beachten, dass bei verschreibungspflichtigen Arzneimitteln der Apotheker

---

496 Hierauf ist das *LG Frankfurt/M.* erstaunlicherweise trotz der Entscheidung des *EuGH*, Urt. v. 8.4.1992, Rs. C-62/90, Slg. 1992, 2575, 2607 f., Rz. 18 ff. (Kommission der Europäischen Gemeinschaften / Bundesrepublik Deutschland) nicht eingegangen.

497 *EuGH*, Urt. v. 7.3.1989, Rs. 215/87, Slg. 1989, 617, 640, Rz. 20 (Heinz Schumacher / Hauptzollamt Frankfurt am Main-Ost)

498 *LG Frankfurt/M.*, ZIP 2000, S. 2085

499 *Schäfers/Kaesbach*, BKK 2001, S. 492; *Schulte*, Arbeit und Sozialpolitik 2001, S. 43; *Neldner/Wassener*, Gesundheit und Gesellschaft 2001, S. 29; *Hovermann*, BKK 2001, S. 177
Beachtlich ist in diesem Zusammenhang, dass laut einer Untersuchung lediglich 35 % der Kunden angeben, bei jedem Apothekenbesuch beraten zu werden; dagegen werden 30 % nur sporadisch bei jedem zweiten oder dritten Apothekenbesuch und gar 28 % bei fast keinem Apothekenbesuch beraten (*Neldner/Wassener*, Gesundheit und Gesellschaft 2001, S. 31).

500 *Neldner/Wassener*, Gesundheit und Gesellschaft 2001, S. 30

bisher grundsätzlich keinen entscheidenden Einfluss auf die Wahl des Medikaments mehr nehmen konnte. Bei einer Verschreibungspflicht hat diese Möglichkeit allein der verschreibende Arzt[501]. Dieses Argument ist allerdings nur stichhaltig, solange die behandelnden Ärzte konkrete Arzneimittel und nicht lediglich Wirkstoffe (sog. aut idem-Regelung) verschreiben. Ferner können im Hinblick auf nicht verschreibungspflichtige Arzneimittel viele der beeinflussenden Faktoren wie beispielsweise Alter, Gewicht, Statur etc. auch per Internet, Telefon oder schriftlichen Kontakt zur Kenntnis des Apothekers gebracht werden. Das zeigen die Erfahrungen von *„Doc Morris"*, die aus Sicht des Leistungserbringers kaum Berührungsängste offenbarten. Hierbei werden die Patienten ebenso wie in der traditionellen Apotheke ausdrücklich um Angaben zu ihren Medikamenten gebeten, um die Verträglichkeit des neuen Arzneimittels mit den anderen zu prüfen[502]. Auch das umfangreiche Beratungsangebot[503] wurde von den Leistungsempfängern angenommen. Dieser Service kann bei den Internetapotheken sogar 24 Stunden an sieben Tagen pro Woche aufrechterhalten werden[504]. Der Verweis auf die fehlende zeitgleiche Beratung mit der Übernahme des Arzneimittels kann nicht überzeugen. Zum einen liegt zwischen der Übernahme und der Einnahme des Medikaments häufig noch längere Zeit, sodass auch die Beratung bei der Übernahme die geforderte fachliche Begleitung nicht vollumfänglich sicherstellen kann. Zum anderen besteht auch nach dem Empfang des via Internets bestellten Arzneimittels die Möglichkeit, fachliche Beratung zur Einnahme rund um die Uhr in Anspruch zu nehmen.

Eine Ausnahme ist in den wenigen Fällen denkbar, in denen es sich nicht um industriell hergestellte Arzneimittel handelt. Obliegt die Herstellung des Arzneimittels dem Apotheker, so lässt sich gut vertreten, dass sich das Verbot des Vertriebes solcher auf dem Versandweg aus Gründen des Schutzes der öffentlichen Gesundheit rechtfertigen lässt. Bei dieser Konstellation liegt es in der überwiegenden Verantwortung des Apothekers, die individuellen Gegebenheiten des Versicherten im Zusammenhang mit der Geeignetheit und Verträglichkeit des Medikaments zu berücksichtigen. Der Umfang der für den Apotheker in solchen Konstellationen notwendigen Informationen über den Patienten lassen eine Kommunikation ausschließlich über die elektronischen Medien oder das Telefon nicht ausreichend erscheinen.

---

501 So überlegt *Hovermann*, „ob z.B. die fachliche Kompetenz von 10 Semestern pharmazeutischen Studiums nicht sinnvollere Verwendung finden könnte, als für die Abgabe von Arzneimitteln hinter einer Verkaufstheke" (*Hovermann*, BKK 2001, S. 175).

502 *Schulte*, Arbeit und Sozialpolitik 2001, S. 42

503 Vgl. zu einzelnen allgemeinen Beratungsthemen, die bei den Leistungsempfängern auf besonderes Interesse stoßen: *Schulte*, Arbeit und Sozialpolitik 2001, S. 42

504 *Schulte*, Arbeit und Sozialpolitik 2001, S. 41; *Schäfers/Kaesbach*, BKK 2001, S. 492; *Hovermann*, BKK 2001, S. 177; *Hoffmann*, SZ vom 08.11.2001, S. 23

Dass ein Kunde bei telefonischem oder e-mail-Kontakt mit dem Verkäufer eher geneigt ist, auf drängende Rückfragen zu verzichten und das Medikament ohne vorherige Abklärung etwaiger Bedenken einzunehmen[505], ist eine nicht bewiesene Vermutung. Es ist nicht nachvollziehbar, warum gerade diejenigen, die solche Bedenken haben und dennoch diesen Erwerbsweg über den Versand wählen, auf die entsprechenden Informationen verzichten sollten, zumal wie bei der Internetapotheke *„Doc Morris"* der Leistungserbringer ausdrücklich nach Angaben zur bisherigen Medikation fragt. Eine andere Beurteilung wäre natürlich angezeigt, wenn Rückfragen von den Vertreibern mangels entsprechender Qualifikation oder aus sonstigen Gründen nicht beantwortet werden könnten. Doch die erforderlichen Qualitätsstandards können durch genaue Vorgaben in entsprechenden Rechtsvorschriften gewährleistet und sichergestellt werden[506].

Ebenso ist es nicht mehr als eine zudem nicht unbedingt nachvollziehbare Vermutung, dass Bestellungen via Internet Medikamentenmissbräuche in der Weise fördern sollen, dass die Hemmschwelle für die Ansammlung vieler in kleinen Einzelportionen erworbener Medikamente zu einer erheblichen Menge niedriger ist, als beim persönlichen Kauf in einer Apotheke[507].Was die Gefahr des Arzneimittelfehlgebrauchs aufgrund eines nicht in der Heimatsprache verfassten Beipackzettels, der über die Dosierung, Wirkungsweise und Nebenwirkungen des Medikamentes aufklären soll[508], betrifft, so wird dieses Argument vor dem EuGH mit Blick auf seine Rechtsprechung kein Gehör finden. Danach kann sprachlichen Barrieren, die sich aus der Etikettierung oder der Packungsbeilage ergeben können, durch entsprechende Auskünfte des Arztes oder Apothekers des anderen Mitgliedstaates abgeholfen werden[509]. Im Übrigen handelt es sich bei der vor dem *LG Frankfurt* streitgegenständlichen Apotheke *„Doc Morris"* um die erste europäische Apotheke mit niederländisch-, deutsch- und englischsprachigem Service[510]. Selbst wenn man dieser Rechtsprechung nicht folgen wollte, so liegt es auf der Hand, dass entsprechende Vorschriften, die zum Beipackzettel in der jeweiligen Landessprache verpflichten, ein im Vergleich zum strikten Versandverbot milderes Mittel darstellen.

Soweit entsprechend genaue Vorgaben in Rechtsvorschriften für Versandhandelstatbestände ein milderes Mittel darstellen, ist mit Blick insbesondere auf den

---

505 *LG Frankfurt/M.*, ZIP 2000, S. 2085

506 Darauf hat im Übrigen auch schon das *LG Frankfurt/M.* möglicherweise aufgrund eines „faden Gefühls im Bauch" wegen der eher restriktiven Rechtsprechung des *EuGH* zur Rechtfertigung in diesem Bereich (so: *Hoeren*, EWiR 2001, S. 40) hingewiesen (ZIP 2000, S. 2085).

507 *LG Frankfurt/M.*, ZIP 2000, S. 2085

508 *LG Frankfurt/M.*, ZIP 2000, S. 2085

509 *EuGH*, Urt. v. 8.4.1992, Rs. C-62/90, Slg. 1992, 2575, 2607 f., Rz. 18 ff. (Kommission der Europäischen Gemeinschaften / Bundesrepublik Deutschland)

510 *Schulte*, Arbeit und Sozialpolitik 2001, S. 41

Handel via Internet zugegebenermaßen zu berücksichtigen, dass die Einhaltung dieser zumindest derzeit schwieriger zu kontrollieren ist als bei einem Apotheker in den Räumlichkeiten seiner Apotheke. Bei der Internetapotheke *„Doc Morris"* erfolgte die Zulassung durch das niederländische Gesundheitsministerium, das ebenso die weitere Kontrolle vornimmt[511]. Die entscheidende Frage wird sein, ob der Gerichtshof allein die mit diesen Kontrollschwierigkeiten zusammenhängenden Gefahren für die Gesundheit als so ernsthaft einstuft, dass die jeweiligen nationalen Regelungen tatsächlich nicht ebenso wie das strikte Verbot des Versandes zum Schutz der Gesundheit der einheimischen Bevölkerung beitragen. Wenn auch Bedenken dieser Art im Zusammenhang mit der Kontrolle der Einhaltung von dem Gesundheitsschutz dienenden Versandhandelsregelungen derzeit nicht zu leugnen sind, so ist doch zu bezweifeln, dass solche Vorbehalte angesichts der restriktiven Rechtsprechung des EuGH zur Rechtfertigung in diesem Bereich letztlich Gehör finden und durchgreifen werden.

Statt auf „Gnade" im Hinblick auf eine Rechtfertigung des strikten Verbots des Versandhandels von apothekenpflichtigen Arzneimitteln vor dem Gerichtshof zu hoffen, sollten sich die betroffenen Institutionen und der Gesetzgeber schon jetzt intensiv mit entsprechenden Regelungen, insbesondere die Zulassung, Zertifizierung und Kontrolle der Anbieter betreffend, auseinandersetzen. Diese Erkenntnis scheint sich mittlerweile bei dem Gesetzgeber im Gegensatz zu manchen Verbänden und Interessenvertretern durchgesetzt zu haben[512]. Ansatzpunkte könnten diesbezüglich auch entsprechende Vorgaben zur Gewährleistung der Qualität und Sicherheit beim Versand von Arzneimitteln durch den Gesetzgeber in der Schweiz[513], in Großbritannien und den Niederlanden sein, wo sich dieser Vertriebsweg mittlerweile etabliert hat[514]. Dies haben auch schon Krankenkassen in Deutschland erkannt und weisen ihre Versicherten ausdrücklich auf die Erstattungsmöglichkeit von via Internet erworbenen verschreibungspflichtigen Arzneimitteln hin.

511 *Schulte*, Arbeit und Sozialpolitik 2001, S. 42

512 Hoffmann, SZ vom 19.03.2002, S. 21; *ders.*, SZ vom 08.11.2001, S. 23; *Brunner*, Pharm. Ztg. 2001, S. 18; *Hovermann*, BKK 2001, S. 180

513 Vgl. hierzu auch: *Schäfers/Kaesbach*, BKK 2001, S. 493; *Schulte*, Arbeit und Sozialrecht 2001, S. 42 f.; *Hovermann*, BKK 2001, S. 177 f.

514 *Schäfers/Kaesbach*, BKK 2001, S. 489; *Hovermann*, BKK 2001, S. 177

E. Die Freiheit des Dienstleistungsverkehrs

I. Die Dienstleistungsfreiheit in Abgrenzung zu anderen Grundfreiheiten des Vertrages

1. Subsidiarität des freien Dienstleistungsverkehrs

Die Vorlagefrage in der Rechtssache *„Kohll"* betrifft die Vorschriften der Freiheit des Dienstleistungsverkehrs[515]. In seinen Schlussanträgen ging *Generalanwalt Tesauro* sogar im Hinblick auf die Rechtssache *„Decker"* auf diese Grundfreiheit ein, weil der Gesichtspunkt der „Eigenart der betreffenden Waren" und der dadurch möglicherweise erforderliche Einsatz besonders qualifizierten Verkaufspersonals beim Handel mit medizinischen Erzeugnissen nicht unberücksichtigt bleiben dürfe[516].

Somit stellt sich zunächst die Frage, was den gemeinschaftsrechtlichen Begriff der Dienstleistung nach den Art. 49 (ex-Art. 59) ff. EGV ausmacht, ob und gegebenenfalls welche ärztlichen und zahnärztlichen Tätigkeiten sowie klinischen und anderen Leistungen im medizinischen Bereich unter den Schutz dieser Grundfreiheit fallen. Unter ärztlicher Tätigkeit sind dabei alle vom Arzt im Zusammenhang mit der Erkennung, Verhütung, Behandlung und Heilung von Krankheiten und anderen Leiden erbrachten Leistungen einschließlich Vorsorgemaßnahmen zu verstehen. Klinische Leistungen umfassen hingegen die stationäre Behandlung in Krankenanstalten, Heilkuren und Rehabilitationsmaßnahmen. Als andere Leistungen im medizinischen Sektor kommen beispielsweise die Krankenpflege, medizinisch-technische Leistungen, die Tätigkeiten von Augenoptikern und Masseuren in Betracht[517].

Der den Art. 49 (ex-Art. 59) ff. EGV zu Grunde liegende Begriff der Dienstleistungen ist spezifisch gemeinschaftsrechtlich definiert, wobei die gegenüber den anderen Grundfreiheiten subsidiäre Ausgestaltung der Dienstleistungsfreiheit als Auffangtatbestand[518] den Dienstleistungsbegriff einer Vielzahl von Kriterien unterstellt.

---

[515] *EuGH*, Urt. v. 28.4.1998, Rs. C-158/96, Slg. 1998, 1935, 1940, Rz. 10 (Raymond Kohll / Union des caisses de maladie)
Vgl. hierzu oben: B.II.1.

[516] Schlussanträge des *Generalanwalts Tesauro* v. 16.9.1997, Rs. C-120/95 und Rs. C-158/96, Slg. 1998, 1831, 1855, Rz. 40, insb. Fn. 52 (Nicolas Decker / Caisse de maladie des employés privés bzw. Raymond Kohll / Union des caisses de maladie); vgl. hierzu oben: D.V.2.a.

[517] Vgl. hierzu: *Lichtenberg*, VSSR 1978, S. 127

[518] *Randelzhofer*, in: *Grabitz / Hilf I*, Art. 60 Rn. 2; *Hakenberg*, in: *Lenz*, Art. 49/50, Rn. 8; *Holoubek*, in: *Schwarze*, Art. 49, Rn. 6

2. Zum Dienstleistungsbegriff

Nach der Umschreibung des Art. 50 (ex-Art. 60) EGV sind hierunter zunächst Leistungen zu verstehen, die in der Regel gegen Entgelt und in Abgrenzung zur Niederlassungsfreiheit nach Art. 43 (ex-Art. 52) ff. EGV zeitlich begrenzt („vorübergehend" nach Art. 50 [ex-Art. 60] Abs. 3 EGV) erbracht werden, ohne dass der Leistungserbringer für die Ausübung seiner Tätigkeit den Wohn- oder Unternehmenssitz verlagern muss[519]. Im Unterschied zu Waren im Sinne von Art. 23 (ex-Art. 9) Abs. 2 EGV beruhen sie auf geistigen, handwerklichen oder anderen Fertigkeiten oder Techniken, dem („unsichtbaren"[520]) „Know how"[521] des Leistenden.

Falls ausnahmsweise danach sowohl Waren als auch Dienstleistungen vorliegen können, sind solche „gemischten Leistungen" soweit wie möglich zu trennen und separat an der jeweils einschlägigen Grundfreiheit zu messen[522]. Sollte eine Leistung gegenüber der anderen aber lediglich als Annex und eine differenzierte Prüfung daher gekünstelt erscheinen, so ist auf den Schwerpunkt des zu untersuchenden (einheitlichen) Vorgangs abzustellen[523].

In Abgrenzung vom freien Kapital- und Zahlungsverkehr stellen die Dienstleistungen weder die mitgliedstaatliche Grenzen überschreitende einseitige Wertübertragung in Form von Sach- oder Geldkapital noch die Übertragung von Zahlungsmitteln über die Grenze im Sinne eines Devisentransfers dar, dem eine Gegenleistung im Rahmen einer dieser Leistung zu Grunde liegenden Transaktion

---

519 *EuGH*, Urt. v. 30.11.1995, Rs. C-55/94, Slg. 1995, 4165, 4194 ff., Rz. 22 ff. (Reinhard Gebhard / Consiglio dell'ordine degli avvocati e procuratoridi Milano); *Streinz*, Europarecht, Rn. 755; *Hakenberg*, in: *Lenz*, Art. 49/50, Rn. 11; *Randelzhofer*, in: *Grabitz / Hilf I*, Art. 60 Rn. 6; *Bleckmann*, Europarecht, Rn. 1672

520 *Troberg*, in: *von der Groeben / Thiesing / Ehlermann*, Vorbemerkung zu den Artikeln 59 bis 66 EGV, Rn. 25, Art. 60, Rn. 1 f., wobei das Kriterium „unsichtbar" für sich meines Erachtens insofern unscharf ist, als dass gerade Dienstleistungen im Hinblick auf die „Schulbeispiele" klassischer Art, wie Reparaturaufträge, aber auch und gerade die ärztliche Behandlung an ein körperliches Substrat gebunden sein können (ähnlich: *Kort*, JZ 1996, S. 134).

521 *Troberg*, in: *von der Groeben / Thiesing / Ehlermann*, Vorbemerkung zu den Artikeln 59 bis 66 EGV, Rn. 10, Art. 59, Rn. 1, Art. 60, Rn.1

522 *EuGH*, Urt. v. 30.4.1974, Rs. 155/73, Slg. 1974, 409, 428 f., Rz. 6 ff. (Giuseppe Sacchi); Bleckmann, Europarecht, Rn. 1673; *Hakenberg*, in: *Lenz*, Art. 49/50, Rn. 9; *Holoubek*, in: *Schwarze*, Art. 50, Rn. 15

523 *EuGH*, Urt. v. 9.7.1992, Rs. C-2/90, Slg. 1992, 4431, 4478, Rz. 25 f. (Kommission der Europäischen Gemeinschaften / Königreich Belgien); *EuGH*, Urt. v. 24.3.1994, Rs. C-275/92, Slg. 1994, 1039, 1088 f., Rz. 21 ff. (Her Majesty's Customs an Excise / Gerhart Schindler und Jörg Schindler); *Hakenberg*, in: *Lenz*, Art. 49/50, Rn. 9; *Bleckmann*, Europarecht, Rn. 1672; *Holoubek*, in: *Schwarze*, Art. 50, Rn. 15

gegenübersteht[524]. Nicht zuletzt müssen diese Leistungen einen grenzüberschreitenden Bezug aufweisen[525].

3. Medizinische Leistungen unter dem Blickwinkel des Dienstleistungsbegriffs

a. Entgeltlichkeit der medizinischen Leistungen

Im Hinblick auf die hier zur Diskussion stehenden Tätigkeiten und Leistungen – unabhängig davon, ob es sich um ärztliche, zahnärztliche, klinische oder andere medizinische Leistungen handelt – ist zunächst festzuhalten, dass diese von den Leistungserbringern „in der Regel" (Art. 50 [ex-Art. 60] EGV) entgeltlich erbracht werden, da sie dem Erwerbszweck des Leistungserbringers dienen und dieser dadurch am wirtschaftlichen Leben teilnimmt[526].

Fraglich ist, ob an dieser Feststellung der Umstand, dass der Staat die betreffende Leistung unter Umständen (mit-)finanziert, etwas zu ändern vermag. Unter Entgelt wird die wirtschaftliche Gegenleistung für die betreffende Leistung verstanden, wobei die Gegenleistung in der Regel zwischen dem Erbringer und dem Empfänger der Leistung vereinbart wird[527]. In der Rechtssache *„Humbel"* hat der EuGH die Entgeltlichkeit bei der Zahlung von Schulgebühren für den von einer nationalen öffentlichen Einrichtung erteilten Unterricht verneint, weil der Staat durch die Errichtung und Erhaltung eines solchen Systems keine gewinnbringende Tätigkeit aufnehmen will und zum anderen das System aus dem Staatshaushalt und nicht von den Schülern oder Eltern finanziert wird[528]. In der Rechtssache *„Wirth"* hat der Gerichtshof auf diese Erwägungen auch hinsichtlich des Unterrichts an einer Hochschule abgestellt, der ebenfalls im wesentlichen aus öffentlichen Mitteln finanziert wird[529].

---

524 *EuGH*, Urt. v. 31.1.1984, verbundene Rs. 286/82 und 26/83, Slg. 1984. 377, 403 f., Rz. 19 ff. (Graziana Luisi und Giuseppe Carbone / Ministero del Tesoro); *Weber*, in: *Lenz*, Vorbemerk. Art. 56-60, Rn. 8; *Bleckmann*, Europarecht, Rn. 1702 f.

525 *Streinz*, Europarecht, Rn. 755; *Randelzhofer*, in: *Grabitz / Hilf I*, Art. 60, Rn. 3 f.; *Hakenberg*, in: *Lenz*, Art. 49/50, Rn. 7; *Troberg*, in: *von der Groeben / Thiesing / Ehlermann*, Art. 59, Rn. 43

526 Vgl. hierzu: *Becker*, JZ 1997, S. 540; *Randelzhofer*, in: *Grabitz / Hilf I*, Art. 60, Rn. 8; *Troberg*, in: *von der Groeben / Thiesing / Ehlermann*, Art. 60, Rn. 7; *Schulz-Weidner*, in: *Schulte / Barwig*, S. 295; *Giesen*, in: *Schulte / Barwig*, S. 360
Hakenberg, in: *Lenz*, Art. 49/50, Rn. 12 ff. allerdings differenziert zwischen dem Erfordernis einer auf einen Erwerbszweck gerichteten (wirtschaftlichen) Tätigkeit und ihrer Entgeltlichkeit.

527 *EuGH*, Urt. v. 27.9.1988, Rs. C-263/86, Slg. 1988, 5365, 5388, Rz. 17 (Belgischer Staat / René Humbel und Marie-Thérèse Edel); *EuGH*, Urt. v. 7.12.1993, Rs. C-109/92, Slg. 1993, 6447, 6469, Rz. 15 (Stephan Max Wirth / Landeshauptstadt Hannover)

528 *EuGH*, Urt. v. 27.9.1988, Rs. C-263/86, Slg. 1988, 5365, 5388, Rz. 18 (Belgischer Staat / René Humbel und Marie-Thérèse Edel)

529 *EuGH*, Urt. v. 7.12.1993, Rs. C-109/92, Slg. 1993, 6447, 6469, Rz. 15 (Stephan Max

Aus diesen Entscheidungen folgerten sowohl *Generalanwalt Saggio* in seinem Schlussantrag zur Rechtssache *„Vanbraekel"* als auch *Generalanwalt Ruiz-Jarabo Colomer* in seinem Schlussantrag zur Rechtssache *„Smits / Peerbooms"*, dass die medizinischen Leistungen, die Bestandteil des öffentlichen Gesundheitssystems sind, vom Staat eingerichtet und organisiert sowie mit öffentlichen Geldern finanziert werden[530] oder in einem System, das wie das niederländische auf dem Sachleistungsprinzip beruht[531], nicht das in Art. 50 (ex-Art. 60) EGV geforderte Kriterium der Entgeltlichkeit erfüllen und somit nicht unter den Schutz des freien Dienstleistungsverkehr fallen.

Diese Übertragung auf den Bereich der medizinischen Versorgung berücksichtigt aber nicht, dass im Gegensatz zu den öffentlichen Bildungseinrichtungen freiberufliche Ärzte und Zahnärzte sowie der Großteil der medizinischen Einrichtungen gerade nichtstaatlich organisiert und tätig sind. Gesundheitssysteme, die nach dem Sachleistungsprinzip ausgestaltet[532] sind, können schon aus diesem Grund nicht mit nationalen Bildungssystemen verglichen werden. Die Leistungen der medizinischen Einrichtungen werden zum einen ebenso wie die Leistungen der freiberuflichen Leistungserbringer in einem auf dem Sachleistungsprinzip beruhenden System, wie es in den Niederlanden ausgestaltet ist, zum Großteil über die Beiträge der Versicherten und Arbeitgeber finanziert[533] und nicht wie das öffentliche Bildungswesen überwiegend aus dem Staatshaushalt[534]. Die Leistungserbringer wollen nicht nur eine nach dem Sachleistungsprinzip bestehende Pflicht zur medizinischen Versorgung gegenüber den Versicherten erbringen, sondern damit natürlich auch und vor allem ihren eigenen Unterhalt durch den Gewinn aus ihrer Tätigkeit sichern. Sie selbst sind dabei „unternehmerisch" tätig und nicht wie bei dem angesprochenen nationalen Bildungssystem lediglich „direkt eingestelltes Personal"[535]. Zudem werden nach dem Sach-

Wirth / Landeshauptstadt Hannover)

530 Schlussantrag des *Generalanwalts Saggio* v. 18.5.2000, Rs. C-368/98, Rz. 21 (Abdon Vanbraekel u.a. / Alliance nationale des mutualités chrétiennes [ANMC])

531 Schlussantrag des *Generalanwalts Ruiz-Jarabo Colomer* v. 18.5.2000, Rs. C-157/99, Rz. 37 ff. (B. S. M. Smits, verheiratete Geraets / Stichting Ziekenfonds VGZ und H. T. M. Peerbooms / Stichting CZ Groep Zorgverzekeringen)
Bezeichnenderweise vertrat die Bundesrepublik Deutschland in der von ihr abgegebenen Stellungnahme ebenso die Auffassung, dass eine in einem auf dem Sachleistungsprinzip beruhenden System erbrachte medizinische Leistung keine Dienstleistung sei.

532 Vgl. zu den Merkmalen des Sachleistungsprinzips unten: G.III.2.a.

533 Schlussantrag des *Generalanwalts Ruiz-Jarabo Colomer* v. 18.5.2000, Rs. C-157/99, Rz. 40 (B. S. M. Geraets-Smits / Stichting Ziekenfonds VGZ und H. T. M. Peerbooms / Stichting CZ Groep Zorgverzekerin)

534 Ebenso: Schlussanträge des *Generalanwalts Tesauro* v. 16.9.1997, Rs. C-120/95 und Rs. C-158/96, Slg. 1998, 1831, 1856, Rz. 41, Fn. 55 (Nicolas Decker / Caisse de maladie des employés privés bzw. Raymond Kohll / Union des caisses de maladie)

535 Schlussantrag des *Generalanwalts Ruiz-Jarabo Colomer* v. 18.5.2000, Rs. C-157/99, Rz. 46 (B. S. M. Geraets-Smits / Stichting Ziekenfonds VGZ und H. T. M. Peerbooms /

leistungsprinzip die Leistungserbringer nicht monatlich oder jährlich pauschal, wie direkt eingestelltes Personal abgegolten, sondern die Höhe des Entgelts hängt von den jeweils erbrachten und im Einzelnen abzurechnenden Leistungen ab. Das ändert sich auch nicht dadurch, dass entsprechende Vereinbarungen über die Höhe des von der Kasse zu zahlenden Betrages für die einzelne Leistung jährlich im voraus ausgehandelt werden[536]. Dies ist kein Spezifikum des Sachleistungsprinzips, sondern wird ebenso bei Gesundheitssystemen, die auf dem Kostenerstattungsprinzip beruhen, praktiziert.

Aus Sicht der Leistungserbringer erfolgt die Tätigkeit damit ebenso in einem nach dem Sachleistungsprinzip ausgestalteten System der Gesundheitsvorsorge in jedem Fall gegen ein Entgelt, unabhängig davon, wer diese Gegenleistung letztendlich trägt[537]. Auch die Sichtweise der Leistungserbringer und nicht allein die der Leistungsempfänger[538] oder anderer muss ausschlaggebend sein, wenn beurteilt werden soll, ob eine Leistung entgeltlich erbracht wird oder nicht. Das ergibt sich schon aus dem Kriterium des entgeltlichen „Erbringens" (und eben nicht „Empfangens") der Leistung. Aus diesem Grund muss das betreffende Entgelt nicht zwingend unmittelbar von demjenigen gezahlt werden, der die Leistung in Anspruch nimmt[539], sodass es keine Rolle spielt, wenn der zuständige Sozialversicherungsträger wie beim Sachleistungsprinzip die Zahlung der Leistung unmittelbar übernimmt. Unter Berücksichtigung der einheitlichen Anwendbarkeit des Gemeinschaftsrechts kann die Ausgestaltung der Abrechnung im Systems nicht ausschlaggebend dafür sein, die Erbringung und Inanspruchnahme einer medizinischen Leistung als entgeltlich oder unentgeltlich einzuordnen und damit dem Einfluss der Grundfreiheiten auszusetzen oder zu entziehen[540]. Zudem trifft es nicht zu, dass die Leistung aus Sicht der Versicherten

---

Stichting CZ Groep Zorgverzekerin); ähnlich: *von Maydell*, in: *von Maydell / Schnapp*, S. 27

[536] Schlussantrag des *Generalanwalts Ruiz-Jarabo Colomer* v. 18.5.2000, Rs. C-157/99, Rz. 45 f. (B. S. M. Geraets-Smits / Stichting Ziekenfonds VGZ und H. T. M. Peerbooms / Stichting CZ Groep Zorgverzekerin)

[537] *EuGH*, Urt. v. 12.7.2001, Rs. C-157/99, NJW 2001, S. 3391 ff., 3394, Rz. 58 (B. S. M. Smits, verheiratete Geraets / Stichting Ziekenfonds VGZ und H. T. M. Peerbooms / Sichting CZ Groep Zorgverzekeringen)

[538] So aber: Schlussantrag des *Generalanwalts Ruiz-Jarabo Colomer* v. 18.5.2000, Rs. C-157/99, Rz. 40 ff. (B. S. M. Geraets-Smits / Stichting Ziekenfonds VGZ und H. T. M. Peerbooms / Stichting CZ Groep Zorgverzekerin)

[539] *EuGH*, Urt. v. 12.7.2001, Rs. C-157/99, NJW 2001, S. 3391 ff., 3394, Rz. 57 (B. S. M. Smits, verheiratete Geraets / Stichting Ziekenfonds VGZ und H. T. M. Peerbooms / Sichting CZ Groep Zorgverzekeringen); *EuGH*, Urt. v. 26.4.1988, Rs. C-352/85, Slg. 1988, 2085, 2131, Rz. 16 (Bond van Adverteerders u.a. / Niederländischer Staat); *Hakenberg*, in: *Lenz*, Art. 49/50, Rn. 16; *Troberg*, in: *von der Groeben / Thiesing / Ehlermann*, Art. 60, Rn. 7; *Holoubek*, in: *Schwarze*, Art. 50, Rn. 7; *Schaub*, in: Grenzüberschreitende Gesundheitsversorgung in der Europäischen Union, S. 51

[540] *Eichenhofer*, VSSR 1999, S. 115 ff.; *Kingreen*, NJW 2001, S. 3383

kostenlos erbracht wird[541]. Schließlich sind sie über ihre Beitragszahlungen, die den Großteil des den Leistungserbringern zufließenden Entgelts ausmachen, an den finanziellen Lasten eines nach dem Sachleistungsprinzip ausgestalteten Gesundheitssystems beteiligt. An der Entgeltlichkeit der medizinischen Leistungen kann mithin auch nicht unter Verweis auf die Besonderheiten von nach dem Sachleistungsprinzip ausgestalteten Systemen der sozialen Sicherheit bzw. auf eine finanzielle Mitbeteiligung des Staates gezweifelt werden[542]. Das hat auch der Gerichtshof in seinen Entscheidungen in den Rechtssachen *„Smits / Peerbooms"* und *„Vanbraekel"* ausdrücklich klargestellt[543].

b. Übrige Kriterien des Dienstleistungsbegriffs bei medizinischen Leistungen

Die in Frage stehenden medizinischen Leistungen werden auch zeitlich vorübergehend[544] erbracht, soweit der Erbringer den Mittelpunkt der Ausübung seiner Tätigkeit nicht in den Mitgliedstaat der betreffenden Leistungsempfänger verlegt. In diesem Fall ist gerade in Abgrenzung zur Niederlassungsfreiheit und aufgrund der Subsidiarität des freien Dienstleistungsverkehrs erstere betroffen. Die Abgrenzung kann im Einzelfall, vor allem wenn der Leistungserbringer eine bestimmte Infrastruktur in mehreren Mitgliedstaaten unterhält, durchaus schwierig sein. Bei solchen Grenzkonstellationen sind die Natur, der Zweck und insbesondere die Dauer, die Häufigkeit, die regelmäßige Wiederkehr sowie die Kontinuität der jeweiligen Leistung zu berücksichtigen[545].

---

541 Schlussanträge des *Generalanwalts Tesauro* v. 16.9.1997, Rs. C-120/95 und Rs. C-158/96, Slg. 1998, 1831, 1856, Rz. 41 (Nicolas Decker / Caisse de maladie des employés privés bzw. Raymond Kohll / Union des caisses de maladie); *Schulz-Weidner / Felix, SozSich* 1997, S. 1145; *Horn*, Sozialrecht und Praxis 2001, S. 667; a.A.: Schlussantrag des *Generalanwalts Ruiz-Jarabo Colomer* v. 18.5.2000, Rs. C-157/99, Rz. 41 (B. S. M. Geraets-Smits / Stichting Ziekenfonds VGZ und H. T. M. Peerbooms / Stichting CZ Groep Zorgverzekerin)

542 Im Ergebnis ebenso: *Schulz-Weidner*, in: *Schulte / Barwig*, S. 295; *Kingreen*, NJW 2001, S. 3383

543 *EuGH*, Urt. v. 12.7.2001, Rs. C-157/99, NJW 2001, S. 3391 ff., 3394, Rz. 55 ff. (B. S. M. Smits, verheiratete Geraets / Stichting Ziekenfonds VGZ und H. T. M. Peerbooms / Sichting CZ Groep Zorgverzekeringen); *EuGH*, Urt. v. 12.7.2001, Rs. C-368/98, NJW 2001, S. 3397 ff., 3400, Rz. 38 ff. (Abdon Vanbraekel u. a. / Alliance nationale des mutualités chrétiennes [ANMC])

544 Insoweit hängt der zeitliche Gesichtspunkt grundsätzlich unweigerlich mit dem Schwerpunkt der Tätigkeit des Leistungserbringers zusammen. An dem Ort, an welchem er die meiste Zeit zur Ausübung seiner Tätigkeit aufwendet, wird regelmäßig auch der Schwerpunkt seines Wirkens sein.
Anderer Ansicht ist offenbar *Lichtenberg*, VSSR 1978, S.136, der bei dem Erfordernis „vorübergehend" neben dem zeitlichen Gesichtspunkt auch separat auf den Schwerpunkt der Tätigkeit abstellt.

545 *EuGH*, Urt. v. 30.11.1995, Rs. C-55/94, Slg. 1995, 4165, 4195, Rz. 27 (Reinhard Gebhard / Consiglio dell'ordine degli avvocati e procuratoridi Milano); Schlussanträge des *Gene-*

Medizinische Behandlungen beruhen auf der geistigen Tätigkeit und den Fingerfertigkeiten des Arztes oder sonstiger Leistungserbringer. Dass Behandlungsleistungen der hier in Frage stehenden Art nicht zum Kapital- und Zahlungsverkehr gehören, bedarf ebenfalls keiner eingehenderen Erläuterung. Medizinische Leistungen fallen somit grundsätzlich unter den gemeinschaftsrechtlichen Begriff der Dienstleistung und sind damit nach den Art. 49 (ex-Art. 59) ff. EGV geschützt, zumal sie im Rahmen von freiberuflichen Tätigkeiten nach Art. 50 (ex-Art. 60) Abs. 2 lit. d) EGV ausgeübt werden können[546].

Das Kriterium des grenzüberschreitenden Bezugs der Tätigkeit kann durch verschiedenste Konstellationen verwirklicht werden[547]. So kann der Leistungserbringer sich zur Ausübung der Behandlung selbst zu einem in einem anderen Mitgliedstaat ansässigen Leistungsempfänger begeben, mithin also selbst die Grenze überschreiten. Es kann aber auch umgekehrt der Leistungsempfänger den Leistungserbringer in seinem Land aufsuchen. Ebenso ist es vorstellbar und im Zeitalter der neuen Medien von zunehmender Relevanz, dass Leistungserbringer und -empfänger in ihren jeweiligen Heimatstaaten bleiben und allein die Leistung die Grenze überschreitet. Dies ist freilich bei medizinischen Behandlungsleistungen zumindest derzeit noch die Ausnahme[548]. Denkbar sind insoweit vor allem Leistungen der Laboratoriumsmedizin und mit gewissen Vorbehalten grundlegende Beratungen via Telefon oder Internet, bei der die Individualiät des Leistungsempfängers und das erforderliche Vertrauen zum Leistungserbringer weniger als im Regelfall im Mittelpunkt stehen. Inwieweit daneben die neuen Medien im Bereich der ärztlichen Behandlung unter der Prämisse der Dienstleistungsfreiheit in der Praxis kurz- oder mittelfristig an Bedeutung gewinnen werden[549], bleibt abzuwarten. Schließlich ist – von Notfällen einmal abgesehen – ein

ralanwalts Philippe Léger v. 20.6.1995, Rs. C-55/94, Slg. 1998, 4161, 4173 ff., Rz. 31 ff. (Reinhard Gebhard / Consiglio dell'ordine degli avvocati e procuratoridi Milano); *Hakenberg*, in: *Lenz*, Art. 49/50 EGV, Rn. 11; *Bleckmann*, Europarecht, Rn. 1672; *Holoubek*, in: *Schwarze*, Art. 50, Rn. 12

546 *EuGH*, Urt. v. 4.10.1991, Rs. C-159/90, Slg. 1991, 4685, 4738 f., Rz. 16 ff. (Society for the Protection of Unborn Children Ireland Ltd / Stephen Grogan u.a.); Schlussanträge des *Generalanwalts Tesauro* v. 16.9.1997, Rs. C-120/95 und Rs. C-158/96, Slg. 1998, 1831, 1855, Rz. 40, insb. Fn. 52 (Nicolas Decker / Caisse de maladie des employés privés bzw. Raymond Kohll / Union des caisses de maladie); Schlussantrag des *Generalanwalts Ruiz-Jarabo Colomer* v. 18.5.2000, Rs. C-157/99, Rz. 38, 45 (B. S. M. Smits, verheiratete Geraets / Stichting Ziekenfonds VGZ und H. T. M. Peerbooms / Stichting CZ Groep Zorgverzekeringen); Lichtenberg, VSSR 1978, 135; *Schulte*, in: *Schulte / Barwig*, S. 74

547 Vgl. hierzu: *Randelzhofer*, in: *Grabitz / Hilf I*, Art. 60, Rn. 4 ff.; *Troberg*, in: *von der Groeben / Thiesing / Ehlermann*, Art. 60, Rn. 20 f. *Hakenberg*, in: *Lenz*, Art. 49/50, Rn. 5; *Reich*, Europäisches Verbraucherrecht, S. 120; *Müller-Graff*, in: FS für Lukes, S. 474 f.

548 Dies betrifft in erster Linie die Gebiete des Bank- und Versicherungswesens sowie Rundfunk und Fernsehen. Vgl. hierzu: *Hakenberg*, in: *Lenz*, Art. 49/59, Rn. 18 mit Verweisen auf die einschlägige EuGH-Rechtsprechung; *Streinz*, Europarecht, Rn. 756

549 *Kröck*, Der Einfluß der europäischen Grundfreiheiten am Beispiel der Ärzte und Arznei-

Vertrauensverhältnis zwischen dem Arzt und Patienten immer noch eine, wenn nicht gar die entscheidende Voraussetzung der Behandlung und damit für die Leistungserbringung. Die Individualität der medizinischen Behandlung erfordert auch weiterhin regelmäßig den unmittelbaren Kontakt zwischen dem Arzt und dem Patienten. Nicht zuletzt können sich sowohl Leistungserbringer als auch Leistungsempfänger zur Erbringung der Leistungen in einen anderen (dritten) Mitgliedstaat begeben. Hierbei ist auch nicht erforderlich, dass der Mitgliedstaat der Niederlassung des Leistungserbringers und der Mitgliedstaat, in dem der Leistungsempfänger ansässig ist, verschieden sind. Entscheidend ist in diesen Konstellationen allein, dass der Erbringer die Dienstleistung in einem anderen Mitgliedstaat als demjenigen anbietet, in dem er niedergelassen ist. Der Niederlassungsort des Erbringers und dessen Verhältnis zu dem Ort, in welchem der Leistungsempfänger ansässig und tätig ist, spielen hingegen keine Rolle[550]. Dies ist zudem die Konsequenz aus dem Binnenmarktgedanken, „der das Denken allein in bilateralen Grenzüberschreitungen überwindet“[551].

Im Verfahren in der Rechtssache *„Kohll“* wurde vorgetragen, dass die streitige Regelung allein die Art und Weise der Erstattung von Krankheitskosten und damit ausschließlich einen innerstaatlichen Sachverhalt umfasse[552]. Diese Einschätzung schlägt schon deshalb fehl, weil die Art und Weise der Erstattung gerade die Inanspruchnahme von in anderen Mitgliedstaaten niedergelassenen Leistungserbringern betraf[553] und somit immer einen grenzüberschreitenden Sachverhalt der aufgeführten Konstellationen beinhalten musste.

mittel, S. 109 hat dabei schon die ärztliche Beratung von Kollegen via Bildschirm, die Stellung von Ferndiagnosen und sogar die Operation aus der Ferne mit Unterstützung von High-Tech-Maschinen vor Augen. Ein Blick über die Grenze nach Dänemark kann aus deutscher Sicht das Vorstellunsvermögen über medizinische Leistungen via Internet enorm erweitern. Ebenso: *Gerlof*, Gesundheit und Gesellschaft 2001, S. 30 ff.; *Hovermann*, BKK 2001, S. 174 f.

550 *EuGH*, Urt. v. 26.2.1991, Rs. C 154/89, Slg. 1991, 659, 685, Rz. 9 ff. (Kommission der Europäischen Gemeinschaften / Französische Republik); *EuGH*, Urt. v. 26.2.1991, Rs. C-180/89, Slg. 1991, 709, 721, Rz. 8 ff. (Kommission der Europäischen Gemeinschaften / Italienische Republik); *EuGH*, Urt. v. 26.2.1991, Rs. C-198/89, 727, 738 f., Rz. 9 ff. (Kommission der Europäischen Gemeinschaften / Griechische Republik); *EuGH*, Urt. v. 5.6.1997, Rs. C-398/95, Slg. 1997, 3091, 3117, Rn. 8 (Syndesmos ton en Ellasi Touristikon kai Taxidiotikon Grafeion / Ypougos Ergasias); *Weber*, EWS 1995, S. 293

551 *Müller-Graff*, in: FS für Lukes, S. 490

552 Schlussanträge des *Generalanwalts Tesauro* v. 16.9.1997, Rs. C-120/95 und Rs. C-158/96, Slg. 1998, 1831, 1856, Rz. 41 (Nicolas Decker / Caisse de maladie des employés privés bzw. Raymond Kohll / Union des caisses de maladie)

553 Vgl. hierzu oben: B.II.1.

4. Inhalt der Dienstleistungsfreiheit

Im Anschluss an die Konstellationen des Kriteriums der Grenzüberschreitung werden drei Varianten der Dienstleistungsfreiheit unterschieden. Das Gemeinschaftsrecht schützt zum einen die sog. „aktive Dienstleistungsfreiheit", bei der sich der Dienstleistungserbringer in einen anderen Mitgliedstaat begibt[554]. Auf die in Art. 50 (ex-Art. 60) Abs. 3 EGV ausdrücklich erwähnte sog. „aktive Dienstleistungsfreiheit" kann sich mithin nur der Leistungserbringer berufen. Im Bereich der klinischen Leistungen kommt aufgrund des Erfordernisses der nur vorübergehenden Tätigkeit[555] der Schutz des Leistungserbringers beispielsweise dann in Betracht, wenn ein Leistungserbringer in einem Krankenhaus, welches in einem anderen Mitgliedstaat als dem seiner Nierderlassung liegt, Operationen anbietet und vornimmt. Abgrenzungsprobleme zur Niederlassungsfreiheit ergeben sich im Hinblick auf das Erfordernis der nur vorübergehenden Tätigkeit insbesondere, wenn einem solchen Leistungserbringer in der im anderen Mitgliedstaat gelegenen Klinik ständig sog. „Belegbetten" zur Verfügung stehen. Der vorübergehende Charakter der Leistung schließt zwar nicht die Möglichkeit für den Dienstleistungserbringer aus, sich in einem anderen Mitgliedstaat mit einer bestimmten Infrastruktur auszustatten, soweit diese für die Erbringung der in Frage stehenden Leistung erforderlich ist[556]. In diesen Situationen wird es aber in jedem Einzelfall besonders darauf ankommen, den vorübergehenden Charakter der betreffenden Tätigkeiten unter Berücksichtigung der Dauer der Leistung, ihrer Häufigkeit, der regelmäßigen Wiederkehr oder Kontinuität zu beurteilen[557]. Bei der Nutzung ständig zur Verfügung stehender sog. Belegbetten in einem anderen Mitgliedstaat durch den Leistungserbringer spricht zumindest indiziell zunächst einiges dafür, dass der Leistungserbringer in stabiler und kontinuierlicher Weise eine Berufstätigkeit in diesem Mitgliedstaat ausübt[558]. Es sind aber stets die konkreten Umstände des Einzelfalls zu untersuchen.

Zum anderen wird durch die Vorschriften des EG-Vertrages auch die sog. „passive Dienstleistungsfreiheit" (andere sprechen von der sog. „negativen Dienstleistungsfreiheit") garantiert, bei welcher der Dienstleistungsempfänger einen

---

[554] *EuGH*, Urt. v. 31.1.1984, verbundene Rs. 286/82 und 26/83, Slg. 1984. 377, 401, Rz. 10 (Graziana Luisi und Giuseppe Carbone / Ministero del Tesoro); *Streinz*, Europarecht, Rn. 756; *Kröck*, Der Einfluß der europäischen Grundfreiheiten am Beispiel der Ärzte und Arzneimittel, S. 106 f.; *Weber*, EWS 1995, S. 292

[555] Diese Voraussetzung unterscheidet den freien Dienstleistungsverkehr von der (dauerhaften) Niederlassungsfreiheit i.S.v. Art. 43 (ex-Art. 52) EGV.

[556] *EuGH*, Urt. v. 30.11.1995, Rs. C-55/94, Slg. 1995, 4165, 4195, Rz. 27 (Reinhard Gebhard / Consiglio dell'ordine degli avvocati e procuratoridi Milano)

[557] *EuGH*, Urt. v. 30.11.1995, Rs. C-55/94, Slg. 1995, 4165, 4195, Rz. 27 (Reinhard Gebhard / Consiglio dell'ordine degli avvocati e procuratoridi Milano)

[558] *EuGH*, Urt. v. 30.11.1995, Rs. C-55/94, Slg. 1995, 4165, 4195 f., Rz. 28 (Reinhard Gebhard / Consiglio dell'ordine degli avvocati e procuratoridi Milano)

Leistungserbringer in einem anderen Mitgliedstaat aufsucht[559]. Diese notwendige Ergänzung zur sog. „aktiven Dienstleistungsfreiheit" entspricht dem Ziel, „... jede gegen Entgelt geleistete Tätigkeit, die nicht unter den freien Waren- und Kapitalverkehr und unter die Freizügigkeit der Personen fällt, zu liberalisieren"[560]. Die passive Dienstleistungsfreiheit schützt also den Empfänger einer Dienstleistung, der sich den Leistungserbringer frei aussuchen können soll[561]. Gerade bei den klinischen Leistungen kommen wegen der Ortsgebundenheit des Leistungserbringers in erster Linie Fälle mit Ortsveränderung des Leistungsempfängers in Betracht[562]. Es wäre in der praktischen Konsequenz auch nicht zu begründen, warum etwa bei einer längere Zeit in Anspruch nehmenden Behandlung, zwischen Leistungen, die am Wohnort des Patienten und solchen, die am Sitz des Arztes in einem anderen Mitgliedstaat erbracht werden, unterschieden werden soll[563].

Nicht zuletzt fallen sog. „Korrespondenzdienstleistungen" unter den Schutz der Art. 49 (ex-Art. 59) ff. EGV. Bei solchen überschreitet allein die Leistung die Grenze[564], beispielsweise durch die Post[565], telefonisch[566] oder durch andere Kommunikationsmittel. Hierauf können sich sowohl Leistungserbringer als auch -empfänger berufen. Solche Dienstleistungen, die ohne Ortsveränderung des Dienstleistenden oder des Diensleistungsempfängers in den Schutzbereich der Art. 49 (ex-Art. 59) ff. EGV eingeschlossen sind, rücken erst in jüngerer Zeit in den Mittelpunkt der Dienstleistungsfreiheit und werden aufgrund der rasant fortschreitenden Entwicklung moderner Kommunikationstechnologien zunehmend an Bedeutung gewinnen.

Zum Schutz der Dienstleistungsfreiheit gehören nicht erst der Vorgang der Erbringung der Dienstleistung, sondern schon „bloße" Angebote und andere Vorbereitungsmaßnahmen. Es wird dem Sinn und Zweck der Art. 49

---

559 *EuGH*, Urt. v. 31.1.1984, verbundene Rs. 286/82 und 26/83, Slg. 1984. 377, 403, Rz. 16 (Graziana Luisi und Giuseppe Carbone / Ministero del Tesoro); *Kröck*, Der Einfluß der europäischen Grundfreiheiten am Beispiel der Ärzte und Arzneimittel, S. 107; *Streinz*, Europarecht, Rn. 756 f.; *Weber*, EWS 1995, S. 292 f.; *Schulte*, ZFSH/SGB 1999, S. 274; *Reich*, Europäisches Verbraucherrecht, S. 123 ff.

560 *EuGH*, Urt. v. 31.1.1984, verbundene Rs. 286/82 und 26/83, Slg. 1984. 377, 401, Rz. 10 (Graziana Luisi und Giuseppe Carbone / Ministero del Tesoro)

561 *Lichtenberg*, VSSR 1978, 136, 138, 145

562 *von Maydell*, in: *von Maydell / Schnapp*, S. 32 f.; *Lichtenberg*, VSSR 1978, S. 128

563 *Lichtenberg*, VSSR 1978, S. 145

564 *EuGH*, Urt. v. 30.4.1974, Rs. 155/73, Slg. 1974, 409, 428, Rz. 6 (Giuseppe Sacchi); *Streinz*, Europarecht, Rn. 756, 762; *Weber*, EWS 1995, S. 292; *Schroeder*, EuGRZ 1994, S. 376

565 *EuGH*, Urt. v. 24.3.1994, Rs. C-275/92, Slg. 1994, 1039, 1088 f., Rz. 21 ff. (Her Majesty's Costums and Excise / Gerhart Schindler und Jörg Schindler)

566 *EuGH*, Urt. v. 10.5.1995, Rs. C-384/93, Slg. 1995, 1141, 1174, Rz. 20 ff. (Alpine Investments BV / Minister van Financien)

(ex-Art. 59) ff. EGV, entsprechend dem in Art. 14 (ex-Art. 7 a) EGV festgelegten Ziel, auch für Dienstleistungen einen Binnenmarkt zu schaffen[567], nicht gerecht, wenn nationale Regelungen solche, die Erbringung von Dienstleistungen unterstützenden Tätigkeiten behindern oder gar ausschließen können. Es ist somit nicht erforderlich, dass der Leistungserbringer schon einen konkreten Empfänger der Dienstleistung vorweisen muss, um sich auf den Schutz des freien Dienstleistungsverkehrs berufen zu können[568].

5. Umfang der Dienstleistungsfreiheit

a. Diskriminierungs- oder Beschränkungsverbot

Es ist umstritten, ob die Freiheit des Dienstleistungsverkehrs lediglich ein Diskriminierungsverbot beinhaltet oder darüber hinaus grundsätzlich jede Beschränkung verbietet. Weil verschiedene Begriffsbestimmungen sowohl eines Diskriminierungs- als auch eines Beschränkungsverbotes verwendet werden, sind beide termini in dem hier verwendeten Sinn zunächst zu definieren.

Das Diskriminierungsverbot erfordert allein eine absolute Gleichbehandlung von inländischen und ausländischen Dienstleistungserbringern, -empfängern und der Leistung an sich. Eine formale Diskriminierung im Hinblick auf den freien Dienstleistungsverkehr liegt vor, wenn die streitigen Maßnahmen für Ausländer und damit an die Staatsangehörigkeit anknüpfend[569] und/oder für Dienstleistungen, deren Herkunft in anderen Mitgliedstaaten liegt[570], eine andere, nachteilige Regelung vorsehen.

Dagegen umfasst das Beschränkungsverbot auch die Aufhebung der Beschränkungen aufgrund unterschiedslos anwendbarer Regelungen, die geeignet sind, die Tätigkeit des Leistungserbringers oder die Freiheit des Dienstleistungsempfängers oder die Dienstleistung selbst zu unterbinden, zu behindern oder weniger attraktiv zu machen[571]. Unterschiedslos anwendbar in diesem Sinne sind

---

567 *Weber*, EWS 1995, S. 295

568 *Kort*, JZ 1996, S. 134; *EuGH*, Urt. v. 10.5.1995, Rs. C-384/93, Slg. 1995, 1141, 1174, Rz. 19 f. (Alpine Investments BV / Minister van Financien)

569 *EuGH*, Urt. v. 1.7.1993, Rs. C-20/92, Slg. 1993, 3777, 3794, Rz. 14 (Anthony Hubbard / Peter Hamburger); *EuGH*, Urt. v. 15.3.1994, Rs. C-45/93, Slg. 1994, 911, 940, Rz. 9 f. (Kommission der Europäischen Gemeinschaften / Königreich Spanien)

570 *EuGH*, Urt. v. 26.4.1988, Rs. 352/85, Slg. 1988, 2085, 2133 f., Rz. 26, 29 (Bond van Adverteerders und andere / Niederländischer Staat); *EuGH*, Urt. v. 16.12.1992, Rs. C-211/91, Slg. 1992, 6757, 6775 f., Rz. 4 ff. (Kommission der Europäischen Gemeinschaften / Königreich Belgien); *EuGH*, Urt. v. 4.5.1993, Rs. C-17/92, Slg. 1993, 2239, 2271 f., Rz. 13 ff. (Federatión de Distribuidores Cinematográficos [Fedicine] / Spanischer Staat)

571 *EuGH*, Urt. v. 25.7.1991, Rs. C-76/90, Slg. 1991. 4221, 4243, Rz. 12 (Manfred Säger /

nach der Ansicht des Gerichtshofs diejenigen Maßnahmen, die grundsätzlich für alle gelten sollen, die im Hoheitsgebiet eines Mitgliedstaates die betreffende Tätigkeit ausüben auch dann, wenn als Voraussetzung ausdrücklich ein Wohnsitz[572] oder eine Niederlassung[573] verlangt wird, wenn es sich mithin um Voraussetzungen handelt, die den in einem anderen Mitgliedstaat niedergelassenen Dienstleistungserbringern die Ausübung ihrer Tätigkeit unmöglich machen[574]. Teilweise werden solche Beschränkungen als versteckte oder indirekte Diskriminierungen, die nicht formal an die Staatsangehörigkeit anknüpfen, verstanden und dem Diskriminierungsverbot zugeordnet[575]. Aus diesem Grund führen vermeintlich verschiedene Auffassungen im Hinblick auf die Vereinbarkeit einer Maßnahme mit dem gemeinschaftsrechtlichen Schutz dieser Grundfreiheit letztlich häufig doch zum gleichen Ergebnis[576].

Ein mittlerweile kleiner Teil in der Literatur sieht in Art. 49 (ex-Art. 59) ff. EGV lediglich ein Diskriminierungsverbot[577]. Insbesondere *Trautwein* gelangt aber grundsätzlich zu gleichen Ergebnissen, weil er von einem weitergehenden Diskriminierungsbegriff ausgeht[578]. Ihm muss jedoch entgegengehalten werden, dass seine Ausführungen dogmatisch nicht überzeugen, weil sie die Differenzierung zwischen tatbestandlicher Verletzung von Art. 49 (ex-Art. 59) EGV und deren Rechtfertigung zwar erkennen lassen, aber letztlich dennoch nicht berücksichtigen.

Weber differenziert zwischen „unkörperlichen Dienstleistungen“ (Korrespondenzdienstleistungen) und solchen, „die mit persönlichem Aufwand im Zielstaat

---

Dennemeyer & Co. Ltd); *EuGH*, Urt. v. 9.7.1997, Rs. C-222/95, Slg. 1997, 3899, 3921, Rz. 18 (Société civile immobilière Parodi / Banque H. Albert de Bary et Cie); *Hakenberg*, in: *Lenz*, Art. 49/50, Rn. 21, 23

572 *EuGH*, Urt. v. 3.12.1974, Rs. 33/74, Slg. 1974, 1299, 1309 f., Rz. 10 ff. (Johannes Henricus Maria van Binsbergen / Bestuur van de Bedrijfsvereniging voor de Metaalnijverheid); *EuGH*, Urt. v. 26.11.1975, Rs. 39/75, Slg. 1975, 1547, 1554 f., Rz. 7 ff. (Robert Gerardus Coenen und andere / Sociaal-Economische Raad)

573 *EuGH*, Urt. v. 4.12.1986, Rs. 205/84, Slg. 1986, 3755, 3809 f., Rz. 52 ff. (Kommission der Europäischen Gemeinschaften / Bundesrepublik Deutschland); *EuGH*, Urt. v. 6.6.1996, Rs. C-101/94, Slg. 1996, 2691, 2728, Rz. 31 (Kommission der Europäischen Gemeinschaften / Italienische Republik)

574 *EuGH*, Urt. v. 9.7.1997, Rs. C-222/95, Slg. 1997, 3899, 3925, Rz. 31 (Société civile immobilière Parodi / Banque H. Albert de Bary et Cie)

575 *Weber*, EWS 1995, S. 293 f., der die Grenzen zwischen „Diskriminierung“ und „Beschränkung“ als fließend ansieht.

576 Das gilt umso mehr, wenn - wie anschließend dargestellt – auch die „*Keck*-Rechtsprechung“ auf den freien Dienstleistungsverkehr übertragen wird.

577 *Trautwein*, Jura 1995, S.191 ff.

578 Er nennt es deshalb auch nur eine „Formulierungsfrage“, ob Art. 49 (ex-Art. 59) EGV lediglich ein Diskriminierungs- oder darüber hinaus ein Beschränkungsverbot enthält (*Trautwein*, Jura 1995, S. 193).

verbunden sind". Während für erstere jede Beschränkung in Anlehnung an die Warenverkehrsfreiheit verboten sei, gelte für die übrigen lediglich wie bei der Niederlassungsfreiheit das Diskriminierungsverbot[579]. Abgesehen davon, dass inzwischen auch die Niederlassungsfreiheit nach Art. 43 (ex-Art. 52) EGV ein allgemeines Beschränkungsverbot enthält[580], liefern weder der EG-Vertrag noch die Rechtsprechung des EuGH zum freien Dienstleistungsverkehr irgendwelche Anhaltspunkte für eine solche Unterscheidung. Im Wortlaut von Art. 49 (ex-Art. 59) EGV und Art. 50 (ex-Art. 60) EGV, insbesondere dessen Absatz 3, ist kein Widerspruch festzustellen[581]. Zum einen enthält Art. 50 (ex-Art. 60) EGV lediglich eine Definition des Dienstleistungsbegriffs. Zudem muss Art. 50 (ex-Art. 60) Abs. 3 EGV „als liberalisierende, den Marktzugang sichernde Bestimmung"[582] im Lichte des Bedeutungswandels ausgelegt werden, den der Beschränkungsbegriff der Dienstleistungsfreiheit vom (formalen) Diskriminierungsverbot bis hin zur Erschwerung des Marktzuganges allgemein erfahren hat[583]. Zum anderen stellt Art. 50 (ex-Art. 60) Abs. 3 EGV allein auf die aktive, nicht aber auch auf die passive Dienstleistungsfreiheit ab. Eine konsequente Umsetzung dieser Argumentation müsste folglich ebenso zu einer unterschiedlichen Behandlung von aktiver und passiver Dienstleistungsfreiheit führen. Eine solche Differenzierung ist aber insbesondere unter Berücksichtigung der Rechtsprechung des EuGH ausgeschlossen. Der Gerichtshof hat wiederholt betont, dass die Gewährleistung der passiven Dienstleistungsfreiheit die „notwendige Ergänzung" zum Schutz der in Art. 50 (ex-Art. 60) Abs. 3 EGV aufgeführten aktiven Dienstleistungsfreiheit ist[584]. Schließlich entspricht es den verbraucherpolitischen Zielsetzungen der Europäischen Union, auch und gerade die Empfänger der Dienstleistungen umfassend zu schützen[585]. Auch *Weber* ist im Ergebnis gegen die Differenzierung zwischen aktiver und passiver Dienstleistungsfreiheit. Er spricht sich „nur" für eine Unterscheidung zwischen den Korrespondenzdienstleistungen und den Dienstleistungen mit dem Ortswechsel mindestens einer beteiligten Person aus. Ebenso kann der Entscheidung des EuGH in der Rechtssache *„Säger"* eine solche Differenzierung nicht entnommen werden[586]. Im Gegenteil, der Gerichtshof bekräftigte in den Entscheidungsgründen, dass

---

579 *Weber*, EWS 1995, S. 294 ff.

580 *Streinz*, JuS 2001, S. 389 f.; *Everling*, in: GS Knobbe-Keuck, S. 611 f.; *Kort*, JZ 1996, S. 135; *Trautwein*, Jura 1995, S. 193; *Schroeder*, EuGRZ 1994, S. 377; *Scheuer*, in: *Lenz*, Art. 43, Rn. 20; *Schlag*, in: *Schwarze*, Art. 43, Rn. 3

581 So aber: *Weber*, EWS 1995, S. 294

582 *Troberg*, in: *von der Groeben / Thiesing / Ehlermann*, Art. 59, Rn. 37

583 *Hakenberg*, in: *Lenz*, Art. 49/50, Rn. 20; *Troberg*, in: *von der Groeben / Thiesing / Ehlermann*, Art. 59, Rn. 37

584 *EuGH*, Urt. v. 31.1.1984, verbundene Rs. 286/82 und 26/83, Slg. 1984. 377, 401, Rz. 10 (Graziana Luisi und Giuseppe Carbone / Ministero del Tesoro); *EuGH*, Urt. v. 2.2.1989, Rs. 186/87, Slg. 1989, 195, 220 f., Rz. 15 (Ian William Cowan / Trésor public)

585 *Kort*, JZ 1996, S. 133

586 So aber: *Weber*, EWS 1995, S. 295

„Art. 59 EWG-Vertrag [nunmehr Art. 49 EGV] nicht nur die Beseitigung sämtlicher Diskriminierungen des Dienstleistungserbringers aufgrund seiner Staatsangehörigkeit, sondern auch die Aufhebung aller Beschränkungen" verlangt[587]. Aus der Formulierung, dass die konkrete Beschränkung „erst recht" für sog. „Korrespondenzdienstleistungen" unzulässig ist[588], kann damit nicht geschlossen werden, dass das Gericht hiermit die Unterscheidung zwischen den verschiedenen Formen der Dienstleistungsfreiheit andeutet[589]. Diese Ausführungen dürfen nicht isoliert, sondern müssen vielmehr im Kontext mit den vorherigen Feststellungen des EuGH zum Beschränkungsverbot interpretiert werden. Ebenso verfängt die Argumentation *Webers* mit der Verweisvorschrift des Art. 55 (ex-Art. 66) EGV nicht, da diese Regelung nicht nur Dienstleistungen mit persönlichem Grenzübertritt betrifft, sondern – wie sich unschwer schon dem Wortlaut entnehmen lässt – auch sog. „Korrespondenzdienstleistungen" einschließt. Die besondere Behandlung der sog. „Korrespondenzdienstleistungen" gegenüber den übrigen Formen kann aus genannten Gründen nicht überzeugen[590]. Der effektive Schutz des freien Dienstleistungsverkehrs erfordert die uneingeschränkte Gleichbehandlung von aktiver Dienstleistungsfreiheit, passiver Dienstleistungsfreiheit und den Korrespondenzdienstleistungen.

Die absolut herrschende Meinung in der Literatur[591] ist heute in Übereinstimmung mit der Rechtsprechung[592] der Auffassung, dass die Gewährleistung des

---

[587] *EuGH*, Urt. v. 25.7.1991, Rs. C-76/90, Slg. 1991. 4221, 4243, Rz. 12 (Manfred Säger / Dennemeyer & Co. Ltd)

[588] *EuGH*, Urt. v. 25.7.1991, Rs. C-76/90, Slg. 1991. 4221, 4243, Rz. 13 (Manfred Säger / Dennemeyer & Co. Ltd)

[589] Im Ergebnis ebenso: *Heinemann*, Grenzen staatlicher Monopole im EG-Vertrag, S. 120 f.; Kort, JZ 1996, S. 135

[590] Im Ergebnis ebenso: *Kort*, JZ 1996, S. 135; *Troberg*, in: *von der Groeben / Thiesing / Ehlermann*, Art. 60, Rn. 24, der allerdings mit einem „erst-recht-Schluss" aus dem Beschränkungsverbot der Niederlassungsfreiheit argumentiert.

[591] *Hailbronner / Nachbaur*, EuZW 1992, S. 109 f.; *Troberg*, in: *von der Groeben / Thiesing / Ehlermann*, Art. 59, Rn. 3 f., 38; *Hakenberg*, in: *Lenz*, Art. 49/50, Rn. 23; *Randelzhofer*, in: *Grabitz / Hilf I*, Art. 59, Rn. 2, missverständlich aber insoweit Rn. 11; *Lichtenberg*, VSSR 1978, 135 ff.; *Kort*, JZ 1996, S. 135; *Reich*, EuZW 1995, S. 407; *Müller-Graff*, in: FS für Lukes, S. 482 ff.; *Streinz*, Europarecht, Rn. 674; *Großkopf*, AfP 1995, S. 467; *Schulz-Weidner*, in: *Schulte / Barwig*, S. 295 f.; *Giesen*, Sozialversicherungsmonopol und EG-Vertrag, S. 41 f.; *Hirsch*, ZEuS 1999, S. 510

[592] *EuGH*, Urt. v. 4.12.1986, Rs. 205/84, Slg. 1986, 3755, 3802, Rz. 25 (Kommission der Europäischen Gemeinschaften / Bundesrepublik Deutschland); *EuGH*, Urt. v. 25.7.1991, Rs. C-76/90, Slg. 1991. 4221, 4243, Rz. 12 (Manfred Säger / Dennemeyer & Co. Ltd); *EuGH*, Urt. v. 5.10.1994, Rs. C-381/93, Slg. 1994, 5145, 5169, Rz. 17 (Kommission der Europäischen Gemeinschaften / Französische Republik); *EuGH*, Urt. v. 28.4.1998, Rs. C-118/96, Slg. 1998, 1897, 1926 , Rz. 22 f. (Jessica Safir / Skattemyndigheten i Dalarnas län, zuvor Skattemyndigheten i Kopparbergs län); *EuGH*, Urt. v. 28.4.1998, Rs. C-158/96, Slg. 1998, 1935, 1946, Rz. 33 (Raymond Kohll / Union des caisses de maladie)

freien Dienstleistungsverkehrs nicht mehr auf ein Diskriminierungsverbot reduziert werden kann[593], sondern ein Verstoß gegen Art. 49 (ex-Art. 59) ff. EGV schon bei jeder Beschränkung vorliegt, die geeignet ist, die Tätigkeit des Dienstleistungserbringers aus einem anderen Mitgliedstaat gegenüber der eines Inländers zu erschweren. Da auch unterschiedslose Maßnahmen den freien Dienstleistungsverkehr erheblich erschweren oder sogar unmöglich machen können, gebietet der „effet utile" – die praktisch wirksame und effektive Umsetzung des Gemeinschaftsrechts und insbesondere der vertraglichen Ziele[594] – eine Auslegung dieser Grundfreiheit als Beschränkungsverbot[595]. Im Ergebnis entspricht damit der Ausgangspunkt bei der Bestimmung des Umfangs der Dienstleistungsfreiheit den für die Warenverkehrsfreiheit entwickelten Kriterien der „*Dassonville*-Formel"[596].

b. Die Übertragbarkeit der „*Keck*-Rechtsprechung" auf die Dienstleistungsfreiheit

Wenn bei der Bestimmung des Umfangs der Dienstleistungsfreiheit ein der Warenverkehrsfreiheit entsprechender weitreichender Ansatz gewählt wird, stellt sich unweigerlich die Frage, ob auch die für Art. 28 (ex-Art. 30) ff. EGV entwickelte „*Keck*-Rechtsprechung"[597] auf diese durch Art. 49 (ex-Art. 59 ff.) ff. EGV geschützte Grundfreiheit übertragen werden kann. Dann würden Maßnahmen, welche lediglich „Dienstleistungsmodalitäten" für alle Wirtschaftsteilnehmer, die ihre Tätigkeit im Inland ausüben, gleich regeln, nicht von der Grundfreiheit des freien Dienstleistungsverkehrs geschützt, sofern sie inländische Leistungserbringer und solche aus anderen Mitgliedstaaten rechtlich wie tatsächlich in gleicher Weise berühren.

---

593 So zunächst die herrschende Auffassung in den Anfangsjahren der Gemeinschaft. Vgl. zur Entwicklung vom Diskriminierungsverbot bis hin zum Beschränkungsverbot: *Hakenberg*, in: *Lenz*, Art. 49/50, Rn. 20; *Troberg*, in: *von der Groeben / Thiesing / Ehlermann*, Art. 59, Rn. 3; *Giesen*, Sozialversicherungsmonopol und EG-Vertrag, S. 40 ff.

594 Vgl. zum „effet utile": *Streinz*, in: FS für Everling, S. 1492 f.; *ders.*, Europarecht, Rn. 398 f., 406, 672, 810; *Bleckmann*, Europarecht, Rn. 1318 ff.; *Borchardt*, in: *Lenz*, Art. 220, Rn. 18

595 *Streinz*, Europarecht; Rn. 672; *Müller-Graff*, in: FS für Lukes, S. 482 ff.

596 *Reich*, Europäisches Verbraucherrecht, S. 120; *ders.*: Förderung und Schutz diffuser Interessen durch die Europäischen Gemeinschaften, S. 79; *Kort*, JZ 1996, S. 136; *Speyer*, EuZW 1991, S. 589; *Großkopf*, AfP 1995, S. 467; *Steindorf*, RIW 1983, S. 834; offen gelassen von *Troberg*, in: *von der Groeben / Thiesing / Ehlermann*, Vorbemerkung zu den Artikeln 59 bis 66, Rn. 26; a.A.: *Giesen*, Sozialversicherungsmonopol und EG-Vertrag, S. 51 f.

597 *EuGH*, Urt. v. 24.11.1993, verbundene Rs. C-267/91 und C-268/91, Slg. 1993, 6097, 6131, Rz. 16 (Strafverfahren gegen Bernhard Keck und Daniel Mithouard); vgl. hierzu oben: D.II.2.

Diese entsprechende Anwendung der „*Keck*-Rechtsprechung" auf die Dienstleistungsfreiheit wird von einem Teil der Literatur abgelehnt[598]. Das wird damit begründet, dass sich bei Dienstleistungen „Verkauf, Modalität des Verkaufs und Produktgestaltung regelmäßig nicht voneinander trennen"[599] lassen. Jede Veränderung der Leistungsmodalität wirkt wie eine Veränderung des Produkts und umgekehrt. Zudem hätte der Gerichtshof „im Bereich der Dienstleistungsfreiheit nie einen vergleichsweise weit gegriffenen Beschränkungsbegriff wie den der „*Dassonville*-Formel" verwendet".

Zugegeben lassen sich bei Dienstleistungen Verkaufsmodalitäten zwar nicht der physischen Beschaffenheit des Produkts selbst oder den Bestimmungen zu den mit der Ware verbundenen Teilen gegenüberstellen[600]. Jedoch ist es möglich, solche Regelungen von Bestimmungen über den Inhalt der Dienstleistung abzugrenzen. Verkaufsmodalitäten betreffen danach das „Wie" der Vermarktung der Leistungen. Von ihnen zu unterscheiden sind unternehmensbezogene Maßnahmen, die regeln, wer eine Leistung erbringen darf bzw. inhaltsbezogene Maßnahmen, die bestimmen, welche Leistung erbracht werden darf[601]. Wenn man in diesem Sinne das „Wie" der Vermarktung als Verkaufsmodalität versteht, dann führt diese nicht zwangsläufig zu einer Veränderung der Dienstleistung selbst. Das Argument des nicht so weiten Beschränkungsbegriffs im Rahmen des freien Dienstleistungsverkehrs ist mittlerweile ebenfalls überholt, da die Kriterien der „*Dassonville*-Formel" längst auch im Zusammenhang mit dieser Grundfreiheit angewendet werden[602]. Zudem wird zur Begründung teilweise auf die Entscheidung des EuGH in der Rechtssache *„Alpine Investments"*[603] verwiesen[604]. Dieser Verweis vermag jedoch ebenso wenig zu überzeugen. Im Gegenteil, diese Entscheidung des Gerichtshofes kann zur Begründung herangezogen werden, dass die „*Keck*-Rechtsprechung" auf dem Gebiet der Dienstleistungsfreiheit zu berücksichtigen ist. Das Gericht war der Auffassung, dass das Verbot des sog. „cold calling" in der streitigen Rechtssache gerade nicht den Voraussetzungen der Grundsätze der „*Keck*-Rechtsprechung" entsprach, hat diese also letztlich in die Prüfung miteinbezogen[605]. Damit wendet der Gerichtshof, von dem in die-

---

[598] *Hakenberg*, in: *Lenz*, Art. 49/50, Rn. 23; *Giesen*, Sozialversicherungsmonopol und EG-Vertrag, S. 51 f.

[599] *Giesen*, Sozialversicherungsmonopol und EG-Vertrag, S. 51

[600] Vgl. hierzu oben: D.II.2.

[601] *Troberg*, in: *von der Groeben / Thiesing / Ehlermann*, Art. 59, Rn. 34 ff.

[602] Vgl. hierzu oben: E.I.5.a.

[603] *EuGH*, Urt. v. 10.5.1995, Rs. C-384/93, Slg. 1995, 1141 ff. (Alpine Investments BV / Minister van Financien)

[604] *Hakenberg*, in: Lenz, Art. 49/50, Rn. 23; a.A.: *Troberg*, in: *von der Groeben / Thiesing / Ehlermann*, Art. 59 Rn. 34 (Fn. 31), der dieser Entscheidung keinerlei Hinweise des EuGH für oder gegen eine Anwendbarkeit der Grundsätze der „*Keck*-Rechtsprechung" entnehmen kann.

[605] *EuGH*, Urt. v. 10.5.1995, Rs. C-384/93, Slg. 1995, 1141, 1177 f., Rz. 36 (Alpine Invest-

sem Zusammenhang aber mehr Deutlichkeit und Präzision gefordert wird[606], und ihm folgend die überwiegende Ansicht in der Literatur[607] die „*Keck*-Rechtsprechung" entsprechend auf den freien Dienstleistungsverkehr an. Hierbei ist jedoch zu beachten, dass nach der Entscheidung in der Rechtssache „*Alpine Investments*" die „*Keck*-Rechtsprechung" allein für Sachverhalte entwickelt wurde, die den Import von Waren betrafen. Mithin dürfte – will man die Rechtsprechung des EuGH konsequent umsetzen – eine entsprechende Anwendung eigentlich nur für solche Maßnahmen in Betracht kommen, die die Einfuhr von Dienstleistungen[608] betreffen. Dagegen wäre die „*Keck*-Rechtsprechung" nicht einschlägig, soweit es um den Export von Dienstleistungen[609] geht[610].

Diese Differenzierung ist im Bereich des freien Dienstleistungsverkehrs jedoch nicht angebracht[611]. Im Ergebnis würde die Beschränkung auf Fälle des Imports von Dienstleistungen dazu führen, dass der Umfang des Schutzes der Dienstleis-

---

ments BV / Minister van Financien)

606 *Streinz*, SpuRt 2000, S. 225; *Röthel*, EuZW 2000, S. 380 im Hinblick auf die Urteile des EuGH in den Rechtssachen „Deliège" und „Lehtonen" (*EuGH*, Urt. v. 11.4.2000 und 13.4.2000, Rs. C-51/96 und Rs. C-191/97, Slg. 2000, S. 2549 ff. [Lehtonen und Deliège]), in denen der *Gerichtshof* zwar anklingen lässt, dass bloße Ausübungsbeschränkungen oder Aufenthaltsmodalitäten schon nicht als Eingriff in die Freizügigkeitsgewährleistungen zu qualifizieren sind, im Anschluss aber dennoch Verhältnismäßigkeitsüberlegungen anstellt.

607 *Streinz*, Europarecht, Rn. 762, 681; *ders.*, SpeRt 2000, S. 224 f.; *Röthel*, EuZW 2000, S. 380; *Kort*, JZ 1996, S. 138; *Kröck*, Der Einfluß der europäischen Grundfreiheiten am Beispiel der Ärzte und Arzneimittel, S. 119; *Schroeder*, EuGRZ 1994, S. 377 (Fn. 46); *Mülbert*, ZHR 159 (1995), S. 29 f.; *Everling*, ZLR 1994, S. 231; *Novak*, DB 1997, S. 2591; *Troberg*, in: *von der Groeben / Thiesing / Ehlermann*, Art. 59, Rn. 34 f., der allerdings zusätzlich die Vermarktungshindernisse einer Verhältnismäßigkeitsprüfung im Sinne einer vernünftigen „Relation zwischen der Maßnahme und einer ordnungsgemäßen Marktregelung" unterziehen will.

608 Vom Dienstleistungsimport aus Sicht eines Mitgliedstaates A kann gesprochen werden, wenn sich Leistungsanbieter aus anderen Mitgliedstaaten über die Grenze auf das Gebiet des Mitgliedstaates A begeben und dort tätig werden. Ebenso liegt ein Dienstleistungsimport vor, wenn sich Leistungsempfänger des Mitgliedstaates A zur Inanspruchnahme von Dienstleistungen in einen anderen Mitgliedstaat begeben (vgl. hierzu unten: E.III.2.a.; *Neubauer / Schallermair*, Sozialer Fortschritt 2000, S. 279).

609 Vom Dienstleistungsexport kann aus Sicht eines Mitgliedstaates A zum einen gesprochen werden, wenn Leistungsempfänger aus anderen Mitgliedstaaten Leistungen von auf dem Gebiet des Mitgliedstaates A tätigen Anbietern in Anspruch nehmen. Zum anderen liegt ein Dienstleistungsexport ebenso vor, wenn die Leistungserbringer des Mitgliedstaates A sich über die Grenze in einen anderen Mitgliedstaat begeben und dort tätig werden (*Neubauer / Schallermair*, Sozialer Fortschritt 2000, S. 279).

610 *EuGH*, Urt. v. 10.5.1995, Rs. C-384/93, Slg. 1995, 1141, 1177 f., Rz. 37 f. (Alpine Investments BV / Minister van Financien); *Kort*, JZ 1996, S. 138

611 Kritisch ebenfalls: *Reich*, EuZW 1995, S. 408, der allerdings der „*Keck*-Rechtsprechung" auch im Bereich der Warenverkehrsfreiheit kritisch gegenübersteht.

tungsfreiheit weiter als der der Warenverkehrsfreiheit reicht. Beim Rückgriff auf die Grundsätze der „*Dassonville*-Formel" wird im Unterschied zur „Maßnahme gleicher Wirkung" im Bereich des freien Warenverkehrs nämlich nicht zwischen Sachverhalten, die den Import von Dienstleistungen und solchen, die den Export betreffen, unterschieden[612]. Nur die im Vergleich zu Exportsachverhalten sehr weite Auslegung dieses Begriffes bei Warenimportregelungen machte eine Einschränkung der „*Dassonville*-Formel" durch die „*Keck*-Rechtsprechung" erst erforderlich[613]. Zudem ist es sowohl aus Sicht des Leistungserbingers als auch des Empfängers völlig gleichgültig, ob die Tätigkeit durch eine Regelung des Sitzlandes des Leistenden oder durch eine Maßnahme des Staates, in dem er seine Leistung erbringt, beschränkt wird[614]. Es ist durchaus vorstellbar und wäre nur zu begrüßen, wenn der Gerichtshof die unterschiedliche Behandlung der beiden Grundfreiheiten auch in diesem Punkt einander angleicht. Als Möglichkeit bietet es sich zum einen an, im Rahmen des Exportes von Dienstleistungen die „*Dassonville*-Formel" nicht mehr entsprechend heranzuziehen, sondern den Schutzbereich von vornherein in völliger Übereinstimmung mit der Rechtsprechung zum freien Warenverkehr enger zu bestimmen. Als Alternative hierzu könnten aber auch die Grundsätze der „*Keck*-Rechtsprechung" auf die Ausfuhr von Dienstleistungen beschränkend wirken. Diese letztere Variante erscheint vor allem unter dogmatischen Gesichtspunkten überzeugender, da der EG-Vertrag im Hinblick auf den freien Dienstleistungsverkehr im Gegensatz zur Warenverkehrsfreiheit gerade nicht zwischen Importen und Exporten differenziert. Zudem macht es, wie bereits dargestellt, sowohl für den Leistungserbringer als auch für den Empfänger keinen Unterschied, ob die Tätigkeit durch Einfuhr- oder Ausfuhrregelungen behindert wird. Die „*Keck*-Rechtsprechung" ist für den gesamten Bereich des freien Dienstleistungsverkehrs entsprechend heranzuziehen, unabhängig davon, ob es sich um Regelungen des Imports oder des Exports handelt.

c. Beschränkungen der Dienstleistungsfreiheit und zwingende Gründe des Allgemeininteresses

aa. Einordnung einer Rechtfertigung durch zwingende Gründe des Allgemeininteresses

Den Ausführungen zur entsprechenden Anwendbarkeit der „*Dassonville*-Formel" und der „*Keck*-Rechtsprechung" folgend drängt sich unausweichlich das Problem auf, ob auch die den Grundsätzen der „*Cassis*-Formel"[615] entsprechenden immanenten Schranken im Rahmen der gemeinschaftsrechtlich ge-

---

[612] Vgl. hierzu oben: E.I.5.a.
[613] Vgl. hierzu oben: D.II.2.
[614] Ähnlich: *Reich*, EuZW 1995, S. 408
[615] Vgl. hierzu oben: D.II.3.

schützten Dienstleistungsfreiheit zu berücksichtigen sind. Es ist mithin die Frage zu beantworten, ob in Ermangelung einer gemeinschaftlichen Regelung Hemmnisse für den Binnenhandel der Gemeinschaft durch unterschiedslos anwendbare Regelungen aus zwingenden Gründen des Allgemeininteresses hinzunehmen sind.

Der Gerichtshof hat schon frühzeitig Beschränkungstatbestände für den freien Dienstleistungsverkehr entwickelt und klargestellt, dass unterschiedslose, aber dennoch die Dienstleistungsfreiheit behindernde Maßnahmen mit dem Gemeinschaftsrecht nicht unvereinbar sind, wenn sie sich durch das Allgemeininteresse rechtfertigen lassen[616]. Diese Rechtsprechung hat der EuGH bis heute fortgesetzt[617], wobei allerdings nicht von einer Übertragung der „*Cassis*-Rechtsprechung" auf den freien Dienstleistungsverkehr gesprochen werden kann[618]. Diese Auffassung im Zusammenhang mit der Dienstleistungsfreiheit vertrat der Gerichtshof erstmals in der Rechtssache *„van Binsbergen"*[619] und somit vor der Entscheidung *„Cassis de Dijon"*[620].

Die Rechtsprechung des Gerichtshofs lässt bisher aber nicht eindeutig erkennen, ob er die in Betracht kommenden zwingenden Gründe des Allgemeinwohls, der Grundfreiheit des freien Warenverkehrs entsprechend als immanente Schranke der gemeinschaftsrechtlich geschützten Dienstleistungsfreiheit oder als (unge-

---

616 *EuGH*, Urt. v. 3.12.1974, Rs. 33/74, Slg. 1974, 1299, 1309, Rz. 10/12 (Johannes Henricus Maria van Binsbergen / Bestuur van de Bedrijfsvereniging voor de Metaalnijverheid); *EuGH*, Urt. v. 18.1.1979, verbundene Rs. 110/78 und 111/78, Slg. 1979, 35, 52, Rz. 28 (Ministère public und Chambre Syndicale des Agents artistiques et Impresarii de Belgique, ASBL / Willy van Wasemael und andere); *EuGH*, Urt. v. 17.12.1981, Rs. 279/80, Slg. 1981, 3305, 3325, Rz. 17 (Strafverfahren gegen Alfred John Webb - Ersuchen um Vorabentscheidung, vorgelegt vom Hoge Raad der Nederlanden), wobei der Gerichtshof in den beiden letztgenannten Entscheidungen noch auf die „Besonderheiten bestimmter Dienstleistungen" verwies.

617 *EuGH*, Urt. v. 12.12.1996, Rs. C-3/95, Slg. 1996, 6511, 6537 f., Rz. 28 (Reisebüro Broede / Gerd Sandker); *EuGH*, Urt. v. 23.11.1999, verbundene Rs. C-369/96 und C-376/96, Slg. 1999, 8453, 8513 f., Rz. 34 (Strafverfahren gegen Jean-Claude Arblade und Arblade & Fils SARL und gegen Bernard Leloup und andere)

618 *Streinz*, Europarecht, Rn. 701; *Hakenberg*, in: *Lenz*, Art. 49/50, Rn. 23; *Troberg*, in: *von der Groeben / Thiesing / Ehlermann*, Art. 59, Rn. 19 f.; Schlussanträge des *Generalanwalts Tesauro* v. 16.9.1997, Rs. C-120/95 und Rs. C-158/96, Slg. 1998, 1831, 1859, Rz. 45, Fn. 63 (Nicolas Decker / Caisse de maladie des employés privés bzw. Raymond Kohll / Union des caisses de maladie)

619 *EuGH*, Urt. v. 3.12.1974, Rs. 33/74, Slg. 1974, 1299, 1309, Rz. 10/12 (Johannes Henricus Maria van Binsbergen / Bestuur van de Bedrijfsvereniging voor de Metaalnijverheid)

620 Dagegen spricht *Trautwein*, Jura 1995, S. 192 f., von einer Anlehnung dieser Rechtsprechung an die „*Cassis*-Formel" und *Müller-Graff*, in: FS für Lukes, S. 484 f. davon, dass die von der „*Cassis*-Rechtsprechung" gezogene Garantiegrenze der Warenverkehrsfreiheit rechtsgedanklich parallelisiert wird.

schriebenen) Rechtfertigungsgrund einordnet. Das gilt vor allem im Hinblick auf die Erhaltung des finanziellen Gleichgewichts des gesetzlichen Krankenversicherungssystems[621]. Den Grundstein für seine diesbezüglich dogmatische „Unentschlossenheit" dürfte sich der EuGH selbst in seiner Entscheidung *„Gebhard"* gelegt haben[622]. Im Ergebnis spiegeln sich in den in der Rechtssache *„Gebhard"* entwickelten Grundsätzen die für die Warenverkehrsfreiheit entwickelte „*Cassis*-Rechtsprechung" sowie die für die Dienstleistungsfreiheit schon zuvor in der Rechtssache *„van Binsbergen"* aufgestellten Prinzipien verallgemeinert wieder. Diese Grundsätze hat der Gerichtshof in der Folge weiter ausdrücklich auch im Bereich der Dienstleistungsfreiheit angewendet[623].

Obgleich im Hinblick auf die endgültige dogmatische Einordnung durch das Gericht noch weitere Urteile abgewartet werden sollten, lässt der Gerichtshof in seinen bisherigen Entscheidungen erkennen, dass er eine Prüfung dieser Voraussetzungen nicht nur im Hinblick auf die Warenverkehrsfreiheit[624], sondern insbesondere im Zusammenhang mit dem freien Dienstleistungsverkehr unter Rechtfertigungsgesichtspunkten der einer immanenten Schranke vorzieht[625]. Vor allem in seiner Entscheidung zur Rechtssache *„Kohll"* hat der EuGH angedeutet, dass er das finanzielle Gleichgewicht als zwingendes Erfordernis eher den Rechtfertigungsgründen zuordnet. Das Gericht sprach in den Entscheidungsgründen diesen zwingenden Grund unter dem Abschnitt „Die Rechtfertigung der streitigen Regelung" an und lässt unmittelbar im Anschluss und ohne erkennbare Differenzierung Ausführungen zur Rechtfertigung aus Gründen der öffentlichen Gesundheit nach den Art. 55 (ex-Art. 66) und 46 (ex-Art. 56) Abs. 1 EGV folgen[626]. In der Rechtssache *„Smits / Peerbooms"* setzt sich der EuGH ebenso mit „den zwingenden Gründen, die für die Rechtfertigung von Hemmnissen für den freien Dienstleistungsverkehr ... herangezogen werden können" auseinander.

---

621 Vgl. hierzu oben: D.IV.3.b.; *Streinz*, Europarecht, Rn. 701; *Ahlfeld*, Zwingende Erfordernisse im Sinne der „*Cassis*-Rechtsprechung" des Europäischen Gerichtshofs zu Art. 30 EGV, S. 223, die sich dabei allerdings nicht auf die Entscheidung in der Rechtssache *„Kohll"* beziehen.

622 *EuGH*, Urt. v. 30.11.1995, Rs. C-55/94, Slg. 1995, 4165, 4197 f., Rz. 37 (Reinhard Gebhard / Consiglio dell'ordine degli avvocati e procuratoridi Milano); vgl. hierzu oben: D.IV.3.b.cc.

623 *EuGH*, Urt. v. 12.12.1996, Rs. C-3/95, Slg. 1996, 6511, 6537, Rz. 28 (Reisebüro Broede / Gerd Sandker); *EuGH*, Urt. v. 9.3.1999, Rs. C-212/97, Slg. 1999, 1459, 1495, Rz. 34 (Centros Ltd / Erhvervs- og Selskabsstyrelsen); *EuGH*, Urt. v. 23.11.1999, verbundene Rs. C-369/96 und C-376/96, Slg. 1999, 8453, 8513 f., Rz. 34 f (Strafverfahren gegen Jean-Claude Arblade und Arblade & Fils SARL und gegen Bernard Leloup und andere)

624 Vgl. hierzu oben: D.IV.3.b.

625 So auch: *Trautwein*, Jura 1995, S. 193; *Kingreen*, NJW 2001, S. 3384; für eine Einordnung als immenente Schrankenregelung: *Troberg*, in: *von der Groeben / Thiesing / Ehlermann*, Art. 56, Rn. 2, Art. 59, Rn. 27

626 *EuGH*, Urt. v. 28.4.1998, Rs. C-158/96, Slg. 1998, 1935, 1947 ff., Rz. 37 ff. (Raymond Kohll / Union des caisses de maladie)

Unter diesem Punkt führte er wie auch in der Rechtssache „*Vanbraekel*" neben dem Grund der öffentlichen Gesundheit nach Art. 55, 46 Abs. 1 (ex-Art. 66, 56 Abs. 1) EGV zwingende Gründe des Allgemeininteresses an, die Beschränkungen des freien Dienstleistungsverkehrs rechtfertigen können[627]. In einer ähnlichen Problematik hat der Gerichtshof in der Rechtssache „*Haim*" im Zusammenhang mit der Rechtfertigung von Beschränkungen der Niederlassungsfreiheit die Gewährleistung der Verständigung des Zahnarztes mit seinen Patienten sowie den Verwaltungsbehörden und Berufsorganisationen ebenfalls als zwingenden Grund des Allgemeininteresses geprüft und nicht dem Schutz der Gesundheit nach Art. 46 Abs. 1 (ex-Art. 56 Abs. 1) EGV zugeordnet[628]. Dieser systematischen Argumentation sollte aber nicht eine übermäßige Bedeutung beigemessen werden, wenn man sich die oftmals wenig überzeugende Dogmatik des Gerichtshofs vor Augen führt.

Es ist demgegenüber vorzuziehen, das Ziel der Erhaltung des finanziellen Gleichgewichts des gesetzlichen Krankenversicherungssystems nicht als eigenständigen Rechtfertigungsgrund, losgelöst von Art. 55, 46 Abs. 1 (ex-Art. 66, 56 Abs. 1) EGV einzuordnen, sondern – soweit es um die Rechtfertigung von Diskriminierungen geht – wegen des unmittelbaren Zusammenhangs mit dem Schutz der Gesundheit diesem ausdrücklich im Vertrag aufgeführten Rechtfertigungsgrund zuzuordnen[629]. Dies widerspricht auch nicht dem Erfordernis der aufgrund des Ausnahmecharakters erforderlichen engen Auslegung der im Vertrag abschließend aufgezählten Rechtfertigungsgründe. Soweit die Sicherung des finanziellen Gleichgewichts zum Schutz der Gesundheit beiträgt und sogar Voraussetzung für ein hohes Gesundheitsniveau ist, sind die Voraussetzungen für diesen Rechtfertigungsgrund der Art. 55, 46 Abs. 1 (ex-Art. 66, 56 Abs. 1) EGV gegeben. Ob der Zusammenhang zwischen dem finanziellen Gleichgewicht des Systems der sozialen Sicherung und dem Schutz der Gesundheit dabei unmittelbarer oder mittelbarer Natur ist, ist im Hinblick auf die Voraussetzungen dieses Rechtfertigungsgrundes ohne Bedeutung[630].

Bei Beschränkungen, die keine Diskriminierungen darstellen, bleibt für den Bereich des freien Dienstleistungsverkehrs auch weiterhin nur der Weg, den Rechtfertigungsgrund der Erhaltung des finanziellen Gleichgewichts des Systems der

---

627 *EuGH*, Urt. v. 12.7.2001, Rs. C-157/99, NJW 2001, S. 3391 ff., 3395, Rz. 72 f. (B. S. M. Smits, verheiratete Geraets / Stichting Ziekenfonds VGZ und H. T. M. Peerbooms / Sichting CZ Groep Zorgverzekeringen); *EuGH*, Urt. v. 12.7.2001, Rs. C-368/98, NJW 2001, S. 3397 ff., 3400, Rz. 47 f. (Abdon Vanbraekel u. a. / Alliance nationale des mutualités chrétiennes [ANMC])

628 *EuGH*, Urt. v. 4.7.2000, Rs. C-424/97, Slg. 2000, 5123, 5166 f., Rz. 59 (Salomone Haim / Kassenärztliche Vereinigung Nordrhein); Vgl. zu dieser Entscheidung: *Streinz*, JuS 2002, S. 285 ff.

629 Vgl. hierzu oben: D.IV.3.b.bb.

630 Vgl. hierzu oben: D.IV.3.b.bb.

sozialen Sicherheit als zwingendes Erfordernis des Allgemeinwohls losgelöst von Art. 55, 46 Abs. 1 (ex-Art. 66, 56 Abs. 1) EGV aufzugreifen, weil die in diesen Vorschriften verankerten Rechtfertigungsgründe ausschließlich für Diskriminierungen konzipiert sind[631]. Der EuGH hat, nachdem der freie Dienstleistungsverkehr auch vor Beschränkungen und nicht lediglich vor Diskriminierungen schützt, bei der Rechtfertigung aus zwingenden Gründen des Allgemeininteresses (früher konsequent) zwischen unterschiedslosen und diskriminierenden Beschränkungen streng differenziert[632]. Während Diskriminierungen nur aus den in Art. 55, 46 (ex-Art. 66, 56) EGV festgelegten Gründen gerechtfertigt werden konnten, kam eine Rechtfertigung wegen zwingender Erfordernisse des Allgemeinwohls lediglich für Beschränkungen durch unterschiedslose Regelungen in Betracht[633].

Inzwischen ist der Gerichtshof dabei, die Rechtfertigung aus zwingenden Gründen des Allgemeininteresses möglicherweise auch auf Diskriminierungen auszuweiten. Jedenfalls wird dies zunehmend von Seiten der Literatur einzelnen Entscheidungen entnommen[634]. Insbesondere wird in diesem Zusammenhang auf die bisweilen recht wenig beachtete Entscheidung in der Rechtssache „*Safir*"[635] verwiesen, mit welcher die endgültige Aufgabe der strikten Differenzierung zwischen diskriminierenden und unterschiedslosen Regelungen im Rahmen der Rechtfertigung aus zwingenden Erfordernissen des Allgemeininteresses verbunden wird[636]. Der Gerichtshof prüfte in dieser Entscheidung, ob eine schwedische Regelung, welche Kapitallebensversicherungen einer unterschiedlichen Besteuerung unterwarf, je nachdem ob die Versicherer in Schweden niedergelassen waren oder nicht und damit den freien Dienstleistungsverkehr behinderte, aus dem zwingenden Erfordernis der Schließung sich ergebender Steuerlücken gerechtfertigt ist oder nicht[637]. Die Ausführungen verdeutlichen, dass es dem Gericht in

---

631 *Schlag*, in: *Schwarze*, Art. 46, Rn. 3; *Troberg*, in: *von der Groeben / Thiesing / Ehlermann*, Art. 56, Rn. 2

632 *EuGH*, Urt. v. 5.6.1997, Rs. C-398/95, Slg. 1997, 3091, 3120, Rz. 21 (Syndesmos ton en Elladi Touristikon kai Taxidiotikon Grafeion / Ypourgos Ergasias); *EuGH*, Urt. v. 30.11.1995, Rs. C-55/94, Slg. 1995, 4165, 4197, Rz. 37 (Reinhard Gebhard / Consiglio dell'ordine degli avvocati e procuratoridi Milano); *EuGH*, Urt. v. 4.12.1986, Rs. 205/84, Slg. 1986, 3755, 3803, Rz. 27 (Kommission der Europäischen Gemeinschaften / Bundesrepublik Deutschland)

633 *Weiß*, EuZW 1999, S. 496 f. unter besonderer Berücksichtigung der Rechtsprechung zur Niederlassungsfreiheit; *Holoubek*, in: *Schwarze*, Art. 49, Rn. 99; *Kingreen*, NJW 2001, S. 3384

634 *Streinz*, JuS 1999, 1222; *ders.*, in: FS Rudolf, S. 200 ff.; *Weiß*, EuZW 1999, S. 493 f., 496 f.; *Hakenberg*, in: *Lenz*, Art. 49/50, Rn. 20, 26; *Kingreen*, NJW 2001, S. 3384; a.A.: *Holoubek*, in: *Schwarze*, Art. 49, Rn. 99

635 *EuGH*, Urt. v. 28.4.1998, Rs. C-118/96, Slg. 1998, 1897 (Jessica Safir / Skattemyndigheten i Dalarnas län, zuvor Skattemyndigheten i Kopparbergs län)

636 *Hakenberg*, in: *Lenz*, Art. 49/50, Rn. 20, 26

637 *EuGH*, Urt. v. 28.4.1998, Rs. C-118/96, Slg. 1998, 1897, 1926, Rz. 24 ff. (Jessica Safir /

dieser Entscheidung im Hinblick auf die Rechtfertigung aus zwingenden Gründen des Allgemeininteresses nicht mehr auf die Differenzierung zwischen diskriminierenden und unterschiedslosen Regelungen angekommen ist, denn er hat durchaus erkannt, dass es sich um eine diskriminierende Maßnahme handeln könnte[638].

Nun ließe sich zwar die Auffassung vertreten, dass eine Differenzierung in diesem konkreten Fall nicht vorgenommen werden musste. Denn - wie der EuGH feststellte - gab es andere ebenfalls geeignete Möglichkeiten, „die von der schwedischen Regierung geltend gemachte Steuerlücke zu schließen, und die den freien Dienstleistungsverkehr dabei weniger stark beschränken“[639]. Folglich, so kann argumentiert werden, ist eine Maßnahme der in Frage stehenden Art auch dann gemeinschaftswidrig, wollte man sie als unterschiedslose einordnen, sodass eine Differenzierung in diesem speziellen Fall überflüssig gewesen ist. Allerdings steht dieser Argumentation die Einleitung des Gerichts zur konkreten Untersuchung der Vorlagefrage entgegen: „Es ist daher zu prüfen, ob eine solche Regelung Hindernisse für den freien Dienstleistungsverkehr schafft und ob diese Hindernisse gegebenenfalls durch die von der schwedischen Regierung angeführten Gründe gerechtfertigt sind.“ [640] Es spricht bei Beleuchtung dieser Aussage durchaus einiges dafür, dass der EuGH in dieser Entscheidung erstmals darauf hinweist, dass auch diskriminierende Regelungen aus zwingenden Gründen des Allgemeininteresses gerechtfertigt sein können.

Getragen wird diese Ansicht zudem durch die Entscheidung in der Rechtssache *„Kohll“*, die am gleichen Tag erging. Im Rahmen der Rechtfertigung der zuvor festgestellten Beschränkungen des freien Dienstleistungsverkehrs ging der Gerichtshof mit keinem Wort auf die Differenzierung zwischen „nur“ beschränkenden und diskriminierenden Regelungen ein[641], obwohl *Generalanwalt Tesauro* in seinen Schlussanträgen sich dieser Problematik in aller Ausführlichkeit widmete[642]. Dies könnte ebenfalls als Indiz dafür sprechen, dass der EuGH – oh-

---

Skattemyndigheten i Dalarnas län, zuvor Skattemyndigheten i Kopparbergs län)

638 „Außerdem machen es Regelungen wie die schwedische für das nationale Gericht, das prüfen soll, ob die steuerliche Regelung diskriminierend ist, schwierig, wenn nicht unmöglich, ...“, *EuGH*, Urt. v. 28.4.1998, Rs. C-118/96, Slg. 1998, 1897, 1928, Rz. 32 (Jessica Safir / Skattemyndigheten i Dalarnas län, zuvor Skattemyndigheten i Kopparbergs län)

639 *EuGH*, Urt. v. 28.4.1998, Rs. C-118/96, Slg. 1998, 1897, 1929, Rz. 33 (Jessica Safir / Skattemyndigheten i Dalarnas län, zuvor Skattemyndigheten i Kopparbergs län)

640 *EuGH*, Urt. v. 28.4.1998, Rs. C-118/96, Slg. 1998, 1897, 1926, Rz. 25 (Jessica Safir / Skattemyndigheten i Dalarnas län, zuvor Skattemyndigheten i Kopparbergs län)

641 *EuGH*, Urt. v. 28.4.1998, Rs. C-158/96, Slg. 1998, 1935, 1947ff., Rz. 37 ff. (Raymond Kohll / Union des caisses de maladie)

642 Schlussanträge des *Generalanwalts Tesauro* v. 16.9.1997, Rs. C-120/95 und Rs. C-158/96, Slg. 1998, 1831, 1858 ff., Rz. 45 ff. (Nicolas Decker / Caisse de maladie

ne ausdrücklich darauf hinzuweisen – eine Änderung seiner Rechtsprechung einleitete, durch welche nunmehr auch diskriminierende Maßnahmen durch zwingende Erfordernisse des Allgemeinwohls zu rechtfertigen sind[643]. Nicht zuletzt in der Rechtssache *„Smits / Peerbooms"* zog der Gerichtshof zwingende Gründe des Allgemeininteresses zur Rechtfertigung von diskriminierenden Maßnahmen im Bereich des freien Dienstleistungsverkehers heran[644], wenngleich er eine Differenzierung zwischen diskriminierenden Maßnahmen und lediglich beschränkenden Regelungen nicht vornahm[645].

Manche wollen den Beginn dieser Neuorientierung schon in dem Urteil in der Rechtssache *„Svensson"*[646] bzw. *„De Agostini"*[647] sehen. In der ersten, die Niederlassungsfreiheit betreffenden Entscheidung wies der EuGH zunächst darauf hin, dass eine Diskriminierung „nur aus den Gründen des Allgemeininteresses gerechtfertigt sein" kann, „die in Artikel 56 Absatz 1 des Vertrages [nunmehr Art. 46 Abs. 1 EGV] genannt sind, auf den Artikel 66 [nunmehr Art. 55 EGV] verweist." Sodann führte das Gericht seine vorangegangene Rechtsprechung an, welche Beschränkung des freien Dienstleistungsverkehrs „durch die Notwendigkeit, die Kohärenz einer Steuerregelung zu gewährleisten, gerechtfertigt sein kann", was im konkreten Fall jedoch nicht gegeben war[648]. Während der erste Teil dafür spricht, dass das Gericht Diskriminierungen im Bereich der Niederlassungs- und der Dienstleistungsfreiheit ausschließlich durch Art. 55, 46 (ex-Art. 66, 56) EGV rechtfertigen lässt, scheint dagegen der anschließende Verweis auf zwingende Gründe des Allgemeinwohls die Ansicht zu unterstützen, dass der Gerichtshof schon seinerzeit die Rechtfertigung von diskriminierenden Maßnahmen durch solche Erfordernisse angedeutet hat[649]. Letztlich ist aber auch diese Entscheidung in der Rechtssache *„Svensson"* ein weiteres Beispiel für eine dogmatische Unvollkommenheit in der Rechtssprechung des EuGH[650]. In der Entscheidung in der Rechtssache *„De Agostini"* führte der Gerichtshof aus, dass das Verbot nicht unter Art. 28 (ex-Art. 30) EGV falle, sofern nicht nachgewiesen werde, dass es den Absatz der inländischen Erzeugisse und

des employés privés bzw. Raymond Kohll / Union des caisses de maladie)

643 Ähnlich unter Verweis auf die uneinheitliche Rechtsprechung des EuGH: *Streinz*, in: FS Rudolf, S. 201; *Weiß*, EuZW 1999, S. 493 ff.

644 Ebenso: *Kingreen*, NJW 2001, S. 3384

645 Vgl. hierzu oben: D.IV.2.

646 *Hakenberg*, in: *Lenz*, Art. 49/50, Rn. 26

647 *Novak*, DB 1997, S. 2591

648 *EuGH*, Urt. v. 14.11.1995, Rs. 484/93, Slg. 1995, 3955, 3976 f., Rz. 15 ff. (Peter Svensson und Lena Gustavsson / Ministre du Logement et de l'Urbanisme)

649 Schließlich stellte das Gericht zuvor ausdrücklich fest, dass die streitige Regelung eine Diskriminierung darstelle (*EuGH*, Urt. v. 14.11.1995, Rs. 484/93, Slg. 1995, 3955, 3976, Rz. 12 [Peter Svensson und Lena Gustavsson / Ministre du Logement et de l'Urbanisme]).

650 Ebenso: *Kingreen*, NJW 2001, S. 3384

der Erzeugnisse aus anderen Mitgliedstaaten rechtlich wie tatsächlich nicht in gleicher Weise berühre. Sollte dieser Nachweis gelingen, so müsste geprüft werden, ob das Verbot aus zwingenden Gründen des Allgemeininteresses oder zur Erreichung eines der in Art. 30 (ex-Art. 36) EGV genannten Ziele erforderlich ist, ob es dazu in einem angemessenen Verhältnis steht und ob diese Ziele oder zwingenden Gründe nicht durch Maßnahmen hätten erreicht werden können, die den innerstaatlichen Handel weniger beeinträchtigen[651]. Statt der Folgerung hieraus auf die Einheitlichkeit der Rechtfertigungsgründe[652] auch bei diskriminierenden Maßnahmen kann diese Formulierung des EuGH ebenso auf die Verknüpfung mit der „*Keck*-Formel“ zurückzuführen sein[653]. Der diesen Entscheidungen entnommene Schluss auf eine endgültige Rechtsprechungsänderung durch den Gerichtshof erscheint etwas verfrüht zu sein. Auch im Anschluss an diese angeführten Entscheidungen sprach sich der EuGH im Hinblick auf die Rechtfertigung aus zwingenden Gründen des Allgemeinwohls wiederholt für eine Differenzierung zwischen Diskriminierungen und Beschränkungen unterschiedslos geltender Maßnahmen aus[654]. In der Rechtssache *„Ciola“* betonte der EuGH, dass „innerstaatliche Vorschriften, die nicht unterschiedslos auf alle Dienstleistungen ohne Rücksicht auf den Wohnsitz des Empfängers anwendbar und somit diskriminierend sind, sich mit dem Gemeinschaftsrecht nur dann vereinbaren [lassen], wenn sie unter eine ausdrücklich abweichende Bestimmung, wie z. B. Artikel 56 [nunmehr Art. 46] EWG-Vertrag, fallen“[655]. In einer aktuellen Entscheidung führte der Gerichtshof aus, dass „solche Beschränkungen gleichwohl zugelassen werden [können], wenn die nationalen Vorschriften in nicht diskriminierender Weise ein im Allgemeininteresse liegendes Ziel verfolgen und wenn sie den Grundsatz der Verhältnismäßigkeit beachten“[656]. Letztlich

---

651 *EuGH*, Urt. v. 7.7.1997, verbundene Rs. C-34/95, C-35/95 und C-36/95, Slg. 1997, 3843, 3891, Rz. 44 f. (Konsumentenombudsmannen / De Agostini [Svenska] Förlag AB und TV-Shop i Sverige AB)

652 *Novak*, DB 1997, S. 2589, 2591

653 *Streinz*, in: FS Rudolf, S. 201

654 *EuGH*, Urt. v. 9.3.1999, Rs. C-212/97, Slg. 1999, 1459, 1495, Rz. 34 (Centros Ltd / Erhvervs- og Selskabsstyrelsen); *EuGH*, Urt. v. 23.11.1999, verbundene Rs. C-369/96 und C-376/96, Slg. 1999, 8453, 8513 f., Rz. 34 (Strafverfahren gegen Jean-Claude Arblade und Arblade & Fils SARL und gegen Bernard Leloup und andere); *EuGH*, Urt. v. 29.4.1999, Rs. C-224/97, Slg. 1999, 2517, 2535 ff., Rz. 16 (Erich Ciola / Land Vorarlberg); *EuGH*, Urt. v. 24.1.2002, Rs. C-164/99, EuZW 2002, S. 246, Rz. 19 (Portogaia Construχões Lda)

655 *EuGH*, Urt. v. 29.4.1999, Rs. C-224/97, Slg. 1999, 2517, 2535 ff., Rz. 16 (Erich Ciola / Land Vorarlberg)

656 *EuGH*, Urt. v. 5.3.2002, verbundene Rs. C-515/99, C-519/99 bis C-524/99 und C-526/99 bis C-540/99, EuZW 2002, S. 251, Rz. 33 (Hans Reisch [C-515/99], Walter Riedl [C-527/99], Alexander Hacker [C-528/99], Gerhard Eckert [C-529/99], Franz Gstöttenbauer [C-530/99], Helmut Hechwarter [C-531/99], Alois Bixner [C-532/99], Geza Aumüller [C-533/99], Berthold Garstenauer [C-534/99 et C-536/99], Robert Eder [C-535/99], Hartmut Ramsauer [C-537/99 u. C-538/99], Harald Kronberger [C-539/99],

bleiben weitere Urteile des Gerichtshofs abzuwarten, bevor von einer Neuorientierung der Rechtsprechung in dieser Frage gesprochen werden sollte. Dabei ist aber nicht damit zu rechnen, dass der EuGH in nächster Zeit eine einheitliche Rechtsprechung entwickelt und tatsächlich eindeutig zu einem Abgehen von der angeführten Differenzierung Stellung nimmt.

Die Literatur ist den Ansichten des Gerichtshofs weitestgehend gefolgt, was die Rechtfertigung auf Grund zwingender Erfordernisse des Allgemeinwohls bei unterschiedslosen Regelungen, welche den freien Dienstleistungsverkehr behindern, betrifft[657]. Zum großen Teil wird allerdings noch nicht auf das teilweise in der Entscheidung *„Safir"* erblickte Abrücken des Gerichtshofs von der Differenzierung zwischen diskriminierenden und unterschiedslosen Beschränkungen eingegangen, was wohl zum einen an der Aktualität dieser Rechtsprechung[658], zum anderen aber wohl auch daran liegt, dass dieser Entscheidung eine so weitgehende Interpretation eben noch nicht entnommen werden kann, da nachfolgende Urteile diese Ansätze alles andere als bestätigen und weiterführen. Auch in den ausführlichen Schlussanträgen des *Genaralanwalts Tesauro* zu den Rechtssachen *„Decker"* und *„Kohll"* konnte auf die Entscheidung *„Safir"* noch nicht eingegangen werden, weil sich der Generalanwalt mit dieser Problematik vor der Verkündung des Urteils in dieser Rechtssache, zu beschäftigen hatte. Die Entscheidungen in allen drei Rechtssachen ergingen jeweils am 28. April 1998. Wie bereits erläutert, hob auch *Generalanwalt Tesauro* in seinen Ausführungen bei der Frage nach den in Betracht kommenden Rechtfertigungsgründen noch die Unterscheidung zwischen formaler Diskriminierung und unterschiedsloser Beschränkung hervor[659]. Im ersten Fall käme eine Rechtfertigung

Erich Morianz [C-540/99] / Bürgermeister der Landeshauptstadt Salzburg, Grundverkehrsbeauftragter des Landes Salzburg, und Anton Lassacher, Heinz Schäfer [C-519/99], Dertnig GmbH & Co. KG [C-522/99 et C-526/99], Peter Fidelsberger [C-523/99], GWP Gewerbeparkentwicklung GmbH, Johann Lindner und Emma Lindner [C-524/99] / Grundstücksverkehrsbeauftragter des Landes Salzburg, Grundverkehrslandeskommission des Landes Salzburg)

657 *Streinz*, Europarecht, Rn. 701; *ders.*, JuS 1999, S. 1222; *Reich*, Europäisches Verbraucherrecht, S. 135 f.; *Troberg*, in: *von der Groeben / Thiesing / Ehlermann*, Art. 59, Rn. 31; *Randelzhofer*, in: *Grabitz / Hilf I*, Art. 60, Rn. 22; *Hakenberg*, in: *Lenz*, Art. 49/50, Rn. 23

658 *Troberg*, in: *von der Groeben / Thiesing / Ehlermann*, Art. 56, Rn. 2, Art. 59, Rn. 27; *Kröck*, Der Einfluß der europäischen Grundfreiheiten am Beispiel der Ärzte und Arzneimittel, S.131 ff.; *Kort*, JZ 1996, S. 135; *Schroeder*, EuGRZ 1994, S. 377; *Ahlfeld*, Zwingende Erfordernisse im Sinne der *Cassis*-Rechtsprechung des Europäischen Gerichtshofs zu Art. 30 EGV, S. 226; *Heinze*, FS Gitter, S. 357
Eine Ausnahme sind insofern die Ausführungen von: *Hakenburg*, in: *Lenz*, Art. 49/50, Rn. 20, 26 und *Holoubek*, in: *Schwarze*, Art. 49, Rn. 99 und *Kingreen*, NJW 2001, S. 3384 im Zusammenhang mit der Rechtssache *„Smits / Peerbooms"*.

659 „Um nunmehr beurteilen zu können, welche Rechtfertigungsgründe in Frage kommen könnten, ist zunächst zu prüfen, ob die streitige Maßnahme als formal diskriminierend

allein über Art. 55, 46 EGV (ex-Art. 66, 56 EGV) in Betracht, wobei im zweiten Fall darüber hinaus noch an eine ganze Reihe von Erfordernissen zu denken ist, „die mit dem Allgemeininteresse zusammenhängen“[660]. Daraus lässt sich zumindest schließen, dass der Generalanwalt jedenfalls nicht in der Entscheidung zur Rechtssache *„Svensson“* den Beginn einer sich abzeichnenden Rechtsprechungsänderung des Gerichtshofs zu dieser Problematik erblickt. Im Gegensatz zu *Generalanwalt Tesauro* ist *Generalanwalt Lenz* in seinen Schlussanträgen zu den Rechtssachen *„Futura Participations und Singer“* bei der Rechtfertigung einer diskriminierenden Regelung nicht nur auf die Vorschriften der Art. 55, 46 (ex-Art. 66, 56) EGV eingegangen, sondern hat die zur Rechtfertigung hervorgebrachten Umstände auch so geprüft, wie es sonst für unterschiedslos geltende Regelungen vorgenommen wird[661]. Er differenzierte damit nicht zwischen der Rechtfertigung von Diskriminierungen und einer Rechtfertigung von Beschränkungen unterschiedslos anwendbare Maßnahmen.

bb. Verhältnismäßigkeitsgrundsatz bei zwingenden Gründen des Allgemeinwohls

Eine immer größer werdende Bedeutung dürfte im Rahmen der Rechtfertigung von Beschränkungen des freien Dienstleistungsverkehrs wegen zwingender Erfordernisse des Allgemeinwohls der Grundsatz der Verhältnismäßigkeit erlangen, um ein Übermaß an noch zulässigen Beschränkungen durch die Mitgliedstaaten zu verhindern[662]. Schon bisher hat die Rechtsprechung des EuGH am Kriterium des Allgemeininteresses nicht allein die Zulässigkeit einer behindernden Maßnahme festgemacht, sondern durch sie herbeigeführte Beschränkungen vor allem am Grundsatz der Verhältnismäßigkeit gemessen. Es wurde geprüft, ob die zwingenden Erfordernisse des Allgemeinwohls nicht durch weniger einschneidende Maßnahmen als diejenigen gewahrt werden können, die ein Mitgliedstaat im konkreten Fall getroffen hat und ob die Beschränkungen nicht außer Verhältnis zum angestrebten Zweck stehen[663]. Die Erforderlichkeit ist da-

oder vielmehr als unterschiedslos anwendbar zu qualifizieren ist“ (Schlussanträge des *Generalanwalts Tesauro* v. 16.9.1997, Rs. C-120/95 und Rs. C-158/96, Slg. 1998, 1831, 1858, Rz. 45 [Nicolas Decker / Caisse de maladie des employés privés bzw. Raymond Kohll / Union des caisses de maladie]).

660 Schlussanträge des *Generalanwalts Tesauro* v. 16.9.1997, Rs. C-120/95 und Rs. C-158/96, Slg. 1998, 1831, 1859, Rz. 46 (Nicolas Decker / Caisse de maladie des employés privés bzw. Raymond Kohll / Union des caisses de maladie)

661 Schlussanträge des *Generalanwalts Lenz* v. 5.11.1996, Rs. C-250/95, Slg. 1997, 2473, 2483 ff., Rz. 41 ff. (Futura Paticipations SA, Singer / Steuerverwaltung Luxemburg)

662 *Giesen*, Sozialversicherungsmonopol und EG-Vertrag, S. 43; *Reich*, Europäisches Verbraucherrecht, S. 137 ff.; *Hakenberg*, in: *Lenz*, Art. 49/50, Rn. 20

663 *EuGH*, Urt. v. 4.12.1986, Rs. 205/84, Slg. 1986, 3755, 3803 ff., Rz. 29 ff. (Kommission der Europäischen Gemeinschaften / Bundesrepublik Deutschland); *EuGH*, Urt. v. 26.2.1991, Rs. C-154/89, Slg. 1991, 659, 686 ff., Rz. 15 ff. (Kommission der Europäi-

nach beispielsweise zu verneinen, soweit dem Allgemeininteresse des Bestimmungsstaates bereits durch äquivalente Rechtsvorschriften Rechnung getragen ist, denen der Leistende in seinem Sitzstaat unterliegt[664].

Sollte die künftige Rechtsprechung des Gerichtshofs entgegen der bereits angeführten Argumente, grundsätzlich eine Rechtfertigung diskriminierender Eingriffe in den freien Dienstleistungsverkehr durch „zwingende Gründe des Allgemeinwohls" in Betracht ziehen, so ließe dies erwarten, dass sie gewissermaßen zum „Ausgleich" die Verhältnismäßigkeitskontrolle der beschränkenden Maßnahmen noch weiter in den Mittelpunkt der Entscheidungen rückt[665]. Dadurch hätte der Gerichtshof ein Korrektiv gegen die Ausweitung von aufgrund des Allgemeininteresses gerechtfertigten diskriminierenden Regelungen an der Hand. Sollte der EuGH den in der Rechtssache *„Safir"* eingeschlagenen Weg weitergehen, ist mithin zu erwarten, dass er über die Prüfung der Verhältnismäßigkeit einer Inflation von diskriminierenden Regelungen den Riegel vorschiebt. Dies würde sich mitunter als flexibler im Vergleich zu einer ausschließlichen Rechtfertigung von Diskriminierungen durch die abschließenden Gründe der Art. 55, 46 (ex-Art. 66, 56) EGV erweisen. Allerdings kann dann in Bezug auf Diskriminierungen nicht mehr von einer abschließenden Ausnahmeregelung gesprochen werden. Diese Neuorientierung der Rechtsprechung des Gerichtshofs ist jedoch längst noch nicht endgültig abgeschlossen, sodass kommende Entscheidungen insbesondere darauf zu untersuchen sind, ob der EuGH seine in der Rechtssache *„Safir"* angedeutete Neuorientierung aufgreift, konsequent fortsetzt und dabei eine dogmatisch stringente Lösung entwickelt.

d. Rechtfertigung beschränkender Maßnahmen nach Art. 55, 46 (ex-Art. 66, 56) EGV

Die Vorschrift des Art. 55 (ex-Art. 66) EGV verweist für die Rechtfertigung von Beschränkungen des freien Dienstleistungsverkehrs auf Art. 46 (ex-Art. 56) EGV und somit auf die klassischen Ausnahmeregeln von den Grundfreiheiten, nämlich auf die Gründe der öffentlichen Ordnung, Sicherheit und Gesundheit.

---

schen Gemeinschaften / Französische Republik); *EuGH*, Urt. v. 26.2.1991, Rs. C-180/89, Slg. 1991, 727, 740 ff., Rz. 18 ff. (Kommission der Europäischen Gemeinschaften / Griechische Republik); *EuGH*, Urt. v. 12.7.2001, Rs. C-157/99, NJW 2001, S. 3391 ff., 3395, Rz. 75 (B. S. M. Smits, verheiratete Geraets / Stichting Ziekenfonds VGZ und H. T. M. Peerbooms / Sichting CZ Groep Zorgverzekeringen)

[664] *EuGH*, Urt. v. 17.12.1981, Rs. 279/80, Slg. 1981, 3305, 3325, Rz. 17 (Strafverfahren gegen Alfred John Webb - Ersuchen um Vorabentscheidung, vorgelegt vom Hoge Raad der Nederlanden); *EuGH*, Urt. v. 4.12.1986, Rs. 220/83, Slg. 1986, 3663, 3707 f., Rz. 19 (Kommission der Europäischen Gemeinschaften / Französische Republik)

[665] So geschehen bereits in: *EuGH*, Urt. v. 28.4.1998, Rs. C-118/96, Slg. 1998, 1897, 1929, Rz. 33 f. (Jessica Safir / Skattemyndigheten i Dalarnas län, zuvor Skattemyndigheten i Kopparbergs län)

Die Schranken des Art. 46 (ex-Art. 56) EGV sind jedoch allein auf diskriminierende Regelungen zugeschnitten[666] und somit insbesondere nicht bei unterschiedslosen Maßnahmen heranzuziehen[667]. Letztere können daher ausschließlich durch zwingende Gründe des Allgemeininteresses gerechtfertigt sein.

Die in Art. 46 (ex-Art. 56) EGV aufgeführten Ausnahmen sind auch im Dienstleistungsbereich eng auszugelegen[668]. Allein wirtschaftliche Ziele können diskriminierende Maßnahmen nicht nach Art. 55, 46 (ex-Art. 66, 56) EGV rechtfertigen[669]. Da diese Rechtfertigungsgründe Diskriminierungen zulassen und deshalb eng ausgelegt werden müssen, können sie nur bei schweren Gefährdungen eines Grundinteresses der Gesellschaft zur Anwendung kommen[670]. Im Hinblick auf die hier in erster Linie zu untersuchenden Krankenversicherungssysteme hat der Gerichtshof vor den Entscheidungen in den Rechtssachen *„Decker"* und *„Kohll"* entschieden, dass die Missbrauchsbekämpfung in diesem Bereich durchaus einen rechtfertigenden Grund darstellen kann[671]. Zwar haben die Mitgliedstaaten bei der Anwendung der Rechtfertigungsgründe einen Beurteilungsspielraum. Sie müssen dabei aber die gemeinschaftlichen und damit einheitlichen Grenzen beachten[672].

Nicht zuletzt werden auch Rechtfertigungen nach Art. 55, 46 (ex-Art. 66, 56) EGV am Verhältnismäßigkeitsgrundsatz gemessen[673]. Die diskriminierenden

---

666 Vgl. hierzu oben: E.I.5.c.aa.

667 *Streinz*, Europarecht, Rn. 701 f.; *Müller-Graff*, in: FS für Lukes, S. 485; *Troberg*, in: *von der Groeben / Thiesing / Ehlermann*, Art. 59, Rn. 27; vgl. hierzu auch oben: E.I.5.c.aa.

668 *EuGH*, Urt. v. 26.2.1975, Rs. 67/74, Slg. 1975, 297, 307, Rz. 6 (Carmelo Angelo Bonsignore / Oberstadtdirektor der Stadt Köln); *Scheuer*, in: *Lenz*, Art. 46, Rn. 1; *Hakenberg*, in: *Lenz*, Art. 55, Rn. 4; *Streinz*, Europarecht, Rn. 699, 703; *Schlag*, in: *Schwarze*, Art. 46, Rn. 6; *Holoubek*, in: *Schwarze*, Art. 55, Rn. 3

669 *EuGH*, Urt. v. 14.11.1995, Rs. 484/93, Slg. 1995, 3955, 3976 f., Rz. 15 (Peter Svensson und Lena Gustavsson / Ministre du Logement et de l'Urbanisme); *Hakenberg*, in: *Lenz*, Art. 55, Rn. 4; *EuGH*, Urt. v. 25.7.1991, Rs. C-288/89, Slg. 1991, 4007, 4040, Rz. 11 (Stichting Collectieve Antennevoorziening Gouda u. a. / Commissariaat voor de Media)

670 *EuGH*, Urt. v. 27.10.1977, Rs. 30/77, Slg. 1977, 1999, 2013, Rz. 33 ff. (Pierre Bouchereau); *Troberg*, in: *von der Groeben / Thiesing / Ehlermann*, Art. 56, Rn. 3; *Randelzhofer*, in: *Grabitz / Hilf I*, Art. 56, Rn. 4

671 *EuGH*, Urt. v. 10.7.1986, Rs. 79/85, Slg. 1986, 2375, 2388, Rz. 17 (D. H. M. Segers / Bestuur van de Bedrijfsvereniging voor Bank- en Verzekeringswezen, Groothandel en Vrije Beroepen)

672 *EuGH*, Urt. v. 4.12.1974, Rs. 41/74, Slg. 1974, 1337, 1350, Rz. 18 f. (Yvonne van Duyn / Home Office); *Scheuer*, in: *Lenz*, Art. 46, Rn. 2; *Randelzhofer*, in: *Grabitz / Hilf I*, Art. 56, Rn. 3

673 *EuGH*, Urt. v. 25.7.1991, Rs. C-288/89, Slg. 1991, 4007, 4041, Rz. 15 (Stichting Collectieve Antennevoorziening Gouda u. a. / Commissariaat voor de Media); *EuGH*, Urt. v. 6.6.1996, Rs. C-101/94, Slg. 1996, 2691, 2726, 2728, Rz. 26, 32 (Kommission der Europäischen Gemeinschaften / Italienische Republik); *Hakenberg*, in: *Lenz*, Art. 55, Rn. 4; *Streinz*, Europarecht, Rn. 703; a.A.: *Troberg*, in: *von der Groeben / Thiesing / Ehlermann*,

mitgliedstaatlichen Maßnahmen müssen zur Erreichung des schützenswerten Zieles geeignet sein[674]. Es darf keine Regelung in Betracht kommen, die genauso das Ziel erreicht und dabei weniger beeinträchtigend ist[675]. Zudem darf die Beschränkung zu dem verfolgten Ziel nicht außer Verhältnis stehen[676]. Was die einzelnen in Art. 46 (ex-Art. 56) EGV aufgezählten Rechtfertigungsgründe betrifft, unterscheiden sich diese nicht im Hinblick auf Inhalt und Voraussetzungen von den entsprechenden zur Rechtfertigung von Beschränkungen des freien Warenverkehrs in Art. 30 (ex-Art. 36) EGV verankerten Zielen[677].

II. Die Rechtssache „*Decker*" und der freie Dienstleistungsverkehr

Generalanwalt Tesauro hatte in seinen Schlussanträgen das Problem aufgeworfen, dass die Ansicht vertretbar sei, die in der Rechtssache „*Decker*" streitige Regelung könne neben ihrer Relevanz für die Vorschriften der Warenverkehrsfreiheit auch in den Anwendungsbereich des freien Dienstleistungsverkehrs fallen. Er begründete dies mit dem Erfordernis des Einsatzes von qualifiziertem Personal bei dem Vertrieb von Brillen und Kontaktlinsen, wobei er diesbezüglich auf die Rechtsprechung des EuGH hinsichtlich des Apotheker- und Optikerberufs verwies[678], sowie mit der besonderen Eigenart der betroffenen Waren. Herr Decker hätte sich nicht zum Zweck des Erwerbs einer beliebigen Ware in einen anderen Mitgliedstaat begeben, sondern um die gewerblichen Leistungen eines in diesem niedergelassenen Optikers in Anspruch zu nehmen[679]. Allerdings

---

Art. 56, Rn. 2, der die Ansicht vertritt, dass Art. 46 (ex-Art. 56) nicht einschlägig sei, wenn es um den Grundsatz der Verhältnismäßigkeit gehe.

674 *EuGH*, Urt. v. 10.7.1986, Rs. 79/85, Slg. 1986. 2375, 2388, Rz. 17 (D. H. M. Segers / Bestuur van de Bedrijfsvereniging voor Bank- en Verzekeringswezen, Groothandel en Vrije Beroepen)

675 *EuGH*, Urt. v. 6.6.1996, Rs. C-101/94, Slg. 1996, 2691, 2728, Rz. 26, 32 (Kommission der Europäischen Gemeinschaften / Italienische Republik); *EuGH*, Urt. v. 23.11.1999, verbundene Rs. C-369/96 und C-376/96, Slg. 1999, 8453, 8514, Rz. 35 (Strafverfahren gegen Jean-Claude Arblade und Arblade & Fils SARL und gegen Bernard Leloup und andere)

676 *EuGH*, Urt. v. 25.7.1991, Rs. C-76/90, Slg. 1991. 4221, 4245, Rz. 20 (Manfred Säger / Dennemeyer & Co. Ltd)

677 Vgl. hierzu oben: D.III.

678 *EuGH*, Urt. 21.3.1991, Rs. C-369/88, Slg. 1991, 1487, 1538 ff., Rz. 44 ff. (Strafverfahren gegen Jean-Marie Delattre); *EuGH*, Urt. v. 21.3.1991, Rs. C-60/89, Slg. 1991, 1547, 1568 ff., Rz. 31 ff. (Strafverfahren gegen Jean Monteil und Daniel Samanni); *EuGH*, Urt. v. 25.5.1993, Rs. C-271/92, Slg. 1993, 2899, 2923, Rz. 10 ff. (Laboratoire de prothèses oculaires [LPO] / Union nationale des Syndicats d'opticiens de France [UNSOF] u.a.)

679 Schlussanträge des *Generalanwalts Tesauro* v. 16.9.1997, Rs. C-120/95 und Rs. C-158/96, Slg. 1998, 1831, 1855, Fn. 52 (Nicolas Decker / Caisse de maladie des employés privés bzw. Raymond Kohll / Union des caisses de maladie)

konkretisiert er nicht, welche gewerblichen Leistungen er genau meint. Letztlich lässt er diese, von ihm selbst aufgeworfene, Frage der Einschlägigkeit der Art. 49 (ex-Art. 59) ff. EGV im Zusammenhang mit der Rechtssache *„Decker"* unbeantwortet. Der Gerichtshof ging in seinen Entscheidungsgründen mit keinem Wort auf diese vom Generalanwalt skizzierte Problematik ein. Er musste dies auch nicht, weil sich die Vorlagefrage in dieser Rechtssache ausschließlich auf die Vereinbarkeit einer solchen Regelung mit Art. 28 (ex-Art. 30) und 30 (ex-Art. 36) EGV bezog[680].

Entscheidender Anknüpfungspunkt bei der Beantwortung der Frage ist die Subsidiarität der Dienstleistungen gegenüber den Vorschriften des freien Warenverkehrs[681]. Wenn man die beratende Tätigkeit des Personals bei einem Optiker oder auch in einer Apotheke neben dem Verkauf der medizinischen Erzeugnisse nicht vernachlässigen will, so drängt sich die Frage auf, ob und unter welchen Voraussetzungen die (qualifizierte) Beratung vom Handel mit den Produkten getrennt werden kann und separat an den Vorschriften der Freiheit des Dienstleistungsverkehrs zu prüfen ist oder ob sie lediglich als Annex der eigentlichen Verkaufstätigkeit mit dieser allein dem freien Warenverkehr unterfällt[682]. Die Antwort auf diese Frage kann nicht pauschal getroffen werden. Vielmehr wird es bei dieser Problematik stets auf die gesamten Umstände des Einzelfalles ankommen.

In der Rechtssache *„LPO"*, auf die auch *Generalanwalt Tesauro* in seinen Schlussanträgen verwies, vertrat der Gerichtshof die Ansicht, dass der Verkauf von Sehhilfen trotz der Verschreibung durch einen Augenarzt nicht als eine Handelstätigkeit wie jede andere angesehen werden darf, „da der Verkäufer in der Lage sein muss, den Benutzern Informationen zu ihrem Gebrauch und zu ihrer Pflege zu geben"[683]. Doch darf in diesem Zusammenhang nicht verkannt werden, dass die Ausführungen gerade der Rechtfertigung von Beschränkungen des freien Warenverkehrs wegen des Schutzes der öffentlichen Gesundheit galten[684]. Aus ihnen kann keinesfalls entnommen werden, dass das Gericht der Auf-

---

680 Vgl. hierzu oben: B.I,

681 Vgl. hierzu oben: E.I.1.

682 Vgl. hierzu oben: E.I.2.

683 *EuGH*, Urt. v. 25.5.1993, Rs. C-271/92, Slg. 1993, 2899, 2923, Rz. 10 ff. (Laboratoire de prothèses oculaires [LPO] / Union nationale des Syndicats d'opticiens de France [UNSOF] u.a.)

684 Unter diesem Blickwinkel ließe sich allerdings auch die Ansicht vertreten, dass hinsichtlich der Pflege, die für das jeweilige Produkt immer dieselbe ist, entsprechende schriftliche Hinweise des Herstellers ausreichend seien und somit ein weniger beschränkender Eingriff die öffentliche Gesundheit ebenso zu schützen vermag. Bezüglich des konkreten Gebrauchs könnte eine solche Auffassung aber wohl nicht mehr aufrecht erhalten werden, da in diesem Zusammenhang mitunter individuelle Besonderheiten zu berücksichtigen sind, welche sich einerseits nicht umfassend in (allgemeine) Informationen einbeziehen

fassung sei, eine solche Beratungstätigkeit würde grundsätzlich unter den gemeinschaftsrechtlichen Schutz des freien Dienstleistungsverkehrs fallen. In einer anderen Entscheidung hat der Gerichtshof vielmehr sogar die Einrichtung, Inbetriebsetzung und Wartung von Telekommunikationsgeräten durch den Verkäufer solcher Produkte allein an der Warenverkehrsfreiheit gemessen[685], obwohl er den Bereich des freien Dienstleistungsverkehrs nicht übersehen hat[686]. Er hat diese Tätigkeiten sogar ausdrücklich als Dienstleistungen bezeichnet und sie dennoch lediglich als Annex der Vertriebstätigkeit an den Art. 28 (ex-Art. 30) ff. EGV gemessen.

Vor allem kann allein aus dem Umstand des Einsatzes von besonders qualifiziertem Verkaufspersonals nicht geschlossen werden, dass jede Beratung dieses eingeschränkten Personenkreises dem gemeinschaftsrechtlichen Schutz der Art. 49 (ex-Art. 59) ff. EGV unterfällt. Entscheidend ist diesbezüglich in erster Linie nämlich nicht die Person des Leistungsanbieters, sondern die von ihm angebotene Leistung selbst. Jedenfalls soweit sich die Informationstätigkeit des Verkäufers allein auf die Vermittlung solcher mit der Benutzung beziehungsweise dem Gebrauch der vertriebenen Ware unmittelbar in Zusammenhang stehenden Auskünfte beschränkt und damit lediglich den Gebrauch der Erzeugnisse erst ermöglicht, kann sie nur als Annex zur eigentlichen Vertriebstätigkeit verstanden werden. Der Verkäufer gibt dann lediglich produktbezogene Informationen an den Leistungsempfänger weiter, die zum Teil nur auf Angaben des Herstellers zurückgehen und bietet keine vom Produkt losgelösten (auf eigenem „Know how“[687] basierende) Leistungen an. Eine Aufspaltung der Prüfung unter dem Gesichtspunkt der Warenverkehrsfreiheit einerseits und des freien Dienstleistungsverkehrs andererseits würde unter diesen Voraussetzungen gekünstelt erscheinen.

Erfolgt der Kauf einer Brille wie in der Rechtssache *„Decker“* auf eine augenärztliche Verschreibung[688], so ist eine Beratung im Hinblick auf die Bestimmung der Eigenschaften der Gläser ausgeschlossen. Diese ist stattdessen vom verschreibenden Augenarzt vorgegeben. Diese Verfahrensweise entsprach ohne weiteres den luxemburgischen Vorschriften, nach denen die „Abgabe von Brillen“ an luxemburgische Versicherte durch in Luxemburg niedergelassene und in die Handwerksrolle des Großherzogtums eingetragene Optiker zu erfolgen hat-

---

lassen und andererseits zu weiteren Rückfragen führen können.

685 *EuGH*, Urt. v. 19.3.1991, Rs. C-202/88, Slg. 1991, 1223, 1268 f., Rz. 39 ff. (Kommission der Europäischen Gemeinschaften / Französische Republik)

686 *EuGH*, Urt. v. 19.3.1991, Rs. C-202/88, Slg. 1991, 1223, 1267, Rz. 29 (Kommission der Europäischen Gemeinschaften / Französische Republik)

687 Vgl. hierzu oben: E.I.2.

688 *EuGH*, Urt. v. 28.4.1998, Rs. C-120/95, Slg. 1998, 1831, 1886, Rz. 44 (Nicolas Decker / Caisse de maladie des employés privés)

te[689]. Den Ausführungen des Generalanwalts kann zudem insoweit nicht gefolgt werden, dass Herr Decker sich nicht nur zum Kauf einer beliebigen Ware in einen anderen Mitgliedstaat begeben habe, sondern auch, um die gewerblichen Leistungen eines dort niedergelassenen Optikers in Anspruch zu nehmen. Was die Gläser betrifft, konnte der Leistungsempfänger gar keine individuelle Leistung von besonders qualifiziertem Personal erwarten, die über die mit dem Verkauf zusammenhängende übliche Beratung hinausging. Eine Prüfung der streitigen Bestimmungen an den Vorschriften des freien Dienstleistungsverkehrs wurde insoweit vom Gerichtshof zu Recht nicht vorgenommen.

Die Auswahl der Brille bei dem Optiker betraf aber in der Rechtssache *„Decker"* nicht nur die Charakteristika der Gläser, sondern vor allem die des Brillengestelles. Dieses unterlag nicht der augenärztlichen Verschreibungspflicht. Vielmehr stand es im Belieben des Herrn Decker, für welches Gestell er sich entscheidet. Bei seiner Auswahl nimmt der Erwerber oftmals die Beratung des Optikers in Anspruch. Soweit sich diese Auskünfte wie im Regelfall auf das Design oder die Qualitätsmerkmale des Gestelles beschränken, basieren sie gerade nicht auf der besonderen Ausbildung und Qualifikation des Optikers, wie sie der Gerichtshof in der Rechtssache *„LPO"* hinsichtlich ihres Beitrages zum Schutz der Gesundheit angeführt hat. Sie entspringen zum einen vornehmlich aus Informationen, die der Optiker von dem Hersteller bekommen hat, sei es durch dessen Vertriebsorganisation, aus dessen Broschüren oder aus anderen Quellen. Zum anderen handelt es sich vor allem um Auskünfte, die einer jeden anderen „typischen" Handelstätigkeit gleichstehen. Der Optiker berät insoweit den Leistungsempfänger wie jeder andere Verkäufer eines beliebigen Produkts seine Kunden schon deshalb, um das Verkaufsgeschäft an sich überhaupt zustande zu bringen, aber nicht, um damit eine separat davon zu betrachtende Leistung anzubieten. Eine solche Tätigkeit ist deshalb auch unentgeltlich. Wenn sich der Leistungsempfänger nicht für ein passendes Gestell entscheiden kann, stellt ihm der Optiker seine Beratung nicht in Rechnung. Dies ist eine weiterer Grund dafür, dass auch diese Beratungstätigkeit des Optikers in der Rechtssache *„Decker"* nicht als Dienstleistung im gemeinschaftsrechtlichen Sinne angesehen werden konnte und die streitigen Regelungen nicht an den Art. 49 (ex-Art. 59) ff. EGV zu messen waren.

689 Art. 2 der Kollektivvereinbarung vom 30. Juni 1975 zwischen der Union caisses de maladie und dem Berufsverband der Optiker; vgl. hierzu oben: B.I.1.

III. Die Rechtssache „*Kohll*“ und der freie Dienstleistungsverkehr

1. Behinderung des freien Dienstleistungsverkehrs

Die Mitgliedstaaten, welche Erklärungen abgaben, vertraten die Ansicht, dass durch die Voraussetzung der vorherigen Genehmigung für die Kostenerstattung von in anderen Mitgliedstaaten empfangenen medizinischen Leistungen der freie Dienstleistungsverkehr nicht beschränkt werde[690]. Dabei stand die Dienstleistungseigenschaft der zahnregulierenden Behandlung der minderjährigen Tochter des Klägers des Ausgangsverfahrens durch einen deutschen Zahnarzt zu Recht weniger im Mittelpunkt der Diskussionen[691]. Zwar wurde seitens der sich äußernden Mitgliedstaaten vorgebracht, dass eine vom Staat mit öffentlichen Mitteln (mit-)finanzierte Tätigkeit keine Dienstleistung sein könne[692], doch kann dies nicht überzeugen. Denn diese Tatsache ändert nichts an dem Umstand, dass die (zahn-)medizinischen Leistungen seitens der (Zahn-)Ärzte gegen Entgelt erbracht werden[693]. Wer diese Kosten letztlich trägt, ist dabei völlig unerheblich. Abgesehen davon beteiligen sich bei den Sozialversicherungssytemen zum größten Teil die Versicherten durch ihre Beiträge an der Finanzierung dieser Leistungen. Es steht somit außer Frage, dass es sich hierbei um Dienstleistungen im gemeinschaftsrechtlichen Sinne handelt[694].

Vor allem begründeten die Mitgliedstaaten ihre Auffassung damit, dass die streitigen Regelungen eine Beschränkung des freien Dienstleistungsverkehrs weder bezwecken noch bewirken, sondern lediglich die Bedingungen für eine Erstattung der Krankheitskosten regeln[695]. Sie würden daher nur die Beziehung zwi-

---

690 *EuGH*, Urt. v. 28.4.1998, Rs. C-158/96, Slg. 1998, 1935, 1946, Rz. 32 (Raymond Kohll / Union des caisses de maladie)

691 Anders in der anschließend entschiedenen Rechtssache „*Smits / Peerbooms*“, wo diese Frage im Zusammenhang mit auf einer Sachleistungsprinzip beruhenden stationären Behandlung ein zentrales Problem der Entscheidungsgründe darstellte (*EuGH*, Urt. v. 12.7.2001, Rs. C-157/99, NJW 2001, S. 3391 ff., 3393, Rz. 47 ff. (B. S. M. Smits, verheiratete Geraets / Stichting Ziekenfonds VGZ und H. T. M. Peerbooms / Stichting CZ Groep Zorgverzekeringen); vgl. hierzu oben: E.I.3.

692 Schlussanträge des *Generalanwalts Tesauro* v. 16.9.1997, Rs. C-120/95 und Rs. C-158/96, Slg. 1998, 1831, 1856, Rz. 41 (Nicolas Decker / Caisse de maladie des employés privés bzw. Raymond Kohll / Union des caisses de maladie)

693 Ähnlich: *EuGH*, Urt. v. 12.7.2001, Rs. C-157/99, NJW 2001, S. 3391 ff., 3394, Rz. 58 (B. S. M. Smits, verheiratete Geraets / Stichting Ziekenfonds VGZ und H. T. M. Peerbooms / Stichting CZ Groep Zorgverzekeringen)

694 Vgl. hierzu oben: E.I.3.a.; ähnlich: Schlussanträge des *Generalanwalts Tesauro* v. 16.9.1997, Rs. C-120/95 und Rs. C-158/96, Slg. 1998, 1831, 1856, Rz. 41 (Nicolas Decker / Caisse de maladie des employés privés bzw. Raymond Kohll / Union des caisses de maladie)

695 *EuGH*, Urt. v. 28.4.1998, Rs. C-158/96, Slg. 1998, 1935, 1946, Rz. 32 (Raymond Kohll / Union des caisses de maladie)

schen dem Versicherten und seinem Sozialversicherungsträger betreffen und von rein innerstaatlicher Natur sein[696].

Es trifft zwar zu, dass die Pflicht zur vorherigen Genehmigung für die Kostenerstattung es den Versicherten nicht verbietet, Leistungserbringer in anderen Mitgliedstaaten zur (zahn-)medizinischen Behandlung aufzusuchen. Die Genehmigungspflicht betrifft allein die Erstattungsfähigkeit der Kosten durch den zuständigen Träger der Sozialversicherung. Die Versicherten können sich trotz einer solchen Regelung in einen anderen Mitgliedstaat in (zahn-)ärztliche Behandlung begeben. Das zeigt schließlich gerade der Fall *„Kohll"*. Für den luxemburgischen Versicherten stellte es überhaupt kein Problem dar, seine (mitversicherte) minderjährige Tochter bei einem Zahnarzt in Trier behandeln zu lassen. Die Behinderung des freien Dienstleistungsverkehrs liegt bei Regelungen der streitigen Art aber darin, dass die Versicherten ohne die erforderliche vorherige Genehmigung die Kosten einer Behandlung in einem anderen Mitgliedstaat selbst tragen müssen. Würden sie die gleichen medizinischen Leistungen hingegen von einem (zugelassenen) Arzt im Versicherungsstaat empfangen, so hätten sie diese finanziellen Nachteile nicht zu befürchten. Die Kosten würden in jedem Fall vom zuständigen Träger der Krankenversicherung getragen werden. Wird den bei den luxemburgischen Trägern der Sozialversicherung Versicherten die Genehmigung verweigert, stehen diese vor der Entscheidung, entweder einen Arzt in einem anderen Mitgliedstaat aufzusuchen und dann die Kosten vollumfänglich selbst zu tragen oder sich ohne eigene finanzielle Nachteile in die Behandlung eines in Luxemburg zugelassenen Arztes zu begeben. Dass sie sich überwiegend für letztere Alternative entscheiden, liegt auf der Hand.

Dabei spielt es keine Rolle, unter welchen weiten oder engen Voraussetzungen eine solche Genehmigung erteilt wird. Abgesehen davon, dass ein solches Genehmigungserfordernis nur sinnvoll erscheint, wenn Fälle denkbar sind, in denen sie versagt werden kann, stellt schon allein der mit dem Genehmigungsverfahren, insbesondere der Antragstellung verbundene zusätzliche Aufwand eine Behinderung dar, die geeignet ist, den Versicherten davon abzuhalten, sich an Leistungserbringer in anderen Mitgliedstaaten zu wenden. Es gilt diesbezüglich im Rahmen des freien Dienstleistungsverkehrs nichts anderes als bei der Warenverkehrsfreiheit[697].

Durch die luxemburgische Regelung wird aber nicht nur in die sog. „passive Dienstleistungsfreiheit" eingegriffen, indem der Leistungsempfänger zumindest mittelbar daran gehindert wird, einen anderen Mitgliedstaat zur Leistungsinan-

---

[696] Schlussanträge des *Generalanwalts Tesauro* v. 16.9.1997, Rs. C-120/95 und Rs. C-158/96, Slg. 1998, 1831, 1852, Rz. 34 (Nicolas Decker / Caisse de maladie des employés privés bzw. Raymond Kohll / Union des caisses de maladie)

[697] Vgl. hierzu oben: D.IV.1.

spruchnahme aufzusuchen. Darüber hinaus wird ebenso die sog. „aktive Dienstleistungsfreiheit" behindert. Für den Fall, dass sich ein Arzt aus einem anderen Mitgliedstaat über die Grenze zu dem Versicherten begibt, um diesen gegebenenfalls zu Hause zu behandeln, sah die luxemburgische Vorschrift des Art. 60 des Code de assurances sociales eine Beschränkung vor. Eine solche Behandlung durfte - abgesehen von in Luxemburg zugelassenen (ausländischen) Ärzten - (vorbehaltlich weitergehender völkerrechtlicher Vereinbarungen) nur erfolgen, wenn der ausländische Arzt mit der Zustimmung des (in Luxemburg zugelassenen) behandelnden Arztes und des Vertrauensarztes zur Konsultation hinzugezogen wurde[698]. Insofern handelt es sich sogar um ein unmittelbares Verbot (mit Genehmigungsvorbehalt) für Leistungserbringer aus anderen Mitgliedstaaten, die im Staat des Versicherten vorübergehend tätig werden wollen. Die Genehmigung in diesem Sinne liegt entweder in der Zulassung zur Ausübung des Berufes im Versicherungsstaat oder in der Zustimmung des behandelnden Arztes und des Vertrauensarztes zur Konsultation in diesem Mitgliedstaat. Auf diesen Zusammenhang mit der sog. „passiven Dienstleistungsfreiheit" sind aber weder *Generalanwalt Tesauro* noch der EuGH eingegangen. Der Grund hierfür ist wohl bei der recht eng gestellten Vorlagefrage zu suchen[699], welche allein auf die Sichtweise des Leistungsempfängers abstellt, als dass es um dessen Erstattung der aufgewendeten Kosten geht.

Die sog. „Korrespondenzdienstleistungen" werden von den streitigen Regelungen nicht erfasst. Das liegt daran, dass im Bereich der medizinischen Behandlung zur Zeit des Inkrafttretens der nationalen Vorschrift der luxemburgische Gesetzgeber sich offensichtlich kaum Konstellationen vorstellen konnte, bei denen allein die Dienstleistung die Grenze überschreitet[700]. Die neuen Entwicklungen im Bereich der Informations- und Kommunikationstechnologie haben mittlerweile allerdings dazu beigetragen, dass heute auch medizinische Leistungen grenzüberschreitend erbracht werden können, ohne dass Leistungsanbieter und Leistungsempfänger physisch ihren inländischen Standort verlassen müssen[701].

2. Die Grundsätze der „Keck-Rechtsprechung"

a. Das Genehmigungserfordernis aus Sicht der Versicherten

Es stellt sich an dieser Stelle die Frage, ob hinsichtlich der streitigen Regelungen in der Rechtssache *„Kohll"* die mit der herrschenden Ansicht[702] auch im Bereich

698 Vgl. hierzu oben: B.II.1.
699 Vgl. hierzu oben: B.II.1.
700 Vgl. hierzu oben: E.I.3.b.und E.I.4.
701 *Neubauer / Schallermair*, Sozialer Fortschritt 2000, S. 279; vgl. hierzu oben: E.I.3.b. und E.I.4.
702 Vgl. hierzu oben: E.I.5.b.

des freien Dienstleistungsverkehrs entsprechend heranzuziehenden Schranken der „*Keck*-Rechtsprechung“ greifen.

Wie schon bei der Rechtssache „*Decker*“ hinsichtlich der Warenverkehrsfreiheit gehen weder die verschiedenen mitgliedstaatlichen Stellungnahmen, noch *Generalanwalt Tesauro* in seinen Schlussanträgen, noch der EuGH in seinen Entscheidungsgründen auf diese Problematik ein. Wenn sie diese Fragestellung nicht übersehen haben, müssen sie zumindest gedanklich davon ausgegangen sein, dass Vorschriften der streitigen Art nicht lediglich „Dienstleistungsmodalitäten“ für alle Wirtschaftsteilnehmer, die ihre Tätigkeit im Inland ausüben, gleich regeln und inländische Leistungserbringer und solche aus anderen Mitgliedstaaten rechtlich wie tatsächlich in gleicher Weise berühren. Dem Problem der Rechtfertigung solcher Regelungen aus zwingenden Erfordernissen des Allgemeinwohls schenken sowohl die Beteiligten als auch das Gericht ihre besondere Aufmerksamkeit. Wollte man ihnen ein konsequent dogmatisches Vorgehen bei ihren Ausführungen unterstellen, so müssten sie das Vorliegen der für den freien Dienstleistungsverkehr entsprechenden Voraussetzungen der „*Keck*-Rechtsprechung“ (gedanklich) abgelehnt haben. Schließlich ist dieser Punkt vor der Beantwortung der Frage nach der Rechtfertigung aus zwingenden Gründen des Allgemeinwohls zu behandeln[703].

Ob die „*Keck*-Rechtsprechung“ im Bereich des freien Dienstleistungsverkehrs allein auf den Import von Dienstleistungen entsprechend angewendet werden kann oder auch für die Ausfuhr gilt, spielt im Hinblick auf die streitigen Regelungen der Rechtssache „*Kohll*“ keine Rolle. Die luxemburgischen Vorschriften betrafen allein die Einfuhr von Dienstleistungen aus einem anderen Mitgliedstaat[704]. Im Mittelpunkt hat die Kostenerstattung an Patienten gestanden, die sich in anderen Mitgliedstaaten ohne die vorherige Genehmigung des zuständigen Trägers des Krankenkasse behandeln lassen. Aus Sicht des Leistungserbringers betrifft dies zwar nicht unmittelbar die Einfuhr von Dienstleistungen, schließlich wird die Behandlung bei ihm in seinem, einem anderen Mitgliedstaat, durchgeführt[705]. Von der Warte des Patienten und unter Berücksichtigung der Besonderheiten von Dienstleistungen im Vergleich zu Waren kann man aber davon sprechen, dass es um den Import von Dienstleistungen geht. Letztendlich wird der Versicherte daran gehindert, sich nur zur Behandlung in einen anderen Mitgliedstaat zu begeben und anschließend in den Versicherungsstaat zurückzukehren. Das ist im Hinblick auf den freien Warenverkehr vergleichbar mit der Konstellation, dass der Käufer eines Produkts durch eine nationale Vorschrift daran gehindert wird, dieses im Ausland zu erwerben und in seinen Wohnstaat einzuführen. Dass es sich hierbei um eine Importregelung handelt, steht außer Frage.

703 Vgl. hierzu oben: D.IV.2.
704 Vgl. hierzu oben: E.I.5.b.
705 Ähnlich: *Kort*, JZ 1996, S. 138

Nichts anderes kann für die streitige Erstattungsregelung gelten[706]. Dagegen spricht auch nicht die Entscheidung in der Rechtssache *„Alpine Investments“*[707], weil die ihr zu Grunde liegende streitige Regelung aus dem Sitzstaat des Leistungserbringers gestammt hat[708]. In der Rechtssache *„Kohll“* geht es jedoch um Beschränkungen aus dem Staat des Leistungsempfängers. Behindert eine Maßnahme aus dem Mitgliedstaat des Leistungsempfängers die Inanspruchnahme von Dienstleistungen im Ausland, so handelt es sich um eine Einfuhrregelung, da der Dienstleistungsempfänger anschließend mit dem Nutzen aus der Leistung wieder in seinen Wohnstaat zurückkehrt[709].

Was die Genehmigungspflicht für die Erstattung der Kosten von in anderen Mitgliedstaaten in Anspruch genommenen Behandlungen betrifft, kann auch hinsichtlich des Bereichs des freien Dienstleistungsverkehrs analog zu den Ausführungen im Hinblick auf die entsprechenden Regelungen und den freien Warenverkehr[710] nur von einer Verkaufs- bzw. Dienstleistungsmodalität gesprochen werden. Es geht bei Bestimmungen der streitigen Art weder darum, wer eine Dienstleistung erbringen darf noch um den Inhalt bestimmter Behandlungen. Vielmehr ist allein die Erstattungsfähigkeit von empfangenen Dienstleistungen streitig. Diese gehört zum „Wie“ der Vermarktung einer Dienstleistung[711].

Nicht ganz so leicht lässt sich dagegen das Problem lösen, ob die Genehmigungspflicht eine unterschiedslose Regelung im Sinne der Grundsätze der „*Keck*-Rechtsprechung“ darstellt. Wie schon in der Rechtssache *„Decker“*[712] hat es der Gerichtshof in dieser Rechtssache verpasst klarzustellen, ob eine unterschiedslose Regelung im Sinne der „*Keck*-Rechtsprechung“ auch dann vorliegt, wenn sie demjenigen die zusätzliche Belastung (der vorherigen Genehmigung) auferlegt, der die Dienstleistung in einem anderen Mitgliedstaat in Anspruch nehmen möchte. Das Gericht hat diese Frage nach der Abgrenzung zwischen unterschiedslosen und diskriminierenden Regelungen ebenso im Rahmen der Prüfung der Rechtfertigung aus zwingenden Erfordernissen des Allgemeinwohls unbeantwortet gelassen, weil es solche Gründe vorliegend nicht gegeben sah[713].

---

706 Vgl. hierzu oben: E.I.5.b.

707 So aber: *Kort*, JZ 1996, S. 138

708 *EuGH*, Urt. v. 10.5.1995, Rs. C-384/93, Slg. 1995, 1141, 1178, Rz. 38 (Alpine Investments BV / Minister van Financien)

709 Dies übersieht offensichtlich *Kort*, JZ 1996, S. 138, der unter Verweis auf die Entscheidung in der Rechtssache *„Alpine Investments“* bei einer Regelung des Dienstleistungsexports allein auf die Erbringung der Leistung im Ausland abstellt, ohne zu differenzieren, ob es sich um eine Maßnahme aus dem Staat des Leistungserbringers oder -empfängers handelt.

710 Vgl. hierzu oben: D.IV.2.

711 Vgl. hierzu oben: E.I.5.b.

712 Vgl. hierzu oben: D.IV.2.

713 *EuGH*, Urt. v. 28.4.1998, Rs. C-158/96, Slg. 1998, 1935, 1947 ff., Rz. 37 ff. (Raymond

Die Stellungnahmen der Mitgliedstaaten sprachen sich hinsichtlich des freien Dienstleistungsverkehrs[714] in den streitigen Regelungen gegen eine (formale) Diskriminierung aus[715]. Der Generalanwalt widmet sich dieser Problematik in aller Ausführlichkeit und kritisiert in diesem Zusammenhang zu Recht die teilweise widersprüchliche Rechtsprechung des EuGH. Im Ergebnis zeichnet er die beiden möglichen Auslegungsvarianten auf. Entweder man versteht unter diskriminierenden Maßnahmen auch solche, „die eine mittelbare unterschiedliche Behandlung darstellen", weil „im Inland niedergelassene Dienstleistungserbringer anders behandelt werden als nicht im Inland niedergelassene". Oder diskriminierende Maßnahmen in diesem Zusammenhang umfassen lediglich die formalen Diskriminierungen, die allein an die Staatsangehörigkeit von Personen anknüpfen. Er selbst hielt diese letzte Alternative am ehesten mit der gesamten einschlägigen Rechtsprechung des Gerichts vereinbar, ohne dass er sich dieser anschloss. Dennoch mochte er sich leider nicht endgültig für eine dieser beiden Möglichkeiten entscheiden. Stattdessen forderte er den Gerichtshof zur Beseitigung dieser Unklarheiten auf[716]. Dieser Aufruf blieb freilich – wie schon in der Rechtssache *„Decker"* – vom EuGH ungehört.

Zuzustimmen ist dem Generalanwalt zunächst darin, dass es sich bei Regelungen der streitigen Art nicht um „formale" Diskriminierungen unter Anknüpfung an die Staatsangehörigkeit der Beteiligten handelt. Die Genehmigungspflicht gilt für alle Versicherten und differenziert nicht nach deren Nationalität. Sie unterscheidet ebenso wenig nach der Staatsangehörigkeit der Leistungserbringer. Das Erfordernis der vorherigen Genehmigung führt nicht dazu, dass die Behandlung in einem anderen Mitgliedstaat verboten, sondern „lediglich" die Erstattung der dabei aufgewendeten Behandlungskosten von dieser beschränkenden Voraussetzung abhängig gemacht wird. Ebenso hat der Generalanwalt zutreffend erkannt, dass die streitige Konstellation sich um das Problem der Unmittelbarkeit der Regelung rankt. Doch aus diesem Umstand stellt sich nicht zwingend die Frage, ob eine „nur" mittelbar unterschiedliche Behandlung dafür ausreicht, eine Maßnahme als diskriminierend zu charakterisieren. Wann eine Maßnahme als diskriminierend einzuordnen ist, bestimmt sich allein nach dem Sinn und Zweck des Schutzes, der von der betroffenen Grundfreiheit ausgeht[717]. Die Vorschriften der Art. 49 (ex-Art. 59) ff. EGV sollen unter anderem gewährleisten, von einem

Kohll / Union des caisses de maladie)

714 Vgl. zur sich davon unterscheidenden Ansicht der Mitgliedstaaten im Hinblick auf die Warenverkehrsfreiheit oben: E.I.5.b.

715 Schlussanträge des *Generalanwalts Tesauro* v. 16.9.1997, Rs. C-120/95 und Rs. C-158/96, Slg. 1998, 1831, 1859 f., Rz. 46 (Nicolas Decker / Caisse de maladie des employés privés bzw. Raymond Kohll / Union des caisses de maladie)

716 Schlussanträge des *Generalanwalts Tesauro* v. 16.9.1997, Rs. C-120/95 und Rs. C-158/96, Slg. 1998, 1831, 1861 ff., Rz. 48 ff. (Nicolas Decker / Caisse de maladie des employés privés bzw. Raymond Kohll / Union des caisses de maladie)

717 Vgl hierzu oben: D.IV.2.

Mitgliedstaat aus ohne Hindernisse einzelne Dienstleistungen in einem anderen Mitgliedstaat zu erbringen, ohne dort eine ständige Niederlassung unterhalten zu müssen. Unternehmen und freien Berufen soll auf einfache Weise der Zugang zu einem erweiterten europäischen Dienstleistungsmarkt ermöglicht werden, ohne dass sie dafür das Instrumentarium von Gesellschaftsneugründungen, Agenturerrichtungen etc. in Anspruch nehmen müssen[718]. Aus diesem Grund kann bei der Prüfung, ob eine Regelung diskriminierend im Hinblick auf den freien Dienstleistungsverkehr ist, nicht der Ort der Leistungserbringung außer acht gelassen werden. Schließlich soll den dienstleistenden Personen und Unternehmen ja gerade ermöglicht werden, ihre Leistungen im gesamten mitgliedstaatlichen Raum anzubieten. Regelungen wie die der streitigen Art, die finanzielle Vor- bzw. Nachteile der Leistungsempfänger mit dem Ort der Leistungserbringung verknüpfen, sind deshalb als diskriminierend zu charakterisieren[719]. Das gilt sowohl im Hinblick auf die entsprechende Heranziehung der Grundsätze der „*Keck*-Rechtsprechung" als auch bezüglich der Rechtfertigung aus zwingenden Gründen des Allgemeinwohls, wollte man nach wie vor bei diesen zwischen diskriminierenden und unterschiedslosen Maßnahmen differenzieren[720].

b. Das Behandlungsverbot (mit Genehmigungsvorbehalt) aus Sicht der Leistungserbringer

Des Weiteren beinhalteten die luxemburgischen Regelungen ein Verbot (mit Genehmigungsvorbehalt) der Behandlung luxemburgischer Versicherter durch Leistungserbringer aus anderen Mitgliedstaaten, worauf - wie bereits angeführt[721] - im Verfahren aufgrund der Nichtberücksichtigung in den Vorlagefragen nicht eingegangen wurde. Bei Maßnahmen dieser Art handelt es sich um den Import von Dienstleistungen[722] beschränkende Bestimmungen. Die Behandlung von Leistungserbringern aus anderen Mitgliedstaaten im Wohnstaat des Empfängers wird von bestimmten Voraussetzungen, nämlich einer Zulassung

[718] *Hakenberg*, in: *Lenz*, Vorbem. Art. 49-55, Rn. 2; *Troberg*, in: *von der Groeben / Thiesing / Ehlermann*, Vorbemerkung zu den Artikeln 59 bis 66, Rn. 6, 13, 20; *Randelzhofer*, in: *Grabitz / Hilf I*, Art. 59, Rn. 3; *Kröck*, Der Einfluß der europäischen Grundfreiheiten am Beispiel der Ärzte und Arzneimittel, S.104

[719] Im Ergebnis ebenso: *Weiß*, EuZW 1999, S. 497; *Kingreen*, NJW 2001, S. 3384; *Horn*, Sozialrecht und Praxis 2001, S. 667, der sich in seiner Ansicht allerdings zu Unrecht durch die Entscheidungsgründe in der Rechtssache *„Smits / Peerbooms"* bestätigt sieht, die nach seiner Auffassung zeigen, dass der *EuGH* in dieser Rechtssache dem Genehmigungserfordernis „potentiell diskriminierende Wirkung" beimisst. Ein solcher Hinweis ist den Entscheidungsgründen in der Rechtssache *„Smits / Peerboom"* meines Erachtens nicht zu entnehmen.

[720] Vgl. hierzu oben: E.I.5.b.

[721] Vgl. hierzu oben: E.III.1.

[722] Vgl. hierzu oben: E.I.5.b. und E.III.2.a.

zur Berufsausübung im Großherzogtum oder einer Zustimmung des behandelnden Arztes[723], abhängig gemacht.

Was dieses in dem Verfahren vor dem EuGH seinerzeit nicht zur Prüfung stehende Behandlungsverbot (mit Genehmigungsvorbehalt) von nicht in dem Versicherungsstaat zugelassenen Leistungserbringern betrifft, so handelt es sich zwar um unterschiedslose Regelungen im Hinblick auf das Zulassungserfordernis im Mitgliedsstaat. Die Zulassung zur Ausübung der Tätigkeit wird jedoch von den Leistungserbringern aus anderen Mitgliedstaaten ebenso wie von den einheimischen Leistungserbringern verlangt. Dass darüber hinaus den ausländischen Ärzten mit der Zustimmung des behandelnden Arztes und des Vertrauensarztes noch eine weitere Möglichkeit zur Konsultation des Patienten im Versicherungsstaat eingeräumt wird, welche die einheimischen Ärzte nicht haben, hebt die Eigenschaft der unterschiedslosen Regelung in diesem Sinne nicht auf. Sie bevorteilen lediglich die ausländischen Leistungserbringer und mindern deren Beschränkung, ohne dass sie völlig beseitigt wird.

Es kann bei einer solchen Bestimmung aber nicht von einer Verkaufs- bzw. Dienstleistungsmodalität gesprochen werden. Die streitigen Regelungen legen fest, wer eine Leistung erbringen darf. Sie betreffen daher in Abgrenzung zu Verkaufsmodalitäten unternehmensbezogene Kriterien[724]. Im Hinblick auf das Zulassungserfordernis im Mitgliedstaat liegen mithin die Voraussetzungen für eine entsprechende Anwendung der Grundsätze der „*Keck*-Rechtsprechung" in den der Rechtssache „*Kohll*" zu Grunde liegenden luxemburgischen Vorschriften nicht vor.

3. Rechtfertigung durch zwingende Erfordernisse des Allgemeinwohls

a. Die Aufrechterhaltung einer ausgewogenen, allen zugänglichen ärztlichen und klinischen Versorgung als zwingender Grund des Allgemeinwohls

Gerade was die Entscheidung des EuGH in der Rechtssache „*Kohll*" anbelangt, stellt sich die Frage, ob das Gericht neben der Erhaltung des finanziellen Gleichgewichts auch das damit unmittelbar zusammenhängende Ziel der Aufrechterhaltung einer ausgewogenen, allen zugänglichen ärztlichen und klinischen Versorgung als zwingendes Erfordernis des Allgemeinwohls eingeordnet hat. Der Gerichtshof hat die Sicherstellung einer allen Versicherten offenstehenden medizinischen Versorgung zunächst im Zusammenhang mit der Gefahr der Störung des Gleichgewichts des Systems der sozialen Sicherung angespro-

[723] Vgl. Art. 60 des luxemburgischen Code de assurances sociales, abgedruckt oben: B.II.1.
[724] Vgl. hierzu oben: E.I.5.b.

chen[725], bevor er anführte, dass dieser Umstand „auch“ zu den Ausnahmen aus Gründen der öffentlichen Gesundheit zählen kann, „soweit es zur Erzielung eines hohen Gesundheitsschutzes beiträgt“[726]. Letzteres zeigt zwar, dass der EuGH das Ziel einer ausgewogenen, allen zugänglichen medizinischen und pflegerischen Versorgung als eigenständigen Rechtfertigungsgrund dem Schutz der öffentlichen Gesundheit nach Art. 55, 46 (ex-Art. 66, 56) EGV zuordnet. Andererseits bringt er durch seine ersten Ausführungen zur Rechtfertigung und die Verwendung des Wortes „auch“ zum Ausdruck, dass er ebenso den Auffassungen des Generalanwalts[727], der UCM, der luxemburgischen Regierung und der Kommission[728] folgt und dieser Aspekt zugleich im Zusammenhang mit der Erhaltung des finanziellen Gleichgewichts als zwingender Grund des Allgemeininteresses von Bedeutung ist. Die enge Verbindung äußert sich darin, dass die Erhaltung des finanziellen Gleichgewichts des Systems der sozialen Sicherung eine Voraussetzung für die Gewährleistung einer ausgewogenen, allen Versicherten offenstehenden ärztlichen und klinischen Versorgung darstellt[729].

Im Gegensatz zur Warenverkehrsfreiheit[730] kann im Rahmen der Dienstleistungsfreiheit nicht davon ausgegangen werden, dass sich eine Verbindung zu zwingenden Gründen des Gemeinwohls erübrigt, wenn dasselbe Ziel schon einen ausdrücklich im Vertrag geregelten Rechtfertigungsgrund darstellt. Anders als bei Art. 30 (ex-Art. 36) EGV ist eine Rechtfertigung nach Art. 55, 46 (ex-Art. 66, 56) EGV allein für diskriminierende Eingriffe in den freien Dienstleistungsverkehr konzipiert. Liegt deshalb im Zusammenhang mit dieser Grundfreiheit eine unterschiedslos geltende Beschränkung vor, ist für deren Rechtfertigung auf zwingende Erfordernisse des Allgemeinwohls, nicht aber auf Art. 55, 46 (ex-Art. 66, 56) EGV zurückzugreifen[731]. Aus diesem Grund war es auch nicht in erster Linie die Absicht des Gerichtshofes, durch das Hervorheben des engen Zusammenhangs des Ziels der Aufrechterhaltung einer ausgewogenen, allen zugänglichen medizinischen Versorgung mit der Erhaltung des finan-

---

725 *EuGH*, Urt. v. 28.4.1998, Rs. C-158/96, Slg. 1998, 1935, 1947, Rz. 38 (Raymond Kohll / Union des caisses de maladie)

726 *EuGH*, Urt. v. 28.4.1998, Rs. C-158/96, Slg. 1998, 1935, 1950, Rz. 50 f. (Raymond Kohll / Union des caisses de maladie)

727 Schlussanträge des *Generalanwalts Tesauro* v. 16.9.1997, Rs. C-120/95 und Rs. C-158/96, Slg. 1998, 1831, 1866, Rz. 54 (Nicolas Decker / Caisse de maladie des employés privés bzw. Raymond Kohll / Union des caisses de maladie)

728 Schlussanträge des *Generalanwalts Tesauro* v. 16.9.1997, Rs. C-120/95 und Rs. C-158/96, Slg. 1998, 1831, 1863, Rz. 51 (Nicolas Decker / Caisse de maladie des employés privés bzw. Raymond Kohll / Union des caisses de maladie)

729 Ähnlich: Schlussanträge des *Generalanwalts Tesauro* v. 16.9.1997, Rs. C-120/95 und Rs. C-158/96, Slg. 1998, 1831, 1866, Rz. 54 (Nicolas Decker / Caisse de maladie des employés privés bzw. Raymond Kohll / Union des caisses de maladie)

730 Vgl. hierzu oben: D.III. und D.IV.3.b.

731 Vgl. hierzu oben: E.I.5.c.aa. und E.I.5.d.

ziellen Gleichgewichts des Systems der sozialen Sicherung als zwingender Grund des Allgemeininteresses einerseits und der Einordnung des Ziels selbst als Rechtfertigungsgrund nach Art. 55, 46 (ex-Art. 66, 56) EGV im Hinblick auf den Schutz der öffentlichen Gesundheit andererseits, den Mitgliedstaaten einen größeren Gestaltungsspielraum zu lassen[732]. Vielmehr konnte sich der Gerichtshof mit der Prüfung unter dem Gesichtspunkt der ausdrücklich im Vertrag geregelten Rechtfertigungsgründe nicht zufrieden geben, da er sich nicht festlegen wollte, ob es sich bei den Beschränkungen der vorliegenden Art um Diskriminierungen oder aber um unterschiedslos geltende Beschränkungen handelt. Er musste daher eine Rechtfertigung in beide Richtungen prüfen, sodass die enge Verbindung zwischen beiden Zielen nicht verschwiegen werden konnte. Zudem hat der Gerichtshof im Gegensatz zu der Ansicht von *Kötter*[733] das Ziel der Aufrechterhaltung einer allen offenstehenden medizinischen Versorgung nicht separat als zwingenden Grund des Allgemeininteresses angesprochen, sondern lediglich auf die enge Verbindung mit der Erhaltung des finanziellen Gleichgewichts hingewiesen.

b. Zwingende Gründe des Allgemeinwohls in der Rechtssache *„Kohll"*

Letztendlich sah der Gerichtshof aber zwingende Gründe des Allgemeinwohls, die eine Regelung der streitigen Art rechtfertigen könnten, nicht gegeben. Wie in der Rechtssache *„Decker"*[734] ist der EuGH zwar auch in der Rechtssache *„Kohll"* der Ansicht, dass eine erhebliche Gefährdung des finanziellen Gleichgewichts des gesetzlichen Krankenversicherungssystems, im Gegensatz zu rein wirtschaftlichen Zielen, grundsätzlich einen zwingenden Grund des Allgemeininteresses darstellen kann[735]. Eine „wirkliche Gefahr der Störung des finanziellen Gleichgewichts des Systems der sozialen Sicherung" war indes schon deshalb ausgeschlossen, weil es im Rahmen der Streitfrage allein um eine Erstattung nach den Tarifen des Versicherungsstaates ging. Wenn aber bei einer Behandlung in einem anderen Mitgliedstaat eine Erstattung der vom Leistungsempfänger aufgewendeten Kosten in gleicher Höhe wie sie bei einer Behandlung im Inland enstanden wären, verlangt wird, kann das keine wesentlichen Auswirkungen auf die Finanzierung des gesetzlichen Krankenversicherungssystems haben. Da die luxemburgische Regierung ebenso wie in der Rechtssache *„Decker"* nicht dargelegte, dass das zusätzliche Angebot aufgrund der hinzu-

[732] Teilweise wird dies aber mit dem Argument begründet, dass die vertraglich ausdrücklich geregelten Rechtfertigungsgründe im Gegensatz zu den zwingenden Gründen des Allgemeininteresses nicht ausschließlich unterschiedslos geltende Regelungen rechtfertigen können (*Kötter*, VSSR 1998, S. 246).

[733] *Kötter*, VSSR 1998, S. 246

[734] Vgl. hierzu oben: D.V.1.

[735] *EuGH*, Urt. v. 28.4.1998, Rs. C-158/96, Slg. 1998, 1935, 1948, Rz. 41 (Raymond Kohll / Union des caisses de maladie)

kommenden ausländischen Leistungserbringer zu einer Steigerung der Nachfrage nach solchen (Dienst-)Leistungen geführt hatte[736], musste das Gericht nicht darüber zu befinden, ob eine solche Nachfragesteigerung von einem solchen Ausmaß war, dass sie das finanzielle Gleichgewicht des Systems der sozialen Sicherung gefährdete.

Weil somit eine Rechtfertigung wegen der Gefährdung des finanziellen Gleichgewichts des gesetzlichen Krankenversicherungssystems nicht in Betracht kam, war auch eine Rechtfertigung wegen der Aufrechterhaltung einer ausgewogenen, allen Versicherten offenstehenden medizinischen Versorgung unter der Prämisse eines zwingenden Grundes des Allgemeininteresses ausgeschlossen. Der EuGH griff den von der UCM, der luxemburgischen Regierung und der Kommission geknüpften Zusammenhang zwischen beiden Zielen auf, wonach die finanzielle Stabilität des sozialen Sicherungssystems eine Voraussetzung für eine ausgewogene, allen zugängliche ärztliche und klinische Versorgung sei[737]. Da das finanzielle Gleichgewicht nicht gefährdet war und andere Umstände für eine Gefährdung der Aufrechterhaltung einer ausgewogenen, allen Versicherten offenstehenden medizinischen Versorgung nicht dargelegt wurden, schied eine Rechtfertigung in diesem Zusammenhang folgerichtig aus.

4. Rechtfertigung nach Art. 55, 46 (ex-Art. 66, 56) EGV

a. Sicherung der Qualität der medizinischen Behandlung

Wie in der Rechtssache *„Decker“* in Bezug auf die gemeinschaftsrechtliche Gewährleistung des freien Warenverkehrs wurde auch in der Rechtssache *„Kohll“* von der luxemburgischen Regierung angeführt, dass die streitigen Regelungen zur Sicherung der Qualität der medizinischen Versorgung notwendig und daher wegen des Schutzes der öffentlichen Gesundheit nach Art. 55, 46 (ex-Art. 66, 56) EGV gerechtfertigt seien[738].

Doch ebenso wie der Handel medizinischer Erzeugnisse sind auch die Voraussetzungen zum Zugang zur Ausübung medizinischer Tätigkeiten Gegenstand von Koordinierungs- und Harmonisierungsrichtlinien der Gemeinschaft[739].

---

736 Vgl. hierzu oben: D.V.1.; *Lenz / Lampert*, Pharma Recht 1999, S. 70, 73; *Münnich*, BKK 1999, S. 22; *Gassner*, SGb 1998, S. 588

737 *EuGH*, Urt. v. 28.4.1998, Rs. C-158/96, Slg. 1998, 1935, 1947 f., Rz. 38 ff. (Raymond Kohll / Union des caisses de maladie); vgl. hierzu oben: E.III.3.a.

738 *EuGH*, Urt. v. 28.4.1998, Rs. C-158/96, Slg. 1998, 1935, 1948, Rz. 43 (Raymond Kohll / Union des caisses de maladie); Schlussanträge des *Generalanwalts Tesauro* v. 16.9.1997, Rs. C-120/95 und Rs. C-158/96, Slg. 1998, 1831, 1864, Rz. 52 (Nicolas Decker / Caisse de maladie des employés privés bzw. Raymond Kohll / Union des caisses de maladie)

739 So auch: Schlussanträge des *Generalanwalts Tesauro* v. 16.9.1997, Rs. C-120/95 und

Schon 1975 verabschiedete der Rat die Richtlinie 75/362/EWG, welche die von allen Mitgliedstaaten anzuerkennenden Befähigungsnachweise der ärztlichen Ausbildung und der fachärztlichen Disziplinen auflistet[740] und die Richtlinie 75/363/EWG, die die Mindestanforderungen für deren Erwerb festlegt[741]. Diese beiden Richtlinien wurden im Laufe der Zeit mehrfach überarbeitet und dabei vor allem im Hinblick auf die Liste der Fachdisziplinen aktualisiert. Die bedeutendste Ergänzung stellte die Richtlinie 86/457/EWG dar, welche sich mit der spezifischen Ausbildung in der Allgemeinmedizin befasst[742]. Letztlich wurden die bis dahin erlassenen Richtlinien mit der Richtlinie 93/16/EWG des Rates vom 05.04.1993 kodifiziert, welche Regelungen zur Erleichterung der Freizügigkeit für Ärzte und zur gegenseitigen Anerkennung ihrer Diplome, Prüfungszeugnisse und sonstigen Befähigungsnachweise beinhaltet[743]. Andere berufsspezifische Richtlinien regeln beispielsweise im Einzelnen die gegenseitige Anerkennung von Diplomen und koordinieren die nationalen Rechts- und Verwaltungsvorschriften für die Tätigkeiten des Zahnarztes[744]. Entsprechende Richtlinien gibt es ebenso für pharmazeutische Berufe[745]. Der Gerichtshof hatte bereits vor der Entscheidung in der Rechtssache *„Kohll"* unter Verweis auf die Richtlinien 75/362 und 75/363 in ihrer geänderten Fassung festgestellt, dass „in Bezug auf die Voraussetzungen für den Zugang zum Arztberuf und die Modalitäten seiner Ausübung davon auszugehen ist, dass die Verschreibung eines Arzneimittels durch einen Arzt in einem anderen Mitgliedstaat eine Garantie bietet, die derjenigen gleichwertig ist, die auf der Verschreibung des Arzneimittels durch einen Arzt im Einfuhrstaat beruht"[746].

In der Rechtssache *„Kohll"* stellte der EuGH unter Heranziehung der Richtlinien 78/686/EWG, 78/687/EWG und 93/16/EWG fest, dass diese sowohl die Bedingungen des Zugangs als auch der Ausübung der Tätigkeiten eines Arztes

Rs. C-158/96, Slg. 1998, 1831, 1864, Rz. 52 (Nicolas Decker / Caisse de maladie des employés privés bzw. Raymond Kohll / Union des caisses de maladie); vgl. hierzu ausführlich: *Kirchberger*, Zeitschrift für Sozialreform 1999, S. 760; *Schulte*, ZFSH/SGB 1999, S. 275; *Mrozynski*, in: *Kauder*, S. 105

740 ABl. 1975 Nr. L 167/1

741 ABl. 1975 Nr. L 167/14

742 ABl. 1986 Nr. L 267/26

743 ABl. 1993 Nr. L 165/1

744 ABl. 1978 Nr. L 233/1 und 10
Vgl. hierzu auch die Rechtsprechung des Gerichtshofs: *EuGH*, Urt. v. 9.2.1994, Rs. C-319/92, Slg. 1994, 425 ff. (Salomone Haim / Kassenärztliche Vereinigung Nordrhein); *EuGH*, Urt. v. 4.7.2000, Rs. C-424/97, Slg. 2000, 5123 ff. (Salomone Haim / Kassenärztliche Vereinigung Nordrhein), in der sich der EuGH u.a. mit den Kassenzulassungsvoraussetzungen, wie z. B. die Ableistung einer Vorbereitungszeit und sprachliche Anforderungen an den Leistungserbringer, befasst.

745 ABl. 1985 Nr. L 253/34 und 37

746 *EuGH*, Urt. v. 8.4.1992, Rs. C-62/90, Slg. 1992, 2575, 2607 f., Rz. 18 ff. (Kommission der Europäischen Gemeinschaften / Bundesrepublik Deutschland)

und Zahnarztes regeln und daraus folgt, dass „in anderen Mitgliedstaaten niedergelassene Ärzte und Zahnärzte für die Zwecke des freien Dienstleistungsverkehrs als ebenso qualifiziert anerkannt werden müssen wie im Inland niedergelassene.“[747] Eine Rechtfertigung von Maßnahmen der streitigen Art unter dem Gesichtspunkt der Sicherung der Qualität der medizinischen Versorgung zum Schutz der Gesundheit nach den Art. 55, 46 (ex-Art. 66, 56) EGV lehnte der EuGH daher ab[748].

An dieser Rechtsprechung wird allerdings vermehrt kritisiert, dass die aufgeführten Richtlinien entgegen der höchstrichterlichen Ansicht nicht die Ausübung der einschlägigen Tätigkeiten und ebenso wenig Berufsfortbildungsstandards betreffen[749]. Bei seinen Überlegungen ist der EuGH offensichtlich davon ausgegangen, dass die Aufsicht des anderen Mitgliedstaates die Qualität der Berufsausübung sicherstellt. Teilweise wird in Frage gestellt, ob dem Gerichtshof dabei allein mit der Begründung des in den betreffenden Staaten - Luxemburg und Deutschland - vergleichbaren Niveaus der Weiterbildung, der (vorgeschriebenen) Praxisausstattung und der Überwachung (zahn-)ärztlicher Tätigkeit zugestimmt werden kann[750]. Die streitige Regelung galt nicht nur im Verhältnis dieser beiden Mitgliedstaaten, sondern betraf die Behandlung in jedem beliebigen Mitgliedstaat. Dennoch ist dem Gerichtshof im Ergebnis deshalb beizupflichten, weil die gegenteiligen Stellungnahmen keinerlei Anhaltspunkte oder gar Nachweise für berechtigte Zweifel an einer vergleichbaren Qualität der medizinischen Behandlung in allen Mitgliedstaaten enthalten haben. Schwerwiegende Qualitätsunterschiede im Bereich der Ausübung der medizinischen und auch pharmazeutischen Tätigkeiten können in Zukunft aber Einschränkungen der Auslandskostenerstattung rechtfertigen, falls nicht entsprechende EG-Vorschriften vergleichbare Standards in diesem Bereich schaffen und die Ausübung der betroffenen Berufe und die Fortbildungsmaßnahmen koordinieren[751].

---

747 *EuGH*, Urt. v. 28.4.1998, Rs. C-158/96, Slg. 1998, 1935, 1949, Rz. 47 f. (Raymond Kohll / Union des caisses de maladie); a.A. offensichtlich: *Schulz-Weidner*, in: *Schulte / Barwig*, S. 337 f., der der Ansicht ist, dass der EuGH in dieser Rechtssache auf „logische Ableitungen des Zusammenhangs zwischen der Koordinierung der Berufszugangsregeln einerseits und der Unzulässigkeit einer Stützung des Territorialitätsprinzips auf Qualitätsgesichtspunkte andererseits“ verzichtet habe.

748 *EuGH*, Urt. v. 28.4.1998, Rs. C-158/96, Slg. 1998, 1935, 1949, Rz. 49 (Raymond Kohll / Union des caisses de maladie)

749 *Schulte*, in: *Ebsen*, S. 32; *ders.*, ZFSH/SGB 1999, S. 275; *Schulz-Weidner*, in: *Schulte / Barwig*, S. 336 f., 353; *Giesen*, in: Freizügigkeit und Soziale Sicherheit, S. 367; *Jung*, in: *Ebsen*, S. 82; *Neumann-Duesberg*, in: 11. Bonner Europa-Symposium, S. 34; *Bericht der gemeinsamen Arbeitsgruppe*, ZFSH/SGB 1999, S. 627; *Raschke*, BG 1999, S. 156; a.A.: *Wille*, KrV 1999, S. 292; *Mrozynski*, in: *Kauder*, S. 105

750 *Giesen*, in: Freizügigkeit und Soziale Sicherheit, S. 367

751 *Schulte*, in: *Ebsen*, S. 32; *ders.*, ZFSH/SGB 1999, S. 275; *Giesen*, in: Freizügigkeit und Soziale Sicherheit, S. 367; *Jung*, in: *Ebsen*, S. 82; *Neumann-Duesberg*, in: 11. Bonner Europa-Symposium, S. 34; *Bericht der gemeinsamen Arbeitsgruppe*, ZFSH/SGB 1999,

Im Hinblick auf die Ausübung von zahnärztlichen Tätigkeiten ist darauf hinzuweisen, dass Art. 15 Abs. 1 Unterabsatz 2 Richtlinie 78/686/EWG zwar durchaus eine Art Generalklausel enthält, die die ausländischen Leistungserbringer auch bezüglich der Pflichten beim Erbringen der Dienstleistung und damit bei der Ausübung den inländischen Leistungserbringern gleichstellt[752]. Eine im Wortlaut übereinstimmende Regelung enthält Art. 17 Abs. 1 Unterabsatz 2 Richtlinie 93/16/EWG für ärztliche Tätigkeiten, während für pharmazeutische Tätigkeiten eine entsprechende Vorschrift allerdings fehlt. Doch regeln diese Richtlinien die Berufsausübung nicht so detailliert wie den Berufszugang, sondern verweisen lediglich auf eine Gleichbehandlung mit den Leistungserbringern des Mitgliedstaates selbst. Zudem fehlt es an jeder gemeinschaftsrechtlichen Regelung hinsichtlich der Mechanismen der Qualitätskontrollen bei der Ausübung der (zahn-)ärztlichen Tätigkeiten. Ebenso sind medizinische Fortbildungsmaßnahmen bisher noch nicht Gegenstand von Richtlinien. Der Kritik an der Rechtsprechung des Gerichtshofs ist damit vom Ansatz her durchaus zuzustimmen. Aus der gemeinschaftsrechtlich anerkannten Gleichwertigkeit von Ausbildungsstandards und Berufszulassungskriterien kann nicht ohne weiteres auf die Vergleichbarkeit der Berufsfortbildungsstandards und sonstiger tätigkeitsbezogener Qualitätsstandards geschlossen werden. Hinreichende gemeinschaftsrechtliche Vorschriften auf diesen Gebieten gibt es bisher nicht. Aus diesem Grund wird verstärkt über die Einführung entsprechender Qualitätsmindeststandards in diesen Bereichen nachzudenken sein.

Selbst wenn in naher Zukunft die Berufsausübung und -fortbildung von der gemeinschaftsrechtlichen Koordinationsregelungen nicht hinreichend erfasst werden, ist zu beachten, dass die medizinischen Behandlungen innerhalb der Mitgliedstaaten auf einem so unterschiedlichen Niveau erfolgen muss, dass zum Schutz der Versicherten eine Beschränkung der Inanspruchnahme ausländischer Leistungserbringer erforderlich ist[753]. Diesbezüglich sind in der Tat Zweifel angebracht, ob derzeit Anhaltspunkte hierfür ersichtlich sind, die den Gerichtshof von einer solchen Notwendigkeit zu überzeugen vermögen[754]. Freilich könnte beispielsweise die Osterweiterung der Europäischen Gemeinschaft dazu führen, dass solche tiefgreifenden Qualitätsunterschiede bei medizinischen Leistungen in Zukunft unter Umständen eher als heute festzustellen und nachzuweisen sind.

S. 627; Raschke, BG 1999, S. 156; a.A.: *Wille*, KrV 1999, S. 292

752 „Der Begünstigte hat beim Erbringen von Dienstleistungen die gleichen Rechte und Pflichten wie die Staatsangehörigen des Aufnahmestaats; insbesondere unterliegt er den beruflichen und administrativen Disziplinarvorschriften dieses Mitgliedstaats."

753 *Schulte*, ZFSH/SGB 1999, S. 275; *Godry*, ZFSH 1997, S. 420; *Giesen*, in: *Schulte / Barwig*, S. 367

b. Sicherstellung eines ausgewogenen und allgemein zugänglichen Systems der ambulanten und stationären Versorgung

Im Gegensatz zu seiner Entscheidung in der Rechtssache „*Decker*“[755] befasste sich der Gerichtshof in der Rechtssache „*Kohll*“ im Rahmen der Rechtfertigung aus Gründen des Schutzes der öffentlichen Gesundheit nach Art. 55, 46 (ex-Art. 66, 56) EGV nicht allein mit der Sicherung der Qualität der medizinischen Versorgung, sondern mit einer weiteren von den Beteiligten und dem Generalanwalt in diesem Zusammenhang aufgeworfenen Problematik. Seitens der Mitgliedstaaten wurde angeführt, dass Regelungen der streitigen Art zur Aufrechterhaltung einer ausgewogenen, allen offen stehenden ambulanten und stationären Versorgung in einer bestimmten Region erforderlich und deshalb gerechtfertigt sind[756].

Der Gerichtshof vollzieht in diesem Zusammenhang zunächst ein Mal mehr die schwierige Gratwanderung zwischen den im Vertrag aufgezählten Rechtfertigungsgründen, die eng auszulegen sind, und den zwingenden Gründen des Allgemeinwohls[757]. Obwohl die Aufrechterhaltung einer ausgewogenen, allen zugänglichen ärztlichen und klinischen Versorgung eng mit dem Ziel der Erhaltung des finanziellen Gleichgewichts des Systems der sozialen Sicherheit verbunden ist, welches vom Gerichtshof als zwingender Grund des Allgemeinwohls behandelt wird, kann ersteres Ziel nach der Rechtsprechung auch zu den Ausnahmen aus Gründen der öffentlichen Gesundheit zählen und damit einen ausdrücklich im Vertrag aufgeführten Rechtfertigungsgrund verwirklichen[758].

Das vom EuGH dabei angesprochene Kausalitätserfordernis („soweit es zur Erzielung eines hohen Gesundheitsniveaus beiträgt“[759]) führt nicht zu einer weiteren Beschränkung im Hinblick auf etwa vorliegende besondere Umstände, sondern ist diesem Rechtfertigungsgrund der Art. 55, 46 (ex-Art. 66, 56) EGV immanent. Beschränkungen des freien Dienstleistungsverkehrs, die nicht geeignet sind, zu einem hohen Gesundheitsschutz beizutragen, können grundsätzlich nicht aus Gründen der öffentlichen Gesundheit gerechtfertigt sein. Es ist aller-

---

754 *Godry*, ZFSH/SGB 1997, S. 420

755 Vgl. hierzu oben: D.V.2.b.

756 *EuGH*, Urt. v. 28.4.1998, Rs. C-158/96, Slg. 1998, 1935, 1946, Rz. 32 ff. (Raymond Kohll / Union des caisses de maladie); Schlussanträge des *Generalanwalts Tesauro* v. 16.9.1997, Rs. C-120/95 und Rs. C-158/96, Slg. 1998, 1831, 1863, Rz. 51 (Nicolas Decker / Caisse de maladie des employés privés bzw. Raymond Kohll / Union des caisses de maladie)

757 Vgl. hierzu oben: D.IV.3.

758 *EuGH*, Urt. v. 28.4.1998, Rs. C-158/96, Slg. 1998, 1935, 1950, Rz. 50 (Raymond Kohll / Union des caisses de maladie); vgl. hierzu oben: E.III.3.a.

759 *EuGH*, Urt. v. 28.4.1998, Rs. C-158/96, Slg. 1998, 1935, 1950, Rz. 50 (Raymond Kohll / Union des caisses de maladie)

dings kein Fall vorstellbar, bei dem die Gewährleistung einer ausgewogenen, allen zugänglichen medizinischen Versorgung nicht einem hohen Gesundheitsschutz dient und somit unter den Rechtfertigungsgrund des Schutzes der öffentlichen Gesundheit fällt. Die Formulierung des Gerichtshofes ist deshalb als missverständlich zu bezeichnen, soweit sie dahingehend interpretiert werden kann, dass sie von einer solchen Möglichkeit ausgeht.

Generalanwalt Tesauro stellte in diesem Zusammenhang zunächst in Frage, ob die Aufrechterhaltung einer ausgewogenen, allen offen stehenden medizinischen Versorgung überhaupt zu dem von der Rechtsprechung eng auszulegenden Rechtfertigungsgrund des Schutzes der öffentlichen Gesundheit gehört[760]. Letztlich ließ er diese Frage aber unbeantwortet. Er schloss eine Rechtfertigung in diesem Hinblick aus, weil ein solches Ziel „... im Grunde nur die Wirtschaftlichkeit des Systems bezweckt, also ein wirtschaftlicher Zweck verfolgt wird..."[761].

Diese Ansicht verkennt jedoch die Kausalitätszusammenhänge zwischen den einzelnen Zielen. Die Problematik des wirtschaftlichen Grundes stellt sich nicht bei der Gewährleistung einer ausgewogenen, allen offen stehenden ambulanten und stationären Versorgung, sondern im Zusammenhang mit der Unterscheidung zwischen dem Ziel der Verringerung der laufenden Kosten des Systems der sozialen Sicherheit und dem der Erhaltung seines finanziellen Gleichgewichts[762]. Letzteres erkannte nicht nur der Gerichtshof in seinen Entscheidungen zu den Rechtssachen *„Decker"* und *„Kohll"*[763], sondern auch *Generalanwalt Tesauro*[764] als Rechtfertigungsgrund an. Da das finanzielle Gleichgewicht des sozialen Krankenversicherungssystems aber Voraussetzung für eine ausgewogene, allen zugängliche medizinische Versorgung ist[765], kann letzteres Ziel gerade nicht nur einen wirtschaftlichen Zweck darstellen, der Beschränkungen des freien Dienstleistungsverkehrs nicht zu rechtfertigen vermag. So befasste sich auch

---

[760] Schlussanträge des *Generalanwalts Tesauro* v. 16.9.1997, Rs. C-120/95 und Rs. C-158/96, Slg. 1998, 1831, 1863 f., Rz. 51 (Nicolas Decker / Caisse de maladie des employés privés bzw. Raymond Kohll / Union des caisses de maladie)

[761] Schlussanträge des *Generalanwalts Tesauro* v. 16.9.1997, Rs. C-120/95 und Rs. C-158/96, Slg. 1998, 1831, 1863 f., Rz. 51 (Nicolas Decker / Caisse de maladie des employés privés bzw. Raymond Kohll / Union des caisses de maladie)

[762] Vgl. hierzu oben: D.V.1.

[763] *EuGH*, Urt. v. 28.4.1998, Rs. C-120/95, Slg. 1998, 1831, 1884, Rz. 39 (Nicolas Decker / Caisse de maladie des employés privés); *EuGH*, Urt. v. 28.4.1998, Rs. C-158/96, Slg. 1998, 1935, 1948, Rz. 41 (Raymond Kohll / Union des caisses de maladie); vgl. hierzu oben: D.IV.3.b.

[764] Schlussanträge des *Generalanwalts Tesauro* v. 16.9.1997, Rs. C-120/95 und Rs. C-158/96, Slg. 1998, 1831, 1865, Rz. 53 (Nicolas Decker / Caisse de maladie des employés privés bzw. Raymond Kohll / Union des caisses de maladie)

[765] Vgl. hierzu oben: E.III.3.a.

der EuGH lediglich im Zusammenhang mit der erheblichen Gefährdung des finanziellen Gleichgewichts, nicht aber im Rahmen der Aufrechterhaltung einer ausgewogenen, allen zugänglichen ärztlichen und klinischen Versorgung mit der Tatsache, dass rein wirtschaftliche Gründe für eine Rechtfertigung von Beschränkungen der Grundfreiheiten herangezogen werden können[766].

Die vom Generalanwalt in seinen Schlussanträgen unbeantwortet gelassene Frage nach der Subsumtion dieses Zieles unter den Rechtfertigungsgrund des Schutzes der öffentlichen Gesundheit beantwortete seinerseits der Gerichtshof. Danach ist eine Beschränkung der Dienstleistungsfreiheit nach Art. 55, 46 (ex-Art. 66, 56) EGV auf dem Gebiet der ärztlichen und klinischen Versorgung gerechtfertigt, „soweit die Erhaltung eines bestimmten Umfangs der medizinischen und pflegerischen Versorgung oder eines bestimmten Niveaus der Heilkunde im Inland für die Gesundheit oder selbst das Überleben ihrer Bevölkerung erforderlich ist“[767]. Im Hinblick auf diese Ausführungen ist allerdings anzumerken, dass kaum ein Fall vorstellbar ist, bei dem die Gewährleistung der medizinischen und pflegerischen Versorgung in einem bestimmten Umfang oder eines gewissen Niveaus der Heilkunde nicht für die Gesundheit der inländischen Bevölkerung notwendig ist. Die Frage, die sich in der Regel stellt, dürfte vielmehr sein, ob die beschränkende Maßnahme zur Erhaltung dieser Versorgung und dieses Niveaus geeignet und erforderlich ist. Dies erkannte auch der Gerichtshof, indem er letztlich in der Rechtssache *„Kohll“* nicht dem Vorbringen der UCM und der Mitgliedstaaten zum Vorliegen dieses Rechtfertigungsgrundes folgte, weil sie nicht nachgewiesen hatten, dass die streitigen nationalen Vorschriften zur Sicherstellung einer ausgewogenen, allen zugänglichen ärztlichen und klinischen Versorgung tatsächlich notwendig gewesen waren. Keiner der Beteiligten legte dar, dass solche Genehmigungsregelungen erforderlich waren, um im Inland einen bestimmten Umfang der medizinischen und pflegerischen Versorgung oder ein unabdingbares Niveau der Heilkunde zu gewährleisten[768].

In der Literatur wurden im Zusammenhang mit der Aufrechterhaltung eines ausgewogenen und allgemein zugänglichen Systems der ambulanten und stationären Versorgung als Rechtfertigungsgrund auch noch andere Aspekte angeführt. In diesem Hinblick ergeben sich aber bei der Rechtfertigung von Beschränkungen des freien Dienstleistungsverkehrs im Vergleich zu solchen des freien Wa-

[766] *EuGH*, Urt. v. 28.4.1998, Rs. C-158/96, Slg. 1998, 1935, 1948, 1950, Rz. 41, 50 ff. (Raymond Kohll / Union des caisses de maladie)

[767] *EuGH*, Urt. v. 28.4.1998, Rs. C-158/96, Slg. 1998, 1935, 1950, Rz. 51 (Raymond Kohll / Union des caisses de maladie)

[768] *EuGH*, Urt. v. 28.4.1998, Rs. C-158/96, Slg. 1998, 1935, 1950, Rz. 52 (Raymond Kohll / Union des caisses de maladie)

renverkehrs keine Unterschiede, sodass die zu dieser Grundfreiheit gemachten Ausführungen auch an dieser Stelle entsprechende Geltung beanspruchen[769].

IV. Andere Beschränkungen des freien Dienstleistungsverkehrs

1. Dienstleistungen eines Optikers

Im Zusammenhang mit der Behandlung anderer möglicher Beschränkungen des freien Dienstleistungsverkehrs auf dem Gebiet der Gesundheitsleistungen bietet es sich an, die im Hinblick auf die Rechtssache *„Decker"* vom Generalanwalt aufgeworfene Frage zu beantworten, unter welchen Voraussetzungen die Leistungen eines Optikers als Dienstleistungen einzustufen sind. Wie bereits an anderer Stelle ausgeführt[770], ist der Gerichtshof in der Rechtssache *„Decker"* zu Recht nicht auf den freien Dienstleistungsverkehr eingegangen. Die von den streitigen luxemburgischen Regelungen betroffenen Tätigkeiten des Optikers stellen keine Dienstleistungen nach Art. 50 (ex-Art. 60) EGV dar.

Von Dienstleistungen eines Optikers kann allerdings gesprochen werden, soweit seine Tätigkeit Einfluss auf die Beschaffenheit der Gläser nimmt. In diesem Fall hat sich die Leistung des Optikers so sehr verselbstständigt, dass sie nicht mehr als Annex zur Verkaufstätigkeit eingeordnet werden kann, sondern als eigenständig zu untersuchende Dienstleistung zu behandeln ist. Eine solche mit dem Vermessen der Sehstärke zusammenhängende Tätigkeit sowie die entsprechende Umsetzung der ermittelten Ergebnisse im Hinblick auf die Eigenschaften der Gläser stellt die besonderen, außergewöhnlichen Anforderungen an die Qualität des eingesetzten Personals, wie sie der Generalanwalt in seinen Schlussanträgen hervorgehoben hat, dar. Soweit ein Optiker mithin befugt ist, auch solche Leistungen zu erbringen und nicht „lediglich" wie im Ausgangsfall der Rechtssache *„Decker"* vom Augenarzt verschriebene Brillen verkauft, beschränken Regelungen, die eine Pauschalerstattung für eine solche Behandlung bei einem Optiker in einem anderen Mitgliedstaat im Gegensatz zu einer im Inland von einer vorherigen Genehmigung abhängig machen, den freien Dienstleistungsverkehr. Insoweit ergeben sich weder im Hinblick auf die beschränkende Wirkung solcher Maßnahmen noch auf die fehlende Einschlägigkeit der Grundsätze der „*Keck*-Rechtsprechung" aufgrund ihres diskriminierenden Charakters Unterschiede im Vergleich zur Rechtssache *„Kohll"*[771].

Eine solche Maßnahme bedürfte mithin der Rechtfertigung, wobei diesbezüglich die Rechtsprechung des EuGH in der Rechtssache *„Kohll"* entsprechend heran-

769 Vgl. zu diesen anderen Aspekten oben: D.V.2.b.
770 Vgl. hierzu oben: E.II.
771 Vgl. hierzu oben: E.III.2.a.

gezogen werden kann. Bei einer Erstattungsregelung, welche eine Pauschale vorsieht, erscheint es ausgeschlossen, dass das finanzielle Gleichgewicht des zuständigen Systems der sozialen Sicherung ernsthaft gefährdet wird. Selbst wenn man eine mit der Ausdehnung der Leistungsanbieter steigende Nachfrage unterstellt, erreicht diese wohl nicht ein solches Ausmaß, um die finanzielle Stabilität des Krankenversicherungssystems ins Wanken zu bringen. Im Hinblick auf die Sicherung der Qualität der Leistungen eines Optikers ist wiederum darauf zu verweisen, dass der Zugang auch zu diesem Beruf Gegenstand der Richtlinie 92/51/EWG[772] ist, mit welcher die Mitgliedstaaten den Besitz entsprechender Diplome, Prüfungszeugnisse und sonstiger Befähigungsnachweise gegenseitig anerkennen[773]. Doch fehlt es ebenso wie bei den Ärzten und Zahnärzten an koordinierenden Berufsausübungs- und Fortbildungsregelungen im Gemeinschaftsrecht. Da sich vergleichbare Berufsfortbildungsstandards und sonstige tätigkeitsbezogene Qualitätsstandards nicht ohne weiteres aus anerkannten gleichwertigen Ausbildungsstandards und Berufszulassungskriterien ergeben, wird zu Recht angeführt, dass auf diese Problematik im Rahmen der Rechtfertigung in Zukunft verstärkt das Augenmerk gelegt werden sollte[774]. Trotz der Beachtlichkeit dieser Einwände ist in diesem Zusammenhang zu berücksichtigen, dass die entsprechenden Behandlungen durch den Optiker innerhalb der Mitgliedstaaten aber auf einem so unterschiedlichen Niveau erfolgen müssen, dass zum Schutz der Versicherten eine Beschränkung der Inanspruchnahme ausländischer Leistungserbringer erforderlich ist[775]. Ebenso wie in der Rechtssache „*Kohll*" dürfte kaum nachzuweisen sein, dass eine solche Regelung zur Erhaltung eines bestimmten Umfangs der medizinischen Versorgung oder eines unabdingbaren Niveaus der Heilkunde im Inland notwendig wäre.

2. Erstattungsumfang

Was die nationale Regelung von Pauschal-, Höchst-, Mindesterstattungen und andere den Erstattungsumfang medizinischer Dienstleistungen im Hinblick auf deren Vereinbarkeit mit dem gemeinschaftsrechtlich gewährleisteten freien Dienstleistungsverkehr anbelangt[776], so ergeben sich unter Berücksichtigung der Rechtsprechung des EuGH keine Unterschiede im Vergleich zu entsprechenden, den freien Warenverkehr betreffende nationale Erstattungsvorschriften[777].

---

772 ABl. 1992 Nr. L 209/25

773 Vgl. hierzu oben: E.III.4.b.

774 *Schulte*, in: *Ebsen*, S. 32; *ders.*, ZFSH/SGB 1999, S. 275; *Giesen*, in: Freizügigkeit und Soziale Sicherheit, S. 367; *Jung*, in: *Ebsen*, S. 82; *Neumann-Duesberg*, in: 11. Bonner Europa-Symposium, S. 34; *Bericht der gemeinsamen Arbeitsgruppe*, ZFSH/SGB 1999, S. 627; *Raschke*, BG 1999, S. 156

775 *Schulte*, ZFSH/SGB 1999, S. 275; *Godry*, ZFSH 1997, S. 420; vgl. hierzu oben: E.III.4.b.

776 Vgl. hierzu oben: D.VI.1.a.

777 Vgl. zu den den Umfang regelnden Erstattungsvorschriften oben: D.VI.1.

F. Die gemeinschaftsrechtlichen Wettbewerbsregelungen und das Leistungserbringungsrecht

I. Einführung

Eine weitere Facette des insgesamt zunehmenden Einflusses des Europarechts auf das Sozialrecht der Mitgliedstaaten betrifft die Frage, ob und inwieweit Bestimmungen des europäischen Wettbewerbsrechts für die gesetzlichen Krankenversicherungen von Bedeutung sind. Auch wenn dieser Teil des europäischen Wirtschaftsrechts nicht Gegenstand der Entscheidungen in den Rechtssachen *„Decker"* und *„Kohll"* war[778], kann er bedeutsam bei der Umsetzung der Folgen dieser Entscheidungen, insbesondere auch in Deutschland, sein.

Dies gilt umso mehr, als dass nationale Gerichte das europäische Wettbewerbsrecht wieder mit in das Blickfeld und Interesse der Diskussionen um die Einflüsse des europäischen Sozialrechts gerückt haben[779], nachdem dieser Bereich des Gemeinschaftsrechts unmittelbar nach den Urteilen in den Rechtssachen *„Decker"* und *„Kohll"* zunächst in den Hintergrund rückte. Weitere Entscheidungen des EuGH zu diesem Problemkreis dürften nur noch eine Frage der Zeit sein[780], nachdem Vorlagebeschlüsse des *Landessozialgerichts Nordrhein-Westfalen*[781], des *Oberlandesgerichts Düsseldorf*[782] und des *Bundesgerichtshofs*[783] zur Relevanz des europäischen Kartellrechts speziell für die Festsetzung von Festbeträgen bei Arzneimitteln gefasst wurden. Das folgende Kapitel befasst sich – anknüpfend an die aktuellen Diskussionen – mit der Frage, ob das Wettbewerbsrecht der Gemeinschaft auf die Leistungsnachfrage der Sozialversicherungsträ-

---

778 Lediglich der *Generalanwalt Tesauro* hat in seinen Schlussanträgen am Rande auch die Relevanz der Wettbewerbsvorschriften erwähnt (Schlussanträge des *Generalanwalts Tesauro* v. 16.9.1997, Rs. C-120/95 und Rs. C-158/96, Slg. 1998, 1831, 1843 f., Rz. 18 ff. [Nicolas Decker / Caisse de maladie des employés privés bzw. Raymond Kohll / Union des caisses de maladie]).

779 *OLG Düsseldorf*, NZS 1998, S. 567; *OLG Düsseldorf*, Pharmazeutische Industrie 1999, S. 704; *OLG München*, NZS 2000, S. 459; *LG Hamburg*, Beschluss v. 31.3.1999 – 315 O 115/99, 129/99 und 143/99, MedR 1999, S. 268; *LG Düsseldorf*, Pharmazeutische Industrie 2000, S. 111, 700, *LG München I*, Urteil v. 30.6.1999 – 21 O 5205/99 – nicht veröffentlicht; *LSG Niedersachsen*, Beschluss v. 11.5.1998 – L 4 KR 161/97 ER – nicht veröffentlicht; *LSG Rheinland Pfalz*, Beschluss v. 18.2.1998 – L 5 EA-K 2/98 – nicht veröffentlicht; *LSG für das Saarland*, Beschluss v. 18.8.1998 – L 2 K 4/97 S – nicht veröffentlicht; *Bayerisches LSG*, Beschluss v. 25.11.1998 – L 4 B 128/98 KR ER – nicht veröffentlicht; zuvor schon: *BSG*, NZS 1995, S. 507

780 Ebenso: *Terwey* laut Ärztezeitung vom 07.02.2001; *Axer*, NZS 2002, S. 57

781 *LSG Nordrhein-Westfalen*, Beschluss v. 28.9.2000, L 5 KR 11/95, der allerdings aufgrund später erfolgter Klagerücknahme gegenstandslos geworden ist (vgl. *Axer*, NZS 2002, S. 59)

782 *OLG Düsseldorf*, Beschluss v. 18.5.2001, U (Kart) 28/00

783 *BGH*, Beschluss v. 3.7.3001, KZR 31/99

ger im Verhältnis zu den Leistungserbringern anzuwenden ist und welche Auswirkungen es auf ihre Beschaffungstätigkeit hat.

II. Das Verhältnis der Regelungen des freien Warenverkehrs und den wettbewerbsrechtlichen Vorschriften des Gemeinschaftsrechts

Während die Regelungen des freien Warenverkehrs (Art. 28 [ex-Art. 30] ff. EGV) die Zulässigkeit staatlicher Maßnahmen betrifft, beziehen sich dagegen die wettbewerbsrechtlichen Vorschriften des Gemeinschaftsrechts (Art. 81 [ex-Art. 85] ff. EGV) mit Ausnahme von Art. 86 (ex-Art. 90) Abs. 1 EGV grundsätzlich auf Behinderungen des innergemeinschaftlichen Handels durch Unternehmen und nicht auf durch Gesetz oder Verordnung getroffene Maßnahmen der Mitgliedstaaten[784].

Dennoch dürfen nach der ständigen Rechtsprechung die Mitgliedstaaten aufgrund des Art. 81 (ex-Art. 85) EGV in Verbindung mit Art. 3 Abs. 1 lit. g, 10 (ex-Art. 5) EGV keine Maßnahmen, auch nicht in Form von Gesetzen und Verordnungen, treffen oder beibehalten, welche die praktische Wirksamkeit der für die Unternehmen geltenden Wettbewerbsregeln aufheben könnten. Ein solcher Fall liegt beispielsweise schon vor, wenn eine nationale Regelung gegen Art. 81 (ex-Art. 85) EGV verstoßende Kartellabsprachen vorschreibt, erleichtert oder deren Wirkungen verstärkt, aber auch, wenn der Mitgliedstaat den eigenen Maßnahmen ihren staatlichen Charakter nimmt, indem er die Verantwortung für in die Wirtschaft eingreifende Entscheidungen privaten Wirtschaftsteilnehmern überträgt[785]. Dieses den allgemeinen Rechtsgrundsatz des effet utile berücksichtigende Prinzip hat zudem in Art. 86 (ex-Art. 90) Abs. 1 EGV, welcher die staatlichen Maßnahmen im Zusammenhang mit öffentlichen und diesen gleichgestellten Unternehmen regelt, eine konkrete Ausformung im Gemeinschaftsrecht gefunden.

Dabei kann es auch zu Überschneidungen zwischen den Regelungen des freien Warenverkehrs und denen des Wettbewerbsrechts kommen, wenn durch staatliche Maßnahmen staatliche Aufgaben zur Erledigung an Unternehmen, vor allem an öffentliche Unternehmen, delegiert werden und (öffentliche) Unternehmen Regulierungsbefugnisse ausüben[786]. Insoweit können die Vorschriften des freien

---

784 *Lux*, in: *Lenz*, Art. 28, Rn. 16; *Becker*, in: *Schwarze*, Art. 28, Rn. 29; *Maasen*, in: Bitburger Gespräche 1996, S. 152

785 *EuGH*, Urt. v. 21.9.1999, Rs. C-67/96, Slg. 1999, 5751, 5883, Rz. 65 (Albany International BV / Stichting Bedrijfspensioenfonds Textielindustrie) mit weiteren Verweisen auf die Rechtsprechung; *Grill*, in: *Lenz*, Vorbem. Art. 81-86, Rn. 38; *Gassner*, VSSR 2000, S. 133 f.; *Schulz-Weidner / Felix*, SozSich 1997, S. 1137; *Heinemann*, Grenzen staatlicher Monopole im EG-Vertrag, S. 147

786 *Hänlein / Kruse*, NZS 2000, S. 166 (Fn. 10); *Müller-Graff*, in: *von der Groeben / Thiesing*

Warenverkehrs und die wettbewerbsrechtlichen Regelungen nebeneinander angewendet werden[787].

III. Die Anwendbarkeit der europäischen wettbewerbsrechtlichen Vorschriften im System der sozialen Sicherheit

1. Systeme der sozialen Sicherheit und europäisches Wettbewerbsrecht

Teilweise wird insbesondere von Trägern der Sozialversicherung, aber auch in Stellungnahmen von Mitgliedstaaten und sogar vereinzelt von Seiten der Literatur eingewandt, dass der Sozialsektor wegen der ausdrücklichen Erwähnung der Sozialpolitik in den Bestimmungen über Aufgaben und Ziele der Gemeinschaft (Art. 2, 3 Abs. 1 lit. j EGV) von den Wettbewerbsregeln des EG-Vertrages ausgenommen ist[788].

Diese Ansicht ist jedoch nicht zutreffend. Die vertraglichen Wettbewerbsregelungen sind a priori nur unanwendbar, wenn der EG-Vertrag ausdrücklich eine Ausnahme in diesem Sinne angeordnet hat[789]. Solche Ausnahmen finden sich

---

/ *Ehlermann*, Art. 30, Rn. 335; *Lux*, in: *Lenz*, Art. 28, Rn. 16; *Maasen*, in: Bitburger Gespräche 1996, S. 152, 158; a.A.: *Becker*, in: *Schwarze*, Art. 28, Rn. 29; *Leible*, in: *Grabitz / Hilf I*, Art. 28, Rn. 6

787 *EuGH*, Urt. v. 18.6.1998, Rs. C-266/96, Slg. 1998, 3949, 3992 ff., Rz. 29 ff. (Corsica Ferries France SA / Gruppo Antichi Ormeggiatori del porto di Genova Coop. arl u. a.); *EuGH*, Urt. v. 10.12.1991, Rs. C-179/90, Slg. 1991, 5889, 5928 ff., Rz. 14 ff. (Merci convenzionali porto di Genova SpA / Siderurgica Gabrielli SpA); *EuGH*, Urt. v. 13.12.1991, Rs. C-18/88, Slg. 1991, 5941, 5979 ff., Rz. 14 ff. (Régiedes télégraphes et des téléphones / GB-Inno-BM SA); *Becker*, in: *Schwarze*, Art. 28, Rn. 29; *Lux*, in: *Lenz*, Art. 28, Rn. 16; *Maasen*, in: Bitburger Gespräche 1996, S. 152; *Müller-Graff*, in: *von der Groeben / Thiesing / Ehlermann*, Art. 30, Rn. 290, 336; a.A.: *Leible*, in: *Grabitz / Hilf I*, Art. 28, Rn. 6, der allein die wettbewerbsrechtlichen Vorschriften angewendet wissen will.

788 Schlussanträge des *Generalanwalts Jacobs* v. 28.1.1999, Rs. C-67/96, verbundene Rs. C-115/97, C-116/97 und C 117/97 und Rs. 219/97, Slg. 1999, 5751, 5785, Rz. 121 f. (Albany International BV / Stichting Bedrijfspensioenfonds Textielindustrie, Brentjens' Handelsonderneming BV / Bedrijfspensioenfonds voor de Handel in Bouwmaterialen und BV Maatschappij Drijvende Bokken / Sichting Pensioenfonds voor de Vervoer- en Havenbedrijven); *Becker*, JZ 1997, S. 540; *Bieback*, EWS 1999, S. 365 bezüglich der Organisation der Leistungserbringung

789 *EuGH*, Urt. v. 30.4.1986, verbundene Rs. 209 bis 213/84, Slg. 1986, 1425, 1465, Rz. 40 (Ministère public / Lucas Asjes und andere, Andrew Gray und andere, Andrew Gray und andere, Jacques Maillot und andere und Léo Ludwig und andere); Schlussanträge des *Generalanwalts Jacobs* v. 28.1.1999, Rs. C-67/96, verbundene Rs. C-115/97, C-116/97 und C 117/97 und Rs. 219/97, Slg. 1999, 5751, 5785, Rz. 121 f. (Albany International BV / Stichting Bedrijfspensioenfonds Textielindustrie, Brentjens' Handelsonderneming BV / Bedrijfspensioenfonds voor de Handel in Bouwmaterialen und BV Maatschappij Drijven-

beispielweise in Art. 36 (ex-Art. 42) Abs. 1 EGV für die Landwirtschaft, Art. 296 (ex-Art. 223) Abs. 1 lit. b EGV für das militärische Beschaffungswesen und in beschränktem Maß in Art. 86 (ex-Art. 90) Abs. 2 EGV im Hinblick auf bestimmte Unternehmen. So hat der Europäische Gerichtshof folgerichtig in einer Reihe von Urteilen betreffend den Sozialbereich im Einzelnen geprüft, ob die Voraussetzungen der jeweils einschlägigen Vorschriften der Art. 81 und 82 (ex-Art. 85 und 86) EGV gegeben waren[790] und damit zugleich implizit die Existenz einer Ausnahme für diesen Bereich abgelehnt[791].

In seiner Entscheidung in der Rechtssache *„Albany"* hat der Gerichtshof, den Schlussanträgen des Generalanwalts folgend[792], nunmehr aber kollektive Vereinbarungen zwischen Sozialpartnern unter bestimmten Voraussetzungen, nämlich soweit durch sie die in Art. 1 des Abkommens über die Sozialpolitik[793] (nunmehr Art. 136 EGV) gesetzten Ziele verwirklicht werden sollen[794], von den

de Bokken / Sichting Pensioenfonds voor de Vervoer- en Havenbedrijven); *Hänlein / Kruse*, NZS 2000, S. 167; *Axer*, NZS 2002, S. 60

790 *EuGH*, Urt. v. 17.6.1997, Rs. C-70/95, Slg. 1997, 3395, 3437, Rz. 42 ff. (Sodemare SA u. a. / Regione Lombardia); *EuGH*, Urt. v. 17.2.1993, verbundene Rs. C-159/91 und C-160/91, Slg. 1993, 637, 669 f., Rz. 16 ff. (Christian Poucet / Assurances générales de France [AGF] und Caisse mutuelle régionale du Languedoc-Roussillon [Camulrac] sowie Daniel Pistre / Caisse autonome nationa le de compensation de l'assurance vieillesse des artisans [Cancava]); *EuGH*, Urt. v. 23.4.1991, Rs. C-41/90, Slg. 1991, 1979, 2016 ff., Rz. 20 ff. (Klaus Höfner und Fritz Elser / Macrotron GmbH);
A.A. im Hinblick auf die Rechtssache *„Sodemare"*: *Bieback*, EWS 1999, S. 365, allerdings unter unzutreffender Bezugnahme auf *Giesen*, Die Vorgaben des EG-Vertages für das Internationale Sozialrecht, S.119 f., 122, der zutreffend ausführt, es könne „kein Zweifel an der Anwendbarkeit des Wettbewerbsrecht und der Grundfreiheiten in der sozialen Sicherheit bestehen" und weiter ausführt, dass auch „mitgliedstaatliche Vorschriften des sozialrechtlichen Leistungserbringungsrechts einer Überprüfung nach dem europäischen Wettbewerbsrecht zugänglich sein" müssten.

791 Schlussanträge des *Generalanwalts Jacobs* v. 28.1.1999, Rs. C-67/96, verbundene Rs. C-115/97, C-116/97 und C 117/97 und Rs. 219/97, Slg. 1999, 5751, 5786, Rz. 127 (Albany International BV / Stichting Bedrijfspensioenfonds Textielindustrie, Brentjens' Handelsonderneming BV / Bedrijfspensioenfonds voor de Handel in Bouwmaterialen und BV Maatschappij Drijvende Bokken / Sichting Pensioenfonds voor de Vervoeren Havenbedrijven); *Hänlein / Kruse*, NZS 2000, S. 167; *Gassner*, VSSR 2000, S. 131

792 Schlussanträge des *Generalanwalts Jacobs* v. 28.1.1999, Rs. C-67/96, verbundene Rs. C-115/97, C-116/97 und C 117/97 und Rs. 219/97, Slg. 1999, 5751, 5787, Rz. 131 ff. (Albany International BV / Stichting Bedrijfspensioenfonds Textielindustrie, Brentjens' Handelsonderneming BV / Bedrijfspensioenfonds voor de Handel in Bouwmaterialen und BV Maatschappij Drijvende Bokken / Sichting Pensioenfonds voor de Vervoeren Havenbedrijven)

793 ABl. 1992, Nr.: C 191/90

794 Zu diesen Zielen gehören nach Art. 1 des Sozialabkommens (nunmehr Art. 136 EGV) u. a. die Verbesserung der Lebens- und Arbeitsbedingungen, ein angemessener sozialer Schutz, der soziale Dialog.

gemeinschaftsrechtlichen Wettbewerbsvorschriften ausgenommen. Damit hat der EuGH erstmals den Anwendungsbereich des gemeinschaftsrechtlichen Wettbewerbsrechts unter Verweis auf die maßgeblichen Sozialvorschriften teleologisch reduziert und auf diese Weise eine im Vertrag nicht ausdrücklich vorgesehene Ausnahme anerkannt[795]. Als Sozialpartner in diesem von der Rechtsprechung des Gerichtshofes entwickelten Sinne kann man allerdings das Verhältnis zwischen den Beteiligten im Bereich des an dieser Stelle im Mittelpunkt stehenden Leistungserbringungsrechts nicht bezeichnen[796]. Während die vertraglichen Beziehungen zwischen den Sozialpartnern in Art. 139 (ex-Art. 118 b) EGV ausdrücklich als schutz- und förderungswürdig bezeichnet werden[797], fehlt es an einer entsprechenden Regelung im EG-Vertrag im Hinblick auf die Beziehung zwischen den Trägern der Sozialversicherung und den Leistungserbringern. Zudem ist eine Ausnahme vom Grundsatz der Einschlägigkeit des europäischen Kartellrechts ausgeschlossen, wenn die jeweiligen Vereinbarungen Beschränkungen für Dritte oder andere Märkte enthalten[798]. Für den Bereich des Leistungserbringungsrechts der Sozialversicherung bleibt es also dabei, dass die gemeinschaftsrechtlichen Wettbewerbsvorschriften grundsätzlich anwendbar sind[799].

Eine gegenteilige Ansicht lässt sich auch nicht daraus herleiten, dass nach der Rechtsprechung des EuGH die Kompetenz zur Ausgestaltung der nationalen Systeme der sozialen Sicherheit bei den Mitgliedstaaten liegt und vom Gemeinschaftsrecht grundsätzlich unberührt bleibt. Zum einen besteht auf diesem Gebiet seit dem Vertrag von Amsterdam eine konkurrierende Kompetenz der Mitgliedstaaten und der Gemeinschaft[800], zum anderen hat diese Ausgestaltungsbefugnis auch vor der Vertragsänderung keinen Freibrief für jegliche wettbewerbsbeschränkende Maßnahmen dargestellt[801]. So hat der Gerichtshof in den Rechtssachen *„Decker"* und *„Kohll"* ausdrücklich betont, dass die Mitglied-

795 *Berg*, EuZW 2000, S. 170 f.; *Gassner*, VSSR 2000, S. 132

796 *Gassner*, VSSR 2000, S. 132 f.; *Hänlein / Kruse*, NZS 2000, S. 167; im Ergebnis ebenso: *Berg*, EuZW 2000, S. 171

797 Kritisch zu diesem Schluss des EuGH: *Berg*, EuZW 2000, S. 171

798 Schlussanträge des *Generalanwalts Jacobs* v. 28.1.1999, Rs. C-67/96, verbundene Rs. C-115/97, C-116/97 und C 117/97 und Rs. 219/97, Slg. 1999, 5751, 5787, Rz. 131 ff. (Albany International BV / Stichting Bedrijfspensioenfonds Textielindustrie, Brentjens' Handelsonderneming BV / Bedrijfspensioenfonds voor de Handel in Bouwmaterialen und BV Maatschappij Drijvende Bokken / Sichting Pensioenfonds voor de Vervoeren Havenbedrijven); *Gassner*, VSSR 2000, S. 132 f.

799 So auch: *Axer*, NZS 2002, S. 60; *Pitschas*, VSSR 1999, S. 228; *Schultz*, NZS 1998, S. 270 f.; *Hänlein / Kruse*, NZS 2000, S. 167, 175; *Gassner*, VSSR 2000, S. 131 f.; *Mrozynski*, in: *Kauder*, S. 105; *Verschueren*, SGb 2001, S. 363; *Schaub*, in: Grenzüberschreitende Gesundheitsversorgung in der Europäischen Union, S. 51 f.

800 Vgl. hierzu oben: C.I.4.c.ee.

801 Vgl. hierzu oben: C.II.

staaten bei der Ausübung ihrer Kompetenz das Gemeinschaftsrecht zu beachten haben[802]. Im Ergebnis bleibt somit festzuhalten, dass der Bereich des Leistungserbringungsrechts nicht generell vom Anwendungsbereich der gemeinschaftsrechtlichen Wettbewerbsregelungen ausgenommen ist.

2. Vorrang des europäischen Gemeinschaftsrechts gegenüber dem nationalen Recht

Die Anwendbarkeit des europäischen Kartellrechts auf die (vertraglichen) Beziehungen zwischen den Krankenkassen bzw. deren Verbänden und den Leistungserbringern auf dem Gesundheitssektor kann nicht durch abschließende nationale Regelungen ausgeschlossen werden. Auch auf diesem Gebiet gilt es zu beachten, dass das europäische Gemeinschaftsrecht gegenüber dem nationalen Recht Vorrang genießt. Der Vorrang des Gemeinschaftsrechts, den der EuGH im Wesentlichen damit begründete, dass der EG-Vertrag eine eigene Rechtsordnung geschaffen hat, die bei seinem Inkrafttreten in die Rechtsordnungen der Mitgliedstaaten aufgenommen wurde und von deren Gerichten anzuwenden ist[803], ist heute durchweg anerkannt[804]. Es kommt somit auch im Bereich des Wettbewerbs- bzw. Kartellrechts nicht in Betracht, dass die Mitgliedstaaten gegen eine von ihnen auf der Grundlage der Gegenseitigkeit angenommene Rechtsordnung einseitige, hierzu im Widerspruch stehende Maßnahmen ins Feld führen.

IV. Unternehmenseigenschaft als Voraussetzung der Europäischen Wettbewerbsvorschriften

1. Der gemeinschaftsrechtliche Unternehmensbegriff

Da, wie bereits ausgeführt[805], die wettbewerbsrechtlichen Vorschriften für Behinderungen des innergemeinschaftlichen Handels durch Unternehmen anwendbar sind, ist der zentrale Begriff der Art. 81 (ex-Art. 85) ff. EGV der des „Unternehmens". Er ist für alle Tatbestände der Art. 81, 82 und 86 (ex-Art. 85, 86

---

802 *EuGH*, Urt. v. 28.4.1998, Rs. C-120/95, Slg. 1998, 1831, 1881, Rz. 23 ff. (Nicolas Decker / Caisse de maladie des employés privés); *EuGH*, Urt. v. 28.4.1998, Rs. C-158/96, Slg. 1998, 1935, 1943, Rz. 19 (Raymond Kohll / Union des caisses de maladie)

803 *EuGH*, Urt. v. 15.7.1964, Rs. 6/64, Slg. 1964, 1251, 1269 f. (Flaminio Costa / E.N.E.L.)

804 Vgl. hierzu oben: C.II.; *Stelzer*, SozVers 2000, S. 172; *Knispel*, NZS 2000, S. 379, der diesen Grundsatz dann aber scheinbar aus dem Auge verliert und im Rahmen der Rechtfertigung (S. 384) vermehrt auf (vermeintliche) nationale Argumente zurückgreift; *Boecken*, NZS 2000, S. 271 f. mit ausführlichen Verweisen auf die Literatur

805 Vgl. hierzu oben: F.II.

und 90) EGV einheitlich zu beurteilen[806] und steht im Mittelpunkt der Diskussionen, ob und inwieweit die wettbewerbsrechtlichen Vorschriften des EG-Vertrages auf die Träger der gesetzlichen Krankenversicherung anwendbar sind[807].

Im Rahmen des europäischen Wettbewerbsrechts bestimmt sich der Begriff des Unternehmens funktional, das heißt im Einzelfall und konkret nach der jeweils ausgeübten, relevanten Tätigkeit. Er umfasst jede eine wirtschaftliche Tätigkeit ausübende, autonom operierende Einheit, unabhängig von ihrer Rechtsform, Art der Finanzierung und der Entgeltlichkeit der erbrachten Leistungen[808]. Mit diesem funktionalen Unternehmensbegriff soll unter Ausgrenzung lediglich der Sphäre des privaten Verbrauchs und des hoheitlich handelnden Staates jede wirtschaftliche Tätigkeit im weiten Sinne erfasst werden[809]. Mithin ist es denkbar, dass ein und dieselbe Organisation oder auch Einzelperson bei einer bestimmten Tätigkeit als Unternehmen, bei anderen Aktivitäten nicht in unternehmerischer Funktion handelt. Aus diesem Grund muss ein Sozialversicherungsträger nicht entweder ein Unternehmen im europarechtlichen Sinne sein oder nicht. Vielmehr kommt es auf die jeweilige, von ihm betriebene Aktivität an. Nach diesem funktionalen Verständnis ist es nach dem Sinn und Zweck des EG-Kartellrechts ohne Relevanz, wie das mitgliedstaatliche Recht den rechtlichen Rahmen absteckt, in dem sich seine Gliederungen (öffentlich-rechtliche Einheiten) wirtschaftlich betätigen, ob die Leistungs- und Wettbewerbsbeziehungen im nationalen Recht öffentlich-rechtlich oder privatrechtlich ausgestaltet sind[810]. Mithin ist es insbesondere auch unerheblich, dass die Krankenkassen und ihre

---

806 *Mestmäcker*, in: *Immenga / Mestmäcker II*, Art. 37, 90 C, Rn. 1; *Gassner*, VSSR 2000, S. 134; *Grill*, in: *Lenz*, Art. 86, Rn. 4; *von Burchard*, in: *Schwarze*, Art. 86, Rn. 13

807 *BSG*, NZS 1995, S. 507 f.; *OLG Düsseldorf*, NZS 1998, S. 567; *Stelzer*, SozVers 2000, S. 141 ff., 169; *Schulz-Weidner / Felix*, SozSich 1997, S. 1128 ff.; *Hänlein / Kruse*, NZS 2000, S. 167; *Axer*, NZS 2002, S. 59, 61 f.

808 *EuGH*, Urt. v. 21.9.1999, Rs. C-67/96, Slg. 1999, 5751, 5886, Rz. 77 (Albany International BV / Stichting Bedrijfspensioenfonds Textielindustrie); *EuGH*, Urt. v. 23.4.1991, Rs. C-41/90, Slg. 1991, 1979, 2016, Rz. 21 (Klaus Höfner und Fritz Elser / Macrotron GmbH); *EuGH*, Urt. v. 17.2.1993, verbundene Rs. C-159/91 und C-160/91, Slg. 1993, 637, 669, Rz. 17 (Christian Poucet / Assurances générales de France [AGF] und Caisse mutuelle régionale du Languedoc-Roussillon [Camulrac] sowie Daniel Pistre / Caisse autonome nationale de compensation de l'assurance vieillesse des artisans [Cancava]); *Grill*, in: *Lenz*, Vorbem. Art. 81-86, Rn. 31 f.; *Brinker*, in: *Schwarze*, Art. 81, Rn. 24; *Schröter*, in: *von der Groeben / Thiesing / Ehlermann*, Vorbemerkung zu den Art. 85 bis 89, Rn. 20 f.; *Boecken*, NZS 2000, S. 272; *Axer*, NZS 2002, S. 61

809 *Emmerich*, JuS 1997, S. 1025; *Boecken*, NZS 2000, S. 272; *Steinmeyer*, Gesundheit und Gesellschaft 2001, S. 47

810 *EuGH*, Urt. v. 30.1.1985, Rs. C-123/83, Slg. 1985, 391, 423, Rz. 17 (Bureau national interprofessionnel du cognac / Guy Clair); EuGH, Urt. v. 18.6.1998, Rs. C-35/96, Slg. 1998, 3851, 3896 f., Rz. 40 ff. (Kommission der Europäischen Gemeinschaften / Italienische Republik)

Verbände sowie die Bundes- und Landesausschüsse der Ärzte und Krankenkassen öffentlich-rechtlich organisiert und finanziert sind[811].

2. *Leistungserbringer als Unternehmen*

Unter Berücksichtigung dieser Begriffsbestimmung dürfte bei allen Leistungserbringern, also Ärzten, Krankenhäusern, Apothekern, den Herstellern von Heil- und Hilfsmitteln etc. unbestritten sein, dass diese „Unternehmen" im Sinne des europäischen Kartellrechts sind[812].

3. *Sozialversicherungsträger als Unternehmen*

Nicht ganz so einfach lässt sich dieses Problem im Hinblick auf die Träger der sozialen Sicherheit beantworten, obwohl sich auch der Gerichtshof schon mit der Unternehmenseigenschaft dieser in mehreren Entscheidungen befasst hat. Bei der Prüfung der Unternehmenseigenschaft im Zusammenhang mit Sozialversicherungsträgern sprach der EuGH eine Vielzahl materieller Kriterien an, die im Folgenden näher zu beleuchten sind.

a. Gewinnzweck

Der funktionale Unternehmensbegriff setzt eine wirtschaftliche Betätigung voraus. „Wirtschaftlich" ist dabei jede Tätigkeit, die prinzipiell auch von privaten Organisationen oder Einzelpersonen betrieben werden kann oder sogar schon wurde; nicht-wirtschaftlich sind demgegenüber Maßnahmen, die typischerweise mit der Ausübung staatlicher Hoheitsgewalt verbunden sind[813]. Es spricht vieles dafür, dass es sich bei einer wirtschaftlichen Tätigkeit um eine entgeltliche handeln muss[814].

---

811 *Gassner*, VSSR 2000, S. 134 f.

812 So auch: *Giesen*, Die Vorgaben des EG-Vertrages für das Internationale Sozialrecht, S. 113; *Mrozynski*, in: *Kauder*, S. 103

813 *EuGH*, Urt. v. 23.4.1991, Rs. C-41/90, Slg. 1991, 1979, 2016, Rz. 22 (Klaus Höfner und Fritz Elser / Macrotron GmbH); *EuGH*, Urt. v. 19.1.1994, Rs. C-364/92, Slg. 1994, 43, 63 f., Rz. 30 (SAT Fluggesellschaft mbH / Europäische Organisation für Flugsicherung [Eurocontrol]); *Emmerich*, in: *Immenga / Mestmäcker I*, Art. 85 Abs. 1 A, Rn. 21, 30; *Hänlein / Kruse*, NZS 2000, S. 167; *Schulz-Weidner / Felix*, SozSich 1997, S. 1129; *Schulz-Weidner*, in: *Schulte / Barwig*, S. 277

814 *EuGH*, Urt. v. 18.6.1998, Rs. C-35/96, Slg. 1998, 3851, 3896, Rz. 17 (Kommission der Europäischen Gemeinschaften / Italienische Republik); *Gleiss / Hirsch*, Art. 85, Rn. 15; *Gassner*, VSSR 2000, S. 134 f.

Fraglich ist, ob darüber hinaus eine Gewinnerzielungsabsicht erforderlich ist. Die Rechtsprechung des Gerichtshofes ist hinsichtlich dieses Kriteriums widersprüchlich. Einerseits wird in der Rechtssache *„Poucet und Pistre"* der fehlende Gewinnzweck hinsichtlich der Aktivitäten von gesetzlichen Krankenkassen, die keinerlei Einflussmöglichkeit auf die Höhe der Beiträge, die Verwendung der Mittel und die Bestimmung des Leistungsumfangs haben, hervorgehoben und die Unternehmenseigenschaft abgelehnt[815]. Andererseits hätte der EuGH dann aber in der Rechtssache *„Höfner und Elser"* zum entgegengesetzten Ergebnis kommen müssen und die Bundesanstalt für Arbeit als Träger der Arbeitslosenversicherung im Hinblick auf ihre Vermittlungstätigkeit nicht als Unternehmen einordnen dürfen[816]. Schließlich hat sie bei dieser Tätigkeit keine Gewinnerzielungsabsicht. Noch deutlicher wurde der Gerichtshof in der Rechtssache *„Fédération francaise des sociétés d'assurance u.a."*, in der er ausdrücklich feststellte, dass der wirtschaftliche Charakter des Trägers eines auf Freiwilligkeit beruhenden Rentenversicherungssystems nicht deshalb entfällt, weil er bei seinen Aktivitäten keinen Gewinnzweck verfolgt[817]. Ebenso hat er in einer noch aktuelleren Rechtssache angeführt, dass „unter diesen Umständen" unter anderem der fehlende Gewinnerzielungszweck nicht ausreicht, „um den Betriebsrentenfonds die Eigenschaft eines Unternehmens im Sinne der Wettbewerbsregeln des Vertrages zu nehmen"[818]. Wirtschaftliche Tätigkeiten in diesem Sinne setzen mithin nicht begriffsnotwendig die Absicht der Gewinnerzielung voraus[819]. Die Rechtsprechung des EuGH ist vielmehr so zu interpretieren, dass eine gewinnorientierte Aktivität lediglich für die Annahme einer wirtschaftlichen Betätigung spricht und insoweit eine gewisse Indizwirkung entfaltet.

Die fehlende Gewinnerzielungsabsicht von Trägern der gesetzlichen Krankenversicherung im Hinblick auf die Bilanz ihrer gesamten Tätigkeiten ist damit

---

815 *EuGH*, Urt. v. 17.2.1993, verbundene Rs. C-159/91 und C-160/91, Slg. 1993, 637, 670, Rz. 18 (Christian Poucet / Assurances générales de France [AGF] und Caisse mutuelle régionale du Languedoc-Roussillon [Camulrac] sowie Daniel Pistre / Caisse autonome nationale de compensation de l'assurance vieillesse des artisans [Cancava])

816 *EuGH*, Urt. v. 23.4.1991, Rs. C-41/90, Slg. 1991, 1979, 2016 f., Rz. 22 f. (Klaus Höfner und Fritz Elser / Macrotron GmbH)

817 *EuGH*, Urt. v. 16.11.1995, Rs. C-244/94, Slg. 1995, 4013, 4030, Rz. 21 (Fédération francaise des sociétés d' assurance u.a. / Ministère de l'Agriculture et de la Pêche)
Dies verkennt *Becker*, JZ 1997, S. 540 bei seiner Analyse der EuGH-Rechtsprechung zum Unternehmensbegriff.

818 *EuGH*, Urt. v. 21.9.1999, verbundene Rs. C-115/97 bis 117/97, Slg. 1999, 6029, 6055, Rz. 85 (Brentjens' Handelsonderneming BV / Stichting Bedrijfspensioenfonds voor de Handel Bouwmaterialien)

819 *Schröter*, in: *von der Groeben / Thiesing / Ehlermann*, Vorbemerkung zu den Art. 85 bis 89, Rn. 22; *Gleiss / Hirsch*, Art. 85, Rn. 22; *Axer*, NZS 2002, S. 61; *Pitschas*, VSSR 1999, S. 235; *Schulz-Weidner / Felix*, SozSich 1997, S. 1127; *Benicke*, ZFSH/SGB 1998, S. 27, 30; *Schulz-Weidner*, in: *Schulte / Barwig*, S. 279; *Steinmeyer*, Gesundheit und Gesellschaft 2001, S. 47

schon grundsätzlich nicht geeignet, diese Aktivitäten insgesamt dem Anwendungsbereich der Vorschriften des europäischen Wettbewerbsrechts zu entziehen. Da zudem jeder eigenständige Tätigkeitskreis zu untersuchen ist, bietet sich insbesondere eine Differenzierung zwischen der Versichertenseite und der Nachfrageseite an. Gegenüber der Versichertenseite kann nicht von einer Gewinnerzielungsabsicht gesprochen werden. Sowohl hinsichtlich der Beiträge als auch der Frage der Versicherungspflicht sind alle damit zusammenhängenden Aktivitäten der Krankenversicherungsträger nicht von dem Zweck der Gewinnerzielung geprägt. Für die deutschen gesetzlichen Krankenkassen ergibt sich die fehlende Gewinnorientierung aus § 220 Abs. 1 Satz 2 SGB V. Doch reicht dieser Umstand allein eben nicht aus, den Krankenversicherungsträgern für ihre Aktivitäten im Zusammenhang mit der Versichertenseite die Unternehmenseigenschaft abzusprechen.

Nicht ganz so einfach lässt sich das Problem lösen, soweit es um deren Auftreten im Rahmen der Leistungserbringung als Nachfrager am Markt für Gesundheitsleistungen geht. Einerseits wird man zwar auch in diesem Bereich nicht von einer vorrangigen Gewinnerzielungsabsicht sprechen können, da Einsparungen der Höhe des Beitragssatzes oder dem Leistungsumfang zugute kommen. Andererseits ist es aber sehr wohl das Ziel der Träger der Krankenversicherungen, Ausgaben auf dem Markt für Gesundheitsleistungen zu senken. Das gilt umso mehr für Träger der gesetzlichen Krankenversicherung in Deutschland, zwischen denen der Gesetzgeber selbst mit der Einführung des allgemeinen Kassenwahlrechts den Wettbewerb entfacht hat[820]. Die Ausgabenseite ist ein wesentlicher Bestandteil einer Gewinn- und Verlustrechnung. Aus diesem Grund ist im Zusammenhang mit den Aktivitäten der Krankenversicherungsträger auf der Nachfrageseite von einer Gewinnerzielungsabsicht auszugehen, was als Indiz für deren wirtschaftliche Betätigung in diesem Bereich spricht.

b. Der Solidaritätsgedanke

Im Zentrum der Judikatur stand statt der Gewinnerzielungsabsicht aber vielmehr das Kriterium der Solidarität, da sich das Gericht mit der Unternehmenseigenschaft von Sozialversicherungsträgern bisher vor allem im Zusammenhang mit dem Anbieten von Versicherungsleistungen auseinandersetzte[821]. Insbesondere

---

[820] *Hänlein / Kruse*, NZS 2000, S. 168

[821] *EuGH*, Urt. v. 17.2.1993, verbundene Rs. C-159/91 und C-160/91, Slg. 1993, 637, 668 f., Rz. 10, 13 (Christian Poucet / Assurances générales de France (AGF) und Caisse mutuelle régionale du Languedoc-Roussillon (Camulrac) sowie Daniel Pistre / Caisse autonome nationa); *EuGH*, Urt. v. 16.11.1995, Rs. C-244/94, Slg. 1995, 4013, 4028, Rz. 17 (Fédération francaise des sociétés d' assurance u.a. / Ministère de l'Agriculture et de la Pêche)
Eine Ausnahme stellte insoweit die Entscheidung in der Rechtssache „*Sodemare*" dar (*EuGH*, Urt. v. 17.6.1997, Rs. C-70/95, Slg. 1997, 3395, 3436, Rz. 41 ff. [Sodemare SA

in der Rechtssache *„Poucet und Pistre"* wurde der Solidaritätsgedanke vom EuGH als Ausschlusskriterium im Hinblick auf die Unternehmenseigenschaft eines Sozialversicherungsträgers herangezogen[822]. So stellt sich neben der dogmatischen Einordnung des von der Rechtsprechung des Gerichtshofs angeführten Solidaritätsgedankens insbesondere die Frage nach seinen Erscheinungsformen und seinem Einfluss auf die Unternehmenseigenschaft von Sozialversicherungsträgern im Hinblick auf das hier im Mittelpunkt stehende Leistungserbringungsrecht[823]. Dieses Merkmal kann sich auf verschiedene Art und Weise äußern. Der Solidaritätsgedanke kann insbesondere in die Finanzierung der Sozialversicherung sowie in die Ausgestaltung der Leistungen Eingang finden, aber auch im Hinblick auf eine Umverteilung zwischen den verschiedenen nationalen Sicherungssystemen von Bedeutung sein[824].

aa. Dogmatische Einordnung des Solidaritätsgedankens im EG-Kartellrecht

In jüngster Zeit wird vermehrt für eine Verlagerung der Prüfung von Einrichtungen der sozialen Sicherheit im Rahmen des EG-Kartellrechts vom Unternehmensbegriff hin auf die Rechtfertigungsebene des Art. 86 (ex-Art. 90) Abs. 2 EGV eingetreten. Merkmale wie die Verfolgung einer sozialen Zielsetzung sowie sonstige vom Solidaritätsgedanken getragene Gesichtspunkte würden sich weniger als Anhaltspunkte gegen den wirtschaftlichen Charakter einer konkreten Tätigkeit als vielmehr für deren Rechtfertigung eignen[825].

Dennoch wird dieses Kriterium weiterhin schon bei der Frage der Unternehmenseigenschaft seine Bedeutung behalten, weil so auch dem effet utile des Wettbewerbsrechts hinreichend Rechnung getragen werden kann[826]. Es kommt

u. a. / Regione Lombardia]), die aber angesichts ihrer unterschiedlichen Interpretation (vgl. hierzu unten: F.IV.3.b.ee.) nicht endgültig zu einer Lösung des Problems beiträgt (vgl. hierzu: *Bieback*, EWS 1999, S. 365; *Gassner*, VSSR 2000, S. 138 f.; *Giesen*, Die Vorgaben des EG-Vertrags für as Internationale Sozialrecht, S. 119 f.).

822 *EuGH*, Urt. v. 17.2.1993, verbundene Rs. C-159/91 und C-160/91, Slg. 1993, 637, 668 f., Rz. 10, 13 (Christian Poucet / Assurances générales de France (AGF) und Caisse mutuelle régionale du Languedoc-Roussillon (Camulrac) sowie Daniel Pistre / Caisse autonome nationa)

823 Ähnlich: *Schaub*, in: Grenzüberschreitende Gesundheitsversorgung in der Europäischen Union, S. 55

824 *Gassner*, VSSR 2000, S. 136 f.; *Schulz-Weidner / Felix*, SozSich 1997, S. 1129 f.; *Becker*, JZ 1997, S. 540; *Schulz-Weidner*, in: *Schulte / Barwig*, S. 280

825 *Berg*, EuZW 2000, S. 172; *Giesen*, Sozialversicherungsmonopol und EG-Vertrag, S. 120 ff.; *Gassner*, VSSR 2000, S. 137

826 *Giesen*, Sozialversicherungsmonopol und EG-Vertrag, S. 120; *Gassner*, VSSR 2000, S. 137; *Axer*, NZS 2002, S. 61
Auch die Rechtsprechung des EuGH hat sich mit dem Solidaritätsgedanken sowohl bei der Bestimmung der Unternehmenseigenschaft im Sinne der Art. 81 (ex-Art. 85) ff. EGV als auch im Rahmen der Rechtfertigung nach Art. 86 (ex-Art. 90) Abs. 2 EGV ausführlich

aber in diesem Zusammenhang, nimmt man den funktionalen Unternehmensbegriff ernst, darauf an, dass die konkret zu prüfende Tätigkeit auf dem Solidaritätsgedanken beruht[827].

bb. Der Solidaritätsgedanke bei der Finanzierung von Sozialversicherungssystemen

Im Zusammenhang mit der Finanzierung von Sozialversicherungssystemen kann sich die solidarische Funktion in der Berechnung der Beiträge der Versicherten nach deren individuellen Leistungsfähigkeit ausdrücken. Eine solche Solidarität, die eine Abhängigkeit der Beiträge von der Höhe der Erwerbseinkünfte schafft, ohne dass sich die Beitragshöhe auf den Umfang der Leistungen auswirkt, vermittelt und bezweckt eine Umverteilung zwischen Wohlhabenderen und Personen, denen angesichts ihrer Mittel die erforderliche Sicherung sonst fehlen würde[828]. Auch wenn diese die Finanzierungsseite betreffenden Solidaritätsgesichtspunkte mit solchen der Leistungsseite oftmals verknüpft werden, sind sie von letzteren zu unterscheiden. Die Beitragsabhängigkeit von der Höhe der Einkünfte umfasst für sich eben nicht die solidarische Ausprägung des Leistungsrechts und erst recht nicht die Frage, ob die Leistungen grundsätzlich auch privatwirtschaftlich als „Produkt" ausgestaltet werden könnten. Die „Umverteilung" erfolgt vielmehr im Vorfeld, nämlich bei der „Preisgestaltung" des Produkts[829].

cc. Der Solidaritätsgedanke im Hinblick auf die Ausgestaltung der Leistungen

Der Solidaritätsgedanke im Zusammenhang mit der Gestaltung der Leistungsgewährung kann sich dadurch äußern, dass Leistungen nach der Maßgabe des individuellen Bedarfs gewährt werden, und zwar ungeachtet bzw. nicht in Äquivalenz zu zuvor gezahlten Beiträgen[830]. Eine solche Solidarität vermittelt und

---

auseinandergesetzt – *EuGH*, Urt. v. 21.9.1999, verbundene Rs. C-115/97 bis 117/97, Slg. 1999, 6029, 6053 ff., 6060 f., Rz. 77 ff., 109 (Brentjens' Handelsonderneming BV / Stichting Bedrijfspensioenfonds voor de Handel Bouwmaterialien).

827 *Berg*, EuZW 2000, S. 172; *Axer*, NZS 2002, S. 61

828 *EuGH*, Urt. v. 17.2.1993, verbundene Rs. C-159/91 und C-160/91, Slg. 1993, 637, 668, Rz. 10 (Christian Poucet / Assurances générales de France [AGF] und Caisse mutuelle régionale du Languedoc-Roussillon [Camulrac] sowie Daniel Pistre / Caisse autonome nationale de compensation de l'assurance vieillesse des artisans [Cancava])

829 *Schulz-Weidner / Felix*, SozSich 1997, S. 1129; *Schulz-Weidner*, in: *Schulte / Barwig*, S. 280 f.

830 Zur Leistungsseite werden im Übrigen auch Formen intergenerationeller Solidarität gezählt, bei denen die Leistungen von im Ruhestand befindlichen Versicherten durch in diesem Zeitpunkt noch nicht anspruchsberechtigte Erwerbstätige finanziert werden. Solche, in erster Linie umlagefinanzierte Rentenversicherungssysteme betreffende, Umverteilungen verwirklichen und offenbaren sich nicht schon bei der Beitragserhebung, sondern erst im Zusammenhang mit der Leistungsdefinition und -bewilligung - *EuGH*, Urt. v.

bezweckt ebenfalls zunächst eine Umverteilung zwischen Wohlhabenderen und Personen, denen angesichts ihrer Mittel die notwendige Absicherung fehlen würde. Darüber hinaus wird aber auch eine Umverteilung zwischen gesunden und kranken Personen beabsichtigt und verwirklicht. Viele Personen mit gesundheitlichen Risiken würden – selbst gegen höhere Beiträge – den „notwendigen" Versicherungsschutz nicht erhalten. Umverteilt wird damit unter ökonomischen Gesichtspunkten von den Gesunden auf die Kranken[831].

dd. Der Solidaritätsgedanke und die Umverteilung zwischen verschiedenen sozialen Sicherungssystemen

Der Solidaritätsgedanke kann sich zudem zwischen den verschiedenen Systemen der sozialen Sicherung in einem Ausgleich zwischen Systemen, die einen Überschuss aufweisen und defizitären Systemen verwirklichen[832].

ee. Die Bedeutung des Solidaritätsgedankens

Für die Anwendung des Solidaritätsgedanken ist nach der Rechtsprechung des EuGH zunächst die obligatorische Einbeziehung weiter Bevölkerungskreise zwingende Voraussetzung[833]. Die bezweckten Umverteilungen sowohl im Zusammenhang mit der Finanzierung als auch der Leistungsgestaltung können wirksam nur verwirklicht werden, wenn in dieses System nahezu die gesamte Bevölkerung einbezogen ist. Nicht obligatorische Systeme der sozialen Sicher-

---

17.2.1993, verbundene Rs. C-159/91 und C-160/91, Slg. 1993, 637, 668, Rz. 11 (Christian Poucet / Assurances générales de France [AGF] und Caisse mutuelle régionale du Languedoc-Roussillon [Camulrac] sowie Daniel Pistre / Caisse autonome nationale de compensation de l'assurance vieillesse des artisans [Cancava]).

831 *Schulz-Weidner / Felix*, Soziale Sicherheit 1997, S. 1130; *Schulz-Weidner*, in: *Schulte / Barwig*, S. 280 f.

832 *EuGH*, Urt. v. 17.2.1993, verbundene Rs. C-159/91 und C-160/91, Slg. 1993, 637, 668, Rz. 12 (Christian Poucet / Assurances générales de France [AGF] und Caisse mutuelle régionale du Languedoc-Roussillon [Camulrac] sowie Daniel Pistre / Caisse autonome nationale de compensation de l'assurance vieillesse des artisans [Cancava]); Schlussanträge des *Generalanwalts Tesauro* v. 29.9.1992, verbundene Rs. C-159/91 und C-160/91, Slg. 1993, 637, 663, Rz. 11 (Christian Poucet / Assurances générales de France [AGF] und Caisse mutuelle régionale du Languedoc-Roussillon [Camulrac] sowie Daniel Pistre / Caisse autonome nationale de compensation de l'assurance vieillesse des artisans [Cancava]); *Schulz-Weidner / Felix*, SozSich 1997, S. 1130; *Schulz-Weidner*, in: *Schulte / Barwig*, 281 f.

833 *EuGH*, Urt. v. 17.2.1993, verbundene Rs. C-159/91 und C-160/91, Slg. 1993, 637, 669, Rz. 13 (Christian Poucet / Assurances générales de France [AGF] und Caisse mutuelle régionale du Languedoc-Roussillon [Camulrac] sowie Daniel Pistre / Caisse autonome nationale de compensation de l'assurance vieillesse des artisans [Cancava]); *EuGH*, Urt. v. 16.11.1995, Rs. C-244/94, Slg. 1995, 4013, 4028, Rz. 15 (Fédération francaise des sociétés d' assurance u.a. / Ministère de l'Agriculture et de la Pêche)

heit können nach diesem Verständnis kaum vom Solidaritätsgedanken getragen sein. Bei ihnen kann dieses Kriterium mithin nie zu einer gesonderten Betrachtung im Zusammenhang mit der Unternehmenseigenschaft und damit der Anwendbarkeit des europäischen Kartellrechts führen[834].

Wie sich auch immer dieser Solidaritätsgedanke äußert, an welche Voraussetzungen man ihn knüpft und welche Bedeutung man ihm im Einzelnen im Zusammenhang mit der Unternehmenseigenschaft zubilligen möchte[835], so betrifft er doch den Bereich der Versicherungsseite, das Verhältnis zwischen Versicherungsträgern und Versicherten sowie der Versicherten und der Versicherungsträger untereinander. Dagegen wird die Nachfrageseite, die spezifische Gestaltung der Beziehungen zwischen den Trägern der Krankenversicherung und den Leistungserbringern, von dem Gedanken der Solidarität überhaupt nicht tangiert[836]. Dieses Verhältnis hat auch umgekehrt keinen Einfluss auf den die Systeme der sozialen Sicherheit prägenden Solidaritätsgedanken. So kann nicht ernsthaft behauptet werden, dass nur weitestgehend regulierte und monopolisierte Gesundheitsmärkte dazu beitragen, die sozialen Zwecke der Versicherung zu fördern[837]. Es lässt sich auch nicht entgegnen, dass es gerade zur Tradition aller Mitgliedstaaten gehöre, die Leistungserbringer mehr oder weniger intensiv in die staatlichen Systeme der sozialen Sicherheit einzubinden[838]. Gerade die Vielfalt der Systeme spricht vor allem dafür, dass es sich bei der Erbringung von Sozialleistungen nicht um eine Aufgabe handelt, die genuin und typischerweise sich nur hoheitlich erledigen lässt[839].

834 *EuGH*, Urt. v. 16.11.1995, Rs. C-244/94, Slg. 1995, 4013, 4029, Rz. 19 (Fédération francaise des sociétés d' assurance u.a. / Ministère de l'Agriculture et de la Pêche); *Schulz-Weidner / Felix*, SozSich 1997, S. 1130; *Schulz-Weidner*, in: *Schulte / Barwig*, S. 282

835 Vgl. hierzu insb.: *Stelzer*, SozVers 2000, S. 173 f.; *Schulz-Weidner / Felix*, SozSich 1997, S. 1129 f.

836 *Benicke*, ZFSH/SGB 1998, S. 30 f.; *Boecken*, NZS 2000, S. 273; *Verschueren*, SGb 2001, S. 363; *Gassner*, VSSR 2000, S. 138 f.; *Jaeger*, in: Wettbewerb, Kollektivverträge und Konfliktlösung in der Reform des Gesundheitswesens; *Berg*, EuZW 2000, S. 37, 172; *Pitschas*, VSSR 1999, S. 225, 234 f.; *Maassen*, in: Bitburger Gespräche 1996, S. 157 f.; *Knispel*, NZS 2000, S. 382, der es allerdings an der nötigen Konsequenz fehlen lässt, wenn er anschließend (S. 384) die Einheitlichkeit der Vorgaben im deutschen Leistungsrecht und damit auf der Versicherungsseite als Argument zur Rechtfertigung von Tätigkeiten im Bereich der Leistungsbeschaffung heranzieht.
A.A.: *Bieback*, EWS 1999, S. 366, der der Ansicht ist, dass der Prozess der Heranziehung anderer Einrichtungen durch die Sozialversicherungsträger zur Lieferung von Dienstleistungen „stark sozial gestaltet" ist und dass „das soziale Leistungsrecht und die Regulierung der Leistungserbringung eine Einheit bilden, die Leistungserbringung auch die sozialen Zwecke der Versicherung fördert." Die Differenzierung zwischen Versicherungs- und Leistungserbringungsseite übersieht vollends *Brinker*, in: *Schwarze*,

837 *Gassner*, VSSR 2000, S. 138

838 So aber: *Knispel*, NZS 2000, S. 384; *Bieback*, EWS 1999, S. 366

839 *Gassner*, VSSR 2000, S. 139; *Axer*, NZS 2002, S. 61 f. hinsichtlich der Festsetzung von

Dass die Nachfrageseite nicht von den Solidaritätsgedanken beeinflusst wird, kann auch nicht unter Heranziehung der Entscheidung des EuGH in der Rechtssache *„Sodemare"* in Frage gestellt werden[840]. Von einer „Weigerung, das Verhältnis Sozialleistungsträger – Sozialleistungserbringer zu untersuchen"[841] kann im Zusammenhang mit dieser Entscheidung[842] nicht die Rede sein. Vor allem ging der EuGH zumindest implizit in seinen Urteilsgründen gerade davon aus, dass die Leistungsbeschaffung durch Träger der sozialen Sicherheit grundsätzlich als wirtschaftliche Tätigkeit angesehen werden muss[843]. Ansonsten hätte er die streitige nationale Regelung gar nicht so ausführlich auf ihre Vereinbarkeit mit dem EG-Kartellrecht zu prüfen brauchen[844]. Der Gerichtshof untersucht aber im Einzelnen die im Hinblick auf Art. 81 (ex-Art. 85) f. EGV in Betracht kommenden Verletzungstatbestände.

Zieht man konsequent den gemeinschaftlichen funktionalen Unternehmensbegriff heran, so vermag der Solidaritätsgedanke kein Kriterium zu sein, welches ausschließt, Krankenkassen und ihre Verbände in ihrer Eigenschaft als Nachfrager von Gesundheitsleistungen als Unternehmen bzw. Unternehmensvereinigungen im Sinne von Art. 81 (ex-Art. 85) ff. EGV anzusehen[845].

c. Ausgestaltung des Beitrags- und Leistungsspektrums durch den nationalen Gesetzgeber

In der Entscheidung der Rechtssache *„Poucet und Pistre"* hat der Gerichtshof festgestellt, dass die Kassen bei der Wahrnehmung ihrer Aufgaben die Gesetze anwenden und daher keine Möglichkeit haben, „auf die Höhe der Beiträge, die Verwendung der Mittel oder die Bestimmung des Leistungsumfangs Einfluss zu

---

Festbeträgen für Arzneimittel

840 So aber: *Bieback*, EWS 1999, S. 365

841 *Bieback*, EWS 1999, S. 365

842 Es ging um eine Regelung, „die es allein privaten Wirtschaftsteilnehmern, die keinen Erwerbszweck verfolgen, erlaubt, sich an der Durchführung des Systems der Sozialhilfe dadurch zu beteiligen, dass sie Verträge schließen, die einen Anspruch auf Erstattung der Kosten von gesundheitsbezogenen Leistungen der Sozialhilfe durch die Behörden vorsehen" (*EuGH*, Urt. v. 17.6.1997, Rs. C-70/95, Slg. 1997, 3395, 3431, Rz. 21 [Sodemare SA u. a. / Regione Lombardia]).

843 So auch: *Gassner*, VSSR 2000, S. 139

844 *EuGH*, Urt. v. 17.6.1997, Rs. C-70/95, Slg. 1997, 3395, 3436 ff., Rz. 41 ff. (Sodemare SA u. a. / Regione Lombardia)

845 Im Ergebnis ebenso: *Hollmann / Schulz-Weidner*, ZIAS 1998, S. 188, 192; *Giesen*, Die Vorgaben des EG-Vertrages für das Internationale Sozialrecht, S. 113 f.; *Boecken*, NZS 2000, S. 272 f.; *Isensee*, VSSR 1996, S. 174; *Grill*, in: *Lenz*, Vorbem. Art. 81-86, Rn. 34; *Gassner*, VSSR 2000, S. 140; *Maassen*, in: Bitburger Gespräche 1996, S. 157; *Steinmeyer*, Gesundheit und Gesellschaft 2001, S. 47; *Böge* (Präsident des Bundeskartellamtes) laut Ärztezeitung vom 15.02.2001

nehmen“[846]. Damit stellt der EuGH offenbar auf die Frage ab, ob der Sozialversicherungsträger im konkreten Fall tatsächlich überhaupt unternehmerische Freiheiten genießt[847]. Insoweit dürfte es sich aber weniger um ein eigenständiges Kriterium im Rahmen der Prüfung der Unternehmenseigenschaft der betreffenden Organisationen handeln. Vielmehr ist die unternehmerische Freiheit ein Bestandteil jeder wirtschaftlichen Tätigkeit und im Zusammenhang mit dieser zu beleuchten.

Soweit mithin trotz gesetzgeberischer Rahmenvorgaben im Bereich der Leistungsbeschaffung für die Träger der sozialen Sicherheit noch ein Handlungsspielraum für eigene Entscheidungen vorhanden ist, kann eine solche Ausgestaltung des Beitrags- und Leistungsspektrums durch den Gesetzgeber nicht gegen das Vorliegen einer wirtschaftlichen Tätigkeit und somit gegen die Unternehmenseigenschaft im gemeinschaftsrechtlichen Sinn sprechen. Im Übrigen kann sich auch der nationale Gesetzgeber nicht durch entsprechend strenge gesetzliche Vorgaben dem Anwendungsbereich des europäischen Kartellrechts entziehen. Wenn statt der Krankenversicherungsträger der entsprechende Mitgliedstaat selbst marktregelnd eingreift, ist sein Verhalten nach Art. 81 (ex-Art. 85) f. in Verbindung mit Art. 3 Abs. 1 lit. g, 10 (ex-Art. 5) EGV bzw. nach Art. 86 (ex-Art. 90) Abs. 1 EGV einer entsprechenden wettbewerbsrechtlichen Prüfung ausgesetzt[848].

d. Substituierbarkeit der Leistungen durch Produkte privater Anbieter

Wiederholt hat der Europäische Gerichtshof sein Hauptaugenmerk auf die Frage gerichtet, ob die zu untersuchenden Tätigkeiten und Leistungen der Sozialversicherungssysteme nicht in gleicher Weise auch von Privatversicherern erbracht werden könnten und sie deshalb im Wettbewerb mit ihnen stehen[849]. Besonders deutlich brachte dies das Gericht in der Rechtssache *„Höfner“* zum Ausdruck, als es betonte, dass die streitige Tätigkeit[850] nicht immer von öffentlichen Ein-

---

846 *EuGH*, Urt. v. 17.2.1993, verbundene Rs. C-159/91 und C-160/91, Slg. 1993, 637, 669, Rz. 15 (Christian Poucet / Assurances générales de France [AGF] und Caisse mutuelle régionale du Languedoc-Roussillon [Camulrac] sowie Daniel Pistre / Caisse autonome nationale de compensation de l'assurance vieillesse des artisans [Cancava])

847 *Gassner*, VSSR 2000, S. 139; *Schulz-Weidner / Felix*, SozSich 1997, S. 1131; *Schulz-Weidner*, in: *Schulte / Barwig*, S. 283

848 *Giesen*, Die Vorgaben des EG-Vertrages für das Internationale Sozialrecht, S. 117 f., 123; vgl. hierzu oben: F.II.

849 *EuGH*, Urt. v. 16.11.1995, Rs. C-244/94, Slg. 1995, 4013, 4028 f., Rz. 17 (Fédération francaise des sociétés d' assurance u.a. / Ministère de l'Agriculture et de la Pêche); *EuGH*, Urt. v. 23.4.1991, Rs. C-41/90, Slg. 1991, 1979, 2016, Rz. 22 (Klaus Höfner und Fritz Elser / Macrotron GmbH)

850 Es ging vornehmlich um die Arbeitsvermittlung von Führungskräften der Wirtschaft durch die Bundesanstalt für Arbeit.

richtungen betrieben worden ist und auch nicht notwendig von solchen betrieben werden muss[851]. Wenn die Aktivität im Einzelfall aber nicht ohne weiteres von privaten Organisatoren ebenso durchgeführt werden kann, so würde dieser Umstand nach dem Grundtenor in der Rechtssache *„Höfner"* zumindest als Indiz gegen eine wirtschaftliche Tätigkeit der betreffenden Institution zu werten sein. Zum Teil wird die Rechtsprechung in diesem Punkt sogar dahingehend ausgelegt, dass die mangelnde Substituierbarkeit der Leistungen durch Private eine Art zwingende (negative) Voraussetzung für das Vorliegen einer wirtschaftlichen Tätigkeit darstellt[852].

Als Konsequenz hieraus wird es kaum möglich sein, in Zukunft „teilprivatisierten" sozialen Sicherungssystemen bei ihrer Tätigkeit auf dem Markt der Leistungserbringung die Unternehmenseigenschaft abzusprechen und sie nicht an den gemeinschaftsrechtlichen Wettbewerbsregelungen zu messen[853]. Doch gilt dies ebenso für die in jeder Hinsicht öffentlichen Systeme der sozialen Sicherheit, wenn die jeweiligen Tätigkeiten nicht zwingend von solchen ausgeübt werden müssen. Was die Nachfrage nach entsprechenden Leistungen auf dem Gesundheitsmarkt anbelangt, so muss eine solche Aktivität nicht notwendigerweise durch öffentlich-rechtliche Organisationen betrieben werden.

e. Kein Einfluss der Rechts- bzw. Organisationsform und der rechtlichen Qualifikation des Subjekthandelns

Wie bereits der durch den EuGH entwickelten Definition des Unternehmensbegriffs[854] entnommen werden kann, spielt die Rechtsform in diesem Zusammenhang keine Rolle. Weder schützt eine öffentlich-rechtliche Organisationsform vor der Anwendung der europäischen Wettbewerbsregelungen, noch erzwingt eine privatrechtliche Organisationsform deren Berücksichtigung[855]. Anderenfalls stünde die Anwendbarkeit des europäischen Kartellrechts zur Disposition der Mitgliedstaaten mit der Folge, dass dessen einheitliche Anwendung und praktische Wirksamkeit gefährdet wäre[856]. Bestätigt wird dies durch Art. 86 (ex-Art. 90) EGV und seine Sonderregelung unter anderem für öffentliche Un-

---

851 *EuGH*, Urt. v. 23.4.1991, Rs. C-41/90, Slg. 1991, 1979, 2016, Rz. 22 (Klaus Höfner und Fritz Elser / Macrotron GmbH)

852 *Schulz-Weidner / Felix*, SozSich 1997, S. 1131; *Schulz-Weidner*, in: *Schulte / Barwig*, S. 283

853 So auch: *Stelzer*, SozVers 2000, S. 176 f.; *Schulz-Weidner / Felix*, SozSich 1997, S. 1131

854 Vgl. hierzu oben: F.IV.1.

855 Das verkennt offensichtlich *Knispel*, NZS 2000, S. 382, der „in der öffentlich-rechtlichen Organisationsform der handelnden Verbände" einen besonderen Umstand erblickt, der gegen eine wirtschaftliche Tätigkeit spreche.

856 *Emmerich*, in: *Immenga / Mestmäcker I*, Art. 85 Abs. 1 A, Rn. 27; *Gassner*, VSSR 2000, S. 136, 139 f.; *Isensee*, VSSR 1996, S. 174; *Steinmeyer*, Gesundheit und Gesellschaft 2001, S. 47

ternehmen. Diese Regelung wäre überflüssig, wenn die öffentlich-rechtliche Organisationsform a priori die Unternehmenseigenschaft im Sinne des Wettbewerbsrechts ausschließen würde[857]. Aus dem gleichen Grund kann die rechtliche Qualifikation des Subjekthandelns keinen Einfluss auf die Bestimmung der Unternehmenseigenschaft haben. Es kann also nicht darauf ankommen, dass aufgrund nationaler gesetzlicher Vorschriften die (Beschaffungs-)Tätigkeit der Kankenkassen und ihrer Verbände allein auf den Abschluss öffentlich-rechtlicher Verträge beschränkt wird. Entscheidend bleibt wegen des funktionalen Unternehmensbegriffes allein die Art der Tätigkeit selbst, ob diese als wirtschaftliche einzuordnen ist oder nicht[858].

f. Differenzierung zwischen der Versicherungs- (bzw. Vorsorge-)funktion und der Leistungserbringung

Wie bereits bei den einzelnen Punkten im Rahmen der Untersuchung des Unternehmensbegriffs angeführt[859], muss bei den Sozialversicherungsträgern zwischen ihrer Eigenschaft als Versicherer im Rahmen eines Versicherungsmonopols einerseits und als Beteiligte im Prozess der Leistungserbringung andererseits unterschieden werden. Mögen die Träger der sozialen Sicherungssysteme im Zusammenhang mit ihrer Versicherungstätigkeit bei einer bestimmten Ausgestaltung der Systeme nicht als Unternehmen anzusehen sein[860], so schließt dieser Umstand ihre Unternehmenseigenschaft auf dem Markt der Leistungserbringung nicht aus. Vielmehr ist das Auftreten der Sozialversicherungsträger als Nachfrager auf dem Markt nach entsprechenden Waren und Dienstleistungen als wirtschaftliche Tätigkeit zu qualifizieren. Sie sind in dieser Funktion als Unternehmen im Sinne des Gemeinschaftsrechts einzuordnen. Bei einer solchen Beschaffungstätigkeit treten die Krankenkassen bzw. ihre Verbände auf dem Gesundheitsmarkt als Nachfrager entsprechender Güter insofern auf, als sie über den Abschluss von Verträgen mit den Leistungserbringern die Versorgungs-, Qualitäts- und Preiskonditionen vereinbaren, zu denen die medizinischen Produkte und Dienstleistungen an die Versicherten zu Lasten der gesetzlichen Krankenversicherung abgegeben bzw. erbracht werden. Es handelt sich mithin um eine Tätigkeit, die auf den Austausch von Leistungen oder Gütern am (Ge-

---

857 *Gassner*, VSSR 2000, S. 134 f.; *Boecken*, NZS 2000, S. 272

858 *Neumann*, WuW 1999, S. 963 f.; *Boecken*, NZS 2000, S. 272; *Gassner*, VSSR 2000, S. 134 f.; a.A. *Bieback*, EWS 1999, S. 367; *Stelzer*, SozVers 2000, S. 182; *Eichenhofer*, VSSR 1997, S. 78

859 Vgl. hierzu oben: F.IV.3.a. und F.IV.3.b.ee.

860 Ob und unter welchen Voraussetzungen die Sozialversicherungsträger im Zusammenhang mit ihrer Versicherungstätigkeit als Unternehmen anzusehen sind, ist nicht Gegenstand dieser Arbeit, sodass eine diesbezügliche abschließende Stellungnahme hier nicht erfolgen kann.
Vgl. hierzu insbesondere: *Schulz-Weidner / Felix*, SozSich 1997, S. 1120 ff., S. 1147 zur deutschen gesetzlichen Krankenversicherung

sundheits-)Markt bezogen ist, weshalb die Unternehmenseigenschaft der Krankenkassen bzw. ihrer Verbände als Unternehmensvereinigungen im Zusammenhang mit ihren Beschaffungsaktivitäten zu bejahen ist[861].

4. Sozialversicherungsträger als öffentliche Unternehmen, Art. 86 (ex-Art. 90) Abs. 1 EGV

Der EG-Vertrag selbst definiert nicht den Begriff des „öffentlichen Unternehmens". In der Literatur werden unter öffentlichen Unternehmen solche verstanden, auf deren Unternehmensführung und Entscheidungen der Staat unmittelbar oder mittelbar Einfluss ausüben kann[862]. Auch Krankenkassen in ihrer Eigenschaft als Nachfrager von Gesundheits- und Pflegeleistungen können unter Berücksichtigung der in dieser Begriffsbestimmung aufgestellten Voraussetzungen unter die „öffentliche Unternehmen" im Sinne des Art. 86 Abs. 1 EGV fallen[863]. Es wird immer auf den Umfang der staatlichen Bindung im Einzelfall ankommen. Eine allgemein gültige Definition hat sich bisher in der Rechtsprechung des EuGH allerdings noch nicht durchgesetzt[864]. Es ist auch nicht zu erwarten, dass der Gerichtshof eine endgültige Begriffsbestimmung wird vornehmen müssen. Ob die Voraussetzungen eines öffentlichen Unternehmens im konkreten Einzelfall tatsächlich vorliegen, ist grundsätzlich[865] nicht von entscheidender

861 Im Ergebnis ebenso: *Gitter / Fleischmann*, SGb 1999, S. 368; *Jaeger*, in: Wettbewerb, Kollektivverträge und Konfliktlösung in der Reform des Gesundheitswesens, S. 37 f.; *Schulz-Weidner / Felix*, SozSich 1997, S. 1133 f., 1155; *Hollmann / Schulz-Weidner*, ZIAS 1998, S. 188, 192; *Axer*, NZS 2002, S. 61 f.; *Schultz*, NZS 1998, S. 271; *Giesen*, Die Vorgaben des EG-Vertrages für das Internationale Sozilarecht, S. 113 f.; *Boecken*, NZS 2000, S. 272 f.; *Isensee*, VSSR 1996, S. 174; *Grill*, in: *Lenz*, Vorbem. Art. 81-86, Rn. 34; *Gassner*, VSSR 2000, S. 140; *Hänlein / Kruse*, NZS 2000, S. 167 f., 175; *Neumann*, in: Wettbewerb, Kollektivverträge und Konfliktlösung in der Reform des Gesundheitswesens, S. 24 ff.; *Stelzer*, SozVers 2000, S. 172; *Mrozynski*, in: *Kauder*, S. 103; *Weidner*, in: *Schulte / Barwig*, S. 288

862 *Jungbluth*, in: *Langen / Bunte*, Art. 90, Rn. 15; *von Burchard*, in: *Schwarze*, Art. 86, Rn. 16 f.; *Grill*, in: *Lenz*, Art. 86, Rn. 5; *Mestmäcker*, in: *Immenga / Mestmäcker II*, Art. 37, 90 C, Rn. 13 ff.; *Hochbaum*, in: *von der Groeben / Thiesing / Ehlermann*, Art. 90, Rn. 9 ff.

863 *Giesen*, Die Vorgaben des EG-Vertrages für das Internationale Sozialrecht, S. 123; *Stelzer*, SozVers 2000, S. 172, 180; *von Maydell*, in: *von Maydell / Schnapp*, S. 37

864 So hat der EuGH hervorgehoben, dass die Begriffsbestimmung von „öffentlichen Unternehmen" in verschiedenen Richtlinien nicht eine Definition im Sinne von Art. 86 (ex-Art. 90) Abs. 1 EGV bezweckt, ohne dies zugleich zum Anlass zu nehmen, selbst eine solche zu entwickeln (*EuGH*, Urt. v. 6.7.1982, verbundene Rs. 188 bis 190/80, Slg. 1982, 2545, 2578, Rz. 24 [Französiche Republik, Italieische Republik und Vereinigtes Königreich Großbritannien und Nord-Irland / Kommission der Europäischen Gemeinschaften]).

865 Eine Ausnahme stellt insoweit Art. 86 (ex-Art. 90) Abs. 2 EGV dar (vgl. hierzu unten: F.V.3.).

Bedeutung, da die Wettbewerbsregeln der Art. 81 und 82 (ex-Art. 85 und 86) EGV nicht zwischen privaten und öffentlichen Unternehmen differenzieren[866].

V. Die durch das europäische Kartellrecht gezogenen Schranken im Bereich der Leistungserbringung

An dieser Stelle soll sich auf die Untersuchung der im Zusammenhang mit allen Unternehmen stehenden gemeinschaftsrechtlichen Wettbewerbsvorschriften konzentriert werden und die ausschließlich an die Mitgliedstaaten bzw. in deren Besitz befindliche oder von ihnen kontrollierte Unternehmen adressierten Beihilfevorschriften der Art. 87 (ex-Art. 92) ff. EGV bleiben im Folgenden außen vor[867].

1. Kartellverbot nach Art. 81 (ex-Art. 85) EGV

a. Die Voraussetzungen des Kartellverbots nach Art. 81 (ex-Art. 85) Abs. 1 EGV

Art. 81 (ex-Art. 85) EGV verbietet ein koordiniertes Verhalten, welches den Wettbewerb im Gemeinsamen Markt spürbar beschränken und dadurch den Handel zwischen den Mitgliedstaaten beeinträchtigen kann.

Zu den von Art. 81 (ex-Art. 85) Abs. 1 EGV missbilligten Verhaltensweisen gehören Vereinbarungen von Unternehmen, Beschlüsse von Unternehmensvereinigungen und - als Auffangtatbestand - aufeinander abgestimmte Verhaltensweisen[868]. Diese müssen eine Verhinderung, Einschränkung oder Verfälschung des Wettbewerbs innerhalb des Gemeinsamen Marktes bezwecken oder bewirken, wobei Art. 81 (ex-Art. 85) Abs. 1 EGV selbst eine Reihe von Regelbeispielen enthält. Soweit es dabei um Absprachen geht, die den Nachfragewettbewerb beeinträchtigen, kommt es vornehmlich darauf an, ob der wirtschaftliche Handlungsspielraum der Anbieter auf dem Gesundheitsmarkt, also der Leistungserbringer, eingeschränkt wird[869]. Im Zusammenhang mit der wettbewerbswidrigen Verhaltensweise ist es zudem erforderlich, dass diese dem Unternehmen als eigene zugerechnet werden kann und nicht auf nationale Rechtsvorschriften zu-

---

866 *EuGH*, Urt. v. 27.4.1994, Rs. C-393/92, Slg. 1994, 1477, 1518 ff., Rz. 33 ff. (Gemeente Almelo u.a. / Energiebedrijf IJsselmij NV ; *Emmerich*, Kartellrecht, S. 410

867 Vgl. zu den Beihilfevorschriften im Zusammenhang mit den Systemen der sozialen Sicherheit: *Bieback*, EWS 1999, S. 369 ff.

868 *Brinker*, in: *Schwarze*, Art. 81, Rn. 33; *Grill*, in: *Lenz*, Art. 81, Rn. 5; *Schröter*, in: *von der Groeben / Thiesing / Ehlermann*, Art. 85, Rn. 41; *Hänlein / Kruse*, NZS 2000, S. 168

869 *Emmerich*, in: *Immenga / Mestmäcker I*, Art. 85 Abs. 1 A, Rn. 228 f.; *Schröter*, in: *von der Groeben / Thiesing / Ehlermann*, Art. 85, Rn. 108

rückgeht oder aber in erster Linie im Interesse des Mitgliedstaates und weniger in dem der beteiligten Unternehmen liegen[870]. Sollte dieses Erfordernis nicht erfüllt sein, kann aber eine gegen das gemeinschaftsrechtliche Kartellverbot verstoßende mitgliedstaatliche Maßnahme vorliegen[871].

Ferner muss nach der sog. „Zwischenstaatlichkeitsklausel“, die in der Praxis allerdings wegen ihrer sehr weiten Auslegung[872] kaum Bedeutung erlangt, die Wettbewerbsbeschränkung den mitgliedstaatlichen Handel beeinträchtigen können. Als ungeschriebenes Tatbestandsmerkmal hat der Gerichtshof schon früh das Kriterium der Spürbarkeit sowohl der Wettbewerbsbeschränkung als auch der Handelsbeeinträchtigung entwickelt, um Bagatellkartelle auszunehmen[873]. Nach der Rechtsprechung des EuGH kann Spürbarkeit bereits bei einem Marktanteil der Beteiligten von etwa 5 % gegeben sein[874]. Derzeit ist sowohl in der Rechtsprechung des Gerichtshofs[875] als auch in der Praxis der Kommission[876]

---

870 *EuGH*, Urt. v. 11.11.1997, verbundene Rs. C-359/95 P und C-379/95 P, Slg. 1997, 6265, 6312, Rz. 33 (Kommission der Europäischen Gemeinschaften und Französische Republik / Ladbroke Racing Ltd); *EuGH*, Urt. v. 17.11.1993, Rs. C-185/91, Slg. 1993, 5801, 5847 ff., Rz. 14 ff. (Bundesanstalt für den Güterfernverkehr / Gebr. Reiff GmbH & Co. KG); *OLG Düsseldorf*, NZS 1998, S. 569

871 Vgl. hierzu oben: F.IV.

872 Nach der Rechtsprechung des EuGH ist es erforderlich, dass sich anhand einer Gesamtheit objektiver Umstände mit hinreichender Wahrscheinlichkeit voraussehen lässt, dass die Vereinbarung unmittelbar oder mittelbar, tatsächlich oder der Möglichkeit nach den Warenverkehr zwischen den Mitgliedstaaten beeinflussen kann (*EuGH*, Urt. v. 11.12.1980, Rs. 31/80, Slg. 1980, 3775, 3791, Rz. 18 [NV L'Oreal und SA L'Oreal / PVBA "De Nieuwe Amck"]).

873 *EuGH*, Urt. v. 30.6.1966, Rs. 56/65, Slg. 1966, 281, 303 f. (Société Technique Minière [LTM] / Maschinenbau Ulm GmbH [MBU]); *EuGH*, Urt. v. 9.7.1969, Rs. 5/69, Slg. 1969, 295, 302, Rz. 7 (Franz Völk / Ets J. Vervaecke s.p.r.l.); *Emmerich*, Kartellrecht, S. 418; *Axer*, NZS 2002, S. 61

874 *EuGH*, Urt. v. 1.2.1978, Rs. 19/77, Slg. 1978, 131, 149, Rz. 9 f. (Miller International Schallplatten GmbH / Kommission der Europäischen Gemeinschaften); *EuGH*, Urt. v. 25.10.1983, Rs. 107/82, Slg. 1983, 3151, 3201, Rz. 58 (Allgemeine Elektricitäts-Gesellschaft AEG-Telefunken AG / Kommission der Europäischen Gemeinschaften) Nach einer (nicht verbindlichen) Bekanntmachung der *Kommission* liegen die Richtwerte bei 5 % im Zusammenhang mit horizontalen Vereinbarungen und 10 % im Hinblick auf vertikale Verinbarungen (II.9. der Bekanntmachung über Vereinbarungen von geringer Bedeutung, die nicht unter Artikel 85 Absatz 1 des Vertrages zur Gründung der Europäischen Gemeinschaft fallen, ABl. 1997, Nr. C 372, S. 13 ff.).

875 *EuGH*, Urt. v. 13.7.1989, Rs. 395/87, Slg. 1989, 2521, 2575 f., Rz. 31 f. (Ministère public / Jean-Louis Tournier); *EuG*, Urt. v. 10.3.1992, Rs. T-14/89, Slg. 1990 II , 1155, 1248 ff., Rz. 274 (Montedipe SpA / Kommission der Europäischen Gemeinschaften); *EuG*, Urt. v. 6.4.1995, Rs. T-148/89, Slg. 1999 II, 1063, 1107f., Rz. 109 (Tréfilunion SA / Kommission der Europäischen Gemeinschaften); Schlussanträge des *Generalanwalts Jacobs* v. 28.1.1999, Rs. C-67/96, verbundene Rs. C-115/97, C-116/97 und C-117/97 und Rechtssache 219/97, Slg. 1999, 5751, 5810 f., Rz. 252 (Albany International BV / Stichting Bedrijfspensioenfonds Textielindustrie, Brentjens' Handelsonderneming BV /

eine zunehmende Tendenz festzustellen, bereits bei der Prüfung der tatbestandlichen Voraussetzungen des Art. 81 (ex-Art. 85) Abs. 1 EGV die streitige Wettbewerbsbeschränkung wirtschaftspolitisch zu bewerten und dann gegebenenfalls schon die Tatbestandsmäßigkeit des Verhaltens zu verneinen[877]. Als Vorbild dient dabei nach einem Teil der Literatur unter anderem der Grundsatz der aus dem amerikanischen Kartellrecht bekannten „rule of reason", wonach nur solche Vereinbarungen unter das Kartellverbot fallen, die neben den wettbewerbsbeschränkenden Wirkungen keine diese ausgleichenden positiven, wettbewerbsfördernden Wirkungen mit sich bringen[878]. Ein großer Teil der Literatur will hingegen diese Praxis des Gerichtshofes nicht als europarechtliche „rule of reason" im Sinne einer Abwägung von wettbewerbsfördernden mit wettbewerbshemmenden Auswirkungen, sondern unter Verweis auf Sinn und Zweck des Kartellrechts und die Ausnahmevorschrift des Art. 81 (ex-Art. 85) Abs. 3 EGV, die im amerikanischen Kartellrecht kein Äqivalent hat, als implizite Schranke verstanden wissen[879]. Der EuGH hat sich in diesem Zusammenhang allerdings bisher noch nicht auf die Existenz einer „rule of reason" berufen[880]. Es sind hier auch Argumentationsformen zu finden, die möglicherweise im Zusammenhang mit dem Recht der Leistungserbringung aufgegriffen werden können. So wurde beispielsweise die Bestimmung der Satzung einer Berufsgenossenschaft, nach der ihre Mitglieder die Beteiligung an anderen Formen der organisierten Zusammenarbeit in Konkurrenz zur Genossenschaft verbot, vom EuGH nicht für gemeinschaftswidrig gehalten, weil sie den Umsatz der Genossenschaft förderte. Dieser aber könne je nach Anzahl der Mitglieder „ein bedeutsames Gegengewicht zu der Vertragsgestaltungsmacht der Großerzeuger bilden und einem wirksamen Wettbewerb förderlich sein"[881]. Zwar betraf die seinerzeit streitige

---

Bedrijfspensioenfonds voor de Handel in Bouwmaterialen und BV Maatschappij Drijvende Bokken / Sichting Pensioenfonds voor de Vervoer- en Havenbedrijven)

876 *Kommission der Europäischen Gemeinschaften*, Entscheidung vom 24.10.1988, ABl. Nr. L 311/36, 38, Rz. 17 (Eurotunnel)

877 *Grill*, in: *Lenz*, Art. 81, Rn. 20 f.; *Emmerich*, Kartellrecht, S. 420; *Brinker*, in: *Schwarze*, Art. 81, Rn. 44; *Hänlein / Kruse*, NZS 2000, S. 170

878 *Brinker*, in: *Schwarze*, Art. 81, Rn. 42; *Hänlein / Kruse*, NZS 2000, S. 170; *Axer*, NZS 2002, S. 61; *Emmerich*, Kartellrecht, S. 420; *Ackermann*, Art. 85 Abs. 1 EGV und die rule of reason, S. 263 ff. mit einem umfassend begründeten Plädoyer für die Anwendung der „rule of reason" im EG-Kartellrecht.

879 *Weiß*, in: *Callies / Ruffert*, Art. 81, Rn. 115 ff.; *Schröter*, in: *von der Groeben / Thiesing / Ehlermann*, Art. 85, Rn. 82; *Grill*, in: *Lenz*, Art. 81, Rn. 22; *Brinker*, in: *Schwarze*, Art. 81, Rn. 43 ff., der den Grundsatz der „rule of reason" nur in besonderen Ausnahmefällen heranziehen will.

880 Das *EuG* – auf die Existenz einer „rule of reason" angesprochen – hat ihre grenerelle Anwendbarkeit im Gemeinschaftsrecht offen gelassen und sie zumindest für einen offenkundigen Kartellverstoß (per se Verstoß) abgelehnt (*EuG*, Urt. v. 10.3.1992, Rs. T-14/89, Slg. 1990 II , 1155, 1246 ff., Rz. 265 [Montedipe SpA / Kommission der Europäischen Gemeinschaften]).

881 *EuGH*, Urt. v. 15.12.1994, Rs. C-250/92, Slg. 1994, 5641, 5687, Rz. 32 (Gøttrup-Klim u.

Regelung das Versicherungsverhältnis und nicht die Leistungserbringerseite, doch kann die Argumentation durchaus auch auf das Kräftepotential zwischen Nachfragern, also den Trägern der gesetzlichen Krankenversicherung und den Leistungserbringern im Rahmen von Art. 81 (ex-Art. 85) Abs. 1 EGV von Bedeutung sein[882].

b. Freistellung vom Kartellverbot

Generelle oder auch individuelle Freistellungsentscheidungen im Sinne von Art. 81 (ex-Art. 85) Abs. 3 EGV durch die nach Art. 9 Abs. 1 VO (EWG) 17/62 allein zuständige EG-Kommission, die den Bereich der Beschaffungstätigkeit der gesetzlichen Krankenversicherungen und die Leistungserbringung betreffen, sind bisher noch nicht ergangen. Die Voraussetzungen für eine Freistellungsentscheidung nach Art. 81 (ex-Art. 85) Abs. 3 EGV sind auf den ersten Blick auch nicht gerade auf Nachfrageabsprachen im Gesundheitswesen zugeschnitten. Es wäre dennoch nicht ohne jede Aussicht auf Erfolg, wenn man für sozialversicherungsrechtliche Kartellabsprachen bei der Kommission eine Freistellung beispielsweise mit dem Argument beantragen würde, dass eine Absprache Preissenkungen zur Folge haben und damit zu einem besser auf die Bedürfnisse der Verbraucher zugeschnittenen Angebot sowie niedrigeren Beitragssätzen führen kann[883].

2. Verbot des Missbrauchs einer marktbeherrschenden Stellung nach Art. 82 (ex-Art. 86) EGV

Das Verbot des Missbrauchs einer marktbeherrschenden Stellung, das gegebenenfalls auch neben dem Kartellverbot des Art. 81 (ex-Art. 85) EGV anwendbar ist[884], unterliegt drei Voraussetzungen. Als erste Voraussetzung muss das betreffende Unternehmen (allein oder gemeinsam mit anderen) eine beherrschende Stellung auf dem Gemeinsamen Markt oder auf einem wesentlichen Teil desselben innehaben. Diese Voraussetzung ist dann gegeben, wenn das Unternehmen in der Lage ist, die Aufrechterhaltung eines wirksamen Wettbewerbs auf dem relevanten Markt zu verhindern, weil es aufgrund der Machtstellung die Mög-

---

a. Grovvareforeninger / Dansk Landbrugs Grovvareselskab AmbA [DLG])

882 Ähnlich: *Hänlein / Kruse*, NZS 2000, S. 170 f.

883 *Nickless*, The Consequences of European competition law for social health care providers, S. 72 f.; *Hänlein / Kruse*, NZS 2000, S. 170
Vgl. zur Entscheidungspraxis der EG-Kommission im Hinblick auf eine Beteiligung der Verbraucher am entstehenden Gewinn: *Grill*, in: *Lenz*, Art. 81, Rn. 44

884 *EuGH*, Urt. v. 11.4.1989, Rs. 66/86, Slg. 1989, 803, 849, Rz. 37 (Ahmed Saeed Flugreisen und Silver Line Reisebüro GmbH / Zentrale zur Bekämpfung unlauteren Wettbewerbs e. V.); *EuG*, Urt. v. 10.7.1990, Rs. T-51/89, Slg. 1990 II , 309, 356 Rz. 21 (Tetra Pak Rausing SA / Kommission der Europäischen Gemeinschaften)

lichkeit hat, sich seinen Wettbewerbern, seinen Abnehmern und letztlich den Verbrauchern gegenüber in einem nennenswerten Umfang unabhängig zu verhalten[885]. Im Hinblick auf eine beherrschende Stellung auf einem Nachfragemarkt kommt es darauf an, inwieweit die Leistungserbringer durch Umstellung ihrer Produkte und Leistungen einerseits oder Ausdehnung ihres Angebots andererseits den Kreis der Nachfrager erweitern können[886]. Da solche Alternativen für die Leistungserbringer auf dem Gesundheitsmarkt nicht bestehen oder äußerst begrenzt sind, können ohne weiteres auch ein oder mehrere Nachfrager und damit Krankenkassen bzw. deren Verbände bei ihrer Beschaffungstätigkeit auf dem Gesundheitsmarkt über eine solche marktbeherrschende Stellung verfügen[887]. Neben den Krankenkassen und ihren Verbänden kommen als Nachfrager nur die privaten Krankenversicherungen in Betracht, auf die, nachdem in der gesetzlichen Krankenversicherung ca. 90 % der Bevölkerung versichert sind, lediglich ein Anteil von 10 % entfällt[888]. Es ist ausgeschlossen, dass die Leistungserbringer diesen Anteil der Privatversicherungen im Bereich der Leistungsbeschaffung durch bestimmte Maßnahmen erhöhen können. Eine „kollektive beherrschende Stellung" erfordert, „dass die Unternehmen der betreffenden Gruppe so eng miteinander verbunden sind, dass sie auf dem Markt in gleicher Weise vorgehen können"[889].

Als zweite Voraussetzung des Art. 82 (ex-Art. 86) EGV muss ein Missbrauch der marktbeherrschenden Stellung durch das oder die beherrschenden Unternehmen feststellbar sein. Da der Begriff der missbräuchlichen Ausnutzung ein objektiver Begriff ist, erfasst er die Verhaltensweisen eines beherrschenden Unternehmens, „die die Struktur eines Marktes beeinflussen können, auf dem der Wettbewerb gerade wegen der Anwesenheit des fraglichen Unternehmens bereits geschwächt ist, und die die Aufrechterhaltung des auf dem Markt noch be-

---

885 *EuGH*, Urt. v. 17.6.1997, Rs. C-70/95, Slg. 1997, 3395, 3437, Rz. 44 (Sodemare SA u. a. / Regione Lombardia); *EuGH*, Urt. v. 13.2.1979, Rs. 85/76, Slg. 1979, 461, 520, Rz. 38 (Hoffmann-La Roche & Co. AG / Kommission der Europäischen Gemeinschaften); *EuGH*, Urt. v. 5.10.1988, Rs. 247/86, Slg. 1988, 5987, 6008, Rz. 12 (Société alsacienne et lorraine de télécommunications et d'électronique [Alsatel] / SA Novasam)

886 *Schulz-Weidner / Felix*, SozSich 1997, S. 1136

887 *EuGH*, Urt. v. 28.3.1985, Rs. 298/83, Slg. 1985, 1105, 1123 f., Rz. 22 ff. (Comité des industries cinématographiques des Communautés européennes [CICCE] / Kommission der Europäischen Gemeinschaften) im Hinblick auf den Erwerb der Rechte zur Ausstrahlung von Kinofilmen im Fernsehen durch drei französische Fernsehgesellschaften; *Hänlein / Kruse*, NZS 2000, S. 169; *Zechel*, Die territorial begrenzte Leistungserbringung der Krankenkassen im Lichte des EG-Vertrages, S. 106

888 *Zuck*, Die Apotheke in der GKV-Gesundheitsreform, S. 50, Rn. 29; *Gitter / Fleischmann*, SGb 1999, S. 367 f.; *Gitter*, SDSRV 34, S. 103 (Demgegenüber erfasste die GKV bei ihrem Inkrafttreten gerade 10 % und am Ende der Weimarer Republik 60 % - vgl. hierzu: *Berg*, Deutsche Verwaltungsgeschichte IV, S. 235).

889 *EuGH*, Urt. v. 17.6.1997, Rs. C-70/95, Slg. 1997, 3395, 3437, Rz. 46 (Sodemare SA u. a. / Regione Lombardia)

stehenden Wettbewerbs oder dessen Entwicklung durch den Einsatz von Mitteln behindern, die von den Mitteln eines normalen Produkt- und Dienstleistungswettbewerbs auf der Grundlage der Leistungen der Marktbürger abweichen“ [890]. Es kommt in diesem Zusammenhang mithin entscheidend darauf an, ob sich das Verhalten des oder der Unternehmen in den Grenzen des zulässigen (und wünschenswerten) Leistungswettbewerbs hält oder darüber hinausgeht[891]. Soweit wie vorliegend der Missbrauch der Stellung marktbeherrschender Nachfrager im Mittelpunkt steht, ist in erster Linie an die Erzwingung unangemessen niedriger Einkaufspreise zu denken[892].

Als letzte Voraussetzung des Art. 82 (ex-Art. 86) EGV muss nach der sog. „Zwischenstaatlichkeitsklausel“ die missbräuchliche Ausnutzung der marktbeherrschenden Stellung geeignet sein, den Handel zwischen den Mitgliedstaaten zu beeinträchtigen[893]. Dieses Erfordernis entspricht dem des Art. 81 (ex-Art. 85) EGV und wird ebenso weit ausgelegt[894], sodass es in der Praxis kaum von ausschlaggebender Bedeutung ist[895]. Anders als Art. 81 (ex-Art. 85) EGV sieht Art. 82 (ex-Art. 86) EGV nicht die Möglichkeit einer Freistellung vom Verbot des Missbrauchs einer marktbeherrschenden Stellung vor. Da die beiden Vorschriften nebeneinander anwendbar sind, steht eine von der Kommission erteilte Freistellung nach Art. 81 (ex-Art. 85) Abs. 3 EGV der Anwendung des Art. 82 (ex-Art. 86) EGV nicht im Weg[896].

---

[890] *EuGH*, Urt. v. 13.2.1979, Rs. 85/76, Slg. 1979, 461, 541, Rz. 91 (Hoffmann-La Roche & Co. AG / Kommission der Europäischen Gemeinschaften); *EuGH*, Urt. v. 3.7.1991, Rs. C-62/86, Slg. 1991, 3359, 3455, Rz. 69 (AKZO Chemie BV / Kommission der Europäischen Gemeinschaften)

[891] *Grill*, in: *Lenz*, Art. 82, Rn. 22

[892] *EuGH*, Urt. v. 28.3.1985, Rs. 298/83, Slg. 1985, 1105, 1123 f., Rz. 22 ff. (Comité des industries cinématographiques des Communautés européennes [CICCE] / Kommission der Europäischen Gemeinschaften); *Schröter*, in: *von der Groeben / Thiesing / Ehlermann*, Art.86, Rn. 145; *Hänlein / Kruse*, NZS 2000, S. 169; *Emmerich*, Kartellrecht, S. 464; *Jung*, in: *Grabitz / Hilf I*, Art. 82, Rn. 59

[893] *EuGH*, Urt. v. 30.6.1966, Rs. 56/65, Slg. 1966, 281, 303 (Société Technique Miniére [LTM] / Maschinenbau Ulm GmbH MBU); *EuG*, 1995 II, 1533, Rz. 119; *EuG*, Urt. v. 8.6.1995, Rs. T-7/93, Slg. 1995 II , 1533, 1578, Rz. 119 (Langnese-Iglo GmbH / Kommission der Europäischen Gemeinschaften); *Boecken*, NZS 2000, S. 273

[894] *Grill*, in: *Lenz*, Vorbem. Art. 81-86, Rn. 13 ff.; *Hänlein / Kruse*, NZS 2000, S. 169; *Schulz-Weidner / Felix*, SozSich 1997, S. 1137

[895] Vgl. hierzu oben: F.V.1.a.

[896] *EuG*, Urt. v. 10.7.1990, Rs. T-51/89, Slg. 1990 II , 309, 358 f., Rz. 25 (Tetra Pak Rausing SA / Kommission der Europäischen Gemeinschaften); *EuG*, Urt. v. 1.4.1993, Rs. T-65/89, Slg. 1990 II , 389, 419, Rz. 75 (BPB Industries plc und British Gypsum Limited / Kommission der Europäischen Gemeinschaften); *Jung*, in: *Grabitz / Hilf I*, Art. 82, Rn. 18 f.

3. Die Rechtfertigung von Wettbewerbsbeschränkungen nach Art. 86 (ex-Art. 90) Abs. 2 EGV

Wettbewerbsbeeinträchtigungen nach Art. 81 und 82 (ex-Art. 85 und 86) EGV können ausnahmsweise nach Art. 86 (ex-Art. 90) Abs. 2 EGV gerechtfertigt sein. Auch wenn eine Rechtfertigung nach Art. 86 (ex-Art. 90) Abs. 2 EGV schon aufgrund des Wortlauts für öffentliche und private Unternehmen in Betracht kommt[897], wird es sich bei „Unternehmen, die mit Dienstleistungen von allgemeinem wirtschaftlichem Interesse betraut sind" regelmäßig um öffentliche Unternehmen bzw. mit besonderen Rechten ausgestattete Unternehmen im Sinne von Art. 86 (ex-Art. 90) Abs. 1 EGV handeln. Andere Unternehmen werden kaum bereit sein, Dienstleistungen von allgemeinem wirtschaftlichem Interesse oder die Aufgabe eines Finanzmonopols zu übernehmen[898]. Es kann daher dahinstehen, ob auch Krankenkassen, ihre Verbände, aber auch der Bundesausschuss der Ärzte in Deutschland im Rahmen ihrer Beschaffungstätigkeit auf dem Gesundheitsmarkt als öffentliche Unternehmen im Sinne des Art. 86 (ex-Art. 90) Abs. 1 EGV einzuordnen sind[899] oder wegen ihrer mittlerweile weitgehenden Unabhängigkeit vom Staat nunmehr als private Unternehmen bzw. Unternehmensvereinigungen gelten. In jedem Fall sind sie in diesem Zusammenhang nämlich mit Dienstleistungen von allgemeinem wirtschaftlichem Interesse betraut[900]. Nach der neueren Rechtsprechung des EuGH ist zudem endgültig geklärt, dass neben den Unternehmen auch die Mitgliedstaaten selbst Adressaten des Art. 86 (ex-Art. 90) Abs. 2 EGV sind[901].

Im Gegensatz zu einer vereinzelt vertretenen Ansicht[902] kann sich im Zusammenhang mit einem Kartellverhalten auf Art. 86 (ex-Art. 90) Abs. 2 EGV nicht erst berufen werden, wenn das in Art. 81 (ex-Art. 85) Abs. 3 EGV vorgesehene Verfahren für eine Freistellung ergebnis- bzw. erfolglos durchlaufen wurde. Dies lässt sich zum einen nicht aus der von *Maassen* zitierten Entscheidung des EuGH schlussfolgern. In dieser ging es allein um den Beurteilungsspielraum der

---

897 *EuGH*, Urt. v. 27.3.1974, Rs. 127/73, Slg. 1974, 313, 318, Rz. 19/22 (Belgische Radio en Televisie und Société Belge des Auteurs, Compositeurs et Editeurs / SV SABAM und NV Fonior); *EuGH*, Urt. v. 3.2.1977, Rs. 52/76, Slg. 1977, 163, 182, Rz. 20/22 (Luigi Benedetti / Munari F.lli s.a.s.); *Mestmäcker*, in: *Immenga / Mestmäcker II*, Art. 37, 90 D, Rn. 31

898 *Grill*, in: *Lenz*, Art. 86, Rn. 21; *Hochbaum*, in: *von der Groeben / Thiesing / Ehlermann*, Art. 90, Rn. 49

899 So: *Giesen*, Die Vorgaben des EG-Vertrages für das Internationale Sozialrecht, S. 123; *Gassner*, VSSR 2000, S. 144; *von Maydell*, in: *von Maydell / Schnapp*, S. 37; *Zuck*, Die Apotheke in der GKV-Gesundheitsreform 2000, S. 22 ff, Rn. 19 ff.; vgl. hierzu unten: F.VI.4.a.

900 *Schulz-Weidner*, in: *Schulte / Barwig*, S. 291; *Axer*, NZS 2002, S. 63

901 *EuGH*, Urt. v. 19.5.1993, Rs. C-320/91, Slg. 1993, 2533, 2568, Rz. 14 (Strafverfahren gegen Paul Corbeau); *Ehricke*, EuZW 1998, S. 744;

902 *Maassen*, in: Bitburger Gespräche 1996, S. 154

Kommission im Rahmen von Art. 81 (ex-Art. 85) Abs. 3 EGV, aber nicht um das Verhältnis dieser Regelung zu Art. 86 (ex-Art. 90) Abs. 2 EGV[903]. Ferner ist eine solche, zwischen den Verstößen gegen Art. 81 (ex-Art. 85) EGV und Art. 82 (ex-Art. 86) EGV differenzierende Auslegung des Art. 86 (ex-Art. 90) Abs. 2 EGV vor allem aber weder mit dessen Wortlaut noch mit der Systematik des EG-Vertrages vereinbar. Die Vorschrift verweist ohne Einschränkungen und Unterscheidungen auf alle gemeinschaftsrechtlichen Wettbewerbsvorschriften. Dies bestätigt ihre Stellung am Ende des ersten Abschnitts.

Für die unter Art. 86 (ex-Art. 90) Abs. 2 EGV fallenden Unternehmen gelten die gemeinschaftsrechtlichen Wettbewerbsregeln nur, soweit ihre Anwendung „nicht die Erfüllung der den Unternehmen übertragenen besonderen Aufgabe rechtlich oder tatsächlich verhindert". Die Ausnahme von der Geltung der Vertragsvorschriften muss mithin erforderlich sein. Damit ist diese Ausnahmeregelung für jeden konkreten Einzelfall am Grundsatz der Verhältnismäßigkeit zu messen[904]. Nachdem die nach wie vor eng auszulegende Ausnahmevorschrift[905] nach der früheren Rechtsprechung des EuGH kaum von Bedeutung gewesen ist, hat der Gerichtshof bei der Auslegung von Art. 86 (ex-Art. 90) Abs. 2 EGV nunmehr andere Akzente gesetzt, die das Vorliegen der Voraussetzungen eher in Betracht kommen lassen. So war nach früheren Entscheidungen des EuGH die bloße Erschwernis bei der Erfüllung der übertragenen Sonderaufgabe für die Nichtberücksichtigung der Wettbewerbsregelungen nicht ausreichend, sondern noch der Nachweis erforderlich, dass die Anwendung dieser Vorschriften mit der Erfüllung der Sonderaufgabe des Unternehmens unvereinbar war[906]. Die Beweislast lag mithin vollumfänglich beim betroffenen Unternehmen bzw. Mitgliedstaat[907]. Nach Entscheidungen aus jüngerer Zeit sind die gemeinschaftsrechtlichen Wettbewerbsvorschriften demgegenüber zum einen bereits dann nicht auf ein Unternehmen, das mit einer Dienstleistung von allgemeinem Inte-

903 *EuGH*, Urt. v. 27.1.1987, Rs. 45/85, Slg. 1987, 405, 461 f., Rz. 58 ff. (Verband der Sachversicherer e. V. / Kommission der Europäischen Gemeinschaften)

904 *Grill*, in: *Lenz*, Art. 86, Rn. 18; *von Burchard*, in: *Schwarze*, Art. 86, Rn. 71 ff.; *Pitschas*, VSSR 1999, S. 234; *Axer*, NZS 2002, S. 64
Dies verkennt offensichtlich *Knispel*, NZS 2000, S. 383, wenn er es für das Eingreifen der Ausnahmeregelung für bedeutungslos erachtet, „ob es zur Festsetzung der Festbeträge durch die Spitzenverbände eine Alternative gibt".

905 *EuGH*, Urt. v. 23.10.1997, Rs. C-159/94, Slg. 1997, 5815, 5834, Rz. 53 (Kommission der Europäischen Gemeinschaften / Französische Republik); *Hochbaum*, in: *von der Groeben / Thiesing / Ehlermann*, Art. 90, Rn. 57, 62; *Boecken*, NZS 2000, S. 273

906 *EuGH*, Urt. v. 30.4.1974, Rs. 155/73, Slg. 1974, 409, 431, Rz. 15 (Giuseppe Sacchi); *EuGH*, Urt. v. 20.3.1985, Rs. 41/83, Slg. 1985, 873, 888, Rz. 33 (Kommission der Europäischen Gemeinschaften / Italienische Republik)

907 *EuGH*, Urt. v. 20.3.1985, Rs. 41/83, Slg. 1985, 873, 888, Rz. 33 (Kommission der Europäischen Gemeinschaften / Italienische Republik); *Bach*, Wettbewerbsrechtliche Schranken für staatliche Maßnahmen nach europäischem Gemeinschaftsrecht, S. 48; *Hänlein / Kruse*, NZS 2000, S. 171; *Mestmäcker*, RabelsZ 1988, S. 569

resse betraut ist, anwendbar, „wenn ohne die streitigen Rechte die Erfüllung der dem Unternehmen übertragenen Aufgaben [sachlich oder rechtlich] gefährdet wäre, wie sie sich aus den ihm obliegenden Verpflichtungen und Beschränkungen ergeben“. Zum anderen sind die Regelungen des gemeinschaftsrechtlichen Kartellrechts nicht einschlägig, wenn „die Beibehaltung dieser [streitigen] Rechte erforderlich ist, um ihrem Inhaber die Erfüllung seiner im allgemeinen wirtschaftlichen Interesse liegenden Aufgaben zu wirtschaftlich tragbaren Bedingungen zu ermöglichen“[908]. Es genügt aber weiterhin nicht, wenn die Wettbewerbsvorschriften die Erfüllung der übertragenen Aufgaben lediglich erschweren oder behindern[909].

Die Beweislast für das Vorliegen des Ausnahmetatbestands liegt damit nach wie vor bei demjenigen, der sich auf ihn beruft. Klargestellt wird aber, dass nicht positiv nachgewiesen werden muss, dass keine andere Maßnahme die Aufgabenerfüllung sicherstellen kann. Dies muss nunmehr die Kommission belegen[910]. Die Forderung nach einer darüber hinausgehenden „evidenten“ Ungeeignetheit der Rechte[911] ist weder mit dieser Rechtsprechung vereinbar, noch leistet sie einen größeren Beitrag in Sachen Rechtssicherheit.

Eine Einschränkung der Ausnahmevorschrift des Art. 86 (ex-Art. 90) Abs. 2 Satz 1 EGV beinhaltet Art. 86 (ex-Art. 90) Abs. 2 Satz 2 EGV, der eine Abwägung zwischen dem nationalen Interesse an der Freistellung von den gemeinschaftsrechtlichen Wettbewerbsvorschriften und den übergeordneten Interessen der Gemeinschaft an der Entwicklung des Handelsverkehrs verlangt. Dabei obliegt es der Kommission, im Rahmen des Nachweises der behaupteten Vertragsverletzung das Interesse zu definieren, an dem die Entwicklung des Handels zu messen ist[912]. Hieraus wird gefolgert, dass die Wettbewerbsregelungen unter den Voraussetzungen von Art. 86 (ex-Art. 90) Abs. 1 Satz 1 EGV für die betreffenden Unternehmen so lange nicht anwendbar sind, bis die Kommission aufgrund

---

908 *EuGH*, Urt. v. 21.9.1999, verbundene Rs. C-115/97 bis 117/97, Slg. 1999, 6029, 6060, Rz. 107 (Brentjens' Handelsonderneming BV / Stichting Bedrijfspensioenfonds voor de Handel Bouwmaterialien); ebenso: *EuGH*, Urt. v. 23.10.1997, Rs. C-158/94, Slg. 1997, 5789, 5804 f., Rz. 36 (Kommission der Europäischen Gemeinschaften / Italienische Republik); *EuGH*, Urt. v. 23.10.1997, Rs. C-159/94, Slg. 1997, 5815, 5844, Rz. 96 (Kommission der Europäischen Gemeinschaften / Französische Republik)

909 *EuG*, Urt. v. 19.6.1997, Rs. T-260/94, Slg. 1997 II , 997, 1043 f., Rz. 138, 141 (Air Inter SA / Kommission der Europäischen Gemeinschaften); *Axer*, NZS 2002, S. 63; *Gassner*, VSSR 2000, S. 141; a.A.: *Bieback*, EWS 1999, S. 369 mit Fn. 86

910 *EuGH*, Urt. v. 23.10.1997, Rs. C-159/94, Slg. 1997, 5815, 5845, Rz. 101 ff. (Kommission der Europäischen Gemeinschaften / Französische Republik); *Ehricke*, EuZW 1998, S. 745; *Hänlein / Kruse*, NZS 2000, S. 171; *Axer*, NZS 2002, S. 64

911 *Bieback*, EWS 1999, S. 369

912 *EuGH*, Urt. v. 23.10.1997, Rs. C-159/94, Slg. 1997, 5815, 5848, Rz. 113 (Kommission der Europäischen Gemeinschaften / Französische Republik); *Ehricke*, EuZW 1998, S. 746

ihrer Befugnisse nach Art. 86 (ex-Art. 90) Abs. 3 EGV ein Interesse der Gemeinschaft an dem betreffenden Bereich geltend macht[913].

VI. Mögliche Wettbewerbsbeschränkungen im Bereich der Leistungserbringung in Deutschland

An dieser Stelle soll, da es in diesem Zusammenhang ohnehin immer auf die konkreten Umstände der einzelnen Tätigkeit ankommt, nur auf einige wenige, derzeit besonders im Mittelpunkt der Diskussionen um die deutsche Krankenversicherung stehende Maßnahmen eingegangen werden[914]. Dabei spielt es, wie bereits ausgeführt, grundsätzlich keine Rolle, ob es sich um autonome Entscheidungen der betreffenden Sozialversicherungsträger handelt oder der jeweilige Mitgliedstaat selbst marktregelnd eingreift. In letzterem Fall ist das mitgliedstaatliche Verhalten nach Art. 3 Abs. 1 lit. g, 10 (ex-Art. 5), 81 (ex-Art. 85) f. EGV bzw. Art. 86 (ex-Art. 90) Abs. 1 EGV gleichermaßen einer entsprechenden wettbewerbsrechtlichen Prüfung zu unterziehen[915].

1. Festbetragsregelungen im deutschen Krankenversicherungsrecht

Im Brennpunkt der aktuellen Diskussionen in Deutschland stehen vornehmlich die Festbetragsfestsetzungen bei Arzneimitteln durch die Spitzenverbände der Träger der gesetzlichen Krankenversicherung[916]. Die Befugnis der GKV-Spitzenverbände zur Festbetragsfestsetzung im Arzneimittelbereich bzw. der Landesverbände der Krankenkassen und Verbände der Ersatzkassen in Bezug auf Hilfsmittel ist ein typisches Beispiel im Sinne der Rechtsprechung des EuGH, dass der Staat die Verantwortung für die Beschlüsse an Unternehmen überträgt und so der möglichen eigenen Regelung den staatlichen Charakter nimmt[917]. Wie bereits einige Kartellsenate der Zivilgerichte sieht auch das Bundeskartellamt die GKV-Spitzenverbände als ein Kartell an, das wegen seiner großen Nachfragemacht durch Festbetragsfestsetzungen i. S. v. § 35 Abs. 3

---

913 *Ehricke*, EuZW 1998, S. 746 f.; *Hänlein / Kruse*, NZS 2000, S. 171

914 Vgl. zu weiteren in Betracht kommenden Verstößen gegen das gemeinschaftsrechtliche Wettbewerbsrecht: *Bieback*, EWS 1999, S. 364; *Boecken*, NZS 2000, S. 270 ff.; *Giesen*, Die Vorgaben des EG-Vertrages für das Internationale Sozialrecht, S. 123 ff.; *Schultz*, NZS 1998, S. 271 ff. unter besonderer Berücksichtigung der deutschen kartellrechtlichen Regelungen; *Schulz-Weidner / Felix*, SozSich 1997, S. 1135 ff.

915 Vgl. hierzu oben: F.II.; *Gassner*, VSSR 2000, S. 139

916 Vgl. hierzu oben: F.I.; *Axer*, NZS 2002, S. 57 ff.; Ärztezeitung vom 30.01.2001, vom 31.01.2001, vom 07.02.2001; vom 08.02.2001; vom 12.02.2001, 15.02.2001; *Mrozynski*, in: *Kauder*, S. 102 f.; früher schon: *von Maydell*, in: *von Maydell / Schnapp*, S. 29; *Zipperer*, in: Gesundheitsversorgung in der Europäischen Union, S. 70; *Steinmeyer*, Gesundheit und Gesellschaft 2001, S. 47 f.

917 Vgl. hierzu oben: F.II.

SGB V[918] und damit Preisfestsetzungen in den Wettbewerb auf dem Arzneimittelmarkt eingreift[919].

Wegen gleicher Bedenken übertrug der Gesetzgeber im Juli 2001 die Festbetragsanpassung sowie die Gruppenbildung und Festbetragsneufestsetzung dem Bundesministerium für Gesundheit. Dieses soll nunmehr im Einvernehmen mit dem Bundesministerium für Wirtschaft und Technologie Festbeträge festlegen, für deren Berechnung der Gesetzgeber recht detaillierte Vorgaben trifft. Diese Befugnis ist jedoch bis Ende 2003 befristet, weil der Gesetzgeber die Kompetenz zur Festsetzung der Festbeträge wieder der sozialen Selbstverwaltung übertragen möchte[920]. Bis Ende 2003 hofft der Gesetzgeber, dass der EuGH die ihm vorgelegten Fragen[921] entschieden hat[922]. Aus diesem Grund wird nachfolgend auf das bis Juli 2001 in Deutschland praktizierte Verfahren zur Festsetzung der Festbeträge eingegangen. Allein dieses ist dem EuGH zur Prüfung mit den gemeinschaftsrechtlichen Vorschriften des Kartellrechts vorgelegt worden[923].

a. Festbetragsregelungen und das Kartellverbot des Art. 81 (ex-Art. 85) EGV

Im Hinblick auf die Unternehmenseigenschaft dürfte es den GKV-Spitzenverbänden auch dann nicht an dem notwendigen Entscheidungsspielraum gefehlt haben[924], wenn wie im deutschen Recht bis Juli 2001 der zuständige Bundesminister die allgemeine Aufsicht nach § 214 SGB V ausübt und beim Nichtzustandekommen von Festbetragsfestsetzungen ein Eintrittsrecht nach § 213 Abs. 3 SGB V behält[925]. Dieses Problem stellt sich nur hinsichtlich der Festbetragsregelungen für Arzneimittel. Im Bereich der Hilfsmittel besteht mangels Verweis auf § 213 Abs. 3 SGB V zum einen kein Eintrittsrecht des Bundesgesundheitsministers, zum anderen bezieht sich die Aufsicht des zuständigen Bundesministers nach § 214 SGB V nur auf die Bundesverbände und die Verbände der Ersatzkassen, nicht aber auf die Landesverbände der Krankenkassen. Aber auch in Bezug auf Arzneimittel ist den Krankenversicherungsträgern und insbesondere ihren Verbänden durch den Vorbehalt der Aufsicht nicht jeglicher

---

918 Nach § 35 Abs. 3 SGB V setzen die Spitzenverbände der Krankenkassen „gemeinsam und einheitlich den jeweiligen Festbetrag ... fest."

919 Ärztezeitung vom 30.01.2001

920 BT-Drucks. 14/6579, S. 3

921 Vgl. hierzu oben: F.I.

922 *Axer*, NZS 2002, S. 58; *Sunder*, NDV 2001, S. 286

923 Verschwiegen werden darf aber nicht, dass auch in Bezug auf die Lösung der Festsetzung durch Rechtsverordnung bereits massive Bedenken seitens des Justiz- und Innenministeriums im Hinblick auf die Vereinbarkeit mit den europäischen Wettbewerbsvorschriften angemeldet wurden.

924 Vgl. hierzu oben: F.IV.3.c.

925 Ähnlich: *BSG*, NZS 1995, S. 508; *Hänlein / Kruse*, NZS 2000, S. 174; a.A.: *Knispel*, NZS 2000, S. 382; *Bieback*, NZS 1999, S. 367 f.

Regelungsspielraum bei der Festsetzung der Festbeträge genommen. Die Aufsicht betrifft nur die Rechtmäßigkeit, aber nicht die Zweckmäßigkeit der Sachentscheidung und ebenso nicht die Ausübung des Ermessens[926]. Zudem greift das Eintrittsrecht nach § 213 Abs. 3 SGB V erst, wenn die Spitzenverbände selbst nicht eine einheitliche Festsetzung der jeweiligen Festbeträge gemeinsam herbeiführen. Im Fall einer entsprechenden Vereinbarung kommt es somit nicht mehr zu einer Prüfung ihrer Gemeinwohlverträglichkeit.

Teilweise wird angeführt, dass es sich aufgrund der „relativ exakten Vorgabe zur Ermittlung der Festbetragshöhe" nach § 35 Abs. 5 SGB V bei deren Festsetzung nicht um eine eigenbestimmte Entscheidung der Spitzenverbände handelt und es somit an einem wettbewerbsrechtlich relevanten Verhalten der Unternehmen fehlt[927]. Dieser Ansicht kann nicht gefolgt werden. Selbst § 35 Abs. 5 Satz 3 SGB V lässt den Spitzenverbänden noch genügend Handlungs- bzw. Ermessensspielraum bei der Festsetzung. Zum einen bestimmt er lediglich eine Höchstgrenze für den festzusetzenden Festbetrag, zum anderen ist § 35 Abs. 5 Satz 3 SGB V lediglich eine „Soll-Vorschrift" und somit die Möglichkeit eröffnet, von dieser Vorgabe abzuweichen[928]. Letztlich führt sie nie zu einem von vornherein feststehenden Festbetrag, den die GKV-Spitzenverbände nur noch „der Form halber" zu beschließen haben.

Es steht außer Frage, dass die Festbetragsfestsetzung aus Sicht der gesetzlichen Krankenkassen und ihrer Verbände am Markt zumindest eine „mittelbare Festsetzung der Ankaufspreise" bezweckt und bewirkt[929]. Mit der ihr eigenen Marktmacht in Form der Festbetragsfestsetzung wirken die Spitzenverbände auf die Preise der Leistungen der Marktgegenseite beeinflussend, wenn nicht gar regulierend ein[930]. Hierbei handeln die Spitzenverbände als Unternehmensvereinigungen im Sinne von Art. 81 (ex-Art. 85) Abs. 1 EGV. Preisvereinbarungen

---

926 *Peters*, in: *Peters*, § 208, Rn. 4; *Dalichau / Grüner*, SGB V, § 208 S. 2

927 *Knispel*, NZS 2000, S. 382, 384; *Hänlein / Kruse*, NZS 2000, S. 174

928 Im Ergebnis ebenso: *Gassner*, VSSR 2000, S. 140; *Haverkate*, VSSR 1999, S. 194; ähnlich: *Hess*, in: Kasseler Kommentar, § 35 SGB V, Rn. 13; *Dalichau / Grüner*, SGB V, § 35, S. 1506, der allerdings eine Abweichung von der Sollvorschrift nur für zulässig erachtet, „als dieses im Hinblick auf die in Abs. 5 Satz 1 genannten Kriterien zur Gewährleistung einer ausreichenden Versorgung erforderlich ist".
Im Übrigen räumt selbst *Knispel*, NZS 2000, S. 384 ein, dass die Zielvorgaben des § 35 Abs. 5 SGB V „allgemein gehalten" sind „und auch prognostische Elemente und Schätzungen enthalten".

929 *OLG Düsseldorf*, NZS 1998, S. 567; *Bieback*, EWS 1999, S. 369; vgl. hierzu ausführlich: *Hänlein / Kruse*, NZS 2000, S. 173 f.; *von Maydell*, in: *von Maydell / Schnapp*, S. 29; *Schaub*, in: Grenzüberschreitende Gesundheitsversorgung in der Europäischen Union, S. 55 f.

930 *OLG Düsseldorf*, NZS 1998, S. 569; *Schultz*, NZS 1998, S. 270; *Mrozynski*, in: *Kauder*, S. 102 f., 105; *Axer*, NZS 2002, S. 61 f.

auf der Nachfrageseite sind nach Art. 81 (ex-Art. 85) Abs. 1 lit. a) EGV verboten. Sie schränken den wirtschaftlichen Handlungsspielraum der Leistungserbringer im Gesundheitssektor gerade bei dieser enormen Nachfragemacht der GKV-Spitzenverbände[931] ein, womit zugleich das Spürbarkeitserfordernis ohne weiteres erfüllt ist.

Von einer Festsetzung von Festbeträgen sind sowohl einheimische als auch importierte und parallel importierte Arzneimittel betroffen. Ein solches sich auf das gesamte Gebiet eines Mitgliedstaates erstreckendes Preissystem ist geeignet, den Handel zwischen den Mitgliedstaaten zu beeinträchtigen[932]. Sie führen zu einer Beschränkung des Wettbewerbs innerhalb des Gemeinsamen Marktes.

Es wird teilweise die Frage aufgeworfen, ob die deutschen Vorschriften zur Festsetzung der Festbeträge nach dem Grundsatz der „rule of reason" bzw. als immanente Schranke[933] möglicherweise nicht den Tatbestand des Kartellverbots des Art. 81 (ex-Art. 85) Abs. 1 EGV erfüllen. Dies könnte sich daraus herleiten, dass erst die Anwendung von Festbeträgen einen Wettbewerb zwischen den Leistungserbringern ermöglicht, weil im deutschen System der gesetzlichen Krankenversicherung unter Geltung des Sachleistungsprinzips[934] nur durch die Einführung von Festbeträgen der Preis für den einzelnen Versicherten Bedeutung erlangt. Ohne eine solche Beschränkung wäre es für den Versicherten und auch für den verschreibenden Arzt ohne Relevanz, welchen Aufwand die Versichertengemeinschaft für diese Leistung zu tragen hat[935].

Es ist fraglich, ob dieses Argument als solches überhaupt Zustimmung verdient[936]. Schließlich sind auch andere Modelle denkbar, um den Preis für den Versicherten auch unter Geltung des Sachleistungsprinzips zu einem wesentlichen Kriterium werden zu lassen. Als Beispiel sei an dieser Stelle nur eine Beteiligung der Versicherten und der verschreibenden Ärzte an ersparten Aufwendungen bei dem Bezug kostengünstiger medizinischer Produkte mit gleicher Wirkung genannt. Letztlich kann dies aber dahinstehen, weil jenes Argument es

---

931 Diese große Nachfragemacht ist selbstverständlich auch bei den Landesverbänden der Krankenkassen und den Verbänden der Ersatzkassen gegeben, die nach § 36 Abs. 2 SGB V für die entsprechenden „Hilfsmittel für den Bereich eines Landes einheitliche Festbeträge" festsetzen.

932 *BSG*, NZS 1995, S. 507; *Maassen*, in: Bitburger Gespräche 1996, S. 154; *Pitschas*, VSSR 1999, S. 235; *Mrozynski*, in: *Kauder*, S. 105; *Axer*, NZS 2002, S. 61

933 Vgl. hierzu oben: F.V.1.a.

934 Vgl. hierzu unten: G.III.2.a.

935 *Knispel*, NZS 2000, S. 382; *ders.*: NZS 2000, S. 443; *Bieback*, NZS 1999, S. 368 f.; *OLG München*, NZS 2000, S. 460, das insoweit, ohne auf das europäische Wettbewerbsrecht einzugehen, auch auf die Regelungen zum Arzneimittelbudget nach § 84 Abs. 1 SGB V verwies.

936 So: *Hänlein / Kruse*, NZS 2000, S. 174

nicht zu rechtfertigen vermag, dass Festbeträge gerade im Wege der Kooperation der Krankenkassen durch die GKV-Spitzenverbände bzw. die Landesverbände der Krankenkassen und die Verbände der Ersatzkassen festgesetzt werden müssen. Es lässt sich mit einer solchen Argumentation - wenn überhaupt - die Notwendigkeit von Festbetragsregelungen begründen, aber nicht ihr Zustandekommen im Wege des koordinierten Vorgehens der Nachfrager[937]. Es wäre nämlich ohne weiteres denkbar, dass jede Krankenkasse die Festbeträge eigenständig für ihre Versicherten festsetzt[938].

Teilweise wird ein Verstoß gegen Art. 81 (ex-Art. 85) Abs. 1 EGV im Zusammenhang mit preisgestaltenden Maßnahmen abgelehnt, weil es an einer Verfälschung des Wettbewerbes auf dem Gesundheitsmarkt durch die Beschaffungstätigkeit der Krankenkassen fehle, da die Patienten als Nachfrager nicht auf das gewünschte Gut verzichten könnten[939]. Dabei wird aber zum einen verkannt, dass Nachfrager bei Geltung des Sachleistungsprinzips nicht die Patienten, sondern die Krankenkassen sind[940]. Zum anderen kann es kaum eine deutlichere Verfälschung des Wettbewerbs geben als durch die Festlegung von Festbeträgen. Durch solche werden die Arzneimittelhersteller letztlich gezwungen, die Preise für Arzneimittel einer Gruppe im Sinne von § 35 Abs. 1 SGB V einander anzugleichen und die Festbeträge nicht zu überschreiten. Schließlich werden sich die Versicherten gegebenenfalls im Einvernehmen mit dem verschreibenden Arzt wegen der sonst drohenden Zuzahlung für Arzneimittel entscheiden, die diesen Festbetrag nicht überschreiten.

b. Festbetragsregelungen und das Missbrauchsverbot des Art. 82 (ex-Art. 86) EGV

Zu denken ist darüber hinaus bei Festbetragsfestsetzungen dieser Art an einen Missbrauch der marktbeherrschenden Stellung im Sinne von Art. 82 (ex-Art. 86) lit. a) EGV. Den Spitzenverbänden der Krankenkassen kommt auf dem Beschaffungsmarkt für Gesundheitsleistungen eine beherrschende Stellung zu. Die GKV-Spitzenverbände haben diese im Arzneimittelbereich auf dem Gebiet der

937 Dies verkennt *Knispel*, NZS 2000, S. 383, wenn er lediglich die Frage nach der Wirkung der Festbetragsfestsetzungen stellt.

938 So auch: *Böge* (Präsident des Bundeskartellamtes) laut Ärztezeitung vom 15.02.2001 in einem Schreiben an den Vorsitzenden des BKK-Bundesverbandes; *Hänlein / Kruse*, NZS 2000, S. 174 will die Festbeträge wenigstens für jede Kassenart gesondert festgesetzt wissen.

939 *Schulz-Weidner / Felix*, SozSich 1997, S. 1156; im Ergebnis ebenso: *Steinmeyer*, Gesundheit und Gesellschaft 2001, S. 47 ff.; *Maaß*, NJW 2001, S. 3370; *Knispel*, NZS 2000, S. 382 f., der zwischen der Krankenkassen als „rechtlichem Nachfrager" und dem Patienten als „ökonomischem Nachfrager" unterscheidet.

940 Insofern spricht das Argument des Sachleistungsprinzips nicht gegen, sondern gerade für eine Verfälschung des Wettbewerbs.

gesamten Bundesrepublik inne, die Landesverbände der Krankenkassen im Bereich der Hilfsmittel für den jeweils ihnen zugeordneten Bereich eines Landes[941]. Wie bereits dargelegt, wird durch entsprechende Festbetragsfestsetzungen zumindest mittelbar auf die Einkaufspreise eingewirkt[942].

Was allerdings den Missbrauchstatbestand der Erzwingung von unangemessenen (Einkaufs-) Preisen nach Art. 82 (ex-Art. 86) lit. a) EGV anbelangt, so ist dieser ein ebenso naheliegender wie schwer zu beweisender Fall eines Missbrauchs[943]. In einem Verfahren vor dem EuGH müsste für jeden in Betracht kommenden Einzelfall[944] und somit im Hinblick auf jedes einzelne Arznei- bzw. Hilfsmittel dargelegt werden, dass der dem Lieferanten zugestandene Preis in keinem Verhältnis zum wirtschaftlichen Wert der Gegenleistung steht[945]. Das ist insbesondere dann der Fall, wenn er nicht mehr ausreicht, um die Gestehungskosten der betreffenden Produkte sowie eine bescheidene Gewinnmarge unter Berücksichtigung der Rentabilitätsgrenze des jeweiligen Lieferanten zu decken[946]. Es dürfte sich insofern aus Sicht der Kommission als weitaus praktikabler erweisen, sich schwerpunktmäßig auf den Nachweis eines Verstoßes gegen das Kartellverbot im Sinne von Art. 81 (ex-Art. 85) EGV zu konzentrieren, zumal Freistellungensentscheidungen nach Art. 81 (ex-Art. 85) Abs. 3 EGV durch die Kommission bisher nicht getroffen und auch noch nicht beantragt sind[947].

Das bis Juli 2001 in Deutschland praktizierte Verfahren der Festbetragsfestsetzungen hat gegen das Kartellverbot nach Art. 81 (ex-Art. 85) EGV verstoßen. Ob zudem die Voraussetzungen des Missbrauchsverbotes des Art. 82 (ex-Art. 86) EGV gegeben sind, ist für jedes einzelne Arznei- bzw. Heilmittel zu untersuchen und hängt vornehmlich davon ab, ob das Verfahren im konkreten Fall unangemessene (Einkaufs-)Preise erzwungen hat.

---

941 Zweifel wegen der zum Teil regionalen Gliederung der Sozialversicherungsträger im Bereich der gesetzlichen Krankenversicherung hegen in diesem Zusammenhang dagegen: *Schulz-Weidner / Felix*, SozSich 1997, S. 1136.

942 Vgl. hierzu oben: F.VI.1.a.

943 *Grill*, in: *Lenz*, Art. 82, Rn. 27; *Schröter*, in: *von der Groeben / Thiesing / Ehlermann*, Art. 86, Rn. 149 ff.

944 Ähnlich: *EuGH*, Urt. v. 28.3.1985, Rs. 298/83, Slg. 1985, 1105, 1124, Rz. 24 f. (Comité des industries cinématographiques des Communautés européennes [CICCE] / Kommission der Europäischen Gemeinschaften)

945 *EuGH*, Urt. v. 28.3.1985, Rs. 298/83, Slg. 1985, 1105, 1123, Rz. 22 (Comité des industries cinématographiques des Communautés européennes [CICCE] / Kommission der Europäischen Gemeinschaften)

946 *Dirksen*, in: *Langen / Bunte*, Art. 86, Rn. 101; *Schröter*, in: *von der Groeben / Thiesing / Ehlermann*, Art. 86, Rn. 149; Vgl. zu anderen Methoden der Bestimmung unangemessener Preise: *Schröter*, in: *von der Groeben / Thiesing / Ehlermann*, Art. 86, Rn. 150 ff.

947 Vgl. hierzu oben: F.V.1.b.

2. Weitere Regelungen zu Leistungsentgelten im deutschen Krankenversicherungsrecht

Die Überlegungen zum Kartellverbot im Zusammenhang mit den Festbetragsregelungen gelten in gleicher Weise für andere Beschränkungen bei der Bestimmung von Leistungsentgelten, wie beispielsweise die Zuordnung von Entgelten zu den katalogisierten Leistungen in Punktwert- und Entgeltkatalogen[948]. Das gilt im Hinblick auf Art. 81 (ex-Art. 85) Abs. 1 EGV umso mehr, als dass in diesen Fällen auf beiden Seiten Spitzenvereinigungen stehen, deren Vereinbarungen im Ergebnis Leistungserbringer aus anderen Mitgliedstaaten ausschließen, weil sie zum einen diesen Körperschaften abgesehen von einer Niederlassung in Deutschland grundsätzlich nicht angehören und zum anderen eine anderweitige vertragliche Vereinbarung mit ihnen auch wegen des Zulassungserfordernisses nach §§ 124, 126 SGB V nicht möglich ist[949]. Das deutsche System kennt generell keine Verträge mit ausländischen Leistungserbringern, sondern ausschließlich nationale Kollektivverträge mit den Kassenärztlichen Vereinigungen[950]. Auch im Hinblick auf inländische Leistungserbringer sind Verstöße gegen das europäische Kartellrecht vor allem angesichts der durch §§ 63 ff., 73 a SGB V eröffneten Vergütungs- und Versorgungsstrukturen aus den gleichen Gründen wie bei Festbetragsfestsetzungen[951] nicht von vornherein ausgeschlossen[952].

Der Missbrauchstatbestand des Art. 82 (ex-Art. 86) EGV wird bei diesen Vereinbarungen allerdings zumindest nicht im Hinblick auf die unmittelbar an den Verträgen beiteiligten Spitzenverbände erfüllt sein. Schließlich steht der starken Nachfragemacht der Spitzenverbände der Krankenkassen eine kaum minder starke Angebotsmacht der Kassenärztlichen Bundesvereinigungen gegenüber. Zudem stellt sich im Hinblick auf inländische Leistungserbringer die Frage, ob

948 Vgl. z.B. die Bundesmantelverträge nach §§ 82 Abs. 1, 87 Abs. 1 SGB V, Gesamtverträge nach § 83 SGB V, Budget-Vereinbarungen nach §§ 84 f. SGB V, Vereinbarung eines Bundesleistungsverzeichnisses für zahntechnische Leistungen und die hierauf bezogenen Vergütungsvereinbarungen nach § 88 SGB V, die Vereinbarungen über die Leistungserbringung nach §§ 125, 127, 129-134 SGB V; im Ergebnis ebenso: *Schulz-Weidner*, in: *Schulte / Barwig*, S. 345

949 *Pitschas*, VSSR 1999, S. 225 ff.; *Schultz*, NZS 1998, S. 269 ff.; a.A.: *Stelzer*, Die Sozialversicherung 2000, S. 182; *Schulz-Weidner / Felix*, SozSich 1997, S. 1155, der das gemeinsame Auftreten der Versicherungträger praktisch für geboten hält, „da die Versicherungsträger häufig bundesweit agierenden beruflichen Interessenvertretungen gegenüberstehen“. Hierbei verkennen sie aber, dass auch diese Interessenvertretungen den gemeinschaftsrechtlichen Wettbewerbsregelungen unterworfen sind und möglicherweise ebenso gegen Art. 81 (ex-Art. 85) Abs. 1 EGV verstoßen. Dadurch kann aber nicht ein Verstoß gegen die gleichen Vorschriften durch die andere Vertragspartei ausgeschlossen werden. Vgl. zum Zulassungserfordernis nach §§ 124, 126 SGB V unten: G.V.3.c. und G.V.4.c.

950 *Schneider-Danwitz*, SGb 2000, S. 356

951 Vgl. hierzu oben: F.VI.1.

952 *Schultz*, NZS 1998, S. 269 ff.; *Pitschas*, VSSR 1999, S. 225

und inwieweit entsprechende Regelungen den mitgliedstaatlichen Handel beeinflussen[953].

3. Arzneimittelrichtlinien im deutschen Krankenversicherungsrecht

Für den Beschluss der Arzneimittelrichtlinien nach § 35 Abs. 1 SGB V i.V.m. § 92 Abs. 1 Satz 2 Nr. 6 SGB V sind die bisher angestellten Überlegungen insbesondere im Zusammenhang mit den Festbetragsfestsetzungen aufgrund abweichender Regelungen nicht ohne weiteres übertragbar[954]. So stellt sich zunächst die Frage, ob die Beschlüsse des diesbezüglich zuständigen Bundesausschusses der Ärzte und Krankenkassen nach § 35 Abs. 1 SGB V wegen seiner besonderen Zusammensetzung als Vereinbarung von Unternehmen oder Unternehmensvereinigungen im Sinne von Art. 81 (ex-Art. 85) Abs. 1 EGV einzuordnen sind. Zweifel könnten sich deshalb ergeben, weil der Bundesausschuss der Ärzte und Krankenkassen sich nach § 91 Abs. 2 SGB V aus Vertretern der verschiedensten Gruppen mit unterschiedlichen, teilweise gegenläufigen Interessen, sowie insgesamt drei unparteiischen Mitgliedern zusammensetzt.

Dieser Umstand war für das *LG München I* Anlass[955] genug, die Beschlüsse des Bundesausschusses nicht als Vereinbarungen des Art. 81 (ex-Art. 85) Abs. 1 EGV einzuordnen, weil solche nur vorliegen, wenn an der Vereinbarung ausschließlich Unternehmen bzw. Unternehmensvereinigungen teilnehmen. Der Bundesausschuss der Ärzte und Krankenkassen kann aber nicht mit den gesetzlichen Krankenkassen gleichgesetzt werden, weil er neben Vertretern der Krankenkassen auch aus Repräsentanten der Ärzte sowie insbesondere einem unparteiischen Vorsitzenden und zwei unparteiischen Beisitzern besteht[956]. Gegen diese Ansicht sprechen allerdings die Ausführungen im Schlussantrag des *Generalanwalts Jacobs* in der Rechtssache *„Albany"*. In diesem legte der Genaralanwalt in seiner Auseinandersetzung mit Art. 81 (ex-Art. 85) Abs. 1 EGV dar, dass auch ein Kollektivvertrag zwischen Arbeitgebern und Arbeitnehmern eine Verhaltensabstimmung zwischen den auf der Arbeitgeberseite beteiligten Unternehmen beinhaltet, was wiederum für eine Verhaltensabstimmung im Sinne von Art. 81 (ex-Art. 85) Abs. 1 EGV ausreicht[957]. Überträgt man diese den Kollek-

---

953 Vgl. hierzu oben: F.V.1.a. und F.V.2.

954 A.A. offenbar: *Millarg*, Pharm. Ind. 1999, S. 699; *Axer*, NZS 2002, S. 57 f., der den Beschluss der Arzneimittelrichtlinien und die Festsetzung der Festbeträge ohne Differenzierungen einheitlich als „Verfahren zur Festsetzung der Festbeträge" untersucht.

955 *LG München I*, Urteil vom 30.6.1999 – Az.: 21 O 5205/99

956 Zustimmend: *Knispel*, NZS 2000, S. 385; *Bieback*, NZS 1999, S. 368 sogar im Hinblick auf die Spitzenverbände der Krankenkassen und ihre Festlegung der Festbeträge von Arzneimitteln.

957 Schlussanträge des *Generalanwalts Jacobs* v. 28.1.1999, Rs. C-67/96, verbundene Rs. C-115/97, C-116/97 und C-117/97 und Rs. 219/97, Slg. 1999, Slg. 1999, 5751,

tivvertrag betreffende These des Generalanwalts auf den Bundesausschuss der Ärzte und Krankenkassen, so ist in den Arzneimittelrichtlinien auch eine Verhaltensabstimmung zwischen den am Bundesausschuss beteiligten Unternehmen zu sehen[958]. Da die Rechtsform für die Eigenschaft als Unternehmen bzw. Unternehmensvereinigung ohne Bedeutung ist[959], spielt es in diesem Zusammenhang keine Rolle, dass es sich bei dem Bundesausschuss um ein Gremium mit einer gewissen rechtlichen Selbstständigkeit handelt[960].

Der EuGH hat sich in der Rechtssache *„Albany"* nicht mit dieser Problematik auseinandergesetzt. Allerdings hat der Gerichtshof in anderen Rechtssachen im Zusammenhang mit der Einschlägigkeit von Art. 81 (ex-Art. 85) EGV entscheidend darauf abgestellt, ob es sich um Vertreter der beteiligten Wirtschafsftskreise oder um unabhängige Sachverständige handelt[961]. Weil § 91 Abs. 2 SGB V ausdrücklich zwischen dem „unparteiischen Vorsitzenden", den „unparteiischen Mitgliedern" und den „Vertretern" der Ärzte, Ortskrankenkassen, Ersatzkassen, landwirtschaftlichen Krankenkassen und knappschaftlichen Krankenversicherung unterscheidet, sind die letzteren Vertreter der beteiligten Wirtschaftskreise im Sinne der EuGH-Rechtsprechung und Art. 81 (ex-Art. 85) Abs. 1 EGV mithin für die Beschlüsse des Bundesausschusses anwendbar. Hieran ändert sich auch nichts durch die nach § 91 Abs. 2 Satz 4 und 5 SGB V gewährleistete Weisungsunabhängigkeit der Mitglieder des Bundesausschusses[962]. Sie bleiben dennoch von den Krankenkassen bestellte Vertreter, die deren Interessen wahrnehmen, auch wenn sie vornehmlich der gemeinsamen Aufgabe dienen sollen[963]. Hierauf haben die Krankenkassen durch ihre Zuständigkeit bei der Bestellung nach § 91 Abs. 2 Satz 4 SGB V den entscheidenden Einfluss[964]. Wären die Vertreter der einzelnen Gruppen tatsächlich völlig unabhängig, so bedürfte es nicht unabhängiger Mitglieder, die zudem noch den Vorsitzenden stellen oder einer

5808 f., Rz. 237 ff. (Albany International BV / Stichting Bedrijfspensioenfonds Textielindustrie, Brentjens' Handelsonderneming BV / Bedrijfspensioenfonds voor de Handel in Bouwmaterialen und BV Maatschappij Drijvende Bokken / Sichting Pensioenfonds voor de Vervoer- en Havenbedrijven)

958 So auch: *Hänlein / Kruse*, NZS 2000, S. 175; im Ergebnis ebenso: *Haverkate*, VSSR 1999, S. 195

959 Vgl. hierzu oben: F.IV.3.e.

960 A.A.: *Knispel*, NZS 2000, S. 385

961 *EuGH*, Urt. v. 30.1.1985, Rs. 123/83, Slg. 1985, 391, 423, Rz. 19 f. (Bureau national interprofessionnel du cognac / Guy Clair); *EuGH*, Urt. v. 17.11.1993, Rs. C-185/91, Slg. 1993, 5801, 5847 f., Rz. 16 f. (Bundesanstalt für den Güterfernverkehr / Gebr. Reiff GmbH & Co. KG)

962 A.A.: *Knispel*, NZS 2000, S. 385

963 *Hencke*, in: *Peters*, § 90 SGB V, Rn. 7; *Knispel*, NZS 2000, S. 385

964 Ähnlich der *EuGH*, Urt. v. 30.1.1985, Rs. 123/83, Slg. 1985, 391, 423, Rz. 19 f. (Bureau national interprofessionnel du cognac / Guy Clair) in Bezug auf Mitglieder einer Vollversammlung, die zwar vom Staat, jedoch auf Vorschlag der unmittelbar betroffenen Berufsvereinigung, ernannt und deshalb als deren Vertreter anzusehen sind.

paritätischen Besetzung von Vertretern der Ärzteschaft und der Krankenkassen (vgl. § 91 Abs. 2 Satz 1 und 2 SGB V). Auf eine „formale" Weisungsunabhängigkeit kann es somit nicht ankommen. In die gleiche Richtung geht die Rechtsprechung des *Bundessozialgerichts*, nach der sich die Richtlinienbeschlüsse der Bundesausschüsse im Kern nicht von den normsetzenden Verträgen des Vertragsarztrechts unterscheiden, sondern lediglich ein funktional gleichwertiges Regelwerk in einem anderen Gehäuse darstellen[965].

Fraglich ist des Weiteren, ob durch das in § 94 Abs. 1 SGB V verankerte Beanstandungs- und Ersatzvornahmerecht des Bundesgesundheitsministers die Beschlüsse letztlich doch nicht dem Bundesausschuss, sondern vielmehr dem Staat zuzurechnen sind[966]. Der Umfang des Beanstandungsrechts als notwendige Voraussetzung einer Ersatzvornahme des zuständigen Bundesministers ist im Gesetz nicht definiert. Da aber die Richtlinien ihrerseits der inhaltlichen Interpretation des Wirtschaftlichkeitsgebotes bzw. der Präzisierung des Leistungsanspruchs des Versicherten in den im Gesetz ausdrücklich geregelten Fällen zu dienen haben[967], kann der Bundesminister die Richtlinien nur dann beanstanden und gegebenenfalls ändern, wenn sie über eine solche Interpretation des Wirtschaftlichkeitsgebots hinausgehen, den Wirtschaftlichkeitsbegriff falsch auslegen oder die inhaltliche Interpretation des Leistungsanspruches des Versicherten unter Missachtung dafür maßgeblicher gesetzlicher Vorschriften vornehmen[968]. Somit kann der Bundesminister nicht nach Belieben die Beschlüsse des Bundesausschusses beanstanden und gegebenenfalls selbst ändern. Da der durch § 92 SGB V dem Bundesausschuss eingeräumte Gestaltungsspielraum somit nicht durch das Beanstandungs- und Ersatzvornahmerecht des Bundesgesundheitsministers wieder genommen wird, sind die Beschlüsse dem Bundesausschuss zuzurechnen.

4. Die Rechtfertigungsmöglichkeit nach Art. 86 (ex-Art. 90) Abs. 2 EGV im Bereich der Leistungserbringung in Deutschland

a. Art. 86 (ex-Art. 90) Abs. 2 EGV unter besonderer Berücksichtigung der Festbetragsregelungen

In seinen Urteilen in den Rechtssachen *„Decker"* und *„Kohll"* zur Warenverkehrs- bzw. Dienstleistungsfreiheit hat der EuGH angeführt, dass zwar rein wirtschaftliche Gründe eine Beschränkung dieser elementaren Grundfreiheiten nicht

---

965 *BSGE* 82, 41 ff., 46 f.

966 Dahin tendieren offensichtlich *Hänlein / Kruse*, NZS 2000, S. 175.

967 *Hencke*, in: *Peters*, § 92 SGB V, Rn. 5; *Hess*, in: Kasseler Kommentar, § 92 SGB V, Rn. 2 ff.; *Dalichau / Grüner*, SGB V, § 92, S. 24 f.

968 *Hess*, in: Kasseler Kommentar, § 94 SGB V, Rn. 4; ähnlich: *Dalichau / Grüner*, SGB V, § 94, S. 33, 57; *Hencke*, in: *Peters*, § 94 SGB V, Rn. 4

zu rechtfertigen vermögen, dass aber eine erhebliche Gefährdung des finanziellen Gleichgewichts des Systems der sozialen Sicherheit einen zwingenden Grund des Allgemeininteresses darstellen und eine solche Beeinträchtigung rechtfertigen kann[969]. Dogmatisch konsequent ist dieser Gesichtpunkt im Hinblick auf das europäische Kartellrecht im Rahmen der Ausnahemeregelung des Art. 86 (ex-Art. 90) Abs. 2 EGV geltend zu machen[970].

Sozialversicherungsträger können sich grundsätzlich auf die Ausnahmeregelung des Art. 86 (ex-Art. 90) Abs. 2 EGV berufen. Sie sind in jedem Fall „Unternehmen, die mit Dienstleistungen von allgemeinem wirtschaftlichen Interesse betraut sind". Dies gilt nach der Rechtsprechung des EuGH auch, soweit der Träger der Sozialversicherung diese als Natural- bzw. Sachleistungen erbringt[971]. Für den hier im Mittelpunkt stehenden Leistungserbringungsbereich ist dabei zu beachten, dass der Begriff der „Dienstleistungen" im Sinne von Art. 86 (ex-Art. 90) Abs. 2 Satz 1 EGV auch das Bereithalten, Bereitstellen sowie Verteilen von Sachleistungen[972] und damit erst recht ihre Beschaffung umfasst, die eine notwendige Voraussetzung für die anderen Tätigkeiten ist[973].

Die entscheidende Frage im Zusammenhang mit Art. 86 (ex-Art. 90) Abs. 2 EGV wird nahezu ausschließlich darin liegen, ob das Wettbewerbsrecht die Träger der Sozialversicherung im erforderlichen Ausmaß an der Erfüllung ihrer Aufgaben hindert. Im Hinblick auf die Erhaltung des finanziellen Gleichgewichts kann auf die im Zusammenhang mit der Warenverkehrs- und Dienstleis-

---

969 Vgl. hierzu oben: D.V.1. und E.III.3.b.; *EuGH*, Urt. v. 28.4.1998, Rs. C-120/95, Slg. 1998, 1831, 1884, Rz. 39 (Nicolas Decker / Caisse de maladie des employés privés); *EuGH*, Urt. v. 28.4.1998, Rs. C-158/96, Slg. 1998, 1935, 1948, Rz. 41 (Raymond Kohll / Union des caisses de maladie)

970 *EuGH*, Urt. v. 21.9.1999, verbundene Rs. C-115/97 bis 117/97, Slg. 1999, 6029, 6060 ff., Rz. 107 ff. (Brentjens' Handelsonderneming BV / Stichting Bedrijfspensioenfonds voor de Handel Bouwmaterialien); *Haverkate / Huster*, Europäisches Sozialrecht, Rn. 498; *Pitschas*, VSSR 1999, S. 236; *Hänlein / Kruse*, NZS 2000, S. 172; *Giesen*, Die Vorgaben des EG-Vertrages für das Internationale Sozialrecht, S. 125 ff.; *Knispel*, NZS 2000, S. 383

971 *EuGH*, Urt. v. 23.4.1991, Rs. C-41/90, Slg. 1991, 1979, 2015 ff., Rz. 16 ff. (Klaus Höfner und Fritz Elser / Macrotron GmbH) in Bezug auf die Aufgabe der Bundesanstalt für Arbeit, Leistungen zur beruflichen Rehabilitation zu erbringen. Dabei handelte es sich darüber hinaus noch um die „Versicherungsseite". Dies muss dann erst recht für die Beschaffungstätigkeit der Sozialversicherungsträger gelten.

972 *Hochbaum*, in: *von der Groeben / Thiesing / Ehlermann*, Art. 90, Rn. 52 m.w.N.

973 Das gilt umso mehr, als der Gerichtshof nunmehr auch besondere soziale Aufgaben als „Dienstleistungen von allgemeinem wirtschaftlichen Interesse" anerkannt hat – *EuGH*, Urt. v. 21.9.1999, verbundene Rs. C-115/97 bis 117/97, Slg. 1999, 6029, 6059 f., Rz. 102 ff. (Brentjens' Handelsonderneming BV / Stichting Bedrijfspensioenfonds voor de Handel Bouwmaterialien).

tungsfreiheit gemachten Ausführungen verwiesen werden[974]. Hierbei ist aber hervorzuheben, dass eine Gefährdung dieses Gleichgewichts wegen der größeren Auswirkungen einzelner Tätigkeiten wohl eher nachzuweisen ist als bei Beschränkungen im Hinblick auf die geringe Inanspruchnahme ausländischer Leistungserbringer. Was die Koordination im Zusammenhang mit Festbetragsfestsetzungen anbelangt, so erscheint es deshalb von vornherein nicht ganz so aussichtslos zu sein, auf die Gefährdung des finanziellen Gleichgewichts zu verweisen[975], wie bei den Genehmigungsvorbehalten, die den Rechtssachen „*Decker*" und „*Kohll*" zu Grunde lagen. Immerhin wurden infolge der Festbetragsregelung etwa 1,5 Milliarden Euro eingespart, nachdem der Gestzgeber zunächst von ca. 1 Milliarde Euro ausgegangen war[976].

Sollte eine ernsthafte Gefährdung des finanziellen Gleichgewichts tatsächlich nachgewiesen werden können, so wäre es die Aufgabe der Kommission zu begründen, dass eine solche Gefährdung auch ohne koordiniertes Verhalten abzuwenden ist[977]. Es erscheint dabei nicht aus der Luft gegriffen, dass ebenso entsprechende Festsetzungen der Festbeträge durch die einzelne Krankenkasse[978] zu erheblichen Einsparungen führen können und deshalb kein koordiniertes Verhalten erforderlich wäre[979]. Schließlich stünden dann die Krankenkassen im Hin-

---

974 Vgl. hierzu oben: D.IV.3.b., D.V.1. und E.III.3.b.

975 Ähnlich: *Axer*, NZS 2002, S. 64; a.A.: *Gassner*, VSSR 2000, S. 142 f., der vorbehaltlos davon ausgeht, dass die vom EuGH „anerkannten spezifischen Aufgaben der Sozialversicherung ... zu wirtschaftlich annehmbaren Bedingungen erfüllt werden" können, „und zwar ohne dass das finanzielle Gleichgewicht der Leistungsträger erheblich bedroht wäre. ... Die Aufgabenerfüllung von Trägern der sozialen Sicherheit kann also durch die Anwendung von EG-Kartellrecht auf das Verhältnis zu den Leistungserbringern grundsätzlich nur zumutbar beeinträchtigt und schon gar nicht »verhindert« werden."

976 *Richter*, Pharmazeutische Zeitung 2001, S. 19; *Rebscher*, ErsK 1999, S. 784; Frankfurter Allgemeine Zeitung vom 9.7.1999, S. 15; *Knispel*, NZS 2000, S. 383

977 Hierauf weist auch *Giesen*, Die Vorgaben des EG-Vertrages für das Internationale Sozialrecht, S. 126 hin, wenn er ausführt, dass prinzipiell in diesem Bereich wohl jeder Verstoß gegen gemeinschaftsrechtliche Wettbewerbsregelungen abgeschwächt oder sogar abgeschafft werden kann. Dabei betont er aber zugleich, dass abgeschwächten oder gar abgeschafften Restriktionen die Gefahr der weiteren Durchsetzung von Marktstörungen und Inkongruenzen gegenübersteht.

978 Die Nachfrage eines einzelnen Sozialleistungsträgers dürfte insoweit wohl für das EG-Wettbewerbsrecht höchstens bei den bedeutenden Kassen relevant sein (*Schultz*, NZS 1998, S. 273). *Bieback* (EWS 1999, S. 365) ist sogar der Ansicht, dass sie auch bei denen in diesem Zusammenhang von Bedeutung sein wird. In jedem Fall stellt eine solche „einzelne" Nachfrage das mildere Mittel im Hinblick auf die Erforderlichkeit dar.
In Bezug auf die deutschen kartellrechtlichen Vorschriften findet das Argument des (verbraucherfreundlichen) preisdämpfenden Effekts im Zusammenhang mit der Begründung einer kollektiven Nachfragemacht im Rahmen von § 1 GWB von vornherein keinerlei Berücksichtigung (*KG Berlin*, WuW/E OLG 5677, 5693; *Schultz*, NZS 1998, S. 273).

979 A.A.: *Schulz-Weidner / Felix*, SozSich 1997, S. 1156; wohl auch *Axer*, NZS 2002, S. 64, der dieses Argument mit Verweis auf den weiten Ermessensspielraum der Mitgliedstaaten

blick auf die von ihnen festgelegten Festbeträge sogar zueinander im Wettbewerb. Zwar könnte man auf den ersten Blick meinen, dass aus diesem Grunde die Kassen verleitet wären, die Festbeträge als „besondere Leistung" im Rahmen der Akquirierung von Versicherten hoch festzulegen, was gegen Kostenersparnisse spricht. Doch wäre ein solches Verhalten zwangsläufig mit einer Erhöhung der Beiträge verbunden, sodass es durchaus im langfristigen Interesse der einzelnen Krankenkasse ist, die Festbeträge kostenbewusst festzusetzen[980]. In diesem Zusammenhang wird sich zwangsläufig auch in diesem Bereich durch den Wettbewerb der Kassen untereinander die Transparenz ihrer Maßnahmen und Leistungen erhöhen. Sie werden darauf bedacht sein, dem Versicherten diese Abhängigkeiten plausibel darzustellen. Zudem könnte als weitere Folge der Innovationsgeist der einzelnen Krankenkassen im Hinblick auf andere Neuerungen gestärkt werden, durch die der Versicherer ein noch größeres Preisbewusstsein im Vergleich zu alleinigen Festbetragsregelungen entwickelt.

Doch ist nach der Rechtsprechung des EuGH „der Tatbestand des Art. 86 (ex-Art. 90) Abs. 2 EGV nicht erst dann erfüllt, wenn das finanzielle Gleichgewicht oder das wirtschaftliche Überleben des mit einer Dienstleistung von allgemeinem wirtschaftlichem Interesse betrauten Unternehmens bedroht ist"[981]. Vielmehr sind die Chancen für die Sozialversicherungsträger auch durch die neue Akzentuierung des Gerichtshofes bei der Auslegung des Art. 86 (ex-Art. 90) Abs. 2 EGV[982] gestiegen, kartellrechtsfreie Reservate zu erhalten. Sie müssen nunmehr „nur" noch nachweisen, dass ohne die streitigen Rechte die Erfüllung der übertragenen Aufgaben gefährdet sei oder deren Beibehaltung erforderlich ist, um dem Unternehmen die Erfüllung dieser Aufgaben zu ermöglichen[983]. Zudem fehlen bisher einschlägige Richtlinien und Entscheidungen der Kommission.

Die Beweislast liegt allerdings nach wie vor bei den Sozialversicherungsträgern, die sich mithin schon um den Nachweis der Gefährdung der Erfüllung ihrer Aufgaben bzw. der Notwendigkeit einer gegen das Wettbewerbsrecht versto-

und die Beschränkung der Nachprüfung des EuGH auf offensichtliche Beurteilungsfehler für nicht stichhaltig hält.

980 A.A.: *Knispel*, NZS 2000, S. 384

981 *EuGH*, Urt. v. 21.9.1999, verbundene Rs. C-115/97 bis 117/97, Slg. 1999, 6029, 6060, Rz. 107 (Brentjens' Handelsonderneming BV / Stichting Bedrijfspensioenfonds voor de Handel Bouwmaterialien)

982 Vgl. hierzu oben: F.V.3.

983 Auf den in diesem Zusammenhang vom *EuGH*, Urt. v. 21.9.1999, verbundene Rs. C-115/97 bis 117/97, Slg. 1999, S. 6029, 6060 f., Rz. 109 ff. (Brentjens' Handelsonderneming BV / Stichting Bedrijfspensioenfonds voor de Handel Bouwmaterialien) als ein wesentliches Argument herangezogenen „erhöhten Grad an Solidarität" wird man sich bei der Beschaffungstätigkeit der Krankenkassen allerdings nicht berufen können (vgl. hierzu oben: F.IV.3.b.).

ßenden Regelung bemühen müssen. Kommen sie dem nicht nach, wird ihnen auch nicht die neue Auslegung der Ausnahmevorschrift helfen[984]. Diesen Umstand vernachlässigt ein Teil der Literatur, wenn in erster Linie auf die Nachweisprobleme im Rahmen der Verhältnismäßigkeitsprüfung hingewiesen und teilweise ohne Vorbehalte von einer Rechtfertigung nach Art. 86 (ex-Art. 90) Abs. 2 EGV ausgegangen wird[985]. Insbesondere werden sich ebenso wie im Zusammenhang mit der Warenverkehrs- und der Dienstleistungsfreiheit Zweifel an der Erforderlichkeit der entsprechenden Maßnahmen darlegen lassen. Es ist davon auszugehen, dass die Kommission ihre diesbezüglichen Kompetenzen bei dem Nachweis eines milderen Mittels voll ausschöpfen wird. Davon werden sie auch keine Beschwörungsformeln abhalten, wie sie mancherseits in die Diskussion eingebracht werden, wenn ausgeführt wird, dass die große Bandbreite an Steuerungsmodellen und Steuerungsinstrumenten der Mitgliedstaaten nicht dazu legitimiere, „die Notwendigkeit jedes einzelnen Instrumentes zu verneinen, weil es irgendwo angeblich ein «schonenderes Mittel» gäbe“[986]. Es war schon bisher ständige Praxis der Rechtsprechung und der Kommission, das mildere Mittel konsequent am konkreten Einzelfall zu prüfen.

Entsprechendes gilt für den ebenfalls im Zusammenhang mit der Dienstleistungsfreiheit in der Rechtssache *„Kohll“* vom EuGH angeführten Rechtfertigungsgrund der Sicherung eines ausgewogenen und allgemein zugänglichen Systems der medizinischen Versorgung[987]. Selbst wenn die Gewährleistung einer allgemeinen und gleichen Versorgung mit Gesundheitsleistungen als unabdingbar für die Aufgabenerfüllung durch die Sozialversicherungsträger anzusehen ist[988], so ist nicht ersichtlich, inwiefern die Anwendung der Wettbewerbsregeln, welche in erster Linie lediglich zur Verhinderung von Machtmissbrauch und Diskriminierung durch die Leistungsträger beitragen sollen, dieses Ziel gefährden könnten[989]. In diesem Rahmen darf im Hinblick auf die Kooperation bei Festbetragsregelungen nicht unterschlagen werden, dass auch das Bundessozialgericht das Vorliegen der Ausnahmeregelung des Art. 86 (ex-Art. 90) Abs. 2 EGV in diesem Zusammenhang bezweifelt hat[990]. Ein deutliches Zeichen, dass

---

984 *Hänlein / Kruse*, NZS 2000, S. 172; *Gassner*, VSSR 2000, S. 143; *Stelzer*, SozVers 2000, S. 171 f., 177, der unter Berücksichtigung der strengen Beweisanforderungen zudem davon ausgeht, dass zur Zeit keine Anzeichen dafür vorliegen, dass die gesetzlichen Krankenkassen die ihnen übertragenen Aufgaben nicht mehr erfüllen können.

985 *Giesen*, Die Vorgaben des EG-Vertrages für das Internationale Sozialrecht, S. 126 f.; *Bieback*, EWS 1999, S. 369; *Knispel*, NZS 2000, S. 384

986 *Bieback*, EWS 1999, S. 369

987 *EuGH*, Urt. v. 28.4.1998, Rs. C-158/96, Slg. 1998, 1935, 1950, Rz. 50 f. (Raymond Kohll / Union des caisses de maladie); vgl. hierzu ausführlich oben: E.III.3.a. und E.III.4.b.

988 Vgl. hierzu oben: E.III.3.a.

989 *Gassner*, VSSR 2000, S. 143; *Zechel*, Die territorial begrenzte Leistungserbringung der Krankenkassen im Lichte des EG-Vertrages, S. 115

990 *BSG*, NZS 1995, S. 508

auch die Politik nicht ohne weiteres von einer Rechtfertigung der bisherigen nationalen Regelungen zur Festsetzung der Festbeträge ausgeht, ist den diesbezüglichen Reformen zum Juli 2001 zu entnehmen[991].

b. Art. 86 (ex-Art. 90) Abs. 2 EGV unter besonderer Berücksichtigung der Arzneimittelrichtlinien

Hinsichtlich der Arzneimittelrichtlinien wird eine Rechtfertigung des Verstoßes gegen das Kartellverbot durch den Gemeinwohlbezug im Sinne von Art. 86 (ex-Art. 90) Abs. 2 EGV von Teilen der Literatur angenommen. Dieser ist danach in dem Zweck der möglichst wirtschaftlichen Versorgung mit Arzneimitteln zu sehen, was dem sparsamen Umgang mit den Versicherungsbeiträgen und dem Grundsatz der Beitragsstabilität dient[992]. Diese Argumentation bezieht sich letztlich wiederum auf die Gefährdung des finanziellen Gleichgewichts des Krankenversicherungssystems. Es ist in diesem Zusammenhang sehr gewagt, ohne weitere Begründung vom Vorliegen dieses Rechtfertigungsgrundes auszugehen. Schließlich hat der EuGH in den Rechtssachen *„Decker"* und *„Kohll"* sehr hohe Hürden hinsichtlich der Nachweispflicht aufgestellt[993]. Im Hinblick auf die recht allgemein auf den Zweck und die Beitragsstabilität abstellende Argumentation erscheint es zweifelhaft, dass sich der Gerichtshof vom Vorliegen eines Rechtfertigungsgrundes überzeugen lässt. Es liegt letztlich an den Krankenkassen, diese Hürden durch überzeugende Argumente, zu welchen vor allem auch die Ermittlung des entsprechenden Zahlenmaterials gehören wird, zu überspringen. Dies erscheint aber im Hinblick auf die ungleich höheren Auswirkungen der Arzneimittelrichtlinien auf das finanzielle Gleichgewicht des Krankenversicherungssystems zugegebenermaßen nicht so aussichtslos, wie bei den Einschränkungen in die Grundfreiheiten durch die Genehmigungspflicht in den eben angeführten Rechtssachen.

Einem weiteren Argument von Teilen der Literatur für das Vorliegen der Voraussetzungen der Sonderausnahme des Art. 86 (ex-Art. 90) Abs. 2 EGV in Bezug auf Arzneimittelrichtlinien kann nicht gefolgt werden. So wird angeführt, dass keine direkte oder mittelbare Preisbestimmung erfolgt, sondern lediglich eine Entscheidung darüber, welche Produkte in die Arzneimittelversorgung einbezogen werden[994]. Wenn dies überhaupt von Bedeutung sein sollte – schließlich handelt es sich bei Art. 81 (ex-Art 85) Abs. 1 lit a) EGV nur um ein nicht abschließendes Regelbeispiel – so betrifft dieser Umstand ausschließlich die Frage des Verstoßes gegen das Kartellverbot nach Art. 81 (ex-Art. 85) f. EGV, aber nicht die Ausnahmeregelung des Art. 86 (ex-Art. 90) Abs. 2 EGV.

991 Vgl. hierzu oben: F.IV.1.
992 *Hänlein / Kruse*, NZS 2000, S. 175
993 Vgl. hierzu oben: D.V.1. und E.III.3.b.
994 *Hänlein / Kruse*, NZS 2000, S. 175

G. Folgen der Rechtsprechung des Europäischen Gerichtshofs für die deutsche gesetzliche Krankenversicherung

I. Die Praxis des Exports von Sozialleistungen bis zu den Urteilen vom 28.04.1998

1. Die Rechtsquellen des internationalen Sozialrechts

Die Entscheidungen des Gerichtshofs in den Rechtssachen „*Decker*" und „*Kohll*" betrafen zwei konkrete Fälle grenzüberschreitender Gesundheitsleistungen. Bei Sachverhalten mit grenzüberschreitendem Bezug aus dem Bereich der sozialen Sicherheit sind die Vorschriften des internationalen Sozialrechts zu berücksichtigen. Diese regeln nicht nur den räumlichen Geltungsbereich der sozialrechtlichen Sachnormen, sondern auch die Wirkungen nationaler Sozialrechtsnormen in einem anderen Staat[995]. Neben dem Recht der internationalen Organisationen sind als Rechtsquellen des internationalen Sozialrechts das nationale Gesetzesrecht, das Abkommensrecht und das supranationale Recht zu nennen.

Dabei gehen nach dem Grundsatz der Spezialität das Abkommensrecht und das supranationale Recht dem nationalen Gesetzesrecht vor[996], weil es sich in der Regel nur auf eine begrenzte Anzahl von Staaten bezieht, während nationale Kollisionsnormen für alle Staaten gelten[997]. Das supranationale Recht verdrängt wiederum grundsätzlich das Abkommensrecht[998], um die Rechtseinheit des internationalen Sozialrechts in einer supranationalen Gemeinschaft wie der Europäischen Gemeinschaft zu gewährleisten[999].

---

[995] *Kötter*, VSSR 1998, S. 236; *Eichenhofer*, Internationales Sozialrecht und Internationales Privatrecht, S. 60 ff.

[996] Für das deutsche internationale Sozialrecht ergibt sich das aus §§ 30 Abs. 2 SGB I, 6 SGB IV.

[997] *Eichenhofer*, Internationales Sozialrecht, Rn. 129; *Kötter*, VSSR 1998, S. 236; *von Maydell*, Sach- und Kollisionsnormen im internationalen Sozialversicherungsrecht, S. 30 ff.

[998] Für das Gemeinschaftsrecht ergibt sich das aus Art. 6 und 8 VO (EWG) Nr. 1408/71.

[999] *Eichenhofer*, Internationales Sozialrecht, Rn. 133; *Kötter*, VSSR 1998, S. 237
Der *EuGH*, Urt. v. 7.2.1991, Rs. C-227/89, Slg. 1991, 323, 342, Rz. 20 ff. (Ludwig Rönfeldt / Bundesversicherungsanstalt für Angestellte) macht hiervon allerdings eine Ausnahme für in den Abkommen zwischen den Mitgliedstaaten vor Schaffung des supranationalen Rechts getroffene Regelungen, die sich für den Versicherten als günstiger im Vergleich zu den supranationalen Regelungen erweisen. Kritisch zu dieser Ausnahme: *Költzsch*, SGb 1992, 561 ff.; *Eichenhofer*, Internationales Sozialrecht, Rn. 135

2. Der Export von Sozialleistungen nach dem Gemeinschaftsrecht bis zu den Urteilen vom 28.04.1998

Den Kern des supranationalen internationalen Sozialrechts im Rahmen der praktischen Durchführung des Exports von Gesundheitsleistungen bildeten bis zu den Entscheidungen in den Rechtssachen *„Decker"* und *„Kohll"* nicht die Grundfreiheiten des EG-Vertrages, sondern vielmehr die Verordnung (EWG) Nr. 1408/71 über die Anwendung der Systeme der sozialen Sicherheit auf Arbeitnehmer und Selbständige vom 14.06.1971 sowie deren Familienangehörige, die innerhalb der Gemeinschaft zu- und abwandern[1000] sowie die ihre Durchführung regelnde Verordnung (EWG) Nr. 574/72 vom 21.03.1972[1001]. Diese Verordnungen beanspruchen auch nach den Urteilen noch Gültigkeit.

Die Art. 13 ff. VO (EWG) Nr. 1408/71 regeln, welche Rechtsvorschriften bei grenzüberschreitenden Sachverhalten anzuwenden sind. Grundsätzlich sind nach Art. 13 Abs. 1 Satz 1 VO (EWG) Nr. 1408/71 die Rechtsvorschriften eines Mitgliedstaates, des sog. zuständigen Staates, einschlägig[1002]. Das ist nach Art. 13 Abs. 2 lit. a, b VO (EWG) Nr. 1408/71 regelmäßig der Staat, in dem eine Person abhängig beschäftigt oder selbstständig tätig ist[1003]. In den Art. 18 ff. VO (EWG) Nr. 1408/71 sind die Fälle geregelt, in denen ein Versicherter Leistungen bei Krankheit oder Mutterschaft außerhalb des zuständigen Mitgliedstaates beansprucht, also die den Urteilen in den Rechtssachen *„Decker"* und *„Kohll"* zu Grunde liegenden Konstellationen. Wollte sich der Versicherte allein zur Inanspruchnahme von Gesundheitsleistungen in einen anderen Mitgliedstaat begeben, so bedurfte es nach Art. 22 Abs. 1 lit. c) VO (EWG) Nr. 1408/71 der vorherigen Genehmigung des zuständigen Krankenversicherungsträgers, um vollumfänglich Sach- oder Geldleistungsansprüche gegen diesen geltend machen zu können[1004]. Art und Umfang der Sachleistungen ergeben sich nach Art. 22 Abs. 1 lit. c) Unterabsatz i VO (EWG) Nr. 1408/71 aus den für den aushelfenden Träger geltenden Rechtsvorschriften, mithin nach den Regelungen des Staates, in dem die Leistungen erbracht werden[1005]. Die im Rahmen dieser sog. „Sachleis-

---

1000 ABl. 1971 Nr. L 149/2

1001 ABl. 1972 Nr. L 74/1

1002 *Wiegand*, Das europäische Gemeinschaftsrecht in der Sozialversicherung, S. 98, Art. 13, Rn. 3

1003 Vgl. zu weiteren Fällen und Ausnahmen: Art. 13 Abs. 2 lit. c – f und Art. 14 bis 17 VO (EWG) Nr. 1408/71
Die Leistungsansprüche eines Versicherten, der in dem zuständigen Mitgliedstaat wohnt und Leistungen in Anspruch nehmen möchte, richten sich daher auch nach den Vorschriften dieses Staates, wobei nach Art. 3 VO (EWG) Nr. 1408/71 eine Diskriminierung aufgrund der Staatsangehörigkeit verboten ist.

1004 Vgl. zu dieser Vorschrift oben: C.III.1.

1005 Vgl. zum Verfahren im Einzelnen: Art. 20 ff. VO (EWG) Nr. 574/72 tungsaushilfe“[1006] entstandenen Kosten hat der zuständige Träger nach Art. 93 VO (EWG) Nr. 574/72 dem aushelfenden Träger in der tatsächlich angefallenen Höhe zu erstatten. Die Höhe der Geldleistungen richtet sich gemäß Art. 22 Abs. 1 lit. c) Unterabsatz ii VO (EWG) Nr. 1408/71 nach den für den zuständigen Krankenversicherungsträger geltenden Rechtsvorschriften, wenn der aushelfende und der zuständige Träger nicht vereinbaren, für den Umfang die Rechtsvorschriften des Staates des aushelfenden Trägers anzuwenden[1007]. Ein Anspruch auf die notwendige Genehmigung besteht nach den Regelungen der Verordnung aber nur, wenn die aus medizinischer Sicht erforderlichen Leistungen nicht rechtzeitig im (zuständigen) Staat des Wohnsitzes des Versicherten erbracht werden können. Deshalb bestand auch in den den Rechtssachen *„Decker“* und *„Kohll“* zu Grunde liegenden Ausgangsfällen keine Genehmigungspflicht nach Art. 22 Abs. 2 UAbs. 2 VO (EWG) Nr. 1408/71.

3. Der Export von Sozialleistungen nach deutschem Recht

Das nationale internationale Sozialrecht blieb auch vor den Urteilen in den Rechtssachen *„Decker“* und *„Kohll“* von Bedeutung, soweit das Gemeinschaftsrecht die Fälle des grenzüberschreitenden Verkehrs nicht abschließend geregelt hatte. Wie in den luxemburgischen Regelungen, die Ausgangspunkt der Vorlage durch die nationalen Gerichte waren, können ebenso nach den nationalen Vorschriften in der Bundesrepublik Deutschland Ansprüche gegen die zuständige Krankenkasse im Zusammenhang mit einer medizinischen Versorgung im Ausland nur in den gesetzlich geregelten Ausnahmefällen geltend gemacht werden. Nach § 3 SGB IV gilt im Hinblick auf die Versicherungspflicht und die Versicherungsberechtigung das Territorialitätsprinzip. Diesem entspricht nach § 16 Abs. 1 Nr. 1 SGB V der Grundsatz der territorialen Beschränkung für den Bereich des Leistungsrechts[1008]. Das gilt selbst dann, wenn Versicherte während eines vorübergehenden Aufenthalts in einem anderen Mitgliedstaat erkranken.

Die Ausnahmen sind neben §§ 17, 10 SGB V, die sich auf im Ausland beschäftigte Mitglieder der gesetzlichen Krankenversicherung und ihre Familienangehörige beziehen, in § 18 SGB V geregelt. Abgesehen von der

---

[1006] *Schaaf*, SGb 1999, S. 276

[1007] Vgl. zum Verfahren im Einzelnen Art. 24 i.V. m. Art. 18 VO (EWG) Nr. 574/72

[1008] *Becker*, NZS 1998, S. 362; *Schaaf*, SGb 1999, S. 275 f.; *Kötter*, VSSR 1998, S. 239; *Zechel*, Die territorial begrenzte Leistungserbringung der Krankenkassen im Lichte des EG-Vertrages, S. 14; *Hofmann / Kochs*, BKK 1998, S. 306; *Godry*, ZFSH/SGB 1997, S. 416 f.; *Wilms*, Soziale Sicherung durch Europäische Integration, S. 139 ff.; *Schulz-Weidner*, in: *Schulte / Barwig*, S. 329; *Zipperer*, in: *Verband der privaten Krankenversicherung e. V.*, S. 22; *Oberender*, in: Gesundheitsversorgung in der Europäischen Union, S. 9 ff.; *Schulte*, in: Europäisches Sozialrecht, S. 47; *ders.*, Arbeit und Sozialpolitik 2001, S. 36 f.;

Unmöglichkeit der erforderlichen Behandlung in Deutschland (§ 18 Abs. 1 und 2 SGB V) kommt eine Ausnahme vom Grundsatz des Territorialitätsprinzips nach § 18 Abs. 3 SGB V nur in Betracht, wenn sich der Versicherte aufgrund seines Lebensalters oder seiner besonderen gesundheitlichen Situation (Vorerkrankung) nachweislich nicht privat absichern konnte, die Krankenkasse dies vor Beginn des Auslandsaufenthalts feststellte und eine Behandlung im Ausland unverzüglich erforderlich ist. Allein unter diesen engen Voraussetzungen sind die Kosten maximal bis zur Höhe der inländischen Tarife und maximal für sechs Wochen nach § 18 Abs. 3 Satz 2 SGB V durch den zuständigen Träger zu übernehmen. Dagegen ist eine Kostenübernahme nach § 18 Abs. 3 Satz 3 SGB V ausdrücklich für den Fall ausgeschlossen, in dem sich der Versicherte - wie in den den Rechtssachen *„Decker"* und *„Kohll"* zu Grunde liegenden Ausgangsfällen - zur Behandlung ins Ausland begibt.

Darüber hinaus enthält § 6 SGB IV einen grundsätzlichen Vorbehalt im Hinblick auf das in § 3 SGB IV geregelte Territorialitätsprinzip. Danach bleiben von diesem Grundsatz abweichende Regelungen des zwischen- und überstaatlichen Rechts unberührt. Diese Vorschrift, die dem Vorrang des Gemeinschaftsrechts Rechnung trägt, macht auch auf nationaler Ebene deutlich, dass die Antwort auf die Frage, inwieweit eine Inanspruchnahme medizinischer Leistungen durch Versicherte der gesetzlichen Krankenversicherung ausgeschlossen ist, nicht allein von den Regelungen des deutschen Sozialversicherungsrechts abhängt.

Aus Sicht der Leistungserbringer[1009] kann in der deutschen gesetzlichen Krankenversicherung von einer territorialen Begrenzung der grenzüberschreitenden Leistungserbringung gesprochen werden. So regeln die §§ 63 f. sowie 69 ff. SGB V abschließend (§ 69 Abs. 1 Satz 1 SGB V) die Rechtsbeziehungen der Krankenkassen zu den Leistungserbringern. Die gesamte Ausgestaltung dieser Verhältnisse setzt eine Vielzahl hoheitlicher Maßnahmen am Ort der Leistungserbringung voraus. Hierzu gehören beispielsweise die Zulassung als Vertragsarzt, die Überwachung der kassenärztlichen Tätigkeit, die Satzungsgewalt der Kassenärztlichen Vereinigungen oder die Wirtschaftlichkeitsprüfung. Da solche hoheitlichen Befugnisse aber nur im Inland ausgeübt werden können[1010], wird aus dieser Gestaltung der Rechtsbeziehungen zwischen den Krankenkassen und den Leistungserbringern gefolgert, dass sie grenzüberschreitende Verträge ausschließen[1011].

1009 Vgl. zur Differenzierung zwischen Leistungsrecht und Leistungserbringungsrecht: *Gitter / Köhler-Fleischmann*, SGb 1999, S. 3 f.

1010 Vgl. hierzu unten: G.IV.1.b.cc.(1)

1011 *Pitschas*, in: *Ebsen*, S. 86; *von Maydell*, in: *Schulin*, § 64, Rn. 29; *Lenz / Lampert*, Pharma Recht 1999, S. 71; *Hirsch*, RPG 1998, S. 123; *ders.*, BKK 1999, S. 13; *Kötter*, VSSR 1998, S. 250; vgl. hierzu ausführlich: *Zechel*, Die territorial begrenzte Leistungs-

4. Modellprojekte in den Grenzgebieten - Euregios

Da die Praxis des Exports von Gesundheitsleistungen vor den Entscheidungen des EuGH in den Rechtssachen „*Decker*" und „*Kohll*" nicht mit den Bedürfnissen der Bevölkerung insbesondere in den Grenzregionen im Einklang stand, hat man sich in diesen schon vorher mit Fragestellungen der grenzüberschreitenden Gesundheitsversorgung befasst[1012]. Verschiedene Euregios[1013] vor allem entlang der Grenzen zwischen der Bundesrepublik Deutschland, den Niederlanden und Belgien widmeten sich neben der Förderung der kulturellen, wirtschaftlichen Entwicklung sowie der Verkehrsentwicklung auch dem Problemfeld der grenzüberschreitenden Gesundheitsfürsorge. Verwiesen sei an dieser Stelle exemplarisch auf die Euregio Rhein-Waal[1014] und die Euregio Maas-Rhein[1015]. Erfolge stellten sich dabei zum Teil erst nach mehrjährigen Bemühungen ein, wie bei dem Krankenhauspilotprojekt in Nijmegen (Euregio Rhein-Waal). Dieses gestattet seit 1997 – auf der Grundlage von Vereinbarungen des Krankenhauses und den niederländischen Krankenversicherungsgesellschaften mit der AOK – die grenznahe Versorgung für deutsche Patienten vornehmlich in den Bereichen Herzchirurgie, Nierentransplantationen und Traumatologie. Den deutschen Versicherten in diesem Grenzgebiet sollte es ermöglicht werden, spezielle medizinische Hilfe in der Nähe ihres Wohnortes und sozialen Umfelds zu empfangen und nicht auf weiter entfernte medizinische Versorgungseinrichtungen in Deutschland angewiesen zu sein[1016].

II. Die grundsätzliche Bedeutung der EuGH-Rechtsprechung für die deutsche gesetzliche Krankenversicherung

1. Die „Einschaltung" des Europäischen Gerichtshofs im Bereich der sozialen Sicherheit

In dem Bereich der sozialen Sicherheit gelangen Rechtssachen vor allem auf zwei Verfahrenswegen zum Gerichtshof. Entweder die Europäische Kommission wird – in der Regel nach entsprechenden Beschwerden Betroffener – auf einen (nach ihrer Auffassung vorliegenden) Verstoß gegen den EG-Vertrag auf-

erbringung der Krankenkassen im Lichte des EG-Vertrages, S. 19 ff.; *von Maydell*, in: *von Maydell / Schnapp*, S. 35

1012 *Hofmann / Kochs*, BKK 1998, S. 306

1013 Vgl. ausführlich zur Entstehung und Entwicklung der Euregios an der deutsch-niederländischen Grenze: *Emmes*, ZFSH/SGB 1997, S. 451 ff.

1014 Vgl. ausführlich zur Gründung und den Tätigkeitsbereichen: *Emmes*, ZFSH/SGB 1997, S. 454; *Hofmann / Kochs*, BKK 1998, S.306

1015 Vgl. ausführlich zur Gründung und den Tätigkeitsbereichen: *Schaub*, in: Grenzüberschreitende Gesundheitsversorgung in der Europäischen Union, S. 79 ff.; *Emmes*, ZFSH/ SGB 1997, S. 453 f.

1016 *Godry*, ZFSH/SGB 1997, S. 416, 419, 421; *Emmes*, ZFSH/SGB 1997, S. 456

merksam und leitet nach Art. 226 (ex-Art. 169) EGV ein Vertragsverletzungsverfahren ein. Oder ein nationales Gericht setzt ein bei ihm anhängiges Verfahren aus und stellt dem EuGH Fragen zur Auslegung und Anwendung des EG-Vertrages, deren Beantwortung für den Ausgang des Verfahrens von Bedeutung ist. In einem solchen Vorabentscheidungsverfahren nach Art. 234 (ex-Art. 177) EGV sind auch die Entscheidungen in den Rechtssachen *„Decker"* und *„Kohll"* ergangen, nachdem der Conseil arbitral des assurances sociales bzw. die Cour de cassation den Gerichtshof um die Beantwortung von Fragen zur Auslegung der Art. 28 und 30 (ex-Art. 30 und 36) EGV bzw. der Art. 49 und 50 (ex-Art. 59 und 60) EGV ersucht hatten[1017]. Ebenso gehen die Entscheidungen in den Rechtssachen *„Smits / Peerbooms"*[1018] und *„Vanbraekel"*[1019] auf ein solches Vorabentscheidungsverfahren zurück.

2. Die Wirkung von Urteilen des Europäischen Gerichtshofs im Vorabentscheidungsverfahren

Die Auslegung des europäischen Gemeinschaftsrechts ist zur Wahrung dessen Vorrangs und der Einheitlichkeit dem EuGH übertragen. Die Rechtsanwendung selbst, d. h. die Subsumtion des konkreten Falles unter die „Grundsätze" des mitgliedstaatlichen und des europäischen Rechts ist hingegen allein Sache der nationalen Gerichte[1020]. Gerade im Hinblick auf die Urteile in den Rechtssachen *„Decker"* und *„Kohll"* wird die Übertragbarkeit der diesem Urteil zu Grunde liegenden Überlegungen auf das deutsche System der gesetzlichen Krankenversicherung kontrovers diskutiert[1021]. Die Wirkungen von Entscheidungen des Gerichtshofs nach Art. 234 (ex-Art. 177) EGV sind im EG-Vertrag nicht geregelt. Sie sind vielmehr im Hinblick auf den Zweck des Verfahrens, eine divergierende Auslegung und Anwendung des Gemeinschaftsrechts durch die Gerichte der Mitgliedstaaten zu verhindern und damit die Einheitlichkeit der Rechtsordnung

---

1017 *EuGH*, Urt. v. 28.4.1998, Rs. C-120/95, Slg. 1998, 1831, 1873, Rz. 1 (Nicolas Decker / Caisse de maladie des employés privés); *EuGH*, Urt. v. 28.4.1998, Rs. C-158/96, Slg. 1998, 1935, 1937, Rz. 1 (Raymond Kohll / Union des caisses de maladie); vgl. hierzu oben: B.I.1. und B.II.1.

1018 *EuGH*, Urt. v. 12.7.2001, Rs. C-157/99, NJW 2001, S. 3391 ff. (B. S. M. Smits, verheiratete Geraets / Stichting Ziekenfonds VGZ und H. T. M. Peerbooms / Stichting CZ Groep Zorgverzekeringen)

1019 *EuGH*, Urt. v. 12.7.2001, Rs. C-368/98, NJW 2001, S. 3397 ff., (Abdon Vanbraekel u. a. / Alliance nationale des mutualités chrétiennes [ANMC])

1020 *Schuler*, in: *Schulte / Barwig*, S. 233; *Schaub*, Europäischer Rechtsrahmen zur grenzüberschreitenden Gesundheitsversorgung, S. 5 f.; *Hirsch*, ZGR 2002, 2, 7

1021 *Zabre*, DAngVers 1999, S. 19, 24; *von Maydell*, VSSR 1999, S. 13 ff.; *Hirsch*, RPG 1998, S. 125; *Schulte*, ZFSH/SGB 1999, S. 347 ff.; *ders.*, Arbeit und Sozialrecht 2001, S. 38; *Bericht der gemeinsamen Arbeitsgruppe*, ZFSH/SGB 1999, S. 621 ff.; *Weidner*, KrV 1998, S. 242; *Belter*, europablätter 1995, S. 5; *Eichenhofer*, VSSR 1999, S. 114 ff.

zu gewährleisten, zu bestimmen[1022]. In jedem Fall tritt bei der Auslegung und Rechtmäßigkeitsprüfung normativer Akte der Gemeinschaft eine faktische Bindungswirkung (faktische „erga-omnes-Wirkung") der Gemeinschaftsorgane und der Mitgliedstaaten ein, wenn der EuGH diese Gemeinschaftshandlung für ungültig erklärt[1023]. Weniger eindeutig ist die Wirkung der Urteile bei der Auslegung von Gemeinschaftsrecht, wie sie auch den Entscheidungen in den Rechtssachen *„Decker"* und *„Kohll"* sowie *„Smits / Peerbooms"* und *„Vanbraekel"* zu Grunde lag. Rechtliche Bindungswirkung entfalten die im Vorabentscheidungsverfahren nach Art. 234 (ex-Art. 177) EGV ergangenen Urteile nur „inter partes", also im Hinblick auf das Ausgangsverfahren[1024]. Ihnen kommt also für die Rechtsordnung anderer Mitgliedstaaten keine normative „erga-omnes-Wirkung" zu. Diese Bindungswirkung „inter partes" schließt allerdings nicht aus, dass das nationale Gericht den EuGH in derselben Sache erneut anrufen kann[1025].

Indem sich der Gerichtshof auf den konkreten Fall und die zu seiner Entscheidung erforderlichen Fragen beschränkt, kann er über die „inter partes-Wirkung" Auswirkungen seines Urteils vermeiden, die er nicht abzuschätzen vermag[1026]. Das schließt es aber nicht aus, dass die in einem Vorabentscheidungsurteil aufgezeigten Urteilsgründe Leitgedanken enthalten, die auch im Rahmen anderer Verfahren herangezogen werden können, in denen es um die gleichen oder ähnliche gemeinschaftsrechtliche Vorfragen geht. Insoweit ist den Vorabentscheidungen des EuGH eine Leitfunktion oder Präjudizwirkung zuzusprechen[1027].

[1022] *EuGH*, Urt. v. 16.1.1974, Rs. 166/73, Slg. 1974, 33, 38, Rz. 2 (Rheinmühlen-Düsseldorf / Einfuhr- und Vorratsstelle für Getreide und Futtermittel); *Streinz*, Europarecht, Rn. 566; *Zabre*, DAngVers 1999, S.19; *Oppermann*, Europarecht, Rn. 757;

[1023] *Streinz*, Europarecht, Rn. 566; *Everling*, Das Vorabentscheidungsverfahren vor dem Gerichtshof der Europäischen Gemeinschaften, S. 63 ff.; *Oppermann*, Europarecht, Rn. 771; *Schwarze*, in: *Schwarze*, Art. 234, Rn. 64

[1024] *Streinz*, Europarecht, Rn. 566; *Oppermann*, Europarecht, Rn. 771; *Schulte*, Arbeit und Sozialpolitik 2001, S. 44; *Zipperer*, in: Gesundheitsversorgung in der Europäischen Union, S. 62; *Dauses*, Das Vorabentscheidungsverfahren nach Artikel 177 EG-Vertrag, S. 153; *Burger*, BKK 2001, S. 356; *Borchardt*, in: *Lenz*, Art. 234, Rn. 50 f.; *Schwarze*, in: *Schwarze*, Art. 234, Rn. 63; *Bericht der gemeinsamen Arbeitsgruppe*, ZFSH/SGB 1999, S. 621; a.A.: *Ewert*, Der Beitrag des Gerichtshofs der Europäischen Gemeinschaften zur Entwicklung eines Europäischen Sozialrechts, S. 29, weil die Parteien des Ausgangsverfahrens nicht Parteien im formellen Sinn des Vorabentscheidungsverfahrens sind.

[1025] *EuGH*, Beschluss v. 5.3.1986, Rs. 69/85, Slg. 1986, 947, 953, Rz. 15 (Wünsche Handelsgesellschaft GmbH & Co. / Bundesrepublik Deutschland); *Schwarze*, in: *Schwarze*, Art. 234, Rn. 63

[1026] *Everling*, Das Vorabentscheidungsverfahren vor dem Gerichtshof der Europäischen Gemeinschaften, S. 60 f.

[1027] *Dauses*, Das Vorabentscheidungsverfahren nach Artikel 177 EG-Vertrag, S. 153 f.; *Zabre*, DAngVers 1999, S. 19; *Everling*, Das Vorabentscheidungsverfahren vor dem Gerichtshof der Europäischen Gemeinschaften, S. 66; *Burger*, BKK 2001, S. 356; *Bor-*

Damit ist zunächst festzuhalten, dass die beiden hier im Mittelpunkt stehenden Urteile des EuGH vom 28.04.1998 Bindungswirkung nur zwischen den beteiligten Parteien, mithin den Klägern und den beteiligten luxemburgischen Krankenkassen entfalten. Darüber hinaus können die Entscheidungen des Gerichtshofs vor allem aber auch präjudizielle Wirkung auf das deutsche Leistungserbringerrecht haben, soweit die nach dem einheimischen Recht streitigen Fälle mit denen in den Rechtssachen *„Decker"* und *„Kohll"* vergleichbar sind. Entsprechendes gilt für die Wirkung der danach ergangenen Urteile in den Rechtssachen *„Smits / Peerbooms"* und *„Vanbraekel"*.

III. Vergleichbarkeit des deutschen Sachleistungsprinzips und des luxemburgischen Kostenerstattungsprinzips

1. Ausgangspunkt der Diskussionen in Deutschland

Im Zentrum der Diskussion, ob und inwieweit die Präjudizwirkung der EuGH-Entscheidungen in den Rechtssachen *„Decker"* und *„Kohll"* für die deutsche gesetzliche Krankenversicherung von Bedeutung sind, steht die Differenzierung zwischen dem Kostenerstattungs- und dem Sachleistungsprinzip[1028]. Insbesondere diejenigen, die jegliche Bedeutung der Urteile des Gerichtshofes für das deutsche Krankenversicherungssystem ablehnen, vertreten mit aller Vehemenz die Ansicht, dass der Tenor der Entscheidungen sich allein mit einem Sozialleistungssystem auseinander setzt, das durch das Kostenerstattungsprinzip gekennzeichnet ist. Demgegenüber werden die Leistungen in der deutschen gesetzlichen Krankenversicherung nach dem Sachleistungsprinzip erbracht und somit besteht kein Anlass, von der territorialen Begrenzung der Sachleistungsansprüche abzuweichen. Das gilt jedenfalls nach einem Teil der Literatur, soweit der Versicherte nicht nach nationalem Recht zur Kostenerstattung berechtigt ist[1029].

---

chardt, in: *Lenz*, Art. 234, Rn. 55, der sogar von einer „de facto erga-omnes-Wirkung" spricht; ebenso: *Schwarze*, in: Schwarze, Art. 234, Rn. 66; *Bericht der gemeinsamen Arbeitsgruppe*, ZFSH/SGB 1999, S. 621; *Ewert*, Der Beitrag des Gerichtshofs der Europäischen Gemeinschaften zur Entwicklung eines Europäischen Sozialrechts, S. 34 f.; *Zipperer*, in: Gesundheitsversorgung in der Europäischen Union, S. 62

1028 *von Maydell*, VSSR 1999, S. 13 ff.; *Bericht der gemeinsamen Arbeitsgruppe*, ZFSH/SGB 1999, S. 621; *Hirsch*, RPG 1998, S. 125; *Schulte*, ZFSH/SGB 1999, S. 348; *ders.*, 38 f., 43 ff.; *Reuter-Krauß*, in: *Schulte / Barwig*, S. 391; *Schroeder*, in: *Verband der privaten Krankenversicherung e. V.*, S. 18; *Heinze*, in: *Verband der privaten Krankenversicherung e. V.*, S. 44

1029 *Bericht der gemeinsamen Arbeitsgruppe*, ZFSH/SGB 1999, S. 621; ähnlich nach den Ausführungen von *van Thiel* (Generalsekretär des Ziekenfondsraad Amstelveen), Internationales Symposium, S. 1 ff. eine von dem niederländischen Gesundheitsministerium einberufene Arbeitsgruppe in ihrer Stellungnahme, der sich die niederländische Regierung anschloss.

So erklärt sich auch die Änderung von § 13 Abs. 2 SGB V, der vorübergehend (bezeichnenderweise bis zum 31.12.1998) die Möglichkeit vorsah, dass der Versicherte anstelle von Sachleistungen Kostenerstattungen wählen konnte[1030]. Durch diese Option für die Kostenerstattung hatte sich die Rechtslage in Deutschland derjenigen, die den Entscheidungen zu Grunde lag so sehr angenähert, dass auch für die Vertreter dieser Auffassung kein Argument mehr zu finden war, welches gegen eine Übertragung der Grundsätze der EuGH-Entscheidungen auf die deutsche gesetzliche Krankenversicherung angeführt werden konnte. Nunmehr gilt dieses Wahlrecht nicht mehr für Pflichtmitglieder der gesetzlichen Krankenversicherung (§§ 5 ff. SGB V), sondern nur noch für freiwillig Versicherte (§ 9 SGB V).

2. Sachleistungsprinzip und Kostenerstattungsprinzip

a. Die Ausgestaltung des Sachleistungsprinzips in der Bundesrepublik Deutschland

Das in der Bundesrepublik Deutschland grundsätzlich geltende Sachleistungsprinzip (§ 2 Abs. 2 SGB V) beinhaltet, dass die erforderlichen medizinischen Leistungen von den Krankenkassen bzw. ihren Verbänden organisiert bzw. verschafft und den Versicherten „in natura" gewährt werden[1031]. Gesetzlich vorgesehene Ausnahmen vom Sachleistungsprinzip für in der gesetzlichen Krankenversicherung Pflichtversicherte finden sich in den §§ 14, 17 Abs. 2, 18, 37 Abs. 4, 38 Abs. 4 SGB V sowie zum Teil bei der Versorgung mit Zahnersatz (§ 30 SGB V)[1032]. Im Rahmen des Sachleistungsprinzips erbringen die Krankenversicherungsträger die Leistung in der Regel nicht unmittelbar selbst. Vielmehr werden dritte Einrichtungen als Leistungserbringer eingeschaltet, die die entsprechenden Leistungen den Versicherten gegenüber erbringen und dafür das Entgelt von den zuständigen Trägern der gesetzlichen Krankenversicherung erhalten. Das wird seitens der Krankenversicherungsträger bzw. ihrer Verbände durch entsprechende Verträge mit den Leistungserbringern bzw. deren Organi-

[1030] § 13 Abs. 2 SGB V in der vom 01.07.1997 bis 31.12.1998 gültigen Fassung lautete: „Versicherte können anstelle der Sach- oder Dienstleistung Kostenerstattung für Leistungen wählen, die sie von den im Vierten Kapitel genannten Leistungserbringern in Anspruch nehmen. ... Der Anspruch auf Erstattung besteht höchstens in Höhe der Vergütung, die die Krankenkasse bei Erbringung als Sachleistung zu tragen hätte. Die Satzung hat das Verfahren der Kostenerstattung zu regeln. Die Satzung kann dabei auch bestimmen, dass die Versicherten an ihre Wahl der Kostenerstattung für einen in der Satzung festgelegten Zeitraum gebunden sind."

[1031] *Gitter*, Sozialrecht, § 9, Rn. 11 ff.; *Wasem*, in: *Schulin*, § 3, Rn. 158; *Schulin*, in: *Schulin*, § 6, Rn. 106; *Belter*, europablätter 1999, S. 5

[1032] Vgl. hierzu unten: G.V.1.a.

sationen sichergestellt (vgl. z.B. §§ 77 ff., §§ 82 ff. SGB V)[1033]. Der Versicherte kann seinerseits frei wählen, von welchen der durch seine Krankenkasse vertraglich verpflichteten Leistungsanbietern er die Leistungen in Anspruch nehmen möchte (§ 76 SGB V), mit welchem Leistungserbringer er mithin einen (privatrechtlichen[1034]) Behandlungsvertrag abschließt[1035]. Dabei werden die Vergütungen der Leistungserbringer aber nicht privatrechtlich zwischen ihnen und dem Versicherten, sondern in zumeist öffentlich-rechtlichen Verträgen zwischen ihnen und den Krankenkassen bzw. den jeweiligen Verbänden, geregelt und abgerechnet (vgl. z.B. § 83 SGB V)[1036].

Das Sachleistungsprinzip verfolgt aus ökonomischer Sicht den Zweck, dem im Vergleich mit der zuständigen Krankenversicherung wirtschaftlich schwächeren Versicherten nicht mit den Kosten der Vorfinanzierung zu belasten und ihn davor zu schützen, aus Gründen mangelnder Liquidität oder Kreditwürdigkeit auf erforderliche medizinische Leistungen zu verzichten[1037].

Konstituierend für das in Deutschland ausgestaltete Sachleistungssystem sind zudem weitere Elemente, wie z. B. die Wirtschaftlichkeitsprüfung, die Qualitätssicherung und die Mengensteuerung[1038].

b. Das Kostenerstattungsprinzip

Im Rahmen des Kostenerstattungsprinzips verschafft sich der Versicherte die Leistungen selbst. Dabei ist der Versicherungsträger - wie in den luxemburgischen Ausgangsfällen - ihm gegenüber nur zur Kostenerstattung verpflichtet[1039]. Zwischen den Krankenkassen und den Leistungserbringern werden bei Geltung

---

1033 *Gitter*, Sozialrecht, § 10, Rn. 1 ff.; *Dalichau / Grüner*, SGB V, § 2 S. 24; *Wasem*, in: *Schulin*, § 3, Rn. 159; *Benicke*, ZFSH/SGB 1998, S. 23; *Kötter*, VSSR 1998, S. 249; vgl. ausführlich hierzu: *Schmitt*, Leistungserbringung durch Dritte, S. 117 ff.

1034 Strittig, wie hier: *BGHZ* 100, S. 367; *Uhlenbruck*, in: *Laufs / Uhlenbruck*, Handbuch des Arztrechts, § 40, Rn. 31; *Schulin*, in: *Schulin*, § 6, Rn. 116; *Belter*, europablätter 1999, S. 6; *Eichenhofer*, VSSR 1999, S. 116; a.A.: *BSGE* 59, S. 177; *Krauskopf*, in: *Laufs / Uhlenbruck*, Handbuch des Arztrechts, § 25, Rn. 7.; *Steffen / Dressler*, Arzthaftungsrecht, Rn. 48
Die Diskussion betrifft mit Blick auf § 76 Abs. 4 SGB V die Frage, ob zwischen dem Vertragsarzt und dem Kassenpatienten tatsächlich ein zivilrechtlicher Vertrag geschlossen wird oder das Gesetz nur anordnet, dass die Beziehungen haftungsrechtlich wie vertragliche zu behandeln sind und in Wirklichkeit überhaupt kein Vertrag zustande kommt.

1035 *Benicke*, ZFSH/SGB 1998, S. 32; *van Thiel*, Internationales Symposium, S. 2

1036 Vgl. ausführlich zu den jeweiligen Rechtsbeziehungen: *Schulin*, in: *Schulin*, § 6, Rn. 116

1037 *Münnich*, BKK 1999, S. 20; *Heberlein*, NVwZ 2001, S. 773

1038 *Schulz-Weidner*, KrV 1998, S. 242; *Belter*, europablätter 1999, S. 6

1039 *Wasem*, in: *Schulin*, § 3, Rn. 158; *Belter*, europablätter 1999, S. 5; *Schulin*, in: *Schulin*, § 6, Rn. 106

des Kostenerstattungsprinzips regelmäßig keine Rechtsbeziehungen begründet[1040]. Vielmehr bestehen solche durch den (privatrechtlichen) Behandlungsvertrag lediglich zwischen den Leistungsanbietern und den Versicherten sowie durch das Versicherungsverhältnis zwischen den Versicherten und ihrer Krankenkasse. Dabei wird die Vergütung für die vom Versicherten selbst beschaffte erforderliche Leistung in der ursprünglichen Form des Kostenerstattungsprinzips grundsätzlich durch seine Vereinbarung mit dem Leistungserbringer bestimmt und durch den Versicherten entrichtet. Diese Kosten bekommt er dann von dem zuständigen Krankenversicherungsträger erstattet. Aus ökonomischer Sicht handelt es sich bei der Kostenerstattung um ein Verfahren der Vorfinanzierung der medizinischen Leistungen durch den Versicherten[1041]. Im Rahmen der Kostenerstattung findet ohne weitere gesetzliche bzw. vertragliche Regelung keine Wirtschaftlichkeitsprüfung, keine Qualitätssicherung und keine Mengensteuerung durch die jeweiligen Krankenkassen statt[1042], weil sie nach diesem Prinzip grundsätzlich in keiner Rechtsbeziehung zu den Leistungserbringern stehen. Während der Versicherte beim Kostenerstattungsprinzip also in die finanzielle Abwicklung der empfangenen Gesundheitsleistungen einbezogen wird, ist dies bei dem Sachleistungsprinzip[1043] nicht der Fall[1044]. Dagegen führt das Sachleistungsprinzip immer zu Rechtsbeziehungen zwischen den Krankenkassen bzw. ihren Verbänden und den Leistungserbringern bzw. deren Organisationen.

3. Übertragbarkeit der vom Europäischen Gerichtshof aufgestellten Grundsätze auf das deutsche Krankenversicherungssystem

a. Die institutionell-begriffliche Abgrenzung

Eine allein institutionell begriffliche Argumentation mit der Differenzierung zwischen Kostenerstattungsprinzip auf der einen Seite und dem Sachleistungsprinzip auf der anderen[1045] vermag nicht die Übertragbarkeit der vom EuGH in den Rechtssachen *„Decker"* und *„Kohll"* entwickelten Grundsätze auf die deutsche gesetzliche Krankenversicherung überzeugend auszuschließen. Das deutsche Recht hat in der vergangenen Zeit die Geltung des Sachleistungsprinzips

---

[1040] *von Maydell*, VSSR 1999, S. 7; *Gitter*, Sozialrecht, § 9, Rn. 13

[1041] *Münnich*, BKK 1999, S. 20; *Schaub*, in: Grenzüberschreitende Gesundheitsversorgung in der Europäischen Union, S. 30

[1042] *Belter*, europablätter 1999, S. 6

[1043] Ausnahmen gelten bei Leistungen, für die Zuzahlungen der Versicherten vorgesehen sind, was allerdings keine Frage des Sachleistungsprinzips an sich ist.

[1044] *Wasem*, in: *Schulin*, § 3, Rn. 160; *Belter*, europablätter 1999, S. 5

[1045] So aber: *Bericht der gemeinsamen Arbeitsgruppe*, ZFSH/SGB 1999, S. 621; *Schumacher*, in: *Schulte / Barwig*, S. 379; *Schroeder*, in: *Verband der privaten Krankenversicherung e. V.*, S. 18, 26 ff.; *Becker*, in: Gesundheitsversorgung in der Europäischen Union, S. 52 ff.; *Zipperer*, in: Gesundheitsversorgung in der Europäischen Union, S. 62 ff.

selbst immer wieder durchlöchert, wie nicht nur die noch heute bestehenden Ausnahmen, sondern insbesondere auch die bis 1998 geltende Fassung von § 13 Abs. 2 SGB V verdeutlichen[1046]. Der Verweis auf die Unverzichtbarkeit des Prinzips für das gesamte soziale Sicherungssystem ist somit nicht durchschlagend. Zudem ist dies ohnehin eine Frage, die im Rahmen der Rechtfertigung für jeden einzelnen Fall der Beschränkung der Grundfreiheiten separat beantwortet werden muss[1047].

Vor allem aber stellt der Gerichtshof bei der Entwicklung der die Entscheidungen tragenden Leitgedanken an keiner Stelle auf vermeintliche Besonderheiten des Kostenerstattungsprinzips ab. Das betrifft insbesondere die Frage des Spannungsverhältnisses zwischen der Kompetenz der Mitgliedstaaten zur Ausgestaltung ihrer sozialen Sicherungssysteme und dem Einfluss der Grundfreiheiten hierauf. Hier hat das Gericht ohne jede Einschränkung festgestellt, dass die Mitgliedstaaten bei Ausübung dieser Befugnisse stets das Gemeinschaftsrecht zu beachten haben[1048]. Das gilt auch für die Entscheidung der Mitgliedstaaten, dem nationalen Gesundheitssystem das Kostenerstattungsprinzip oder das Sachleistungsprinzip zu Grunde zu legen[1049]. Folgerichtig hat der Gerichtshof diese Grundsätze in der Rechtssache *„Smits / Peerbooms"*, deren Ausgangsfall gerade dem niederländischen Sachleistungsprinzip entsprungen ist, welches dem deutschen Sachleistungsprinzip mehr als nur ähnelt, uneingeschränkt herangezogen[1050]. Die in den Entscheidungen im Zentrum stehenden Grundfreiheiten des freien Warenverkehrs und des freien Dienstleistungsverkehrs können nicht unterschiedlich auszulegen sein, abhängig davon, ob den Gesundheitssicherungssystemen das Kostenerstattungsprinzip oder das Sachleistungsprinzip zu Grunde liegt. Dieser Umstand kann nicht über Zugehörigkeit oder Nichtzugehörigkeit des Gesundheitsmarktes der Mitgliedstaaten zum Gemeinsamen Markt entscheiden. Ansonsten wäre nicht nur die einheitliche Geltung des Gemeinschaftsrechts, sondern auch der einheitliche Gemeinsame Markt in Frage gestellt[1051].

[1046] Vgl. hierzu oben: G.III.1.

[1047] Im Ergebnis ebenso: *von Maydell*, VSSR 1999, S. 15; *Hirsch*, RPG 1998, S. 125; *Schulte*, Arbeit und Sozialpolitik 2001, S. 43 ff.

[1048] Vgl. hierzu oben: C.II.1.

[1049] *von Maydell*, in: Gesundheitsversorgung in der Europäischen Union, S. 21; a.A.: *Becker*, in: Gesundheitsversorgung in der Europäischen Union, S. 52 ff.; *Schulte*, ZFSH/SGB 1999, S. 348, der die Frage der Anwendbarkeit der Grundfreiheiten auf solche Systementscheidungen vom EuGH nicht beantwortet sieht.

[1050] *EuGH*, Urt. v. 12.7.2001, Rs. C-157/99, NJW 2001, S. 3391 ff., 3393, Rz. 46 ff. (B. S. M. Smits, verheiratete Geraets / Stichting Ziekenfonds VGZ und H. T. M. Peerbooms / Stichting CZ Groep Zorgverzekeringen)

[1051] *Schulte*, ZFSH/SGB 1999, S. 348; *ders.*, Arbeit und Sozialpolitik 2001, S. 46

b. Die unterschiedlichen Zahlungsverfahren

Insbesondere von Sozialrechtlern wird in diesem Zusammenhang auf eine wesentliche Funktion des Sachleistungsprinzips verwiesen, die im Schutz der Versicherten vor „mangelnder ärztlicher Versorgung wegen zu hoher finanzieller Belastung“ liegt[1052]. Doch wird die vermeintlich zentrale Bedeutung dieses Schutzes der Versicherten vor der Notwendigkeit, bei der Kostenerstattung hinsichtlich der medizinischen Leistungen in Vorleistung treten zu müssen, mit Verweis auf die gängige Praxis im Bereich der privaten Krankenversicherung angezweifelt. Bei dieser wird die Kostenerstattung – vor allem bei aufwendigen Leistungen – in der Weise gewährt, dass der Versicherte zunächst die unbezahlte Rechnung bei seiner Krankenversicherung einreicht und sie erst nach Eingang des Erstattungsbetrages bezahlt oder aber von vornherein mit dem Leistungserbringer eine unmittelbare Abrechnung mit dem Versicherungsunternehmen vereinbart wird[1053].

Ausschließlich die unterschiedliche Verfahrensweise bei der Zahlung der in Anspruch genommenen medizinischen Leistungen kann einer grundsätzlich strukturellen Vergleichbarkeit eines vom Kostenerstattungsprinzip und eines vom Sachleistungsprinzip getragenen Systems der Krankenversicherung nicht im Wege stehen[1054]. Eine solche Formalie kann nicht zu einer unterschiedlichen Behandlung der Prinzipien im Zusammenhang mit den gemeinschaftsrechtlichen Grundfreiheiten führen. Zwar setzt der Begriff der Dienstleistung die Entgeltlichkeit der Leistung voraus[1055]. Doch macht es bei diesem auch aus der Sicht des Leistungserbringers zu beurteilenden Kriteriums keinen Unterschied, ob das Entgelt für seine Leistung von der Krankenkasse oder dem Versicherten entrichtet wird[1056]. Im Übrigen ist dies eine Frage des Dienstleistungsbegriffs selbst und somit bei jeder einzelnen Maßnahme separat zu untersuchen. Dieser Umstand ist dagegen nicht geeignet, alle auf das Sachleistungsprinzip zurückzuführenden Maßnahmen von vornherein den in den Rechtssachen *„Decker“* und *„Kohll“* entwickelten Leitgedanken zu den Grundfreiheiten zu entziehen. Der Unterschied beim Zahlungsverfahren ist aus gemeinschaftsrechtlicher Sicht allenfalls für die Frage von Bedeutung, ob die nach unterschiedlichen Prinzipien vergütete Tätigkeit als erwerbswirtschaftlich oder als karitativ – also als einseitig gewährend und nicht erwerbswirtschaftlich – einzuordnen ist[1057].

[1052] *BSG*, SGb 1983, S. 109

[1053] *Schulin*, in: *Schulin*, § 6, Rn. 110; *Belter*, europablätter 1999, S. 5;

[1054] Ebenso: *Schulz-Weidner*, KrV 1998, S. 242; *Belter*, europablätter 1999, S. 5; *Heinze*, in: *Verband der privaten Krankenversicherung e. V.*, S. 44

[1055] Im Hinblick auf die Warenverkehrsfreiheit fehlt ohnehin jeder Anknüpfungspunkt zum Zahlungsverfahren.

[1056] Vgl. hierzu oben: E.I.3.a.

[1057] *Eichenhofer*, VSSR 1999, S. 116; *Heinze*, in: *Verband der privaten Krankenversicherung e. V.*, S. 45 f.

c. Die unterschiedlichen Rechtsbeziehungen

Nicht ganz so einfach lässt sich die Frage im Hinblick auf die durch das Sachleistungsprinzip bedingten Rechtsbeziehungen zwischen Krankenkassen und Leistungserbringern beantworten. Durch diese können die Krankenkassen bzw. ihre Verbände zugleich steuernd im Hinblick auf die Wirtschaftlichkeitsprüfung, die Qualitätssicherung und den Umfang der Leistungen einwirken. Doch abgesehen davon, dass es sich hierbei wiederum um Sachverhalte handelt, die lediglich im Rahmen der Rechtfertigung Berücksichtigung finden können, ist mit Blick auf die EuGH-Entscheidungen noch folgender Umstand von entscheidender Bedeutung: In dem den Ausgangsfällen zu Grunde liegenden, durch das luxemburgische Recht ausgestalteten Kostenerstattungsprinzip sind die Beziehungen zwischen den jeweiligen Krankenkassen und Leistungserbringern ebenfalls durch eine Vielzahl von Vertragswerken geprägt, in denen dem deutschen Recht vergleichbare Regelungen in Bezug auf Wirtschaftlichkeitsprüfung, Qualitätssicherung und Mengensteuerung getroffen worden sind. Insbesondere sind sowohl in Luxemburg als auch in Deutschland die (zugelassenen) Leistungserbringer durch entsprechende Vereinbarungen mit den Kassen bzw. deren Verbänden an bestimmte Sätze gebunden, zu denen sie die Versicherten zu behandeln haben[1058], sodass die dem Kostenerstattungsprinzip regelmäßig zu Grunde liegende Vergütungsvereinbarung zwischen Leistungserbringer und Leistungsempfänger gerade nicht mehr als Argument gegen eine Vergleichbarkeit entsprechender Fallgestaltungen im deutschen Krankenversicherungsrecht angeführt werden kann. Letztendlich sind die Unterschiede zwischen dem Kostenerstattungs- und dem Sachleistungsprinzip nicht so erheblich, dass man davon ausgehen kann, dass die die EuGH-Entscheidungen tragenden Leitgedanken nicht auch auf die bestehende Situation und Gestaltung des deutschen Gesundheitssystems zu übertragen sind[1059]. Dies hat der Gerichtshof später selbst in seiner Entscheidung zur Rechtssache *„Smits / Peerbooms"* im Hinblick auf das vergleichbare niederländische Gesundheitssystem bestätigt[1060].

1058 *Schulz-Weidner*, KrV 1998, S. 242; *Belter*, europablätter 1999, S. 6; *Eichenhofer*, VSSR 1999, S. 114 f.; *von Maydell*, VSSR 1999, S. 13 f.; *Domscheit*, KrV 1998, S. 246 ff.; *Sodan*, JZ 1998, S. 1172; *Kötter*, VSSR 1998, S. 248 ff.; a.A.: *BMG*, Pressemitteilung Nr. 41 vom 05. Juni 1998

1059 Im Ergebnis ebenso: *Lenz / Lampert*, Pharma Recht 1999, S. 70; *Heinze*, in: *Verband der privaten Krankenversicherung e. V.*, S. 44; ders., SGb 2001, S. 159 f.; *Steinmeyer*, KrV 1999, S. 290; *Schulz-Weidner*, KrV 1998, S. 242; *Belter*, europablätter 1999, S. 5; *von Maydell*, VSSR 1999, S. 13 ff.; *ders.*, in: Gesundheitsversorgung in der Europäischen Union, S. 21; *Knappe*, BKK 1999, S. 8 ff.; *Ratzel*, MedR 1999, S. 510 f.; *Raschke*, BG 1999, S. 154; a.A.: *BMG*, Pressemitteilung Nr. 41 vom 05. Juni 1998; *Bericht der gemeinsamen Arbeitsgruppe*, ZFSH/SGB 1999, S. 622; *Neumann-Duesberg*, Gesundheit und Gesellschaft 1999, S. 24 f.; *Schneider-Danwitz*, SGb 2000, S. 357; *Heberlein*, NVwZ 2001, S. 775

1060 *EuGH*, Urt. v. 12.7.2001, Rs. C-157/99, NJW 2001, S. 3391 ff., 3393, Rz.46 ff. (B. S. M. Smits, verheiratete Geraets / Stichting Ziekenfonds VGZ und H. T. M. Peer-

IV. Die Bedeutung der Rechtsprechung des Europäischen Gerichtshofs für die (zahn)ärztliche Behandlung im Rahmen der gesetzlichen Krankenversicherung in Deutschland

1. Die ambulante (zahn-)ärztliche Behandlung in der gesetzlichen Krankenversicherung in Deutschland

a. Beschränkung des freien Dienstleistungsverkehrs

Die in §§ 16, 18 SGB V geregelte territoriale Begrenzung aus Sicht der Versicherten[1061] stellt eine Beschränkung der passiven Dienstleistungsfreiheit[1062] dar. Das grundsätzliche Ruhen der Ansprüche des Versicherten bei einer medizinischen Behandlung in einem anderen Mitgliedstaat in Verbindung mit der lediglich eingeschränkten Kostenübernahme im Ausnahmefall hält zum einen die Versicherten aufgrund der selbst zu tragenden finanziellen Lasten davon ab, Leistungserbringer in anderen Mitgliedstaaten aufzusuchen. Zum anderen schränkt sie damit zugleich die Möglichkeit ausländischer Leistungserbringer ein, bei einer deutschen gesetzlichen Krankenversicherung versicherte Patienten zu behandeln und betrifft somit in gleicher Weise die „aktive" Dienstleistungsfreiheit. Ebenso stellt der sich im Leistungserbringungsrecht aus §§ 69 ff. SGB V zumindest partiell ergebende Ausschluss von Verträgen zwischen deutschen Krankenkassen und Leistungserbringern aus anderen Mitgliedstaaten eine Beschränkung des freien Dienstleistungsverkehrs dar. Auch diese Regelungen behindern die Leistungserbringer aus anderen Mitgliedstaaten bei der medizinischen Behandlung von Versicherten der gesetzlichen Krankenversicherung. Ohne entsprechende Vereinbarungen ist u.a. die gesamte Problematik der Vergütung wiederum zwischen dem Leistungserbringer und dem Patienten zu lösen, wobei letzterer danach anders als bei einer Behandlung bei einem in Deutschland zugelassenen Vertragsarzt grundsätzlich die finanziellen Lasten trägt. Nach der Entscheidung in der Rechtssache *„Smits / Peerbooms"* liegt eine Beschränkung auch bei der Möglichkeit entsprechender Vereinbarungen mit ausländischen Leistungserbringern vor, wenn „in der Praxis insbesondere wegen der Voraussetzungen, von denen der Abschluss vertraglicher Vereinbarungen abhängt, solche Vereinbarungen im Wesentlichen"[1063] mit inländischen Leistungserbringern abgeschlossen werden.

booms / Stichting CZ Groep Zorgverzekeringen)

1061 Vgl. hierzu oben: G.I.3.

1062 Vgl. hierzu oben: E.I.4.

1063 *EuGH*, Urt. v. 12.7.2001, Rs. C-157/99, NJW 2001, S. 3391 ff., 3394, Rz. 66 (B. S. M. Smits, verheiratete Geraets / Stichting Ziekenfonds VGZ und H. T. M. Peerbooms / Stichting CZ Groep Zorgverzekeringen)
Dies könnte zugleich ein Hinweis darauf sein, dass der EuGH in seine Überlegungen die Grundsätze der „*Keck*-Rechtsprechung" hat einfließen lassen und in diesem Zusammenhang die tatsächlich gleiche Wirkung verneint (vgl. hierzu oben: D.I.2., D.IV.2., E.I.5.b.,

b. Rechtfertigung der territorialen Begrenzung

Die entscheidende Frage der Zulässigkeit dieser deutschen Beschränkungen des freien Dienstleistungsverkehrs ist somit - wie auch in den Entscheidungen des EuGH in den Rechtssachen *„Decker"* und *„Kohll"* und später *„Smits / Peerbooms"* sowie *„Vanbraekel"* - im Bereich der Rechtfertigung angesiedelt.

aa. Sicherung der Qualität der medizinischen Behandlung

Dabei lässt die Rechtsprechung des EuGH keinen Raum, Qualitätssicherungsaspekte im Zusammenhang mit dem Schutz der öffentlichen Gesundheit nach Art. 55, 46 EGV anzuführen. Die gerichtlichen Ausführungen in den Rechtssachen *„Decker"* und *„Kohll"* waren insoweit eindeutig und lassen keinen Argumentationsspielraum, um ernsthafte Zweifel an der Qualität der medizinischen Behandlung durch Leistungserbringer aus anderen Mitgliedstaaten zu hegen[1064]. Folgerichtig ist der Gerichtshof in seinen Enscheidungsgründen zu den Rechtssachen *„Smits / Peerbooms"* und *„Vanbraekel"* auf dieses Argument gar nicht mehr eingegangen. Um so erstaunlicher mutet es an, dass teilweise zur Rechtfertigung dennoch die Sicherung der Qualität der Behandlung herangezogen wird[1065]. Zudem konnte nach Art. 22 VO (EWG) Nr. 1408/71 ein Versicherter unter bestimmten Voraussetzungen schon bisher Leistungserbringer in anderen Mitgliedstaaten in Anspruch nehmen, ohne dass in diesem Zusammenhang eine Minderung der Qualität der Behandlung auch nur in Betracht gezogen wurde. Fehlende gemeinschaftsrechtliche Koordinierungsregelungen der Berufsausübung und -fortbildung dürften derzeit kaum zu einem so unterschiedlichen Qualitätsniveau der medizinischen Behandlung in der Gemeinschaft führen, dass zum Schutz der Versicherten der gesetzlichen Krankenversicherung Beschränkungen dieser Art erforderlich wären[1066].

Außerdem sind mildere Mittel als die rigorosen Beschränkungen der §§ 16, 18, 69 ff. SGB V denkbar, die für den Fall des Nachweises eines hinreichenden Unterschiedes des Qualitätsniveaus im Gesundheitssektor eingesetzt werden können. Zu denken ist dabei insbesondere an entsprechende (privatrechtliche) Verträge mit ausländischen Leistungserbringern oder deren Verbänden[1067]. Ob damit ein zusätzlicher Verwaltungsaufwand und damit eine finanzielle Mehrbelastung auf die Krankenkassen zukommt und wie hoch der ist, hängt davon ab, inwie-

E.III.2.).

[1064] Ähnlich: *Lenz / Lampert*, Pharma Recht 1999, S. 73; *Schulz-Weidner*, in: *Schulte / Barwig*, S. 335 ff.; vgl. hierzu oben: D.V.2.a. und E.III.4.a.

[1065] So unmittelbar nach Veröffentlichung der Entscheidungen in den Rechtssachen *„Decker"* und *„Kohll"*:: *Felix*, SozSich 1999, S. 32; *Stahlberg*, in: *Schulte / Barwig*, S. 268

[1066] Vgl. hierzu oben: D.V.2.a. und E.III.4.a.

[1067] Ähnlich: *Heine*, Arbeit und Sozialpolitik 1997, S. 13

weit die Organisation der Krankenversicherung in den anderen Mitgliedstaaten genutzt werden kann. Ein Mehraufwand zur Qualitätssicherung kann dabei nicht als Argument für die Aufrechterhaltung der territorialen „Abschottung" herangezogen werden, solange er nicht so hoch ist, dass er das finanzielle Gleichgewicht der gesetzlichen Krankenversicherung ernsthaft gefährdet. Das ist aber erst von Bedeutung, wenn nachgewiesen ist, dass die Qualität der medizinischen Versorgung in einem anderen Mitgliedstaat zum Schutz der Gesundheit der in der gesetzlichen Krankenversicherung Versicherten nicht ausreicht.

bb. Aufrechterhaltung einer ausgewogenen, allen zugänglichen ambulanten Versorgung

Eine Öffnung der deutschen gesetzlichen Krankenversicherung bei ambulanten Behandlungen in einem anderen Mitgliedstaat gefährdet nicht die ausgewogene, allen Versicherten zugängliche (zahn-)ärztliche Versorgung in Deutschland[1068]. Dieser Rechtfertigungsgrund wird im Zusammenhang mit der deutschen gesetzlichen Krankenversicherung durch zwei sich widersprechende Argumentationsstränge in die Diskussion eingeführt. Einerseits wird auf die Abwanderung der in der gesetzlichen Krankenversicherung Versicherten, die zu einer nachlassenden Auslastung der nationalen Leistungserbringer und in der Folge zum teilweisen „Bankrott" dieser führen würde, aufmerksam gemacht[1069]. Andere wiederum sehen die Gefahr in dem zu erwartenden enormen Zustrom aus den anderen Mitgliedstaaten, welcher dazu führen würde, dass die deutschen Leistungserbringer nicht mehr in der Lage sein würden, die hier Versicherten im erforderlichen Umfang medizinisch zu versorgen[1070].

Abgesehen in der durch diese Widersprüchlichkeit hervorgerufenen Zweifel an der Stichhaltigkeit der einzelnen Argumentation, vermag auch jede für sich die Abschottung der deutschen gesetzlichen Krankenversicherung nicht zu rechtfertigen. Dieser Rechtfertigungsgrund greift von vornherein grundsätzlich eher bei den kleineren Mitgliedstaaten[1071], wobei noch nicht einmal Luxemburg dem EuGH hinreichende Umstände für das Vorliegen dieses Rechtfertigungsgrundes nachweisen konnte[1072]. Vor allem aber finden Wanderungsbewegungen in alle

1068 Im Ergebnis ebenso: *Schulte*, in: *Ebsen*, S. 32; *ders.*, ZFSH/SGB 1999, S. 360

1069 *Domscheit*, KrV 1998, S. 250; *Sendler*, KrV 1998, S. 287; *Bericht der gemeinsamen Arbeitsgruppe*, ZFSH/SGB 1999, S. 633; *Zipperer*, in: Gesundheitsversorgung in der Europäischen Union, S. 68;

1070 *Novak*, EuZW 1998, S. 367 f.; *Schulte*, ZFSH/SGB 1999, S. 356; *Heinze*, in: *Verband der privaten Krankenversicherung e. V.*, S. 58; *Oberender*, in: Gesundheitsversorgung in der Europäischen Union, S. 11

1071 Vgl. hierzu oben: D.V.2.b.

1072 *EuGH*, Urt. v. 28.4.1998, Rs. C-158/96, Slg. 1998, 1935, 1950, Rz. 50 ff. (Raymond Kohll / Union des caisses de maladie)

Richtungen statt. Die von manchen vorhergesagte drohende Abwanderung kann durch den Zustrom von Versicherten aus anderen Mitgliedstaaten in vollem Umfang ausgeglichen werden[1073]. Ein unkontrollierter bzw. unkontrollierbarer Umfang an Wanderungsbewegungen ist nicht zu befürchten. Es ist vielmehr wahrscheinlich, dass die Patienten von der „Freizügigkeit im Gesundheitswesen" in ähnlich begrenztem Umfang Gebrauch machen, wie dies im Hinblick auf die Freizügigkeit und Niederlassungsfreiheit in diesem Bereich zu beobachten ist. So haben sich Befürchtungen, die Niederlassungsfreiheit werde zur Folge haben, dass sich Ärzte aus anderen Mitgliedstaaten in Deutschland in größerer Zahl niederlassen und die Nachfrage nach Gesundheitsleistungen durch eine Ausweitung des Angebots erhöhen würden, abgesehen von Ausnahmen in Grenzgebieten insbesondere zu den Niederlanden, bislang nicht bestätigt[1074].

Falls umgekehrt der Zustrom aufgrund der zum Teil hervorgehobenen besseren Qualität der deutschen Leistungserbringer die „Abwanderung" der Versicherten weit übersteigen sollte, so wird dieser Umstand wegen des noch nicht ausgeschöpften Potentials für eine Ausweitung der Leistungserbringung in Deutschland sorgen und nicht zu einer Gefährdung einer ausgewogenen, allen zugänglichen ambulanten Versorgung führen. Zudem würde damit ein Argument, das bisher für die bedarfsorientierte Zulassung der Leistungserbringer angeführt wurde[1075], nicht mehr greifen. Ebenso verliert durch eine solche Argumentation notwendigerweise der Einwand der angebotsinduzierten Nachfragesteigerung an Wirkung, da durch den enormen Zustrom von Leistungsempfängern aus anderen Mitgliedstaaten die Nachfrage das Angebot übersteigen könnte.

cc. Erhaltung des finanziellen Gleichgewichts

Aus diesem Grund wird von den „Verfechtern" des deutschen Territorialitätsgrundsatzes dieser vor allem im Hinblick auf eine sonst erhebliche Gefährdung des finanziellen Gleichgewichts der Systeme der sozialen Sicherheit zu rechtfer-

---

[1073] Dies verkennt der Schlussantrag des *Generalanwalts Ruiz-Jarabo Colomer* v. 18.5.2000, Rs. C-157/99, Rz. 46 (B. S. M. Geraets-Smits / Stichting Ziekenfonds VGZ und H. T. M. Peerbooms / Stichting CZ Groep Zorgverzekerin), der diesen Rechtfertigunggrund bei Gesundheitssystemen, die durch das Sachleistungsprinzip geprägt sind, als gegeben erachtet. Seine Ausführungen sind dabei auch insofern widersprüchlich, als dass er die restiktive Handhabung der Genehmigungserteilung nach Art. 22 VO (EWG) Nr. 1408/71 durch die Mitgliedstaaten ausdrücklich kritisiert und eine häufigere positive Bescheidung fordert. Eine Behandlung im Ausland aufgrund dieser nach Art. 22 VO (EWG) Nr. 1408/71 erteilten Genehmigung ist aber für den jeweiligen Krankenversicherungsträger nie mit einem niedrigeren finanziellen Aufwand verbunden als eine Behandlung unter Berufung auf die Grundfreiheiten. Oftmals wird sie sogar teurer sein, da sie sich nach den Tarifen des Behandlungslandes richtet (vgl. hierzu oben: G.I.2.).

[1074] *Schulte*, Arbeit und Sozialpolitik 2001, S. 46 f.

[1075] Vgl. hierzu unten: G.IV.1.b.cc.(1)

tigen versucht[1076]. Dabei ist umstritten, ob und inwieweit in diesem Rahmen auf die spezifische Gestaltung des deutschen Krankenversicherungssytems Rücksicht zu nehmen ist. Mit anderen Worten, ob es ausreicht, dass die „Grenzöffnung" des deutschen Gesundheitsmarktes eine Gefährdung des finanziellen Gleichgewichts wegen der Besonderheiten der Ausgestaltung des Versicherungssystems hervorruft[1077] oder ob hierbei die spezifische Ausgestaltung wegen der einheitlichen Auslegung der Grundfreiheiten gerade keine Berücksichtigung finden kann[1078]. Bei den Besonderheiten des deutschen Krankenversicherungssystems wird in erster Linie auf das für vertragsärztliche Leistungen uneingeschränkt geltende Sachleistungsprinzip verwiesen, welches durch eine Reihe von Steuerungsinstrumenten gekennzeichnet ist, die die finanzielle Stabilität der gesetzlichen Krankenversicherung gewährleisten sollen[1079]. In diesem Zusammenhang werden immer wieder die bedarfsorientierte Zulassung, die kollektivvertraglich zu gestaltenden Gesamtvergütungen der Ärzte und Zahnärzte und die Wirtschaftlichkeitsprüfung genannt. Allein der Verweis auf diese das deutsche Krankenversicherungsrecht im Bereich der (ambulanten) medizinischen Versorgung prägenden Steuerungsinstrumente vermag die territoriale Begrenzung aus gemeinschaftsrechtlicher Sicht nicht zu rechtfertigen. Es ist mit Blick auf die Leitgedanken des EuGH in den Rechtssachen *„Decker"* und *„Kohll"* für eine Rechtfertigung nicht ausreichend, dass durch eine „Grenzöffnung" bei der ambulanten Behandlung eines oder mehrere der Steuerungselemente leerlaufen würden. Hinzukommen muss vor allem, dass dadurch auch das finanzielle Gleichgewicht des Systems der sozialen Sicherung ernsthaft in Gefahr ist. Das gebietet schon die einheitliche Auslegung der gemeinschaftlichen Grundfreiheiten. Wäre allein der Verweis auf die Erhaltung der Steuerungsinstrumente ausreichend, so hätte dies zur Folge, dass praktisch jeder Mitgliedstaat ein mit einer „Grenzöffnung" nicht verträgliches Steuerungsinstrument in sein Gesundheitssystem integrieren könnte, um dadurch seinen Gesundheitsmarkt nach außen abzuschotten. Das Erfordernis der Rechtfertigung von Beschränkungen der Grundfreiheiten würde dadurch ad absurdum geführt.

Wird also auf die deutschen Steuerungsinstrumente abgestellt, ist wiederum eine doppelte Kausalität zu prüfen, damit diese Argumentation Beschränkungen der Grundfreiheiten tatsächlich rechtfertigen kann. Neben der Kausalität zwischen einer Öffnung der gesetzlichen Vorschriften für die medizinische Versorgung der Versicherten in anderen Mitgliedstaaten und der nachlassenden Wirksamkeit der Steuerungsinstrumente bedarf es auch der Kausalität zwischen diesen Steue-

---

1076 *BMG*, Pressemitteilung Nr. 41 vom 05. Juni 1998

1077 *Hirsch*, RPG 1998, S. 125

1078 *Sodan*, JZ 1998, S. 1171

1079 *Otting*, BABl. 1998, S. 18; *Schulte*, Arbeit und Sozialpolitik 2001, S. 38, 47; *Bericht der gemeinsamen Arbeitsgruppe*, ZFSH/SGB 1999, S. 633

rungsinstrumenten und der Erhaltung des finanziellen Gleichgewichts der sozialen Sicherungssysteme in Deutschland.

(1) Bedarfsorientierte Zulassung von Leistungserbringern

Als wesentliches Element des in Deutschland ausgestalteten Sachleistungsprinzips wird die in §§ 95 ff., 99 ff. SGB V geregelte bedarfsorientierte Zulassung von Leistungserbringern zum System der gesetzlichen Krankenversicherung genannt[1080]. Mit diesem Instrument soll eine am Bedarf orientierte Steuerung vorgenommen werden können. Die bedarfsorientierte Zulassung stellt zum einen die Versorgung der Versicherten durch eine ausreichende Anzahl von in das System eingebundenen Leistungserbringern sicher, zum anderen wird durch die Mengenbegrenzung zugleich einem Kostenanstieg entgegengesteuert[1081]. Bei einer „Grenzöffnung" wäre eine vollumfängliche Aufrechterhaltung der bedarfsorientierten Zulassung im Hinblick auf ausländische Leistungserbringer nicht möglich[1082]. Hierbei handelt es sich um eine hoheitliche Maßnahme, die somit auf das Gebiet der Bundesrepublik beschränkt ist[1083].

Abgesehen davon, dass die These der angebotsinduzierten Nachfragesteigerung umstritten ist[1084], muss an dieser Stelle berücksichtigt werden, dass eine medizinische Behandlung nach Art. 22 VO (EWG) Nr. 1408/71 schon seit langer Zeit außerhalb der inländischen Steuerungsmechanismen unter gewissen Voraussetzungen möglich ist. Dabei können auf den zuständigen Krankenversicherungsträger nach Art. 22 Abs. 1 i) VO (EWG) Nr. 1408/71 sogar höhere finanzielle Lasten als bei einer Versorgung im Inland zukommen. Zu einer Gefährdung des finanziellen Gleichgewichts der deutschen sozialen Sicherungssysteme hat dieser Umstand bisher noch nicht geführt[1085]. Das ist auch in absehbarer Zukunft nicht zu erwarten, wenn unter Berücksichtigung der EuGH-Rechtsprechung in den Rechtssachen *„Decker"* und *„Kohll"* nicht gesondert zugelassene Leistungserbringer in anderen Mitgliedstaaten in Anspruch genommen werden, ohne

[1080] *Neumann-Duesberg*, GG 1999, S. 24; *Otting*, BABl. 1998, S. 18; *Schulte*, Arbeit und Sozialpolitik 2001, S. 38, 47; *Bericht der gemeinsamen Arbeitsgruppe*, ZFSH/SGB 1999, S. 633

[1081] *BMG*, Pressemitteilung Nr. 41 vom 05. Juni 1998

[1082] *Schulte*, Arbeit und Sozialpolitik 2001, S. 38;
Missverständlich insoweit der *Bericht der gemeinsamen Arbeitsgruppe*, ZFSH/SGB 1999, S. 633, der zunächst feststellt, dass die Zulassung von Vertrags(zahn-)ärzten und die Bedarfsplanung nicht durch die EuGH-Urteile tangiert werden, sodann aber anerkennt, dass diese nationalen Zulassungs- und Bedarfsplanregelungen nicht ohne weiteres für ausländische Leistungserbringer gelten.

[1083] *Schulz-Weidner*, in: *Schulte / Barwig*, S. 332, *Giesen*, in: *Schulte / Barwig*, S. 368 f.

[1084] Vgl. hierzu oben: D.V.1.

[1085] Ähnlich: *Eichenhofer*, VSSR 1999, S. 115; *Lenz / Lampert*, Pharma Recht 1999, S. 74; a.A.: *Neumann-Duesberg*, Gesundheit und Gesellschaft 1999, S. 25

dass die Voraussetzungen des Art. 22 VO (EWG) Nr. 1408/71 vorliegen. Durch die zusätzliche Möglichkeit, ambulante Behandlungsleistungen im Ausland zu empfangen, wird nicht der gesamte Umfang der ambulanten medizinischen Versorgung merklich ansteigen. Zudem zeigen die bisherigen Erfahrungen, dass der durch die Inanspruchnahme ausländischer Leistungserbringer verursachte finanzielle Aufwand der deutschen gesetzlichen Krankenkassen nur einen kleinen Teil ihrer gesamten Ausgaben für die medizinische Behandlung ausmacht[1086]. Der Umstand, dass durch eine „Grenzöffnung" die bedarfsorientierte Zulassung nicht auf ausländische Leistungserbringer übertragbar ist, gefährdet nicht ernsthaft das finanzielle Gleichgewicht der deutschen Systeme der sozialen Sicherung.

(2) Kollektivverträge zwischen Vertragsärzten bzw. den Kassenärztlichen Vereinigungen und den Krankenkassen bzw. deren Verbänden, Gesamtvergütung

Als ein weiterer wesentlicher Bestandteil des Sachleistungsprinzips wird die in §§ 82 ff. SGB V geregelte kollektivvertragliche Regulierung zwischen Leistungserbringern bzw. ihren Selbstverwaltungsorganisationen und den Krankenkassen bzw. deren Verbänden angeführt[1087]. Insbesondere wird auf die Gesamtvergütung der vertragsärztlichen Versorgung nach § 85 SGB V abgestellt, bei der für die einzelnen vertragsärztlichen Leistungen festgelegte Punktwerte bei Überschreitung des für den einzelnen Vertragsarzt festgesetzten Leistungsvolumens abgestaffelt werden. Bei einer Mengenausweitung steigt damit die Vergütung des einzelnen Leistungserbringers verhältnismäßig geringer.

Abgesehen von den Verstößen gegen die gemeinschaftsrechtlichen Wettbewerbsvorschriften beim Zustandekommen solcher kollektivvertraglichen Vereinbarungen[1088] würden bei einer Grenzöffnung ausländische Leistungserbringer von diesen und somit ebenso wenig von der Gesamtvergütung nach § 85 SGB V nicht ohne weiteres erfasst. Es handelt sich hierbei um hoheitliche Maßnahmen, deren Wirkung auf das Gebiet der Bunderepublik begrenzt ist. Das Leerlaufen der kollektivvertraglichen Vereinbarungen bei Leistungserbringern aus anderen Mitgliedstaaten führt jedoch nicht zu einer ernsthaften Gefahr für das finanzielle Gleichgewicht der Systeme der sozialen Sicherung in Deutschland. Das ergibt sich wiederum aus der verhältnismäßig geringen Inanspruchnahme ausländischer Leistungserbringer durch in der deutschen gesetzlichen Krankenversicherung Versicherte[1089]. Eine Zunahme des Anteils des finanziellen Aufwandes für

---

[1086] Vgl. hierzu oben: B.III.

[1087] *BMG*, Pressemitteilung Nr. 41 vom 05. Juni 1998; *Sendler*, KrV 1998, S. 287; *Neumann-Duesberg*, Gesundheit und Gesellschaft 1999, S. 24

[1088] Vgl. hierzu oben: F.VI.2.

[1089] Vgl. hierzu oben: B.III.
Dies verkennt der Schlussantrag des *Generalanwalts Ruiz-Jarabo Colomer* v. 18.5.2000,

die ambulante Behandlung außerhalb des Inlandes kann zudem durch eine entsprechende Berücksichtigung bei den im Inland weiterhin geltenden kollektivvertraglichen Vereinbarungen ausgeglichen werden. Die inländischen Budgets könnten ohne weiteres anhand der Erfahrungen aus den Vorjahren entsprechend um die durch die Abwanderung von Versicherten entstehenden Kosten für ausländische Behandlungen gekürzt werden. Die Gesamtausgaben der Krankenkassen blieben damit unabhängig von dem Umfang der Inanspruchnahme von Leistungserbringern in anderen Mitgliedstaaten[1090].

Eine entsprechende Kürzung der Gesamtvergütung führt zudem nicht automatisch zur Existenzgefährdung der (Zahn-)Ärzte aufgrund ihrer niedrigeren Einnahmen aus der deutschen gesetzlichen Krankenversicherung und damit zu einer Gefährdung einer ausgeglichenen, allen zugänglichen ambulanten Versorgung. Schließlich fließen ihnen umgekehrt finanzielle Mittel der sozialen Sicherungssysteme anderer Mitgliedstaaten durch die Behandlung deren Versicherten zu[1091]. Dies kann sich in größerem Ausmaß vor allem in Grenzgebieten bemerkbar machen. Dennoch ist kein Ungleichgewicht im Vergleich zu Leistungserbringern im übrigen Bundesgebiet zu befürchten, da diese auch weniger von Abwanderungen betroffen sind, was bei Festlegung des für den einzelnen Vertragsarzt festgelegten Leistungsvolumens zu berücksichtigen ist. Soweit dies im Einzelfall dennoch zu einer Minderung der Einkommen inländischer Leistungserbringer führt, mag dies bedauerlich sein. Doch ist das gerade die Folge des Wettbewerbes aufgrund des auch durch die Grundfreiheiten zu errichtenden Gemeinsamen Marktes und kann damit nicht die Einschränkung der Vertragsfreiheiten rechtfertigen, solange dadurch die ausgeglichene, allen zugängliche ambulante Versorgung nicht gefährdet ist[1092].

(3) Arzneimittelbudgets und Arzneimittelrichtgrößen, Kollektivhaftung, Wirtschaftslichkeitsprüfungen

Die Arzneimittelversorgung unterliegt dem Zweckmäßigkeits- und Wirtschaftlichkeitsgebot[1093]. Unter Berücksichtigung dieses Grundsatzes vereinbarten nach

Rs. C-157/99 Rz. 72 (B. S. M. Geraets-Smits / Stichting Ziekenfonds VGZ und H. T. M. Peerbooms / Stichting CZ Groep Zorgverzekeringen).

1090 In diese Richtung auch: *Hamilton*, in: *Verband der privaten Krankenversicherung e. V.*, S. 38; *Wille*, in: *Verband der privaten Krankenversicherung e. V.*, S. 91; a.A.: *Becker*, in: Gesundheitsversorgung in der Europäischen Union, S. 55

1091 Vgl. hierzu oben: G.IV.1.b.bb.

1092 Im Ergebnis ebenso: *Lenz / Lampert*, Pharma Recht 1999, S. 73

1093 Ziffer A.3. der Richtlinien des Bundesausschusses der Ärzte und Krankenkassen über die Verordnung von Arzneimitteln in der vertragsärztlichen Versorgung (Arzneimittel-Richtlinien/AMR) vom 31. August 1993, BAnz. Nr. 246 vom 31.12.1993, S. 11155, zuletzt geändert am 23. Februar 1996, BAnz. Nr. 77 vom 23.04.1996, S. 4802.

§ 84 Abs. 1 SGB V in der bis zum 31. Dezember 2001 gültigen Fassung[1094] die gesetzlichen Krankenkassen und die Kassenärztlichen Vereinigungen zur Steuerung der Arzneimittelausgaben Arznei- und Heilmittelbudgets „als Obergrenze für die insgesamt von den Vertragsärzten veranlassten Ausgaben für Arznei-, Verband- und Heilmittel". Überstiegen die Ausgaben das vereinbarte Budget, so verminderten sich nach § 84 Abs. 1 Satz 4 SGB V kollekiv die Gesamtvergütungen, was einer „Kollektivhaftung" aller Ärzte gleichkam, wenn es auch als „gesetzlich erzwungener Solidarbeitrag der Ärzteschaft" bezeichnet wurde[1095]. Zudem waren nach § 84 Abs. 3 SGB V Richtgrößen zu vereinbaren, welche nach der seit 01.01.1999 geltenden Fassung die Budgets nicht mehr ersetzen, sondern lediglich noch ein flankierendes Steuerungsinstrument im Rahmen der Wirtschaftlichkeitsprüfung (§ 106 SGB V) darstellten[1096]. Insbesondere bei der Überschreitung dieser Richtgrößen war nach § 106 Abs. 2 Nr. 1 SGB V eine Wirtschaftlichkeitsprüfung der Vertragsärzte vorgesehen. Diese Steuerungsmöglichkeiten wurden ebenfalls als weiteres wesentliches Element des Sachleistungsprinzips aufgeführt[1097]. Auch wenn die Regelungen zum Arznei- und Heilmittelbudget zum 31. Dezember 2001 aufgehoben wurden, sollen sie nachfolgend auf ihre Verträglichkeit mit dem Gemeinschaftsrecht überprüft werden, zumal diese Änderung aufgrund eines nicht unerheblichen Anstiegs der Ausgaben in diesem Bereich noch in aller Munde ist[1098].

Abgesehen von den Verstößen gegen die gemeinschaftsrechtlichen Kartellvorschriften aufgrund des Zustandekommens der zu Grunde liegenden Vereinbarungen[1099] sind alle diese mit der Wirtschaftlichkeitsprüfung zusammenhängenden Maßnahmen wie die Prüfung selbst hoheitlicher Natur und gelten somit nicht für Leistungserbringer aus anderen Mitgliedstaaten. Diese Steuerungsinstrumente würden bei einer Aufhebung des Territorialitätsgrundsatzes hinsichtlich der in anderen Mitgliedstaaten praktizierenden (Zahn-)Ärzte leer laufen. Jedoch würde dieser Umstand wohl nicht das finanzielle Gleichgewicht der sozialen Sicherungssysteme in Deutschland ernsthaft gefährden und damit ein Festhalten am Territorialitätsgrundsatz rechtfertigen. Das hängt mit der verhältnismäßig geringen Inanspruchnahme ausländischer Leistungserbringer zusammen[1100]. Falls künftig wider Erwarten[1101] in der gesetzlichen Krankenversiche-

[1094] Die Regelung wurde zum 31. Dezember 2001 aufgehoben und den Vertragsparteien auf der Ebene der einzelnen Kassenärztlichen Vereinigung die Verantwortlichkeit übertragen (vgl. hierzu: *Sunder*, NDV 2001, S. 286; *Hoffmann*, SZ vom 15.11.2001, S. 24).

[1095] *Hencke*, in: *Peters*, § 84, Rn. 7

[1096] *Hencke*, in: *Peters*, § 84, Rn. 16

[1097] *Neumann-Duesberg*, Gesundheit und Gesellschaft 1999, S. 24; *BMG*, Pressemitteilung Nr. 41 vom 05. Juni 1998; *Sendler*, KrV 1998, S. 287

[1098] *Sunder*, NDV 2001, S. 286

[1099] Vgl. hierzu oben: F.VI.

[1100] Vgl. hierzu oben: B.III.

[1101] Vgl. hierzu oben: C.I.

rung Versicherte ausländische Leistungserbringer viel häufiger aufsuchen sollten, können die Erfahrungen über den Umfang der durch ausländische Leistungserbringer verschriebene Arzneimittel bei der Festlegung der im Inland geltenden Arzneimittelbudgets berücksichtigt oder auf die Budgets der Folgejahre vollumfänglich angerechnet werden[1102], sodass sich selbst eine im Vergleich zu inländischen (Zahn-)Ärzten verhältnismäßige Zunahme der von Leistungserbringern aus anderen Mitgliedstaaten verschriebenen Arznei- und Hilfsmittel nicht wesentlich auf die Gesamtmenge auswirkt. Zudem bestünde die Möglichkeit, für die Inanspruchnahme ausländischer Leistungserbringer die Erstattung auf den Betrag zu beschränken, der bei einer Behandlung im Inland fällig werden würde.

Eine Berücksichtigung der Erfahrungen über den Umfang der durch ausländische Leistungserbringer verschriebenen Arzneimittel vorab bei der Festlegung der im Inland geltenden Arzneimittelbudgets oder eine Anrechnung im Nachhinein würde auch nicht dazu führen, dass diese Kosten die Ursache für eine Überschreitung des Budgets im Sinne von § 84 Abs. 1 Satz 4 SGB V a.F. wären, die aufgrund der allein im Inland geltenden „Kollektivhaftung" mit all ihren wirtschaftlichen Folgen ausschließlich die inländischen Leistungserbringer träfe. Eine solche Kürzung der Gesamtvergütungen wurde im Inland trotz erfüllter Voraussetzungen des § 84 Abs. 1 Satz 4 SGB V a.F. früher ohnehin nicht vollzogen. Das zeigt deutlich, dass dieses Steuerungsinstrument nicht wirklich zur Erhaltung des finanziellen Gleichgewichts der sozialen Sicherungssysteme erforderlich war. Nicht von ungefähr wurde seitens des Gesetzgebers diese „Kollektivhaftung" zum 31. Dezember 2001 abgeschafft[1103].

Da Wirtschaftlichkeitsprüfungen bei einzelnen Leistungserbringern in anderen Mitgliedstaaten insbesondere nach § 106 Abs. 2 Nr. 1 und V SGB V nicht ohne weiteres durchgeführt werden können, sind Mehrausgaben für durch ausländische Ärzte verschriebene Arznei- und Heilmittel durchaus denkbar, weil diesen für wiederholt festgestellte Fälle der Unwirtschaftlichkeit nicht pauschale Honorarkürzungen nach § 106 Abs. 3 SGB V, andere belastende Maßnahmen nach § 106 Abs. 5 SGB V oder die Erstattung des Mehraufwandes nach § 106 Abs. 5a SGB V drohen. In diesem Zusammenhang ist im Hinblick auf die Rechtfertigung der völligen Abschottung des deutschen Gesundheitsmarktes aber erneut darauf zu verweisen, dass es in einem eventuellen Verfahren vor dem Gerichtshof den Krankenkassen bzw. der Bundesrepublik Deutschland obliegt, nachzuweisen, dass aufgrund der durch die bei ausländischen Leistungserbringern nicht durchführbaren Wirtschaftlichkeitsprüfungen verursachten Mehrkosten das finanzielle Gleichgewicht der sozialen Sicherungssysteme in Gefahr ist. Dieser Nachweis dürfte schon deshalb schwer zu führen sein, weil der EuGH bereits

[1102] So: *Lenz / Lampert*, Pharma Recht 1999, S. 73
[1103] *Hoffmann*, SZ vom 19.03.2001, S. 23

entschieden hat, dass die Verschreibung eines Arzneimittels durch einen Arzt in einem anderen Mitgliedstaat der Verschreibung in dem zuständigen Staat gleichwertig ist[1104]. Wegen der geringen Inanspruchnahme ausländischer Leistungserbringer und weil auch dann (wenn überhaupt) nur in sehr wenigen Fällen die verschriebenen Arznei- und Heilmittel über das erforderliche Maß hinausgehen, ist auszuschließen, dass diese Mehrkosten zu einer Gefährdung des Gleichgewichts der Systeme der sozialen Sicherung in Deutschland führen.

(4) Negativliste nach § 34 SGB V

Als weiteres Steuerungsinstrument im Zusammenhang mit der finanziellen Belastung der Krankenkassen und folglich mit dem Rechtfertigungsgrund der Erhaltung der finanziellen Stabilität ist an die Negativlisten nach § 34 SGB V zu denken[1105]. Diese bestimmen, welche Arzneimittel von der Versorgung in der gesetzlichen Krankenkasse ausgeschlossen sind. Dabei kann es sich zum einen, wie § 34 Abs. 1 SGB V zeigt, um bereits gesetzlich festgelegte Arzneimittel handeln. Zum anderen ist der Bundesminister für Gesundheit nach § 34 Abs. 2, 3 SGB V[1106] ermächtigt, weitere Arzneimittel[1107] von der Versorgung auszuschließen. Entsprechendes gilt für den Ausschluss von Heil- und Hilfsmittel von geringem oder umstrittenem therapeutischen Nutzen oder geringem Abgabepreis durch Rechtsverordnung nach § 34 Abs. 4 SGB V[1108].

Soweit solche Negativlisten unter den bereits an anderer Stelle ausführlich genannten Voraussetzungen nicht gegen die Warenverkehrsfreiheit verstoßen[1109], betreffen sie auch die durch einen Arzt in einem anderen Mitgliedstaat verschriebenen Arznei-, Heil- und Hilfsmittel[1110]. Aus diesem Grund läuft dieses Steuerungsinstrument bei einer „Grenzöffnung" in Bezug auf ausländische Leistungserbringer nicht leer. Es fehlt mithin schon an der ersten Kausalitätsstufe

---

1104 *EuGH*, Urt. v. 7.3.1989, Rs. 215/87, Slg. 1989, 617, 640, Rz. 20 (Heinz Schumacher / Hauptzollamt Frankfurt am Main-Ost); *EuGH*, Urt. v. 8.4.1992, Rs. C-62/90, Slg. 1992, 2575, 2607 f., Rz. 18 ff. (Kommission der Europäischen Gemeinschaften / Bundesrepublik Deutschland)

1105 Zur Zeit ist auch die Einführung von Positivlisten in Deutschland in aller Munde (Pharm. Ztg. 2001, S. 21), für deren Aufstellung aber die gleichen gemeinschaftsrechtlichen Vorgaben gelten (vgl. hierzu: D.VI.2.c.).

1106 § 34a Abs. 2 und 3 SGB V werden nach Verkündung der noch zu erlassenen Rechtsverordnung nach § 33a Abs. 1 SGB V aufgehoben.

1107 Das betrifft Arzneimittel, „die ihrer Zweckbestimmung nach üblicherweise bei geringfügigen Gesundheitsstörungen verordnet werden" oder „unwirtschaftlich" sind.

1108 § 34 Abs. 4 SGB V wird nach Verkündung der noch zu erlassenen Rechtsverordnung nach § 33a Abs. 1 SGB V neuer Abs. 2.

1109 Vgl. hierzu oben: F.VI.

1110 Im Ergebnis ebenso: *Lenz / Lampert*, Pharma Recht 1999, S. 72

und somit zwingend an einer Gefährdung des finanziellen Gleichgewichts der Systeme der sozialen Sicherung unter diesem Gesichtspunkt.

dd. Ergebnis

Im Ergebnis ist die territoriale Abschottung des deutschen Marktes im Bereich der ambulanten (zahn-)ärztlichen Behandlung grundsätzlich nicht mit Verweis auf die das Sachleistungsprinzip ausgestaltenden Steuerungsinstrumente zu rechtfertigen. Es fehlt entweder schon an einer verminderten Wirksamkeit der Steuerungsinstrumente bei einer territorialen Öffnung dieses Marktes oder es wird sich aufgrund der geringen zusätzlichen finanziellen Belastungen und der aufgezeigten Alternativen nicht nachweisen lassen, dass das Leerlaufen anderer Steuerungsinstrumente im Hinblick auf Leistungserbringer aus anderen Mitgliedstaaten zu einer ernsthaften Gefährdung des finanziellen Gleichgewichts führt[1111], die nicht durch mildere Mittel als die völlige Abschottung des Gesundheitsmarktes zu beseitigen ist.

2. Die stationäre medizinische Versorgung in der gesetzlichen Krankenversicherung in Deutschland

a. Beschränkung des freien Dienstleistungsverkehrs

Was die Beschränkung des freien Dienstleistungsverkehrs durch die „Abschottung" des deutschen Gesundheitsmarktes betrifft, so ergeben sich bei der stationären medizinischen Versorgung keine Unterschiede im Vergleich zur ambulanten (zahn-)ärztlichen Behandlung[1112].

b. Rechtfertigung der territorialen Begrenzung

aa. Ausgangspunkt der Differenzierung zwischen ambulanter und stationärer Behandlung

Zwar betraf der Ausgangsfall der Rechtssache *„Kohll"* die ambulante (zahnärztliche) Behandlung[1113], sodass sich die Entscheidungsgründe auch lediglich mit der Ausgestaltung dieser in Luxemburg auseinandersetzte. Deshalb wurde auf mögliche Besonderheiten im Zusammenhang mit der stationären Behandlung nicht eingegangen, da diese Frage sich im Hinblick auf die Vorlagefragen und dem ihnen zu Grunde liegenden Ausgangsfall nicht stellte. Allerdings hätte sich

---

1111 Im Ergebnis ebenso: *Zipperer*, in: *Verband der privaten Krankenversicherung e. V.*, S. 25 f.

1112 Vgl. hierzu oben: G.IV.1.a.

1113 Vgl. hierzu oben: B.II.1.

das Gericht durch die Schlussanträge des *Generalanwalts Tesauro* durchaus zu einer gesonderten Auseinandersetzung mit diesem Bereich veranlasst sehen können[1114]. Doch wollte der EuGH auf diesem sensiblen Gebiet durch über den konkreten Fall hinausgehende Bemerkungen[1115] nicht für weitere Unsicherheiten sorgen. Umso mehr muss es überraschen, wenn teilweise den Urteilen in den Rechtssachen *„Decker"* und *„Kohll"* entnommen wird, dass Leistungen des stationären Bereiches nicht vom Geltungsbereich der Grundfreiheiten erfasst werden bzw. Beschränkungen auf diesem Gebiet gerechtfertigt sind[1116]. In der Entscheidung zur Rechtssache *„Smits / Peerbooms"* musste dann aber auch der Gerichtshof zu dieser Frage Stellung beziehen[1117]. Dabei hat der EuGH unter Verweis auf die prägende Gestaltung des niederländischen Systems durch das Sachleistungsprinzip und insbesondere die Bedarfsplanung für den stationären Sektor die Beschränkung der Dienstleistungsfreiheit durch die vorherige Genehmigung bei einer Inanspruchnahme von Krankenanstalten in anderen Mitgliedstaaten wegen der dadurch gewährleisteten Aufrechterhaltung eines ausreichenden, ausgewogenen und ständigen Angebots einer qualitativ hochwertigen Krankenhausversorgung und der finanziellen Stabilität des Krankenversicherungssystems für gerechtfertigt gehalten[1118]. Das gilt jedenfalls in den Fällen, in denen der Krankenversicherungsträger mit der in Anspruch genommenen Krankenanstalt keine vertraglichen Vereinbarungen geschlossen hat[1119]. Im Zusammenhang mit der Prüfung der entsprechenden deutschen Ausgestaltung der stationären Versorgung ist zu beachten, dass diese der niederländischen sehr nahe kommt. *Generalanwalt Tesauro* hatte in seinen Schlussanträgen zu den Rechtssachen *„Decker"* und *„Kohll"* die durch die Genehmigungspflicht für die Kostenerstattung bei der Inanspruchnahme von Krankenhäusern in anderen Mitgliedstaaten hervorgerufene Beschränkung des freien Dienstleistungsverkehrs bei der stationären Behandlung in Krankenhäusern für gerechtfertigt gesehen. Er begründete dies zum einen mit der Bedarfsplanung hinsichtlich Standort und Anzahl der Krankenhäuser und zum anderen mit dem Problem der Aufschlüsselung und Be-

[1114] Schlussanträge des *Generalanwalts Tesauro* v. 16.9.1997, Rs. C-120/95 und Rs. C-158/96, Slg. 1998, 1831, 1868 f., Rz. 59 f. (Nicolas Decker / Caisse de maladie des employés privés bzw. Raymond Kohll / Union des caisses de maladie)

[1115] Vgl. hierzu oben: G.II.2.

[1116] So der Verwaltungsrat der Union des caisses de maladie in seiner offiziellen Mitteilung an die Versicherten der Krankenkassen vom 06. Mai 1998.

[1117] *EuGH*, Urt. v. 12.7.2001, Rs. C-157/99, NJW 2001, S. 3391 ff., 3395, Rz. 70 ff. (B. S. M. Smits, verheiratete Geraets / Stichting Ziekenfonds VGZ und H. T. M. Peerbooms / Stichting CZ Groep Zorgverzekeringen)

[1118] *EuGH*, Urt. v. 12.7.2001, Rs. C-157/99, NJW 2001, S. 3391 ff., 3397, Rz. 105 (B. S. M. Smits, verheiratete Geraets / Stichting Ziekenfonds VGZ und H. T. M. Peerbooms / Stichting CZ Groep Zorgverzekeringen)

[1119] *EuGH*, Urt. v. 12.7.2001, Rs. C-157/99, NJW 2001, S. 3391 ff., 3395, Rz. 76 ff. (B. S. M. Smits, verheiratete Geraets / Stichting Ziekenfonds VGZ und H. T. M. Peerbooms / Stichting CZ Groep Zorgverzekeringen) rechnung der Kosten für die stationäre Behandlung einer einzelnen Person. Aufgrund des vergleichsweise großen Anteils an Fixkosten in einem Krankenhaus durch einen von der Auslastung zum großen Teil unabhängigen Personalbedarf und den Kosten für die erforderliche Ausstattung an Geräten seien die Kosten des Aufenthalts für eine einzelne Person nicht bestimmbar[1120]. Eine „Grenzöffnung" würde letztlich zu einer zusätzlichen finanziellen Belastung für das betreffende System führen und dessen finanzielles Gleichgewicht ebenso ernsthaft gefährden wie die damit zusammenhängende Aufrechterhaltung einer ausgewogenen, allen zugänglichen stationären Versorgung[1121]. Diese Ausführungen waren der Grund dafür, dass in der Diskussion um die Auswirkungen der Urteile für die gesetzliche Krankenversicherung in Deutschland der Bereich der stationären Behandlung und der ambulanten medizinischen Versorgung im Rahmen der Rechtfertigung vor der Entscheidung in der Rechtssache *„Smits / Peerbooms"* häufig separat untersucht wurden[1122].

Demgegenüber hielt *Generalanwalt Ruiz-Jarabo Colomer* eine solche Differenzierung zwischen der ambulanten und der stationären medizinischen Versorgung in einem vom Sachleistungsprinzip beherrschten System nicht für erforderlich, da nach seiner (unzutreffenden[1123]) Ansicht bei einer solchen Ausgestaltung durch eine „Grenzöffnung" das finanzielle Gleichgewicht des sozialen Sicherungssystems im Hinblick auf jede medizinische Behandlung ernsthaft gefährdet ist[1124].

bb. Sicherung der Qualität der stationären Versorgung

In Bezug auf diesen Rechtfertigungsgrund ergeben sich keine Unterschiede zwischen der ambulanten Behandlung und der stationären Versorgung. Insoweit lässt die Rechtsprechung des EuGH keinerlei Spielraum, überzeugende Argumente hervorzubringen, welche an einer den einheimischen Ärzten vergleichbaren Qualifikation der Leistungserbringer aus anderen Mitgliedstaaten ernsthafte

---

[1120] Schlussanträge des *Generalanwalts Tesauro* v. 16.9.1997, Rs. C-120/95 und Rs. C-158/96, Slg. 1998, 1831, 1868 f., Rz. 59 (Nicolas Decker / Caisse de maladie des employés privés bzw. Raymond Kohll / Union des caisses de maladie)

[1121] Schlussanträge des *Generalanwalts Tesauro* v. 16.9.1997, Rs. C-120/95 und Rs. C-158/96, Slg. 1998, 1831, 1869, Rz. 60 (Nicolas Decker / Caisse de maladie des employés privés bzw. Raymond Kohll / Union des caisses de maladie)

[1122] *Schulte*, ZFSH/SGB 1999, S. 359; *ders.*: BayVBl 2000, S. 365; *Becker*, NZS 1998, S. 363; *Felix*, Soziale Sicherheit 1999, S. 32; *Neumann-Duesberg*, Gesundheit und Gesellschaft 1999, S. 24; *Bericht der gemeinsamen Arbeitsgruppe*, ZFSH/SGB 1999, S. 635; *Schulz-Weidner*, in: *Schulte / Barwig*, S. 339 f.; *Spiegel*, SozSich 2001, S. 379

[1123] Vgl. hierzu oben: G.IV.1.b.

[1124] Schlussantrag des *Generalanwalts Ruiz-Jarabo Colomer* v. 18.5.2000, Rs. C-157/99, Rz. 72 f. (B. S. M. Geraets-Smits / Stichting Ziekenfonds VGZ und H. T. M. Peerbooms / Stichting CZ Groep Zorgverzekerin)

Zweifel aufkommen ließen[1125]. Auch der Gerichtshof ist in seinen Entscheidungsgründen zur Rechtssache *„Smits / Peerbooms"* nicht auf diesen Rechtfertigungsgrund eingegangen[1126].

cc. Erhaltung des finanziellen Gleichgewichts und Aufrechterhaltung einer ausgewogenen, allen zugänglichen stationären, medizinischen Versorgung

Die Ausführungen des *Generalanwalts Tesauro* in den Schlussanträgen sind in der Diskussion um die Folgen der Urteile für die deutsche gesetzliche Krankenversicherung Anknüpfungspunkt für eine mögliche Rechtfertigung der territorialen Abschottung auf dem stationären Sektor. Unter Hinweis auf die duale Finanzierung der Krankenhäuser, dem Steuerungsinstrument der Bedarfsplanung sowie die mit der Abwanderung verbundenen Einnahmeverluste deutscher Krankenhäuser wird auf die Gefahren für die finanzielle Stabilität der Systeme der sozialen Sicherung[1127] und in deren Folge für die Aufrechterhaltung einer ausgewogenen, allen zugänglichen stationären Versorgung[1128] aufmerksam gemacht. Diese Ansicht ist durch die Entscheidung des EuGH in der Rechtssache *„Smits / Peerbooms"* gestützt worden.

(1) Duale Finanzierung der stationären Behandlung

Die Krankenhäuser in Deutschland werden dual (und damit zum Teil öffentlich) finanziert[1129]. Danach werden die Investitionskosten (§ 2 Nr. 2 KHG) über die öffentliche Krankenhausfinanzierung (§ 4 Nr. 1 KHG) und die Betriebskosten

---

1125 Vgl. hierzu oben: D.V.2.a. und E.III.4.a.
A.A. offenbar: *Gassner*, SGb 1998, S. 588 der auf ein relativ hohes Qualitätsgefälle innerhalb der Gemeinschaft bei stationären Behandlungen verweist; *Bericht der gemeinsamen Arbeitsgruppe*, ZFSH/SGB 1999, S. 636, ohne dies allerdings näher zu begründen

1126 *EuGH*, Urt. v. 12.7.2001, Rs. C-157/99, NJW 2001, S. 3391 ff., 3395, Rz. 70 ff. (B. S. M. Smits, verheiratete Geraets / Stichting Ziekenfonds VGZ und H. T. M. Peerbooms / Stichting CZ Groep Zorgverzekeringen)

1127 *Schulte*, ZFSH/SGB 1999, S. 276, 359; *ders.*, EuZW 1999, S. 590; *ders.*, Arbeits- und Sozialplitik 2001, S. 47; *Felix*, SozSich 1999, S. 32; *Becker*, NZS 1998, S. 363; *Schulz-Weidner*, in: Freizügigkeit und Soziale Sicherheit, S. 339; *Mühlhausen*, Gesundheit und Gesellschaft 2001, S. 14; *Belter*, europablätter 1999, S. 7; *Domscheit*, KrV 1998, S. 249; *von Maydell*, VSSR 1999, S. 14; *Bericht der gemeinsamen Arbeitsgruppe*, ZFSH/SGB 1999, S. 635

1128 *Schulte*, BayVBl 2000, S. 365; *Belter*, europablätter 1999, S. 7; *Schulz-Weidner*, in: Freizügigkeit und Soziale Sicherheit, S. 339; *von Maydell*, VSSR 1999, S. 14

1129 Auch in den Niederlanden beteiligt sich der Staat durch Zuschüsse an der Finanzierung des Krankenversicherungssystems (Schlussantrag des *Generalanwalts Ruiz-Jarabo Colomer* v. 18.5.2000, Rs. C-157/99, Rz. 40 [B. S. M. Geraets-Smits / Stichting Ziekenfonds VGZ und H. T. M. Peerbooms / Stichting CZ Groep Zorgverzekeringen]) auf der Grundlage der gesetzlichen Krankenversicherung getragen[1130]. Der staatlich finanzierte Anteil macht dabei etwa 7 % bis 8 % der Gesamtkosten aus[1131]. Bei der Berechnung der Pflegesätze - der Preise für Krankenhausleistungen für die gesetzliche Krankenversicherung[1132] - werden aber nicht alle Kosten, sondern nach § 17 KHG (vergleiche insbesondere Abs. 3 und 4) nur die laufenden Kosten, mithin die Betriebskosten, für die in Anspruch genommenen Dienstleistungen und das Verbrauchsmaterial zu Grunde gelegt. Die staatlich finanzierten Investitionskosten bleiben hierbei unberücksichtigt[1133].

Eine Öffnung der Grenzen könnte deshalb zu unerwünschten Subventionierungen ausländischer Patienten bei der Inanspruchnahme inländischer Einrichtungen führen, da sie bzw. die Träger ihrer zuständigen Krankenversicherung nur mit laufenden Kosten, nicht hingegen mit den Investitionsanteilen belastet werden[1134]. Die Steuerzahler in Deutschland würden mithin diesen Investitionsanteil für die Empfänger stationärer Leistungen aus anderen Mitgliedstaaten mitübernehmen. Allein die dadurch verursachte Benachteiligung der Inländer kann aber die territoriale „Abschottung" auf dem stationären Sektor nicht rechtfertigen. Solche (durchaus unerwünschten) Folgen verbieten das Gemeinschaftsrecht und insbesondere die Grundfreiheiten nämlich grundsätzlich nicht, da es bei dieser sog. „Inländerdiskriminierung" an einem grenzüberschreitenden Sachverhalt fehlt[1135]. Es handelt sich dabei allein um Fragen des nationalen Verfassungsrechts[1136]. Die „Inländerdiskriminierung" ist auch nicht dadurch zu beseitigen, dass den ausländischen Versicherten bzw. ihren Krankenversicherungen der Investitionsanteil zusätzlich in Rechnung gestellt wird. Dies würde, abgesehen von einem Verstoß gegen das in § 17 Abs. 1 KHG festgelegte Prinzip der Einheitlichkeit der Krankenhausentgelte, eine unzulässige Diskriminierung der ausländischen Leistungsempfänger zur Folge haben, deren Pflegesatz pro Tag dann höher als der inländischen Versicherungspflichtigen läge[1137]. Gleiches würde für

---

1130 *Wagener*, in: 11. Bonner Europa-Symposium, S. 44; *Berg*, EuZW 1999, S. 590

1131 *Vanas*, SozSich 1992, S. 69

1132 *Leibfried / Pierson*, Blätter für deutsche und internationale Politik 1997, S. 1463

1133 *Dietz / Bofinger I*, § 17 KHG, IV.2, S. 110 g; *Krauskopf / Feuerstein II*, § 17 KHG, 6.1, S. 87; *Gesellschaft für Versicherungswissenschaft und -gestaltung e. V.*, Soziale Sicherung in West-, Mittel- und Osteuropa, S. 32; *Bieback*, in: Europäisches Sozialrecht, S. 67 f.

1134 *Wasem*, Zeitschrift für Sozialreform 1999, 801

1135 Vgl. zur gemeinschaftsrechtlichen Unbeachtlichkeit der Inländerdiskriminierung: *Streinz*, Europarecht, Rn. 682 ff.; *Schulte*, Arbeit und Sozialrecht 2001, S. 44

1136 In Deutschland ist in erster Linie an den Gleichheitsgrundsatz nach Art. 3 GG und die Freiheitsrechte, insbesondere Art. 12, 14 GG zu denken.

1137 Im Ergebnis ebenso: *Vanas*, SozSich 1992, S. 69; *Ricken*, SGb 1998, S. 676; *Wagener*, in: 11. Bonner Europa-Symposium, S. 45; *Leibfried / Pierson*, Blätter für deutsche und internationale Politik 1997, S. 1463; A.A.: *von Maydell*, VSSR 1999, S. 14 f.

die Einführung des aus der Schweiz bekannten Modells gelten[1138], bei dem die Kosten abhängig vom jeweiligen Wohnsitz des Versicherten dreigeteilt sind[1139]. Im Übrigen gilt auch für nach Art. 22 VO (EWG) Nr. 1408/71 gewährte Sachleistungen nichts anderes. Nach Art. 93 Abs. 1 VO (EWG) Nr. 574/72 sind diese vom zuständigen Träger dem gewährenden Träger „in der Höhe des tatsächlichen Betrages, der sich aus der Rechnungsführung dieses Trägers ergibt" zu erstatten. Wenn der gewährende Träger danach die Investitionskosten nicht zu tragen hat, können diese auch nicht in seiner Rechnungsführung berücksichtigt werden. Vielmehr subventionieren in diesen Fällen die Steuerzahler des gewährenden Mitgliedstaates schon bisher ausländische Leistungsempfänger[1140].

Aus diesen Gründen ist der Überlegung, in Sachen Investitionsförderung bei der Behandlung ausländischer Patienten einen (teilweisen) Rückerstattungsanspruch der öffentlichen Hand zu normieren, seitens der Legislative bis heute eine deutliche Absage erteilt worden[1141]. Sollte sich aus einer zunehmenden Wanderbewegung der Patientenströme im Zusammenhang mit der dualen Finanzierung tatsächlich ein Problem ergeben, so kann dies nicht durch eine territoriale „Abschottung" gelöst werden. Das duale System ist im Hinblick auf die zweite Kausalitätsstufe weder für die Erhaltung des finanziellen Gleichgewichts noch für eine ausgewogene, allen zugängliche stationäre medizinische Versorgung erforderlich. Auch monistische Systeme können ohne weiteres die Erreichung dieser Ziele gewährleisten, wie die Erfahrung in anderen Mitgliedstaaten lehrt. Vor einer „Abschottung" des inländischen Krankenhaussektors steht damit immer die Abkehr von dessen dualer Finanzierung und die Einführung der monistischen Finanzierung[1142].

(2) Bedarfsplanung und Zuwanderung

Die Krankenhausplanung orientiert sich nach §§ 1, 6 KHG und den Landeskrankenhausgesetzen grundsätzlich am Bedarf der „Bevölkerung"[1143]. Das sind die

---

[1138] Vgl. hierzu ausführlich: *Wagener*, in: 11. Bonner Europa-Symposium, S. 45

[1139] A.A.: *Vanas*, SozSich 1992, S. 69, der „eine Spaltung der Pflegegebührensätze abhängig vom jeweiligen Wohnort" für zulässig erachtet.

[1140] *Eichenhofer*, Zeitschrift für Sozialreform 1999, S. 710 f. bezeichnet die Ermittlung der Kosten nach der derzeitigen Rechtslage allerdings als unklar und spricht sich aus Gründen einer weitgehend auf die Vergleichbarkeit aller Belastungen ausgerichteten Ordnung für die Einbeziehung sämtlicher Kosten – „also auch die anteiligen Investitionskosten" – in die Erstattung aus.

[1141] *Wagener*, in: 11. Bonner Europa-Symposium, S. 44

[1142] Im Ergebnis ebenso: *Schulte*, ZFSH/SGB 1999, S. 354, 361; *Felix*, SozSich 1999, S. 32 mit Verweis auf die Ansicht von *Marhold*; *Sendler*, KrV 1998, S. 287; *Neubauer / Schallermair*, Sozialer Fortschritt 2000, S. 282; *Bieback*, in: Europäisches Sozialrecht, S. 68

[1143] Auch in den Niederlanden wird die Zulassung und die Verteilung von Krankenanstalten bedarfsorientiert im Ziekenfondswet (Gesetz zur Regelung der Krankenversicherung) und

Einwohner des jeweiligen Bundeslandes. Dabei wird zunächst nicht auf deren Nationalität Rücksicht genommen, sodass auch in Deutschland lebende Ausländer hierunter fallen und berücksichtigt werden[1144]. Keinen Eingang in diese Bedarfsplanung haben bisher die Wanderungen der Leistungsempfänger gefunden. Weder wurde die Möglichkeit der stationären Behandlung von in der deutschen gesetzlichen Krankenversicherung Versicherten in anderen Mitgliedstaaten noch der Zustrom ausländischer Versicherter bei der Planung der Kapazitäten für die stationäre medizinische Versorgung im Inland berücksichtigt. Aus diesem Grund wird zum Teil das Leerlaufen der Bedarfsplanung und damit die Gefährdung des finanziellen Gleichgewichts oder der Gewährleistung einer ausgewogenen, allen zugänglichen stationären medizinischen Versorgung befürchtet[1145].

Es ist jedoch ein offenes Geheimnis, dass in gewissem Grad im Krankenhaussektor in Deutschland gewollt freie Kapazitäten existieren. So geht die am einheimischen Bedarf ausgerichtete Krankenhausplanung von Auslastungsgraden je nach Fachgebiet zwischen 70 % und 90 % aus, sodass von vornherein freie Kapazitäten durchaus gewollt sind[1146]. Ein im Vergleich zur Abwanderung höherer Zustrom an Patienten gefährdet also nicht sofort die ausgewogene, allen zugängliche medizinische Versorgung in stationären Einrichtungen. Im Gegenteil machen sich viele Kliniken in Deutschland Hoffnungen, ihre freien Kapazitäten mit ausländischen Patienten besser ausschöpfen zu können[1147]. Zudem besteht die Möglichkeit, die Wanderungsbewegungen in die Krankenhausbedarfsplanung einzubeziehen[1148]. Vor allem in Grenzgebieten ist eine entsprechende Berücksichtigung aufgrund der hier vergleichsweise großen grenzüberschreitenden Patientenströmungen erforderlich, um diesem Steuerungsinstrument seine Wirksamkeit zu erhalten[1149]. Dass die Einbeziehung der Patientenbewegungen auch in

---

im Wetziekenhuisvoorzieningen (Gesetz über die Krankenanstalten) geregelt (*EuGH*, Urt. v. 12.7.2001, Rs. C-157/99, NJW 2001, S. 3391 ff., 3393 [B. S. M. Smits, verheiratete Geraets / Stichting Ziekenfonds VGZ und H. T. M. Peerbooms / Stichting CZ Groep Zorgverzekeringen]).

1144 *Wagener*, in: 11. Bonner Europa-Symposium, S. 43; *Gesellschaft für Versicherungswissenschaft und -gestaltung*, Informationsdienst Nr. 217, S.15

1145 *Hollmann / Schulz-Weidner*, ZIAS 1998, S. 199

1146 *Wagener*, in: 11. Bonner Europa-Symposium, S. 44; *Reicherzer*, SZ vom 20./21. Oktober 2001, S. 23

1147 *Reicherzer*, SZ vom 20./21. Oktober 2001, S. 23

1148 *Gesellschaft für Versicherungswissenschaft und –gestaltung*, Informationsdienst Nr. 217, S.15; *Tiemann*, Das Krankenhaus 1991, S. 245; *Hamilton*, in: *Verband der privaten Krankenversicherung e. V.*, S. 38

1149 *von Maydell*, VSSR 1999, S. 14
Der Verweis auf Art. 19 f. VO (EWG) Nr. 1408/1972 reicht insoweit nicht (a.A. insoweit offensichtlich: *Eichenhofer*, in: 11. Bonner Europa-Symposium, S. 17), da dieser lediglich die sog. „Grenzgänger" betrifft, die ihren Wohnsitz jenseits der Grenze ihrer Arbeitsstätte haben. Dagegen werden von diesen Vorschriften nicht jene Versicherten eingeschlossen, deren Wohnitz und Arbeitsstätte in Deutschland liegt, die sich aber dennoch jenseits der

der Praxis umsetzbar ist, zeigen zum einen die grenzüberschreitenden Projekte[1150] und zum anderen die Erfahrungen in einzelnen Bereichen der stationären Versorgung. Beispielsweise werden in Luxemburg keinerlei Betten mehr für Schwerbrandverletzte vorgehalten, sondern diese Patienten grundsätzlich in deutsche Krankenhäuser verlegt[1151]. Es ist bislang nicht die Rede davon gewesen, dass diese Praxis die Planung für die Versorgung inländischer Brandverletzter gefährdet. Bei dem Großteil der nach einem Wegfall der territorialen „Abschottung“ von Ausländern nachgefragten stationären Behandlungen wird es sich um selektive und nicht um unaufschiebbare Eingriffe handeln. Diese lassen sich in der Regel organisatorisch gut in die übrige Versorgung integrieren, ohne dass im Hinblick auf die einheimische Bevölkerung Engpässe zu befürchten wären. Aus diesem Grund fehlt es schon an der ersten Kausalitätsstufe. Eine „Grenzöffnung“ führt nicht zwingend zum Leerlaufen der mit der Krankenhausbedarfsplanung angestrebten Steuerung der stationären Versorgung der inländischen Bevölkerung.

(3) Abwanderung in Deutschland versicherter Leistungsempfänger

Nicht zuletzt wird wie bei den Auswirkungen einer „Grenzöffnung“ im Bereich der ambulanten medizinischen Versorgung[1152] auf die durch die Rückgänge bei der Belegung hervorgerufenen Einnahmeverluste deutscher Krankenhäuser verwiesen. Ein solcher Rückgang wäre insbesondere in Grenzgebieten zu befürchten. Im Bereich der stationären Versorgung läge die besondere Gefahr für das finanzielle Gleichgewicht darin, dass solche Einnahmenausfälle nicht kurzfristig zu einer Veränderung der Kapazitäten führen würden, sodass zur Erhaltung der Krankenhäuser gleichzeitig zusätzlich Steuermittel sowie weitere Mittel der Krankenkassen für die Ausgleichszahlungen bei der Minderbelegung aufgewendet werden müssten. Die befürchtete Abwanderung würde zu keiner Verringerung der (fixen) Personal- und Sachkosten im Krankenhaussektor führen[1153]. Auf mittlere Sicht würden solche Belegungsrückgänge dann aber auch zu einem Abbau von Bettenkapazitäten führen[1154] und damit eine Gefahr für eine allen zugängliche, ausgewogene stationäre medizinische Versorgung der Bevölkerung bedeuten. Diese Ansicht wird durch die Entscheidung des EuGH in der Rechtssache *„Smits / Peerbooms“* bestätigt. Der Gerichtshof begründet die Rechtfertigung der Beschränkung der Dienstleistungsfreiheit durch das Erfordernis der

---

(nahen) Grenze in stationäre Behandlung begeben wollen.

1150 Vgl. hierzu oben: G.I.4.

1151 *Wagener*, in: 11. Bonner Europa-Symposium, S. 43

1152 Vgl. hierzu oben: G.IV.1.b.bb.

1153 Vgl. hierzu oben: G.IV.2.b.aa.; *Belter*, europablätter 1999, S. 7 f.; *Zipperer*, in: Gesundheitsversorgung in der Europäischen Union, S. 68; *Domscheit*, KrV 1998, S. 249; *Becker*, in: Gesundheitsversorgung in der Europäischen Union, S. 54 f.

1154 *Bericht der gemeinsamen Arbeitsgruppe*, ZFSH/SGB 1999, S. 635

vorherigen Genehmigung bei einer Inanspruchnahme von Krankenanstalten, mit denen der Krankenversicherungsträger keine vertragliche Vereinbarung geschlossen hat, vornehmlich mit dem Zweck der Bedarfsplanung, zum einen im Inland ein ausgewogenes Angebot qualitativ hochwertiger Krankenhausversorgung zu gewährleisten und zum anderen die Kosten auf dem Gebiet der stationären Versorgung zu beherrschen[1155].

Abgesehen von den bereits angesprochenen tatsächlichen (nicht rechtlichen) Hindernissen wie Sprachbarrieren und sozialem Umfeld[1156], die auch und gerade die stationäre medizinische Behandlung im Ausland weiterhin die Ausnahme sein lassen werden[1157], ist in diesem Bereich auf die in anderen Mitgliedstaaten bestehenden Wartelisten hinzuweisen. Sie werden sicher nicht eine Abwanderung der inländischen Versicherten forcieren. Im Gegenteil wird dieser Umstand dazu beitragen, dass mit einem Zustrom ausländischer Versicherter in inländische Einrichtungen zu rechnen ist, welcher die Befürchtungen finanzieller Einbußen nicht nur relativieren, sondern als unberechtigt erscheinen lassen dürfte. Zudem ist in diesem Zusammenhang auf die hohe Qualität, die der deutschen Spitzenmedizin zugeschrieben wird[1158], hinzuweisen, welche ebenso zu Patientenströmungen aus anderen Mitgliedstaaten nach Deutschland führen wird.

Dennoch wäre bei einer Abwanderung das finanzielle Gleichgewicht des sozialen Sicherungssystems betroffen, wenn die Krankenkasse bei einer stationären Behandlung in einem anderen Mitgliedstaat einen dort geltenden höheren Pflegesatz tragen müsste. Ein Anspruch auf die Erstattung des höheren Pflegesatzes ergibt sich aber nicht aus dem Gemeinschaftsrecht[1159]. Auch der Rechtsprechung des Gerichtshofes kann eine solche Auslegung der Grundfreiheiten nicht entnommen werden. Insbesondere in seinen Entscheidungen *„Decker"* und *„Kohll"*, in deren Ausgangsfällen es gerade um den Ersatz der Kosten in Höhe der für inländische Leistungen geltenden Pauschalen und Tarife gegangen ist[1160], hat auch der Gerichtshof die Grundfreiheiten nicht dahin ausgelegt, dass sie grundsätzlich eine vollumfängliche Erstattung vorschreiben. Gerade seiner zweckgerichteten Auslegung von Art. 22 VO (EWG) Nr. 1408/71[1161] entspricht es, dass ein solcher (allumfassender) Anspruch nicht aus dem EG-Vertrag herge-

---

[1155] *EuGH*, Urt. v. 12.7.2001, Rs. C-157/99, NJW 2001, S. 3391 ff., 3395, Rz. 78 ff. (B. S. M. Smits, verheiratete Geraets / Stichting Ziekenfonds VGZ und H. T. M. Peerbooms / Stichting CZ Groep Zorgverzekeringen)

[1156] Vgl. hierzu oben: B.III.

[1157] *Schulte*, Arbeits- und Sozialplitik 2001, S. 47 f.

[1158] *Ricken*, SGb 1998, S. 676; *Wagener*, in: 11. Bonner Europa-Symposium, S. 42; *Zipperer*, in: Gesundheitsversorgung in der Europäischen Union, S. 68 f.

[1159] Ebenso: *Hirsch*, BKK 1999, S. 14; *Schuler*, in: *Schulte / Barwig*, S. 246; *Horn*, Sozialrecht und Praxis 2001, S. 668; a.A.: *Eichenhofer*, VSSR 1999, S. 120

[1160] Vgl. hierzu oben: B.I.1., B.II.1. und E.III.3.b.

[1161] Vgl. hierzu oben: C.I.3.b.

leitet werden kann. Auch die Entscheidung in der Rechtssache *„Vanbraekel"* begründet nicht grundsätzlich einen solchen Anspruch, wies doch der dabei zu berücksichtigende Ausgangsfall die Besonderheit auf, dass die Genehmigung nach Art. 22 VO (EWG) 1408/71 zu Unrecht verweigert wurde[1162]. Ungeachtet dessen bleibt es dem nationalen Recht vorbehalten, den Versicherten dennoch einen Anspruch auf Erstattung der tatsächlich aufgewendeten (auch höheren) Kosten bei der Inanspruchnahme von ausländischen Leistungserbringern zu gewähren. In Deutschland gibt das SGB V bisher keine Anhaltspunkte für die Höhe der Erstattung bei einer Leistungserbringung in anderen Mitgliedstaaten, weil die gesetzlichen Vorschriften den Gesundheitsmarkt nach außen hin abschotten[1163]. Das gilt auch für die stationäre medizinische Versorgung. Solange diese Regelungslücke nicht durch den deutschen Gesetzgeber geschlossen wird, bleibt es den nationalen Gerichten vorbehalten, diese Regelungslücke zu schließen[1164]. Falls die nationalen Gerichte trotz gewichtiger Gegenargumente[1165] zu einem vollumfänglichen Erstattungsanspruch gelangen, so kann das nicht die völlige Abschottung auf dem stationären Sektor rechtfertigen. Denn es bliebe dem nationalen Gesetzgeber unbenommen, durch eine entsprechende Regelung die bestehenden Lücke im deutschen Sozialversicherungsrecht zu schließen und die Erstattung auf die inländischen Tarife zu begrenzen[1166]. Dies wäre gegenüber der „Abschottung" ein milderes Mittel im Sinne des Verhältnismäßigkeitsgrundsatzes, welches ebenso zur Erhaltung der finanziellen Stabilität der sozialen Sicherungssysteme beiträgt.

Im Zusammenhang mit den deutschen Budgetierungsregelungen (z.B. §§ 16 Nr. 1, 17 Abs. 2 Nr. 2 KHG) ist darauf zu achten, dass das Budget für die stationäre medizinische Versorgung um die aus der Abwanderung inländischer Versicherter folgenden Mindererlöse gekürzt wird. Die Einnahmeausfälle kann das einzelne Krankenhaus durch die aufgrund der Behandlung ausländischer Versicherten erzielten Mehreinnahmen ausgleichen und darüber hinaus gegebenenfalls noch einen Gewinn erzielen. Voraussetzung dafür ist, dass diese Mehrerlöse ebenfalls keine Berücksichtigung im Krankenhausbudget finden dürfen und nach dem sog. Nettoprinzip ausgegliedert werden[1167]. Nicht zuletzt wäre es

---

1162 Vgl. hierzu oben: D.VI.1.c.aa.(2)

1163 Vgl. hierzu oben: G.I.3.; ebenso: *Gassner*, SGb 1998, S. 588

1164 Missverständlich insoweit der *Bericht der gemeinsamen Arbeitsgruppe*, ZFSH/SGB 1999, S. 634, der nicht das Problem der derzeit im deutschen Sozialversicherungsrecht bestehenden Regelungslücke erkennt.

1165 Im Ergebnis ebenso für eine Begrenzung der Kostenerstattung auf inländische Tarife schon nach dem derzeit gültigen nationalen Recht: *Domscheit*, KrV 1998, S. 248 f. hinsichtlich der stationären Rehabilitation, der Heilmittel- und Hilfsmittelversorgung; *Bericht der gemeinsamen Arbeitsgruppe*, ZFSH/SGB 1999, S. 634

1166 *Gassner*, SGb 1998, S. 588

1167 Ähnlich: *Wagener*, in: 11. Bonner Europa-Symposium, S. 43; *Gesellschaft für Versicherungswissenschaft und –gestaltung*, Informationsdienst Nr. 217, S.15

wiederum Sache der deutschen Regierung, in einem möglichen Verfahren vor dem EuGH die vermeintlichen Gefahren darzulegen und nachzuweisen. Obwohl die zu erwartenden geringen Bewegungen von im Inland Versicherten in andere Mitgliedstaaten und die zu berücksichtigenden Zuströme aus dem Ausland nicht die totale „Abschottung" des stationären Sektors rechtfertigen, erscheint ein derartiger Nachweis im Hinblick auf die Entscheidung in der Rechtssache *„Smits / Peerbooms"* durchaus erfolgversprechend. Das gilt zumindest dann, wenn das deutsche Gesundheitssystem auch vertragliche Vereinbarungen mit Krankenanstalten in anderen Mitgliedstaaten zulässt und die Kostenerstattung bei einer Inanspruchnahme von Leistungserbringern, mit denen keine vertragliche Vereinbarung besteht, von einer vorherigen Genehmigung abhängig macht. Eine solche Regelung müsste freilich sowohl für inländische als auch ausländische „vertragslose" Leistungserbringer gleich gelten. Entgegen der Übertragung der Ansicht des EuGH in der Entscheidung *„Smits / Peerbooms"* auf das nationale deutsche Recht rechtfertigen die Besonderheiten der stationären medizinischen Versorgung derzeit nicht die nationale „Abschottung" dieses Sektors im System der deutschen gesetzlichen Krankenversicherung[1168].

V. Die Bedeutung der Rechtsprechung des Europäischen Gerichtshofs für die übrigen Bereiche der medizinischen Versorgung im Rahmen der gesetzlichen Krankenversicherung in Deutschland

1. Die zahnärztliche Versorgung

Auf die zahnärztliche Behandlung im Sinne von § 28 Abs. 2 SGB V und die diesbezügliche Abschottung der gesetzlichen Krankenversicherung wurde bereits im Zusammenhang mit der ärztlichen Versorgung[1169] eingegangen, da sich insoweit keine Unterschiede ergeben. Aus diesem Grund sind nunmehr lediglich die übrigen Bereiche der zahnmedizinischen Versorgung zu beleuchten.

a. Zahnersatzleistungen

Der Anspruch auf medizinisch notwendige Versorgung mit Zahnersatz, die seit 01.01.1999 hinsichtlich des von den Krankenkassen zu tragenden Kostenanteils wieder als Sachleistung erfolgt[1170], ist in § 30 Abs. 1 SGB V verankert. Von den

[1168] Im Übrigen hat auch ein *luxemburgisches Obergericht* entsprechendes für das luxemburgische System der sozialen Sicherheit festgestellt (vgl. *Klusen*, in: Gesundheitsversorgung in der Europäischen Union, S. 38); Im Ergebnis wohl ebenso: *Schulte*, Arbeit und Sozialpolitik 2001, S. 48; *Horn*, Sozialrecht und Praxis 2001, S. 668; *Felix*, SozSich 2001, S. 624 ff; *Danner*, KrV 2000, S. 156; a.A. *Schulz-Weidner*, in: *Schulte / Barwig*, S. 339 ff.; *Burger*, BKK 2001, S. 358; *Mühlhausen*, Gesundheit und Gesellschaft 2001, S. 14

[1169] Vgl. hierzu oben: G.IV.1.

[1170] Vgl.: *Dalichau / Grüner*, SGB V, § 30 S. 2a ff.

Kosten im Rahmen dieser Versorgung mit Zahnersatz trägt der Versicherte nach § 30 Abs. 2 SGB V grundsätzlich einen Anteil von 50 % auf der Berechnungsgrundlage eines vom behandelnden Zahnarztes vor der Behandlung nach § 30 Abs. 4 SGB V kostenfrei erstellten und von der zuständigen Krankenkasse genehmigten Heil- und Kostenplanes. Der grundsätzlich hälftige Eigenanteil mindert sich unter Einhaltung in § 30 Abs. 2 Satz 3 bis 6 SGB V festgeschriebener Voraussetzungen auf minimal 35 % und ist von den Versicherten nach § 30 Abs. 4 Satz 9 SGB V unmittelbar an die Zahnärzte zu zahlen. Deshalb kann bei der Versorgung mit Zahnersatz auch nicht von einer reinen Sachleistung gesprochen werden[1171]. Der Anspruch auf die medizinisch notwendige Versorgung steht unter dem Vorbehalt der Behandlung durch einen Vertragszahnarzt. Das ergibt sich bereits aus § 30 Abs. 3 Satz 1, Abs. 4 Satz 6, 9 SGB V. Somit wird auch der Bereich der Versorgung mit Zahnersatz national „abgeschottet" und damit der freie Dienstleistungsverkehr beschränkt[1172].

Größere praktische Schwierigkeiten bei einer Versorgung mit Zahnersatz in einem anderen Mitgliedstaat ergeben sich nicht. Der Versicherte muss auch bei der Inanspruchnahme ausländischer Zahnärzte seiner zuständigen Krankenkasse vor Beginn der Behandlung einen entsprechenden Heil- und Kostenplan zur Prüfung und Genehmigung vorlegen. Hierbei handelt es sich um eine Maßnahme, die nach entsprechender Heranziehung der „*Keck*-Rechtsprechung" auf den Bereich des freien Dienstleistungsverkehrs[1173] nicht in den Schutzbereich dieser Grundfreiheit fällt. Dieses Erfordernis regelt nicht den Inhalt der Leistung selbst und betrifft auch nicht die Person des Leistungsanbieters. Die Regelung stellt folglich lediglich eine Verkaufsmodalität dar. Sie gilt unterschiedslos für die Behandlung durch einen inländischen Zahnarzt wie für die eines Leistungserbringers aus einem anderen Mitgliedstaat.

Sollte der behandelnde Zahnarzt aus dem anderen Mitgliedstaat für den Heil- und Kostenplan ein Entgelt verlangen, hat dieses der Versicherte allein zu entrichten und bekommt diese Kosten nicht (auch nicht zum Teil) von dem zuständigen Träger erstattet. Eine solche Erstattung sieht das Leistungsrecht ebenso nicht für die von einheimischen Leistungserbringern erstellten Heil- und Kostenpläne vor.

Aufgrund der Selbstbeteiligung in Höhe von mindestens 35 % ist dieser Bereich der medizinischen Versorgung besonders prädestiniert, die bestehenden Sprachbarrierren und andere der Sphäre der Patienten entspringende Hemmnisse zu überwinden. Eine kostengünstigere Zahnersatzbehandlung in einem anderen

---

1171 *Dalichau / Grüner*, SGB V, § 30 S. 2c

1172 Vgl. hierzu die Ausführungen zur entsprechenden Problematik der bedarfsorientierten Zulassungsbeschränkung bei der ambulanten medizinischen Behandlung: G.IV.1.b.cc.(1)

1173 Vgl. hierzu oben: E.I.5.b. und E.III.2.a.

Mitgliedstaat wirkt sich finanziell unmittelbar auch auf den Versicherten aus. Andererseits werden diese Vorteile – sieht man einmal von den Grenzregionen ab – durch die Reisekosten relativiert, die bei einer häufig erforderlichen mehrmaligen Behandlung besonders zu Buche schlagen. Auch eine in diesem Bereich vermehrte Inanspruchahme ausländischer Leistungserbringer wird aber nicht die Erhaltung des finanziellen Gleichgewichts der sozialen Sicherungssysteme in Deutschland ernsthaft gefährden und damit eine nationale „Abschottung" rechtfertigen. Zum einen ist bei einer zahnerhaltenden Behandlung in einem anderen Mitgliedstaat die Genehmigung des Heil- und Kostenplanes durch die Krankenkasse erforderlich, damit diese ihren Anteil an den Kosten übernimmt. Zum anderen besteht der Anreiz einer Behandlung im Ausland gerade in dem geringeren, vom Versicherten selbst zu tragenden finanziellen Aufwand. Dieser Umstand hat wegen des unveränderten prozentualen Anteils der zuständigen Krankenkasse notwendigerweise zur Folge, dass sich auch ihre Ausgaben verringern. Falls dennoch ausnahmsweise der ein oder andere Versicherte einen höheren eigenen Aufwand wegen höherer Kosten in anderen Mitgliedstaaten in Kauf nimmt, dann stellt eine nationale Regelung, welche die Erstattung der Kosten auf die Höhe der bei einer Behandlung im Inland anfallenden finanziellen Belastungen beschränkt, das mildere Mittel zur Erhaltung des finanziellen Gleichgewichts dar[1174].

Eine Gefahr für die Sicherstellung einer ausgewogenen, allen zugänglichen (notwendigen) medizinischen Versorgung mit Zahnersatz ist kaum zu befürchten. Der Anteil der durch ausländische Zahnärzte erbrachten zahnerhaltenden Leistungen wird gerade bei Fällen, die eine mehrmalige Behandlung erfordern, nicht derart groß sein, dass dadurch die Erhaltung eines bestimmten Umfangs der Versorgung mit Zahnersatz im Inland so sehr gefährdet ist, dass eine Abschottung in diesem Bereich zur Erhaltung der Gesundheit notwendig ist. Selbst in Grenzgebieten, in denen möglicherweise eine verstärkte Inanspruchnahme von im Nachbarstaat niedergelassenen Zahnärzten bei der Versorgung mit Zahnersatz in Betracht kommt, wird dieser Umstand nicht zu einer Gefahr der Gesundheit der einheimischen Bevölkerung führen. Diese wäre nach wie vor unter der gebotenen Berücksichtigung des Versorgungsangebots der grenznahen ausländischen Leistungserbringer sichergestellt[1175].

b. Kieferorthopädische Behandlung

Der Anspruch auf kieferorthopädische Versorgung in medizinisch begründeten Indikationsgruppen[1176], die ebenfalls seit 01.01.1999 wieder als Sachleistung er-

---

1174 Vgl. hierzu und zur grundsätzlichen Zulässigkeit einer entsprechenden nationalen Regelung und zu möglichen Ausnahmen: G.IV.2.b.cc.(3)

1175 Vgl. hierzu oben: D.V.2.b.

1176 Die objektiv überprüfbaren Indikationsgruppen werden nach §§ 29 Abs. 4, 92 Abs. 1

folgt[1177], ist in § 29 Abs. 1 SGB V verankert. Von den Kosten im Rahmen dieser Versorgung trägt der Versicherte vorläufig einen Eigenanteil von 20 %, der sich bei gleichzeitiger Behandlung für das zweite und jedes weitere Kind auf 10 % reduziert. Die Abrechnung des von vornherein von den Krankenkassen zu tragenden Anteils erfolgt nach § 29 Abs. 3 Satz 1 SGB V durch den Leistungserbringer mit der Kassenzahnärztlichen Vereinigung. Bei plangerechter abgeschlossener Behandlung[1178] wird der Eigenanteil von der zuständigen Krankenkasse an den Versicherten zurückgezahlt (§ 29 Abs. 3 Satz 2 SGB V). Lediglich bei Behandlungsabbruch ist er endgültig vom Versicherten zu tragen[1179]. Die Voraussetzung, dass diese Behandlung im Rahmen der vertragszahnärztlichen Versorgung durchgeführt worden ist (§ 29 Abs. 2 Satz 1, Abs. 3 Satz 1 SGB V)[1180], beschränkt unter Berücksichtigung der in der Entscheidung in der Rechtssache *„Kohll"* entwickelten Grundsätze den freien Dienstleistungsverkehr, ohne dass ein Rechtfertigungsgrund gegeben ist[1181]. Zahlungen an Zahnärzte in anderen Mitgliedstaaten können bei der Festsetzung des Umfangs der Gesamtvergütung nach § 85 SGB V berücksichtigt und in Abzug gebracht werden[1182]. Allein diese Möglichkeit der gesonderten Erfassung von in anderen Mitgliedstaaten erbrachten kieferorthopädischen Leistungen reicht aus, damit die „Abschottung" nicht aus Gründen der Erhaltung des finanziellen Gleichgewichts gerechtfertigt ist. Dagegen kommt es nicht darauf an, ob eine solche Alternative tatsächlich in die Praxis umgesetzt wird oder wegen der mangelnden Einigungsbereitschaft der Kassenzahnärztlichen Vereinigung scheitert[1183].

Allerdings kann die Berücksichtigung des degressiven Punktwertes nach § 85 Abs. 4b bis 4f SGB V auf die Behandlung durch einen ausländischen Leistungserbringer nicht ohne weiteres übertragen werden. Dieser gilt nur für Vertragszahnärzte und ist als hoheitliche Maßnahme nicht ohne ausdrückliche (privatrechtliche) Vereinbarung auf ausländische Leistungsanbieter anwendbar. Hieraus können sich durchaus finanzielle Mehrbelastungen für die Krankenkassen ergeben, die allerdings nicht von solchem Ausmaß sein werden, dass sie das finanzielle Gleichgewicht der sozialen Sicherungssysteme ernsthaft gefährden werden[1184]. Der Umfang, in dem ausländische Zahnärzte für kieferorthopädische Behandlungen in Anspruch genommen werden, wird äußerst gering sein. Das

---

Nr. 2 SGB V vom Bundesausschuss der Zahnärzte und Krankenkassen festgelegt.

1177 *Schmidt*, in: *Peters*, § 29, Rn. 13; *Dalichau / Grüner*, SGB V, § 29 S. 3 f.

1178 Der Behandlungsplan ist vor Beginn der Behandlung aufzustellen und ermöglicht die Prüfung der Behandlungsnotwendigkeit, den Behandlungswunsch des Versicherten und die Behandlungsbereitschaft des Zahnarztes (*Schmidt*, in: *Peters*, § 29, Rn. 40).

1179 *Schmidt*, in: *Peters*, § 29, Rn. 17, 42 f.

1180 *Dalichau / Grüner*, SGB V, § 29 S. 12a f.

1181 Vgl. hierzu oben: G.IV.1.b.cc.(1)

1182 Vgl. hierzu oben: G.IV.1.b.cc.(2) und (3)

1183 So aber offensichtlich: *Domscheit*, KrV 1998, S. 248

1184 Vgl. hierzu oben: G.IV.1.b.cc. und G.IV.2.b.cc.(3)

gilt umso mehr, als dass bei der kieferorthopädischen Behandlung ein mit Zahnersatzleistungen[1185] vergleichbarer finanzieller Anreiz für den Versicherten fehlt. Schließlich trägt er bei einem Abschluss nach dem Behandlungsplan keinerlei Kosten selbst. Mögliche Liquiditätssteigerungen auf Seiten des Versicherten durch eine geringere Vorschusspflicht in Höhe von maximal 20 % haben sicher nicht einen vergleichbaren Anreiz wie die unmittelbare Verringerung der eigenen Ausgaben. Zudem lässt die Langwierigkeit der kieferorthopädischen Behandlung und die - abgesehen von den Grenzregionen - damit verbundenen zusätzlichen Aufwendungen (Fahrtkosten, erhöhter Zeitaufwand) keine vom Umfang her bedeutsame Inanspruchnahme ausländischer Kieferorthopäden erwarten[1186]. Aus diesem Grund ist ebenso eine ausgewogene, allen zugängliche kieferorthopädische Versorgung nicht gefährdet, die eine Abschottung dann rechtfertigen könnte, wenn sie für die Gesundheit der inländischen Bevölkerung erforderlich wäre[1187].

c. Übrige Leistungen im Rahmen der zahnärztlichen Versorgung

Bei der Versorgung mit Zahnersatz und der kieferorthopädischen Behandlung werden häufig konservierend-chirurgische Leistungen und Röntenleistungen erbracht, die nach § 30 Abs. 2 Satz 2 bzw. § 29 Abs. 2 Satz 2 SGB V nicht anteilig, auch nicht vorläufig, von den Versicherten zu tragen sind. Diese nicht der kieferorthopädischen Behandlung zuzurechnenden Begleitleistungen werden ebenfalls[1188] als Sachleistungen erbracht. Da bei der kieferorthopädischen Versorgung ohnehin nicht mit einer bedeutenden Inanspruchnahme ausländischer Zahnärzte zu rechnen ist[1189], muss auch durch die bei diesen Behandlungen erbrachten Begleitleistungen keine Gefährdung des finanziellen Gleichgewichts ernsthaft befürchtet werden[1190]. Als milderes Mittel steht zudem die Möglichkeit einer nationalen Regelung zur Verfügung, welche die Erstattung der Höhe nach auf die entsprechenden Kosten für eine Behandlung im Inland beschränkt[1191]. Aus dem gleichen Grund ist eine „Abschottung" auch nicht aus Gründen der Sicherstellung einer ausgewogenen, allen zugänglichen zahnärztlichen Versorgung gerechtfertigt. Eine Gefahr für diese ist gerade nicht zu befürchten.

[1185] Vgl. hierzu oben: G.V.1.a.

[1186] Ähnlich: *Domscheit*, KrV 1998, S. 248

[1187] Vgl. hierzu oben: E.III.3.a. und E.III.4.b.

[1188] Dies galt im Übrigen auch schon vor der Gesetzesänderung zum 01.01.1999 aufgrund von § 29 Abs. 1 Satz 3 SGB V (*Dalichau / Grüner*, SGB V, § 29 S. 15; *Schmidt*, in: *Peters*, § 29, Rn. 28; *Domscheit*, KrV 1998, S. 248).

[1189] Vgl. hierzu oben: G.V.1.b.

[1190] Im Ergebnis ebenso: *Domscheit*, KrV 1998, S. 248

[1191] Vgl. hierzu oben: G.IV.2.b.cc.(3)

2. Die Arzneimittelversorgung

Der Anspruch der Versicherten auf die Versorgung mit Arzneimitteln ist in § 31 Abs. 1 SGB V geregelt, wobei Arzneimittel als Sachleistung erbracht werden[1192]. Bei den Auswirkungen der Rechtsprechung des EuGH im Arzneimittelsektor ist zwischen den von der Versorgung grundsätzlich ausgeschlossenen (Negativliste) und den übrigen Arzneimitteln zu unterscheiden.

a. Von der Versorgung ausgeschlossene Arzneimittel

Im Zusammenhang mit den von Negativliste erfassten und von der Versorgung nach §§ 31 Abs. 1 Satz 1, 34 SGB V[1193] vollständig ausgeschlossenen Arzneimitteln stellt sich nicht das Problem einer Kostenerstattung bei ihrem Erwerb in einem anderen Mitgliedstaat. Im Rahmen der Zulässigkeit einer solchen Negativliste[1194] kommt eine Erstattung von Kosten für die durch sie von der Versorgung ausgeschlossenen Arzneimittel weder beim Bezug im Inland noch in einem anderen Mitgliedstaat in Betracht. Der finanzielle Aufwand ist in diesen Fällen immer vom Leistungsempfänger allein zu tragen.

b. Der Versorgung unterfallende Festbetragsarzneimittel

Anders liegt der Fall bei den Arzneimitteln, für die nach § 31 Abs. 3 SGB V lediglich eine Zuzahlung vorgesehen ist und die zudem noch Festbetragsfestsetzungen nach §§ 31 Abs. 1 und 2, 35 SGB V unterfallen. Die Zuzahlungsregelung des § 31 Abs. 3 SGB V stellt eine Verkaufsmodalität dar, da sie lediglich bestimmte Umstände des Vertriebs regelt und nicht den Inhalt der Leistung bzw. die Person des Leistungserbringers betrifft[1195]. Von der Zuzahlung sind in anderen Mitgliedstaaten erworbene Arzneimittel in gleichem Umfang betroffen wie solche, die im Inland bezogen werden. Die in § 31 Abs. 3 SGB V geregelte Zuzahlung stellt damit schon nach den Grundsätzen der „*Keck*-Rechtsprechung" keinen gemeinschaftsrechtswidrigen Eingriff in den freien Warenverkehr dar. Gleiches gilt für die Festbetragsfestsetzungen nach §§ 31 Abs. 1, 2, 35 SGB V[1196]. Soweit deren Zustandekommen künftig auch die gemeinschaftsrecht-

---

[1192] *Dalichau / Grüner*, SGB V, § 31 S. 22; *Schmidt*, in: *Peters*, § 31, Rn. 97

[1193] Nach Verkündung der noch nach § 33a Abs. 1 SGB V zu erlassenen Rechtsverordnung bezieht sich der Vorbehalt nicht mehr auf die von der Negativliste ausgeschlossenen Arzneimittel, sondern auf die in der vertragsärztlichen Versorgung verordnungsfähigen Arzneimittel (Positivliste), was im Ergebnis jedoch zu keinen Unterschieden führt (vgl. hierzu oben: D.VI.2.c.).

[1194] Vgl. hierzu oben: D.VI.2.a. und D.VI.2.b.

[1195] Vgl. hierzu oben: D.II.2. und D.IV.2.

[1196] Vgl. hierzu oben: D.VI.1.b. und D.VI.1.c.

lichen Wettbewerbsvorschriften berücksichtigt[1197], sind sie als unterschiedslos geltende Verkaufsmodalitäten mit dem EG-Vertrag vereinbar. In diesem Fall sind beim Bezug von Arzneimitteln in einem anderen Mitgliedstaat sowohl die Zuzahlungsregelungen als auch die Festbetragsfestsetzungen zu berücksichtigen. Eine Gefährdung des finanziellen Gleichgewichts wäre abgesehen von dem schon nicht vorliegenden Eingriff in die Warenverkehrsfreiheit bei einer „Grenzöffnung" auf dem Arzneimittelmarkt im Zusammenhang mit den Zuzahlungsregelungen und den Festbetragsfestsetzungen nicht zu befürchten. Mit dem Bezug von Arzneimitteln in anderen Mitgliedstaaten würden für die zuständigen Krankenkassen keine höheren finanziellen Aufwendungen verbunden sein als bei deren Erwerb in Deutschland.

Auch der in § 130 SGB V geregelte Kassenrabatt, der die Apotheken gegenüber den Krankenkassen zu einem Rabatt in Höhe von 5 % verpflichtet[1198] und der als hoheitliche Maßnahme nicht gegenüber Apothekern aus anderen Mitgliedstaaten Wirkung entfaltet, vermag nicht das finanzielle Gleichgewicht der sozialen Sicherungssysteme ernsthaft zu gefährden. Seitens der Versicherten ist keine systematisch verstärkte Beschaffung von Arzneimitteln im Ausland zu erwarten. Das liegt daran, dass es für den Versicherten keinen Anreiz zum Arzneimittelerwerb jenseits der Grenzen gibt, wenn er die Zuzahlungen in jedem Fall selbst tragen muss[1199]. Selbst in Grenzgebieten dürfte sich der für manchen Versicherten im Einzelfall bestehende Vorteil der näheren Apotheke jenseits der Grenze durch die mit der Kostenerstattung verbundene Vorauszahlungspflicht und dem zusätzlichen Verwaltungsaufwand wieder relativieren. Zudem darf nicht allein auf die wegen des in anderen Mitgliedstaaten nicht wirksamen Kassenrabatts höheren finanziellen Belastungen für die hiesigen Krankenkassen verwiesen werden. Vielmehr sind auch die Einsparungen durch die jenseits der Grenzen unter den Festbetragsfestsetzungen liegenden Preise von Arzneimittel bei der Frage des Einflusses auf das finanzielle Gleichgewicht zu berücksichtigen, sodass es im Ergebnis bei weitem nicht um die fünf Prozentpunkte von ohnehin vergleichsweise verschwindend geringen Ausgaben für jenseits der Grenzen erworbene Arzneimittel geht. Nicht zuletzt stellt wiederum eine nationale Regelung, welche die Kostenerstattung auf die Ausgaben im Inland beschränkt, das mildere Mittel zur Erhaltung der finanziellen Stabilität dar[1200]. Auf die Frage der

[1197] Vgl. zur Verletzung der gemeinschaftsrechtlichen Wettbewerbsregelungen hinsichtlich des derzeitigen Zustandekommens der Festbetragsfestsetzungen oben: F.VI.

[1198] Auf den in Betracht kommenden Verstoß einer solchen Regelung gegen europäisches Kartellrecht soll an dieser Stelle nicht näher eingegangen werden.

[1199] *Berg*, EuZW 1999, S. 590; *Bericht der gemeinsamen Arbeitsgruppe*, ZFSH/SGB 1999, S. 637

[1200] Vgl. zur grundsätzlichen Zulässigkeit einer entsprechenden nationalen Regelung und zu möglichen Ausnahmen: G.IV.2.b.cc.(3)

Verletzung von gemeinschaftsrechtlichen Kartellvorschriften durch die Regelung des § 130 SGB V käme es in diesem Rahmen dann überhaupt nicht an.

Im Hinblick auf die Regelung des Arzneimittelbudgets in § 84 SGB V a.F.[1201] waren ebenso keinerlei finanzielle Zusatzbelastungen zu befürchten. Von einem deutschen Arzt verschriebene Arzneimittel fielen unter diese Vorschrift, ohne dass es eine Rolle gespielt hätte, ob sie der Versicherte in einer deutschen Apotheke oder jenseits der Grenzen erworben hätte[1202]. Von einem Arzt in einem anderen Mitgliedstaat verschriebene Arzneimittel wären immer bei der Vereinbarung der Arzneimittelbudgets herauszunehmen, unabhängig davon, von welchem Apotheker der Versicherte diese letztlich bezieht[1203]. Wenn die Tatsache, dass die ausländischen Ärzte nicht an Richtgrößen gebunden und in die „Kollektivhaftung" einbezogen worden sind, entgegen den Ausführungen an entsprechender Stelle[1204] doch zu einem unwirtschaftlichen Verhalten bei der Verschreibung von Arzneimitteln geführt hätte, so wäre diese Gefahr eine Folge des Verhaltens der Ärzte gewesen, nicht aber der „Grenzöffnung" auf dem Arzneimittelsektor[1205]. Eine Rechtfertigung der „Abschottung" des Arzneimittelmarktes war mithin auch unter diesem Gesichtspunkt ausgeschlossen.

c. Der Versorgung unterfallende Arzneimittel ohne Festbetrag

Eine wieder etwas andere Konstellation ist bei den Arzneimitteln gegeben, die nicht unter die Negativliste fallen, für die aber auch kein Festbetrag festgesetzt ist, sodass die Krankenkasse abzüglich der vom Versicherten zu zahlenden Zuzahlungen die Kosten vollumfänglich zu tragen hat. Soweit der Preis für diese Präparate in den anderen Mitgliedstaaten denjenigen in Deutschland übersteigt, würde dieser Umstand in der Tat das finanzielle Gleichgewicht im deutschen Gesundheitswesen berühren. Es scheint allerdings ausgeschlossen, dass diese Mehrkosten in der Praxis tatsächlich zu einer ernsthaften Gefährdung des finanziellen Gleichgewichts führen. Zum einen sind für die meisten Arzneimittel in Deutschland Festbeträge festgesetzt worden[1206]. Zum anderen ist davon auszugehen, dass es für den Versicherten keinen Anreiz zum Arzneimittelerwerb jenseits der Grenzen gibt[1207]. Schließlich darf in diesem Zusammenhang nicht nur auf die in anderen Mitgliedstaaten teureren Arzneimittel verwiesen werden. Vielmehr sind auch die Einsparungen durch die jenseits der Grenzen billigeren Präparate bei der Frage des Einflusses auf das finanzielle Gleichgewicht zu be-

---

[1201] Vgl. zur Aufhebung der Arzneimittelbudgets G.IV.1.b.cc.(3)
[1202] Im Ergebnis ebenso: *Berg*, EuZW 1999, S. 590
[1203] Vgl. hierzu oben: G.IV.1.b.cc.(3)
[1204] Vgl. hierzu oben: G.IV.1.b.cc.(3)
[1205] Ähnlich: *Berg*, EuZW 1999, S. 590
[1206] *Domscheit*, KrV 1998, S. 248
[1207] Vgl. hierzu oben: G.V.2.b.

rücksichtigen. Eine völlige „Abschottung“ in diesem Bereich ist auch aus Verhältnismäßigkeitsgründen ausgeschlossen. Es besteht ebenfalls auf diesem Sektor die Möglichkeit, durch eine nationale Regelung den Umfang der Kostenerstattung auf die bei einer Inanspruchnahme inländischer Apotheker ohnehin für die Krankenversicherung entstehenden finanziellen Lasten zu begrenzen[1208].

3. Die Heilmittelversorgung

Ein Anspruch auf die Versorgung mit Heilmitteln, der regelmäßig im Wege der Erbringung einer Sachleistung erfüllt wird[1209], ergibt sich aus § 32 Abs. 1 SGB V. Voraussetzung ist wie bei der Arzneimittelversorgung, dass diese Heilmittel nicht von der Negativliste nach § 34 SGB V erfasst sind.

a. Von der Versorgung ausgeschlossene Heilmittel

Hinsichtlich der in der Negativliste aufgezählten Heilmittel gibt es keinerlei Schwierigkeiten. Die hierfür anfallenden Kosten hat immer der Versicherte vollumfänglich allein zu tragen, unabhängig davon, ob er sie im Inland oder jenseits der Grenzen bezieht[1210].

b. Zuzahlungsregelung

Der Versicherte hat nach § 32 Abs. 2 SGB V eine Zuzahlung von 15 % an den Leistungserbringer zu zahlen. Eine solche Zuzahlungsregelung behindert als unterschiedslos geltende Verkaufsmodalität nach den Grundsätzen der „*Keck*-Rechtsprechung“ wiederum nicht den freien Waren- bzw. Dienstleistungsverkehr[1211]. Zuzahlungen sind daher auch bei der Inanspruchnahme ausländischer Leistungserbringer von den Versicherten zu tragen und im Rahmen einer Erstattung der Aufwendungen in Abzug zu bringen[1212].

c. Voraussetzung der Zulassung nach § 124 SGB V

In Deutschland können Heilmittel nach § 124 SGB V nur von zugelassenen Leistungserbringern abgegeben werden[1213]. Obwohl der Wortlaut dieser Vor-

---

1208 Vgl. hierzu oben: D.VI.1.

1209 *Dalichau / Grüner*, SGB V, § 32 S. 3; *Schmidt*, in: *Peters*, § 32, Rn. 20

1210 In diesem Zusammenhang kann auf die entsprechenden Ausführungen zu den der Negativliste unterfallenden Arzneimittel verwiesen werden: vgl. hierzu oben: G.V.2.a.

1211 Vgl. hierzu oben: G.V.2.b.

1212 Ebenso: *Bericht der gemeinsamen Arbeitsgruppe*, ZFSH/SGB 1999, S. 637; *Domscheit*, KrV 1998, S. 248; *Zipperer*, in: Gesundheitsversorgung in der Europäischen Union, S. 61

1213 Vgl. hierzu: *Gitter*, SDSRV 34, S. 111 ff.

schrift ebenso die Auslegung zulässt, dass Leistungserbringer aus anderen Mitgliedstaaten unter den festgesetzten Voraussetzungen einen Anspruch auf Zulassung haben, wird unter Verweis auf Sinn und Zweck, Entstehungsgeschichte und auch Systematik die Regelung des § 124 SGB V im Sinne einer territorialen Begrenzung auf dem Heilmittelsektor ausgelegt[1214]. Eine solche Auslegung verstößt jedoch gegen die gemeinschaftsrechtlich gewährte Warenverkehrs- bzw. Dienstleistungsfreiheit. Die Beschränkung dieser Grundfreiheiten durch eine territoriale „Abschottung" ist keinesfalls gerechtfertigt. Der Schutz der öffentlichen Gesundheit kann nicht rechtfertigend herangezogen werden, da diese auch bei Einhaltung der in § 124 SGB V festgelegten Voraussetzungen durch Leistungserbringer aus anderen Mitgliedstaaten nicht mehr oder weniger als durch inländische Leistungserbringer gefährdet wäre[1215].

Es stellt sich darüber hinaus sogar die Frage, ob die in § 124 SGB V aufgezählten Voraussetzungen nicht selbst schon eine nicht gerechtfertigte Beschränkung des freien Waren- bzw. Dienstleistungsverkehrs darstellen. Bei diesen Zulassungsvoraussetzungen handelt es sich nicht um Regelungen, die schon bei entsprechender Heranziehung der Grundsätze der „*Keck*-Rechtsprechung" aus dem Schutzbereich dieser Grundfreiheiten fallen. Diese Zulassungsvoraussetzungen bestimmen, wer eine Leistung erbringen darf und sind damit keine Verkaufsmodalität[1216]. Es muss somit ein Rechtfertigungsgrund für die durch § 124 SGB V hervorgerufene Beschränkung vorliegen. Die Darlegungs- und Beweislast[1217] hierfür trifft die deutsche Regierung. Dabei reicht es nicht aus, sich auf das Fehlen hinreichender Informationen von dem deutschen Niveau vergleichbaren Ausbildungs- und Weiterbildungsmaßnahmen innerhalb der Europäischen Union für Heilmittelleistungserbringer zu berufen[1218]. Vielmehr ist darzulegen, dass die Gesundheit deutscher Versicherter bei der Inanspruchnahme von Leistungserbringern jenseits der Grenze (beispielsweise wegen deren unzureichender Aus- oder Weiterbildung) gefährdet ist. Das wird angesichts der hohen Anforderungen des EuGH in diesem Bereich[1219] schwer nachzuweisen sein.

[1214] Vgl. hierzu ausführlich: *Zechel*, Die territorial begrenzte Leistungserbringung der Krankenkassen im Lichte des EG-Vertrages, S. 23 ff.; a.A.: *Bericht der gemeinsamen Arbeitsgruppe*, ZFSH/SGB 1999, S. 638

[1215] *Bericht der gemeinsamen Arbeitsgruppe*, ZFSH/SGB 1999, S. 638

[1216] Vgl. hierzu oben: E.I.5.b. und E.III.2.
Im Ergebnis ebenso, ohne allerdings auf diese Problematik einzugehen: *Bericht der gemeinsamen Arbeitsgruppe*, ZFSH/SGB 1999, S. 638, da auf die Rechtfertigung aus Gründen des Gesundheitsschutzes mangels vergleichbarer Anforderungen an Aus- und Weiterbildung in anderen Mitgliedstaaten abgestellt wird.

[1217] Vgl. hierzu oben: D.II.3.b., D.III. und E.I.5.d.

[1218] So aber: *Bericht der gemeinsamen Arbeitsgruppe*, ZFSH/SGB 1999, S. 638

[1219] Vgl. hierzu oben: D.V.2.a. und E.III.4.a.; a.A. offensichtlich: *Mrozynski*, in: *Kauder*, S. 105

d. Verordnungsvoraussetzungen in Heilmittel- und Hilfsmittelrichtlinien

Der Heilmittel verordnende deutsche Vertragsarzt ist bei der Verordnung an die von den Bundesausschüssen beschlossenen Verordnungsvoraussetzungen in den Heilmittel- und Hilfsmittelrichtlinien (§ 92 Abs. 1 Satz 2 Nr. 6 SGB V) gebunden. Diese gelten als hoheitliche Maßnahme nicht automatisch für ausländische Ärzte. Wenn die Tatsache, dass die ausländischen Ärzte nicht diese Verordnungsvoraussetzungen erfüllen müssen, entgegen den Ausführungen an entsprechender Stelle[1220] doch zu einem unwirtschaftlichen Verhalten bei der Verordnung von Heilmitteln führt, so ist diese Gefahr Folge des Verhaltens der Ärzte, aber nicht der „Grenzöffnung" auf dem Heilmittelsektor[1221]. Eine Rechtfertigung der „Abschottung" des Heilmittelmarktes ist mithin unter diesem Gesichtspunkt im Hinblick auf die Erhaltung des finanziellen Gleichgewichts ausgeschlossen.

e. Heilmittelbudgets nach § 84 SGB V

Hinsichtlich der Begrenzung der Ausgaben für Heilmittel durch Budgets gemäß § 84 SGB V ergeben sich keine Unterschiede zu Arzneimittelbudgets[1222]. Auch dieses Steuerungsinstrument kann folglich nicht eine „Abschottung" des Heilmittelsektors rechtfertigen[1223].

f. Vereinbarungen nach § 125 Abs. 2 SGB V

Auf dem Heilmittelsektor schließen gemäß § 125 Abs. 2 SGB V die Landesverbände der Krankenkassen mit den Leistungserbringern oder deren Verbänden Verträge über die Einzelheiten der Versorgung mit Heilmitteln, über (Höchst-) Preise und Abrechnungsverfahren. Da somit selbst in Deutschland trotz § 124 Abs. 2 Nr. 4 SGB V inhaltlich unterschiedliche Verträge mit Leistungserbringern auch eines Bereiches und folglich unterschiedliche (Höchst-) Preise für ein und dieselbe Leistung möglich sind und deshalb entsprechende Vereinbarungen ebenso im Inland nur inter-partes Wirkung entfalten[1224], können solche (Höchst-) Preise nicht bei der Erstattung im Rahmen der Inanspruchnahme ausländischer Leistungserbringer herangezogen werden. Welcher Vertrag von möglicherweise mehreren sollte schließlich für die Erstattung der entsprechenden Leistung zu Grunde gelegt werden?

[1220] Vgl. hierzu oben: G.IV.1.b.cc.(3)

[1221] Ähnlich: *Berg*, EuZW 1999, S. 590

[1222] Vgl. hierzu oben: G.V.2.b.

[1223] Die von *Domscheit* (KrV 1998, S. 248) aufgezählten Vorbehalte überzeugen ebenso wenig wie ihre entsprechenden Einwendungen hinsichtlich der Arzneimittelversorgung (vgl. hierzu oben: G.V.2.b.).

[1224] Das ergibt sich schon aus dem privatrechtlichen Charakter dieser Verträge. Ebenso: *Schmidt*, in: *Peters*, § 125, Rn. 8 ff.

Aber dieser Umstand dürfte allenfalls theoretisch zusätzliche finanzielle Belastungen durch höhere Heilmittelpreise in anderen Mitgliedstaaten nicht ausschließen können. In der Praxis bleibt es nämlich immer noch bei der Selbstbeteiligung der Versicherten in Höhe von 15 %, sodass allein dieser Umstand jeden Anreiz ausschließt, auf teurere ausländische Leistungserbringer zurückzugreifen. Im Übrigen können entsprechende Vereinbarungen über Qualität und Preis ebenso mit den Leistungserbringern aus anderen Staaten getroffen werden[1225]. Außerdem ist es nicht ausgeschlossen, dass das nationale Recht die Kostenerstattung bei einer Inanspruchnahme ausländischer Leistungserbringer auf den finanziellen Aufwand beschränkt, der maximal bei einem inländischen Leistungserbringer entsteht[1226]. Ausschlaggebend wäre mithin die inländische Vereinbarung mit dem höchsten Preis.

4. Die Hilfsmittelversorgung

Der Anspruch der Versicherten auf die Versorgung mit Hilfsmitteln - in der Rechtssache *„Decker"* ging es um die Kostenerstattung für ein Hilfsmittel (eine Brille)[1227] - ergibt sich aus § 33 Abs. 1 SGB V und ist ebenfalls als Sachleistungsanspruch ausgestaltet[1228].

a. Von der Versorgung ausgeschlossene Hilfsmittel

Keinerlei Probleme ergeben sich im Hinblick auf die von der Negativliste erfassten und damit von der Versorgung ausgeschlossenen Hilfsmittel[1229]. Die Kosten für diese tragen immer vollumfänglich allein die Versicherten, unabhängig davon, ob die jeweiligen Hilfsmittel im Inland oder in einem anderen Mitgliedstaat erworben werden[1230].

b. Genehmigungsvorbehalt

Für die Versorgung von Hilfsmitteln im Inland besteht ein Genehmigungsvorbehalt der Krankenkasse. Dies ergibt sich schon aus § 33 Abs. 5 Satz 2 SGB V.

1225 Sollte § 124 SGB V im Sinne einer territorialen Begrenzung auszulegen sein, würde die Vorschrift gegen Gemeinschaftsrecht verstoßen (vgl. hierzu oben: G.V.3.c.).

1226 Vgl. zur grundsätzlichen Zulässigkeit einer entsprechenden nationalen Regelung und zu möglichen Ausnahmen: G.IV.2.b.cc.(3)

1227 Vgl. hierzu oben: B.I.1. und D.V.2.a.

1228 *Berstermann*, in: *Peters*, § 33, Rn. 27;

1229 Vgl. hierzu oben: G.V.2.a.

1230 In diesem Zusammenhang kann wiederum auf die entsprechenden Ausführungen zu den der Negativliste unterfallenden Arzneimitteln verwiesen werden (vgl. hierzu oben: G.V.2.a.).

Dieser Genehmigungsvorbehalt umfasst zum einen die Verordnung des Hilfsmittels durch den Vertragsarzt – dieser hat insbesondere Vorgaben aus den Heilmittel- und Hifsmittelrichtlinien bzw. dem Hilfsmittelverzeichnis beachten – und zum anderen die Abgabe des Hilfsmittels durch einen zugelassenen Leistungserbringer[1231]. Bei diesem Genehmigungsvorbehalt der Krankenkassen handelt es sich um eine Verkaufsmodalität im Sinne der „*Keck*-Rechtsprechung“[1232]. Die Genehmigungspflicht für sich knüpft nicht an das Hilfsmittel selbst an. Wird die Genehmigung versagt, weil sich der Vertragsarzt bei der Vertragsarzt bei der Verordnung nicht an die Vorgaben der Heil- und Hilfsmittelrichtlinien bzw. das Hilfsmittelmittelverzeichnis hält, so stellt sich die Frage der Beschränkung des freien Warenverkehrs nicht im Zusammenhang mit dem Genehmigungsvorbehalt, sondern im Hinblick auf die Richtlinien bzw. das Hilfsmittelverzeichnis. Zudem bewirkt die Genehmigungspflicht eine Beschränkung der Entscheidungsfreiheit der Versicherten unter kommerziellen Gesichtspunkten, ohne sich dabei auf die Merkmale der Hilfsmittel selbst zu erstrecken. Indem Hilfsmittel als Sachleistung und dem Patienten damit - abgesehen von den Zuzahlungen nach § 33 Abs. 2 Satz 3 SGB V[1233] - ohne eigenen finanziellen Aufwand[1234] nur bei vorheriger Genehmigung durch die zuständige Krankenkasse zur Verfügung stehen, werden Modalitäten über den Umfang seiner finanziellen Belastung getroffen. Es steht dem Verbraucher frei, Hilfsmittel jeder Art von jedem (auch nicht zugelassenen) Leistungserbringer auf eigene Kosten zu erwerben. Es werden somit nur Modalitäten über den Umfang der finanziellen Belastung des Erwerbers und damit Umstände des Vertriebes geregelt, sodass eine Verkaufsmodalität vorliegt. Hiergegen spricht auch nicht die Entscheidung des Gerichtshofs zu den Salzburger Grundverkehrsbeschränkungen des Zweitwohnungserwerbs, in der er im Zusammenhang mit dem Verfahren der vorherigen Anzeige / Genehmigung, eine Beschränkung des freien Kapitalverkehrs annahm und die Rechtfertigung nicht diskriminierender Beschränkungen prüft[1235]. In dieser geht

[1231] *Bericht der gemeinsamen Arbeitsgruppe*, ZFSH/SGB 1999, S. 637; vgl. hierzu oben: D.II.2..

[1232] Vgl. hierzu oben: D.IV.2, E.I.5.b. und E.III.2.

[1233] Vgl. hierzu unten: G.V.4.e.

[1234] Soweit für ein Hilfmittel ein Festbetrag nach § 36 SGB V festgesetzt ist, trägt die Krankenkasse nach § 33 Abs. 2 Satz 1 SGB V die Kosten bis zur Höhe dieses Betrages, sodass für den Verbraucher zumindest insoweit keine eigenen finanziellen Aufwendungen erforderlich sind.

[1235] *EuGH*, Urt. v. 5.3.2002, verbundene Rs. C-515/99, C-519/99 bis C-524/99 und C-526/99 bis C-540/99, EuZW 2002, S. 251, Rz. 32 ff. (Hans Reisch [C-515/99], Walter Riedl [C-527/99], Alexander Hacker [C-528/99], Gerhard Eckert [C-529/99], Franz Gstöttenbauer [C-530/99], Helmut Hechwarter [C-531/99], Alois Bixner [C-532/99], Geza Aumüller [C-533/99], Berthold Garstenauer [C-534/99 et C-536/99], Robert Eder [C-535/99], Hartmut Ramsauer [C-537/99 u. C-538/99], Harald Kronberger [C-539/99], Erich Morianz [C-540/99] / Bürgermeister der Landeshauptstadt Salzburg, Grundverkehrsbeauftragter des Landes Salzburg, und Anton Lassacher, Heinz Schäfer [C-519/99], Dertnig GmbH & Co. KG [C-522/99 et C-526/99], Peter Fidelsberger [C-523/99], GWP es nicht um eine Beschränkung des freien Warenverkehrs, bei deren Prüfung die „*Keck*-Rechtsprechung" heranzuziehen ist, sondern um eine Beschränkung des freien Kapitalverkehrs[1236], sodass der EuGH auf die in der Rechtssache „*Keck*" entwickelten Grundsätze nicht eingehen musste. Wird der Genehmigungsvorbehalt auf die Versorgung mit Hilfsmitteln aus den anderen Mitgliedstaaten übertragen, so handelt es sich sowohl aus rechtlicher wie auch aus tatsächlicher Sicht[1237] um eine unterschiedslos geltende Maßnahme. Die Bewilligungsvoraussetzung stellt unter Berücksichtigung der Grundsätze der „*Keck*-Rechtsprechung" keine Beschränkung des freien Warenverkehrs nach Art. 28 EGV dar. Werden ausländische Hilfsmittel in Anspruch genommen, so bedarf es auch für den Fall von Kostenerstattungsansprüchen der vorherigen Genehmigung durch die Krankenkasse[1238].

c. Voraussetzung der Zulassung nach § 126 SGB V

Nach § 126 SGB V dürfen in Deutschland Hilfsmittel nur von zugelassenen Leistungserbringern abgegeben werden. Aus rechtlicher Sicht ergeben sich hinsichtlich dieser Regelung keinerlei Unterschiede zur entsprechenden Vorschrift des § 124 SGB V für Leistungserbringer auf dem Heilmittelsektor[1239]. Sollte § 126 SGB V mithin als territoriale Beschränkung ausgelegt werden, so beschränkt diese Norm in ungerechtfertigter Weise den freien Warenverkehr. Es

---

Gewerbeparkentwicklung GmbH, Johann Lindner und Emma Lindner [C-524/99] / Grundstücksverkehrsbeauftragter des Landes Salzburg, Grundverkehrslandeskommission des Landes Salzburg); vgl. zu dieser Entscheidung die Anmerkung von *Ohler*, EuZW 2002, S. 251 ff.

1236 *EuGH*, Urt. v. 5.3.2002, verbundene Rs. C-515/99, C-519/99 bis C-524/99 und C-526/99 bis C-540/99, EuZW 2002, S. 251, Rz. 28. (Hans Reisch [C-515/99], Walter Riedl [C-527/99], Alexander Hacker [C-528/99], Gerhard Eckert [C-529/99], Franz Gstöttenbauer [C-530/99], Helmut Hechwarter [C-531/99], Alois Bixner [C-532/99], Geza Aumüller [C-533/99], Berthold Garstenauer [C-534/99 et C-536/99], Robert Eder [C-535/99], Hartmut Ramsauer [C-537/99 u. C-538/99], Harald Kronberger [C-539/99], Erich Morianz [C-540/99] / Bürgermeister der Landeshauptstadt Salzburg, Grundverkehrsbeauftragter des Landes Salzburg, und Anton Lassacher, Heinz Schäfer [C-519/99], Dertnig GmbH & Co. KG [C-522/99 et C-526/99], Peter Fidelsberger [C-523/99], GWP Gewerbeparkentwicklung GmbH, Johann Lindner und Emma Lindner [C-524/99] / Grundstücksverkehrsbeauftragter des Landes Salzburg, Grundverkehrslandeskommission des Landes Salzburg); kritisch zu dieser „selektiven Vorgehensweise" der ausschließlichen Prüfung anhand des freien Kapitalverkehrs: *Ohler*, EuZW 2002, S. 252

1237 Die Krankenkasse hat im Rahmen ihrer Beurteilung über die Erteilung der Genehmigung bei der Inanspruchnahme ausländischer Leistungserbringer selbstverständlich die gleichen Maßstäbe zu Grunde zu legen, die sie auch bei inländischen Anbietern anwendet.

1238 Im Ergebnis – ohne sich freilich mit dem Problem der Beschränkung des freien Warenverkehrs auseinanderzusetzen – ebenso: *Domscheit*, KrV 1998, S. 248; *Bericht der gemeinsamen Arbeitsgruppe*, ZFSH/SGB 1999, S. 637

1239 Vgl. hierzu oben: G.V.3.c.

wird im Zusammenhang mit den einzelnen Zulassungsvoraussetzungen für die deutsche Regierung im Fall eines Verfahrens vor dem EuGH sehr schwer, Rechtfertigungsgründe, wie beispielsweise den Schutz der öffentlichen Gesundheit, nachzuweisen[1240].

d. Festbetragshilfsmittel nach § 36 Abs. 4 SGB V

Trägt bei der Versorgung mit Hilfsmitteln in Deutschland die zuständige Krankenkasse nach §§ 33 Abs. 2, 36 SGB V die Kosten nur bis zur Höhe des Festbetrages, so gilt dies als unterschiedslose Regelung im Sinne der „*Keck*-Rechtsprechung“[1241] auch für bei Leistungserbringern in anderen Mitgliedstaaten erworbene Hilfsmittel unter der Voraussetzung, dass das Zustandekommen der Festbetragsfestsetzungen die Vorgaben der gemeinschaftsrechtlichen Wettbewerbsvorschriften berücksichtigt[1242]. In diesem Fall sind keine Auswirkungen auf die finanzielle Stabilität der sozialen Sicherungssysteme zu befürchten.

e. Zuzahlungsregelung

Für bestimmte Hilfsmittel sieht § 33 Abs. 2 SGB V eine Zuzahlung der Versicherten in Höhe von 20 % vor. Diese Zuzahlung ist ebenso bei dem Bezug dieser Hilfsmittel von einem Leistungserbringer aus einem anderen Mitgliedstaat zu berücksichtigen. Es handelt sich um eine zulässige unterschiedslos geltende Verkaufsmodalität im Sinne der „*Keck*-Rechtsprechung“. Dabei ergeben sich keine Unterschiede zu der Zuzahlungsregelung auf dem Heilmittelsektor[1243].

f. Der Versorgung unterfallende Hilfsmittel ohne Festbetrag

Nach § 33 Abs. 2 Satz 2 SGB V tragen die zuständigen Krankenkassen für Hilfsmittel, die weder der Negativliste noch einer Festbetragsfestsetzung unterfallen, die gesamten Kosten in Höhe der nach § 127 SGB V vereinbarten Preise. Ebenso wie auf dem Heilmittelsektor gelten diese Verträge nur inter-partes und können auch und insbesondere im Hinblick auf Preisvereinbarungen nicht ohne weiteres auf ausländische Leistungserbringer übertragen werden. Auch soweit die entsprechenden Hilfsmittel nicht der Zuzahlungsregelung des § 33 Abs. 2 Satz 3 SGB V unterfallen und schon dadurch den Versicherten der Anreiz zum Bezug teurerer Hilfsmittel aus einem anderen Mitgliedstaat genommen wird, ist eine ernsthafte Gefährdung des finanziellen Gleichgewichts nicht zu befürchten. Die zuständige Krankenkasse hat es aufgrund des Geneh-

---

[1240] Vgl. hierzu oben: G.V.3.c.
[1241] Vgl. hierzu oben: G.V.2.b.
[1242] Vgl. hierzu oben: F.VI.
[1243] Vgl. hierzu oben: G.V.3.b.

migungsvorbehaltes, der sich u.a. auf den abgebenden Leistungserbringer bezieht[1244], selbst in der Hand, einen finanziellen Mehraufwand zu vermeiden. Das gilt umso mehr, soweit der Versicherte für das beantragte, individuell angefertigte Hilfsmittel einen Kostenvoranschlag vorzulegen hat, auf dessen Basis der Preis vereinbart wird[1245]. Zudem kommen entsprechende Vereinbarungen mit ausländischen Leistungserbringern in Betracht[1246]. Vor allem aber ist es dem nationalen Recht vorbehalten, die Kostenerstattung auf den den inländischen Vereinbarungen zu entnehmenden Höchstpreis zu begrenzen[1247].

g. Verordnungsvoraussetzungen in Heilmittel- und Hilfsmittelrichtlinien

Zusätzlich zu den bei der entsprechenden Problematik auf dem Heilmittelsektor aufgeführten Argumenten[1248] können die zuständigen Krankenkassen im Bereich der Hilfsmittelversorgung bei von Ärzten aus anderen Mitgliedstaaten verordneten Hilfsmitteln noch über den Genehmigungvorbehalt[1249] jeglicher unwirtschaftlicher Verordnung durch die behandelnden Ärzte entgegentreten. Eine „Abschottung" des Hilfsmittelmarktes in diesem Zusammenhang unter Verweis auf die Erhaltung des finanziellen Gleichgewichts ist somit ausgeschlossen.

5. Medizinische Rehabilitation und Kuren

Die Möglichkeit zu medizinischen Rehabilitationsmaßnahmen ergibt sich aus § 40 SGB V. Die deutsche gesetzliche Krankenversicherung differenziert hierbei zwischen der ambulanten (§ 40 Abs. 1 SGB V) und der stationären Rehabilitation (§ 40 Abs. 2 SGB V).

a. Ermessensentscheidung

Im Unterschied zu den anderen Bereichen der medizinischen Vorsorge liegt es nach § 40 Abs. 3 SGB V im pflichtgemäßen Ermessen der Krankenkasse, „nach den medizinischen Erfordernissen des Einzelfalls Art, Dauer, Umfang, Beginn und Durchführung der Leistungen" sowie die Rehabilitationseinrichtung unter Berücksichtigung der medizinischen Notwendigkeit und Wirtschaftlichkeit zu bestimmen. Das gilt in gleichem Maße für die Inanspruchnahme von Leistungserbringern in anderen Mitgliedstaaten, da sich das Ermessen im Sinne des § 40

[1244] Vgl. hierzu oben: G.V.4.b.
[1245] *Bericht der gemeinsamen Arbeitsgruppe*, ZFSH/SGB 1999, S. 637
[1246] Vgl. hierzu oben: G.V.3.f.
[1247] Vgl. hierzu und zur grundsätzlichen Zulässigkeit einer entsprechenden nationalen Regelung und zu möglichen Ausnahmen: G.IV.2.b.cc.(3)
[1248] Vgl. hierzu oben: G.V.3.d.
[1249] Vgl. hierzu oben: G.V.4.b.

Abs. 3 SGB V u.a. auf die Wahl der Rehabilitationseinrichtung und damit des Leistungsortes erstreckt. Gerade hinsichtlich dieses Auswahlermessens besteht ein erheblicher Spielraum[1250].

Eine solcher, dem pflichtgemäßen Ermessen der Krankenkasse unterliegender Vorbehalt zur Erbringung von Rehabilitationsmaßnahmen verstößt für sich nicht gegen die gemeinschaftsrechtlich gewährte Waren- und Dienstleistungsfreiheit. Allein dieses Auswahlermessen hindert den zuständigen Krankenversicherungsträger nicht daran, auch geeignete Einrichtungen aus dem Ausland zu berücksichtigen[1251]. Als unterschiedslos im Inland gleichermaßen wie in anderen Mitgliedstaaten geltende Verkaufsmodalität sind solche Ermessensleistungen den Grundsätzen der „*Keck*-Rechtsprechung" folgend[1252] dem Schutzbereich dieser Grundfreiheiten entzogen.

b. Zuzahlungen

Sowohl bei der ambulanten als auch bei einer stationären Rehabilitation hat der Versicherte Zuzahlungen zu leisten, deren Umfang sich nach § 40 Abs. 5 bis 7 SGB V richtet. Diese Zuzahlungen sind als unterschiedslos geltende Verkaufsmodalität nach den Grundsätzen der „*Keck*-Rechtsprechung" ebenso bei der Inanspruchnahme ausländischer Rehabilitationseinrichtungen vom Versicherten in gleicher Höhe zu tragen[1253]. Eine Gefährdung des finanziellen Gleichgewichts aufgrund der Zuzahlungsregelungen im Bereich der medizinischen Rehabililitation ist daher auch bei einer „Grenzöffnung" ausgeschlossen.

c. Territoriale „Abschottung" bei der stationären Rehabilitation

Die Möglichkeit der stationären Rehabilitation ist in § 40 Abs. 2 SGB V geregelt. Wenn die Leistungen der ambulanten Rehabilitation nicht ausreichen, kann die Krankenkasse Leistungen der stationären Rehabilitation in einer Rehabilitationseinrichtung erbringen lassen, mit der ein Versorgungsvertrag nach § 111 SGB V besteht. Aus § 111 Abs. 2 Satz 3 i. V. m. Abs. 1 SGB V ergibt sich, dass solche Versorgungsverträge nur mit inländischen Rehabilitationseinrichtungen in Betracht kommen. Hiernach dürfen Krankenkassen in anderen Bundesländern ihre Versicherten nur dann in der Einrichtung behandeln lassen, wenn ihre eige-

---

[1250] *Schmidt*, in: *Peters*, § 40, Rn. 87; *Dalichau / Grüner*, SGB V, § 40 S. 7

[1251] Ebenso: *Schulz-Weidner*, KrV 1998, S. 243
Die Krankenkasse hat im Rahmen der Ausübung ihres Ermessens im Hinblick auf in Betracht kommende ausländische Leistungsanbieter selbstverständlich die gleichen Maßstäbe bzw. Kriterien zu Grunde zu legen, die sie bei inländischen Leistungserbringern anwendet.

[1252] Vgl. hierzu oben: D.II.2. und D.IV.2.

[1253] Vgl. hierzu oben: G.V.2.b.

nen Landesverbände und die Verbände der Ersatzkassen gemeinsam dem Versorgungsvertrag beitreten. Es gilt mithin der Grundsatz, dass die Landesverbände der Krankenkassen und die Verbände der Ersatzkassen Versorgungsverträge nur mit Einrichtungen ihres Bundeslandes abschließen[1254].

Diese nationale „Abschottung", welche eine Beschränkung der Dienstleistungsfreiheit bedeutet, wird vereinzelt unter Verweis auf die zu einer Aufrechterhaltung einer allen zugänglichen, ausgewogenen stationären Rehabilitation im Inland erforderlichen (fixen) Aufwendungen, welche bei einer „Grenzöffnung" weiterbestehen und so zu einer Gefährdung des Finanzierungssystems in Deutschland führen würden, gerechtfertigt[1255]. Diese Argumentation erscheint insbesonndere unter Berücksichtigung der Rechtsprechung des EuGH in der Rechtssache *„Smits / Peerbooms"* zu der stationären medizinischen Versorgung[1256] zunächst durchaus überzeugend. Eine vermehrte Inanspruchnahme stationärer Rehabilitationsleistungen im Ausland würde eine mangelnde Auslastung inländischer Einrichtungen zur Folge haben. Da eine Schließung im Hinblick auf die Gewährleistung flächendeckender Versorgungsstrukturen aber nur eingeschränkt möglich wäre, wären die Krankenkassen gezwungen, unwirtschaftliche Häuser weiter zu erhalten. Dies aber würde das Finanzierungssystem in Deutschland gefährden[1257].

Ein Ausgleich der möglichen Abwanderung durch die Zuwanderung ausländischer Leistungsempfänger vergleichbar der stationären medizinischen Versorgung scheint zudem auf dem Sektor der Rehabilitation ausgeschlossen. Vorsorge- und Rehabilitationsleistungen sind in den Gesundheitssystemen der anderen Mitgliedstaaten bei weitem nicht in dieser Ausprägung und Struktur wie in Deutschland verankert[1258]. Doch abgesehen von den bereits aufgeführten Bedenken an der Rechtsprechung des EuGH zu der Rechtfertigung beschränkender Maßnahmen im Bereich der stationären medizinischen Versorgung in der Rechtssache *„Smits / Peerbooms"*[1259] ist auf dem Sektor der Rehabilitation von entscheidender Bedeutung, dass es in diesem Bereich keine dem Krankenhaussektor vergleichbare Bedarfsplanung mit der Garantie einer kontinuierlichen, flächendeckenden Versorgung gibt. Vielmehr herrscht auf diesem Gebiet der medizinischen Versorgung schon heute ein ausgeprägter Wettbewerb zwischen den privaten Anbietern, die das wirtschaftliche Risiko einer unzureichenden Be-

---

[1254] Im Ergebnis ebenso: *Dalichau / Grüner*, SGB V, § 111 S. 3
[1255] *Domscheit*, KrV 1998, S. 249; *Bericht der gemeinsamen Arbeitsgruppe*, ZFSH/SGB 1999, S. 638 f.; *Zipperer*, in: Gesundheitsversorgung in der Europäischen Union, S. 69
[1256] Vgl. hierzu oben: G.IV.2.
[1257] *Domscheit*, KrV 1998, S. 249; *Bericht der gemeinsamen Arbeitsgruppe*, ZFSH/SGB 1999, S. 638 f.
[1258] *Bericht der gemeinsamen Arbeitsgruppe*, ZFSH/SGB 1999, S. 639
[1259] Vgl. hierzu oben: G.IV.2.

legung selbst tragen müssen[1260]. Die Rechtfertigung beschränkender Maßnahmen auf dem Sektor der stationären medizinischen Versorgung durch die Rechtsprechung des EuGH in der Rechtssache *„Smits / Peerbooms"* basiert nahezu ausschließlich auf der Bedarfsplanung[1261]. Zudem liegt die Entscheidung über den Ort der Leistungserbringung nach § 40 Abs. 3 SGB V im Ermessen der genehmigenden Krankenkasse. So haben es die Krankenkassen letztlich selbst in der Hand, die Abwanderung von Patienten und damit eine mögliche Gefahr für ihre finanzielle Stabilität zu verhindern. Die in das Ermessen der Krankenkasse gestellte Auswahl des Ortes der stationären Rehabilitationseinrichtung reicht unter Berücksichtigung der Anwendung gleicher Kriterien[1262] aus, um die finanzielle Stabilität der sozialen Sicherungssysteme unter dem Gesichtspunkt einer möglichen Abwanderung zu erhalten. Falls die Kosten für bestimmte Rehabilitationseinrichtungen in anderen Mitgliedstaaten das finanzielle Gleichgewicht gefährden, so sind diese bei der Auswahl des Leistungserbringers ebenso wenig zu berücksichtigen wie vergleichbare inländische Rehabilitationseinrichtungen. Andererseits dürfen ausländische Leistungserbringer nicht von der Auswahl des Ortes ausgeschlossen werden, wenn er den Auswahlkriterien entspricht. Einer vollständigen „Abschottung" des Bereiches der Rehabilitation und Vorsorge bedarf es zur Erhaltung der finanziellen Stabilität der sozialen Sicherungssysteme keinesfalls[1263].

Auch Gründe der Sicherstellung der Qualität von Rehabilitationsleistungen vermögen die „Abschottung" dieses Sektors in der gesetzlichen Krankenversicherung der Bundesrepublik Deutschland nicht zu rechtfertigen. Selbst wenn die generelle Sicherstellung der Qualität von in anderen Mitgliedstaaten erbrachten Rehabilitationsleistungen zweifelhaft erscheinen sollte, was angesichts mangelnder europaweiter Harmonisierung in diesem Bereich[1264] nicht von vornherein auszuschließen ist, so würde in einem eventuellen Verfahren vor dem Gerichtshof der deutschen Regierung die Darlegungs- und Beweislast obliegen, dass von den Leistungserbringern in den übrigen EU-Ländern eine geringere Qualität auf diesem Sektor geboten wird, welche die Gesundheit der inländischen Bevölkerung ernsthaft gefährdet[1265]. Selbst wenn dieser Nachweis trotz der durch den EuGH aufgestellten sehr engen Voraussetzungen gelingen sollte, so stellen Verträge, welche neben Art und Preis der zu erbringenden Leistung

---

1260 *Schulz-Weidner*, KrV 1998, S. 243; *ders.*, in: *Schulte / Barwig*, S. 341

1261 *EuGH*, Urt. v. 12.7.2001, Rs. C-157/99, NJW 2001, S. 3391 ff., 3395, Rz. 76 ff. (B. S. M. Smits, verheiratete Geraets / Stichting Ziekenfonds VGZ und H. T. M. Peerbooms / Stichting CZ Groep Zorgverzekeringen)

1262 Vgl. hierzu oben: G.V.4.b.

1263 Im Ergebnis wohl auch: *Schulte*, ZFSH/SGB 1999, S. 276

1264 Eine europäische Harmonisierung selbst der erforderlichen Berufszugangsregeln zur Ausübung einer Tätigkeit im Bereich der Vorsorge und Rehabilitation befindet sich allenfalls in den Kinderschuhen (*Schulz-Weidner*, KrV 1998, S. 243).

1265 *Bericht der gemeinsamen Arbeitsgruppe*, ZFSH/SGB 1999, S. 639

auch deren Qualität regeln können, das zur vollständigen „Abschottung" mildere Mittel dar, welches in vergleichbarer Effektivität zur Sicherstellung der Qualität bei der Leistungserbringung im Ausland beiträgt[1266].

d. Territoriale „Abschottung" bei der ambulanten Rehabilitation

Die Möglichkeit (Ermessensleistung[1267]) der ambulanten Rehabilitation ist in § 40 Abs. 1 SGB V geregelt. Danach kann die Krankenkasse solche aus medizinischen Gründen erforderlichen Leistungen in Rehabilitationseinrichtungen, mit denen ein Versorgungsvertrag nach § 111 SGB V besteht oder in wohnortnahen Einrichtungen erbringen. Die sich aus dem Verweis auf „wohnortnahe" Einrichtungen bzw. Einrichtungen, mit denen ein Versorgungsvertrag besteht, ergebende „Abschottung" der ambulanten Rehabilitation in § 111 SGB V stellt eine Beschränkung des freien Dienstleistungsverkehrs dar[1268]. Eine Rechtfertigung dieser territorialen „Abschottung" aus Gründen der Gewährleistung einer allen zugänglichen, ausgewogenen Versorgung mit ambulanten Vorsorge- und Rehabilitationsleistungen bzw. zur Erhaltung des finanziellen Gleichgewichts ist ebenso wie auf dem Sektor der stationären Rehabilitation ausgeschlossen[1269]. Dass angesichts der Attraktivität von Auslandsaufenthalten eine Mengenausweitung bei der Inanspruchnahme ambulanter Rehabilitationsleistungen zu erwarten ist[1270], muss bezweifelt werden. Schließlich unterliegt sowohl die Entscheidung über das „ob" solcher Leistungen als auch über das „wo" dem Ermessen der zuständigen Krankenkasse[1271]. Eine Mengenausweitung bei einer „Grenzöffnung" ist angesichts der Berücksichtigung der medizinischen Notwendigkeit nach § 40 Abs. 3 SGB V nur dann zu befürchten, wenn bisher trotz des Vorliegens der Voraussetzungen des § 40 Abs. 1 SGB V ambulante Leistungen in inländischen Rehabilitationseinrichtungen aufgrund deren mangelnder Attraktivität nicht in Anspruch genommen werden. Dann wäre die Mengenausweitung aber nicht in der Öffnung des Marktes, sondern in den Mängeln der hiesigen Einrichtungen begründet. Diese Mängel sollen und können durch die gewährleisteten Grundfreiheiten im Zuge der vollständigen Herstellung des Binnenmarktes beseitigt werden. Eine Beschränkung allein auf inländische Leistungserbringer aus Gründen der Sicherstellung der Qualität der Leistungen kommt im Bereich der ambulanten Rehabilitation ebenso wie bei den stationären Rehabilitationsleistungen nicht in Betracht[1272].

1266 Ebenso: *Bericht der gemeinsamen Arbeitsgruppe*, ZFSH/SGB 1999, S. 639

1267 Vgl. hierzu oben: G.V.5.a.

1268 Vgl. hierzu oben: G.IV.1.a.

1269 Im Ergebnis ebenso: *Domscheit*, KrV 1998, S. 249

1270 So: *Domscheit*, KrV 1998, S. 249

1271 Vgl. hierzu oben: G.V.5.a.

VI. Chancen und Risiken für die Beteiligten der deutschen gesetzlichen Krankenversicherung aus der „*Decker-Kohll*-Rechtsprechung" des Europäischen Gerichtshofs

1. Chancen und Risiken für alle Beteiligten

Die Europäisierung des Gesundheitsmarktes ist nicht nur eine Herausforderung, die vornehmlich Risiken für die an der gesetzlichen Krankenversicherung Beteiligten in sich birgt, sondern auch Chancen – zumal für Länder mit einem so hochentwickelten Gesundheitssystem wie dem der Bundesrepublik Deutschland[1273].

2. Chancen und Risiken für die Leistungserbringer

Die europaweite Öffnung wird deutsche Leistungserbringer einem erhöhten Wettbewerb aussetzen. Hiervon werden vermutlich vor allem die Hersteller und Vertreiber von Arznei-, Heil- und Hilfsmittel sowie Zahnersatz betroffen sein. Bei ihnen machen sich Sprachhindernisse nicht so bemerkbar. Ihre Leistungen erfordern oftmals nicht den unmittelbaren Kontakt zwischen Leistungserbringer und -empfänger. Im deutschen Recht sind die Leistungsempfänger finanziell zum Teil selbst beteiligt[1274] und haben daher ein besonderes Interesse an kostengünstigen Leistungen. Bislang durch die territoriale Marktabschottung ermöglichte Differentialgewinne werden eingeschränkt oder gar ganz wegfallen[1275]. Aus Sicht der führenden Hersteller von Arznei-, Heil- und Hilfsmittel stellt dies sicher einen Nachteil dar.

Andererseits haben alle Leistungserbringer nunmehr die Möglichkeit, ihre Produkte und Dienstleistungen auch grenzüberschreitend anzubieten und Patienten aus anderen Mitgliedstaaten zu gewinnen. Es lässt sich von dieser Stelle nicht sicher vorhersagen, ob letztlich der gute Ruf der deutschen Gesundheitsvorsorge im Ausland und die längeren Wartezeiten in anderen Mitgliedstaaten eher einen Zugewinn als einen Verlust an Patienten erwarten lassen[1276] oder ob das zum Teil in anderen Mitgliedstaaten niedrigere Preisniveau die dort Versicherten an-

---

1272 Vgl. hierzu oben: G.V.5.c.

1273 Ebenso: *Verschueren*, SGb 2001, S. 363; *Schulte*, ZFSH/SGB 1999, S. 357; *ders.*, Arbeit und Sozialpolitik 2001, S. 39; *Münnich*, BKK 1999, S. 21 f.; *Ricken*, SGb 1998, S. 676; *Wille*, in: *Verband der privaten Krankenversicherung e. V.*, S. 95; *von Maydell*, in: Gesundheitsversorgung in der Europäischen Union, S. 22 f.

1274 Vgl. hierzu oben: G.V.

1275 *Terwey*, SozVers 1998, S. 292

1276 *Berg*, EuZW 1999, S. 591; *Lenz / Lampert*, Pharma Recht 1999, S. 101; KBV-Geschäftsführer *Hess* nach *dpa*, Sozialrecht und Praxis 1998, S. 428; *Neumann-Duesberg*, BKK 1991, S. 127; *Bruns / Debong / Andreas*, Arztrecht 1998, S. 321; *Heberlein*, NVwZ 2001, S. 773

gesichts des dann auf sie zukommenden zusätzlichen eigenen finanziellen Aufwandes von der Inanspruchnahme deutscher Leistungserbringer abhalten wird. Das Werben von renommierten deutschen Krankenhäuser um ausländische Patienten[1277] zeigt, dass diese Chance des ausgeweiteten Wettbewerbs auf Leistungserbringerseite längst erkannt und kein Geheimnis mehr ist. Die durch eine Marktöffnung hervorgerufene Intensivierung des Wettbewerbs untereinander kann zudem zu einer erhöhten Effizienz und zu einer Steigerung der Qualität der medizinischen Versorgung führen. Eine grenzüberschreitende Gesundheitsversorgung wird zu Synergieeffekten durch Wissenstransfer, durch die grenzüberschreitende Ausbildung und Tätigkeit von Leistungserbringern und durch Forschungskooperationen führen[1278].

3. Chancen und Risiken für die gesetzliche Krankenversicherung

Sofern der Wettbewerb zwischen den Leistungserbringern zu Preissenkungen führt, kommt dies ebenso den Krankenkassen zugute, zumal dank einer gesteigerten Markttransparenz aufgrund einer einheitlichen Währung in den Mitgliedstaaten niedrigere Preise nunmehr ohne weiteres erkennbar sind. Insbesondere jeder einzelnen[1279] Krankenkasse wird durch die Marktöffnung die Möglichkeit gegeben, ihre Nachfragemacht nach medizinischen Leistungen preisbildend und damit kostensenkend einzusetzen. Sie kann dadurch ihre finanziellen Aufwendungen und damit die des gesamten Systems der sozialen Sicherheit verringern[1280]. Vor allem bislang durch die territoriale Marktabschottung ermöglichte Differentialgewinne einzelner Leistungserbringer oder gar ganzer Industrien, wie beispielweise auf dem Sektor der pharmazeutischen Versorgung, werden eingeschränkt oder ganz wegfallen[1281]. Dies führt zu einem preiswerteren, wirtschaftskompatiblen sozialen Schutz bei Krankheit.

Der grenzüberschreitende Einkauf von Produkten und Dienstleistungen des Gesundheitsmarktes kann aufgrund des Kostengefälles zumindest in einzelnen Bereichen (wie beispielsweise beim Zahnersatz oder auf dem Arznei- und Hilfsmittelsektor) in einem „Hochpreisland" wie der Bundesrepublik Deutschland zu

---

[1277] *Wagener*, 11. Bonner Europa-Symposium, S. 41, 47 f.; *Bohle / Bock*, NZS 1998, S. 160 ff.; *von Maydell*, VSSR 1999, S. 18; *Wille*, in: *Verband der privaten Krankenversicherung e. V.*, S. 95

[1278] *Schulte*, Arbeit und Sozialpolitik 2001, S. 39

[1279] Diesbezügliche Aktivitäten ihrer Verbände verstoßen insoweit gegen kartellrechtliche Gemeinschaftsvorschriften (vgl. hierzu oben: F.VI.).

[1280] Dies gilt im Übrigen nicht nur für die Gesundheitsversorgung im engeren Sinne, sondern entsprechend für die Bereiche der Prävention, Rehabilitation und Pflege (*Schulte*, in: *Kauder*, S. 134; *Terwey*, Die Sozialversicherung 1998, S. 293; *Schulte*, ZFSH/SGB 1999, S. 357).

[1281] *Schulte*, ZFSH/SGB 1999, S. 357; vgl. hierzu oben: G.VI.2.

Einsparungen, folglich zu finanziellen Entlastungen der Krankenversicherungsträger führen und damit zu einer Kostendämpfung im Gesundheitswesen beitragen[1282]. Die Höhe des in einer Öffnung des europäischen Gesundheitsmarktes liegenden Einsparungspotentials für die Krankenversicherungsträger lässt sich schwer abschätzen. Sie hängt einerseits vom Ausmaß der Inanspruchnahme ausländischer Leistungserbringer durch die Versicherten ab, welches in absehbarer Zeit zwar steigen, aber im Vergleich zu den Gesamtausgaben in der Gesundheitsversorgung weiterhin gering bleiben dürfte[1283]. Andererseits kommt es auf das Marktverhalten der Leistungserbringer in den anderen Mitgliedstaaten an. Werden diese sich, wie teilweise prognostiziert[1284], tatsächlich sehr schnell der deutschen Preisstruktur anpassen? Dies ist im Bereich der medizinischen Behandlungen nicht zu erwarten, würden sie sich doch auf diese Weise ihres wohl bedeutendsten Vorteils im Wettbewerb mit inländischen Leistungserbringern selbst berauben. Zudem besteht für jeden Träger der Krankenversicherungen wegen seiner großen Nachfragemacht die Möglichkeit, in Verträgen mit diesen potentiellen Leistungserbringern entsprechend niedrige Preise zu vereinbaren. Eine Angleichung der Preisstruktur ist dagegen insbesondere auf dem Arzneimittelsektor möglich, wo die große Macht der Arzneimittelindustrie und vor allem die zu erwartende umfangreichere grenzüberschreitende Inanspruchnahme zum tragen kommt. Allerdings ist nicht zu erwarten, dass diese Angleichung ausschließlich durch eine Preissteigerung in „Niedrigpreisländern" herbeigeführt wird. Das würde bei gleichbleibendem Verbrauch das finanzielle Gleichgewicht in diesen Staaten gefährden, die deshalb Maßnahmen zur Senkung der Arzneimittelausgaben vornehmen müssten. Das könnte nur über einen geringeren Verbrauch herbeigeführt werden, was gerade nicht im Interesse der Arzneimittelindustrie liegt. Ferner kann der zunehmende Wettbewerb zwischen den Leistungserbringern zu Qualitätssteigerungen führen. Diese können dann mittelbar den Krankenkassen finanziell zugute kommen, wenn eine qualitativ bessere medizinische Versorgung der Versicherten zu einer kürzeren Behandlungszeit und damit einer geringeren Inanspruchnahme der jeweiligen Leistungserbringer wegen derselben Ursache führt. Dadurch bleiben der Krankenkasse weitere Aufwendungen durch die Folgeversorgung erspart oder sie verringern sich zumindest.

[1282] *Eichenhofer*, VSSR 1997, S. 76; *Schaaf*, SGb 1999, S. 281; *Lenz / Lampert*, Pharma Recht 1999, S. 74, 101; *Münnich*, BKK 1999, S. 21; *Becker*, NZS 1998, S. 360; *Burger*, BKK 1999, S. 5; *Schulte*, ZFSH/SGB 1999, S. 357; *ders.*, Arbeit und Sozialpolitik 2001, S. 39; *Felix*, SozSich 1999, S. 33; *Klement*, Der niedergelassene Arzt 1998, S. 11; *dpa*, Sozialrecht und Praxis 1998, S. 427; *Bieback*, EuR 1993, S. 163; *Plönes*, DOK 1993, S. 554; *Everling*, DOK 1993, S. 588 f.; *Terwey*, SozVers 1998, S. 292; *Neubauer / Schallermair*, Sozialer Fortschritt 2000, S. 280

[1283] Vgl. hierzu oben: B.III.

[1284] *Schulz-Weidner*, KrV 1998, S. 245

4. Chancen und Risiken für die Versicherten

Ein intensiverer Wettbewerb zwischen den Leistungserbringern kommt natürlich auch den Versicherten zugute, wenn er zu Preissenkungen oder Qualitätssteigerungen führt. Niedrigere Preise können durch die Krankenkassen entweder durch sinkende (zumindest aber nicht weiter steigende) Beiträge oder durch zusätzliche Leistungen an die Versicherten weitergegeben werden. Eine höhere Qualität der Leistungen wirkt sich bei den Versicherten nicht nur mittelbar über die finanziellen Aufwendungen wie bei den Krankenkassen[1285], sondern unmittelbar auf ihre Gesundheit aus.

Außerdem bedeutet ein geöffneter europäischer Gesundheitsmarkt für die Versicherten mehr Mobilität und Wahlfreiheit und somit größere Freiräume für eigene Entscheidungen[1286]. Damit einher geht eine größere Eigenverantwortlichkeit der Versicherten. Vor allem im Hinblick auf den Umfang der Kostenerstattung und damit die eigenen finanziellen Lasten bei der Inanspruchnahme ausländischer Leistungserbringer liegt es grundsätzlich an den Versicherten, die Verteilung der entstehenden Kosten vor Beginn der medizinischen Versorgung auszuloten. Sie tragen die Gefahr des Vergleichs der selbst zu tragenden Kosten, die bei einer Behandlung jenseits der Grenze auch höher sein können[1287]. Dieses Risiko kann jedoch durch eine erhöhte Transparenz, insbesondere in Bezug auf die von den zuständigen Trägern bei einer Leistungserbringung im Inland zu tragenden finanziellen Lasten, erheblich verringert werden. Es sollte dem Versicherten ermöglicht werden, die im Inland von der Krankenkasse zu tragenden Sätze und die bei einer Auslandsversorgung auf ihn zukommenden Kosten ohne größeren Aufwand zu vergleichen. Aus diesem Grund wird sogar gefordert, dass der Versicherte schon vor Inanspruchnahme der medizinischen Versorgung über alle Informationen, vor allem über die genaue Höhe der Kosten, seine soziale Absicherung, die Qualität der Leistungen, sowie über die Kompetenz der Leistungserbringer verfügen muss, damit er sich in voller Kenntnis der Sachlage für den Ort und den Leistungsanbieter entscheiden kann[1288]. Diese Kenntnis kann der Versicherte nur durch seine Krankenkasse erlangen.

Weitere Probleme aus Sicht des Versicherten können sich aus mangelnden Informations- und Beratungsmöglichkeiten, aus eingeschränkten Kommunikationsmöglichkeiten aufgrund von Sprachbarrieren, aus Haftungs- und Gewährleistungsfragen und im Zusammenhang mit der grenzüberschreitenden Rechts-

[1285] Vgl. hierzu oben: G.VI.3.
[1286] *Sendler*, KrV 1998, S. 287; *Belter*, europablätter 1999, S. 8; *Münnich*, BKK 1999, S. 22; *Schulte*, ZFSH/SGB 1999, S. 357; *ders.*, Arbeit und Sozialpolitik 2001, S. 39; *von Maydell*, in: Gesundheitsversorgung in der Europäischen Union, S. 22
[1287] *Belter*, europablätter 1999, S. 8
[1288] *Palm / Nickless / Lewalle / Coheur*, BKK 2000, S. 404; ähnlich: *Schulte*, Arbeit und Sozialpolitik 2001, S. 41

durchsetzung ergeben[1289]. Doch hat es der Versicherte selbst in der Hand abzuwägen, ob die Chancen die Risiken überwiegen. Es ist ihm ja nicht der bisherige Weg zu inländischen Leistungserbringern erschwert oder gar versperrt. Vielmehr wird ihm eine zusätzliche Alternative geboten. Der Versicherte kann entscheiden, ob er sie in Anspruch nehmen möchte oder ob er wie bisher die medizinische Versorgung im Inland vorzieht. Zudem können viele dieser mit einem offenen europäischen Gesundheitsmarkt einhergehenden Risiken durch weitere Koordinierungsregelungen auf europäischer Ebene minimiert werden. Zu denken ist hier vor allem an einander angepasste Haftungs- und Gewährleistungsregelungen, die gemeinschaftsweit einheitliche Ausgestaltung von Informations- und Beratungsrechten und -pflichten[1290] sowie an entsprechende Vorschriften im Zusammenhang mit der grenzüberschreitenden Rechtsdurchsetzung in diesem Bereich.

VII. Anpassungen im nationalen Recht als Folge der Urteile des Europäischen Gerichtshofs

1. Umstellung vom Sachleistungs- auf das Kostenerstattungsprinzip?

Die gemeinschaftlichen Grundfreiheiten und insbesondere deren Auslegung durch den EuGH in den Entscheidungen zu den Rechtssachen *„Decker"* und *„Kohll"* zwingen den nationalen Gesetzgeber nicht per se zu einer vollumfänglichen Umstellung seines Systems von dem Sachleistungs- auf das Kostenerstattungsprinzip[1291]. Schließlich können die Mitgliedstaaten weiterhin ihre Gesundheitssysteme unter Berücksichtigung des Gemeinschaftsrechts selbst bestimmen und ausgestalten. Aus diesem Grund kann ebenfalls bei grenzüberschreitenden medizinischen Leistungen an dem Sachleistungsprinzip festgehalten werden, soweit dadurch nicht der freie Waren- und Dienstleistungsverkehr beeinträchtigt wird. Wenn jedoch ein ausnahmsloses Festhalten am Sachleistungsprinzip zu einer nicht gerechtfertigten Beschränkung der gemeinschaftsrechtlich garantierten Grundfreiheiten führt, so ist an eine Kombination zwischen Sachleistungs-

[1289] *Berg*, EuZW 1999, S. 591; *Schulte*, ZFSH/SGB 1999, S. 357; *Terwey*, SozVers 1998, S. 292

[1290] Ob dies angesichts der heutigen Kommunikationsmöglichkeiten und dem technischen Fortschritt tatsächlich zu einem höheren Verwaltungsaufwand führt (so: *Vanas*, Soziale Sicherheit 1992, S. 71; *Felix*, SozSich 1999, S. 33), ist meines Erachtens durchaus zweifelhaft.

[1291] Ebenso: *von Maydell*, VSSR 1999, S. 14; *ders.*, in: Gesundheitsversorgung in der Europäischen Union, S. 21; *Belter*, europablätter 1999, S. 8; *Schulz-Weidner*, KrV 1998, S. 242; *ders.*, in: *Schulte / Barwig*, S. 342; *Schulte*, Arbeits- und Sozialplitik 2001, S. 46; *Zabre*, DAngVers 1999, S. 24; *Felix*, SozSich 1999, S. 33; *Lenz / Lampert*, Pharma Recht 1999, S. 98, 100; *Domscheit*, KrV 1998, S. 247; *Pitschas*, VSSR 1999, S. 233; *Neubauer / Schallmair*, Sozialer Fortschritt 2000, S. 282; *Wille*, in: *Verband der privaten Krankenversicherung e.V.*, S. 92

und Kostenerstattungsprinzip zu denken[1292]. Im Hinblick auf inländische Leistungserbringer, die weiterhin für den Großteil der medizinischen Versorgung der Versicherten verantwortlich sein werden, kann ohnehin uneingeschränkt das Sachleistungsprinzip beibehalten werden.

Es bleibt den zuständigen Krankenversicherungsträgern im Hinblick auf grenzüberschreitende medizinische Leistungen zudem unbenommen, mit ausländischen Leistungsanbietern eine Abrechnung nach dem Sachleistungsprinzip vertraglich zu vereinbaren, falls eine entsprechende Vorgabe durch den nationalen Gesetzgeber wegen der Grundfreiheiten ausgeschlossen ist. Sie werden damit allerdings nie alle in Betracht kommenden Leistungsanbieter erreichen. Am ehesten umsetzbar dürften entsprechende vertraglichen Vereinbarungen mit Leistungserbringern sein, die voraussichtlich einen überproportional großen Anteil von in der Bundesrepublik Deutschland Versicherten versorgen werden. Zu denken ist hier in erster Linie an die Grenzregionen, aber auch an beliebte Urlaubs- und Tourismuszentren. In Betracht kommen solche Vereinbarungen aber auch dort, wo Kollektivvertragspartner viele Leistungsanbieter vertreten[1293]. Dass die ausländischen Leistungserbringer an solchen Verträgen überhaupt kein Interesse haben und Vereinbarungen in der Praxis durch ihre (vermeintlich) starke Verhandlungsposition gekennzeichnet sein werden[1294], ist nicht zu befürchten. Schließlich liegt die Wahl des Leistungsanbieters beim Versicherten. In seine Entscheidung fließen ganz sicher neben dem Umstand, ob er für die Leistungen in Vorleistung treten muss oder ob nach dem Sachleistungsprinzip verfahren wird, ebenso der Umstand ein, ob die Qualität der Leistungserbringung durch entsprechende vom zuständigen Krankenversicherungsträger beeinflussbare Mechanismen gesichert ist oder nicht. Erste Schritte auf diesem Weg werden durch den sog. „Nassauer Kreis" gemacht, in dem sich eine Reihe von Krankenkassen zusammengeschlossen haben und der begonnen hat, Verträge mit ausländischen Leistungserbringern abzuschließen[1295]. Schon hieran zeigt sich auch in der Praxis, dass von mangelndem Interesse auf Seiten ausländischer Leistungserbringer an vertraglichen Regelungen nicht die Rede sein kann. Gezwungen werden können Leistungsanbieter aus anderen Mitgliedstaaten zu ent-

---

[1292] Vgl. hierzu unten: G.VII.2.b.

[1293] So haben deutsche Betriebskrankenkassen schon Vereinbarungen über ambulante und stationäre Rehabilitationsleistungen im italienischen Abano Terme und Montegrotto sowie über Rehabilitation und Organtransplantation mit Einrichtungen in Österreich geschlossen. Weitere Verträge sind mit Zahnärzten auf Mallorca, mit Leistungserbringern auf dem zahntechnischen Sektor geplant.
Allerdings sind bei Vereinbarungen mit Kollektivvertragspartnern besonders die gemeinschaftsrechtlichen Wettbewerbsvorschriften zu beachten, gegen die das Zustandekommen entsprechender Verträge nicht verstoßen darf (vgl. hierzu oben: F.VI.).

[1294] So: *Bericht der gemeinsamen Arbeitsgruppe*, ZFSH/SGB 1999, S. 639; *Zipperer*, in: Gesundheitsversorgung in der Europäischen Union, S. 69

[1295] *Schulte*, Arbeit und Sozialpolitik 2001, S. 40

sprechenden Vereinbarungen natürlich nicht. Es kann aber nicht davon gesprochen werden, dass sie keinen Grund hätten, solche Verträge mit deutschen Krankenversicherungsträgern abzuschließen.

2. Anpassung der nationalen Vorschriften an das Gemeinschaftsrecht

Auch wenn es der nationale Gesetzgeber bisher an der nötigen Einsicht zur Änderung der die „Abschottung" fordernden und fördernden Vorschriften des deutschen Leistungserbringungsrechts fehlen lässt, so gibt es doch Signale der Krankenkassen, die in den Urteilen des EuGH zum Ausdruck kommenden Grundsätze in der Praxis der gesetzlichen Krankenversicherung zu berücksichtigen und weiter entsprechend umzusetzen. Allerdings fehlt es, was angesichts der vielfältigen Meinungen über die Auswirkungen der Urteile in den Rechtssachen *„Decker"* und *„Kohll"* nicht überrascht, an einer abgestimmten und einheitlichen Vorgehensweise der Krankenkassen[1296]. Auch die Entscheidungen in den Rechtssachen *„Smits / Peerbooms"* und *„Vanbraekel"* konnten nicht zu einem koordinierten Handeln der Träger der gesetzlichen Krankenversicherung beitragen, weil sie ebenso vielfältig interpretiert werden[1297]. Der nationale Gesetzgeber muss das deutsche Gesundheitssystem und den Zugang zu den Gesundheitsleistungen deshalb schnellstmöglich „europakompatibel" gestalten. Je eher die Legislative den entsprechenden Rahmen vorgibt, desto eher können sich die Beteiligten darauf einstellen, was im Hinblick auf die sich für jeden Einzelnen ergebenden Chancen nur von Vorteil sein kann.

a. Anpassungen im Leistungserbringungsrecht

Es ist zunächst in den Vorschriften zum Leistungserbringungsrecht in der deutschen gesetzlichen Krankenversicherung klarzustellen, dass Verträge zwischen den Krankenversicherungsträgern und Leistungserbringern in anderen Mitgliedstaaten in allen Bereichen der medizinischen Versorgung zulässig sind. Das macht eine entsprechende Änderung der §§ 69 ff., 112 ff., 124 ff. SGB V erforderlich[1298]. In solchen Verträgen können Einzelheiten der medizinischen Versorgung und Kontrollmaßnahmen geregelt werden. In diesem Zusammenhang ist vor allem an Vereinbarungen über die jeweiligen Sätze, zu denen eine medizini-

---

[1296] *Schaaf*, SGb 1999, S. 281
Das gilt auch beim Vergleich über die nationalen Grenzen hinaus (*Palm / Nickless / Lewalle / Coheur*, BKK 2000, S. 404).

[1297] *Horn*, Sozialrecht und Praxis 2001, S. 666 ff.; *Felix*, SozSich 2001, S. 624 ff.; *Burger*, BKK 2001, S. 356 ff.; *Mühlhausen*, Gesundheit und Gesellschaft, 2001, Nr. 9, S. 14; *Sunder*, NDV 2001, S. 287 f.; *Kingreen*, NJW 2001, S. 3382 ff

[1298] Vgl. zur Gemeinschaftsrechtswidrigkeit dieser nationalen Regelungen im Einzelnen oben: G.IV. und G.V.

sche Leistung zu erbringen ist, zu denken, aber auch an Regelungen über mögliche Abrechnungsmodalitäten zwischen den Beteiligten und über diejenigen Mechanismen, die die Qualität der Behandlung und die Wirtschaftlichkeit sicherstellen[1299]. Im Zusammenhang mit dem Zustandekommen solcher Verträge sind insbesondere die gemeinschaftsrechtlichen Wettbewerbsvorschriften zu berücksichtigen. Ein Auftreten der Spitzenverbände auf Seiten der deutschen Krankenversicherungsträger ist danach grundsätzlich ausgeschlossen[1300]. Vielmehr werden die Krankenkassen selbstständig die entsprechenden Vereinbarungen mit den Leistungserbringern zu schließen haben.

b. Anpassungen im Leistungsrecht

Zugleich ist das Leistungsrecht, insbesondere § 16 SGB V, dahingehend zu ändern, dass die Versicherten Leistungen zur medizinischen Versorgung auch in anderen Mitgliedstaaten in Anspruch nehmen können. Bei Beteiligung von Leistungserbringern außerhalb der Gemeinschaftsgrenzen kann hingegen weiterhin am grundsätzlichen Ruhen der Leistungsansprüche der Versicherten festgehalten werden.

Wenn eine ausnahmslose Erhaltung des Sachleistungsprinzips zu einer nicht gerechtfertigten Beschränkung der gemeinschaftsrechtlich garantierten Grundfreiheiten führt[1301], ist hinsichtlich des Verfahrens der Kostenübernahme eine gesetzliche Regelung denkbar, die das Sachleistungs- und Kostenerstattungsprinzip kombiniert[1302]. Der Krankenversicherte kann sich danach uneingeschränkt in allen Mitgliedstaaten der Europäischen Union behandeln lassen und medizinische Produkte erwerben. Nimmt er dabei einen Leistungsanbieter in Anspruch, mit dem seine zuständige Krankenkasse vertraglich das Sachleistungsprinzip

[1299] *Becker*, NZS 1998, S. 363; *Belter*, europablätter 1999, S. 9; *Lenz / Lampert*, Pharma Recht 1999, S. 99; *Bericht der gemeinsamen Arbeitsgruppe*, ZFSH/SGB 1999, S. 639; *Zechel*, Die territorial begrenzte Leistungserbringung der Krankenkassen im Lichte des EG-Vertrages, S. 124 ff. mit konkreten Formulierungsvorschlägen für die einzelnen Bereiche; *Felix*, SozSich 1999, S. 33; *Schulte*, in: *Schulte / Barwig*, S. 75; *Heinze*, in: *Verband der privaten Krankenversicherung e.V.*, S. 59; *ders.*, Arbeit und Sozialpolitik 2001, S. 40; *Zipperer*, in: Gesundheitsversorgung in der Europäischen Union, S. 66, 70

[1300] Vgl. hierzu oben: F.VI.

[1301] Vgl. hierzu oben: G.VII.1.

[1302] Ebenso: *Lenz / Lampert*, Pharma Recht 1999, S. 99; *Pitschas*, VSSR 1999, S. 233; *Godry*, ZFSH/SGB 1997, S. 421; *Sendler*, in: *Schulte / Zacher*, S. 170 f.; *Gassner*, SGb 1998, S. 588; *Neubauer / Schallermair*, Sozialer Fortschritt 2000, S. 282; *Zechel*, Die territorial begrenzte Leistungserbringung der Krankenkassen im Lichte des EG-Vertrages, S. 123 f.; *Eichenhofer*, VSSR 1999, S. 119; *Lenz / Lampert*, Pharma Recht 1999, S. 100; *Knappe*, BKK 1999, S. 9; *Münnich*, BKK 1999, S. 20 f.; *Schuler*, Das Internationale Sozialrecht der Bundesrepublik Deutschland, S. 298; *Wille*, in: *Verband der privaten Krankenversicherung e. V.*, S. 91

vereinbart hat, so rechnet die Krankenkasse unmittelbar mit diesem Leistungserbringer ab. Erfolgt dagegen die Leistung durch einen vertraglich nicht an dieses Prinzip gebundenen Leistungsanbieter, erstattet die Krankenkasse ihrem Versicherten den von ihm an den Leistungserbringer gezahlten Betrag in der Höhe, die sie für die gleiche Leistung im Inland aufzubringen hätte.

Denkbar ist aber auch eine Ausgestaltung vergleichbar der früheren, bis 31.12.1998 geltenden Fassung des § 13 Abs. 2 SGB V[1303], die den Versicherten grundsätzlich, also sowohl im Hinblick auf die Inanspruchnahme von Leistungen im In- wie im Ausland (oder zumindest in den Mitgliedstaaten), ein Wahlrecht zwischen Sachleistungs- und Kostenerstattungsprinzip einräumt[1304]. Die Möglichkeit, den Versicherten über einen bestimmten Zeitraum vergleichbar der früheren Regelung des § 13 Abs. 2 Satz 5 SGB V an seine einmal vorgenommene Wahl zu binden, setzt aber bei Berücksichtigung der gemeinschaftsrechtlichen Grundfreiheiten voraus, dass mit hinreichend vielen ausländischen Leistungserbringern vertraglich das Sachleistungsprinzip vereinbart ist. Ansonsten würde eine solche Regelung im Ergebnis bei einer Entscheidung des Versicherten zugunsten des Sachleistungsprinzips die ausländischen Leistungsanbieter in nicht gerechtfertigter Weise benachteiligen, da die meisten nicht in das Sachleistungsystem eingebunden sind und somit die Versicherten in dem Zeitraum, in welchem sie an ihre Wahl zur Sachleistung gebunden sind, bei ihnen weniger nach medizinischen Leistungen nachfragen. Bei einer Entscheidung für das Sachleistungsprinzip muss den Versicherten im Hinblick auf die Inanspruchnahme von Leistungserbringern in anderen Mitgliedstaaten jederzeit eine dem Inland vergleichbare Auswahl unter den Anbietern möglich sein.

c. Anpassungen bei grundsätzlich zulässigen Einschränkungen des Leistungs- bzw. Leistungserbringungsrechts

Einschränkungen im Bereich des Leistungserbringungsrechts wie Festbeträge, Zuzahlungen der Versicherten und Negativlisten können weiterhin auch bei einem Bezug der Leistungen aus anderen Mitgliedstaaten erhalten bleiben, wenn und soweit sie unterschiedslos für die Inanspruchnahme von Leistungen im Inland und in den anderen Mitgliedstaaten gelten. Anpassungsbedarf besteht aber im Zusammenhang mit dem Zustandekommen vieler dieser Einschränkungen aufgrund der gemeinschaftsrechtlichen Wettbewerbsvorschriften. Sämtliche autonomen Kooperationen der Träger der Sozialversicherung auch über Festbetragsfestsetzungen hinaus sind dem Kartellverbot der Art. 81 ff. EGV unterworfen[1305]. Hiervon betroffen sind in erster Linie die Zusammenarbeit der Sozialversicherungsträger bei ihrer Nachfragetätigkeit auf den Beschaffungsmärkten. In

[1303] Abgedruckt bei: *Dalichau / Grüner*, SGB V, § 13 S. 5
[1304] *Neubauer / Schallermair*, Sozialer Fortschritt 2000, S. 282
[1305] Vgl. hierzu oben: F.VI.

jeder Absprache zwischen ihnen im Hinblick auf die Vertragsabschlüsse mit den Leistungserbringern, aber auch mit deren Vereinigungen und Verbänden dürfte grundsätzlich ein Verstoß gegen Art. 81 Abs. 1 EGV liegen. In den meisten Fällen wird der Regeltatbestand des Art. 81 Abs. 1 lit. a EGV erfüllt sein, weil Preisabsprachen im Mittelpunkt solcher Zusammenarbeiten stehen[1306]. Zu denken ist aber ebenso an Beschränkungen bei der Definition von Leistungsinhalten, vor allem durch die Aufstellung von Leistungskatalogen und durch die Fassung detaillierter Bestimmungen zu medizinischen und pflegerischen Dienstleistungen[1307]. Die Gefahr von solchen Verstößen gegen die gemeinschaftsrechtlichen Wettbewerbsvorschriften kann durch entsprechende Regelungen des nationalen Gesetzgebers, durch das Auftreten von sich aus in jeder Hinsicht unabhängigen Personen zusammensetzenden Expertengruppen oder auch durch das selbstständige Tätigwerden der Krankenkassen ausgeschlossen werden.

[1306] Entsprechendes gilt im Übrigen auch für die Leistungserbringer, soweit sie ihrerseits Einkaufskooperationen bilden. So prüft derzeit das Bundeskartellamt entsprechende Tätigkeiten des Medi-Verbundes in Nord-Württemberg, bei dem fast 3000 Ärzte zusammengeschlossen sind, die in zwölf Gesellschaften bürgerlichen Rechts organisiert sind, u. a. im Hinblick auf einen Verstoß gegen das Preisbindungsverbot (Ärztezeitung vom 23.01.2001).

[1307] *Giesen*, Die Vorgaben des EG-Vertrags für das Internationale Sozialrecht, S. 124

H. Resümee und Zusammenfassung in Thesen

I. Resümee

Die vorliegende Arbeit hat das Ziel, die im Zusammenhang mit der sozialen Sicherheit, insbesondere dem Gebiet des Leistungserbringungsrechts in der Gesundheitsvorsorge, sich stellenden Rechtsfragen, die sich aus den Einflüssen des Gemeinschaftsrechts auf das nationale Recht der Mitgliedstaaten ergeben, aufzuzeigen und einen Beitrag zu deren Beantwortung zu leisten.

Es ist deutlich geworden, dass die Folgen der gemeinschaftsrechtlichen Vorschriften, vor allem auch des primären Gemeinschaftsrechts, die sozialen Sicherungssysteme der Mitgliedstaaten treffen. So ist der durch den EG-Vertrag gewährleistete freie Waren- und Dienstleistungsverkehr im Hinblick auf die Ausgestaltung der sozialen Sicherheit zu berücksichtigen. Beschränkungen dieser Grundfreiheiten sind nur zulässig, wenn sie gerechtfertigt sind. Dabei werden an eine Rechtfertigung sehr hohe Anforderungen gestellt. Sowohl in Bezug auf die Erhaltung des finanziellen Gleichgewichts der Systeme der sozialen Sicherheit als auch hinsichtlich des Schutzes der Gesundheit werden nur wenige Beschränkungen diese Hürden nehmen. Eine völlige territoriale „Abschottung" des nationalen Gesundheitsmarktes ist ausgeschlossen. Das gilt auch für das deutsche gesetzliche Krankenversicherungssystem, welches auf dem Sachleistungsprinzip basiert. Im Zusammenhang mit dem Zustandekommen der nationalen Maßnahmen im Leistungserbringungsrecht sind die gemeinschaftsrechtlichen Wettbewerbsvorschriften einschlägig. Aus diesem Grund verstoßen koordinierte Aktivitäten der Krankenversicherungsträger gegen europäisches Kartellrecht, soweit sie nicht ausnahmsweise gerechtfertigt sind. Das gilt erst recht für das Auftreten ihrer Spitzenverbände, wie es bei einer Vielzahl von Maßnahmen im deutschen Krankenversicherungsrecht praktiziert wurde und noch wird.

Vor allem durch den Einfluss der Grundfreiheiten stehen eine Reihe von Anpassungen der sozialen Sicherungssysteme nicht nur in Deutschland, sondern in allen Mitgliedstaaten an. Eine Harmonisierung der Sozialsysteme ist angesichts der unterschiedlichen historischen, ökonomischen, sozialen und kulturellen Bedingungen in den Mitgliedstaaten nicht beabsichtigt und nicht wünschenswert, auch wenn sich Harmonisierungstendenzen mit der gemeinsamen europäischen Währung in Zukunft tendenziell verstärken dürften. Doch sind Produktivität, Einkommen, Lebensstandards und Finanzierungspotenziale in den einzelnen Mitgliedstaaten so unterschiedlich, dass sich diese fundamentalen Unterschiede auch weiterhin in der Ausgestaltung der nationalen Sozial- und Gesundheitssysteme niederschlagen müssen. Dieser Umstand gewinnt bei der beabsichtigten Osterweiterung der Europäischen Union noch zusätzlich an Gewicht. Deshalb ist auf absehbare Zeit ein einheitliches gemeinschaftsweites Sozialrecht ausgeschlossen.

Eine weitere Abstimmung und Koordination der nationalen Sozialsysteme mit dem geltenden EU-Recht ist aber weiter eine zentrale Aufgabe der europäischen Rechtsfortbildung, wie es das Ziel der Mitgliedstaaten sein muss, ihre nationalen Gesundheitssysteme für eine solche Koordinierung zu öffnen. Sie stehen vor der Herausforderung, sozialrechtliche Nachteile für mobile EU-Bürger durch ihre nationalen Systeme der sozialen Sicherheit zu vermeiden. Eine ständig fortschreitende Konvergenz im Bereich der sozialen Sicherungssysteme haben die Entscheidungen in den Rechtssachen *„Decker"* und *„Kohll"* nicht unbedingt ausgelöst, aber in jedem Fall stark forciert. Ob die Entscheidung in der Rechtssache *„Smits / Peerbooms"* diese Entwicklung zumindest für den Bereich der stationären medizinischen Versorgung wieder etwas bremst bleibt abzuwarten. Dabei setzt Konvergenz im Gegensatz zur Harmonisierung gerade keine Vereinheitlichung voraus. In der zunehmenden Konvergenz auf dem Gebiet der sozialen Sicherheit und der Öffnung der teilweise noch abgeschotteten Gesundheitsmärkte liegen neben den von Teilen in den Mittelpunkt gestellten Risiken und Gefahren vor allem eine Reihe von Chancen für alle Beteiligten. Diese zu nutzen erfordert aber, dass in jedem Mitgliedstaat der EU aktiv um Lösungen der aufgeworfenen Probleme gerungen werden muss. Es reicht, wie insbesondere auch die Entscheidung in der Rechtssache *„Smits / Peerbooms"* gezeigt hat, nicht aus, sich auf den Standpunkt zu stellen, dass Entscheidungen des EuGH die eigenen nationalen Sicherungssysteme aufgrund deren besonderer Ausgestaltung nicht berühren.

Bei der Anpassung der gesetzlichen Krankenversicherung in Deutschland sollte der Gesetzgeber insbesondere auch die finanziellen Einsparungspotentiale für die Krankenversicherungsträger voll ausschöpfen. Dies erfordert vor allem eine Klarstellung, dass die Kostenerstattung bei der Inanspruchnahme ausländischer Leistungserbringer, mit denen nicht das Sachleistungsprinzip vereinbart wurde, nicht den Betrag übersteigt, der für eine entsprechende Leistung im Inland zu veranschlagen ist.

II. Zusammenfassung in Thesen

1. Die bis zu den Urteilen in den Rechtssachen *„Decker"* und *„Kohll"* sehr niedrigen finanziellen Aufwendungen der deutschen Krankenversicherungsträger für die Inanspruchnahme von Leistungserbringern in anderen Mitgledstaaten, die im Vergleich zu den gesamten Aufwendungen der gesetzlichen Krankenversicherung 0,3 % ausmachten, werden künftig zwar steigen, aber im Verhältnis zu den Gesamtausgaben weiter sehr gering bleiben. Eine überpropotionale Inanspruchnahme von Leistungserbringern ist aus regionaler Sicht in Grenzgebieten und Tourismuszentren sowie im Hin-

blick auf den Leistungsinhalt bei der Nachfrage nach Arzneimitteln und medizinischen Heil- und Hilfsmitteln zu erwarten.

2. Die Entscheidungen des EuGH in den Rechtssachen *„Decker"* und *„Kohll"* verstößt nicht gegen das in Art. 5 (ex-Art. 3 b) gewährleistete Subsidiaritätsprinzip.

3. Trotz der mitgliedstaatlichen Kompetenzen sind die Maßnahmen der Mitgliedstaaten im Bereich der sozialen Sicherheit an den Vorschriften der Grundfreiheiten des EG-Vertrages zu messen.

4. Das Erfordernis der vorherigen Genehmigung für die Kostenerstattung von in anderen Mitgliedstaaten erworbenen medizinischen Produkten stellt eine Maßnahme gleicher Wirkung nach Art. 28 (ex-Art. 30) EGV dar und beschränkt damit den freien Warenverkehr.

5. Eine Rechtfertigung der Beschränkung des freien Warenverkehrs kam in der Rechtssache *„Decker"* weder im Hinblick auf die Erhaltung des finanziellen Gleichgewichts des Systems der sozialen Sicherung noch im Zusammenhang mit der Gewährleistung von spezifischen Qualitätsstandards bzw. im Hinblick auf die Sicherstellung eines ausgewogenen und allgemein zugänglichen Systems der medizinischen Versorgung in Betracht.

6. Regelungen über den Erstattungsumfang beim Erwerb von medizinischen Produkten in anderen Mitgliedstaaten sind an den Vorschriften des freien Warenverkehrs zu messen und können in nicht gerechtfertigter Weise diese Grundfreiheit beschränken.

7. Negativlisten und Positivlisten, die unter Heranziehung von objektiven, nachprüfbaren Kriterien aufgestellt werden, stellen grundsätzlich keine nicht gerechtfertigte Beschränkung der Warenverkehrsfreiheit dar.

8. Das auch in Deutschland geltende Verbot des Versandhandels von Arzneimitteln greift in nicht gerechtfertigter Weise in die gemeischaftsrechtlich gewährleistete Warenverkehrsfreiheit ein.

9. Medizinische Leistungen fallen unter den gemeinschaftsrechtlichen Dienstleistungsbegriff unabhängig davon, ob sie in einem nach dem Sachleistungs- oder dem Kostenerstattungsprinzip ausgestalteten System erbracht werden.

10. Das Erfordernis der vorherigen Genehmigung für die Kostenerstattung von in anderen Mitgliedstaaten in Anspruch genommenen medizinischen Leistungen stellt eine Beschränkung des freien Dientsleistungsverkehrs dar.

11. Eine Rechtfertigung der Beschränkung des freien Dienstleistungsverkehrs kam in der Rechtssache *„Kohll"* weder im Hinblick auf die Erhaltung des finanziellen Gleichgewichts des Systems der sozialen Sicherung noch im Zusammenhang mit der Gewährleistung spezifischer Qualitätsstandards bzw. mit der Sicherstellung eines ausgewogenen und allgemein zugänglichen Systems der medizinischen Versorgung in Betracht.

12. Regelungen über den Erstattungsumfang bei der Inanspruchnahme von medizinischen Leistungen in anderen Mitgliedstaaten sind an den Vorschriften des freien Dienstleistungsverkehrs zu messen und können in nicht gerechtfertigter Weise diese Grundfreiheit beschränken.

13. Die Tätigkeiten der Träger der Sozialversicherung im Bereich des Leistungserbringungsrechts unterfallen den Vorschriften des europäischen Wettbewerbsrechts der Art. 81 (ex-Art. 85) ff. EGV, da sie in dieser Funktion Unternehmen im Sinne des Gemeinschaftsrechts darstellen.

14. Das bis Juli 2001 in Deutschland praktizierte Verfahren zu den Festbetragsfestsetzungen bei Arzneimitteln und die Beschlüsse von Arzneimittelrichtlinien verstoßen gegen das Kartellverbot des Art. 81 (ex-Art. 85) EGV. Einer Rechtfertigung nach Art. 86 (ex-Art. 90) Abs. 2 EGV hat die Rechtsprechung des EuGH sehr hohe Hürden in den Weg gestellt.

15. Die von der Rechtsprechung des EuGH in den Entscheidungen zu den Rechtssachen *„Decker"* und *„Kohll"* aufgestellten Grundsätze haben präjudizielle Wirkungen auf das deutsche Leistungserbringungsrecht. Die Unterschiede zwischen dem luxemburgischen Kostenerstattungsprinzip und dem deutschen Sachleistungsprinzip sind nicht so erheblich sind, dass sie einer Übertragung der Leitgedanken des EuGH auf das deutsche Gesundheitssystem entgegenstehen.

16. Im Hinblick auf die ambulante medizinische Behandlung beschränkt die territoriale „Abschottung" des deutschen Marktes in nicht gerechtfertigter Weise den nach Art. 49 ff. (ex-Art. 59 ff.) EGV gemeinschaftsrechtlich gewährleisteten freien Dienstleistungsverkehr.

17. Der Versuch einer Rechtfertigung der durch die territoriale „Abschottung" des stationären Sektors hervorgerufenen Beschränkungen des freien Dienstleistungsverkehrs erscheint im Zusammenhang mit der Rechtsprechung des EuGH in der Rechtssache *„Smits / Peerbooms"* durchaus erfolgversprechend.

18. In allen übrigen Bereichen der medizinischen Versorgung im Rahmen der gesetzlichen Krankenversicherung (zahnärztliche Versorgung, Arzneimittelversorgung, Heilmittelversorgung, Hilfsmittelversorgung, medizinische Rehabilitation und Kuren) sind durch eine völlige territoriale „Abschottung" des deutschen Marktes bestehende Beschränkungen des freien Waren- und Dienstleistungsverkehrs grundsätzlich nicht zu rechtfertigen.

19. Die „*Decker-Kohll*-Rechtsprechung" des EuGH birgt nicht nur Risiken für die Beteiligten der deutschen gesetzlichen Krankenversicherung in sich. Sie eröffnet vielmehr eine Reihe von Chancen für die Leistungserbringer, die Träger der gesetzlichen Krankenversicherung und für die Versicherten, insbesondere im Hinblick auf die Senkung der Kosten und die Steigerung der Qualität der medizinischen Versorgung.

20. Die Rechtsprechung des EuGH in den Rechtssachen „*Decker*" und „*Kohll*" zwingt den deutschen Gesetzgeber zwar nicht per se zu einer vollumfänglichen Umstellung des Systems vom Sachleistungs- zum Kostenerstattungsprinzip. Sollte ein ausnahmsloses Festhalten am Sachleistungsprinzip die gemeinschaftsrechtlich gewährleisteten Grundfreiheiten in nicht gerechtfertigter Weise beschränken, ist jedoch an eine Kombination zwischen Sachleistungs- und Kostenerstattungsprinzip zu denken.

21. Aus deutscher Sicht sind vielfältige Änderungen der nationalen Vorschriften erforderlich. Das betrifft vor allem die Beseitigung der territorialen „Abschottung" des deutschen Gesundheitsmarktes sowie die Klarstellung, dass Verträge zwischen Krankenversicherungsträgern und Leistungserbringern in anderen Mitgliedstaaten zulässig sind. Ebenso sind im Hinblick auf das Zustandekommen von Verträgen die Vorgaben der gemeinschaftsrechtlichen Wettbewerbsvorschriften zu beachten und umzusetzen.

Literaturverzeichnis

Ackermann, Thomas: Art. 85 Abs. 1 EGV und die rule of reason, Köln 1997

Ahlfeld, Martin: Zwingende Erfordernisse im Sinne der Cassis-Rechtsprechung des Europäischen Gerichtshofs zu Art. 30 EGV, Baden-Baden 1997

Altmaier, Peter: Die Ausweitung des persönlichen Geltungsbereichs der Gemeinschaftsverordnungen über die soziale Sicherheit der Wanderarbeitnehmer, in: Reform des Europäischen koordinierenden Sozialrechts, Eichenhofer, Eberhard (Hrsg.), Köln 1993, S. 35-54

Axer, Peter: Europäisches Kartellrecht und nationales Krankenversicherungsrecht, in: NZS 2002, S. 57-65

Bach, Albrecht: Wettbewerbsrechtliche Schranken für staatliche Maßnahmen nach europäischem Gemeinschaftsrecht, Tübingen 1992

Balze, Wolfgang: Die sozialpolitischen Kompetenzen der Europäischen Union, Baden-Baden 1994

Basedow, Jürgen: Keck on the facts, in: EuZW 1994, S. 225

Baumhof, Angelika: Die Beweislast im Verfahren vor dem Europäischen Gerichtshof, Baden-Baden 1996

Becker, Joachim: Die politische Dimension der europäischen Integration in der Gesundheitsversorgung, in: Gesundheitsversorgung in der Europäischen Union, Techniker Krankenkasse, Landesvertretung Bayern (Hrsg.), Hamburg 1999, S. 47-58 (zitiert: Becker, in: Gesundheitsversorgung in der Europäischen Union, S.)

Becker, Susanne / Devetzki, Stamatia-Despina / Stähler, Thomas P.: Europäische Union und gesetzliche Krankenversicherung – Status und Perspektiven der Gesundheitspolitik in der EU, in: ZFSH/SGB 1999, S. 139-142

Becker, Ulrich: Von „Dassonville" über „Cassis" zu „Keck" – Der Begriff der Maßnahmen gleicher Wirkung in Art. 30 EGV, in: EuR 1994, S. 162-174

Ders.: Gesetzliche Krankenversicherung zwischen Markt und Regulierung – Reformen des Gesundheitssystems und ihre europäischen Perspektiven, in: JZ 1997, S. 534-544

Ders.: Brillen aus Luxemburg und Zahnbehandlung in Brüssel - Die Gesetzliche Krankenversicherung im europäischen Binnenmarkt, in: NZS 1998, S. 359-364

Belter, Philipp: Zur Europäisierung von Krankenkassenleistungen – Die deutsche GKV nach den Entscheidungen in den Rechtssachen Kohll und Decker, in: europablätter 1999, S. 3-10

Benicke, Christoph: EG-Wirtschaftsrecht und die Einrichtungen der freien Wohlfahrtspflege, in: ZFSH/SGB 1998, S. 22-35

Berg, Werner: Gesundheitsschutz als Aufgabe der EU, Baden-Baden 1997

Ders.: Grenzüberschreitende Krankenversicherungsleistungen in der EU, in: EuZW 1999, S. 587 ff.

Ders.: Neue Entscheidungen des EuGH zur Anwendung des EG-Kartellrechts im Bereich der sozialen Sicherheit, in: EuZW 2000, S. 170-173

Berg, Wilfried: Arbeits- und Sozialverwaltung einschließlich Sozialversicherung und Reichsversorgung, in: Deutsche Verwaltungsgeschichte, Band 4, Das Reich als Republik und in der Zeit des Nationalsozialismus, Stuttgart 1985, S. 218-240

Ders.: Bayern im Europa der Regionen, in: BayVBl 2001, S. 257-262

Bieback, Karl-Jürgen: Soziale Sicherheit für den Fall der Krankheit und Mutterschaft, in: Europäisches Sozialrecht, Schriftenreihe des Deutschen Sozialrechtsverbandes (SDSRV), Band. 36, Wiesbaden 1992, S. 51-69 (zitiert: Bieback, in: Europäisches Sozialrecht, S.)

Ders.: Marktfreiheit in der EG und nationale Sozialpolitik vor und nach Maastricht, in: EuR 1993, S. 150-172

Ders.: Die Kranken- und Pflegeversicherung im Wettbewerbsrecht der EG, in: EWS 1999, S. 361-372

Blasius, Helga / Cranz, Hubertus: Arzneimittel und Recht in Europa, Stuttgart 1998

Bleckmann, Albert: Europarecht, 6. Auflage, Köln 1997

Boecken, Winfried: Rechtliche Schranken für die Beschaffungstätigkeit der Krankenkassen im Hilfsmittelbereich nach der Publizierung des Vertragsrechts – insbesondere zum Schutz der Leistungserbringer vor Ungleichbehandlungen, in: NZS 2000, S. 269-277

Boetius, Jan: Europäische Perspektiven aus Unternehmenssicht, in: Verband der privaten Krankenversicherung e. V. (Hrsg.), Köln 1999, S. 63-78 (zitiert: Boetius, in: Verband der privaten Krankenversicherung, S.)

Bohle, Thomas / Bock, Stefan: Ertragssicherung von Auslandsnachfrage im Krankenhaus – „§ 7-GmbH" als Alternative zur BPflV?, in: NZS 1998, S. 161

Borchmann, Michael: Regierungskonferenz 1996 - das Positionspapier der deutschen Länder, in: EuZW 1995, S. 570 ff.

Brunner, Manfred: Das Subsidiaritätsprinzip als europäisches Prinzip, in: Die Subsidiarität Europas; Merten, Detlef (Hrsg.), 2. Auflage, Berlin 1994, S. 9-22 (zitiert: Brunner, in: Merten, S.)

Brunner, Ulrich: Metzger kämpft für die Individualapotheke, in: Pharm. Ztg. 2001, Nr.3, S. 18-21

Bruns, Werner / Debong, Bernhard / Andreas, Manfred: Grenzüberschreitende Leistungspflicht der Gesetzlichen Krankenversicherung, in: Arztrecht 1998, S. 318 ff.

Bundesministerium der Gesundheit: Zur Anwendung des Rechts der Europäischen Gemeinschaft im Hinblick auf die Urteile des Europäischen Gerichtshofs vom 28.04.1998, Pressemitteilung Nr. 41 vom 05. Juni 1998

Burger, Stephan: Europäische Gesundheitspolitik - zwischen Subsidiaritätsprinzip und Anpassungsdruck - , in: Die BKK 1999, S. 5-7

Ders.: Freier Dienstleistungsverkehr auch für stationäre Leistungen – Beschränkungen sind möglich, in: Die BKK 2001, S. 356-358

Callies, Christian / Ruffert, Matthias: Kommentar des Vertrages über die Europäische Union und des Vertrages zur Gründung der Europäischen Gemeinschaft – EUV/EGV, Neuwied 1999 (zitiert: Bearbeiter, in: Callies / Ruffert, Art. Rn.)

Cornelissen, Rob C.: Harmonisierung und Koordinierung des Europäischen Sozialrechts, in: Reform des Europäischen koordinierenden Sozialrechts, Eichenhofer, Eberhard (Hrsg.), Köln 1993, S. 3-17

Dalichau, Gerhard / Grüner, Hans: Gesetzliche Krankenversicherung, Sozialgesetzbuch (SGB), Fünftes Buch, Band I, Stand: 68. Ergänzungslieferung, 1. Juli 2000, Starnberg (zitiert: Dalichau / Grüner, SGB V, §, S.)

Danner, Günter: Der EuGH: Ein Schreckgespenst?, in: Gesundheit und Gesellschaft 1998, S. 36 ff.

Ders.: Brüsseler Spitzen, in: KrV 1999, S. 2

Ders.: Nationalstaatliche Souveränität im Wandel: Europarecht bringt neue Realität in die Gesundheitsmärkte, in: KrV 2000, S. 52

Dauses, Manfred A.: Die neuere Rechtsprechung des EuGH im Lebensmittelrecht unter besonderer Berücksichtgung des Bier-Urteils, in: ZLR 1987, S. 243-264

Ders.: Das Vorabentscheidungsverfahren nach Art. 177 EG-Vertrag, 2. Auflage, München 1995

Ders.: Handbuch des EU-Wirtschaftsrechts, 2. Auflage, München 1998 (zitiert: Verfasser, in: Dauses)

Demmer, Hildegard: Gesundheitspolitik zwischen Subsidiarität und Freizügigkeit, in: BKK 2002, S. 63-66

Deutsche Presseagentur: Auch bei Behandlung im Ausland müssen die Kassen zahlen, in: Sozialrecht und Praxis 1998, S. 427-429 (zitiert: dpa, Sozialrecht und Praxis, S.)

Dietz, Otmar / Bofinger, Werner: Krankenhausfinanzierungsgesetz, Bundespflegesatzverordnung und Folgerecht, Kommentare, Band 1, Stand: 31. Ergänzungslieferung, Dezember 2000, Wiesbaden (zitiert: Dietz / Bofinger I, §, Abschnitt, S.)

Dörr, Oliver: Die Warenverkehrsfreiheit nach Art. 30 EWG-Vertrag – doch bloß ein Diskriminierungsverbot?, in: RabelsZ 1990, S. 677-691

Domscheit, Antje: Freier Binnenmarkt rüttelt an den nationalen Sozialversicherungssystemen, in: KrV 1998, S. 246 ff.

Ehricke, Ulrich: Zur Konzeption von Art. 37 I und Art. 90 II EGV, in: EuZW 1998, S. 741-747

Eichenhofer, Eberhard: Internationales Sozialrecht und Internationales Privatrecht, 1. Auflage, Baden-Baden 1987

Ders.: Internationales Sozialrecht, Müchen 1994

Ders.: Nationales und supranationales Sozialrecht, in: VSSR 1996, S. 187-203

Ders.: Umbau des Sozialstaats und Europarecht, in: VSSR 1997, S. 71-85

Ders.: Dienstleistungsfreiheit und freier Warenverkehr als Rechtsgrundlagen für grenzüberschreitende Behandlungsleistungen, in: 11. Bonner Europa-Symposium, Bonn 1999 – Grenzüberschreitende Behandlungsleistungen im Binnenmarkt, Zentrum für Europäisches Wirtschaftsrecht (Hrsg.), S. 1 ff. (zitiert: Eichenhofer, 11. Bonner Europa-Symposium, S.)

Ders.: Das Europäische koordinierende Krankenversicherungsrecht nach den EuGH-Urteilen Kohll und Decker, in: VSSR 1999, S. 101-122

Ders.: Reform des Europäischen Sozialrechts, in: Freizügigkeit und Soziale Sicherheit, Schulte, Bernd / Barwig, Klaus (Hrsg.), Baden-Baden 1999, S. 411-424

Ders.: Sozialrecht der Europäischen Union, Berlin 2001

Emmerich, Volker: Kartellrecht, 8. Auflage, München 1999

Emmes, Manfred P.: Euregios – Modelle grenzüberschreitender Zusammenarbeit im deutsch-niederländischen Raum, in: ZFSH/SGB 1997, S. 451-456

Europäische Kommission: Mitteilung der Kommission an den Rat und an das Europäische Parlament betr. das Subsidiaritätsprinzip, in: Die Subsidiarität Europas, Merten, Detlef (Hrsg.), 2. Auflage, Berlin 1994, S. 112 - 129 = Bull. EG 10-1992, S. 118-128

Everling, Ulrich: Das Vorabentscheidungsverfahren vor dem Gerichtshof der Europäischen Gemeinschaften, Baden-Baden 1986

Ders.: Von der Freizügigkeit der Arbeitnehmer zum Europäischen Bürgerrecht?, in: Europäisches Arbeits- und Sozialrecht, Nicolaysen, Gert / Rabe, Hans-Jürgen (Hrsg.), EuR 1990 Beiheft 1, Baden-Baden 1990, S. 81-103 (zitiert: Everling, EuR 1990, S.)

Ders.: Rechtswidriges Sozialrecht – Auswirkungen des europäischen Rechts auf die deutsche gesetzliche Krankenversicherung, in: DOK 1993, S. 584-589

Ders.: Der Einfluß des EG-Rechts auf das nationale Wettbewerbsrecht im Bereich des Täuschungsschutzes, in: ZLR 1994, S. 221-239

Ders.: Das Niederlassungsrecht in der EG als Beschränkungsverbot, Tragweite und Grenzen, in: Gedächtnisschrift für Brigitte Knobbe-Keuck, Schön, Wolfgang (Hrsg.), S. 607-625 (zitiert: Everling, in: GS Knobbe-Keuck, S.)

Felix, Ferdinand: Gesundheitsleistungen ohne Grenzen in der Europäischen Union?, in: Soziale Sicherheit 1999, S. 31-33

Ders.: EuGH: Vorherige Genehmigung einer Anstaltspflege im Ausland ist gemeinschaftsrechtlich zulässig!, in: Soziale Sicherheit 2001, S. 624-632

Fuchs, Maximilian: Nomos Kommentar zum Europäischen Sozialrecht, (zitiert: Bearbeiter, in: Fuchs), Loseblatt, Baden-Baden (Stand: 2. Ergänzungslieferung Juni 1999)

Ders.: Die Vereinbarkeit von Sozialversicherungsmonopolen mit dem EG-Recht, in: ZIAS 1996, S. 338-354

Füßer, Klaus: Transfer sozialversicherungsrechtlicher Komplexleistungen ins Ausland – zur Öffnungsbereitschaft des aktuellen Sozialversicherungsrechts aus der Sicht des europäischen Gemeinschaftsrechts, in: Arbeit und Sozialpolitik 1996, S. 30-49

Gassner, Ulrich M.: Urteilsbesprechungen zu den Entscheidungen des EuGH vom 28.4., in: SGb 1998, S. 586-589

Ders.: Nationaler Gesundheitsmarkt und europäisches Kartellrecht, in: VSSR 2000, S. 121-148

Geiger, Rudolf: Allgemeine Überlegungen zum Begriff der ausschließlichen Gemeinschaftszuständigkeit als Anwendungsgrenze des Subsidiaritätsprinzips (Art. 3b Abs. 2 EG-Vertrag), in: Festschrift für Wolfgang Gitter zum 65. Geburtstag am 30. Mai 1995, Heinze, Meinhard / Schmitt, Jochem (Hrsg.), Wiesbaden 1995, S. 267-276 (zitiert: Geiger, in: FS Gitter, S.)

Gemeinsame Arbeitsgruppe der Länder Brandenburg, Baden-Württemberg, Bayern, Nordrhein-Westfalen und des Saarlandes, der Spitzenverbände der Krankenkassen und des Bundesministeriums der Gesundheit: Bericht der gemeinsamen Arbeitsgruppe der Länder Brandenburg, Baden-Württemberg, Bayern, Nordrhein-Westfalen und des Saarlandes, der Spitzenverbände der Krankenkassen und des Bundesministeriums für Gesundheit zu den Auswirkungen der Rechtsprechung des EuGH zur Erstattung von Kosten für Medizinprodukte und Behandlungen im EU-Ausland durch nationale Krankenversicherungsträger, in: ZFSH/SGB 1999, S. 621-640 (zitiert: Bericht der gemeinsamen Arbeitsgrupp, ZFSH/SGB 1999, S.)

Gerlof, Hauke: Stop and go auf dem Daten-Highway, in: Gesundheit und Gesellschaft 2001, S. 26-49

Gesellschaft für Versicherungswissenschaft und -gestaltung e.V.: Die GVG zur Entwicklung der Systeme der sozialen Sicherung im Europäischen Binnenmarkt, Informationsdienst Nr. 217, Köln 1990

Dies.: Soziale Sicherung in West-, Mittel- und Osteuropa, 1.Auflage, Baden-Baden 1994

Giesen, Richard: Sozialversicherungsmonopol und EG-Vertrag, 1. Auflage, Baden-Baden 1995

Ders.: Die Geltung der Grundfreiheiten im Sozialrecht, insbesondere für die Leistungserbringer, in: Freizügigkeit und Soziale Sicherheit, Schulte, Bernd / Barwig, Klaus (Hrsg.), Baden-Baden 1999, S. 359-373 (zitiert: Giesen, in: Schulte / Barwig, S.)

Ders.: Die Vorgaben des EG-Vertrages für das Internationale Sozialrecht, Köln 1999

Gitter, Wolfgang: Das Zusammenwirken der Sozialversicherungsträger mit den Organisationen der Leistungserbringer, in: Selbstverwaltung in der Sozialversicherung, SDSRV Band 34, Wiesbaden 1991, S. 103-122

Gitter, Wolfgang / Köhler-Fleischmann, Gabriele: Anmerkung zum Urteil des 1. Senats des BSG vom 31.3.1998 – B 1 KR 9/95 R, in: SGb 1999, S. 367-370

Gitter, Wolfgang / Schmitt, Jochem.: Sozialrecht, 5. Auflage, München 2001

Gleiss, Alfred / Hirsch, Martin: Kommentar zum EG-Kartellrecht, 4. Auflage, Heidelberg 1993

Godry, Rainer: Krankenbehandlung ohne Grenzen – Anmerkungen zu einem Modellprojekt im niederländisch-deutschen Grenzgebiet, in: ZFSH/SGB 1997, S. 416-421

Grabitz, Eberhard / Hilf, Meinhard (Hrsg.): Kommentar zur Europäischen Union (zitiert: Bearbeiter, in: Grabitz / Hilf Band)
Band I (EUV, Art. 1-136a EGV Maastrichter Fassung), Loseblatt, München (Stand: 13. Ergänzungslieferung Mai 1999)
Band II (Art. 137-248 EGV Maastrichter Fassung, EWGV Römische Fassung), Loseblatt, München (Stand: 13. Ergänzungslieferung Mai 1999)

Groeben von der, Hans / Thiesing, Jochen / Ehlermann, Claus-Dieter (Hrsg.): Kommentar zum EU-/EG-Vertrag (zitiert: Bearbeiter, in: von der Groeben / Thiesing / Ehlermann, Art. Rn.)
Band 1 (Art. A-F EUV, Art. 1-84 EGV; 5. Auflage, Baden-Baden 1997)
Band 2/1 (Art. 85-87 EGV, 5. Auflage, Baden-Baden 1999)
Band 2/2 (Art. 88-102 EGV, 5. Auflage, Baden-Baden 1999)
Band 3 (Art. 102a-136a EGV; 5. Auflage, Baden-Baden 1999)
Band 4 (Art. 137-209a EGV; 5. Auflage, Baden-Baden 1997)

Großkopf, Lambert: Fernsehen als genuin europäische Dienstleistung, in: AfP 1995, S. 464-471

Haack, Karl Hermann: Perspektiven der deutschen Sozial- und Gesundheitspolitik in Europa: Grundsätze und Zielvorstellungen, in: KrV 1998, S. 235 ff.

Hailbronner, Kai / Nachbaur, Andreas: Die Dienstleistungsfreiheit in der Rechtsprechung des EuGH, in: EuZW 1992, S. 105-113

Dies.: Das Subsidiaritätsprinzip als Rechtsprinzip nach dem Maastrichter Vertrag, in: Europa der Zukunft – Zentrale und dezentrale Lösungsansätze, Hailbronner, Kai (Hrsg.), Köln 1994, S. 49 ff.

Hakenberg, Waltraud: Europarechtliche Perspektiven der ärztlichen Berufsausübung, in: MedR 2000, S. 55-62

Hamilton, Geert Jan: Die Rechtsprechung des Europäischen Gerichtshofs zur Leistungspflicht der Krankenversicherung aus Sicht der Regierung und der gesetzlichen Krankenversicherung der Niederlande, in: Verband der privaten Krankenversicherung e. V. (Hrsg.), Köln 1999, S. 33-40 (zitiert: Hamilton, in: Verband der privaten Krankenversicherung, S.)

Hanika, Heinrich: Europäisches Arzneimittelrecht, in: MedR 2000, S. 63-71

Ders.: Internetrecht versus Schutz der öffentlichen Gesundheit und Standesrecht, in: MedR 2000, S. 205-212

Hart, Dieter / Reich, Norbert: Integration und Recht des Arzneimittelmarktes in der EG, Baden-Baden 1990

Haverkate, Görg: Träger der Sozialversicherung als Unternehmen im Sinne der Art. 85 ff., 90 EGV, in: Casebook zum Arbeits- und Sozialrecht der EU, Haverkate, Görg / Weiss, Manfred / Huster, Stefan / Schmidt, Marlene (Hrsg.), 1. Auflage, Baden-Baden 1999 (zitiert: Haverkate, in: Haverkate / Weiss / Huster / Schmidt, S.)

Ders.: Der Ordnungsrahmen für Wettbewerb innerhalb der gesetzlichen Krankenversicherung, in: VSSR 1999, S. 177-196

Haverkate, Görg / Huster, Stefan: Europäisches Sozialrecht, Baden-Baden 1999

Heberlein, Ingo: Europa und die Gesetzliche Krankenversicherung, in: NVwZ 2001, S. 773-775

Heeg, Thiemo: Keine Antibabypillen mehr per Post – Frankfurter Gericht untersagt Internet-Apotheke Medikamenten-Versand nach Deutschland, in: Süddeutsche Zeitung vom 10.11.2000, S. 23 (zitiert: Heeg, SZ vom 10.11.2000, S.)

Heine, Wolfgang: Transfer sozialversicherungsrechtlicher Komplexleistungen ins Ausland - zur Öffnungsbereitschaft des aktuellen Sozialversicherungsrechts aus Sicht des Territorialitätsprinzips, in: Arbeit und Sozialpolitik 1997, S. 9 ff.

Heinemann, Andreas: Grenzen staatlicher Monopole im EG-Vertrag, München 1996

Heintzen, Markus: Subsidiaritätsprinzip und Europäische Gemeinschaft, in: JZ 1991, S. 317-323

Heinze, Meinhard: Europa und das nationale Arbeits- und Sozialrecht – Maastricht und die Konsequenzen, in: Festschrift für Otto Rudolf Kissel zum 65. Geburtstag; Heinze, Meinhard / Söllner, Alfred (Hrsg.), München 1994, S. 363-386

Ders.: Der Einfluß der europäischen Integration auf die Sozialpolitik, in: Soziale Sicherheit in Gefahr – Zur Zukunft der Sozialpolitik, Döring, Diether / Hauser, Richard (Hrsg.), Frankfurt am Main 1995, S. 183-221

Ders.: Europarechtliche Rahmenbedingungen der deutschen Unfallversicherung, in: Festschrift für Wolfgang Gitter, Heinze, Meinhard / Schmitt, Jochem (Hrsg.), Wiesbaden 1995, S. 355-374

Ders.: Die Auswirkungen der Rechtsprechung des Europäischen Gerichtshofes auf den Markt der substitutiven privaten Krankenversicherung, in: Verband der privaten Krankenversicherung e. V. (Hrsg.), Köln 1999, S. 41-62 (zitiert: Heinze, in: Verband der privaten Krankenversicherung e. V., S.)

Ders.: Die Rechtsprechung des Europäischen Gerichtshofs zum Sozialrecht - Kritik - , in: SGb 2001, S. 157-160

Herder-Dorneich, Philipp: Das Europa-Urteil – und die Folgen, in: Deutsches Ärzteblatt 1998, S. 1663-1664

Hirsch, Günter: Die Auswirkungen des Subsidiaritätsprinzips auf die Rechtsetzungsbefugnis der Europäischen Gemeinschaften, in: Ress / Stein (Hrsg.), Vorträge, Reden und Berichte aus dem Europa-Institut - Sektion Rechtswissenschaft - Nr. 330, Saarbrücken 1995

Ders.: Die Auswirkung der Europäischen Verträge auf den freien Waren- und Dienstleistungsverkehr in der Gesundheitsversorgung, in: RPG 1998, S. 121-126

Ders.: Die Auswirkungen der Europäischen Verträge auf den freien Waren- und Dienstleistungsverkehr in der Gesundheitsversorgung, in: Die BKK 1999, S. 11-16

Ders.: Europäische Sozialunion kraft Richterrecht?, in: Perspektiven der PKV in Europa, Verband der privaten Krankenversicherung e. V. (Hrsg.), Köln, 1999, S. 9-13 (zitiert: Hirsch, in: Verband der privaten Krankenversicherung e. V., S.)

Ders.: Die aktuelle Rechtsprechung des EuGH zur Warenverkehrsfreiheit, in: ZEuS 1999, S. 503-512

Ders.: Das Rechtsgespräch im Europäischen Gerichtshof, in: ZGR 2002, S. 1-19

Hoffmann, Andreas: Ärzte im Glück, in: Süddeutsche Zeitung vom 19.03.2001, S. 23 (zitiert: Hoffmann, SZ vom 19.03.2001, S.)

Ders.: Alptraum Internet – Deutschlands Apotheker fürchten die Konkurrenz im Netz, in: Süddeutsche Zeitung vom 08.11.2001, S. 23 (zitiert: Hoffmann, SZ vom 08.11.2001, S. 23)

Ders.: Mehr Marktwirtschaft im Gesundheitswesen, in: Süddeutsche Zeitung vom 15.11.2001 (zitiert: Hoffmann, SZ vom 15.11.2001, S. 24)

Ders.: Gewerkschaften streiten um Gesundheitspolitik, in: Süddeutsche Zeitung vom 19.03.2002, S. 21 (zitiert: Hoffmann, SZ vom 19.03.2002, S.)

Hofmann, Barbara / Kochs, Urban: Freier Zugang zu Gesundheitsleistungen in Grenzgebieten, in: BKK 1998, S. 306-308

Hollmann, Susanne / Schulz-Weidner, Wolfgang: Der Einfluss der EG auf das Gesundheitswesen der Mitgliedstaaten, in: ZIAS 1998, S. 180-214

Horn, Jan: Export von Gesundheitsleistungen – Zur Entscheidung Smits/Peerbooms, in: Sozialrecht und Praxis 2001, S. 666-668

Hovermann, Eike: Versandhandel versus Einzelapotheke, in: BKK 2001, S. 174-181

Immenga, Ulrich / Mestmäcker, Ernst-Joachim (Hrsg.): EG-Wettbewerbsrecht,

Band I, München 1997 (zitiert: Bearbeiter, in: Immenga / Mestmäcker I, Art., Rn.)

Band II, München 1997 (zitiert: Bearbeiter, in: Immenga / Mestmäcker II, Art., Rn.)

Ipsen, Hans Peter: Europäisches Gemeinschaftsrecht, Tübingen 1972

Isensee, Josef: Soziale Sicherheit im Europäischen Markt – Aufgabenverteilung zwischen Mitgliedstaaten und Europäischer Gemeinschaft gemäß dem Subsidiaritätsprinzip, in: VSSR 1996, S. 169-185

Jaeger, Wolfgang: Krankenkassen als Adressaten des Kartellrechts, in: Wettbewerb, Kollektivverträge und Konfliktlösung in der Reform des Gesundheitswesens, Löwisch, Manfred (Hrsg.), Baden-Baden 1999, S. 23-38 (zitiert: Jaeger, in: Wettbewerb, Kollektivverträge und Konfliktlösung in der Reform des Gesundheitswesens, S.)

Jarass, Hans D.: EG-Kompetenzen und das Prinzip der Subsidiarität nach Schaffung der Europäischen Union, in: EuGRZ 1994, S. 210-219

Jung, Eberhard: Versicherungspflicht und Sachleistungsprinzip in der gesetzlichen Unfallversicherung als europäische Probleme, in: Europarechtliche Gestaltungsvorgaben für das deutsche Sozialrecht, Ebsen, Ingwer (Hrsg.), Baden-Baden 2000, S. 67-82 (zitiert: Jung, in: Ebsen, S.)

Kasseler Kommentar Sozialversicherungsrecht: Band 1, Stand: 31. Ergänzungslieferung (1. August 2000), München (zitiert: Bearbeiter, in: Kassler Kommentar, §, Rn.)

Kingreen, Thorsten: Zur Inanspruchnahme von Gesundheitsleistungen im europäischen Binnenmarkt, in: NJW 2001, S. 3382-3385 (zitiert: Kingreen, NJW 2001, S.)

Kirchberger, Stefan: Freizügigkeit und Qualitätssicherung in der EG: Ärzte und Pflegepersonal, in: Zeitschrift für Sozialreform 1999, S. 760-783

Klein, Stefan: Deutsches Pflegeversicherungsrecht versus Europarecht?, Baden-Baden 1998

Kleine, Annette: Grenzüberschreitende Behandlungsleistungen im Binnenmarkt – zwei Jahre „Kohll“ und „Decker“ – Tagung der Europäischen Rechtsakademie Trier, in: NZS 2000, S. 603

Klement, Bernd: Europas Gesundheitswesen – Fluch oder Segen?, in: Der niedergelassene Arzt 1998, S. 10-11

Klusen, Norbert: Europa aus Sicht der gesetzlichen Krankenversicherung, in: Gesundheitsversorgung in der Europäischen Union, Techniker Krankenkasse, Landesvertetung Bayern (Hrsg.), Hamburg 1999, S. 31-38 (zitiert: Klusen, in: Gesundheitsversorgung in der Europäischen Union, S.)

Knappe, Eckhard / Burger, Stephan: Ist die gesetzliche Krankenversicherung für Europa gerüstet?, in: BKK 1999, S. 8-10

Knispel, Ulrich: EG - Wettbewerbswidrige Festbetragsfestsetzungen und Arzneimittelrichtlinien? – Anmerkungen zu den Urteilen des OLG Düsseldorf vom 21.7.1999 und des LG München vom 30.6.1999, in: NZS 2000, S. 379-385

Ders.: Wettbewerbshandeln durch Erlass von Richtlinien nach § 92 I SGB V? – Anmerkungen zum Urteil des OLG München vom 20.1.2000, in: NZS 2000, S. 441-444

Költzsch, Martin: Eine Entscheidung des EuGH und ihre Folgen für das internationale Sozialrecht, in: SGb 1992, S. 591-598

Kötter, Ute: Die Urteile des Gerichtshofs der Europäischen Gemeinschaften in den Rechtssachen Decker und Kohll: Der Vorhang zu und alle Fragen offen?, in: VSSR 1998, S. 233-252

Kort, Michael: Schranken der Dienstleistungsfreiheit im europäischen Recht, in: JZ 1996, S. 132-140

Krauskopf, Dieter / Feuerstein, Manfred: Krankenhausfinanzierungsgesetz KHG mit Nebenbestimmungen, Band II, 2. Auflage, Stand: September 1999, Sankt Augustin (zitiert: Krauskopf / Feuerstein II, §, Abschnitt, S.)

Kröck, Alexander P.: Der Einfluß der europäischen Grundfreiheiten am Beispiel der Ärzte und Arzneimittel, Konstanz 1998

Kuhn, Heike: Die soziale Dimension der Europäischen Gemeinschaft, Berlin 1995

Lang, Gernot: Die Rolle des Europäischen Gerichtshofs bei der Integration auf dem Gebiet des Arbeits- und Sozialrechts, in: SGb 1996, S. 103-110

Langen, Eugen / Bunte, Hermann-Josef: Kommentar zum deutschen und europäischen Kartellrecht, Band 1, 8. Auflage, Neuwied 1998

Langer, Rose: Konsequenzen der Privatisierung für die Koordinierung der Systeme in der Verordnung (EWG) 1408/71: Probleme und Lösungen, in: ZIAS 1997, S. 314-332

Laufs, Adolf / Uhlenbruck, Wilhelm: Handbuch des Arztrechts, 2. Auflage, München 1999 (zitiert: Bearbeiter, in: Laufs / Uhlenbruck, Handbuch des Arztrechts, §, Rn.)

Leibfried, Stephan / Pierson, Paul: Halbsouveräne Wohlfahrtsstaaten – Soziale Sicherung in der europäischen Mehrebenen-Politik, in: Blätter für deutsche und internationale Politik 1997, S. 1457-1467

Leingärtner, Kurt: Diskussionsbeitrag zur Kritik an der Rechtsprechung des EuGH in den Rechtssachen C-160/96, C-158/96, Molenaar, Decker u. Kohll aus der Sicht der Leistungsberechtigten, in: Freizügigkeit und Soziale Sicherheit; Schulte, Bernd / Barwig, Klaus (Hrsg.), Baden-Baden 1999, S. 359-373

Lenz, Carl Otto (Hrsg.): EG-Vertrag Kommentar (zitiert: Bearbeiter, in Lenz), 2. Auflage, Köln 1999

Lenz, Carl Otto / Lampert, Thomas: Gemeinsamer Binnenmarkt in der Gesetzlichen Krankenversicherung - Konsequenzen der Rechtsprechung des EuGH in den Rechtssachen "Decker" und "Kohll" für den Arzneimittelmarkt in der Gesetzlichen Krankenversicherung (Teil 1), in: Pharma Recht 1999, S. 66 ff.

Dies.: Gemeinsamer Binnenmarkt in der Gesetzlichen Krankenversicherung - Konsequenzen der Rechtsprechung des EuGH in den Rechtssachen "Decker" und "Kohll" für den Arzneimittelmarkt in der Gesetzlichen Krankenversicherung (Teil 2), in: Pharma Recht 1999, S. 96 ff.

Lichtenberg, Hagen: Ärztliche Tätigkeiten, klinische Leistungen und freier Dienstleistungsverkehr im Gemeinsamen Markt, in: VSSR 1978, S. 125-150

Lorenz, Frank: Die Geringfügigkeitsgrenze in der Sozialversicherung aus der Sicht des Europarechts, in: VSSR 1995, S. 199-242

Maasen, Bernhard M.: Verfassungs- und EG-rechtliche Grundanforderungen an Maßnahmen der Kostendämpfung im Arzneimittelbereich, in: Gesellschaft für Rechtspolitik Trier (Hrsg.), Bitburger Gespräche 1996, S. 145-165

Maaß, Rainald: Die Entwicklung des Vertragsarztrechts in den Jahren 2000 und 2001, in: NJW 2001, S. 3369-3381

Matthies, Heinrich: Artikel 30 EG-Vertrag nach Keck, in: Festschrift für Ulrich Everling, Band I, Due, Ole / Lutter, Markus / Schwarze, Jürgen (Hrsg.), S. 803-817

Maydell, Bernd von: Sach- und Kollisionsnormen im internationalen Sozialversicherungsrecht, Berlin 1967

Ders.: Leistungsbeschaffung (insbesondere von Heil- und Hilfsmitteln) durch die gesetzlichen Krankenkassen zwischen öffentlichem und privatem Recht, in: DB 1985, S. 276-282

Ders.: Erbringung von Sozialleistungen (insbesondere im Gesundheitswesen) und Marktfreiheit, in: Die Auswirkungen des EG-Rechts auf das Arbeits- und Sozialrecht der Bundesrepublik, Maydell, Bernd von / Schnapp, Friedrich E. (Hrsg.), Berlin 1992, S. 25-43 (zitiert: von Maydell, in: von Maydell / Schnapp, S.)

Ders.: Auf dem Wege zu einem gemeinsamen Markt für Gesundheitsleistungen in der Europäischen Gemeinschaft, in: VSSR 1999, S. 1 ff.

Ders.: Sozialrechtliche Aspekte der europäischen Integration, in: Gesundheitsversorgung in der Europäischen Union, Techniker Krankenkasse, Landesvertretung Bayern (Hrsg.), Hamburg 1999, S. 13-30 (zitiert: von Maydell, in: Gesundheitsversorgung in der Europäischen Union, S.)

Mehnert, Angelika: Regulierung auf europäischen Arzneimittelmärkten, Bern 1998

Merten, Detlef: Subsidiarität als Verfassungsprinzip, in: Die Subsidiarität Europas; Merten, Detlef (Hrsg.), 2. Auflage, Berlin 1994, S. 9-22 (zitiert: Merten, in: Merten, S.)

Mestmäcker, Ernst-Joachim: Staat und Unternehmen im europäischen Gemeinschaftsrecht – Zur Bedeutung von Art. 90 EWGV, in: RabelsZ 52 (1988), S. 526-586

Micklitz, Hans-W. / Reich, Norbert: Verbraucherschutz im Vertrag über die Europäische Union – Perspektiven für 1993, in: EuZW 1992, S. 593-598

Millarg, Eberhard: Die Arzneimittel-Richtlinien des BÄK und Art. 85 des EG-Vertrages, in: Pharmazeutische Industrie 1999, S. 698-700

Mrozynski, Peter: Steuerungsprobleme im Sozialrecht – insbesondere in der Krankenversicherung, in: Kauder, Volker (Hrsg.): Qualität und Steuerung in der regionalen psychiatrischen Versorgung, Köln 1999, S. 88-120 (zitiert: Mrozynski, in: Kauder, S.)

Mühlhausen, Karl-Heinz: Freiheit hat Grenzen, in: Gesundheit und Gesellschaft 2001, Heft 9, S. 14

Mülbert, Peter O.: Privatrecht, die EG-Grundfreiheiten und der Binnenmarkt – Zwingendes Privatrecht als Grundfreiheitenbeschränkung im EG-Binnenmarkt, in: ZHR 159 (1995), S. 2-33

Müller-Graff, Peter-Christian: Dienstleistungsfreiheit und Erbringungsformen grenzüberschreitender Dienstleistungen, in: Festschrift für Rudolf Lukes zum 65. Geburtstag; Leßmann, Herbert / Großfeld, Bernhard / Vollmer, Lothar (Hrsg.), Köln 1989, S. 471-493

Ders.: Binnenmarktauftrag oder Subsidiaritätsprinzip?, in: ZHR 159 (1995), S. 34-77

Münnich, Frank E.: Sind Sachleistungsprinzip, Budgetierung und Angebotssteuerung im europäischen Wettbewerb noch sinnvoll?, in: BKK 1999, S. 17-22 = RPG 1998, S. 127-132

Ders.: Sind Sachleistungsprinzip, Budgetierung und Angebotssteuerung im europäischen Wettbewerb noch sinnvoll?, in: RPG 1999, S. 127 ff.

Neldner, Thomas; Wassener, Dietmar: Pillen per Post: Für viele ein Plus, in: Gesundheit und Gesellschaft 2001, S. 28-34

Neubauer, Günter; Schallermair, Christian: Europäische Integration als Herausforderung an die Sozialwirtschaft, in: Sozialer Fortschritt 2000, S. 278-283

Neumann, Daniela: Kartellrechtliche Sanktionierung von Wettbewerbsbeschränkungen im Gesundheitswesen, in: Wettbewerb, Kollektivverträge und Konfliktlösung in der Reform des Gesundheitswesens; Löwisch, Manfred (Hrsg.), Baden-Baden 1999, S. 11-22

Dies.: Verbannung des Kartell- und Wettbewerbsrechts aus der gesetzlichen Krankenversicherung, in: WuW 1999, S. 961-967

Neumann-Duesberg, Rüdiger: Sozialrechtliche Aspekte des Europäischen Binnenmarktes – aus Sicht der Krankenversicherung, in: Die Betriebskrankenkasse 1991, S. 124-131

Ders.: „Die EuGH-Position ist angreifbar", in: Gesundheit und Gesellschaft 1999, S. 22-27

Ders.: Defizite, Probleme und Perspektiven bei der Umsetzung des Europäischen koordinierenden Sozialrechts – Verordnungen (EWG) Nr. 1408/71 und Nr. 574/72, in: Freizügigkeit und Soziale Sicherheit; Schulte, Bernd / Barwig, Klaus (Hrsg.), Baden-Baden 1999, S.89-108 (zitiert: Neumann-Duesberg, in: Schulte / Barwig, S.)

Ders.: Grenzüberschreitende Behandlungsleistungen – Die Praxis in der gesetzlichen Krankenversicherung, in: Zentrum für Europäisches Wirtschaftsrecht: 11. Bonner Europa-Symposium, Grenzüberschreitende Behandlungsleistungen im Binnenmarkt, Bonn 1999, S. 21 ff. (zitiert: Neumann-Duesberg, 11. Bonner Europa-Symposium, S.)

Nickless, Jason Alan: The Consequences of European competition law for social health care providers, Antwerpen 1998

Novak, Meinhard: Ungleichbehandlung von ausländischen Produkten oder Dienstleistungen – Einheitliche Rechtfertigungstatbestände im EG-Vertrag, in: DB 1997, S. 2589-2593

Ders.: EG-Grundfreiheiten und Europäisches Sozialrecht, in: EuZW 1998, S. 366-369

Oberender, Peter: Einführung: Gesundheitsversorgung in der Europäischen Union, in: Gesundheitsversorgung in der Europäischen Union, Techniker Krankenkasse, Landesvertetung Bayern (Hrsg.), Hamburg 1999, S. 9-11 (zitiert: Oberender, in: Gesundheitsversorgung in der Europäischen Union, S.)

Ohler, Christoph: Anmerkung zu EuGH, Urt. v. 5.3.2002 – verb. Rs. C-515/99, C-519/99 bis C-524/99 und C-526/99 bis C-540/99 (Salzburger Grundverkehrsbeschränkungen des Zweitwohnungserwerbs), in: EuZW 2002, S. 251-253

Oppermann, Thomas: Europarecht, 2. Auflage, München 1999

Oschatz, Georg-Berndt: Die Mitwirkung an der europäischen Rechtssatzung als Mittel zur Wahrung des Subsidiaritätsprinzips, in: Die Subsidiarität Europas; Merten, Detlef (Hrsg.), 2. Auflage, Berlin 1994, S. 23-40 (zitiert: Oschatz, in: Merten, S.)

Otting, Albrecht: Logik europäischer Integration, in: Bundesarbeitsblatt 1998, Heft 12, S. 16-21

Palm, Willy; Nickless, Jason; Lewalle, Henri; Coheur, Alain: Auswirkungen der jüngsten Rechtsprechung über die Koordinierung der Systeme zum Schutz gegen das Krankheitsrisiko – Bericht der Association Internationale de la Mutualite an die Generaldirektion Beschäftigung und Soziale Angelegenheit der Europäischen Kommission vom Mai 2000, in: BKK 2000, S. 406

Peters, Horst: Handbuch der Krankenversicherung, Teil II – Sozialgesetzbuch V, 19. Auflage, Stand: 39. Ergänzungslieferung, 1. Mai 2000 (zitiert: Bearbeiter, in: Peters, §, Rn.)

Pieper, Stefan Ulrich: Subsidiarität, Köln, Berlin, Bonn München 1994

Pitschas, Rainer: Europäisches Wettbewerbsrecht und soziale Krankenversicherung, in: VSSR 1999, S. 221-237

Ders.: Das Territorialitäts-Prinzip im Sachleistungssystem der gesetzlichen Krankenversicherung zwischen sozialpolitischer Souveränität und Gemeinschaftsrecht, in: Europarechtliche Gestaltungsvorgaben für das deutsche Sozialrecht, Ebsen, Ingwer (Hrsg.), Baden-Baden 2000, S. 67-82 (zitiert: Pitschas, in: Ebsen, S.)

Plönes, Johannes: System der Europäischen Gemeinschaft – Der europäische Bezug in der gesetzlichen Krankenversicherung, in: DOK 1993, S. 549-554

Plute, Gerhard: Freier Warenverkehr und Arzneimittelversorgung – Der Einfluss von EU-Rechtsvorschriften, in: DOK 1994, S. 505-509

Pompe, Peter: Leistungen der sozialen Sicherheit bei Alter und Invalidität für Wanderarbeitnehmer nach Europäischem Gemeinschaftsrecht – unter besonderer Berücksichtigung der Rechtsprechung des Europäischen Gerichtshofes und des Bundessozialgerichts, Köln, Berlin, Bonn, München 1986

Raschke, Ulrich: Kohll / Decker-Urteile des EuGH: Auswirkungen in der deutschen gesetzlichen Unfallversicherung?, in: BG 1999, S. 152-161

Ratzel, Rudolf: Grenzüberschreitender Gesundheitsmarkt innerhalb der EU, neue Chancen für Patienten und Leistungserbringer – Das deutsche Gesundheitswesen und der europäische Einigungsprozess; in: MedR 1999, S. 510-512

Rebscher, Herbert: Bundesausschuss im »Streik«, in: Die Ersatzkasse 1999, S. 784

Reh, Hans-Ulrich: Europäische Sozialpolitik und Subsidiarität, in: Die Subsidiarität Europas; Merten, Detlef (Hrsg.), 2. Auflage, Berlin 1994, S. 61-76 (zitiert: Reh, in: Merten, S.)

Reich, Norbert: Förderung und Schutz diffuser Interessen durch die Europäischen Gemeinschaften, Baden-Baden 1987

Ders.: Anmerkung zum Urteil des EuGH in der Rechtssache „Alpine Investments BV / Minister van Financien", in: EuZW 1995, S. 407-408

Ders.: Europäisches Verbraucherrecht, 3. Auflage, Baden-Baden 1996

Ders.: Zur Theorie des Europäischen Verbraucherrechts, in: ZEuP 1994, S. 381-407

Reicherzer, Judith: Britische Patienten sollen deutsche Klinikbetten füllen, in: Süddeutsche Zeitung vom 20./21.10.2001, S. 23 (zitiert: Reicherzer, SZ vom 20./21.10.2001, S. 23)

Renesse, J.-R.: Sozialrecht in Europa, NJW 2001, S. 737-738

Reuter-Krauß, Wiebke: Europäisches koordinierendes Sozialrecht aus Sicht der Bundesregierung - Diskussionsbeitrag: Die Sicht der Länder -, in: Freizügigkeit und Soziale Sicherheit; Schulte, Bernd / Barwig, Klaus (Hrsg.), Baden-Baden 1999, 387-395 (zitiert: Reuter-Krauß, in: Schulte / Barwig, S.)

Richter, Eva: Festbeträge – Regelung vor dem Aus, in: Pharmazeutische Zeitung 2001, S. 18-19

Ricken, Oliver: Grenzüberschreitende Behandlungsleistungen im Binnenmarkt – 11. Bonner Europa-Symposium -, in: SGb 1998, S. 676

Ringler, Jochen C. K.: Die Europäische Sozialunion, Berlin 1997

Röthel, Anne: Anmerkung zu EuGH, Urt. v. 11.4.2000 in den verb. Rs. C-51/96 und C-191/97 – (Deliège) und v. 13.4.2000 – Lehtonen, EuZW 2000, S. 379-380

Roth, Wulf-Henning: Rückzug des Europäischen Gerichtshofs vom Binnenmarktkonzept?, in: Forschungsinstitut für Wirtschaftsverfassung und Wettbewerb e.V. (Hrsg.): Marktwirtschaft und Wettbewerb im sich erweiternden europäischen Raum, Köln 1994, S. 21-42

Rücker, Daniel: Erheblicher Schaden, geringer Nutzen, in: Pharmazeutische Zeitung 2001, Nr.4, S. 21-22

Ruland, Franz: Europarechtliche Vorgaben für die gesetzliche Pflege- und Krankenversicherung, in: JuS 1999, S. 410-413

Runggaldier, Ulrich: Der neue Beschäftigungstitel des EG-Vertrages und die Übernahme des „Sozialabkommens“ in den EG-Vertrag, in: Die Europäische Union nach dem Vertrag von Amsterdam, Hummer, Waldemar (Hrsg.), Wien 1998 (zitiert: Runggaldier, in: Hummer, S.)

Salje, Peter: Wirtschaftlichkeitsgebot der Krankenversorgung und Arzneimittelpreiswettbewerb, in: NJW 1989, S. 751-755

Schaaf, Michael: Die Urteile des EuGH zur Leistungsgewährung in der GKV – Gefahr für die deutsche Gesundheitspolitik?, in: SGb 1999, S. 274-282

Schäfers, Christina; Kaesbach, Wolfgang: Arzneimittelversand: sicher, gut und wirtschaftlich, in: BKK 2001, S. 489-494

Schaub, Vanessa: Europäischer Rechtsrahmen zur grenzüberschreitenden Gesundheitsversorgung, Europäisches Zentrum für Staatswissenschaften und Staatspraxis (Hrsg.), Berlin, 1999

Dies.: Grenzüberschreitende Gesundheitsversorgung in der Europäischen Union, Baden-Baden 2001

Schima, Bernhard: Das Subsidiaritätsprinzip im Europäischen Gemeinschaftsrecht, Wien 1994

Schlingensiepen, Ilse: Noch hält sich die Inanspruchnahme im Ausland in Grenzen, in: Ärztezeitung Nr. 77 vom 27. April 1999, S. 9

Schmidhuber, Peter M. / Hitzler, Gerhard: Binnenmarkt und Subsidiaritätsprinzip, in: EuZW 1993, S. 8-10

Schmidt, Ulla: Einsparungen bei Medikamenten unumgänglich, in: Süddeutsche Zeitung vom 16.10.2001, S. 26 (zitiert: Schmidt, SZ vom 16.10.2001, S. 26)

Schmitt, Jochem: Leistungserbringung durch Dritte, Köln 1990

Schneider-Danwitz, Annette: Freizügigkeit der Versicherten in der Krankenversicherung, in: SGb 2000, S. 354-359

Scholz, Rupert: Das Subsidiaritätsprinzip im europäischen Gemeinschaftsrecht – ein tragfähiger Maßstab zur Kompetenzabgrenzung?, in: Festschrift für Herbert Helmrich zum 60. Geburtstag; Letzgus, Klaus / Hill, Hermann / Klein, Hans Hugo / Kleinert, Detlef / Oschatz, Georg-Berndt; de With, Hans (Hrsg.), S. 410-426

Schroeder, Georges: Die Rechtsprechung des Europäischen Gerichtshofs zur Leistungspflicht der Krankenversicherung aus der Sicht Luxemburgs, in: Verband der privaten Krankenversicherung e. V. (Hrsg.), Köln 1999, S. 15-18 (zitiert: Schroeder, in: Verband der privaten Krankenversicherung, S.)

Schroeder, Werner: Kein Glücksspiel ohne Grenzen – Zugleich eine Besprechung des Lotterie-Urteils des EuGH (EuGRZ 1994, S. 157), in: EuGRZ 1994, S. 373-80

Schuler, Rolf: Alter, Invalidität und Tod, in: Eichenhofer, Eberhard (Hrsg.): Reform des Europäischen koordinierenden Sozialrechts, Köln 1993, S. 75-91

Ders.: Das Internationale Sozialrecht der Bundesrepublik Deutschland, 1. Auflage, Baden-Baden 1988

Ders.: Das Europäische koordinierende Sozialrecht aus der Sicht der Rechtsprechung, in: Freizügigkeit und Soziale Sicherheit; Schulte, Bernd / Barwig, Klaus (Hrsg.), Baden-Baden 1999, 269-358 (zitiert: Schuler, in: Schulte / Barwig, S.)

Schulin, Bertram: Handbuch des Sozialversicherungsrechts, Band 1 Krankenversicherungsrecht, München 1994 (zitiert: Bearbeiter, in: Schulin, §, Rn.)

Schulte, Bernd: Europäisches und nationales Sozialrecht in: Nicolaysen, Gert / Rabe, Hans-Jürgen: Europäisches Arbeits- und Sozialrecht, EuR 1990 Beiheft 1, Baden-Baden 1990, S. 35-79 (zitiert: Schulte, EuR 1990, S.)

Ders.: Europäisches Sozialrecht - Juristische Einführung und Überblick, in: Europäisches Sozialrecht, Schriftenreihe des Deutschen Sozialrechtsverbandes (SDSRV), Bd. 36, Wiesbaden 1992, S. 7-50 (zitiert: Schulte, in: Europäisches Sozialrecht, S.)

Ders.: Von der Wirtschafts- und Rechtsgemeinschaft über die Europäische Union zur Sozialunion?, in: Soziale Sicherheit in Gefahr – Zur Zukunft der Sozialpolitik, Döring, Diether / Hauser, Richard (Hrsg.), Frankfurt am Main 1995, S. 222-246

Ders.: Europäische Sozialpolitik und die Zukunft des Sozialstaats in Europa, Bonn, 1998

Ders.: Einführung in die Tagung: Freizügigkeit und soziale Sicherheit, in: Freizügigkeit und Soziale Sicherheit, Schulte, Bernd / Barwig, Klaus (Hrsg.), Baden-Baden 1999, 269-358 (zitiert: Schulte, in: Schulte / Barwig, S.)

Ders.: „Zur Kur nach Abano Therme, zum Zahnarzt nach Antwerpen?“ – Europäische Marktfreiheiten und nationales Krankenversicherungsrecht, Zugleich eine Anmerkung zur Rechtsprechung des EuGH zur Frage der Kostenerstattung im Rahmen der Krankenversicherung bei Inanspruchnahme von Leistungen im EG-Ausland (Rs. C-120/95 (Decker) u. C-158/96 (Kohll), in: ZFSH/SGB 1999, S. 269-278 und S. 347- 362

Ders.: Möglichkeiten der bedarfsorientierten Steuerung von Sozialleistungen unter Berücksichtigung des EU-Rechtes, in: Qualität und Steuerung in der regionalen psychiatrischen Versorgung, Kauder, Volker (Hrsg.), Köln 1999, S. 121-143 (zitiert: Schulte, in: Kauder, S.)

Ders.: Europäisches Wirtschaftsrecht und die Grundfreiheiten in der EU als Rahmenbedingungen für die nationale Gesetzgebung – Erfahrungen in der Vergangenheit, Perspektiven für die Zukunft, in: Europarechtliche Gestaltungsvorgaben für das deutsche Sozialrecht, Ebsen, Ingwer (Hrsg.), Baden-Baden 2000, S. 13-42 (zitiert: Schulte, in: Ebsen, S.)

Ders: Neuere Entwicklungen des Europäischen Sozialrechts unter besonderer Berücksichtigung der Rechtsprechung des EuGH, in: BayVBl 2000, S. 336-341 und 362-368

Ders.: Warenverkehrsfreiheit und Dienstleistungsfreiheit im gemeinsamen Markt: Auswirkungen auf das Deutsche Gesundheitswesen; Teil 1: Bestandsaufnahme, in: Sozialrecht und Praxis 2001, Heft 7-8, S. 36-49

Schulte, Carl Joseph: Signale, die Mut machen – EuGH ist Blockadebrecher für gemeinsame europäische Sozialpolitik, in: Sozialrecht und Praxis 1999, S. 421-425

Schultz, Klaus-Peter: Krankenkassen als Adressaten des Kartellrechts, in: NZS 1998, S. 269-274

Schulz-Weidner, Wolfgang: Die Konsequenzen der europäischen Grundfreiheiten für die deutsche Sozialversicherung, in: Freizügigkeit und Soziale Sicherheit; Schulte, Bernd / Barwig, Klaus (Hrsg.), Baden-Baden 1999, 269-358 (zitiert: Schulz-Weidner, in: Schulte / Barwig, S.)

Schulz-Weidner, Wolfgang / Felix, Ferdinand: Die Konsequenzen der Europäischen Wirtschaftsverfassung für die österreichische Sozialversicherung, in: Soziale Sicherheit 1997, S. 1120-1160

Dies.: Die Bedeutung des Europäischen Wettbewerbsrechtes für die Österreichische Sozialversicherung, in: Soziale Sicherheit 2001, S. 435-446

Schumacher, Christoph: Europäisches Koordinierendes Sozialrecht aus Sicht der Bundesregierung, in: Freizügigkeit und Soziale Sicherheit; Schulte, Bernd / Barwig, Klaus (Hrsg.), Baden-Baden 1999, 375-385 (zitiert: Schumacher, in: Schulte / Barwig, S.)

Schuster, Gunnar: Rechtsfragen der Maastrichter Vereinbarungen zur Sozialpolitik, in: EuZW 1992, S. 178-187

Schwartz, Ivo E.: EG-Kompetenzen für den Binnenmarkt: Exklusiv oder konkurrierend / subsidiär ?; Bonn 1995

Schwarze, Jürgen: Europäisches Verwaltungsrecht - Entstehung und Entwicklung der Europäischen Gemeinschaft, Band II, Baden-Baden 1988

Ders.: Unverfälschter Wettbewerb für Arzneimittel im europäischen Binnenmarkt. Pharmazeutische Produkte im Widerstreit von freiem Warenverkehr und nationalen Preiskontrollen, 1. Auflage, Baden-Baden 1998

Ders.: EU-Kommentar (zitiert: Bearbeiter, in: Schwarze), Baden-Baden 2000

Sedemund, Jochim: Europäisches Gemeinschaftsrecht, in: NJW 1985, S. 526-533

Sendler, Hans: Themenbereich Krankenversicherung – Einführender Diskussionsbeitrag, in: Wechselwirkungen zwischen dem Europäischen Sozialrecht und dem Sozialrecht der Bundesrepublik Deutschland; Schulte, Bernd / Zacher, Hans F. (Hrsg.), Berlin 1991 (zitiert: Sendler, in: Schulte / Zacher, S.)

Ders.: Europäisches Gesundheitswesen offensiv gestalten, in: KrV 1998, S. 285 ff.

Sodan, Helge: Anmerkung zu den Entscheidungen in den Rechtssachen „Decker“ und „Kohll“, in: JZ 1998, S. 1168-1172

Speyer, Stefan: Anwendung der Cassis-de-Dijon-Doktrin und Spaltbarkeit reglementierter Tätigkeiten als neue Etappe der Dienstleistungsfreiheit, in: EuZW 1991, S. 588-590

Spiegel, Bernhard: Der EuGH als (wiederentdecktes) Feindbild, in: Soziale Sicherheit 1998, S. 665-668

Ders.: Revolution oder Evolution? Einige Überlegungen zu den neuesten Entwicklungen in der Judikatur des EuGH betreffend die grenzüberschreitenden Aspekte der sozialen Sicherheit, in: Soziale Sicherheit 2001, S. 365-387

Stahlberg, Jürgen: Europäisches Sozialrecht, Bonn 1997

Ders.: Der europäische Koordinierungsfall – Diskussionsbeitrag, in: Freizügigkeit und Soziale Sicherheit; Schulte, Bernd / Barwig, Klaus (Hrsg.), Baden-Baden 1999, 253-268 (zitiert: Stahlberg, in: Schulte / Barwig, S.)

Steffen, Erich / Dressler, Wolf-Dieter: Arzthaftungsrecht – Neue Entwicklungslinien der BGH-Rechtsprechung, 8. Auflage, Köln 1999

Stein, Torsten: Subsidiarität als Rechtsprinzip?, in: Die Subsidiarität Europas; Merten, Detlef (Hrsg.), 2. Auflage, Berlin 1994, S. 23-40 (zitiert: Stein, in: Merten, S.)

Steindorff, Ernst: Dienstleistungsfreiheit im EG-Recht, RIW 1983, S. 831-839

Ders.: Mehr staatliche Identität, Bürgernähe und Subsidiarität in Europa?, in: ZHR 163 (1999), S. 395-440

Ders.: Gemeinsamer Markt als Binnenmarkt, in: ZHR 150 (1986), S. 687-704

Steinmeyer, Heinz-Dietrich: Hat das Territorialitätsprinzip in der GKV noch Zukunft?, in: KrV 1999, S. 288-291

Ders.: Der Zugang zu Leistungen der Kranken- und Pflegeversicherung der EU-Bürger – Veränderte rechtliche Dimensionen (Vertragsfreiheiten), in: Zeitschrift für Sozialreform 1999, S. 735-744

Ders.: Kassen sind kein Kartell, in: Gesundheit und Gesellschaft 2001, S. 44-49

Stelzer, Dierk: Die „personalen" Anwendungsbereiche des deutschen und des europäischen primären Wettbewerbsrechts für die Krankenkassen in der GKV in „institutioneller" und „funktionaler" Hinsicht, Teil I, in: Die Sozialversicherung 2000, S. 141-156

Ders.: Die „personalen" Anwendungsbereiche des deutschen und des europäischen primären Wettbewerbsrechts für die Krankenkassen in der GKV in „institutioneller" und „funktionaler" Hinsicht, Teil II, in: Die Sozialversicherung 2000, S. 169-184

Streinz, Rudolf: Der „effet utile" in der Rechtsprechung des Gerichtshofs der Europäischen Gemeinschaften, in: Festschrift für Ulrich Everling, Due, Ole / Lutter, Marcus / Schwarze, Jürgen (Hrsg.), Band II, Baden-Baden 1995, S. 1491-1510 (zitiert: Streinz, in: FS für Everling, S.)

Ders.: Der Vertrag von Amsterdam, in: EuZW 1998, S. 137-147

Ders.: Europarecht, 5. Auflage, Heidelberg 2001

Ders.: Konvergenz der Grundfreiheiten. Aufgabe der Differenzierungen des EG-Vertrags und der Unterscheidung zwischen unterschiedlichen und unterschiedslosen Maßnahmen? Zu den Tendenzen der Rechtsprechung des EuGH, in: Festschrift für Walter Rudolf, Völkerrecht und deutsches Recht, Arndt, Hans-Wolfgang, Knemeyer, Franz-Ludwig, Kugelmann, Dieter, Meng, Werner, Schweitzer, Michael (Hrsg.), München 2001, S. 199-221 (zitiert: Streinz, in: FS Rudolf, S.)

Ders.: Anmerkung zu EuGH, Urt. v. 29.4.1999 – Rs. C-224/97 (Erich Ciola / Land Vorarlberg), JuS 1999, S. 1222-1223

Ders.: EG-Grundfreiheiten und Verbandsautonomie. Zu den Urteilen des EuGH vom 11.4.2000 in den verb. Rs. C-51/96 und C-191/97 – Deliège (SpuRt 2000, S. 148) und vom 13.4.2000 – Lehtonen (SpuRt 2000, S. 151), in: SpuRt 2000, S. 221-228

Ders.: Anmerkung zu EuGH, Urt. v. 4.7.2000 – Rs. C424/97 (Salomone Haim, in: JuS 2001, S. 285-288

Ders.: Anmerkung zu EuGH, Urt. v. 3.10.2000 – Rs. C-58/98 (Josef Corten), in: JuS 2001, S. 388-390

Sunder, Ellen: Aktuelle Entwicklungen im Gesundheitswesen, in: NDV 2001, S. 285-288

Terwey, Franz: Die Zukunft der sozialen Sicherungssysteme in Europa, in: Die Sozialversicherung 1998, S. 289 ff.

Thaysen, Uwe: Die „Eckpunkte“ der Bundesländer für den Föderalismus im vereinten Deutschland – Beschluss vom vom 5. Juli 1990, in: ZParl 1990, S. 461-463

Thiel, J.L.P.G. van: Beitrag auf dem Internationalem Symposium „Health Care without frontiers within the European Union“ vom 18. November 1998 in Luxemburg (zitiert: van Thiel, Internationales Symposium, S.)

Thier, Uwe: Das Recht des EG-Arzneimittelmarktes und des freien Warenverkehrs, Frankfurt am Main 1990

Tiemann, Susanne: Mögliche Auswirkungen des offenen EG-Binnenmarktes auf die Nachfrage nach Leistungen deutscher Krankenhäuser, in: Das Krankenhaus 1991, S. 244-246

Trautwein, Thomas: Dienstleistungsfreiheit und Diskriminierungsverbot im Europäischen Gemeinschaftsrecht, in: Jura 1995, S. 191-193

Union des Caisses de maladie: Offizielle Mitteilung an die Versicherten der Krankenkassen, S.1-4

Vanas, Norbert: Szenarien der gesetzlichen Krankenversicherung im EG-Binnenmarkt, in: Soziale Sicherheit 1992, S. 61-71

Verband Deutscher Rentenversicherungsträger: Vereinbarkeit von § 14 SGB VI (Grundsatz der Leistungserbringung im Inland) mit EWG-Recht, in: Die Sozialversicherung 1998, S. 177-180

Verschueren, Herwig: Auswirkungen der Rechtsprechung des Europäischen Gerichtshofes auf die Ansprüche von Patienten auf medizinische Leistungen, in: SGb 2001, S. 356-363

Vogler, Sabine: E-Pharma – Arzneimittel aus dem Internet, in: SozSich 2001, S. 33-37

Wagener, Andreas: Grenzüberschreitende stationäre Behandlung – Chancen und Risiken aus der Sicht der Krankenhausträger, in: 11. Bonner Europa-Symposium - Grenzüberschreitende Behandlungsleistungen im Binnenmarkt; Zentrum für Europäisches Wirtschaftsrecht (Hrsg.), Bonn 1999 (zitiert: Wagener, 11. Bonner Europa-Symposium, S.)

Wagner, Susanne A.: Europäisches Zulassungssystem für Arzneimittel und Parallelhandel unter besonderer Berücksichtigung des deutschen Arzneimittelrechts, Stuttgart 2000

Weber, Claus: Die Dienstleistungsfreiheit nach den Art. 59 ff. EG-Vertrag – einheitliche Schranken für alle Formen der Dienstleistung?, in: EWS 1995, S. 292-296

Weiß, Wolfgang: Nationales Steuerrecht und Niederlassungsfreiheit, in: EuZW 1999, S. 493-498

Wiegand, Dietrich: Das europäische Gemeinschaftsrecht in der Sozialversicherung, Sankt Augustin 1983

Wille, Eberhard: Das Sachleistungsprinzip der GKV im Spannungsfeld der europäischen Integration, in: KrV 1999, S. 292-296

Ders.: Mögliche Auswirkungen der Europäischen Währungsunion auf die Sozialversicherung, insbesondere auf die gesetzliche Krankenversicherung, in: Verband der privaten Krankenversicherung e. V. (Hrsg.), Köln 1999, S. 79-98 (zitiert: Wille, in: Verband der privaten Krankenversicherung, S.)

Wilmowsky, Peter von: Waste disposal in the international Market: The state of play after the ECJ's ruling on the Walloon import ban, in: Common Market Law Review 1993, S. 541-570

Wilms, Benno: Soziale Sicherung durch Europäische Integration, Baden-Baden 1990

Wolff, Ingeborg: Auswirkungen der Rechtsprechung des Europäischen Gerichtshofs auf die Rechtsprechung der deutschen Sozialgerichte, in: VSSR 1996, S. 205-219

Zabre, Bernd-Rainer: Rehabilitationsleistungen weiterhin im Inland – Auswirkungen der Urteile des EuGH vom 28.4.1998 (C-158/96 und C-120/95) auf das Territorialitätsprinzip nach § 14 SGB VI, in: DAngVers 1999, S. 18-26

Zechel, Stephan: Die territorial begrenzte Leistungserbringung der Krankenkassen im Lichte des EG-Vertrages, Berlin 1995

Zipperer, Manfred: Die Rechtsprechung des Europäischen Gerichtshofes zur Leistungspflicht der Krankenversicherung aus Sicht der deutschen Bundesregierung, in: Verband der privaten Krankenversicherung e. V. (Hrsg.), Köln 1999, S. 19-32 (zitiert: Zipperer, in: Verband der privaten Krankenversicherung e. V., S.)

Ders.: Politischer Erfahrungsbericht und Ausblick, in: Gesundheitsversorgung in der Europäischen Union, Techniker Krankenkasse, Landesvertetung Bayern (Hrsg.), Hamburg 1999, S. 59-72 (zitiert: Zipperer, in: Gesundheitsversorgung in der Europäischen Union, S.)

Zorgverzekeraars Nederland: Standpunkt des Vorstands der Zorgverzekeraars Nederland zu den Decker- und Kohll-Urteilen des Gerichtshofs der Europäischen Gemeinschaft, S. 1-8 (zitiert: Zorgverzekeraars Nederland, Standpunkt des Vorstands, S.)

Zuck, Rüdiger: Die Apotheke in der GKV-Gesundheitsreform 2000, Stuttgart 1999

Peter Lang · Europäischer Verlag der Wissenschaften

Jens Muschner

Die haftungsrechtliche Stellung ausländischer Patienten und Medizinalpersonen in Fällen sprachbedingter Mißverständnisse

Frankfurt/M., Berlin, Bern, Bruxelles, New York, Oxford, Wien, 2002. 230 S.
Recht & Medizin. Herausgegeben von Erwin Deutsch, Adolf Laufs und Hans-Ludwig Schreiber. Bd. 57
ISBN 3-631-39015-7 · br. € 37.80*

In Deutschland leben viele ausländische Mitbürger, die hier medizinisch versorgt werden. Auch ausländische Ärzte werden – unter anderem aufgrund der fortschreitenden europäischen Integration – vermehrt in Deutschland tätig. Diese Arbeit untersucht die Besonderheiten, die sich aus der Verschiedensprachigkeit von Ärzten und Patienten und daraus resultierenden sprachlichen Verständigungsschwierigkeiten bei ärztlicher Aufklärung und Behandlung ergeben.

Aus dem Inhalt: Patientenaufklärung · Ärztliche Diagnose, Anamnese · Einsatz von Sprachmittlern · Verteilung der Kostenlast bei Übersetzungsleistungen · Aufklärung und Behandlung deutscher Patienten durch ausländische Ärzte · Besonderheiten bei der Mitwirkung ausländischer Medizinalpersonen an arbeitsteiligen Vorgängen · Anforderungen an ausländische Arzneimittel · Haftung von Ethik-Kommissionen und Pharmaunternehmen

Frankfurt/M · Berlin · Bern · Bruxelles · New York · Oxford · Wien
Auslieferung: Verlag Peter Lang AG
Moosstr. 1, CH-2542 Pieterlen
Telefax 00 41 (0) 32 / 376 17 27

*inklusive der in Deutschland gültigen Mehrwertsteuer
Preisänderungen vorbehalten

Homepage http://www.peterlang.de

Kolibri 360 GmbH
Ferdinand-Jühlke-Straße 7
99095 Erfurt, Deutschland
produktsicherheit@kolibri360.de

Druck:
CPI Druckdienstleistungen GmbH
im Auftrag der
Kolibri 360 GmbH
Ferdinand-Jühlke-Str. 7
99095 Erfurt